Histoire générale du Canada

RAMSAY COOK • CHRISTOPHER MOORE • DESMOND MORTON
ARTHUR RAY • PETER WAITE • GRAEME WYNN

Histoire générale du Canada

sous la direction de Craig Brown

Édition française sous la direction de
Paul-André Linteau

Traduction de
Michel Buttiens, Andrée Désilets, Suzanne Mineau,
Paule Saint-Onge et Marcel Trudel

ÉDITIONS DU BORÉAL

Couverture:
William Raphael, *Derrière le marché Bonsecours* (détail), huile, 1866. (MBAC, 6673)

Cet ouvrage a bénéficié d'un soutien de la
Direction des études canadiennes
du Secrétariat d'État.

Diffusion au Canada: Dimedia
Distribution en Europe: Les Éditions du Seuil

Dépôt légal: 3e trimestre 1990
Bibliothèque nationale du Québec

Données de catalogage avant publication (Canada)

Vedette principale au titre
Histoire générale du Canada

(Boréal compact; 18).
Traduction de: The illustrated history of Canada.

ISBN 2-89052-343-8

1. Canada - Histoire. 1.Cook, Ramsay, 1931- .
II. Brown, Robert Craig, 1935- . III. Linteau, Paul-André, 1946- .
FC164.I4414 1990 971 C90-096416-2
F1026.I4414 1990

Présentation de l'édition française

Il était très difficile jusqu'ici de trouver, en français, un ouvrage présentant l'histoire de l'ensemble du Canada. Le lecteur francophone disposait de nombreux travaux sur l'histoire du Québec, mais quand il voulait comprendre l'évolution des autres parties du Canada, il devait le faire en anglais. C'est pour combler cette lacune que nous avons entrepris la version française de cet ouvrage, qui a connu un immense succès auprès des lecteurs anglophones.

Préparé sous la direction de Craig Brown par une équipe de six éminents historiens, ce livre remarquable offre un panorama complet, allant des premières civilisations amérindiennes jusqu'aux transformations d'un vingtième siècle qui s'achève. Il couvre l'ensemble du territoire qui s'étend entre les océans Atlantique, Arctique et Pacifique et la frontière des États-Unis. Voici réunis en un seul volume, dans un style vivant et accessible, plusieurs siècles d'une histoire passionnante.

L'histoire générale du Canada est originale à plus d'un titre. Elle présente les nombreuses facettes de l'évolution de la société: structures économiques, phénomènes politiques, organisation sociale, création culturelle. Elle rappelle les principaux faits et gestes des grands personnages, mais aussi la vie quotidienne des gens qui ont façonné le pays. Elle accorde une attention particulière au destin des peuples qui ont occupé le territoire et à l'évolution de leurs civilisations; les pages consacrées aux Amérindiens sont, à cet égard, exemplaires. Elle met en lumière le cheminement distinct de chacune des régions et le caractère diversifié du pays, souvent source de tensions. Par les perspectives qu'elle adopte, c'est une histoire très moderne et très actuelle.

L'ouvrage se caractérise aussi par la richesse et la variété de son illustration: peintures, dessins, gravures, photographies, affiches et artéfacts ont été rassemblés pour exprimer un climat, décrire un phénomène, raconter un événement, présenter un personnage. Il ne s'agit pas d'un appendice décoratif. L'illustration colle au texte, l'éclairant et le prolongeant de multiples façons. La lecture devient ainsi à la fois plaisir des yeux et plaisir de l'esprit. Le choix de ces éléments visuels a été réalisé par Robert Stacey, avec la collaboration de Jim Burant et Francine Geraci. Pour l'édition française, j'ai ajouté une trentaine d'illustrations supplémentaires concernant des aspects plus spécifiques au Québec.

Le livre est une œuvre de synthèse présentant une vue d'ensemble qui couvre plusieurs siècles. Il ne faut donc pas s'attendre à y trouver une présentation détaillée de tous les événements significatifs qui ont marqué l'histoire du Canada; cela exigerait une encyclopédie en plusieurs volumes. Il en va de même pour l'histoire du Québec; les passages subtantiels qui y sont consacrés ne dispensent pas de la lecture de nombreux ouvrages plus élaborés qui sont consacrés exclusivement au Québec. Il faut souligner toutefois que les auteurs présentent de l'évolution du Québec un portrait solidement documenté et bien nuancé. D'ailleurs, s'il en avait été autrement, le Boréal n'aurait pas entrepris cette traduction.

Les auteurs ont participé avec empressement à la révision de leurs textes et ont accepté les modifications proposées pour l'édition française. Je les remercie de leur précieuse collaboration. La traduction a été réalisée sous ma direction par une équipe formée de deux historiens de renom, Andrée Désilets et Marcel Trudel, et de trois traducteurs expérimentés, Michel Buttiens, Suzanne Mineau et Paule Saint-Onge. Plusieurs autres personnes ont contribué à la préparation de ce livre. Je veux en particulier remercier Marthe Beaudry, François Bilodeau, François Brousseau, Geneviève Hofbeck, Marc Choko, Jean-Claude Robert, Esther Trépanier et le personnel des éditions du Boréal. De leur côté, les auteurs tiennent à exprimer leur reconnaissance à Jeremy Fox, Jim Wills, John Lee et Cardyn Gondor ainsi qu'à toute l'équipe de la maison d'édition Lester & Orpen Dennys.

Un travail de cette envergure est une œuvre collective. En ce sens aussi, le livre est bien de son temps. Il est fort différent de ce que pouvaient faire, il y a à peine quelques décennies, le chanoine Groulx ou Donald Creighton. Il est vrai que chaque génération réécrit l'histoire à sa façon. *L'histoire générale du Canada* n'y échappe pas: elle examine le passé avec des yeux d'aujourd'hui, pour des lecteurs d'aujourd'hui.

Paul-André Linteau
Montréal, septembre 1988

Avant-propos

Le propos de ce livre est de raconter comment, au cours de l'histoire, les Canadiens ont vécu et travaillé, comment ils se sont perçus eux-mêmes et ce qu'ils ont pensé les uns des autres. C'est en somme l'histoire de leurs rêves et de leurs réalisations depuis le temps des grands empires coloniaux jusqu'à l'époque présente.

Le volume s'ouvre sur la grande fresque que dresse Arthur Ray des premiers habitants du Canada, les Amérindiens et les Inuit, avant que leur monde éclate sous la pression des pêcheurs, commerçants, et explorateurs européens. Cette pression dure près de trois cents ans, du milieu du 16e siècle aux premières décennies du 19e, à mesure que progresse l'aventure européenne de Terre-Neuve au Pacifique et jusque dans l'Arctique. Car les tentatives de colonisation coïncident presque avec les premiers voyages d'exploration. Christopher Moore retrace l'histoire des établissements précaires à Port-Royal et à Québec, qui donnent le coup d'envoi à la création d'un empire à l'échelle du continent; il montre comment les colons de la Nouvelle-France ont inventé un mode de vie qui a marqué d'une façon durable la société canadienne.

Dans la longue rivalité des empires en Amérique du Nord, la Grande-Bretagne l'emporte sur la France. Graeme Wynn reprend ici la suite de l'histoire: de 1760 à 1840, des milliers d'immigrants viennent fonder de nouvelles collectivités et y enracinent les institutions et les lois de la Grande-Bretagne. Tout se met bientôt en place pour consolider les différentes colonies, favoriser une union politique et stimuler une expansion vers l'Ouest afin de s'assurer les terres de la Compagnie de la baie d'Hudson avant que les Américains ne s'en emparent. La Confédération, les rêves démesurés de ses promoteurs, les paris parfois désespérés qu'ils prennent pour étendre le pays à la grandeur du continent: ce sont là les éléments principaux du drame que raconte Peter Waite dans son chapitre sur la seconde moitié du 19e siècle.

Le 20e siècle commence dans le plus bel optimisme. Une ère de prospérité transforme le pays: des villes se développent, l'industrie se diversifie, l'Ouest émerge d'une façon dynamique. Dans son portrait du Canada des années 1900-1945, Ramsay Cook raconte aussi l'engagement dans les deux guerres mondiales et l'impact considérable de la Grande Dépression. La prospérité d'après-guerre aura des effets encore plus marqués sur la société canadienne des quarante dernières années. Dans le dernier chapitre, Desmond Morton décrit un pays où l'État se fait plus intervenant pour assurer le bien-être de ses citoyens, un pays plus ouvert aux nouveaux immigrants, plus respectueux des cultures et des différents groupes ethniques qui le composent. C'est aussi un pays plus sûr de lui-même, désireux d'apporter sa contribution à la société internationale.

On reconnaît là les grands thèmes classiques de l'histoire du Canada, que chaque auteur aborde dans une perspective nouvelle.

La diversité ethnique et culturelle passe pour être une caractéristique de l'identité canadienne. Hommes politiques et journalistes en vantent les mérites; les gouvernements en font la promotion. Les auteurs de ce livre nous le rappellent: il y a toujours eu au Canada un assemblage de peuples. Il en était ainsi bien avant l'arrivée des Européens. Ceux-ci ont eu tendance, surtout au début, à ne voir dans les Amérindiens qu'un seul tout, qualifié de «sauvage». Or Champlain, La Salle, La Vérendrye, Franklin, Hearne, Thompson, Pond et une foule d'autres qui ont suivi Cartier dans l'exploration du continent, ont vite découvert que les autochtones formaient un nombre considérable de nations très différentes les unes des autres par la langue, l'organisation sociale, ou la façon de s'adapter au climat et à l'environnement. Les Européens non plus n'étaient pas tout d'une pièce: les pêcheurs qui abordaient à Terre-Neuve pour sécher la morue, les baleiniers qui entraient dans l'Arctique, les explorateurs qui dressaient la carte des routes d'eau venaient de divers pays: Portugal, Espagne, France, Grande-Bretagne, Italie...

Les fondateurs de la Nouvelle-France ne présentent pas la même variété. Presque tous catholiques, ils viennent aussi majoritairement du milieu urbain plutôt que du monde des paysans attachés à la glèbe. Ils établissent un empire qui s'étend de l'île Royale jusqu'à la Louisiane, en passant par le bassin des Grands Lacs et le Mississippi. Plus important encore, ils fondent une société unique, d'une grande richesse de coutumes, de traditions et d'histoire.

Les vainqueurs britanniques de 1760 ont déjà assuré leur présence en Nouvelle-Écosse, des décennies avant l'affrontement entre Wolfe et Montcalm sur les Plaines d'Abraham. Après le traité de 1763, ils augmentent en nombre, et davantage encore après la Révolution américaine. Comme les Français avant eux, beaucoup de ces nouveaux colons sont des soldats qui passent à la culture du sol après un temps de service dans les troupes impériales. D'autres, venus du Sud, se sont fait une place dans la mythologie canadienne, à titre de *loyalistes*, même si un témoin bien averti, le gouverneur Parr de la Nouvelle-Écosse, a pu noter d'un ton sceptique que la plupart «ne ploient guère sous le poids de la loyauté». D'autres encore, une faible minorité, sont des émigrants des îles britanniques, partis après les guerres napoléoniennes à l'instigation du gouvernement de Londres.

C'est d'abord la terre qui attire tous ces colons et les milliers d'autres qui les suivront. L'Amérique du Nord britannique leur offre un avenir prometteur. Un colon enthousiaste peut écrire: «L'avenir ici est dix fois supérieur à ce qu'il est dans le vieux pays». La terre n'est pas gratuite, mais elle ne coûte pas cher et il y en a en quantité; elle signifie la promesse d'une ferme, celle d'élever une famille, de recommencer dans un monde neuf. Et la plupart des immigrants réalisent au moins en partie leurs rêves. Au milieu du siècle, le front pionnier atteint le Bouclier canadien. Il est temps d'aller plus loin. Les porte-parole de ces fermiers remuants et âpres au gain ont déjà repéré un autre monde à conquérir, le vaste Nord-Ouest, les terres apparemment désertes de la Compagnie de la baie d'Hudson. Il y a là, dit George Brown, un empire qui n'attend qu'à être conquis, développé et conservé.

Le peuplement des colonies d'avant la Confédération se fait un peu au petit bonheur, au gré de la politique du gouvernement impérial, parfois même à son encontre. La conquête du Nord-Ouest, c'est autre chose. Le gouvernement du nouveau Dominion veut construire un pays et il n'hésite pas à offrir des terres gratuites pour attirer le plus grand nombre de colons possible. On veut des colons britanniques, mais on invite aussi les Américains, car leur expérience de la culture en sol aride est un atout appréciable dans le Nord-Ouest. Tout cela exige une nouvelle politique de colonisation. Les réticences à l'égard des immigrants de l'Europe continentale sont mises de côté s'ils sont des agriculteurs. Pour réaliser ces rêves d'expansion, on est prêt à accueillir tous les hommes, femmes et enfants qui peuvent supporter l'hiver des Prairies. Entre 1891 et la Grande Guerre, on voit arriver près de deux millions d'immigrants; plus de la moitié d'entre eux prennent le chemin du Nord-Ouest.

La guerre de 1914-1918, puis les restrictions à l'immigration et la Deuxième Guerre mondiale ralentissent le flot. Mais après 1945, le Canada redevient une terre d'espérance et de promesses: de 1946 à 1961, il accueille deux millions d'immigrants, puis un million et demi dans les dix années suivantes. Au début, les gouvernements imposent préférences et restrictions: ils découragent expressément l'immigration noire et fixent des quotas aux Asiatiques. Peu à peu, on allège les restrictions fondées sur la race, sur la couleur et sur les pays d'origine, contribuant ainsi à accroître encore davantage la diversité ethnique canadienne.

Les Canadiens ont eu à apprendre à vivre les uns avec les autres. Ce n'est jamais facile: tout au long de leur histoire, cet ajustement a été marqué d'incompréhension, de méfiance, de peur et de préjugés. Pour les autochtones, les Européens sont des intrus. Au tout début, les intérêts communs autour du commerce des fourrures créent une association instable, certes, mais productive. Très rapidement toutefois, cette association se dégrade pour les autochtones en une dépendance qui affaiblit leurs organisations sociales et finit par ruiner leurs modes de vie plusieurs fois centenaires.

Si la puissance de l'empire français en Amérique du Nord est anéantie en 1760, il n'en va pas de même pour la société canadienne-française. Plus par nécessité que par magnanimité, le gouvernement impérial de Londres, dans l'Acte de Québec de 1774, promet la liberté de religion et donne des garanties écrites quant au maintien de la langue française et des lois civiles. Dans les décennies suivantes, ces concessions paraîtront intolérables à certains dirigeants et colons britanniques, qui réclameront qu'on parachève l'œuvre de la Conquête. Trouvant «deux nations en guerre au sein d'un même État», lord Durham propose l'union législative du Haut et du Bas

Canada, ce qui, croit-il, permettra d'assimiler les Canadiens français et d'assurer le progrès pour le pays. Une génération plus tard, prenant connaissance des Résolutions de Québec, qui vont bientôt devenir les éléments de la Constitution de 1867, George Brown, dans une lettre à sa femme, jubile: «La correction complète de tous ces abus et de ces injustices dont nous avions à nous plaindre! N'est-ce pas merveilleux? Le franco-canadianisme entièrement anéanti!» Sous la conduite de chefs politiques clairvoyants et résolus, les Canadiens français tiennent le coup et résistent aux visées de Durham et de Brown. Mais rien n'est jamais acquis. Quand John A. Macdonald affirme qu'essayer de compléter l'œuvre de la Conquête «se révélerait impossible si on le tentait et ce serait folie et iniquité si l'on y parvenait», il n'est malheureusement pas l'interprète de tous ses députés du Canada anglais. Comme Macdonald, chaque premier ministre, de Sir Wilfrid Laurier à Brian Mulroney, apprendra qu'aucun compromis visant à satisfaire à la fois les Canadiens français et les Canadiens anglais s'obtient sans difficultés.

C'est aussi le cas, quand il s'agit d'accueillir de nouveaux venus. Les Canadiens, tant français qu'anglais, ont toujours tendance à se rebiffer quand les Américains se font trop présents; la mentalité et les manières des Yankees dérangent. Et dérangent plus encore les «terrassiers étrangers» qui servent dans les équipes de construction de chemins de fer, les travailleurs immigrés dans les usines ou les mines, les colons européens établis dans les Prairies. On ressent comme une menace la multiplicité des langues, des coutumes et des traditions. Les nouveaux venus sont des «corps étrangers». Les Canadiens anglais veulent leur inculquer «les principes et les idéaux de la civilisation anglo-saxonne». Un pasteur montréalais l'affirme sans détours: «Un des meilleurs moyens d'en faire des Canadiens et des citoyens éclairés, c'est encore une bonne instruction anglaise.» Dans les Prairies, on choisit de créer des systèmes scolaires dit «nationaux», sous le contrôle de l'État. Ce qui bouleverse les ententes existantes et ravive crainte et suspicion chez les Canadiens français. C'est seulement ces tout derniers temps, qu'on a fini par le reconnaître: vivre ensemble est une démarche de compromis qui est exigeante, délicate et de longue haleine.

Les Canadiens doivent aussi apprendre à s'adapter à leur environnement. Les découvreurs espèrent trouver des trésors faciles à cueillir et une route rapide vers l'Orient. Ils découvrent plutôt un continent sans fin, un terrain hostile, parfois impitoyable, un climat rigoureux. Les journaux des explorateurs y font écho à maintes et maintes reprises. Il y va parfois de leur survie et les Européens apprennent bientôt que les autochtones sont passés maîtres en ce domaine. Étonné de la forme élégante et fonctionnelle de l'igloo construit par son guide inuit, le capitaine John Franklin écrit: «On pourrait, en le regardant, éprouver une émotion semblable à celle que produit la contemplation d'un temple grec (...) l'un et l'autre sont des triomphes de l'art, sans pareils en leur genre.»

La richesse du Canada ne s'acquiert pas facilement. Pour la trouver et l'exploiter, il a fallu sans cesse faire preuve d'esprit d'invention, depuis le harpon du chasseur inuit, avec sa flèche à verrou ou le canot de l'Amérindien et du «voyageur», jusqu'à la motoneige, en passant par la cabane de bois rond des premiers colons et les nouvelles variétés de blé créées pour être cultivées dans les Prairies.

Aucune invention technologique n'a eu d'effet plus décisif ni plus durable sur ce pays que le chemin de fer. Pendant des générations, la distance et l'hiver avaient tenu les Canadiens dans l'isolement et dans l'attachement à leurs petits villages et paroisses. Les distances empêchaient de communiquer. L'hiver faisait cesser le commerce, gelait l'eau des moulins, fermait les portes des usines, imposait un mode vie qui dépendait des saisons. Mis en place dans les années 1850, le chemin de fer change la façon de travailler, de vivre avec les autres, d'envisager l'avenir. Faisant sauter les liens de la distance et de l'hiver, il transporte les articles aux marchés, fait sortir le client de chez lui, livre aux lecteurs journaux, livres et revues, transporte les colons à leurs fermes, envahit le Bouclier pour en tirer des ressources nouvelles. Il inspire aux hommes politiques leurs projets les plus audacieux. L'Intercolonial, de Montréal à Halifax, est à la base de la Confédération, le Canadien Pacifique rendra possible un dominion *a mari usque ad mare.*

Le projet d'un pays qui s'étendrait d'un océan à l'autre s'est formé petit à petit. Les Canadiens ont toujours eu tendance à vouloir se suffire à eux-mêmes. Un fonctionnaire du roi l'avait remarqué vers 1750 chez les habitants de la Nouvelle-France: ils ne s'en tiennent, se plaint-il, qu'à leur volonté et leur fantaisie. Un officier britannique, le lieutenant-colonel Gubbins, en voyage au Nouveau-Brunswick au début du 19e siècle, y observe le même phénomène. L'autarcie est tout naturellement une condition essentielle de survie dans ces sociétés de pionniers et elle engendre un sentiment très fort d'identification à une communauté locale. Lord Durham en est spécialement impressionné: «Il y a beaucoup de petits centres locaux, observe-t-il, ils ont leurs sentiments et leurs intérêts particuliers qui sont peut-être contradictoires».

L'union des Canadas, à la suite du rapport Durham, l'autonomie des colonies qui est réalisé au cours des années 1840 et 1850, ainsi que les possibilités engendrées par le chemin de fer, préparent la Confédération. De l'avis des hommes politiques et des gouverneurs, l'Union élèvera les habitants de l'Amérique du Nord britannique au-dessus des querelles politiques de clocher; la Confédération permettra aux Canadiens de voir plus loin, d'accomplir des projets d'expansion, d'obtenir la mainmise sur de nouvelles terres.

On ne songe guère à l'indépendance, à imiter les colonies américaines de 1776. L'objectif des partisans de la Confédération est plutôt d'atteindre l'auto-suffisance à l'intérieur de l'Empire britannique. Cela veut dire seulement que le gouvernement assume un nombre croissant de responsabilités et que l'on transforme les liens avec l'Empire en ce que Macdonald appelle «une alliance franche et cordiale». Il y a là des risques, comme Macdonald et ses successeurs, Laurier et Borden, vont s'en rendre compte. Chaque étape est marquée de vifs débats et souvent de profonds désaccords entre Canadiens français et Canadiens anglais. Le prix à payer s'avère plus élevé que prévu. L'autonomie à l'intérieur de l'Empire et la reconnaissance du statut indépendant du Canada, voilà ce que Borden exige en retour de la participation à la guerre de 1914-1918.

Dans la période de l'entre-deux-guerres, quelques Canadiens, dont John Dafoe, rédacteur du *Winnipeg Free Press*, font valoir que le nouveau statut du Canada demeurera une coquille vide tant que ses citoyens n'accepteront pas leurs responsabilités envers la Société des Nations. Ce genre de raisonnement inquiète les hommes politiques. C'est qu'il faut d'abord régler les délicates questions constitutionnelles découlant du nouveau statut, dépêcher un ministre canadien à Washington, protéger les intérêts du pays dans ses relations avec les autres: n'est-ce pas là un ordre du jour suffisamment rempli? Et le problème des obligations du Canada au-delà de ses frontières n'a-t-il pas toujours causé plus de désaccord chez les Canadiens que toute autre question? S'il survient une autre guerre en Europe (et en 1938 on en voit des signes partout), Mackenzie King sait que les Canadiens anglais exerceront une pression irrésistible pour que leur pays combatte aux côtés de la Grande-Bretagne. King est résolu de ne s'engager dans la guerre qu'avec un pays uni et d'éviter ces mesures désastreuses, comme la conscription, qui ont presque mis le Canada en lambeaux lors de la Première Guerre. Pour une bonne part, c'est bien ce qu'il réussit à faire.

Reste un problème épineux qui hante les diplomates et les chefs politiques d'après-guerre: l'isolationnisme du Canada, le refus de ses responsabilités dans la communauté internationale n'ont-ils pas contribué à soutenir la tyrannie brutale d'Hitler? Plusieurs, comme Lester Pearson, le pensent. Hitler disparu, un autre problème surgit: l'Union soviétique, aux prises avec les États-Unis dans une rivalité impériale en Europe et à travers le monde. Le Canada se trouve coincé entre les deux, «jambon dans le sandwich américano-soviétique», comme l'ambassadeur de l'URSS l'affirme, lors d'un discours à Calgary, au début des années 1960. L'autarcie dans les affaires internationales est un luxe que les Canadiens ne peuvent plus s'offrir.

Engagement et sécurité collective deviennent, dans les années d'après-guerre, les mots d'ordre de la diplomatie canadienne: on veut participer aux affaires des Nations unies, du Commonwealth et de ce qu'on appelle le tiers monde; on veut aussi contribuer à la sécurité collective par l'intermédiaire de l'OTAN et de NORAD. Sûrs d'eux-mêmes, les diplomates des Affaires extérieures se vantent de divers succès remportés par leur «diplomatie tranquille»: reconnaissance d'un rôle distinctif pour les «moyennes puissances», en particulier le Canada; interventions originales dans les crises internationales; apport constructif à l'aide aux pays sous-développés. Cet optimisme va de pair avec la conviction qu'un engagement vigoureux sur la scène internationale contribuera à renforcer l'identité canadienne.

Cette assurance s'est perdue au cours des années. Elle a fait place à une inquiétude croissante face à la dépendance envers les États-Unis dans un monde où dominent les superpuissances. Mais cela ne veut pas dire un retour à l'attitude de l'entre-deux-guerres, alors qu'on cherchait à réduire le plus possible les responsabilités du Canada envers la communauté internationale. On vise plutôt à maintenir une participation positive et originale à la vie internationale, particulièrement en contribuant à réduire la menace d'une guerre nucléaire et les disparités économiques entre pays riches et pays pauvres.

Au cours des siècles, depuis la première rencontre avec les indigènes du littoral atlantique, les Canadiens ont créé un pays à la grandeur du continent. Apprendre à vivre ensemble demeure un défi. La chance, la persévérance, l'habileté, la compétence leur ont permis de transformer leurs ressources en richesse. Lentement mais avec assurance, ils se sont sensibilisés à leurs responsabilités envers eux-mêmes et envers la communauté internationale. Ce sont là des thèmes importants de leur histoire, comme aussi de ce livre.

Le projet d'une histoire générale du Canada est né d'une suggestion de Louise Dennys et de Malcolm Lester, de la maison d'édition Lester & Orpen Dennys. Ils rêvaient d'un livre qui, par son texte et ses illustrations, pourrait rendre ce qu'il y a de diversité, de richesse et de raffinement dans ce passé et témoigner de ce que peut vouloir dire être Canadien dans les années 1980. C'est ce que nous avons entrepris.

Craig Brown,
Toronto, mai 1987

Note sur les illustrations

Les illustrations reproduites dans ce livre ont été choisies dans le but d'offrir un commentaire parallèle aux textes. Nous avons essayé d'établir un juste équilibre entre les images familières et celles qui sont peu connues. Les premières font partie d'un patrimoine qu'il serait mal avisé d'ignorer; les autres témoignent de la richesse encore peu exploitée des archives, publiques et privées. Nous avons cherché à donner une vision des diverses facettes de la société canadienne, comme des différentes régions géographiques, tout en faisant une place aussi importante que possible à la production artistique.

Pour la reproduction d'illustrations historiques, il fallait se contenter, jusqu'à une époque récente, de sources secondaires ou de copies de copies. La photographie méthodique de collections permet enfin de remplacer par des images d'une grande netteté les pauvres gravures sur bois, estampes et simili-gravures de naguère. De plus, grâce à des techniques relativement peu coûteuses d'impression et de reprographie, nous pouvons maintenant recourir aux originaux, ce qui réduit au minimum la déformation, ainsi que la dégradation du produit fini.

«Un objet palpable, déclarait C.W. Jefferys, doyen des dessinateurs en histoire du Canada, ne peut mentir ou créer des ambiguïtés comme peut le faire un mot.» Mais il ne manquait pas de signaler que certaines images sont moins fiables que d'autres. L'art officiel, qu'il s'agisse de portraits, de monuments, de murales, de propagande de temps de guerre ou d'affiches électorales, a tendance à en révéler davantage sur le parti pris de ceux qui le diffusent que sur ceux qui en sont les sujets. Si notre livre donne relativement peu d'exemples de ces œuvres qui se glorifient elles-mêmes, il reflète l'intérêt actuel que l'on porte à la vie des citoyens ordinaires plutôt qu'aux expéditions militaires, aux chefs d'État et aux exploits individuels. Ce passage du mythique au social et à la culture matérielle est reflété avec force dans l'œuvre pionnière de Jefferys, *Picture Gallery of Canadian History* (1942-1950): les premières œuvres s'attachaient à reconstituer les grands «épisodes dramatiques», mais par la suite, Jefferys s'intéresse surtout aux édifices, aux meubles, aux outils, aux vêtements... qui permettent une vision plus complète de l'histoire.

C'est dans cet esprit que nous avons voulu étoffer notre récit en l'illustrant de personnes, de lieux et d'événements tels qu'ils sont apparus à leurs témoins et non selon l'interprétation qu'on en a faite des années plus tard. L'éventail d'illustrations qui en résulte montre bien qu'il y a autant de façons de voir le Canada qu'il y a de définitions de ce qu'est un Canadien.

Robert Stacey

Liste des abréviations utilisées dans les sources des photos

A:	Archives de la province de l'Alberta, Edmonton
ANC:	Archives nationales du Canada
ANC/CNCP:	Archives nationales du Canada, Collection nationale des cartes et des plans
AO:	Archives de la province de l'Ontario
ASC:	Approvisionnement et services Canada
BN:	Bibliothèque nationale de Paris
EC:	Erindale College, Mississauga, Ontario
GM:	Glenbow Museum, Calgary
MBAC:	Musée des beaux-arts du Canada, Ottawa
MC:	Musée des civilisations (Musées nationaux du Canada), Ottawa
MM:	Musée McCord d'histoire canadienne, Université McGill, Montréal
MM/N:	Musée McCord, archives photographiques Notman
MN:	Musées nationaux du Canada
MQ:	Musée du Québec, Québec
MTL:	Metropolitan Toronto Library, Toronto
MTL/C:	Metropolitan Toronto Library, département d'histoire du Canada
MTL/JRR:	Metropolitan Toronto Library, collection John Ross Robertson
NS:	Nova Scotia Museum, Halifax
ROM:	Royal Ontario Museum
ROM/C:	Royal Ontario Museum. — Canadiana
ROM/E:	Royal Ontario Museum. — Ethnologie
YU:	York University, Toronto
YU/C:	York University, département de géographie, bureau de la cartographie

CHAPITRE 1

La rencontre de deux mondes

ARTHUR RAY

> Cette terre «ne se doit nommer Terre Neuve, mais pierres et rochers effarables et mal rabottés (...) je n'y vis une charretée de terre et pourtant suis descendu en plusieurs lieux (...) il n'y a que de la mousse, et de petits bois avortés. Bref, j'estime mieux qu'autrement, que c'est la terre que Dieu donna à Caïn».

Ce sont là les premières impressions de Jacques Cartier au Canada, les impressions d'un explorateur amèrement déçu. Jacques Cartier a été envoyé par François 1er pour chercher de l'or dans le Nouveau Monde et découvrir un passage vers l'Asie. Ces objectifs en vue, il quitte le petit port de Saint-Malo, le 20 avril 1534, avec deux navires et 61 hommes. Après avoir manœuvré pour éviter de dangereux icebergs au large de la côte brumeuse du nord de Terre-Neuve, il franchit le détroit de Belle-Isle au début de juin et explore le littoral du Labrador en direction sud-ouest, sur une distance d'environ 200 km. Le long de ce littoral, il rencontre quelques «gens effarables et sauvaiges», vêtus «de peaux de bestes», «les cheveux liez sur leurs testes, en façon d'une poignée de foin tordu, et un clou passé parmy (...) et y lient aulcunes plumes de ouaiseaux». Contraste brutal entre ces Indiens et ceux du Mexique, riches en or et argent, ou les prospères marchands d'Asie que Cartier espérait rencontrer. Compte tenu de sa mission et de ses objectifs, on comprend qu'il soit d'abord déçu et qu'il porte un jugement sévère sur le Canada et les habitants qu'il rencontre pour la première fois. Le monde indigène des débuts du 16e siècle se révélera beaucoup plus complexe et plus riche que Cartier ne s'en serait douté. Et nous ne pouvons que supposer ce que les Indiens ont dû penser de Cartier. Une chose est certaine, ils aiment leur terre et lui vouent une affection d'une intensité toute spirituelle.

Venus de la Sibérie, les ancêtres des autochtones du Canada franchirent le pont terrestre de Béring, il y a plus de 12 000 ans, vers la fin de la période glaciaire. Chasseurs de gibier préhistorique (bisons, caribous, élans, mammouths, mastodontes et autres gros mammifères), ils progressèrent rapidement (à une moyenne d'environ 80 km par génération) et finirent par coloniser, il y a environ 10 500 ans, les étendues habitables des deux Amériques, en aval des glaciers en voie de disparition. Quelques milliers d'années encore, et les glaciers auront suffisamment reculé pour que certains peuples amérindiens soient en mesure d'occuper le Canada central, autour des baies d'Hudson et de James.

En dépit des légendes tenaces qui, de l'âge de bronze à la fin du Moyen Âge, concernent les Carthaginois, les Phéniciens, l'Irlandais Saint Brendan dit le Navigateur, et d'autres voyageurs, c'est par les Vikings que le Canada et l'Europe semblent entrer en contact, il y a près de mille ans. Les Scandinaves étaient des marins aventureux qui se sont répandus rapidement dans le nord

L'une des premières cartes à reproduire les connaissances géographiques recueillies par Cartier lors de ses deux premiers voyages au Canada. Elle situe Hochelaga et Stadaconé, et inclut le mystérieux royaume du Saguenay. Des baleiniers apparaissent près des côtes. Le nord est placé en bas plutôt qu'en haut comme on en prendra bientôt l'habitude. Tirée de la carte du monde de Descelliers, 1546 (reproduction du 19e siècle). (ANC/CNCP, l'original se trouve à la bibliothèque de l'Université John Rylands, à Manchester, Angleterre)

de l'Atlantique, au 9e siècle. Leurs sagas racontent plusieurs voyages en Amérique du Nord postérieurs à leur établissement dans le Groenland, vers la fin de ce même siècle. Le plus célèbre de ces récits héroïques rappelle un hivernement de Leif Ericsson en un lieu nommé *Vinland*, vers l'an mil. Il se peut

L'Anse-aux-Meadows, baie des Épaves, sur la pointe nord-est de Terre-Neuve: le premier établissement scandinave qu'on ait jusqu'ici trouvé en Amérique du Nord. Au cours de sept expéditions archéologiques, de 1961 à 1968, on y a dégagé huit emplacements de maisons et quatre remises à bateaux qui datent des environs de l'an mil. (Environnement Canada—Parcs, région de l'Atlantique, Halifax)

que les Groenlandais aient fait des incursions occasionnelles par-delà le détroit de Davis jusqu'à la terre de Baffin, au Labrador et à Terre-Neuve; l'établissement scandinave qu'on a dégagé à l'Anse-aux-Meadows, dans le nord de Terre-Neuve, peut être l'un des nombreux points où ils ont débarqué et même passé l'hiver. Les sagas et aussi les témoignages tirés des fouilles permettent de penser que les Scandinaves ont exploré une large partie du littoral du nord et qu'il y eut sans doute, entre eux et les indigènes de l'Amérique du Nord, des contacts sporadiques. Toutefois, les circonstances n'ont pas favorisé l'établissement d'échanges commerciaux ou même amicaux. Les autochtones semblent avoir défendu efficacement leur territoire contre l'étranger. Plus tard, au 13e siècle, le déclin de la colonie scandinave au Groenland a mis un terme à ces rencontres.

Ces relations ont eu lieu au cours d'une période de réchauffement du climat, qui a duré deux siècles. C'est, semble-t-il, le refroidissement de ce climat qui a amené les Scandinaves à abandonner le territoire. Il faut attendre 1497, 500 ans après Leif Ericsson, pour que l'expédition de Jean Cabot, à partir de Bristol en Angleterre, rouvre la liaison de l'Europe avec le Canada. Encore ici, des légendes circulent et il se peut qu'il y ait eu des voyages antérieurs, mais celui de Cabot est sûrement le premier à avoir des conséquences. Il s'insère dans l'éclatante expansion maritime qui caractérise le 15e siècle, et

Cartier rencontre les Indiens de Stadaconé. Représentation romancée de la première rencontre de Cartier avec les Amérindiens de Stadaconé: elle nous montre l'explorateur qui s'avance bravement vers des Amérindiens timides, qui reculent; en réalité, les récits même de Cartier révèlent que c'est plutôt l'inverse. Le plus souvent, les nouveaux venus sont bien reçus. Peinture à l'huile de Marc-Aurèle De Foy Suzor-Côté, 1907. (MQ, 24.12p., photo de Patrick Altman)

mène les Européens autour du monde vers 1520. Cabot (né Giovanni Caboto) comprend, comme son contemporain italien Christophe Colomb, qu'en naviguant vers l'ouest on devrait trouver une route commerciale directe et peut-être plus courte vers les épices de l'Extrême-Orient. Trouvant en Angleterre des appuis pour un voyage de reconnaissance à une latitude plus septentrionale que celle de Colomb, il débarque probablement dans le nord de Terre-Neuve, puis, après un mois de navigation le long du nouveau littoral, il rentre à Bristol pour recevoir acclamations et pension royale.

Ce voyage de reconnaissance et ceux qui ont suivi (João Fernandes et les frères Corte-Real en 1500; João Alvares Fagundes, de 1520 à 1525; Giovanni da Verrazano, de 1524 à 1528) démontrent qu'il n'existe pas, par l'ouest, de route facile pour aller aux Indes. Tout de même, à son retour, Cabot fait connaître une autre sorte de richesse: la morue. Il y avait déjà en Europe une forte demande pour ce poisson; pendant des générations, les Européens l'avaient pêché dans la Mer du Nord et au large de l'Islande. Peu après le voyage de Cabot, des pêcheurs portugais, français et anglais commencent à le pêcher sur les bancs de Terre-Neuve et de la Nouvelle-Écosse. Dans les années 1550, le commerce de la morue terre-neuvienne emploie des centaines de navires et des milliers d'hommes, qui voyagent chaque année entre les ports d'Europe et les nouvelles zones de pêche.

Avec eux arrivent les pêcheurs de baleine, en particulier les Basques d'Espagne et de France. Ils se concentrent sur le détroit de Belle-Isle dont l'étroitesse facilite leur chasse. Dans les années 1560 et 1570, ils sont plus de 1000 à y passer régulièrement l'été, et parfois l'hiver. Pêcheurs de morue et de baleine s'intéressent plus à la mer qu'à la terre; ils vont toutefois, à l'occasion de leurs contacts avec les autochtones, mettre progressivement en place une autre sorte de commerce. C'est qu'il y a en Europe un marché de luxe pour les peaux et les fourrures: les pêcheurs peuvent l'exploiter, une fois établis des échanges à l'amiable avec les indigènes. Dans la deuxième moitié du 16e siècle, on en vient à organiser des voyages aux fins précises de ce commerce.

Lors de son exploration du golfe du Saint-Laurent en 1534, Cartier rencontre des bateaux de pêche et visite des ports que des baleiniers basques avaient déjà baptisés. Bien plus, il échange des fourrures avec les Micmacs de la baie des Chaleurs. Mais Cartier a un tout autre programme en tête. À cette époque, il est devenu évident que les expéditions de Colomb ont donné lieu à la découverte non pas des Indes, mais d'un nouveau continent; on commence déjà à l'appeler *Amérique*. On espère toujours trouver un passage au travers de ce continent, mais les Espagnols au Mexique et au Pérou révèlent un nouveau motif d'exploration. Dans leur conquête du Mexique sur les Aztèques et du Pérou sur les Incas, les conquistadors ont déjà, du temps de Cartier, mis la main sur des trésors aussi précieux que les richesses de l'Extrême-Orient. C'est pourquoi Cartier reçoit du roi de France mission de découvrir «certaines ysles où l'on dit qu'il se doibt trouver grant quantité d'or et autres riches choses».

Même si les premières déceptions de Cartier à l'égard du Canada se révèlent injustifiées, l'opinion qu'il s'en est faite est confirmée sur un point essentiel. Comparé à la majeure partie de l'Europe occidentale, le Canada est un pays rude. Les Prairies et la côte du Pacifique mises à part, le climat canadien au nord du 49e parallèle ressemble à celui de l'Europe au nord du 60e, c'est-à-dire à celui de la Norvège, de la Suède centrale et de la Finlande. Autrement dit, le Canada est d'abord un pays nordique. Au sud du 49e (sud de l'Ontario, vallée du Saint-Laurent et Prairies), le climat est celui de l'est de l'Europe centrale et de l'ouest de l'Union soviétique. Seules la côte de la Colombie britannique et les Maritimes (sauf Terre-Neuve) peuvent se comparer à la France et aux Îles Britanniques. Seuls aussi, le sud de la Colombie

Les navires du capitaine Cook à l'ancre dans l'anse Résolution, au Nootka Sound, île de Vancouver. En mars 1778. La traite entre les Britanniques et les Nootkas s'est faite, selon les termes de James Cook, «dans la plus rigoureuse bonne foi des deux côtés». La traite terminée et ses navires radoubés, le grand explorateur appareille en direction des îles Sandwich (Hawaï), où il périt dans une querelle avec les indigènes. Aquarelle de M.B. Messer, d'après John Webber. (ANC, C-11201)

britannique, les Prairies, le sud de l'Ontario, la vallée du Saint-Laurent et le sud des Maritimes jouissent d'une saison végétative qui dépasse les 160 jours nécessaires à la culture sur une grande échelle. La majeure partie de ce qui forme le Canada d'aujourd'hui répond donc mieux au mode de vie des chasseurs indigènes et des pêcheurs qu'à celui de ces cultivateurs européens qui suivent les traces des premiers explorateurs.

La géographie canadienne aura une grande influence sur les relations entre les indigènes et les intrus européens. Par opposition au territoire qui va devenir les États-Unis, peu de ces régions nordiques se prêtent à l'agriculture. C'est dire que, dans les premiers temps, il surviendra entre indigènes et étrangers beaucoup moins de disputes au sujet de la possession du sol qu'aux États-Unis, où le climat et la géographie facilitent un mode de vie agricole et incitent les indigènes à défricher et à peupler les meilleures terres. Là-bas, il y aura fatalement conflit quand les nouveaux venus s'empareront du sol pour leur propre usage. Au Canada, jusqu'au 19e siècle, ce qui attire d'abord les Européens, c'est plutôt le littoral poissonneux et les richesses que les Amérindiens tirent de la forêt. La ruée sur ces produits de la forêt commence une cinquantaine d'années après le regard réprobateur posé par Cartier sur les Montagnais de la côte du Labrador. En 1588, deux de ses neveux se font accorder, par le roi de France Henri III, le monopole du commerce avec les Montagnais et autres indigènes. Il sera de courte durée. Ceci met en branle la concurrence pour obtenir la haute main sur le commerce des fourrures: elle va durer jusqu'au milieu du 19e siècle, en se confondant assez tôt avec les visées impériales de la France et de l'Angleterre sur la moitié nord du continent. Cette concurrence sera l'une des principales forces derrière l'invasion européenne, et marquera la carte politique contemporaine de l'Amérique du Nord.

La traite des fourrures elle-même perturbera le monde indigène: elle provoquera des conflits entre les divers groupes qui se bousculent pour approvisionner les Européens en fourrures et contrôler les routes de commerce vers l'intérieur; elle propagera des épidémies, poussera des populations entières à migrer, introduira l'âge de fer dans une économie de l'âge de pierre; enfin, elle entraînera les indigènes vers un marché de matières premières en voie d'internationalisation. Ces changements ne produiront pas le même effet sur tous les indigènes, à cause de l'immense diversité culturelle et géographique du Canada autochtone. Néanmoins, l'arrivée des Européens va changer ce monde une fois pour toutes.

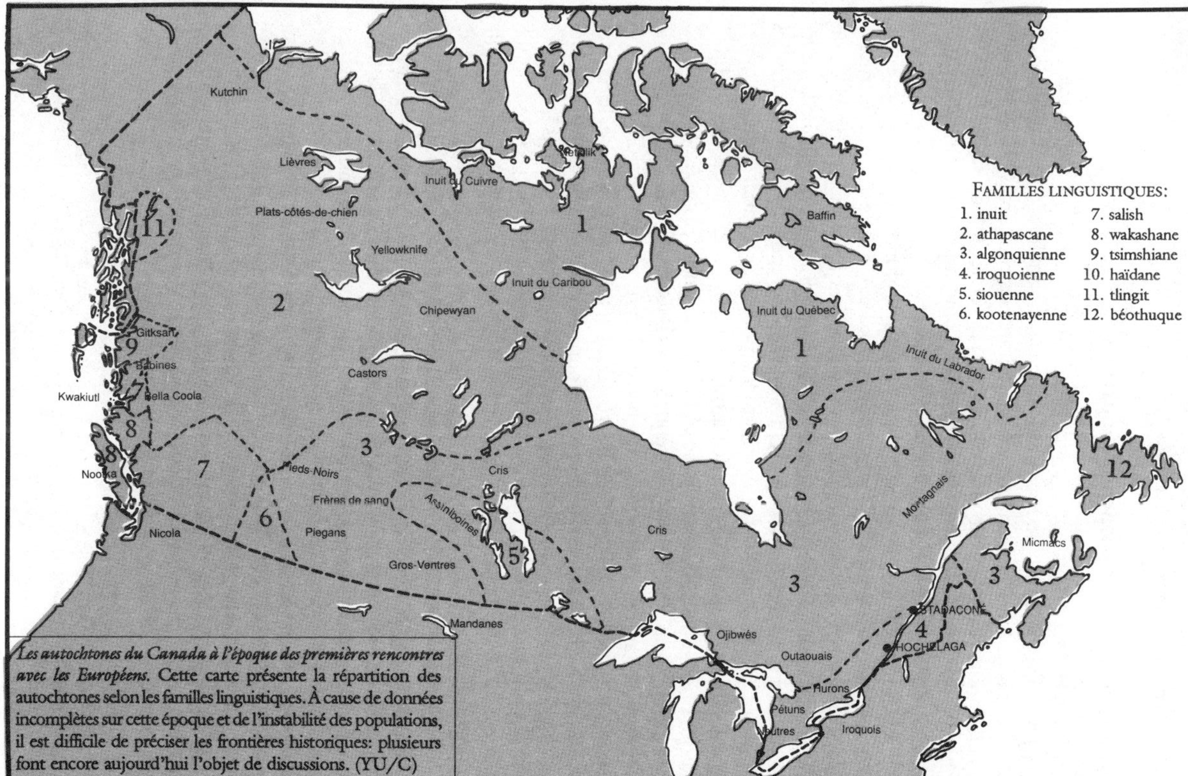

Les autochtones du Canada à l'époque des premières rencontres avec les Européens. Cette carte présente la répartition des autochtones selon les familles linguistiques. À cause de données incomplètes sur cette époque et de l'instabilité des populations, il est difficile de préciser les frontières historiques: plusieurs font encore aujourd'hui l'objet de discussions. (YU/C)

Avant l'invasion: physionomie du pays

Le Canada est presque aussi grand que l'Europe et environ treize fois plus étendu que la France et le Royaume-Uni pris ensemble. Cette immensité est vraiment une donnée essentielle. Pour exploiter les ressources de ce territoire et en faire éventuellement un pays, il faut relever le défi de développer des réseaux de transport et de communication. Tout au long de cette histoire, il s'agira d'une entreprise gigantesque et coûteuse.

L'immensité du pays et son climat nordique donnent à sa physionomie une variété exceptionnelle. La terre de mousses et d'arbustes que Cartier a remarquée sur le littoral labradorien est caractéristique d'une bonne partie du Canada, au nord des dernières forêts: c'est la toundra arctique que balaient les vents dans le nord du Labrador, l'Ungava, la plus grande partie des Territoires du Nord-Ouest et les îles de l'Arctique. Même si ce pays paraît stérile, le gibier n'y manque pas. La forêt boréale, là où elle rejoint la toundra, est l'habitat, jusqu'à nos jours, du bœuf musqué et d'un animal résistant, semblable au chevreuil, le caribou. Ce dernier fréquente la toundra, passant l'été au nord de la limite des arbres, mais, à la différence du bœuf musqué au poil épais, il se retire au sud pour hiberner dans la forêt. Dans cette région, le lièvre, le renard, le loup et le carcajou sont les animaux à fourrure les plus importants. La truite des lacs, le corégone, le brochet et l'omble arctique abondent dans les rivières du littoral. Les eaux des côtes septentrionales sont aussi l'habitat du phoque barbu, du morse (sauf dans l'ouest de l'Arctique), du narval, du béluga et de l'ours polaire.

Au sud de la limite des arbres, la majeure partie du Canada, à l'est du lac Winnipeg et de la vallée du fleuve Mackenzie, se rattache au Bouclier canadien, où, il y a des millénaires, d'énormes glaciers continentaux ont raboté la terre sur de grandes surfaces. Entre les régions qui ont été mises à nu, le pays est couvert d'une forêt, dite boréale ou nordique, constituée de conifères: pins, épinettes et mélèzes. Au 20e siècle, les peintres du Groupe des Sept tenteront de fixer sur la toile l'âme de ce paysage. Ils en donneront une vision romantique, mais les explorateurs européens et les premiers marchands de fourrure le voient d'un œil bien différent: pour survivre, ils doivent affronter une dure réalité. David Thompson, célèbre explorateur, géographe et marchand de fourrures du 19e siècle, en donne cette description:

> Je lui ai donné le nom de *Stoney Region* (...) Ce ne sont là que rochers, lacs et rivières à l'infini (...) L'été dure de cinq à six mois, avec de fréquentes gelées et aussi des périodes de grande chaleur, mais on est constamment harcelé par les moustiques et autres mouches (...) Même le chevreuil, pourtant si craintif, en vient à négliger sa sécurité, tant il souffre de ces mouches, et des chasseurs en ont profité pour l'abattre:

or ils étaient entourés d'une nuée si grande et si épaisse de mouches qu'ils n'osaient pas aller chercher tout de suite l'animal.

Au 18e siècle, cette forêt du Bouclier passe aux yeux des hommes de la Compagnie de la baie d'Hudson pour un désert sans nourriture; ils croient que la chasse y est trop pauvre pour y soutenir un réseau de postes de traite.

Au centre du Bouclier canadien, les baies d'Hudson et de James offrent l'une des plus grandes ouvertures maritimes sur l'intérieur du continent nord-américain. Du fleuve Nelson, à l'ouest, jusqu'au fleuve Rupert au sud-est, ces deux baies sont encadrées de vastes marécages qui se prolongent dans les terres sur des centaines de kilomètres. Au 19e siècle, un agent de la Compagnie de la baie d'Hudson, James Hargrave, surnommera «terre de marais et de brume» ces marécages infestés d'insectes. Surnom approprié, mais cette terre sera quand même pour la Compagnie la base canadienne de ses deux premiers siècles d'activité. Comme cette région a dû paraître affreuse et hostile à ces gens qui arrivaient du climat tempéré des îles britanniques! Le marchand James Isham, au service de la Compagnie au début du 18e siècle, décrit crûment l'hiver dans cette baie:

> Vers la fin d'août (...) les vents du nord-ouest et du franc nord commencent à se lever, avec un temps froid insupportable, une forte neige et de grandes rafales, pour une durée de huit mois (...) Il arrive souvent par matin d'hiver que nous ayons un beau temps doux et que, avant la tombée de la nuit, survienne soudain un coup de vent accompagné de tant de rafales et de neige que si des hommes sont à l'extérieur habillés pour un temps doux, ils courent un grand risque de périr: plusieurs sont morts, victimes de ces tempêtes imprévues (...) J'en ai connu à qui il a suffi de travailler à la scie seulement une vingtaine de minutes pour se geler le visage et les mains et devoir aller ensuite chez le chirurgien se faire soigner ou se faire amputer.

Autour de la baie d'Hudson, traiteurs et indigènes peuvent voir brouter le chevreuil, le caribou de la forêt et l'orignal, surnommé par David Thompson «l'orgueil de la forêt». Entre autres bêtes précieuses à la fois pour la chair et la fourrure, mentionnons l'ours, le renard, le castor, le rat musqué, la martre, la loutre, le lynx, le lapin et le lièvre, toutes bêtes encore abondantes aujourd'hui. Parmi les nombreuses variétés de poisson, relevons la truite des lacs, le corégone, l'esturgeon et le brochet. Au printemps et en automne, quantité de canards et d'oies. Des premiers récits des marchands de fourrures, il appert que le gros gibier est plus rare dans les basses terres de la baie d'Hudson qu'à l'intérieur du Bouclier. Toutefois, selon la saison, c'est dans les baies d'Hudson et de James que des millions d'oies blanches et de bernaches canadiennes (outardes) font leurs nids. Bien à l'intérieur des terres, entre la Saskatchewan du Sud et le lac des Bois, se trouve l'une des plus importantes régions de reproduction de rats musqués au monde.

Les pétroglyphes — peintures sur falaises et sur murs de grottes, à base de matériaux naturels comme l'ocre — sont l'une des plus anciennes manifestations de l'art autochtone. Le pétroglyphe ci-contre représente une légende ojibwée qui fait intervenir l'animal cornu, Misshipeshu, grand roi des poissons, le serpent Manitou et un canot à cinq rameurs. Site Agawa, rive nord du lac Supérieur. (MC, K75-1)

La forêt boréale rejoint une région de feuillus d'essences diverses, qui s'étend jusqu'au Nouveau-Brunswick et à la Nouvelle-Écosse. C'est là que le bouleau, fort recherché par les indigènes pour son écorce, atteint sa plus forte dimension: au moins 15 cm de diamètre. Le riz sauvage, qui sert de nourriture aux indigènes comme aux Européens, y pousse encore aujourd'hui, en particulier le long de la rivière La Pluie et jusqu'au lac des Bois, tandis que le golfe du Saint-Laurent abonde en morues, maquereaux, phoques, anguilles, baleines, marsouins et crustacés.

Au point de rencontre du Bouclier canadien et des plaines de l'Ouest, se développe un réseau de lacs étendus et riches en poissons, dont les plus connus sont le lac des Bois, le lac Winnipeg, le lac Athabaska, le Grand Lac des Esclaves et le Grand Lac de l'Ours. Les plaines s'étendent de la frontière des États-Unis jusqu'au delta du Mackenzie et, vers l'ouest, du Bouclier canadien aux montagnes Rocheuses. Pays aux ondulations douces, qui se relève en deux paliers distincts: l'un, dans l'ouest du Manitoba, appelé Talus manitobain; l'autre, au centre de la Saskatchewan, le Coteau Missouri. Certains secteurs des Plaines, tout particulièrement la vallée de la rivière Rouge, sont absolument plats; de fait, cette vallée est l'une des plus plates de l'Amérique du Nord. Ancien lit d'un lac disparu, elle est sujette à des inondations considérables chaque fois que les glaces bloquent le cours inférieur de la Rouge durant les fontes printanières: cette catastrophe survient souvent parce que l'amont de cette rivière qui coule vers le nord dégèle plus tôt que l'aval. Les premiers colons l'apprennent à leurs dépens.

Par-delà les rivières Saskatchewan et Saskatchewan du Nord, la forêt boréale se prolonge jusqu'aux montagnes Rocheuses et jusqu'au Yukon. Dans cette région boisée, la vallée de la rivière La Paix est l'une des plus abondantes en gibier. L'explorateur et marchand Alexander Mackenzie le fait remarquer: «Sur les deux côtés de la rivière (même si de ce point on ne peut s'en rendre, compte), se déploient de vastes plaines où vivent à profusion bisons des bois, orignaux, loups, renards et ours». Impressionné par ce cachet pastoral, Mackenzie tient la vallée de la rivière La Paix pour l'une des plus belles régions qu'il ait jamais vues.

Au sud de la Saskatchewan et de la Saskatchewan du Nord, les boisés cèdent peu à peu la place aux prairies, ce que les premiers marchands de fourrure appellent, d'une façon colorée, «îlots d'arbres dans une mer d'herbages». À cette frontière entre la forêt et la plaine, on donne le nom de forêt-parc et aussi (en y comprenant les prairies qui sont au-delà) celui de «pays du feu», parce que les grands feux de savane y sont chose courante. Bois et prairies grouillent de gibier. Le plus important est le bison des plaines, le plus gros des animaux terrestres de l'Amérique du Nord: il pèse jusqu'à 1000 kilos. Les bisons se massent dans les prairies l'été, pendant la saison du rut, et se retirent dans les forêts voisines au cours de l'automne quand le froid d'hiver commence à se faire sentir. Tous les observateurs l'affirment, les troupeaux de bisons sont vraiment prodigieux, l'été: «J'ai vu plus de bisons que j'en aie jamais pu rêver», rapporte un habitant de la prairie, en juillet 1865, après en avoir rencontré à la rivière Bataille, dans l'est de l'Alberta. «Les bois et les plaines en étaient remplis. L'après-midi, nous sommes arrivés dans une grande prairie circulaire d'environ quinze kilomètres de diamètre; comme j'étais sur mon cheval en haut d'une butte, il me sembla qu'il eût été impossible d'y trouver place pour un bison de plus. Toute la plaine n'était qu'une masse compacte.» Ces énormes troupeaux produisent dans les prairies le même effet qu'une nuée de sauterelles: ils les mettent à nu et écrasent les boisés des environs.

On trouve dans la forêt l'orignal, le wapiti, l'antilope d'Amérique, le cerf mulet. Le castor prospère en rongeant les trembles; de grandes hordes de loups s'attaquent aux troupeaux de bisons, égorgeant les jeunes, les vieux et les invalides.

Un guerrier kutchin avec son épouse. L'habillement traditionnel ressemble à celui que l'on rencontre chez d'autres peuples de la famille linguistique des Athapaskans, comme les Chipewyans. Les tuniques se terminent en pointe dans le dos, selon la forme des peaux. Le chaudron est ici le seul article de fabrication européenne. Lithographie de 1851, d'après un dessin de A.H. Murray. (ANC, C-2264)

À l'ouest, les montagnes Rocheuses se dressent au-dessus des prairies et se prolongent jusqu'au littoral actuel de la Colombie britannique. Dans ce pays d'une grande beauté, fait de montagnes, de plateaux et de forêts, les déplacements sont très dangereux, à cette époque des voyages en canot. Presque toutes les rivières forment des torrents qui plongent dans des canyons étroits et escarpés, comme au Hell's Gate dans le cours inférieur du fleuve Fraser. Aller à pied le long de ces escarpements s'avère souvent très périlleux, sinon impossible. «Là où nous avons débarqué», écrit Alexander Mackenzie à propos du canyon de la rivière La Paix, «la rivière n'a pas plus de 50 verges (45 m), elle coule entre des rochers formidables, dont se détachent parfois d'énormes morceaux; en tombant de cette hauteur, ils éclatent en de petites pierres pointues ... nous n'avions pas d'autre choix... que de franchir la montagne en transportant canot et bagages».

Grâce en partie à sa nature accidentée, la Colombie britannique possède la géographie la plus diversifiée du Canada. On y retrouve les climats les plus humides et les plus secs. Les montagnes du littoral, exposées aux vents d'ouest chargés d'humidité, sont couvertes d'épaisses forêts tropicales, tandis que les hauts versants des montagnes Rocheuses qui font face au vent se revêtent d'épinettes, de sapins et de pins. Par contraste, les plateaux de la chaîne côtière, à l'abri du vent, ont une couverture végétale plus clairsemée, faite d'herbages et d'armoise. À part le bison des plaines, presque toute la faune de l'est des montagnes Rocheuses se retrouve ici, mais la chèvre de montagne, l'otarie de Steller et la loutre de mer sont, jusqu'à nos jours, caractéristiques de la Colombie britannique. Baleines et phoques abondent le long du littoral, et au moment du frai, toutes les rivières importantes de la côte fourmillent de saumons. Chaque printemps, arrivent par bancs les poissons — chandelles ou eulakenes, une variété d'éperlans.

Dans les premiers temps, le pays, avec sa faune, est tout nouveau pour les Européens. L'exploration du Canada s'apparente alors à une visite guidée conduite par des indigènes se sentant bien chez eux. Les Européens apprennent, grâce aux indigènes, à tirer profit des divers animaux, poissons et plantes qu'ils rencontrent dans ce vaste pays appelé Nouveau Monde. Le commerce des fourrures est ce qui attire d'abord les étrangers, mais il faut aussi survivre dans cet environnement.

Les indigènes: esquisse d'un portrait

À l'aube de l'invasion européenne, le Canada indigène forme, comme l'Europe, une mosaïque complexe de cultures. Les autochtones parlent douze langues principales et encore plus de dialectes. Au nombre de peut-être 300 000 personnes, ils habitent toutes les régions du pays, distribués toutefois d'une façon fort inégale. Ils vivent en majorité dans des villages semi-permanents le long des rivières et des baies du littoral de la Colombie britannique, dans le sud de l'Ontario et dans la vallée du Saint-Laurent. Ailleurs, le pays est maigrement peuplé de petits groupes nomades.

Les sociétés indigènes sont de types divers: depuis les ensembles complexes et fortement structurés de la côte ouest jusqu'aux bandes plus lâchement organisées de la forêt boréale et de la toundra, où l'on se tient en petits regroupements de parenté. Les habitants du littoral du Pacifique vivent dans des villages et pratiquent principalement la pêche; ceux du sud de l'Ontario et de la vallée du Saint-Laurent comptent surtout sur les produits de leurs potagers pour se nourrir, en y ajoutant le poisson et la venaison; les autres groupes dépendent du gibier.

Chez ces indigènes, d'une façon générale, la religion sert à accentuer la relation étroite avec une nature qu'anime un pouvoir surnaturel. La plupart d'entre eux croient en un grand esprit et en une foule d'esprits de rang inférieur dont ils attendent secours, conseil et protection, mais la façon dont s'expriment ces croyances, ainsi que le rituel de leurs cérémonies, présentent une grande diversité.

Il n'est pas facile de se faire une image précise des indigènes du Canada à la veille de l'expansion coloniale. Les sociétés autochtones n'étant pas alphabétisées, elles ne nous ont donc pas transmis de documents écrits, sources principales des historiens. Pour tracer de l'indigène un portrait qui se tienne, nous devons recourir à l'archéologie, à la tradition orale des Amérindiens et aux témoignages écrits des premiers étrangers venus d'Europe, mais toutes ces sources ont leurs limites.

L'archéologie nous fournit une image très incomplète de cette époque. Les tessons de poterie, quelques outils de pierre et presque tous les autres objets que les archéologues ont exhumés ne témoignent que d'une façon indirecte sur la vie des autochtones ou sur leur vision de leur propre monde. Nous ne pouvons que tirer des conclusions fondées sur des similitudes avec nos traditions culturelles. Et beaucoup de données n'apparaissent pas dans les fouilles archéologiques. Les vestiges organiques ne subsistent pas pendant de très longues périodes, sauf dans un sol marécageux imbibé d'eau, dans le permafrost ou dans les régions semi-arides des plaines. Souvent nous n'avons, pour nous renseigner sur la vie des premiers habitants du pays, qu'un pauvre échantillon d'outils de pierre ou encore, là où l'on fabriquait de la poterie, quelques débris de céramique.

Chez la grande majorité des groupes, on se transmet des récits oraux, des traditions et des légendes bien structurées et qui nous fournissent des aperçus révélateurs sur la vie avant l'invasion européenne. Malheureusement, plusieurs de ces récits ont été recueillis bien après les premières relations avec les nouveaux venus: il en résulte qu'ils entremêlent souvent à des éléments qui sont antérieurs à ces relations, d'autres qui leur sont postérieurs. La plupart de ces récits ont pour but premier de transmettre aux générations futures d'importantes valeurs morales et sociales, et non de présenter une chronologie exacte des événements ou une explication de ce qui les a causés. Même si quantité de ces récits, traditions et légendes nous donnent des aperçus séduisants sur les croyances et conceptions du monde, sur l'expérience de quelques individus, tout cela ne constitue pas pour l'histoire une source parfaitement sûre.

Devant la faiblesse de ces sources, il faut, autant que possible, utiliser les récits des premiers explorateurs, marchands et missionnaires. Ici encore, des problèmes se posent: presque tous les récits des rencontres initiales sont dus à des hommes qui ont pour la plupart vécu de longues périodes loin de leurs familles ou des femmes européennes. Les renseignements qu'ils ont retenus et l'interprétation qu'ils ont donnée de ce qu'ils ont vu portent la marque de leur milieu social, de leurs antécédents culturels et de la raison de leur séjour. Même la durée de leur présence doit servir de critère. Pour vraiment comprendre une société, il faut y vivre pendant une période prolongée; or les premiers explorateurs se sont presque tous contentés de brèves rencontres, pressés d'aller à la recherche de richesses minérales, de nouveaux approvisionnements en fourrures et de cette inaccessible mer de l'ouest.

Même ceux qui demeurent longtemps chez les indigènes se butent à des obstacles qui les empêchent de bien comprendre plusieurs aspects de leur mode de vie, en particulier la religion. «Je dois le faire observer, écrit David Thompson, peu importe ce que d'autres ont pu écrire sur le credo de ces indigènes, j'ai toujours trouvé très difficile de savoir ce qu'ils pensent de ce qu'on appelle les sujets religieux. Leur poser des questions là-dessus ne mène à rien, ils vont vous donner la réponse qui est la plus propre à éviter d'autres questions et à faire plaisir à celui qui veut s'informer.»

La période de l'année et l'endroit où se tient leur première rencontre des groupes indigènes a aussi beaucoup d'influence sur l'idée que ces Européens se font du monde indigène. Leurs voyages d'exploration passent surtout par les rivières, de la fin du printemps au début de l'automne. En général, ils cherchent une voie d'eau vers l'Asie ou de nouveaux partenaires dans le commerce. C'est pourquoi nos premières images de l'intérieur du pays sont avant tout des images de cours d'eau, et nos premières cartes des cartes des voies de communication. Comme bien des groupes indigènes se déplacent sur des centaines de kilomètres, lors de leurs randonnées annuelles, et qu'ils comptent souvent sur différentes ressources selon le changement des saisons, ce que l'on a entrevu, durant quelques jours d'été ou d'hiver, ne peut que fausser la perception d'ensemble. Cela a parfois mené, de nos jours, à des affirmations contradictoires sur les lieux où vivaient plusieurs groupes indigènes et sur les ressources qu'ils utilisaient. Les discussions là-dessus ne sont plus

Keskarrah, guide amérindien Cooper, et sa fille Green Stockings. L'un et l'autre semblent porter des vêtements en peau de caribou. À noter: leurs visages dessinés à l'européenne. Lithographie en couleurs de 1823, d'après un dessin du lieutenant Robert Hood. (ANC, C-5528)

simplement d'un intérêt spéculatif, car les revendications territoriales des Amérindiens dépendent souvent de l'interprétation qu'on donne à ces premiers récits.

Ce qui est plus embarrassant, c'est que, loin des régions côtières, la présence européenne a commencé à modifier la vie des indigènes longtemps avant qu'Européens et autochtones ne se soient vraiment rencontrés, modification due principalement aux marchandises européennes que les diverses tribus échangeaient entre elles, et à la propagation de maladies apportées par les Blancs. Que ces changements aient eu lieu longtemps avant toute relation concrète avec les étrangers, signifie que plusieurs de ces récits les plus anciens et de première main ne donnent pas une idée exacte du Canada autochtone avant les perturbations, car les sociétés indigènes étaient déjà en mutation. En 1793, Alexander Mackenzie est le premier Européen à traverser la Colombie britannique: sur le cours supérieur du Fraser, il rencontre des Amérindiens possédant déjà des marchandises européennes. Et Mackenzie est pourtant le premier Blanc qu'ils aient jamais vu.

Les dessins et les peintures des Européens et, plus tard, les photographies, nous fournissent souvent de précieuses représentations de la vie de ces premiers temps. Toutefois, plusieurs ne font que traduire les interprétations personnelles d'artistes utilisant les récits d'autrui. Même lorsqu'ils ont visité les indigènes, leurs œuvres sont profondément influencées par leurs propres attitudes en face de leurs sujets, leur formation artistique et la mode du jour. Même les photographies peuvent être trompeuses. Un bon exemple: l'œuvre d'Edward Curtis, ce célèbre photographe de la fin du 19e siècle et du début du 20e, qui se met en route pour enregistrer la culture indigène avant qu'elle disparaisse. Pour faire son travail, il emporte sur le terrain une collection d'objets et de vêtements fabriqués par des Amérindiens, et s'en sert pour plusieurs de ses mises en scène; il a, de plus, retouché certains de ses clichés pour que les épreuves ne laissent pas en vue des articles d'origine européenne. Les photographies de Curtis sont reconnues comme des œuvres d'art, mais elles ne sont pas une source digne de foi sur la vie des indigènes.

De toute évidence, se faire une image précise du Canada indigène n'est pas chose facile: il nous faut tenir compte d'une grande variété de témoignages

Logements d'hiver des Kutchin. À demi-enfoncés dans le sol, en charpente de bois et recouverts de terre, ces abris assurent de la chaleur même par les plus grands froids. Sous bien des rapports, ils ressemblent aux habitations inuit du delta du Mackenzie et du Labrador. Lithographie de 1851, d'après un dessin de A.H. Murray.(ANC, C-2167)

tirés de sources diverses, depuis la fin des temps préhistoriques jusqu'au premier siècle après les contacts initaux.

Les chasseurs de la forêt boréale

Elle est immense, la forêt boréale! À partir du littoral labradorien, elle s'étend vers l'ouest sur 4800 kilomètres, jusqu'au cours inférieur du Mackenzie et jusqu'au Yukon. À l'intérieur de cette forêt, on parle divers dialectes de deux familles linguistiques: l'athapascan (au nord-ouest du fleuve Churchill) et l'algonquien (au sud et à l'est de ce fleuve). Bien qu'ils soient incapables de se comprendre les uns les autres, les Amérindiens de langue athapascane comme ceux de langue algonquienne ont à affronter le même défi de l'environnement et trouvent les mêmes solutions, de sorte que, sous bien des rapports, ils partagent le même quotidien, s'adaptant au même milieu. Outils, armes, vêtements, articles de rituels sont façonnés à partir de matériaux disponibles sur place. La vie s'organise autour de techniques apprises en commun et d'outils et appareils faciles à porter. Les armes pour capturer petit et gros gibier sont des arcs, flèches et javelots avec embouts de pierre, des trappes meurtrières et des pièges.

Ces pièges sont particulièrement efficaces. À la fin du 18e siècle, lors de son héroïque randonnée depuis le fleuve Churchill jusqu'à la rivière Coppermine, l'explorateur et marchand Samuel Hearne décrit ainsi l'usage qu'en font les Chipewyans dans leur chasse au caribou de la toundra:

> Quand les Amérindiens veulent attraper le caribou, ils cherchent une piste que plusieurs bêtes ont suivie et que, selon leurs observations, elles fréquentent encore (...) Ils font un parc qu'entoure une solide clôture faite d'arbres touffus (...) l'intérieur est tellement encombré de haies secondaires que cela ressemble fort à un labyrinthe, et dans chacune de ses petites ouvertures, ils placent un piège, fait de lanières de peau de caribou séchée (...) piège étonnamment solide.

Attirés ou poussés dans le parc et pris dans les pièges, les caribous sont transpercés ou criblés de flèches. Hearne ajoute que le succès de cette méthode de chasse est tel que les bandes chipewyanes passent la plus grande partie de l'hiver en un ou deux endroits seulement. De même, les Cris prennent le caribou des bois en élevant des «haies à caribou» en travers des sentiers et en déposant des pièges dans les ouvertures de ces haies. On prend le petit gibier (lièvre ou lapin) avec la même méthode, cependant que l'on pêche le poisson à la ligne, au moyen d'épuisettes ou en dressant des barrages en travers des cours d'eau.

Les hommes fabriquent la plupart de leurs armes, mais les femmes font les pièges et les trappes pour petites bêtes. Elles fabriquent aussi la plus grande partie de l'outillage domestique, dont les couteaux de pierre, les grattoirs en os ou en bois pour apprêter peaux et pelleteries, les burins de pierre pour graver l'os et le bois, les aiguilles en os, les récipients en bois ou en écorce et, chez les Algonquiens, la poterie. Les récipients sont, en général, de qualité médiocre: on ne peut y faire de la cuisson directement sur le feu. La plupart des aliments sont donc ou bien bouillis en jetant des pierres brûlantes dans l'eau, ou rôtis sur des bâtons ou à la broche. Samuel Hearne prend un plaisir évident à décrire les modes de cuisson des Chipewyans:

> (ces modes de cuisson consistaient) surtout à bouillir, à griller et à rôtir; mais, de tous les plats, c'est le *beeatee* (comme ils disent en leur langue) qui est assurément le plus savoureux, au moins pour varier le menu: on peut le préparer avec seulement du caribou, sans autre ingrédient. C'est une sorte de hachis, fait avec du sang, une généreuse portion de gras râpé fin, de ce qu'il y a de plus tendre de la viande, avec aussi le cœur et les poumons coupés ou, plus communément, déchiquetés. On met le tout dans l'estomac de la bête et on le rôtit pendu devant le feu par une corde. Il faut veiller à ce que la chaleur au début ne soit pas trop forte, car le sac pourrait brûler et son contenu s'en échapperait...

Les femmes fabriquent aussi les vêtements avec des peaux et des fourrures; elles les ornent de piquants de porc-épic, de poils d'orignal et parfois de peintures. La façon du vêtement n'implique qu'un découpage fort réduit, car on compte plutôt sur la forme naturelle de la peau: «Chipewyan» signifie d'ailleurs «peaux en pointe», par allusion aux queues des bêtes que l'on conserve à l'habillement. Presque toute l'année, le vêtement de dessus est une longue chemise ou tunique, pour les hommes comme pour les femmes, avec des jambières et des mocassins. Dessous, les hommes portent un pagne; les femmes, une culotte. L'hiver, on ajoute un bon manteau de castor que l'on porte le poil à l'intérieur; on l'utilise pendant deux ou trois ans avant qu'il ne devienne hors d'usage. Vers la vallée du Mackenzie, les manteaux sont, plus souvent, des lanières de peau de lapin. Pour la literie, on utilise des peaux de caribou et d'orignal, des couvertures en fourrure de lièvre, des peaux d'ours. Les tentes sont d'ordinaire recouvertes de peaux d'orignal ou de caribou, d'écorce ou de broussailles, que l'on dispose sur une charpente de poteaux en forme de cône. Une seule de ces tentes peut loger jusqu'à quinze personnes.

L'article le plus connu de la culture indigène est sans doute le canot d'écorce, léger, de faible tirant d'eau et facile à réparer. C'est l'embarcation qui a permis aux Européens d'aller si vite dans l'exploration de la moitié nord du continent: elle est facile à porter en terrain accidenté, et à manœuvrer dans les rapides imprévus. Malgré des variantes mineures de conception, d'une tribu à l'autre, le canot amérindien traditionnel peut transporter deux adultes,

Cette peinture à l'huile de 1880 par Thomas Mower Martin, *Campement d'Amérindiens des bois*, montre le mélange des cultures européenne et amérindienne. Les femmes portent des robes à l'européenne et utilisent la marmite de traite, mais les tentes et les canots sont toujours en écorce de bouleau. (GM, MM. 58.6)

un ou deux enfants et une charge maximale de quelque 130 kilos.

L'hiver, raquettes, traîneaux à chiens et toboggans sont tous nécessaires pour se déplacer en cas de neige épaisse. Dans la mesure du possible, les gens voyagent sur la glace des rivières, en suivant le côté de la rive à l'abri du vent, afin d'éviter les terrains raboteux et les rafales. Les traîneaux à chiens sont généralement traînés par un ou deux animaux seulement, les chasseurs pouvant rarement en nourrir davantage. C'est pourquoi les Amérindiens du nord, surtout les femmes, transportent quantité de leurs biens sur le dos, quand ils se déplacent d'un terrain de chasse à un autre. Comme ces chasseurs du nord sont nomades et qu'il leur faut compter sur la force de l'homme et du chien, ils ne peuvent accumuler de biens, ce qui les dissuade d'accaparer et d'exploiter l'environnement d'une façon abusive.

Les Amérindiens du nord forment de petites sociétés: les relations quotidiennes s'y limitent d'ordinaire à la proche parenté. Le plus petit groupement est la bande d'hiver, habituellement composée de quelques familles étroitement apparentées. Sa dimension dépend de deux facteurs: la sécurité et l'efficacité. L'orignal et le caribou, principal gibier d'hiver, ne vivent pas en hardes et peuvent donc être capturés fort efficacement par des chasseurs qui travaillent par couple ou en petits groupes. La chasse et la vie en groupement de parenté augmentent aussi les chances de survie. Si le chef de famille tombe malade ou meurt, on peut quand même échapper à la famine, puisque la bande apporte son appui à la famille.

Les mariages se font sans déploiement et, si nécessaire, sont facilement dissous. De cet aspect de la vie des Cris, l'explorateur David Thompson écrit:

> On ne requiert que le consentement des parties et des parents. La richesse d'un homme ne consiste qu'en son habileté à la chasse; la dot de la femme, c'est sa bonne santé et sa bonne volonté à décharger son époux de toutes les tâches domestiques (...) Si survient de l'incompatibilité entre les tempéraments et qu'ils ne peuvent plus vivre en paix, ils se séparent sans plus de façons qu'ils se sont unis (...) sans aucunement entacher leur réputation.

Les indigènes, de toute évidence, ne jugent pas différemment les relations sexuelles d'avant le mariage et celles d'après, comme le font ces Européens de sexe masculin dans leurs récits. La chasteté n'est pas tenue pour une vertu essentielle, même si Thompson rapporte que «parfois on la rencontrait poussée à un haut degré». À en croire Samuel Hearne, pour les Cris, «quelque exploit qu'ait accompli un homme, cela ne pouvait suffire à lui concilier l'affection ou à lui réserver la chasteté d'une Amérindienne du sud». La remarque de Hearne trahit son sexisme; elle ne dit rien des traiteurs qui incitent à la débauche. De fait, selon le propre récit de Hearne, certains traiteurs ne répugnent pas à recourir à la violence pour obtenir des faveurs d'ordre sexuel. Il note qu'un traiteur de la Compagnie de la baie d'Hudson, Moses Norton, issu d'un mariage mixte, entretient plusieurs épouses et garde une boîte de poison: celui-ci sert contre les Amérindiens qui lui refusent leur épouse ou leurs filles.

Autre coutume sociale des Amérindiens que bien des nouveaux venus trouvent scandaleuse: l'échange des conjoints. Hearne manifeste ici plus de compréhension:

> Je dois avouer qu'il est une autre coutume fort courante chez les gens de ce pays, celle d'échanger leurs épouses, la durée d'une nuit. Bien loin d'y voir un acte criminel, ils tiennent cela pour un des plus solides liens d'amitié entre deux familles; et si l'un ou l'autre des hommes vient à mourir, le survivant se juge obligé de subvenir aux enfants du défunt. Ces gens ne voient pas dans cet engagement une simple cérémonie (comme c'est le cas du grand nombre de nos parrains et marraines du monde chrétien qui, malgré leurs vœux... ne se souviennent presque jamais plus tard de ce qu'ils ont promis). Si bien qu'on ne connaît pas un seul exemple d'un Amérindien du nord qui ait manqué au devoir qu'il s'était chargé d'accomplir.

Ce dessin présente un Amérindien sous les traits d'un «sauvage» menaçant, armé de la traditionnelle massue de guerre, d'une hache de traite et d'un mousquet. On s'explique mal ici les raquettes, d'ailleurs trop petites, qu'il porte avec une tenue d'été. ***Iroquois allant à la découverte***, gravure de J. Laroque d'après un dessin de J. Grasset de Saint-Sauveur (Paris, 1796). (ANC, C-3165)

Exprimant peut-être la façon de voir des hommes de son temps, Hearne ne nous dit pas si les Amérindiens doivent demander le consentement de leurs épouses dans cette affaire. De même, il ne s'arrête pas à la possibilité que les femmes puissent prendre parfois l'initiative de ces arrangements. D'après les commentaires d'autres observateurs européens, il semble que les Amérindiennes ne manifestent pas de déférence envers les hommes.

L'organisation politique est fort simple. Les gens ont tendance à suivre les «leaders naturels». D'ordinaire, le chef d'une bande d'hiver est un chasseur de qualité supérieure, marié et habile orateur. Le chef de la bande d'été, en général, est l'individu le plus respecté parmi les chefs des plus petites bandes d'hiver. Contrairement aux organisations politiques européennes, ces hommes ne détiennent aucun pouvoir du seul fait de leurs fonctions, les principales décisions en économie ou en politique étant prises en collégialité. On ne fait rien avant d'en arriver à un consensus. Les chefs dirigent par persuasion et non par contrainte. Quand ils font affaire avec le monde extérieur, on s'attend à ce qu'ils soient de bons porte-parole et on les choisit, en partie, pour leur talent à discourir conformément aux traditions.

Très problématique est la rareté intermittente du gibier qui se produit après les feux de forêt, à la suite de maladies ou encore de variations normales de la population animale. En général, ces pénuries sont circonscrites et de courte durée. Pour s'en tirer, les indigènes ont recours à plusieurs méthodes efficaces. À l'intérieur des bandes, on attend des proches parents qu'ils s'aident les uns les autres en temps de nécessité, en partageant leurs excédents avec la parenté sans rien recevoir tout de suite en retour. Parlant des Cris, David Thompson note sur un ton approbateur: «Ce qui, dans la société civilisée, passe pour charité généreuse entre les hommes et pour de la tendre compassion, est tout simplement ce que l'on pratique chaque jour chez ces Sauvages comme un acte de responsabilité bien ordinaire.» Le partage est tenu pour un devoir. Amasser de la richesse pour soi-même passe pour un comportement antisocial, et l'on attend des chefs qu'ils fassent preuve de générosité. À l'opposé des Européens, un Amérindien du nord gagne son prestige en donnant plutôt qu'en amassant. Même partage entre les groupes: si la chasse au caribou ou à l'orignal s'avère insuffisante dans le territoire d'une bande, celle-ci obtient normalement le droit de chasser sur le territoire des bandes voisines. On peut parfois soulager la pénurie de nourriture par le commerce, en particulier pour les bandes du nord qui jouxtent le territoire des Iroquoiens du sud de l'Ontario. Toutefois, les Amérindiens du nord ne s'engagent pas, en général, dans un commerce d'envergure entre tribus: la forêt ne fournit tout simplement pas les éléments nécessaires pour rendre ce commerce praticable.

Individuellement, par des visions oniriques, et collectivement, par les grandes fêtes, ou par des rites comme celui du tambour, les habitants de la forêt boréale recherchent la protection des esprits. Thompson, qui a beaucoup de sympathie pour les croyances religieuses des Amérindiens, a donné une description de celles des Cris:

> Ils croient en l'existence individuelle du Manitou Keeche Keeche (le Grand, grand Esprit)... Il est le maître de la vie... Il laisse la race humaine se conduire elle-même, mais il a confié tous les autres êtres animés aux soins de manitous (ou anges inférieurs) qui sont tous responsables envers lui... Chaque manitou a une autorité et un domaine qui lui est propre: l'un a le bison, un autre le caribou... C'est pourquoi, autant que possible, les Amérindiens ne disent ni ne font rien pour les offenser et, à chaque animal qu'il tue, le chasseur pieux dit ou fait quelque chose en remerciement au manitou de l'espèce pour avoir eu permission de tuer.

La religion reste strictement affaire individuelle, mais ceux dont on pense qu'ils détiennent un pouvoir spécial de communication avec les esprits deviennent chamans. Une des importantes cérémonies rituelles que ces visionnaires accomplissent chez les Algonquiens est celle de la tente tremblante, au cours de laquelle le chaman dialogue avec le monde des esprits dans une tente spécialement édifiée à cette fin. Chez les Ojibwés, que Thompson décrit comme très religieux, ces chefs spirituels forment une confrérie, le ***midewiwin*** ou la

Grande Société de la Médecine, la plus importante institution religieuse de leur culture traditionnelle. Les signes sacrés en sont conservés sur des rouleaux d'écorce de bouleau pour servir d'aide-mémoire à ses membres.

Les Amérindiens de la région maritime de l'est du Canada pratiquent un mode de vie semblable, à cette importante différence près que les Béothuks, les Micmacs et les Malécites habitent à la fois le littoral et la forêt de l'arrière-pays. Et c'est parce qu'ils vivent le long de la côte en été qu'ils sont les premiers à entrer en relations avec les explorateurs et les pêcheurs venus d'Europe.

Les agriculteurs du Nord

Ailleurs au Canada, les sociétés indigènes se révèlent très différentes. Deux groupes d'importance majeure dominent l'est du Canada. Les peuples de langue iroquoienne, qui vivent dans le sud de l'Ontario actuel et autour du Saint-Laurent, ont développé des techniques d'agriculture bien éprouvées. Elles permettent à des milliers de personnes de vivre ensemble sur des surfaces restreintes et de former des systèmes politiques complexes. Les Iroquoiens utilisent divers dialectes et constituent plusieurs nations distinctes, souvent hostiles les unes aux autres: les Cinq-Nations ou «confédération iroquoise» (c'est-à-dire les Tsonnontouans, les Goyogouins, les Onneiouts, les Onontagués et les Agniers), les Hurons, les Ériés et les Neutres. Ces nations traitent les unes avec les autres, à travers divers réseaux de parenté, de rivalité, de guerre et de commerce. Les Iroquoiens du nord échangent leurs excédents de maïs contre les produits de chasse des Algonquiens. Les quantités restent faibles, mais les routes et les méthodes de commerce sont bien en place: marchandises et information s'échangent par ces routes bien avant que les Européens n'entrent en scène.

Faisant grand contraste avec leurs voisins de langue algonquienne, qui n'ont pas d'établissements permanents et se déplacent sans cesse d'un territoire de chasse à un autre, les Iroquoiens habitent des villages et dépendent de la récolte de leurs champs qu'ils surveillent avec soin. Ainsi, les Hurons retirent de l'agriculture jusqu'à 75% de leur nourriture; ils consomment surtout du maïs, des haricots, de la courge, du tournesol, qu'ils complètent par la pêche (en particulier du corégone) et par la chasse (surtout de la venaison). Avant l'arrivée des Européens, les Hurons, les Hochelagans et les Stadaconéens, tous gens de langue iroquoienne, sont, en Amérique du Nord, les agriculteurs les plus septentrionaux, à l'extrême limite climatique de l'agriculture.

Les villages iroquoiens comptent jusqu'à 2000 habitants et ils sont situés près des champs. On ne cherche un nouvel emplacement pour le village que si toute la terre disponible a été épuisée. Cette pratique agricole est rendue nécessaire par la méthode de défrichage par le feu, et bien décrite dans un récit de première main du frère récollet Gabriel Sagard:

> Ils defrichent avec grand peine, pour n'avoir des instruments propres: ils coupent les arbres à la hauteur de deux ou trois pieds de terre, puis ils esmondent toutes les branches, qu'ils font brusler au pied d'iceux arbres pour les faire mourir, et par succession de temps en ostent les racines; puis les femmes nettoyent bien la terre entre les arbres, et beschent de pas en pas une place ou fossé en rond, où ils sement à chacune 9. ou 10. grains de Maiz, qu'ils ont premierement choisy, trié et fait tremper quelques jours en l'eau, et continuent ainsi, jusques à ce qu'ils en ayent pour deux ou trois ans de provision; soit pour la crainte qu'il ne leur succede quelque mauvaise année ou bien pour l'aller traicter en d'autres Nations pour des pelleteries ou autres choses qui leur font besoin, et tous les ans sement ainsi leur bled aux mesmes places et endroits, qu'ils rafraischissent avec leur petite pelle de bois, faicte en la forme d'une oreille, qui a un manche au bout; le reste de la terre n'est point labouré, ains seulement nettoyé des meschantes herbes: de sorte qu'il semble que ce soient tous chemins, tant ils sont soigneux de tenir tout net, ce qui estoit cause qu'allant par-fois seul de village à autre, je m'esgarois ordinairement dans ces champs à bled, plustost que dans les prairies et forests.

La pêche et la chasse sont, dans une large mesure, l'occupation des hommes, la pêche étant la plus considérable des deux parce que le poisson est plus riche en protéines. Pour les Hurons, qui occupent ce qui est au 20e siècle le comté de Simcoe-nord en Ontario, le principal voyage de pêche est celui de l'automne, d'une durée d'un mois: on se rend à la Baie Georgienne capturer le corégone qui y fraie. Les Stadaconéens, installés près du site actuel de Québec, vont pêcher, dans le golfe du Saint-Laurent, maquereaux, phoques, anguilles et marsouins. Ils diffèrent des autres Iroquoiens en ce qu'ils vivent en étroite relation avec la mer. Dans l'intervalle des semailles et des récoltes, ils s'aventurent aussi loin que la péninsule de Gaspé et le détroit de Belle-Isle, pour y pêcher, chasser le phoque et pour d'autres expéditions en quête de nourriture. À la différence des voyages de pêche que les Hurons font l'automne presque seulement entre hommes, tous les Stadaconéens, hommes, femmes et enfants, font partie de ces expéditions d'été.

Même si la chasse procure moins de nourriture que l'agriculture et la pêche, elle garde son importance parce qu'il faut aussi des peaux et des fourrures pour l'habillement. Étant donné que, dans les régions habitées du territoire iroquoien, les populations vivent plutôt rapprochées les unes des autres, l'approvisionnement en gibier et en fourrures reste faible: les excursions de chasse doivent donc se faire sur des distances considérables. Les Hurons, par exemple, organisent à l'automne et en fin d'hiver des expéditions de chasse au chevreuil, avec plusieurs centaines d'hommes, longues randonnées

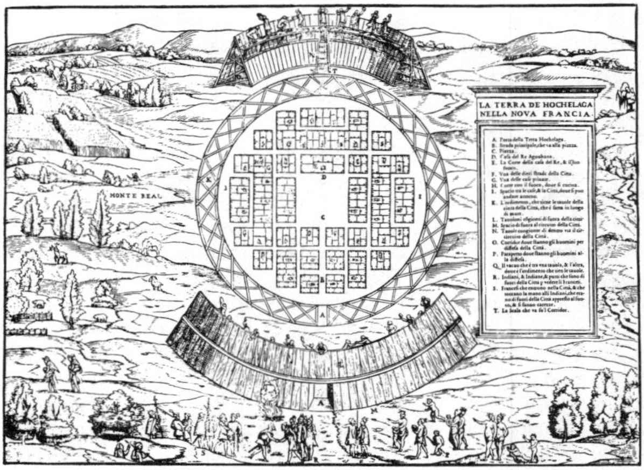

Dans le bas de cette illustration institulée ***La Terra de Hochelaga nella Nova Francia*** (par Giovanni Battista Ramusio en 1556), on voit au centre Jacques Cartier et ses hommes qui sont accueillis à l'entrée du village iroquois d'Hochelaga (Montréal), au début d'octobre 1535. (ANC, CNCP-1908)

au sud et à l'est de leur habitat. Mettant à profit l'habitude des chevreuils à queue blanche de se réunir en hardes pendant ces saisons, les Hurons dressent des haies en forme de V, de 3 mètres de haut et de près d'un kilomètre de long. On repousse les chevreuils contre ces haies, où on les tue en très grand nombre. Lors de la chasse de fin d'hiver, quelques femmes accompagnent les hommes pour les aider, notamment pour l'apprêt des peaux. La venaison se conservant mal (même si on en fume une partie), presque toute la viande obtenue dans ces chasses au chevreuil est consommée immédiatement. On rapportera au village la graisse et la peau. Pour amasser des provisions, les Iroquoiens ont mis au point diverses méthodes de préparation et d'entreposage de la nourriture. Ce qui vient des champs est séché et entreposé dans les vestibules, ou accroché au plafond des habitations. Quant au poisson, on le sèche au soleil ou on le fume, pour ensuite l'entasser dans des récipients d'écorce.

La différence peut-être la plus frappante entre les chasseurs du nord et les agriculteurs du sud est le type d'habitation. Les Iroquoiens habitent en effet des maisons-longues. Une cabane huronne traditionnelle peut mesurer une trentaine de mètres sur une dizaine. Elle est faite d'une structure de poteaux

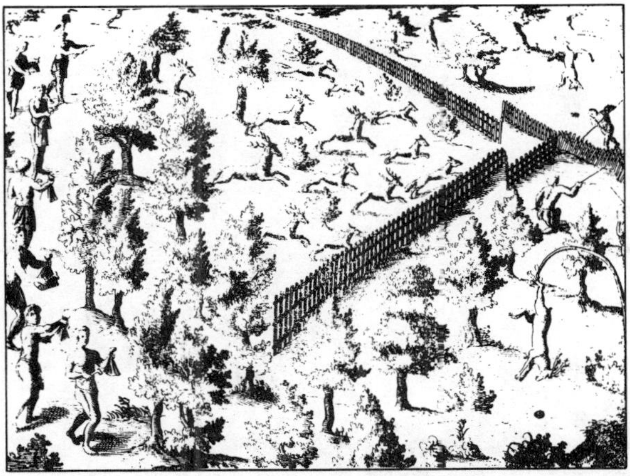

Une chasse au chevreuil chez les Hurons. La haie pour capturer le chevreuil est dessinée ici comme si elle avait été érigée par un agriculteur européen: il n'empêche que cette gravure représente la façon dont le chevreuil est abattu, avec des lances et des pièges à l'entrée de la haie. D'après un dessin de Samuel de Champlain (Paris, 1632). (ANC, C-113066)

enfoncés dans la terre autour du périmètre extérieur, poteaux recourbés et liés ensemble au-dessus du centre, puis recouverts d'écorce, habituellement de cèdre. À chaque extrémité de la maison-longue, on aménage une entrée en forme de vestibule, où l'on entrepose nourriture et bois de chauffage. À l'intérieur, on dresse le long des murs un plancher surélevé. Près du centre, on suspend à de larges poteaux des tablettes à rangement: les habitants y déposent marmites, vêtements et autres effets. De plus, le centre est occupé par une suite de foyers, disposés à six ou sept mètres les uns des autres. Dans les villages plus considérables, on protège les maisons par des palissades faites de pieux entremêlés.

En plus de construire des habitations plus grandes et plus durables que les chasseurs du nord, les Iroquoiens se fabriquent des canots plus grands pour le commerce, la guerre et la pêche: ces embarcations peuvent porter cinq ou six hommes avec leurs bagages, sur les eaux agitées et profondes de la Baie Georgienne et sur les grandes rivières. Il semble que des nations de langue iroquoienne, comme celle des Hurons, se soient adonnées à un commerce régulier avec leurs voisins, avant l'arrivée des Européens. Ce commerce est stable, puisque ces nations produisent des surplus importants de maïs, alors

Ces deux aquarelles, *Danse pour la guérison des malades* et ***Danse du calumet***, sont tirées d'une série de croquis de danses et de cérémonies iroquoiennes, qui sont l'œuvre de George Heriot, peintre, écrivain et maître de poste, établi à Québec (1766-1844). Le calumet est une pipe, symbole de la paix. (Art Gallery of Windsor; haut: 67: 39; bas: 67: 43)

que dans les environs immédiats, on manque de fourrures et de gibier. Leurs voisins du nord font grand cas du maïs et offrent souvent des fourrures en retour, d'excellente qualité à cause du climat rigoureux de la forêt boréale. Il n'est donc pas surprenant qu'à l'arrivée des Européens, il se pratique déjà un commerce très actif entre les uns et les autres. Maïs, tabac et filets comptent pour une bonne part du commerce d'exportation de la Huronie, située sur la rive sud de la Baie Georgienne. En retour, elle importe fourrures, poisson séché, viande et vêtements d'hiver.

Les Hurons commercent pour d'autres raisons. Ils accumulent plus de biens que leurs voisins algonquiens, à cause en partie d'un mode de vie plus sédentaire. Et même si l'on décourage l'instinct de propriété chez les individus, chaque groupement de parenté cherche collectivement à acquérir des biens pour maintenir ou rehausser son rang, ce qui s'obtient en redistribuant sa richesse (acquise surtout par le commerce) entre les autres membres de la société. Naturellement, ces relations commerciales sont jalousement gardées par le groupement de parenté qui les a entretenues ou qui en a hérité. Mais il arrive que ces droits sur une route commerciale soient loués ou même cédés à d'autres groupements.

La société de la maison-longue est complexe et fort structurée, si on la compare à la famille nucléaire des gens de langue algonquienne ou athapascane. Dans la maison-longue vit une famille au sens large, qui comprend une femme et ses filles, ou bien un groupe de sœurs, avec leurs époux et leurs enfants. La généalogie s'établit selon la lignée de la femme, et la famille choisit généralement de demeurer dans la maison de la mère.

La vie politique est centrée sur le clan, formé de toutes ces familles qui, dans un même village, disent descendre d'une ancêtre commune. Selon la grosseur du village, une ou plusieurs lignées peuvent être présentes, et chaque lignée porte le nom d'un des clans de la tribu: l'Ours, le Faucon, la Tortue. Dans les villages plus importants, les maisons-longues qui appartiennent à des familles de même clan, ont tendance à être regroupées. Même les gens qui vivent dans différents villages mais qui portent le même nom de clan, se reconnaissent les uns envers les autres une affinité symbolique. À noter que le mariage entre membres d'un même clan est interdit.

Chaque clan a deux chefs, l'un civil, l'autre guerrier. C'est le civil qui a préséance: il s'occupe de tout ce qui touche à la vie quotidienne. Le chef guerrier, ou capitaine de guerre, n'est tenu en haute estime qu'en temps de conflit: il lui appartient alors de lancer des représailles contre des villages situés par-delà la Huronie en direction du sud, en particulier contre ceux du sud du lac Ontario. Les partis de guerre se recrutent souvent chez les membres d'une parenté qui a été décimée, et qui va chercher vengeance dans les villages adverses. Le conflit est pour ainsi dire continuel, mais le nombre des morts, assez peu élevé. On fait plutôt des prisonniers, hommes, femmes et enfants. Généralement, on torture les hommes, et on adopte les femmes et enfants, en remplacement de ceux qu'on a perdus. Chose certaine, avant l'arrivée des Européens, on ne cherche pas, normalement, à détruire complètement les villages et les groupements.

Les conseils de villages, composés de chefs civils des divers clans, s'occupent de gérer les affaires quotidiennes des établissements. Un de ces conseillers se fait le porte-parole du village, mais les chefs civils sont tous sur le même pied et ils n'ont pas à se plier aux décisions de leurs collègues. L'administration du village est fondée sur l'accord général. En plus des chefs civils, des vieillards, respectés pour leur sagesse, assistent aux réunions du conseil de village et prennent part aux délibérations. Ces conseils décident des réunions publiques, coordonnent les projets de construction de la collectivité et tranchent les disputes.

Chaque village fait partie de l'une des cinq différentes tribus de la confédération huronne. À chaque tribu est réservée une portion du territoire huron qu'administre un conseil de tribu formé des chefs civils des villages de ce territoire. Comme dans les conseils de village, tous les conseillers de la tribu sont de même rang, mais un seul se fait le porte-parole du groupe. Chacun des conseillers y détient certaines responsabilités héréditaires, par exemple celle de protéger les routes de commerce de sa lignée. Ces conseils de tribu règlent surtout les affaires entre villages et entre tribus. Au-dessus des conseils de tribu, la confédération englobe probablement tous les membres des conseils de chaque tribu. Cette confédération essaie d'entretenir des relations amicales entre les cinq tribus et coordonne les affaires de commerce et de guerre. Cette diplomatie n'est sans doute pas facile, mais, de toute évidence, l'organisation des Hurons leur permet d'administrer avec succès les affaires d'une population considérable (environ 25 000 au début du 17ᵉ siècle), jusqu'au moment où les Européens viennent causer de grandes perturbations, dont la Huronie ne se remettra pas.

La vie en Huronie comporte de nombreuses festivités publiques et privées. Les plus importantes ont lieu lors de la réunion annuelle du conseil de la confédération et à l'occasion de l'investiture de nouveaux chefs. Hommes et femmes en organisent aussi pour célébrer des événements à caractère personnel. En général, ces festivités donnent lieu à des danses, à des jeux et à des festins. La plus importante est la Fête des Morts: dix jours de solennité et de festins à chaque déplacement de village. Le frère Sagard a laissé sur cette cérémonie d'amples détails, mais il devient évident, par l'énumération des articles que l'on dépose dans la fosse commune, que l'influence européenne a déjà modifié le mode de vie des Hurons:

> (Ils font encore annoncer la fête) aux autres Nations circonvoysines, afin que ceux qui y ont esleu la sepulture des os de leurs parens les y portent, et les autres qui y veulent venir par dévotion y honorent la feste de leur presence; car tous y sont les bien venus et festinez pendant quelques jours que dure la ceremonie...
>
> La fosse se fait hors de la ville, fort grande et profonde, capable de contenir tous les os, meubles et pelleteries dediées pour les deffuncts. On y dresse un eschaffaut haut eslevé sur le bord, auquel on porte tous les sacs d'os, puis on tend la fosse par tout, au fond et aux costez, de peaux et robes de Castors neufves, puis y un font un lict de haches, en apres de chaudieres, rassades, colliers et brasselets de Pourceleine, et autres choses qui ont esté données par les parens et amis. Cela faict, du haut de l'eschaffaut les Capitaines vuident et versent tous les os des sacs dans la fosse parmy la marchandise, lesquels ils couvrent encore d'autres peaux neuves, puis d'escorces, et apres rejettent la terre par dessus, et des grosses pieces de bois... Puis festinent derechef, et prennent congé l'un de l'autre, et s'en retournent d'où ils sont venus, bien joyeux et contens que les ames de leurs parens et amis auront bien de quoy butiner, et se faire riches ce jour-là en l'autre vie.

Sagard a aussi compris que la Fête des Morts joue un rôle capital dans la société huronne: «par le moyen de ces ceremonies et assemblées, ils contractent une nouvelle amitié et union entr'eux, disans: Que tout ainsy que les os de leurs parens et amis deffuncts sont assemblez et unis en un mesme lieu, de mesme aussi qu'ils devoient durant leur vie, vivre tous ensemblement en une mesme unité et concorde».

Un monde spirituel d'une grande richesse inspire ainsi la vie. Au plus haut du panthéon huron, se trouve l'esprit du ciel qui contrôle le temps qu'il fait et aide les êtres humains quand ils sont en difficulté; des esprits inférieurs, les Oki, influencent aussi les êtres humains. Tous les Iroquoiens en appellent à ce monde des esprits pour qu'ils les assistent dans leurs entreprises économiques et militaires, mais aussi dans leur lutte contre la maladie. Les Hurons, par exemple, croient que la maladie a trois causes principales: la nature, la sorcellerie et l'insatisfaction des désirs de l'âme. Ils recourent alors aux chamans et aux sociétés de guérisseurs. Les rêves passant pour le langage de l'âme, les chamans leur portent une attention particulière dans le traitement des patients: en faisant le geste rituel qui convient, ils parviennent à résoudre efficacement des problèmes émotifs d'ordre courant. Les cérémonies de guérison ressemblent souvent, en fait, à une psychothérapie individuelle ou collective.

Les chasseurs de bison des Plaines

Aucun des peuples autochtones du Canada n'a sans doute plus frappé l'imagination populaire que ces nomades du 19e siècle qui, armés et montés à cheval, vivent dans les prairies et les régions boisées avoisinantes. Ces Amérindiens, tout comme leurs voisins du sud, seront, pendant leur courte apogée, une force militaire redoutable; pour beaucoup, ils symbolisent l'Amérindien du Canada à l'époque historique. Leur vie est nettement différente de celle des autres indigènes. De plus, le cheval et le fusil, qui deviennent au 19e siècle partie essentielle de la culture des Amérindiens des Plaines, leur viennent des Européens. Même aujourd'hui, il est difficile de savoir si ces deux éléments ont changé radicalement le mode de vie de l'Amérindien des Plaines, ou s'ils n'ont fait que renforcer des traditions déjà présentes.

Bien avant d'acquérir chevaux et armes à feu, les Amérindiens des Plaines

Une chasse au bison. Cette aquarelle de 1867 par Alfred Jacob Miller montre comment on abat le bison en le poussant vers l'escarpement, façon courante de procéder l'été. Avant que les Amérindiens acquièrent des chevaux, ils recourent souvent à l'incendie pour pousser la harde en avant. (ANC, C-403)

sont de remarquables chasseurs, et ils ont conçu des méthodes efficaces pour chasser le bison, à l'exclusion de presque tout autre gibier. Le travail des chasseurs se trouve facilité du fait que les bisons se regroupent chaque année dans les mêmes habitats d'hiver et d'été, et qu'ils vont et viennent entre ces habitats par des routes bien déterminées. Si ces routes viennent à changer, c'est pour des raisons faciles à identifier: par exemple, un feu d'automne qui a ruiné un fourrage, ou un hiver exceptionnellement doux qui incite les hardes à demeurer à découvert dans la prairie. Dans la plupart des cas, les Amérindiens prévoient le coup et prennent les mesures nécessaires pour parer à la pénurie de nourriture.

Des stratégies sont élaborées pour capturer un grand nombre de bêtes dans ces hardes d'été et d'hiver. L'été, la plus efficace consiste à les pousser du haut d'un escarpement. Ce qui nécessite une équipe nombreuse, incluant les femmes et les enfants les plus âgés, pour provoquer la panique dans une harde

L'homme qui dirige la construction du parc à bisons et en distribue les profits est connu sous le nom de ***poundmaker*** ou chef d'enclos. À remarquer que le recours aux chevaux pour pousser les bêtes vers l'enclos n'est pas de tradition. ***Parc à bison***: gravure de 1823 d'après un dessin du lieutenant George Back (1796-1878). (ANC, C-33615)

et pousser les bêtes à sauter. La hauteur n'a pas à être élevée, il suffit que les bêtes s'estropient en tombant. Ceux qui pourchassent la harde se déploient en formant un V autour du lieu du massacre. Pour se protéger, ils se tiennent souvent derrière des abris de broussailles ou de pierres, naturels ou artificiels. Les plus habiles se placent derrière la harde et la font avancer en direction de l'escarpement, cependant que sur les flancs d'autres font assez de bruit pour que les bêtes poursuivent leur marche en avant. On met souvent le feu aux herbages de la prairie pour rabattre les bisons vers l'endroit fatal, ce qui explique la fréquence des incendies. Cette méthode est efficace, mais les chasseurs ne peuvent prévoir la quantité d'animaux tués; il s'ensuit un certain gaspillage.

On a trouvé des sites préhistoriques de ces «culbutes-à-bison» disséminés à de grandes distances les uns des autres dans les Prairies. Les preuves archéologiques tirées de diverses couches établissent l'authenticité de ces sites et elles autorisent à croire qu'on les a utilisés à maintes reprises pendant des milliers d'années: le site du lac Gull en Saskatchewan, par exemple, a une épaisseur de près de cinq mètres d'ossements de bison.

Les Amérindiens des Plaines utilisent aussi la méthode de l'encerclement, que décrit en 1691 Henry Kelsey, de la Compagnie de la baie d'Hudson, le premier Européen à visiter les Prairies: «quand ils en voient un grand lot d'assemblés, ils les encerclent avec leurs hommes... ils forment ensuite un cercle plus petit toujours en gardant les bêtes au milieu et ils tirent sur elles jusqu'à ce qu'elles se soient échappées en un endroit ou un autre et disparaissent». Cette méthode est le plus souvent pratiquée lorsque des bandes amérindiennes vont à leurs campements d'été ou en reviennent. Les Amérindiens utilisent d'habitude les «culbutes-à-bison» quand ils se réunissent en un grand campement d'été.

L'hiver, les chasseurs profitent de ce que les hardes cherchent à se mettre à l'abri. Dans les endroits connus pour être fréquentés par leur gibier, ils dressent des enclos ou parcs. À l'occasion d'une visite chez les Assiniboines de la Saskatchewan pendant l'hiver, le commerçant de fourrures A. Henry voit un de ces parcs en service. Son récit est teinté d'admiration devant l'habileté et la bravoure que cette méthode exige, à l'instar de la chasse par encerclement. Car les chasseurs courent le risque de se faire piétiner si la harde prend peur:

> Arrivées au boisé, les femmes dressèrent quelques tentes, pendant que le chef conduisait ses chasseurs vers l'extrémité sud, où il y avait un parc ou enclos. La clôture mesurait environ quatre pieds de haut (*1,2 mètre*), faite de solides poteaux de bouleau et clayonnée des branchages de ce même arbre. La journée se passa à la réparer (...) Le soir, tout était prêt pour la chasse.

> Au grand jour, plusieurs chasseurs des plus experts furent envoyés pour attirer les bêtes à l'intérieur du parc. Ils étaient vêtus de peaux de bison, avec le poil et les cornes. Ils avaient le visage recouvert et leur comportement ressemblait si bien à celui des bêtes elles-mêmes que, n'eussé-je été dans le coup, j'aurais été aussi trompé que les bisons (...) Le rôle joué par ces trompeurs consistait à s'en approcher à portée de voix et alors de beugler comme elles... Ce qui fut répété assez longtemps pour que les chefs du troupeau se mettent à suivre les leurres dans l'entrée du parc: celui-ci, largement évasé du côté de la plaine, se terminait en entonnoir sur une petite barrière...

Quelle que soit la stratégie, une fois la chasse terminée, c'est à l'aîné qui l'a dirigée qu'il revient de répartir les pièces abattues. Les femmes s'occupent d'écorcher, de dépecer et d'apprêter la viande. L'été, on en met en réserve une quantité importante pour la consommer plus tard: la viande est séchée et réduite en poudre, la graisse est fondue et mise dans un contenant fait de peau de bison ou de cuir (dit *parfleche*) où on la laisse refroidir. La viande en poudre et la graisse réchauffée sont mélangées pour donner le pemmican. Souvent, on y ajoute des baies d'amélanchier pour relever la saveur de ce mélange fortement concentré et nutritif.

On poursuit aussi d'autres animaux, en particulier le chevreuil roux. De grande taille (il pèse jusqu'à 500 kilos), il se tient dans les lisières boisées des prairies. Les Amérindiens lui font la chasse l'hiver, quand le bison fait défaut; de sa peau, ils tirent des vêtements. Les Amérindiens des Plaines, y compris certaines bandes d'Assiniboines, de Frères du sang, de Cris et d'Ojibwés, immigrées depuis peu des régions boisées, aiment beaucoup la chair de l'orignal. On chasse le loup des Prairies, ou coyote, et le castor pour la peau et la fourrure dont on fait des vêtements d'hiver, comme aussi pour leur chair. En saison, les oiseaux aquatiques sont toujours les bienvenus. En plus de chasser le gros et le petit gibier, certains Amérindiens des Plaines pêchent au début du printemps et à l'automne. Ainsi, les Assiniboines et les Cris prennent grande quantité d'esturgeons dans leurs randonnées printanières, en érigeant des barrages aux endroits stratégiques, le long des principales rivières comme la Rouge et l'Assiniboine. Par contre, chez de plus anciennes tribus des Plaines, comme les Pieds-Noirs, on n'a aucun goût pour le poisson. En fait, leur aversion est si prononcée que les Pieds-Noirs du sud de l'Alberta déclarent un jour à Matthew Cocking, de la Compagnie de la baie d'Hudson, qu'ils ne veulent pas l'accompagner au comptoir d'York parce qu'ils auraient à voyager en canot et à manger du poisson tout le long du trajet.

Même si l'alimentation des Amérindiens des Plaines est très riche en protéines et en gras, ils consomment des légumes et des fruits, en particulier le navet sauvage de la prairie et toute une variété de baies, dont la plus importante est la baie d'amélanchier. On cueille de l'un et de l'autre en gran-

Peau de bison peinte. Souvent les hommes en vue rappellent au monde leurs faits héroïques en faisant peindre la couverture de leur tente. (ROM/E, Collection Edward Morris)

des quantités que l'on sèche pour consommation ultérieure. Les Assiniboines et les Cris du sud du Manitoba peuvent aussi obtenir du riz sauvage grâce au commerce. Les terres à l'est de la rivière Rouge marquent la limite nord-ouest de la région où pousse ce riz sauvage; aussi se tournent-ils du côté des villages mandanes, en amont de la vallée du Missouri pour se procurer du maïs séché. Les Mandanes chassent eux aussi, mais ils se sont surtout édifié un empire commercial fondé sur leur surplus de maïs.

Le bison reste le fondement de la richesse chez les Amérindiens des Plaines. C'est ce que note Henry à propos des Assiniboines:

> Le bison à lui seul leur procure tout ce qu'il leur faut d'ordinaire. Apprêtée, la peau de cet animal fournit un vêtement souple aux femmes; arrangée avec son poil, elle sert à habiller les hommes. La chair les nourrit, les tendons deviennent la corde des arcs; même la panse (...) leur fournit cet article essentiel qu'est la marmite (...) Suspendue dans la fumée du feu, on la remplissait de neige; à mesure que celle-ci fondait, on en ajoutait d'autre, jusqu'à ce que la panse se trouvât remplie d'eau, qu'on empêchait de couler au moyen d'un bouchon et d'un cordon (...) L'abondance étonnante de ces bisons écartait tout danger de pénurie...

Même si les femmes dans toutes ces tribus des Plaines excellent à apprêter et à peindre les peaux de bison, leurs voisines mandanes du sud, plus sédentaires, se distinguent dans l'artisanat et sont célèbres pour leurs travaux de plumes et de poils. Les Assiniboines et les Cris des Plaines font grand cas de ce que fabriquent ces artisanes mandanes, comme aussi des articles d'artisanat que les Mandanes se procurent chez les tribus de l'ouest et du sud-ouest. C'est pourquoi, en plus du maïs séché, des peaux et couvertures de bisons peintes, ainsi que des vêtements à plumes, affluent des villages mandanes vers le nord, dans les Prairies du Canada, par des routes commerciales bien établies. En contrepartie, les Assiniboines et les Cris des Plaines vont porter chez les Mandanes des peaux et des couvertures non peintes, ainsi que de la nourriture séchée. Il est fort probable que les fourrures ont aussi leur importance dans ce commerce en direction du sud, puisque les Mandanes demeurent à l'extérieur de la principale région à fourrures.

Les Assiniboines et les Cris, d'immigration récente dans les Prairies et la forêt-parc, font usage de canots d'écorce, mais les bandes qui se sont fixées avant eux dans les prairies pour chasser le bison, ne construisent pas de ces embarcations: elles utilisent plutôt une embarcation ovale, recouverte d'une peau de bison qu'on tend sur une charpente de petites tiges de bois. Ces bateaux ne sont pas conçus pour de longs voyages, mais pour les gens qui, se déplaçant principalement à pied, en ont besoin pour traverser les rivières. Dans ces voyages à pied, les Amérindiens des Plaines comptent beaucoup sur les chiens comme bêtes de somme. Attelé à un «travois», un chien peut à lui seul traîner une charge de 35 kilos, l'équivalent d'une couverture de tente en peau de bison.

La société des Amérindiens des Plaines repose sur la famille, mais on y pratique la polygamie, les hommes de rang élevé ayant d'ordinaire plusieurs épouses, habituellement toutes sœurs. Les villages d'hiver dans la plaine ont à peu près les mêmes dimensions que les camps d'été des Amérindiens des Bois, de 100 à 400 personnes. On les installe à l'abri des îlots de boisés. Il nous est difficile aujourd'hui de nous imaginer une tempête d'hiver, dans un campement, quand l'homme et le bison cherchent désespérément un abri. Henry nous en a laissé un témoignage impressionnant. En route vers le campement d'hiver du chef Grand Chemin, dans le centre de la Saskatchewan, Henry et ses compagnons amérindiens sont un jour surpris par une tempête de neige, à leur étape du soir:

> La tempête se poursuivit toute la nuit et une partie du lendemain. Des rafales de neige que poussait le vent s'abattaient sur le camp et l'ensevelissaient presque. Je n'avais pour toute protection qu'une couverture de bison.

Le matin, nous fûmes effrayés par l'arrivée d'une harde de bisons qui venaient de la clairière se mettre à l'abri dans le bois. Leur nombre était si grand que nous avons craint qu'ils viennent piétiner le camp, ce qui serait arrivé sans nos chiens, presque aussi nombreux, qui purent les tenir en échec. Les Amérindiens en ont tué plusieurs qui s'étaient approchés tout contre les tentes, mais ni le feu des Amérindiens ni le vacarme des chiens ne purent les éloigner tout de suite. Malgré tout ce qui pouvait les épouvanter dans le bois, c'était pour les bisons le seul refuge pour échapper aux épouvantes de la tempête.

Lorsque Henry trouve un havre dans le village de Grand Chemin, il reçoit de son hôte un accueil généreux. On offre au marchand une série de festins et de divertissements, ce qui est normal en hiver dans la vie de village. Il éprouvera sans doute beaucoup de plaisir pendant sa visite chez les gens de Grand Chemin:

Le chef se rendit à notre tente, avec une vingtaine d'hommes et autant de femmes... Ils apportaient leurs instruments de musique et bientôt après leur arrivée ils se mirent à jouer. Les instruments étaient, pour la plupart, des tambourins et des calebasses remplies de cailloux, que plusieurs autres accompagnaient en frappant l'un contre l'autre deux pièces d'os; d'autres encore les accompagnaient avec des paquets de sabots de chevreuil attachés au bout d'un bâton... Un autre instrument n'était qu'un morceau de bois, de trois pieds (un mètre), avec des encoches sur le bord. Sur ces encoches, l'artiste faisait aller d'avant et d'arrière un bâton, en gardant la mesure. Les femmes chantaient: la douceur de leurs voix surpassait tout ce que j'avais jamais entendu.

Le divertissement dura une heure et plus; quand il fut terminé, commença la danse. Les hommes se rangèrent sur une file d'un côté, et les femmes de l'autre; chaque file se déplaçait de côté, d'abord en s'approchant de nous, puis en s'éloignant. Les clochettes et autres articles qui peuvent tinter, attachés aux vêtements des femmes, permettaient aux danseurs de suivre la mesure. Chansons et danses alternèrent ainsi jusque vers minuit, quand nos visiteurs se retirèrent.

Les affaires du village, durant l'hiver, sont sous la responsabilité d'un chef et d'un conseil des sages, ceux en général que l'on juge les plus aptes à diriger. Comme chez les Iroquoiens, les décisions du conseil sont habituellement prises après un accord général; on les met en vigueur par la persuasion, mais il faut parfois recourir à la force. L'été, la situation diffère quelque peu, car certains camps deviennent aussi gros que les plus grands villages des Hurons, avec plus de 1000 personnes. Dans ces conditions, évidemment, on se doit d'assurer le contrôle de la population et la sécurité du village, d'autant plus qu'il faut planifier avec soin les chasses collectives au bison et les régler d'une façon rigoureuse pour qu'elles réussissent. En outre, on doit se tenir constamment en position défensive, car la saison d'été donne lieu à des luttes de grande ampleur entre les tribus. Le conseil de tribu s'appuie donc sur l'une ou l'autre des compagnies de guerriers ou de gardiens pour faire respecter au besoin ses décisions.

En effet, chez les hommes comme chez les femmes, ces compagnies jouent un rôle important dans la vie de l'Amérindien des Plaines et contribuent à souder ensemble des groupes considérables. Chez les hommes, qui ont bien conscience de leur rang et rivalisent durement pour assurer leur prestige social, ces compagnies de guerriers ou de gardiens sont structurées minutieusement selon une hiérarchie précise. Les hommes qui remplissent les conditions requises deviennent membres de cette hiérarchie en payant: seuls ceux qui disposent de la plus grande aisance et du prestige personnel le plus élevé ont accès à la compagnie la plus haut placée. Avant l'arrivée des Européens, l'une des façons les plus importantes de faire parade de sa richesse est le *tipi*, fait de dix ou douze peaux de bison; les plus belles tentes sont décorées à l'extrême. Dans cette course à la richesse et au prestige, les hommes comptent évidemment

Grand Serpent, chef des Pieds-Noirs, racontant ses exploits de guerre à cinq chefs subordonnés. Peinture à l'huile des années 1850 par Paul Kane (1810-1871), artiste célèbre et explorateur. **(MBAC, 22)**

Campement amérindien de la réserve des Pieds-Noirs, près de Calgary, Territoires du Nord-Ouest, 1889. Les poteaux de tente peuvent aussi servir à faire un «travois»; les poteaux non recouverts qu'on aperçoit sur cette photographie sont plusieurs «travois» appuyés les uns sur les autres. Vue panoramique tirée de deux clichés qu'a pris William Notman (1826-1891). (MM/N, 2157 et 2158)

sur leurs femmes, qui font la plupart des travaux d'artisanat. Certes, on abat les bêtes en grand nombre, avec une certaine facilité et, par conséquent, on trouve aisément les matériaux d'utilité courante, mais la transformation de ces matériaux en articles ménagers est une autre affaire. Un chasseur a besoin d'une ou plusieurs femmes, avec des filles en plus pour accomplir ce travail. Puisque l'acquisition de chevaux et de fusils augmentent les chances de succès à la chasse, l'incitation à la polygamie n'en est que plus grande.

De nos jours, on qualifierait de très «macho» la société des Plaines. Le prestige de l'individu y repose en bonne partie sur les prouesses accomplies à la guerre et sur la bravoure manifestée au cours d'expéditions dangereuses. L'introduction du cheval par les Espagnols au 18e siècle donne le signal d'une brusque intensification des incursions entre les tribus. On organise des razzias pour s'emparer des précieuses montures d'autrui; à cause du cheval qui permet d'étendre le rayon d'action, et des armes à feu dont l'acquisition commence à la fin du 17e siècle, la mortalité masculine monte en flèche. Cette diminution du nombre des hommes est une autre incitation aux mariages polygames.

L'événement le plus marquant dans la vie religieuse des Amérindiens des Plaines est la cérémonie annuelle de la Danse du Soleil. Cet astre est vu

Danse du Soleil chez les Frères de sang, photographié par R.N. Wilson. La torture que des garçons de 15 et 16 ans s'infligent en s'introduisant des cordes dans les muscles pectoraux n'est qu'un rite peu important de la cérémonie. Dans les années 1890, le gouvernement fédéral interdit cette danse, mais elle se perpétue en cachette. (MC, J-10196)

comme la principale manifestation du Grand Esprit. La cérémonie a lieu d'ordinaire en juillet ou en août, après une chasse au bison lancée justement pour amasser la nourriture nécessaire à cette fête à grand déploiement.

La cérémonie dure trois jours, pendant lesquels les participants dansent et les chamans font montre de leurs talents de jongleurs. On y consomme de la viande en grande quantité, dont la bosse et la langue du bison. Comme la Fête des Morts des Iroquoiens, la Danse du Soleil des Amérindiens des Plaines est une grande fête de renouveau, qui au cœur de l'été rassemble les familles et les bandes d'hiver apparentées.

Pêcheurs et commerçants de la côte ouest

Les tribus de la côte ouest ont été les grands commerçants du Canada indigène. William Brown, de la Compagnie de la baie d'Hudson, a qualifié les Babines de «vieux marchands de poissons». Ce qui dénote chez Brown la déception en même temps que l'admiration ressenties par bien des marchands, attitude ambivalente qui caractérise tout le commerce européen avec les Amérindiens de l'ouest jusqu'au 20e siècle. D'une part, Brown sait bien que les

Babines sont, comme leurs voisins, des marchands coriaces, raffinés et bien expérimentés, au point qu'il doit lui-même recourir parfois à la manière forte contre eux. D'autre part, il ne peut qu'admirer leur habileté, et son jugement est davantage celui d'un marchand à l'égard d'autres marchands.

Brown comprend rapidement la situation quand il leur fait savoir quel prix il est prêt à payer pour leur gros saumon. En guise de réponse, les Babines «nous firent comprendre que nous n'avions pas besoin d'en attendre un seul gros, qu'ils avaient l'habitude ... de recevoir le prix qu'ils demandaient». Les habitants des villages de cette côte ont la situation bien en mains. Ce sont eux qui imposent les conditions et lorsque les Européens arrivent sur la côte ouest, ils s'efforcent de conserver leur réseau traditionnel de commerce en montant un groupe d'étrangers contre un autre, qu'il s'agisse de la Compagnie de la baie d'Hudson, des Russes ou des Américains.

Nulle part au Canada le paysage n'est plus varié ni la culture plus complexe. Il y a abondance de nourriture. L'alimentation et le commerce dépendent du saumon, même si l'on prend aussi, tout le long de la côte, le marsouin, le phoque, la loutre de mer, la baleine et le flétan. Toutefois, tandis que les cinq variétés de saumon sont toutes abondantes près de la côte dans le bas des rivières, seul le *sockeye* remonte vers l'intérieur sur de longues distances pour frayer aux sources des grandes rivières. Ainsi donc, pendant que les Amérindiens de la côte pêchent sans mal des quantités suffisant à leurs besoins, tel n'est pas le cas en amont de certains cours d'eau importants comme la Skeena ou le Fraser, car la prise y dépend de l'ampleur de la migration du poisson. Incertitude aggravée par des variations dues au hasard dans le parcours du poisson, souvent causées par des éboulis qui détruisent les lieux de pêche et qui modifient le cours des rivières. En conséquence, les Amérindiens de l'intérieur recourent à la chasse beaucoup plus que leurs voisins du littoral.

Le saumon est capturé de diverses manières. Filets et barrages à poisson sont les méthodes les plus efficaces, là où la topographie le permet; dans les gorges trop resserrées, les gaffeaux à long manche et les filets-épuisettes sont plus utiles. Les femmes apprêtent le poisson; elles en mettent de côté de grandes quantités pour l'hiver, en le fumant et en le séchant. Quand Alexander Mackenzie en 1793 traverse le continent, à partir du lac Athabasca, pour atteindre le Pacifique, il est accueilli par les Bella-Coolas. Il y observe des femmes apprêtant le saumon sans en perdre un morceau:

> J'ai remarqué quatre tas de saumons, dont chacun comptait de 300 à 400 pièces. Seize femmes s'occupaient à les nettoyer et apprêter. Elles séparent d'abord la tête du corps pour la faire bouillir; puis, elles tranchent le corps le long du dos de chaque côté de l'arête, en y laissant rattaché le tiers du poisson; après quoi elles enlèvent les intestins.

L'arête est rôtie pour consommation immédiate; le reste est apprêté de la même façon, mais avec plus de soin, pour en faire provision. Quand les saumons sont au feu, on dispose des auges en dessous pour recueillir l'huile. On veille aussi à conserver les œufs: ils constituent un article de choix dans leur menu.

Le poisson plus gras, le *sockeye*, se prête le mieux au fumage; le plus maigre, le *chum*, est préférablement séché. Une fois l'apprêt terminé, on place le saumon dans des contenants de cèdre et on l'entrepose dans des caches, à l'abri des pillards.

L'eulakane ou poisson-chandelle est une variété extrêmement grasse; l'huile qu'on en tire sert à l'alimentation et à l'éclairage. La rivière Nass est célèbre pour la pêche à l'eulakane. Les Amérindiens de l'ouest, en plus d'imaginer comment extraire l'huile de ce poisson, réussissent à l'emballer si bien qu'ils peuvent la transporter sur de longues distances. D'où un vaste commerce d'huile vers l'intérieur du pays, par des routes de montagnes souvent dangereuses, qu'on finit par appeler «les sentiers de la graisse».

L'épaisse forêt n'offre pas grand gibier: la chasse est bien meilleure à l'intérieur des terres. En bordure du cours moyen et du cours supérieur du fleuve Skeena, les Gitksans (de langue tsimshiane) et les Babines (de langue athapascane) consacrent beaucoup de temps à chasser la chèvre de montagne, recherchée pour sa laine et ses cornes, l'ours et le castor, précieux comme nourriture rituelle. Dans la région des Tsimshians, on chasse aussi pour leur fourrure le castor et la marmotte. Les montagnes du littoral constituant la limite occidentale de l'habitat du castor, on y trouve peu de ces animaux et les Amérindiens économisent précieusement cette ressource.

En plus de la pêche et de la chasse, on trouve à l'ouest des Rocheuses plusieurs variétés de baies. Les galettes d'airelles sont particulièrement populaires: elles comptent parmi les principaux produits que les gens de l'intérieur vendent aux habitants de la côte. Pour fabriquer ces galettes, les femmes font sécher les airelles, les écrasent, les déposent dans une boîte de cèdre et les mettent à bouillir sur des pierres chauffées à blanc. Une fois cuites, les airelles sont étalées sur une couche de chou cuit ou de feuilles de framboisiers: on dispose le tout sur un support de cèdre en forme de palissade et qui sert à sécher. Sous ce support on entretient un feu doux, jusqu'à ce que les airelles soient séchées à point. Les femmes les roulent alors dans un cylindre en travers duquel on passe un bâton, que l'on suspend en un lieu chaud jusqu'au séchage parfait des airelles. Les cylindres sont ensuite aplatis, tranchés et empaquetés dans des boîtes de cèdre pour la vente. S'ils doivent servir à la consommation domestique, on les conserve tels quels.

Ce peuple raffiné a une maîtrise particulière du travail délicat du cèdre.

Village amérindien de Skidegate, de la tribu des Haïdas, dans l'anse Skidegate, îles de la Reine-Charlotte, Colombie britannique, en juillet 1878. Lorsque G.M. Dawson prend cette photographie, il ne reste à Skidegate que 25 cabanes (dont plusieurs inhabitées) et 53 mâts totémiques. (ANC, PA-37756)

Les Amérindiens de l'ouest sont, à n'en pas douter, de grands menuisiers: de toutes les habitations édifiées par les indigènes du Canada, les leurs, en planches de cèdre, sont les plus importantes et les plus durables. Alexander Mackenzie admire l'organisation complexe de leurs maisons, lors de sa visite au village des Bella-Coolas de Nooskulst (Grand Village). Les maisons solidement construites servent, comme les maisons-longues des Iroquois, à loger plusieurs familles:

> Le village (...) comprend quatre maisons surélevées et sept construites à même le sol, en plus d'un grand nombre d'autres bâtiments ou cabanes qu'ils utilisent seulement comme cuisines et comme endroits pour apprêter le poisson. On a bâti les quatre premières en plantant un certain nombre de poteaux dans la terre; sur quelques-uns on a posé et sur d'autres on a attaché les supports du plancher, à une douzaine de pieds (environ quatre mètres) au-dessus de la surface du sol. Ces maisons mesurent de 100 à 120 pieds de longueur (de 32 à 39 mètres) sur une largeur d'environ 40 pieds (13 mètres). Dans le centre, sont aménagés à la suite, trois, quatre ou cinq foyers, à la fois pour produire de la chaleur et pour préparer le poisson. Sur toute la longueur de l'édifice et de chaque côté, des planches de cèdre le divisent en pièces ou appartements de sept pieds de côté, dont la partie avant est barrée de planches d'environ trois pieds

de large (un mètre), par-dessus lesquelles, bien qu'elles ne sont pas fixées d'une façon immuable, les occupants de ces alcôves passent d'ordinaire quand ils veulent s'y retirer (...) Des poteaux qui sont le long des poutres pend du poisson rôti. L'habitation entière est bien recouverte de planches et d'écorce, sauf quelques pouces de la poutre du faîte: on y a laissé de chaque côté un peu de jour pour faire passer la lumière et la fumée.

Pour voyager en mer, ces peuples de la côte se construisent des canots plus grands, plus finement travaillés et plus abondamment décorés que chez tout autre groupe amérindien. Alexander Mackenzie décrit un canot «peint en noir et décoré en blanc de dessins de différentes sortes de poissons. De l'avant à l'arrière, le plat-bord était incrusté de dents de loutre de mer». On abat des cèdres énormes (ce qui est déjà un exploit quand on sait qu'ils n'ont pas d'outils de fer) et on les creuse pour leur donner la forme d'un canot de 12 à 24 mètres de long, soit mince et rapide pour la guerre, soit de large gabarit pour le commerce. Remplies de provisions et transportant jusqu'à 70 personnes, ces embarcations de haute mer peuvent naviguer le long de la côte sur plusieurs centaines de kilomètres. Les canots de guerre peuvent être aussi longs que les voiliers européens en visite. Les flottilles de ces redoutables embarcations pleines de guerriers amérindiens constituent un spectacle si intimidant que les vaisseaux de commerce ont l'habitude de mettre en place leurs filets anti-abordage.

Hommes et femmes portent des manteaux faits de peaux, de lanières de fourrure de lapin ou d'écorce de cèdre jaune tressé. Comme les Tlingits de l'Alaska, leurs voisins du nord, les Tsimshians tressent des couvertures à motifs avec la laine de la chèvre sauvage des montagnes, mais, parce que l'approvisionnement en est plutôt faible et que les motifs compliqués prennent du temps à confectionner, ces couvertures n'appartiennent qu'aux Amérindiens du plus haut rang. Elles sont, de fait, le symbole d'un rang élevé, et deviennent des articles recherchés. Pour les jours de pluie, les Amérindiens de la côte ouest tressent, avec de l'écorce de cèdre, des ponchos et des chapeaux ornés en forme de cône. Pour le froid, ils se confectionnent mitaines et manteaux avec de la fourrure de loutre de mer et d'autres pelleteries: comme les manteaux de castor des Amérindiens de la forêt boréale, ceux de loutre de mer sont fort recherchés par les premiers visiteurs européens. Et il ne faut pas s'étonner que l'article le plus important du mobilier domestique soit la boîte en bois courbé qui, décorée, sert autant de remise que de siège.

Comme chez les Iroquoiens, l'organisation économique et sociale des villageois de la côte ouest a pour fondement les liens de parenté du clan et de la lignée. Cependant, les villages ont une activité indépendante les uns des autres: il n'y a pas ici d'organisation tribale pour réunir tout le monde, comme

Intérieur d'une habitation communale, avec des femmes en train de tisser. Nootka, avril 1778. Les villageois de la côte ouest sont les seuls Amérindiens du Canada à pratiquer le tissage, comme on le voit dans ce lavis en noir et blanc de John Webber (1751-1792). Webber fait partie de l'équipage de James Cook, quand celui-ci explore le Pacifique. (ANC, C-2821)

dans le cas des Iroquois. Parfois, des villages voisins travaillent ou combattent ensemble, mais ces associations spontanées sont rares. Chaque village compte une ou plusieurs lignées, et chaque maison dans le village compte, de même, une lignée, c'est-à-dire un certain nombre de familles apparentées. Au nord, les familles dressent leur généalogie selon la lignée des femmes; au sud, selon celle des hommes; au centre, selon l'une et l'autre. La maison détient des droits sur des lieux précis de pêche et sur des territoires de chasse bien déterminés, l'accès en est contrôlé par le chef de maison ou de lignée. C'est en partie pourquoi les premiers Européens qui atteignent les Gitksans et les Wet'su'wetens appellent les chefs de maison «hommes de propriété». De fait, ceux-ci contrôlent non seulement l'accès des étrangers à leurs territoires, mais

Intérieur d'une habitation à Nootka Sound, avril 1778. Dessin à la plume et en couleurs qui est aussi de John Webber. À noter le poisson séché qui pend du plafond et la façon dont on fait rôtir la nourriture au-dessus d'un foyer. (Peabody Museum, Harvard University, Cambridge, Mass., 41-72-10/499, N27995)

aussi l'activité de la chasse et de la pêche à l'intérieur de leur propre maison. Chez les Babines, William Brown, marchand de la baie d'Hudson, a calculé que la moitié des hommes adultes se trouvent exclus du trappage du castor sur les ordres de ces «hommes de propriété». De cette façon, on gère le patrimoine avec vigilance.

Ce qui les différencie peut-être le plus des autres Amérindiens du Canada, c'est la transmission héréditaire du rang. Ce rang est de trois niveaux: la noblesse, d'où viennent les chefs, puis les roturiers, qui forment la masse de la population, et au bas de l'échelle, les esclaves, d'ordinaire des prisonniers ou des descendants de prisonniers. Le niveau social est déterminé par les ascendants, sauf chez les esclaves, dont la situation est une conséquence des infortunes guerrières. Des privilèges et obligations particuliers sont rattachés aux titres et au rang dont on hérite, par exemple le droit de faire usage de certains symboles décoratifs. Les transmissions de titres font l'objet d'une attestation publique, à l'occasion du *potlatch*, une des institutions sociales amérindiennes les plus célèbres. Certaines de leurs fêtes rituelles n'ont pour fin que s'amuser mais, dans celles du *potlatch*, les chefs rivaux en profitent pour établir de nouvelles hiérarchies sociales et grimper de rang. Pendant un *potlatch*, le nouveau possesseur d'un titre distribue à tous ses invités de présents amassés dans ce but avec l'aide de sa parenté. Pour les témoins de la cérémonie, accepter ces cadeaux équivaut à reconnaître le nouveau régime, ce qui est essentiel dans la passation des droits et des devoirs d'une génération à l'autre.

En plus de jouer un rôle central dans le maintien de l'ordre social, les *potlatchs* remplissent une importante fonction économique. Les Amérindiens de l'ouest recherchent avec ardeur la richesse pour rehausser leur rang social. Comme chez les Hurons et chez les Amérindiens des Plaines, le commerce peut mener à la richesse. Au *potlatch*, on redistribue parmi la communauté les biens acquis par le commerce, comme ceux obtenus sur place. Parfois aussi, les membres d'un village organisent un *potlatch* en faveur d'un village voisin qui a subi un revers économique, par exemple un échec dans la pêche.

Au 19e siècle, ces cérémonies ont mauvaise réputation auprès des immigrants européens: c'est que les chefs indigènes se disputent entre eux à l'occasion de ce qu'on appelle les guerres de *potlatch*, au cours desquelles un chef tente de sacrifier ou de détruire plus de richesses que son rival. On peut à bon droit supposer que ces conflits sont plus fréquents après l'arrivée des Européens, en conséquence de la perturbation du mode de vie amérindien. Une guerre de *potlatch* éclate par exemple quand un village se transporte plus près d'un poste de traite, ou à la suite d'une épidémie mortelle, ou encore parce que la circulation de marchandises européennes ou américaines s'est accrue. Par le *potlatch*, les Amérindiens tentent d'établir une nouvelle hiérarchie dans la société.

Avec la passion des fêtes, les Amérindiens de la côte ont aussi celle du jeu. En fait, la plupart des indigènes du Canada pratiquent avec zèle des jeux de hasard. Chez les Carriers, selon les marchands de la Compagnie de la baie d'Hudson, le «jeu le plus répandu consiste en une cinquantaine de petits bâtons, bien polis... de la grosseur d'une plume. Un nombre déterminé de ces bâtons portent des traits rouges et tous ceux qu'un joueur trouve à sa convenance de jouer, il les fait rouler sur l'herbe sèche: il perd ou il gagne selon que l'adversaire en devine ou non le nombre et la sorte». Les ennuis ne manquent pas dans ces joutes: «(Les Amérindiens) sont des joueurs invétérés. On désigne des arbitres pour voir à ce que les adversaires jouent franc jeu, mais la partie se termine rarement de façon amicale». Les enjeux (des robes, des chaussures, des arcs, des flèches et autres biens) sont élevés et de grandes équipes viennent soutenir les joueurs.

Partout au Canada, les Amérindiens raffolent des jeux de hasard. Toutefois, les missionnaires les considèrent habituellement comme l'œuvre de Satan et tentent de les interdire. Cette aquarelle, *Le jeu d'osselets* (1861), est de W.G.R. Hind (1833-1888). Hind a beaucoup voyagé au Canada et fait des centaines de peintures et de croquis; il était le frère de Henry Youle Hind, prolifique auteur scientifique. (Musée des beaux-arts de Montréal, 967.1567)

La vie religieuse des Amérindiens de la côte ouest est centrée autour de cérémonies hivernales. Bien plus, chez les Kwakiutls, l'hiver est tenu pour une saison sacrée ou «secrète», le reste de l'année étant «profane». Les cérémonies d'hiver sont patronnées par les nombreuses sociétés secrètes: il en existe 18 chez les Kwakiutls seulement. Celles-ci sont fortement hiérarchisées et les membres d'une société donnée ont tendance à être de même sexe et de même rang social. Chacune se réclame d'un ancêtre mythique et les membres doivent soigneusement en garder les secrets. L'initiation de nouveaux membres (choisis selon l'hérédité) a lieu en hiver, pendant des danses surveillées par un maître de cérémonie. On invite des villages entiers à regarder les danseurs s'exécuter — dans des costumes recherchés et les visages recouverts de masques sculptés — avec un grand sens théâtral. Ces rites collectifs diffèrent de la pratique individualiste de la plupart des autres groupes indigènes au

Partant de Toronto, Paul Kane fait une expédition jusqu'au fort Victoria dans les années 1846-1848. Cette peinture à l'huile, *La danse du masque des médecins*, a pour point de départ des croquis qu'il fait au cours de ce voyage. Dans ses *Wanderings of an Artist*, Kane note que chez les Clallums les hommes «ne portent aucun vêtement en été; qu'ils n'ont en hiver qu'une couverture faite soit de poils de chien seulement, soit de poils de chien mêlés à du duvet d'oie». Ils exécutent cette danse du masque «avant comme après toute action importante de la tribu». (ROM/E, 912.1.92)

Canada dans la recherche du spirituel. Le but est néanmoins semblable: assurer au nouvel initié la protection des esprits.

En dehors de ces cérémonies minutieusement réglées, les Amérindiens de l'ouest, qui ressemblent en cela aux autres indigènes du Canada, s'adonnent tous les jours à une variété de pratiques et de rites plus simples qui témoignent d'un profond respect et de la reconnaissance envers le monde des esprits, en retour du bien-être matériel. Évidemment, le saumon est l'objet d'une particulière vénération. Quand Alexander Mackenzie visite les Bella-Coolas, il n'a pas conscience des tabous qu'il faut observer avec rigueur. Un jour, un de ses hommes en enfreint un par mégarde:

> Ces gens donnent dans une superstition extrême à l'égard du poisson, puisque c'est, semble-t-il, leur seule nourriture animale. Ils ne consomment jamais la chair des bêtes: pour avoir attrapé et avalé le morceau d'un os que nous avions laissé, un de leurs chiens

fut battu par son maître jusqu'à ce qu'il le dégorge. Un de mes hommes jeta un os de chevreuil dans la rivière: un indigène qui avait remarqué ce détail plongea tout de suite et le rapporta, puis, après l'avoir jeté au feu, se mit immédiatement à se purifier les mains.

Quand Mackenzie demande un canot pour continuer à descendre la rivière jusqu'à la côte, le Bella-Coola à qui il s'adresse persiste à s'excuser. «Je finis par comprendre qu'il s'opposait seulement à ce que j'embarque de la venaison dans un canot sur la rivière, car le poisson la sentirait tout de suite et les abandonnerait: lui, ses parents et ses amis mourraient de faim». Il suffit que le marchand se débarrasse alors de la venaison pour obtenir facilement le canot désiré.

La culture, l'art et le spirituel sont étroitement unis dans cette société. La décoration, de la proue d'un canot ou des menus articles comme les outils, les ustensiles de ménage ou les récipients, joue un rôle bien plus qu'esthétique. De nombreux ornements sont des armoiries de maison, ou appartiennent à une lignée particulière qui en règle l'usage. Là aussi, on cherche d'abord le profit de tous les membres d'une même lignée.

Les chasseurs de l'Arctique

D'une certaine façon, le problème des Amérindiens de de la côte ouest en est un de surabondance. Tel n'est certainement pas le cas des Inuit de l'Arctique! De toutes les régions du Canada, l'Arctique est sans aucun doute la plus difficile, la plus pleine de défis pour ses peuples autochtones: de longs hivers sans soleil, un froid intense, des rafales de neige, tout un écosystème d'éléments fragiles et dispersés.

Venus de la Sibérie environ 4000 ans auparavant, les Inuit occupent au 16e siècle les côtes des îles arctiques et le Canada continental, au nord de la limite des arbres. Ils développent avec un succès remarquable des techniques de chasse et de pêche, sur le littoral et à l'intérieur des terres, dans cette toundra sans arbres qui s'étend de l'Arctique à la limite nord de la forêt boréale. Ils sont avant tout chasseurs de gros gibier, auquel ils ajoutent, selon les saisons, des oiseaux et du poisson. Les mammifères marins qu'ils pourchassent sont surtout l'ours polaire, le phoque annelé, le phoque barbu, le morse, le narval et le béluga. Dans la toundra, ils chassent le caribou, l'ours brun (grizzly) et le bœuf musqué, en quelques endroits dispersés. Le loup, le carcajou, le lièvre et le renard arctique leur fournissent de chaudes fourrures, tout comme le castor et le rat musqué dans le delta du Mackenzie. Ils pêchent l'omble de l'Arctique (poisson à la fois d'eau douce et d'eau salée) et la truite de lac: ils en prennent de grandes quantités.

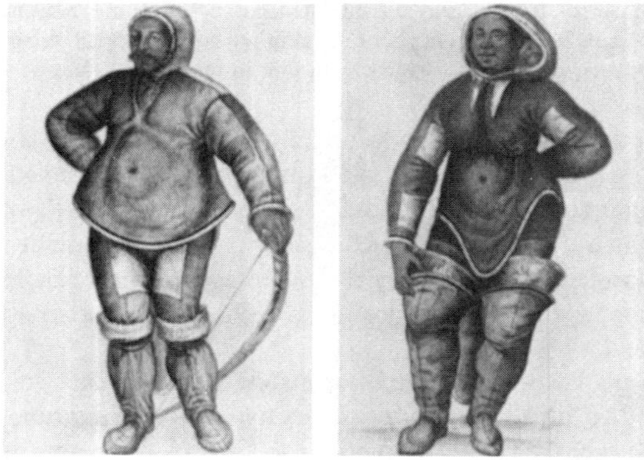

Quand l'explorateur Martin Frobisher (1539-1594) rentre en Angleterre après le voyage qu'il a fait en 1577 à l'île de Baffin, il ramène trois Inuit (un homme, une femme et son enfant). John White peut avoir fait cette aquarelle à bord du navire, sur le chemin du retour. (British Museum, Prints and Drawings, ECM 63 et 64, reproduit avec la permission des fiduciaires.)

Pour se nourrir toute l'année de cette diversité de gibier et de poisson, la plupart des Inuit se déplacent au rythme des saisons. L'été est la principale époque de la chasse à la baleine, en particulier les mois de juillet et d'août, et les bandes campent sur le littoral. L'automne, ils se transportent presque tous à l'intérieur des terres pour prendre l'omble de l'Arctique, car ce poisson remonte alors le cours des rivières. On chasse aussi le caribou, qui est d'une nécessité capitale à cause de sa viande, de ses os et aussi de sa peau dont on tire des vêtements d'hiver. La peau de caribou, en effet, est l'habillement parfait pour l'hiver: le cuir est léger et les poils conservent bien la chaleur du corps. Le vrai parka de survie et d'autres vêtements de même nature sont encore portés aujourd'hui par les pilotes de la brousse arctique comme vêtements d'urgence. De la fin de l'automne et du début de l'hiver jusqu'au printemps, la plupart des Inuit vivent assemblés dans des camps de base stables près de la rive ou sur la glace de l'océan. À partir de ces camps, ils partent régulièrement, en petits groupes de chasseurs, à la poursuite du phoque et du morse; dès leurs premiers contacts avec les Européens, ils vont aussi faire le trappage des animaux à fourrure. Au printemps lorsque les jours s'allongent, ils déménagent vers des camps de pêche, creusant des trous à travers la glace pour profiter des bancs d'ombles de l'Arctique qui redescendent à la mer.

Les Inuit déploient des trésors d'ingéniosité pour se façonner des armes, des moyens de transport et des abris, utilisant andouillers, os, ivoire, bois, peaux, fourrures, neige et glace. Pour la chasse, les hommes fabriquent diverses sortes de harpons à verrou (avec pointes d'os mobiles), de propulseurs (servant à projeter harpons et lances sur les oiseaux), de javelots, de lances et d'arcs (l'arc simple et l'arc à double courbure au dos renforcé d'un tendon). Dans le centre-ouest de l'Arctique, le cuivre, existant à l'état pur à la surface du sol, sert à faire des lames de couteau. L'équipement de pêche comprend des hameçons faits d'arêtes et sans barbillon, des dandinettes, des leurres, des filets, des râteaux et des javelots. Dans le bas des rivières de la côte, on dresse des barrages de pierres ou d'osier tressé, pour capturer l'omble arctique. Parmi les outils d'usage courant chez les femmes, notons les couteaux de pierre et de cuivre à lame recourbée dont le dos (appelé *ulus*) est en os et en andouiller, les grattoirs pour travailler les peaux, des nécessaires de couture qui comprennent des aiguilles en os et des dés. Les hommes utilisent des poignards à deux tranchants, en os, en ivoire, en pierre ou en cuivre. Parmi les appareils ménagers, mentionnons les récipients en bois et en stéatite (matériau facile à travailler), les lampes à cuisson et à éclairage (de forme allongée, peu profondes, en stéatite, elles utilisent l'huile de phoque) et les vrilles à arçon, pour allumer le feu et fabriquer de l'équipement

L'une des manifestations les plus célèbres de la vie des Inuit est la maison d'hiver, en neige, appelée *igloo*, généralement en usage dans le centre et l'est de l'Arctique. On construit deux sortes d'igloos, en se servant de couteaux et de pelles à neige, fabriqués en os ou en bois. Durant les excursions de chasse ou les voyages d'hiver, on se contente pour abri temporaire d'une petite hutte d'environ deux mètres de haut et d'un diamètre un peu supérieur. L'habitation principale d'hiver est beaucoup plus grande: de trois à quatre mètres de haut, sur un diamètre de quatre à cinq mètres, elle peut loger deux familles ou davantage. En se basant sur un petit igloo que son guide inuit, Auguste, lui a construit, le capitaine John Franklin, explorateur de l'Arctique, note en 1820:

> Ce sont des habitations fort confortables... Un matériau de toute pureté... de l'élégance dans la construction, des murs translucides (ce qui produit une clarté très agréable): tout cela donne à l'igloo un aspect de beaucoup supérieur à un édifice de marbre, et l'on pourrait en le regardant éprouver une émotion semblable à celle que produit la contemplation d'un temple grec... l'un et l'autre sont des triomphes de l'art, sans pareils en leur genre.

Dans le nord-ouest, aux environs du delta du Mackenzie, comme aussi sur le littoral sud du Labrador, c'est une structure de bois, à moitié sous terre,

Esquimaux construisant un igloo. Gravure de 1824, d'après un dessin du capitaine G.F. Lyon. (MTL/C)

couverte de planches et de mottes de terre glacée, qui constitue, l'hiver, la maison familiale typique. Dans la région du Mackenzie, cette habitation comporte, en son centre, un espace libre qu'entourent trois logements, chacun occupé par une famille. Durant les mois plus chauds de l'année, les bandes inuit vivent sous une tente en forme de cône ou de dôme, recouverte de peaux de phoque ou de caribou. Outre les habitations, certains groupes se construisent des structures plus vastes, couvertes de neige ou de peaux, appelées *kashims*, servant aux sports et aux cérémonies.

Avec des variantes de style d'une région à l'autre, l'habillement est essentiellement le même chez tous les Inuit. L'hiver, les vêtements de dessus sont composés de parkas pour les hommes comme pour les femmes, de pantalons pour les hommes et de culottes pour les femmes, faits habituellement de peau de caribou, et de bottes montant jusqu'aux genoux façonnées à partir de divers matériaux, dont les peaux de phoque, de béluga et de caribou. On décore les vêtements de peaux de couleurs, qui tranchent les unes sur les autres, de façon à identifier le genre et l'âge de celui qui les porte. Les sous-vêtements sont faits de peaux et de matériaux chauds et souples, comme le duvet de canard. L'hiver, on les porte avec la fourrure tournée vers l'intérieur; l'été, on porte les sous-vêtements d'hiver, mais tournés à l'envers.

Au cours de leur migration qui varie selon les saisons, les Inuit se déplacent de façons diverses. Deux types d'embarcation sont utilisés: le célèbre kayak et, moins connu, l'umiak. Chez presque toutes les bandes, on construit le kayak à une place, fait d'une charpente recouverte de peau; il sert à poursuivre le gibier sur les bords des banquises où l'on va transpercer le caribou qui traverse lacs et rivières à la nage. L'umiak, ce bateau à fond plat, également fait d'une charpente de bois recouverte de peau et qui peut porter dix personnes et jusqu'à quatre tonnes de charge, est utilisé pour le transport et pour la chasse aux gros mammifères marins. Conçues pour la chasse dans les glaces flottantes, ces embarcations sont assez légères et résistent aux crevaisons, grâce à la dureté de la peau de béluga ou de morse qui les enveloppe, et l'on peut les hisser sur une banquise quand le mouvement des glaces ou une bête blessée deviennent dangereux. Les umiaks servent aussi à déménager un campement; dans le nord du Québec, des chiens aident parfois à faire remonter

Habitations d'hiver des Esquimaux. Gravure d'après une aquarelle de George Back. Le journal de Back, au 11 juillet 1826, note que ces cabanes sont «construites de bois flotté, les racines dressées vers le haut, sans fenêtres, basses de plafond et dépourvues de tout confort». Back fait partie de plusieurs expéditions importantes dans l'Arctique, dont celle de Franklin à la rivière Coppermine. Un lac et une rivière des Territoires du Nord-Ouest portent son nom. (ANC, C-94140)

Esquimau du Labrador dans son canot. Aquarelle de 1821 par Peter Rindisbacher, alors âgé de 15 ans. Remarquer dans ce dessin le flotteur en peau de phoque. (ANC, C-1912)

le courant à ces embarcations, deux hommes demeurant dans l'umiak pour le gouverner pendant que d'autres dirigent les attelages de chiens le long de la rive.

Le voyage d'hiver se fait surtout en traîneau. Les patins sont couramment de bois, d'os ou d'andouiller, qu'on recouvre d'une couche lisse de boue et de glace pour faciliter le glissement. Au commencement de la journée, on rend les patins encore plus glissants avec une couche fraîche d'urine. Les attelages de chiens qui tirent les traîneaux sont de dimensions variées, mais, chez la plupart des groupes, on a les moyens d'entretenir seulement un tout petit nombre de ces bêtes voraces. Chez les Inuit du Cuivre, par exemple, un homme et son épouse ne peuvent recourir qu'à deux chiens pour les aider à tirer le traîneau. Les chiens sont précieux aussi comme bêtes de somme: chargés à pleine capacité, ils sont capables de porter de 15 à 20 kilos de marchandises et de traîner les poteaux des tentes.

À bien des égards, la société inuit ressemble à celle des Amérindiens subarctiques, centrée sur la famille restreinte: mère, père, enfants et grands-parents. Toutefois, une famille seule ne peut se suffire à elle-même. À cause du climat extrêmement dur et de la rareté de la nourriture, les familles se regroupent en petites bandes, ce qui facilite la chasse, la pêche et la cueillette d'autres aliments. Ainsi, pour chasser le caribou de la toundra, les Inuit utilisent des techniques semblables à celles des Athapascans: en unissant leurs efforts, ils poussent les hardes dans des lacs ou des rivières où des hommes en kayak les percent de leurs lances, ou encore vers des enclos de pierre disposés en V, où des chasseurs les attendent avec leurs arcs et leurs flèches. L'hiver, les Inuit des parties centrale et orientale de l'Arctique chassent le phoque sur la glace en utilisant la méthode du «trou à air», qui n'implique généralement qu'un petit nombre de chasseurs et leurs chiens. Ceux-ci viennent flairer les phoques à l'ouverture des trous; alors, on bouche plusieurs de ces derniers pour forcer les phoques à aller respirer à un autre trou, où les attend un chasseur, debout sur un morceau de peau de caribou et protégé du vent par un mur de blocs de neige. Au printemps, on attire les phoques sur la banquise par une ruse: un chasseur se couche de côté sur la glace et imite les mouvements d'un phoque.

La pêche à la baleine, quant à elle, exige la coopération de nombreux chasseurs. On prend les grosses baleines au harpon, mais l'une des espèces les plus importantes du centre ou de l'est de l'Arctique est le béluga, petite baleine blanche qui apparaît sur les bords des banquises vers la fin du printemps. Elle rôde habituellement dans les eaux peu profondes des baies et des estuaires. Les équipes de chasse profitent de ces habitudes des bélugas pour les piéger et les transpercer de leurs lances, par troupeaux entiers. Il faut aussi travailler en commun pour prendre de grandes quantités de l'omble arctique qui voyage l'automne par larges bancs: la plupart des bandes inuit entretiennent, en travers des rivières qui conduisent à la mer, une ou deux barricades de pierres.

Dans leur recherche de nourriture, les participants se rangent spontanément derrière un leader naturel, le temps d'une expédition. À cette pratique habituelle du commandement temporaire, une exception importante: le chef de village, dont la première responsabilité est d'organiser l'équipage des baleiniers. Dans le delta du Mackenzie, ces postes de commandement se transmettent en héritage par la lignée paternelle. Au Québec, ils vont aux hommes propriétaires d'umiak, chasseurs émérites, et qui ont un statut de parenté leur donnant autorité sur leur famille. Aucune autorité ne dépasse généralement l'échelle familiale.

Les hommes inuit établissent entre eux des associations à vie. Les associés

Migration. Sculpture de pierre grise, d'os et de peau. Cette œuvre de 1964 par le sculpteur Joe Talirunili (né en 1899), de Povungnituk, commémore la migration d'une tribu dans un umiak recouvert de peau de phoque et dont les rames, selon la tradition, sont tenues par les femmes. (Musée des beaux-arts de Montréal, 974. Aa.2)

se partagent les ressources, et même parfois les épouses, et se promettent mutuellement soutien et protection. À propos des coutumes matrimoniales chez les Inuit du Caribou, dans l'ouest de l'Arctique, John Franklin note en 1821 que «les Inuit semblent se conformer aux coutumes de l'est en ce qui touche au mariage. Dès qu'une fille vient au monde, le jeune garçon qui veut en faire sa femme se rend à la tente du père et pose sa candidature. Si elle est acceptée, promesse est faite, qui est considérée comme un engagement et, à l'âge convenable, on remet la fille à l'époux promis». Il n'y a pas que ces formes d'alliance: partager est un trait marquant de la société inuit en général, et il y a des moyens officiels et officieux de s'assurer que le partage ait bien lieu. On suit des règles pour répartir le butin des chasses et des pêches faites en commun, et des cérémonies se déroulent pour faire en sorte que les rares ressources soient bien distribuées dans la bande.

Avant l'arrivée des Européens, les Inuit ont tout un train de cérémonies fréquentes, et l'habitude de s'aménager des endroits particuliers ou des igloos pour les rites et célébrations. La plus courante des fêtes est la danse du tambour: les hommes dansent tour à tour en battant un large tambour, de la forme d'un tambourin, et en chantant une chanson à leur façon. Ces chansons peuvent se rapporter à la vie même du chanteur ou être une satire contre autrui; elles servent en partie de tribune publique et d'exutoire aux sentiments agressifs. Lors de ces danses du tambour, comme en d'autres occasions, les Inuit s'adonnent à des jeux et concours sportifs, dont ils raffolent: lutte, boxe et autres démonstrations de force.

Ils partagent la croyance, d'ailleurs générale chez les indigènes, que toute chose est habitée par une âme ou un esprit. Aussi, pour ne pas offenser les âmes des animaux et des poissons capturés, ils observent, avant comme après la chasse, des rites et des tabous. Les chamans servent d'intermédiaires entre la communauté et le monde des esprits, mais à la différence des autres régions du Canada indigène, les prêtres ne forment pas ici de fraternités. Chez les Inuit, d'ailleurs, il n'y a pas de grandes cérémonies religieuses qui équivaudraient à la Fête des Morts, à la Danse du Soleil ou aux danses d'hiver des Amérindiens de la côte ouest.

De l'Arctique jusqu'aux côtes est et ouest, le Canada, à la veille du contact avec les Européens, est un monde à l'intérieur duquel les habitants ont noué avec la terre d'étroits liens matériels et spirituels, sous la forte influence d'un climat et d'une topographie très variés. Même s'il y a de profondes différences entre les modes de vie des autochtones des diverses régions, ces différences tendent, vers les zones frontalières, à s'estomper. Ce mélange, cette fusion sont le produit de migrations incessantes, de l'activité saisonnière qui pousse au nomadisme, et du commerce entre les régions. Cette fusion, le long des frontières, des populations des divers territoires, facilitera grandement la tâche aux Européens, dans l'exploration et l'exploitation des premiers temps. Il leur sera facile de traverser les frontières; dans chaque territoire ils pourront compter sur des indigènes qui connaissent bien le pays, et savent comment faire fructifier les richesses de cette terre.

L'invasion européenne

La perturbation de cette vie indigène, causée par l'expansion européenne sur le continent nord-américain, se produit sur quatre fronts. Les Français ont pour point d'ancrage le Saint-Laurent; les Anglais se concentrent dans les baies d'Hudson et de James; les Espagnols, dans le nord du Mexique et dans le sud-ouest des États-Unis; enfin, sur la côte ouest, arrivent Espagnols, Anglais, Russes et Américains. Chacun de ces fronts a sa particularité propre,

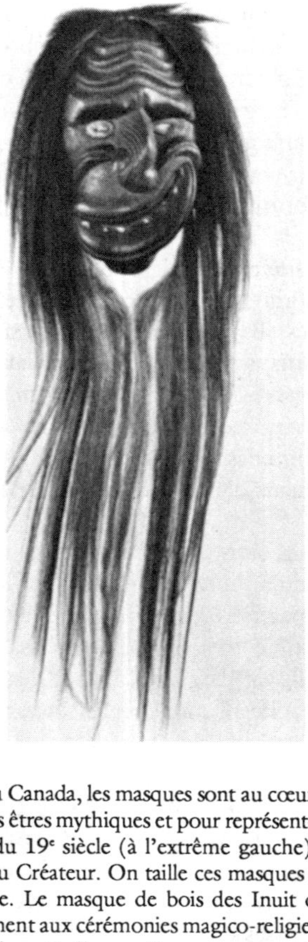

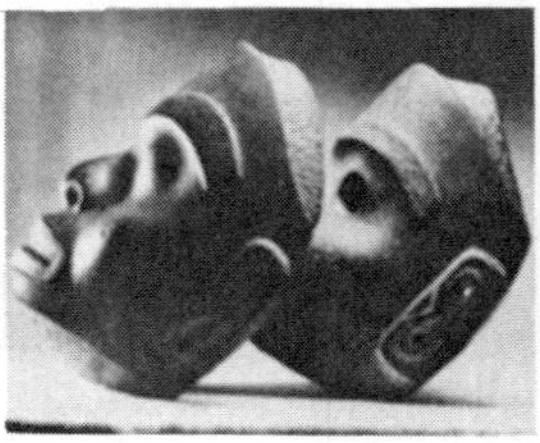

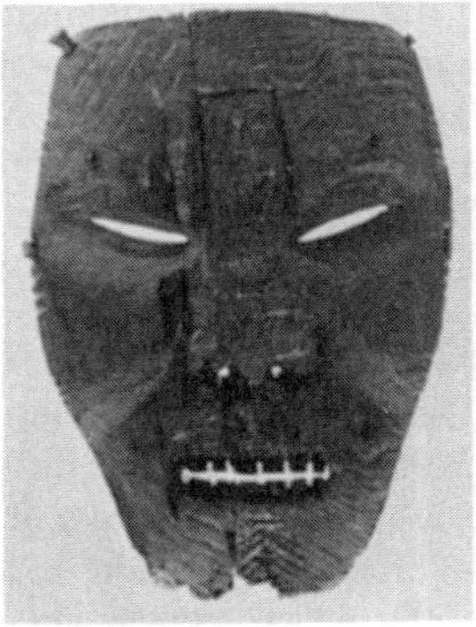

Partout au Canada, les masques sont au cœur des cérémonies indigènes: on les utilise comme images des êtres mythiques et pour représenter les esprits. Le masque iroquois, ***Visage perfide***, qui date du 19e siècle (à l'extrême gauche) est celui du géant au nez crochu qui défie le pouvoir du Créateur. On taille ces masques directement dans les troncs d'arbre; puis on les en détache. Le masque de bois des Inuit du Dorset (en bas) a plus de mille ans: il sert probablement aux cérémonies magico-religieuses. Les deux masques de pierre (en haut) sont, semble-t-il, portés l'un sur l'autre par un seul et même exécutant lors des rites d'hiver connus sous le nom de ***halait*** (sacrés); il les change en secret pour montrer le pouvoir magique du danseur. Le masque qui est en partie caché fut trouvé au village tsimshian de Kitkatla en 1879; l'autre, sur la rivière Nass ou à Metlakatla. (À gauche: ROM/E, HD 12635/ 922.1.29; en haut à droite: Musée de l'Homme, Paris, 81.22.1, photo Hilary Stewart; en bas à droite: MC, K-75-493)

Le marchand de fourrure (Portrait de John Budden, Esq.) En période de forte concurrence, les marchands de fourrures n'attendent pas que les Amérindiens se rendent aux postes de traite: on dépêchait plutôt des agents vers les camps des chasseurs pour s'assurer que les concurrents n'y interceptent pas les fourrures. Huile anonyme, vers 1855. (GM, 55.31.3)

mais d'un bout à l'autre du continent, les relations avec l'Europe se développent selon des étapes semblables.

Sur la côte est, les toutes premières rencontres des Amérindiens avec des marins sont passagères. Elle ne commencent à se prolonger qu'à la toute fin du 15e siècle, quand Jean Cabot explore la terre ferme. Dans les baies d'Hudson et de James, il faut encore attendre un siècle et demi, à compter des voyages de Henry Hudson en 1610. Et sur la côte ouest, elles ne commencent que quelque trois siècles plus tard, en 1774, quand l'Espagnol Juan Perez, venu de la Californie, pousse son exploration vers le nord, jusqu'à l'archipel de la Reine-Charlotte.

Entre ces premiers contacts et le début de relations régulières le long de la côte, il s'écoule d'ordinaire un certain intervalle: une dizaine d'années sur la côte ouest, jusqu'à 50 ans dans les baies d'Hudson et de James. Une fois les relations régulières établies, l'influence européenne s'étend rapidement vers l'intérieur, soit à partir des navires, soit à partir des établissements construits par les nouveaux venus. Partout en Amérique du Nord, les récits des explorateurs montrent bien que la nouvelle de leur arrivée se répand rapidement sur de longues distances. Même les tribus éloignées sont vite au courant de la présence des étrangers. Ainsi, quand les Anglais et les Français mettent le pied pour la première fois sur la rive occidentale de la baie d'Hudson dans les dernières années du 17e siècle, les informateurs amérindiens leur parlent des Espagnols qu'ils décrivent comme des hommes barbus, avec de grands canots, vivant à plusieurs mois de marche en direction ouest-sud-ouest: et pourtant, de toute évidence, aucun de ces Amérindiens n'est jamais allé jusque-là. Grâce à ce réseau de renseignements, les Amérindiens de l'intérieur sont vite mis au fait des articles européens et, en un temps assez court, il s'établit sur de longues distances des routes indigènes de commerce. De cette façon, le commerce «européen» est introduit à l'intérieur des terres par les Amérindiens eux-mêmes, bien avant l'arrivée des explorateurs et des marchands.

Peu après que Jean Cabot ait fait le voyage de Terre-Neuve en 1497, les Amérindiens des Maritimes multiplient les rencontres avec les Européens. Beaucoup de ces Amérindiens ont pu conclure, dans ces années 1500-1550, que ces nouveaux venus transportés par la mer ne sont que de passage et ne présentent aucun danger, mais qu'ils sont avides d'acquérir des fourrures et peuvent donner en retour des articles nouveaux et intéressants: haches de fer, marmites de cuivre, linge, perles décoratives. Dans les années 1550, de petites quantités de marchandises européennes s'infiltrent partout dans le réseau algonquien-iroquoien de l'est du Canada; des gens du lac Huron ou du lac Michigan, qui jamais de leur vie ne verront d'Européens (ou d'eau salée) ont déjà en mains les admirables nouveautés qui arrivent de l'est. Au début, l'intérêt pour ces articles étranges a pu être symbolique et spirituel: grains de colliers, pièces de cuivre et de fer sont souvent inhumés dans les cimetières du 16e siècle. Toutefois, les sociétés indigènes perçoivent bientôt la valeur pratique des haches de fer et des marmites de cuivre, la supériorité du métal dans les pointes de flèches et de lances pour la chasse ou la guerre. Au milieu du 16e siècle, cet intérêt accru pour leurs marchandises permet aux Européens de prendre pied dans les réseaux locaux de la diplomatie et du commerce. Lorsqu'Alexander Mackenzie fait sa célèbre expédition à travers la Colombie britannique, il apprend des Sekanis, qui n'avaient eu aucune relation directe avec des étrangers, que «leur ferronnerie (européenne), ils l'obtenaient de gens qui habitaient la rive de cette rivière et un lac contigu, en échange de peaux de castor et de peaux d'orignal apprêtées; ils disaient que ces intermédiaires voyageaient durant une lune pour arriver au pays d'autres tribus qui vivent dans des maisons et avec qui ils font du commerce pour obtenir ces mêmes produits...»

Pour le malheur des peuples indigènes, ces routes de commerce apportent aussi des maladies européennes; la rougeole et la petite vérole font des ravages. On ne connaîtra jamais le nombre exact des victimes, mais des pertes de 50% et plus de la population ont été relevées dans certains cas connus d'épidémies, comme celle qui frappe la Huronie en 1639.

Sur les traces de commerçants indigènes qui transportent leurs marchandises bien à l'intérieur des terres, arrivent par voie de terre les explorateurs, parfois avec des missionnaires. Conduits par leurs guides indigènes, ces premiers explorateurs ne peuvent en obtenir que des aperçus limités: c'est pourquoi une grande partie des changements en cours dans le monde indigène échapperont encore un temps à la vue des étrangers.

Avec la création de postes de traite, commencent entre Européens et Amérindiens des relations prolongées. Bientôt suivront les établissements permanents. Encore ici, on note de grandes disparités dans les intervalles qui séparent l'apparition des premiers explorateurs en un lieu, et l'établissement des premiers postes de traite et des premières missions. Certains explorateurs construisent des postes à mesure qu'ils voyagent et d'autres non: en Colombie britannique, par exemple, les établissements se font attendre pendant plus de 20 ans; dans le nord de l'Ontario, il faudra 80 ans.

C'est la fondation de postes de traite et de missions dans ce qui est aujourd'hui le Québec, qui modifie les rapports entre Amérindiens et Européens. Il en résulte une action sociale réciproque entre les groupes, qui non seulement amène l'accroissement des échanges économiques, mais suscite l'expansion rapide d'une population métis. À bien des égards, les rejetons métis sont les nouveaux agents entre les Européens et ceux des groupes amérindiens qui persistent à demeurer, physiquement et culturellement, à distance des étrangers. La venue des missionnaires est une complication de plus: ces hommes ont pour objectif déclaré de transformer la culture indigène en une autre, qui ressemblerait au modèle chrétien de l'Europe.

Néanmoins, le rôle des missionnaires reste négligeable avant 1821, à cause surtout du caractère intensément commercial de l'activité européenne à ses débuts. De fait, mis à part la Nouvelle-France et la côte du Labrador, l'incursion missionnaire se produit d'une façon plutôt indépendante de l'activité des marchands de fourrures. Dans la plus grande partie du centre et de l'ouest du Canada, les missionnaires arrivent longtemps après l'installation des marchands. La plupart ont, selon leurs propres critères, d'excellentes intentions et ils essaient, semble-t-il, de protéger Amérindiens et Inuit contre ce qu'il y a de négatif dans la culture européenne. Néanmoins, ils pensent que la civilisation européenne est le seul mode de vie acceptable, et leur arrivée marque le début d'une attaque systématique contre la religion, les croyances et beaucoup de coutumes traditionnelles de la société indigène, attaque qui s'intensifiera lorsque les gouvernements s'occuperont eux-mêmes des «affaires indiennes».

La morue et les fourrures

Voilà pour le cours général des choses. Mais dans diverses régions du Canada, des événements particuliers éclairent le choc concret que les Européens font subir au monde indigène.

Nous ne connaîtrons peut-être jamais l'étendue ni le caractère des rencontres qui ont eu lieu avant 1534 entre des pêcheurs et des Amérindiens à l'ouest et au sud-ouest de Terre-Neuve. La première observation d'envergure que nous ayons est celle qu'a rédigée Cartier lors de ses deux premiers voyages, en 1534 et en 1535-1536. Après sa visite de la côte du Labrador, dans la région du détroit de Belle-Isle, et sa célèbre remarque sur la «terre que Dieu donna à Caïn», il navigue en direction du sud-ouest, longe le littoral occidental de Terre-Neuve, les Îles de la Madeleine et la pointe ouest de l'Île du Prince-Édouard pour atteindre le littoral est du Nouveau-Brunswick, près de la baie de Miramichi. Puis il se rend à la baie des Chaleurs, où il rencontre un groupe considérable de Micmacs. On ne voit pas très bien par le récit qu'il fait de cette rencontre si les Micmacs ont déjà l'habitude de commercer avec les Européens, mais son journal montre assurément qu'ils en ont envie:

> Nous aperçûmes deux bandes de barques de sauvages (...) où ils étaient plus de quarante ou cinquante barques; et dont l'une des dites bandes de barques arrivait à la dite pointe, dont ils sautèrent et descendirent à terre un grand nombre de gens, qui faisaient un grand bruit et nous faisaient plusieurs signes que nous allassions à terre, nous montrant des peaux sur des bâtons. Et pour ce que n'avions qu'une seule barque, n'y voulûmes aller et naviguâmes vers l'autre bande qui était à la mer. Et eux, voyant que nous fuyions, équipèrent deux de leurs plus grandes barques pour venir après nous, avec lesquelles se bandèrent cinq autres de celles qui venaient de la mer, et vinrent jusques auprès de notre dite barque, dansant et faisant plusieurs signes de joie et vouloir notre amitié.

Malgré ce comportement amical, Cartier, qui se voit inférieur en nombre, se croit menacé et fait tirer deux coups de semonce au-dessus de leurs têtes. Le jour suivant, Cartier et ses hommes reprennent courage, ils mettent pied à terre pour rencontrer les Micmacs. On fait la traite avec beaucoup d'animation:

> Et incontinent qu'ils nous aperçurent, se mirent à fuir, nous faisant signe qu'ils étaient venus pour trafiquer avec nous; et nous montrèrent des peaux de peu de valeur, de quoi ils s'accoutrent. Nous leur fîmes pareillement signe que nous ne leur voulions nul mal et descendîmes deux hommes à terre pour aller à eux leur porter des couteaux et autres ferrements et un chapeau rouge pour donner à leur capitaine (...) et demenèrent une grande et merveilleuse joie d'avoir et recouvrer des dits ferrements et autres choses, dansant et faisant plusieurs cérémonies. Et nous baillèrent tout ce qu'ils avaient, tellement qu'ils s'en retournèrent tout nus, sans aucune chose avoir sur eux.

Peu après avoir quitté les Micmacs, Cartier rencontre un groupe de Stadaconéens, campés sur la côte de Gaspé où ils pêchent le maquereau:

> Nous leur donnâmes des couteaux, patenôtres de vair, peignes et autres besognes de peu de valeur; de quoi faisaient plusieurs signes de joie (...) Cette gent se peut nommer sauvage, car c'est la plus pauvre gent qu'il puisse être au monde; car tous ensemble n'avaient la valeur de cinq sols, leurs barques et leurs rets à pêcher mis à part. Ils sont tout nus, réservé une petite peau de quoi ils couvrent leur nature, et quelques vieilles peaux de bêtes qu'ils jettent sur eux en écharpe... Ils n'ont autre logis que sous leurs dites barques, qu'ils tournent adans [à l'envers] et se couchent sur la terre dessous icelles.

S'apprêtant à rentrer chez lui, Cartier revendique le pays pour la France. Son récit nous donne un aperçu de la façon dont réagissaient les indigènes quand les Européens venaient s'approprier leurs terres:

> Nous fîmes faire une croix, de trente pieds de haut, qui fut faite devant plusieurs d'eux, sur la pointe de l'entrée du dit havre, sous le croisillon de laquelle mîmes un écusson en bosse, à trois fleurs de lys, et dessus, un écriteau en bois, engravé en grosses lettres de forme, où il y avait VIVE LE ROY DE FRANCE. Et icelle croix plantâmes sur la dite pointe devant eux, lesquels la regardaient faire et planter. Et après qu'elle fut élevée en l'air, nous mîmes tous à genoux, les mains jointes, en adorant icelle devant eux.
>
> Nous étant retournés en nos navires, vint le capitaine, vêtu d'une vieille peau d'ours noir, dedans une barque avec trois de ses fils et son frère... et nous fit une grande harangue, nous montrant la dite croix et faisant le signe de la croix avec deux doigts; et puis nous montrait la terre tout à l'entour de nous, comme s'il eût voulu dire que toute la terre était à lui et que nous ne devions pas planter la dite croix sans son congé.

Là-dessus, Cartier ordonne à ses gens de se saisir des Amérindiens et de les amener à bord. On leur fait des signes d'amitié, on leur sert à boire et à manger: «Et puis leur montrâmes par signe que la dite croix avait été plantée pour faire marque et balise, pour entrer dedans le havre, et que nous y retournerions bientôt...» Cartier comprit sans doute que les Amérindiens avaient bien saisi le vrai sens de la croix, d'où son explication franchement fallacieuse. En fait, il n'est jamais retourné dans cette baie.

Tout juste avant de partir pour la France, Cartier s'empare de deux jeunes Iroquoiens, fils du chef Donnacona, en affirmant qu'il les ramènera au village du chef, l'été suivant. Promesse tenue: en 1535, il se rend à Stadaconé, près de la ville actuelle de Québec, et rend les jeunes gens à leur père. De là, poursuivant sa recherche d'une voie d'eau vers le Pacifique, il pénètre à l'intérieur des terres pour se rendre chez les Iroquoiens d'Hochelaga, ville importante qu'entoure une palissade, sur l'emplacement actuel de Montréal. La vallée du Saint-Laurent et ses habitants font impression sur lui. En échangeant, surtout par des signes, avec les Hochelagans, Cartier acquiert le sentiment que par-delà les rapides de Montréal, les rivières de l'intérieur mènent à plusieurs grands lacs et même à un pays du non de Saguenay, où se trouvent or, argent et cuivre.

À l'idée, que l'or n'est pas loin à l'ouest d'Hochelaga, on met en marche en 1541 la troisième et plus importante expédition de Cartier: on le charge de s'assurer le contrôle de ces terres étrangères «par des méthodes amicales ou par la force des armes»; mais la maladie et la méfiance croissante des Amérindiens devant ces étrangers, met fin d'une façon peu glorieuse, en 1543, à cette entreprise. Contrairement à ce qui s'est passé lors des conquêtes espagnoles, il n'y a pas ici de ces sociétés prospères et bien structurées que l'on pourrait soumettre par une démonstration de force. Malgré tout, en plus des fourrures et du territoire, cette recherche d'une route vers l'Asie reste l'une des motivations principales de l'exploration de l'intérieur du continent pendant les deux siècles suivants.

Cartier ne pourra atteindre son principal objectif, il s'en rend compte en face des rapides de Lachine qui marquent la fin de la navigation sur le Saint-Laurent. Cependant, au cours de ces voyages, il a appris beaucoup sur la topographie du Canada maritime, du golfe et de la vallée du Saint-Laurent. Il a retenu que les eaux sont grouillantes de poissons et de baleines, qu'il y a dans la région de Gaspé d'excellentes réserves de bois, ainsi qu'un important potentiel agricole sur la côte du Nouveau-Brunswick et dans la vallée du Saint-Laurent, sans parler des fourrures à profusion. Ses voyages ont grandement contribué à fixer la géographie et la toponymie de l'est du Canada; et il a donné un nom au pays. Les Iroquoiens avec qui il s'est entretenu se servaient du nom *Canada* (ce qui peut signifier *village*) et Cartier transmet ce toponyme aux cartographes en Europe.

Dans les dernières années du 16e siècle, les marins parlent couramment de Terre-Neuve ou du Canada comme d'un lieu où l'on va faire du commerce et de la pêche. Toutefois, l'heure n'est pas encore venue d'investir les capitaux nécessaires à l'exploitation des richesses du Nouveau-Monde, exception faite du poisson et des baleines. C'est pourquoi, pendant le demi-siècle qui suit, les Amérindiens du golfe ne seront dérangés que par des pêcheurs, qui ne manqueront pas l'occasion d'ajouter un peu à leurs revenus en faisant commerce de quelques fourrures avec les Amérindiens qui viennent les voir sur la côte, pendant l'été.

Le long du littoral sud de la Nouvelle-Écosse, les pêcheurs entreprennent, surtout au large, le salage de la morue à bord des navires, de sorte qu'ils ont peu de relations avec les Amérindiens de la côte. Il n'en va pas de même à Terre-Neuve. On installe sur cette île des sècheries, en particulier dans la péninsule d'Avalon, dans des havres commodes souvent peuplés par les Béothuks. Au début du 16e siècle, les pêcheurs ne sont pas intéressés à commercer avec eux. Les Béothuks font un mauvais accueil à ces intrus qui occupent leurs lieux naturels de campement, et détruisent les forêts des alentours en défrichant et en brûlant sans discernement. Réciproquement, les pêcheurs n'aiment pas que les autochtones viennent fréquemment durant l'hiver piller les sècheries pour y prendre des clous et d'autres pièces de ferraille. Ainsi les relations entre Amérindiens et pêcheurs européens sont tendues au départ. Les Béothuks souffrent durement dans les conflits qui s'ensuivent, pour finalement devenir l'un des rares groupes indigènes du Canada à avoir été complètement anéantis par les Européens.

Dans la seconde moitié du 16e siècle, le climat économique en Europe se modifie; l'expansion rapide du commerce de la fourrure en fait une industrie de première importance. Lancé au milieu du siècle, le chapeau de feutre devient fort à la mode en Europe, et il le demeure jusqu'à son remplacement par le chapeau de soie, au milieu du 19e siècle. Les chapeliers ne veulent de la fourrure de castor que pour en raser le poil, et se débarrasser ensuite de la peau elle-même. Le feutre le plus luxueux et le plus résistant est tiré des minces couches intérieures de ce poil qu'on a rasé, qui constitue le fond de la fourrure de castor. Au 16e siècle, il n'y a presque plus de castors dans toute l'Europe occidentale, mais ils abondent en Amérique du Nord, où on peut les obtenir à bon marché.

On achète des Amérindiens deux sortes de fourrures de castor: le castor de robe, appelé «castor gras» par les Français, et le castor parcheminé ou «castor sec». Au 16e siècle, seuls les Russes maîtrisent la technique qui consiste à enlever les longs poils du castor sec pour ensuite séparer la peau de la couche de fond. Mais l'envoi du castor sec en Russie pour l'y faire préparer augmente le coût de la fabrication du feutre. Par ailleurs, le castor gras est une marchandise usagée, puisqu'il a déjà été porté par les Amérindiens dans les vêtements d'hiver. Ces derniers, en effet, en portent la fourrure, le côté du poil placé à l'intérieur, ils la grattent, puis la frottent avec de la moelle pour la huiler et l'assouplir, de sorte qu'ils en font tomber les longs poils. La couche de fond

Divers modèles de chapeaux de castor. La vogue du chapeau de castor a été le facteur déterminant dans les débuts du commerce de la fourrure: le poil court qui constitue le fond de la fourrure du castor sert à fabriquer le feutre de la meilleure qualité qu'exige les plus grands chapeliers. Gravure tirée de *Castorologia*, par H.T. Matin (Montréal et Londres, 1892). (ANC, C-17338)

devient alors facile à détacher de la peau, que les fabriquants de feutre en Europe occidentale peuvent traiter immédiatement. En conséquence, le castor gras devient très en demande, aux 16ᵉ et 17ᵉ siècles. Pour les Amérindiens, c'est un commerce fort satisfaisant. Le Père Le Jeune, supérieur des Jésuites de Québec, rapporte en 1634 que, selon les Montagnais, la demande européenne pour la peau de castor est sotte et frivole:

> Les Sauvages disent que c'est [le castor] l'animal bien aimé des Français, des Anglais, & des Basques, en un mot des Européens; j'entendais un jour mon hôte qui disait en se gaussant: «*Missi picoutau amiscou*, le castor fait toutes choses parfaitement bien, il nous fait des chaudières, des haches, des épées, des couteaux, du pain, bref il fait tout». Il se moquait de nos Européens qui se passionnent pour la peau de cet animal, & qui se battent à qui donnera le plus à ces Barbares pour en avoir: jusques là que mon hôte me dit un jour, me montrant un fort beau couteau: «Les Anglais n'ont point d'esprit, ils nous donnent vingt couteaux comme celui-là pour une peau de castor».

Le Père Le Jeune se permet sans aucun doute quelques libertés en rapportant cette conversation, afin de donner son opinion sur les marchands européens, mais il est manifeste que ce commerce, en ses débuts, est très à l'avantage des Amérindiens. Malheureusement pour eux, cela ne durera pas. À la fin du 18ᵉ siècle, les fabricants de feutre en Europe apprennent le secret des Russes et le castor sec obtient la cote, parce que d'une qualité plus constante que le castor gras. Au milieu du 19ᵉ siècle, il n'y a plus beaucoup de demande pour le castor gras: il s'ensuit que les Amérindiens doivent «trapper» plus de castors, s'ils veulent des marchandises européennes.

Le temps qu'il dure, le marché florissant de la peau de castor a d'autres répercussions. Pour la première fois, il devient possible aux marchands d'Europe de faire du commerce de la fourrure une spécialité, de sorte que dès les années 1580 celui-ci cesse d'être simplement une modeste adjonction à la pêche. Ce changement déclenche de nouvelles forces économiques qui favorisent l'expansion du commerce sur tout le continent au cours des deux siècles suivants, bouleversant du même coup l'équilibre socio-économique des nations autochtones.

L'industrie de la fourrure doit dès le départ faire face à un problème fondamental: le coût élevé du transport, à cause des grandes distances entre le Canada de ses marchés européens. Ceci incite les marchands à tenter d'en monopoliser le commerce, pour fixer des prix à leur avantage et pour s'assurer un approvisionnement abondant. Le premier monopole commercial au Canada est accordé par le roi de France en 1588 à Jacques Noël. D'autres marchands français le contestent tout de suite et la Couronne se dépêche de le retirer. Ce n'est là que le premier épisode d'une lutte qui va se poursuivre jusqu'à notre époque. Au mieux, les marchands s'assurent des monopoles de courte durée, avant d'être détrônés par la concurrence, qu'elle vienne de compatriotes ou d'étrangers.

Les Amérindiens réagissent de la même manière. Une fois le commerce régulier bien établi dans une région donnée, des indigènes se spécialisent dans le commerce, et deviennent des intermédiaires. Ces entrepreneurs s'occupent de la circulation des fourrures et des marchandises européennes entre les postes de traite et les Amérindiens de l'intérieur du pays qui fournissent le gros de la marchandise. Comme tous les intermédiaires du monde, ces marchands amérindiens majorent amplement les prix des articles qui passent entre leurs mains avant de les transmettre. Naturellement, ils défendent avec un soin jaloux les routes commerciales les plus payantes; ils en ferment l'accès à tous les groupes indigènes qui n'ont pas obtenu un droit de passage, droit qui d'ordinaire ne leur est accordé que contre paiement de lourds péages.

Amérindiens et Européens luttent pour s'assurer le contrôle de ce commerce. Cette situation instable s'avérera, en fait, un stimulant dynamique, provoquant l'expansion de cette industrie. À maintes reprises, les Européens tentent d'écarter les intermédiaires, dans l'espoir d'acheter des fourrures à meilleur marché: ils essuient sans cesse des échecs, car des groupes successifs d'Amérindiens tirent profit de leur rôle d'intermédiaires. À mesure que les routes commerciales pénètrent à l'intérieur du continent, les coûts de transport et d'entreposage grimpent, ce qui force les Européens à s'assurer des stocks considérables. En conséquence, le commerce des fourrures pousse les Amérindiens à chasser et à «trapper» à un rythme qui ne pourra pas se maintenir indéfiniment. Le circuit mis en mouvement va cependant entretenir l'expansion transcontinentale de l'industrie pelletière pendant toute la période 1580-1793.

Chez les Amérindiens, les premiers spécialistes du commerce sont les Montagnais des environs du Saguenay. Le bas Saguenay est un fjord d'une légendaire beauté austère. Son embouchure est dès le milieu du 16ᵉ siècle un lieu important de pêche à la baleine, parce que les bélugas viennent s'y reproduire et que cette région attire marsouins, rorquals communs, rorquals à bosse, globicéphales et même les grands rorquals bleus. Il se fait probablement, dès cette époque, un peu de commerce de la fourrure, et à la fin du siècle, le bas Saguenay est devenu un centre important de commerce pelletier, avec ces navires marchands d'origine européenne qui font là un arrêt régulier. Les Montagnais réagissent de deux façons: d'une part, ils augmentent leur «trappage» et étendent leurs relations commerciales vers le nord et vers l'ouest du lac Saint-Jean en direction du lac Mistassini est du cours supérieur de la rivière des Outaouais. D'autre part, ils tirent avantage de la concurrence en montant les commerçants européens les uns contre les autres. Au tournant du siècle, les Français se plaignent de ce que les Montagnais ont transformé le commerce d'été en une vente aux enchères, et fait monter les prix si haut qu'il devient difficile de faire du profit.

Ceci explique au moins en partie pourquoi les Français, conduits par l'explorateur et cartographe Samuel de Champlain, font une percée dans la vallée du Saint-Laurent et fondent un poste à Québec en 1608. Cette terre est déserte: entre le voyage de Cartier en 1535 et celui de Champlain en 1608, les Stadaconéens et les Hochelagans ont en effet disparu. Encore aujourd'hui, les historiens ne s'entendent pas sur ce qui s'est produit. Cette terre sans occupants sépare deux groupes amérindiens en état de guerre: les Iroquois du New York, au sud du lac Ontario, et les Algonquiens des environs de la rivière des Outaouais, avec leurs alliées hurons au nord. Dans un tel climat politique, il n'est pas surprenant que Champlain et ses compagnons soient bientôt entraînés dans le conflit. En 1609, Champlain accepte, à leur demande, de se joindre à des Algonquiens de la vallée de l'Outaouais et à des Hurons pour aller faire la guerre au pays des Agniers: ils attaquent un village agnier près du lac Champlain. Il s'ensuit rapidement une escalade de la violence.

Même alliés à certains de leurs voisins de langue algonquienne, les Hurons sont aussi impatients de briser le monopole du commerce de deux groupes algonquins, ceux de l'île aux Allumettes et ceux de la Petite-Nation, au milieu et dans le bas de la vallée de l'Outaouais, et de nouer directement avec les Français des liens de commerce et de défense. Avec ces objectifs en tête, ils invitent donc Champlain à visiter leur pays; il accepte et se met en route pour la Huronie en 1613. Toutefois, il est arrêté en chemin par les Algonquins de l'île aux Allumettes, qui tiennent à conserver leur situation dans le système commercial. Ils refusent de le laisser passer. Champlain n'a guère d'autre choix que de renoncer à son voyage; avant de s'en retourner, il remet quand même des cadeaux à ces Algonquins, en promettant de les aider dans leurs luttes contre les Iroquoiens. Cette politique lui permettra de franchir leur territoire deux ans plus tard. En 1615, il atteint finalement la Huronie; on le reçoit chaleureusement, mais on se montre soupçonneux à l'égard des missionnaires qui l'accompagnent. Les Hurons croient, non sans fondement, que ces gens sont des marchands déguisés, venus les espionner pour découvrir les secrets de leur commerce: ils ne veulent absolument pas dévoiler l'identité de leurs associés commerciaux. Les prêtres français en sont donc quittes pour un mauvais départ, et c'est seulement dans les années 1620 qu'ils pourront établir des missions permanentes.

À la fin des années 1630, la Huronie est au cœur du commerce français de la fourrure, et constitue aussi un foyer important de l'action missionnaire. La région, cependant, souffre encore d'une instabilité politique très grave: à cette époque, les Iroquois du New York commencent à être bien équipés en armes européennes et se livrent de plus en plus souvent à des raids dévastateurs dans le bas de l'Outaouais et en Huronie, dans l'espoir de s'ouvrir la route au commerce des fourrures au nord des Grands Lacs. Les attaques iroquoises ne visent plus simplement, comme avant l'arrivée des Européens, à faire quelques prisonniers, mais bien à anéantir l'adversaire. De plus, pendant que le conflit gagne en intensité, des épidémies de petite vérole ravagent la Huronie et la démoralisent. Et les missionnaires en rajoutent, en provoquant des divisions internes entre baptisés et non-baptisés. Il s'ensuit que la Huronie est envahie par les Iroquois et s'écroule en 1649.

Après la chute de la Huronie, la circulation commerciale dans le bas de l'Outaouais ne se fait plus que par intermittence, parce que les groupes qui y passent sont souvent victimes des Iroquois. Plusieurs des anciens partenaires commerciaux des Hurons se retirent à l'ouest et au nord-ouest, hors de portée des partis de guerre de l'Iroquoisie. Cela gêne beaucoup les marchands français, désireux de demeurer en relations avec ces groupes. C'est pourquoi, en 1656, Médard Chouart dit Des Groseilliers pousse l'exploration française jusqu'au bout des Grands Lacs; son beau-frère Pierre-Esprit Radisson le rejoint en 1659. En 1663, ils ont déjà poussé jusque dans la région du lac Supérieur et, peut-être plus loin, jusqu'à la baie de James. En tout cas, les Cris, alors fournisseurs de fourrures pour les Outaouais et les Ojibwés, font comprendre à ces deux Français que le pays de la meilleure fourrure se trouve au nord du lac Supérieur. Les Amérindiens parlent aussi d'une mer de glace, au nord. Les deux marchands en concluent qu'il s'agit de celle qui porte le nom d'Henry Hudson, l'infortuné explorateur que son équipage rebelle avait laissé mourir là en 1611. Conscients de l'augmentation des frais qu'entraîne l'expansion du commerce de la fourrure par voie de terre en direction du nord-ouest à partir du Saint-Laurent (de Montréal et de Trois-Rivières), les deux beaux-frères optent pour une autre solution. Ils vont tenter d'établir une base commerciale dans cette mer du Nord. Ainsi, on pourrait pénétrer par eau au cœur du royaume de la meilleure fourrure, supprimer les coûts écrasants du transport par voie de terre et — l'accès au marché étant devenu immédiat — déjouer les manœuvres d'un autre groupe de commerçants amérindiens.

Radisson et Des Groseilliers ne peuvent obtenir l'appui de la France à ce projet. Le moment est mal choisi pour s'adresser aux autorités françaises: en 1663, le nouveau secrétaire d'État, Jean-Baptiste Colbert, vient de prendre charge des affaires coloniales; or il s'oppose à l'expansion vers l'ouest et s'intéresse davantage à promouvoir l'agriculture dans la colonie, pour consolider l'économie. Il ne veut pas que les habitants se laissent distraire de leurs établissements par le commerce de la fourrure ou par d'autres aventures.

Mais Radisson et Des Groseilliers ne sont pas hommes à accepter un tel refus. Après avoir tenté en vain de faire appuyer leur projet par Boston et par la France, ils se rendent en Angleterre. Ils trouvent là une oreille favorable à la cour du roi Charles II: un petit groupe de courtisans très unis sont vivement intéressés à rééquilibrer l'économie de l'empire. Parmi eux, Anthony Cooper, qui deviendra le premier comte de Shaftesbury, sir Peter Colleton, sir George Carteret et George Monk, premier duc d'Albemarle. C'est ce groupe d'hommes haut placés, animés par un vif esprit d'entreprise, qui ont fondé la colonie de la Caroline en 1666 et à qui l'on concédera les Bahamas en 1670. Ils ont l'appui du duc James d'York, frère du roi, et de son impétueux cousin, le prince Rupert.

Après une tentative ratée de faire partir une expédition en 1667 (la belle saison d'été est passée avant qu'on soit prêt), on en met finalement une autre à la mer le 5 juin 1668: de la Tamise, l'*Eaglet* et le *Nonsuch* lèvent l'ancre. Ce sont de petits navires, des *ketchs*; ils jaugent moins de 44 tonneaux, mesurent environ cinq mètres de large et moins de 13 de long. L'*Eaglet*, qui a à son bord Radisson, est forcé de faire demi-tour, mais le *Nonsuch*, dans lequel voyage Des Groseilliers, parvient au sud de la baie de James le 29 septembre. L'équipage y passe l'hiver et s'adonne à un commerce tout à fait fructueux avec les Cris. Le *Nonsuch* revient enfin avec une si lourde charge de castors d'hiver de première qualité et d'autres fourrures que, selon les journaux, elle procure à ces voyageurs «pas mal de compensations pour leur réclusion dans le froid». Tout excités de cette réussite, les actionnaires anglais font partir un autre navire en 1669, avec Radisson à bord, et l'on prend des mesures pour établir ce commerce d'une façon permanente. En conséquence, au printemps de 1670, on rédige la charte de la Compagnie de la baie d'Hudson, et Charles II la signe le 2 mai de la même année.

Le «Gouverneur et la Compagnie des Aventuriers» obtiennent le monopole du commerce et le droit de faire de la colonisation dans toutes les terres arrosées par les eaux qui se déversent dans le détroit d'Hudson. Vaste domaine qui comprend, pour utiliser le langage des géographes d'aujourd'hui, le nord du Québec, celui de l'Ontario, tout le Manitoba, presque toute la Saskatchewan, le sud de l'Alberta et une partie des Territoires du Nord-Ouest. On l'appelle Terre de Rupert, en l'honneur du prince Rupert; elle est, en tout, 15 fois plus grande que l'actuel Royaume-Uni et cinq fois plus que la France. À bien des égards, on peut voir dans l'attribution de la charte de la Compagnie de la baie d'Hudson l'un des grands traits d'ironie de l'histoire du Canada: ce sont deux Français qui ont l'idée de cette compagnie et qui aident à la piloter dans ses débuts difficiles. De plus, elle sera au Canada l'une des entreprises coloniales de l'Angleterre qui ont le mieux réussi; elle en est, à coup sûr, la plus durable.

La nouvelle compagnie commence en 1671 à bâtir des postes de traite à l'embouchure de rivières importantes. En 10 ans, elle aura érigé des forts sur les fleuves Rupert, Moose, Albany et Hayes. Ils ont un effet majeur sur le commerce. Entre 1650 et 1670, les bandes des Assiniboines et des Cris, qui habitent aussi loin que l'est du Manitoba, ont approvisionné en fourrures les marchands outaouais et ojibwés en échange de marchandises françaises, mais, une fois les postes de la baie en place, Cris et Assiniboines n'ont plus à compter sur les intermédiaires outaouais et ojibwés: ils commercent directement avec les Anglais. Ils deviennent ainsi la sixième génération de grands intermédiaires amérindiens à intervenir dans ce commerce de la fourrure, pratiqué depuis un siècle par voie de terre. Évolution de plus grande portée encore: ils se retrouvent en excellente position pour assumer eux-mêmes le rôle de marchands. Ils en saisissent rapidement l'occasion et, moins de dix ans après la fondation de la Compagnie de la baie d'Hudson, son gouverneur au Canada, John Nixon, fait le compte rendu suivant:

> J'apprends l'existence d'une nation d'Amérindiens dits Poyets [des Sioux du Dakota] qui n'ont eu encore aucun commerce avec une nation chrétienne (...) Ce serait un grand progrès pour notre commerce si nous pouvions entrer en relations avec eux (...)

> Ils voudraient bien commercer avec nous, mais ils ont peur, faute d'armes, de faire une percée à travers nos voisins amérindiens (...) nos Amérindiens [les Assiniboines et les Cris] ont peur que ces Poyets ne viennent déferler ici pour commercer avec nous, car ils voudraient être par leur bonne volonté les seuls agents entre nous et tous les Amérindiens étrangers.

Étant donné le rôle décisif qu'ont joué Radisson et Des Groseilliers en aidant la Compagnie de la baie d'Hudson à former des liens commerciaux avec les Amérindiens, il ne faut pas être surpris que maintes pratiques commerciales des Français se retrouvent dans la nouvelle compagnie. Les premiers comptes de la Compagnie peuvent nous éclairer sur la nature du commerce de la fourrure à la fin du 17e et au 18e siècle. Un de ses traits particuliers les plus célèbres est la cérémonie d'avant-traite, au cours de laquelle on échange des présents de valeur égale. C'est une institution amérindienne. Chez les Amérindiens, un commerce entre groupes sans liens de parenté ne commence que si les chefs des partis en présence ont d'abord établi ou reconfirmé des liens d'amitié; à cette même occasion, on fume le calumet de la paix et l'on prononce des discours en bonne et due forme.

Aux premiers temps de la Compagnie, la cérémonie des présents d'avant-traite est un geste essentiel à la formation de liens avec ces groupes qui vivent à de longues distances des postes de la baie et qui ne viennent commercer qu'une fois par année. D'après ce que racontent les gens de la Compagnie, les Amérindiens qui viennent à la traite se rassemblent derrière des chefs qui sont d'habiles orateurs, connaissent les chemins des postes, et s'avèrent de rusés marchands. Les Anglais les appellent «les capitaines de la traite»; les chefs qui les accompagnent sont qualifiés de «lieutenants». Tout juste avant d'arriver au poste, les Amérindiens mettaient pied à terre pour revêtir leurs plus beaux habits. Ainsi parés, ils poursuivent leur route. Quand ils arrivent en vue du fort, le commandant du poste de la Compagnie, connu sous le titre d'agent-en-chef, fait tirer une salve de canon ou de mousquet pour saluer les Amérindiens: ceux-ci, de la même manière, répondent avec leurs mousquets.

Dès leur arrivée au poste, les Amérindiens établissent leur campement dans une clairière réservée à cette fin. Pendant qu'on monte le camp, le capitaine de la traite pénètre dans le fort avec ses lieutenants pour saluer l'agent-en-chef et son personnel. Andrew Graham, agent-en-chef du poste d'York à la fin du 18e siècle, nous a laissé une description de la visite traditionnelle:

> Informé de l'arrivée des chefs, le gouverneur mande à l'agent-en-chef de les lui présenter un par un ou bien deux ou trois à la fois, avec leurs lieutenants qui sont d'ordinaire leurs fils aînés ou leurs parents les plus proches. On installe des chaises dans la pièce, on met sur la table les pipes et ce qu'il faut pour fumer. Les capitaines se placent de part et d'autre du gouverneur... Le silence est ensuite rompu peu à peu par le plus

vénérable des Amérindiens... Il déclare combien de canots il a amenés, quel genre d'hiver ils ont eu, les indigènes qu'il a rencontrés, ceux qui viennent ou ceux qui restent en arrière, il demande comment vont les Anglais, il dit qu'il est content de les voir. Après quoi, le gouverneur lui souhaite la bienvenue, leur dit qu'il a de bonnes marchandises et en quantité, qu'il aime les Amérindiens et qu'il sera bon pour eux. À ce moment-là, on se remet à fumer et la conversation devient libre, détendue et générale.

Pendant qu'on échange ces civilités, les capitaines de la traite et leurs lieutenants se voient remettre des costumes neufs:

Un habit de gros drap, rouge ou bleu, doublé de serge, avec parements et col régimentaires. Le gilet et la culotte sont de serge; le costume, orné de galons de diverses dimensions et de diverses couleurs; une chemise blanche ou à carreaux; une paire de bas de fil retenus sous le genou par des jarretières en laine peignée; une paire de souliers anglais. Le chapeau est bordé de galons et orné de plumes de couleurs variées; une écharpe en laine peignée entoure le haut, un bout pendant de chaque côté jusqu'aux épaules; un mouchoir de soie est inséré par un coin dans les boucles à l'arrière; ainsi décoré, il est mis sur la tête du capitaine pour compléter l'habillement. Au lieutenant, on fait aussi présent d'un costume, mais de moindre qualité.

Avec leur nouvel accoutrement, les capitaines amérindiens défilent hors du fort en compagnie de l'agent-en-chef et de son personnel, suivis de serviteurs qui transportent des présents pour les autres Amérindiens, surtout de la nourriture, du tabac et de l'eau-de-vie. Après une autre série de discours dans le campement, on offre ces présents supplémentaires au chef et celui-ci les fait distribuer parmi ses hommes. À ce moment, les gens de la Compagnie se retirent et les Amérindiens font la fête en consommant presque tout ce qu'on leur a donné. La célébration terminée, ceux qui sont venus en traite se mettent derrière le capitaine et ses lieutenants et reviennent dans le fort pour offrir à l'agent-en-chef un présent de reconnaissance: une ou deux peaux perçues de chaque Amérindien par le capitaine de la traite et qu'il remet à l'agent-en-chef au nom de tous. En offrant le présent, le capitaine fait un long discours qui confirme de nouveau l'amitié de ses gens à l'égard de la Compagnie. Il profite aussi de l'occasion pour signaler les ennuis que ses hommes auraient pu avoir avec la provision de marchandises de l'année précédente; il raconte en détail les misères subies au cours de l'hiver; et il exige, mais poliment, qu'on accorde aux siens un traitement équitable. Après une réponse dans le ton, les Amérindiens se retirent à leur campement, on est prêt à commencer. Quand il s'agit de larges groupes venus en traite, les cérémonies de l'avant-traite peuvent prendre des jours.

Ces cérémonies de grande ampleur sont réservées aux indigènes venus de l'intérieur des terres. Il en va bien différemment avec les bandes locales.

La première page de la charte accordée à la Compagnie de la baie d'Hudson par Charles II, le 2 mai 1670. C'est l'un des plus importants documents de l'histoire du Canada. En 1870, le Canada verse à la Compagnie un million et demi de dollars comptant pour racheter les droits que la charte lui donnait sur le territoire. La Compagnie reçoit en même temps une concession de terre équivalente au vingtième des Prairies et elle conserve tous les terrains qu'elle a mis en valeur autour de ses postes de traite. (Compagnie de la baie d'Hudson, Winnipeg, C-25)

Celles-ci ont des liens étroits avec les postes. En plus de faire du «trappage», leurs membres fournissent la viande et font du travail occasionnel pendant l'été: aide à l'entretien du poste, ramassage de bois de chauffage, etc. Malgré l'interdiction de la Compagnie, le personnel noue des liaisons avec les Amérindiennes de ces bandes. Ces liaisons ne sont pas toutes passagères: il en est sorti des mariages à la mode du pays ou des unions de fait. Cela finit par intégrer ces Amérindiens dans l'orbite du poste de traite. À la fin du 18e siècle, la Compagnie s'incline devant les faits et lève l'interdiction, mais il y a déjà une population appréciable d'Amérindo-européens, appelés les «sangs-mêlés» ou «habitants de la baie d'Hudson». Le mariage mixte est aussi chose courante dans les postes français: les rejetons de ces mariages vont plus tard être désignés comme les Métis de l'Ouest canadien.

La traite elle-même se traduit par un troc où l'unité de base est tout simplement... le castor! On calcule donc que fourrures et marchandises valent tant de castors. Comme monnaie de compte, le castor équivaut à un habit d'hiver de première qualité, ou à une peau de castor sec. Les directeurs de la Compagnie (le gouverneur et son comité) établissent des listes officielles de prix, ou des normes de traite, mais au Canada les agents s'écartent de ces listes selon les circonstances locales. Là où ils contrôlent la situation, ils font payer aux Amérindiens davantage que les prix établis; au contraire, s'il y a de la concurrence, les agents de la Compagnie donnent parfois aux Amérindiens pour leurs fourrures plus que le prix officiel.

«Équiper» les Amérindiens est une autre particularité importante du commerce de la Compagnie dans les tout premiers temps, peut-être un autre emprunt aux Français. «Équiper» signifie que l'on consent aux chasseurs amérindiens un crédit sous la forme de marchandises de base (le montant varie selon les conditions économiques de l'endroit), ce qui répond à plusieurs besoins. Les chasseurs amérindiens sont ainsi assurés de se procurer les articles essentiels, même si dans l'immédiat ils font de maigres chasses. Cette pratique engendrera des problèmes croissants, les Amérindiens s'habituant à compter sur les fournitures européennes: fusils, munitions, hachettes, couteaux, pièges et même nourriture. Et les Européens, en investissant sur des rentrées à venir, jouent gros, en particulier s'il y a concurrence. Mais même si des marchands rivaux incitent les Amérindiens à ne pas acquitter ce qui était dû à des compétiteurs, la plupart refusent l'invitation et remboursent les créanciers. Étant donné le caractère généralisé de cette pratique d'*équiper* les Amérindiens, on peut décrire le commerce des fourrures comme étant du «troc à crédit». C'est seulement après la Confédération que l'achat de la fourrure au comptant se répand dans le nord; et encore à l'époque de la Première Guerre mondiale, l'échange à crédit occupera la plus grosse part du commerce de la fourrure à l'état sauvage.

Fusils, draps et marmites

Les livres de comptes de la Compagnie de la baie d'Hudson montrent que les Amérindiens, contrairement à la croyance populaire, ne laissent pas aller leurs fourrures à la légère pour des babioles sans valeur. Même au tout début du 18e siècle, les indigènes consacrent le plus gros de leurs revenus de «trappage» à l'achat d'armes à feu, de munitions, d'articles en métal, de drap, de couvertures, de tabac et d'eau-de-vie; seuls ces deux derniers produits peuvent être qualifiés d'articles de luxe. Les Amérindiens remplacent leur technologie traditionnelle, mais ils deviennent vite des consommateurs avertis. En plus de demander une marchandise de qualité, ils ont des exigences très précises: il

Le capitaine Bulgar, gouverneur de l'Assiniboia, en compagnie des chefs et des guerriers de la tribu des Chippewas du lac Rouge. Les relations de commerce provoquent un mélange des traditions d'échange des Amérindiens et des Européens. Les éléments clés de ces cérémonies, comme l'offre des présents, survient dans les procédures qui entourent la négociation d'un traité et dans les rites du versement annuel des rentes. Aquarelle de 1823 par Peter Rindisbacher. (MM, M965.9)

leur faut pour la chasse et le «trappage» un équipement résistant et léger. C'est un véritable défi pour les manufacturiers européens, qui doivent fabriquer des armes et toutes sortes de marchandises en métal. Par les froids extrêmes du Nord, tout vice de conception, toute imperfection dans la fonte, tout mauvais soudage peuvent faire flancher le matériel. Dans le cas des armes à feu, ces accidents causent même souvent, hélas, la mort ou l'invalidité.

C'est en partie pourquoi les Amérindiens se montrent très critiques à l'égard des marchandises anglaises et françaises. Le gouverneur et son comité demandent à leurs hommes dans la baie d'enregistrer la réaction des Amérindiens devant les marchandises de la Compagnie et, quand on les interroge, les Amérindiens répètent toutes leurs plaintes et réclamations. Les indigènes apprennent aussi qu'il y a avantage, dans les achats, à faire des comparaisons. En 1728, l'agent-en-chef du poste d'York, Thomas McCliesh, écrit au gouverneur et à son comité pour se plaindre amèrement:

> Jamais personne ne s'est fait autant rabrouer pour notre poudre, nos marmites et nos hachettes que nous l'avons été, cet été, par tous les indigènes, en particulier, par ceux qui sont limitrophes des Français (...) Les indigènes sont devenus si habiles dans leur façon de commercer qu'on ne peut plus se comporter avec eux comme autrefois (...) Le temps est maintenant venu de s'assurer la collaboration des indigènes avant que les Français les attirent à leur établissement (...) car il est venu ici cet été au moins quarante canots d'indigènes dont la plupart portaient des vêtements qu'ils avaient eus des Français l'été dernier. Ils avaient aussi plusieurs solides marmites françaises et de la poudre française dans leurs cornes: ils nous rabrouaient en les comparant avec les nôtres.

En tirant avantage de la concurrence, les Amérindiens ont joué un rôle crucial, forçant les Européens à adapter leur technologie au climat et à l'environnement du Canada septentrional. Tout de même, à la fin du 19e siècle, les Amérindiens se plaignent encore souvent de la qualité des marchandises de traite. Un marchand de la Compagnie, Walter Traill, en poste au Manitoba dans les années 1860, en témoigne quand il raconte d'une façon amusante comment il passe ses longues soirées d'hiver avec les Amérindiens de l'endroit:

> J'ai beaucoup de plaisir avec certains vieux Amérindiens quand je leur fais raconter des histoires. Ils croient dur comme fer que c'est la reine Victoria qui fait le choix pour eux et surveille en personne l'envoi de toutes les marchandises de la Compagnie. Ils ne doutent pas non plus que c'est elle qui fait tout de ses propres mains: chemises, pantalons, capotes et autres articles. Ce qu'elle reçoit des rudes bénédictions pour son mauvais travail de couture! Si elle savait avec quelle bravoure je me bats pour elle, elle m'élèverait certainement à la noblesse.

Les marchandises de traite améliorent l'existence des indigènes. Entre mille articles, c'est peut-être la marmite qui a le plus grand impact sur leur vie quotidienne. Pour la première fois, les Amérindiennes disposent d'un récipient résistant et portatif pouvant servir au-dessus du feu; elles n'ont plus à faire bouillir de l'eau en y mettant des pierres chauffées à blanc: les ragoûts et les potages font rapidement partie de leur ordinaire. Même si hommes et femmes n'achètent que beaucoup plus tard de grandes quantités de vêtements européens, on recherche très tôt les couvertures, et les tissus de coton ou de laine vendus au mètre. Le drap tissé n'est pas aussi chaud que la fourrure, mais il sèche plus vite, et la laine procure de la chaleur même mouillée. De plus, pour confectionner des vêtements de cuir, de pelleterie ou de tissu, les outils en métal (poinçons, couteaux, aiguilles et ciseaux) facilitent la tâche aux femmes. Les Amérindiens consacrent une part relativement faible de leurs revenus à l'achat de verroterie européenne, mais comme on peut en obtenir à bon marché, cela favorise l'usage de l'ornementation des vêtements avec des grains de verre: bientôt, ces grains remplacent sur les habits des Amérindiens l'artisanat traditionnel des piquants et des coquillages.

Ce sont sans aucun doute les armes à feu qui ont le plus changé la vie des

Amérindiens de la forêt. Depuis toujours, ils ont traqué et tué le gibier à courte distance avec leurs arcs, leurs flèches et leurs lances. Mais les bêtes ne meurent pas immédiatement et peuvent s'enfuir pour aller mourir beaucoup plus loin. Avec les armes à feu, la mort est d'habitude instantanée et les chasseurs se rendent vite compte qu'ils obtiennent un bien meilleur rendement en utilisant le mousquet à pierre d'un calibre lisse, même s'il ne vaut pas le fusil à répétition qui apparaîtra à l'aube du 20e siècle.

À la fin des 17e et 18e siècles, les Assiniboines et les Cris utilisent les armes achetées à la Compagnie de la baie d'Hudson, non seulement pour tuer le gibier, mais aussi pour tenir à l'écart de la baie d'Hudson et de la baie de James leurs concurrents dans la traite, et élargir leur sphère d'influence vers l'ouest et le nord-ouest. Il en résulte, dans certaines régions, d'abondantes effusions de sang. C'est là une des causes principales de l'important bouleversement dans les populations du cœur du continent, juste avant l'arrivée des explorateurs européens: les Chipewyans sont repoussés vers le nord, les Castors et les Sekanis vers l'ouest, et les Gros-Ventres vers le sud.

Dans un premier temps, les hachettes et les ciseaux à glace venus d'Europe prennent rapidement une grande valeur. Ces outils servent, l'hiver, à rompre les gîtes glacés des castors. Ce sont des pièces essentielles dans l'équipement du chasseur jusqu'à la fin du 18e siècle, au moment où le castor commence à être capturé avec la trappe à ressort d'acier et à appât. Par la suite, trappes et lignes de trappe deviennent essentielles. Chez les Amérindiens, les hommes comme les femmes adoptent bientôt le couteau de métal européen. L'un des plus intéressants est le couteau à canot ou couteau crochu, qu'on utilise dans la fabrication du canot ou quand il faut donner au bois des formes complexes.

De tous les articles que les indigènes obtiennent à la traite, aucun ne contribue plus à disloquer la structure de leurs sociétés que l'alcool. James Isham, qu'impressionnent la bonté et la générosité habituelles des Amérindiens envers leurs proches amis et leur parenté, fait remarquer qu'ils donnent souvent dans un comportement hostile sous l'effet des spiritueux:

> Ces indigènes sont fort portés à se quereller quand ils s'enivrent. J'ai connu deux frères qui, en état d'ivresse, se sont tellement querellés qu'ils se sont l'un à l'autre arraché à coups de dents le nez, les oreilles et les doigts. Il est courant parmi eux de se mordre en état d'ivresse. Ils sont aussi fort boudeurs et renfrognés. S'il leur arrive de s'en vouloir les uns aux autres, ils ne le manifestent que lorsque les effets des spiritueux leur montent à la tête: alors, ils disent en toute liberté ce qu'ils pensent.

Ce genre de comportement montre sans aucun doute que les indigènes n'avaient jamais connu l'expérience de stupéfiants aussi forts que l'eau-de-vie

Nicholas Vincent Isawanhoni. Ce chef huron, vêtu de l'habit régimentaire que l'on décerne d'ordinaire aux «capitaines de la traite» et à leurs «lieutenants», tient une ceinture de wampum sur laquelle est représenté le tomahawk que lui a donné le roi George III. Estampe de 1825, d'après une peinture d'Edward Chatfield. (ANC, C-38948)

et le rhum. En outre, leur façon de vivre presque toute l'année à l'intérieur de groupes restreints et étroitement unis où la survie dépend de l'accord et de la coopération, laisse peu d'exutoires aux ressentiments personnels qui surgissent inévitablement. L'alcool affaiblit leur bon sens et facilite l'expression de ces rancœurs.

Malheureusement, les relations entre Amérindiens et Européens poussent à la généralisation de l'usage de l'alcool. Dans cette atmosphère de concurrence, les marchands qui se font la lutte tentent d'attirer les Amérindiens de leur côté en se faisant plus généreux dans leurs présents. Ce qui fait monter en flèche les dépenses en cadeaux: pour contrebalancer cette tendance, on distribue en de larges quantités le rhum ou l'eau-de-vie bon marché, que l'on coupe d'eau. Les Amérindiens ont aussi tendance à produire juste assez de fourrures pour leurs besoins à court terme: c'est là un problème de plus. Il y a des limites à la quantité d'articles de troc qu'ils peuvent rapporter chez eux, surtout quand les postes sont éloignés. C'est pourquoi, aux époques de vive concurrence où les fourrures atteignent des prix très élevés, les Amérindiens réduisent naturellement leur zèle. Comme l'alcool est bon marché, se consomme sur place et crée une dépendance, les marchands européens ont de très fortes motivations économiques à en faire le commerce en abondance. À vrai dire, un seul facteur empêche la généralisation de la consommation de l'alcool avant 1763: le fait que les Amérindiens ne viennent généralement au poste de traite qu'une fois par année. Mais, entre 1763 et 1821, lorsque la concurrence se fait fiévreuse et que des postes sont construits dans toute la forêt boréale, le recours abusif à l'alcool dans le commerce par les Européens finit par dépraver d'une façon générale les indigènes du centre du Canada.

Sur les bords de la Mer glaciale

La très anglaise Compagnie de la baie d'Hudson, avec ses postes sur le flanc nord de l'empire français, représente une menace qu'on ne peut pas ignorer. De plus, il est évident, depuis les premiers résultats du commerce de la Compagnie, qu'il faut chercher les meilleures fourrures au nord des Grands Lacs et non au sud-ouest, dans l'Ohio et dans le haut Mississippi. Les Français réagissent à la pénétration anglaise par une série d'escarmouches militaires, entre 1682 et 1712, dans les baies d'Hudson et de James. Ils ont le dessus dans ces affrontements, s'arrangeant pour prendre et occuper presque tous les postes, mais ils ne réussissent jamais à déloger tout à fait la Compagnie. Finalement, les succès militaires des Français ne comptent pas: le traité d'Utrecht de 1713, qui met un terme à la guerre de Succession d'Espagne, attribue à la Compagnie la domination entière sur les abords de la mer boréale: les Français doivent se retirer des rives de la baie d'Hudson.

Événement plus important pour les Amérindiens: pendant les combats navals de la baie, les Français mettent en place quelques petits postes de traite dans la région du lac Supérieur, au lac Népigon en 1684 et au lac La Pluie en 1688. Ce n'est qu'un prélude à une importante poussée des Français à l'intérieur des terres après 1713. Bien que le traité d'Utrecht ait donné à la Compagnie le monopole du commerce sur les côtes de la baie, il laisse l'arrière-pays ouvert aux Anglais comme aux Français. Les uns et les autres réagissent différemment: plutôt que d'accepter les frais additionnels qu'entraîne l'exploitation du commerce à l'intérieur des terres, les autorités de la Compagnie décident de le laisser aux mains des intermédiaires amérindiens. Les observateurs qui souhaitent que la Compagnie agisse contre les Français se moquent de cette stratégie de «s'endormir au bord de la mer glaciale». Les Français, au contraire, se mettent à construire une chaîne de postes pour encercler la baie et isoler de l'arrière-pays les postes anglais.

L'expansion française commence sous la direction de Zacharie Robutel de Lanoue, qui rétablit en 1717 l'ancien poste français du lac La Pluie. Toutefois, c'est Pierre Gaultier de Varennes de La Vérendrye qui pousse la traite plus loin en avant. En 1727, il conçoit un plan alliant la mise en valeur du commerce de l'intérieur (avec les profits qui en découleront) et la poursuite de la recherche de la Mer de l'Ouest. La Vérendrye espère par cette stratégie s'assurer l'appui des autorités coloniales, opposées à l'expansion mais toujours intéressées à l'exploration. Il réussit, mais se place alors dans une situation difficile: on attend de lui qu'il acquitte les frais d'exploration avec ses propres revenus de la traite des fourrures. S'il s'attarde à exploiter le commerce, il s'expose à se voir accuser de ne pas faire avancer l'exploration; inversement, s'il n'arrive pas à faire assez de profits, il se retrouve dans une situation financière embarrassante. Ainsi, la situation de La Vérendrye et celle de la Compagnie sont semblables, mais l'explorateur s'en tire moins bien que les responsables de la Compagnie. Malgré ces difficultés, il fait progresser l'exploration et la traite des fourrures dans des régions nouvelles, en commençant en 1732 par l'érection d'un poste sur le lac des Bois.

Comme c'est l'habitude, La Vérendrye a recours à des guides amérindiens dans ses explorations:

> Rapport au guide, j'ai fait choix d'un nommé Auchagah, sauvage de mon poste fort attaché à la nation française, le plus en état de guider le convoi et dont il n'y a pas lieu de craindre que l'on soit abandonné dans la route. Lorsque je lui proposais de me conduire à la grande rivière de l'Ouest, il me répondit que j'étais maître de lui et qu'il marcherait dès que je le voudrais. Je lui donnai un collier par lequel, selon leur manière de parler, je saisis sa volonté à la mienne, lui disant qu'il eût à se tenir prêt pour le temps que j'aurais besoin de lui.

Selon le journal de La Vérendrye, Auchagah (appelé aussi Ocliagach) lui dessine une carte de la route entre le lac Supérieur et le lac Winnipeg. À un lecteur d'aujourd'hui, cette carte peut sembler bizarre; pourtant, c'est un tracé valable d'une route de canot, avec la plupart des renseignements dont peut avoir besoin un voyageur. Elle n'est pas tellement différente d'une carte d'un métro moderne ou d'un trajet d'autobus. Muni de cette carte, de ses guides et d'éléments d'information géographique acquis dans ses entrevues avec beaucoup d'autres Amérindiens, La Vérendrye peut continuer son chemin, et explorer ce qui est maintenant le Manitoba.

Vers le début des années 1740, les postes français s'étendent dans tout le sud du Manitoba et jusqu'au centre de la Saskatchewan, près des deux branches de la rivière du même nom. Le seul Européen qui ait visité auparavant cette région, et qui nous en ait laissé un récit, semble être le jeune Henry

Le cartouche au haut de la carte de Philippe Bauche (1754) montre une copie de la carte que, vingt ans plus tôt, le guide cri Auchagah avait dessinée pour montrer à La Vérendrye comment aller du lac Supérieur au lac Winnipeg. (ANC/CNCP-3295)

Kelsey de la Compagnie de la baie d'Hudson. En 1690, le «petit Kelsey», comme on l'appelle, se rend à l'équivalent de la frontière ouest du Manitoba, sous la conduite d'un groupe d'Assiniboines qui ont l'habitude de venir en traite au poste d'York. Toutefois, le trajet précis qu'il a suivi en leur compagnie demeure un mystère, et son récit laconique ne nous apprend pas grand-chose. Somme toute, les témoignages français, qui commencent avec ceux de La Vérendrye, sont les plus anciennes sources directes susceptibles de nous renseigner sur le mode de vie des indigènes de l'ouest.

La Vérendrye et ses hommes arrivent dans les plaines du nord juste avant le cheval. Son journal montre bien que les incursions et le commerce entre tribus ont répandu les chevaux depuis la frontière des colonies espagnoles jusque vers le nord-est, dans les villages mandanes du haut Mississippi, mais pas au-delà. Les Assiniboines des Plaines et les Cris du sud-est de la Saskatchewan et du sud du Manitoba n'en obtiennent que durant la seconde moitié du 18e siècle. Si par la suite ils acquièrent des chevaux rapidement, cela leur est sans doute facilité par un meilleur accès aux marchandises anglaises et françaises qu'ils échangent avec les Mandanes. Plus loin vers l'ouest, dans ce qui est aujourd'hui le sud de l'Alberta, les chevaux ont atteint les prairies de l'Ouest au début du 18e siècle.

Dans les Prairies, le cheval représente l'apport le plus important de la culture européenne avant l'époque de la Confédération. En premier lieu, il amène les indigènes à délaisser la méthode traditionnelle de chasse au bison, en faveur de poursuites à toute vitesse sur leur monture. Même si, à cheval, la course au bison fait sans doute courir moins de risques que la chasse à pied, elle reste périlleuse. Manier un mousquet à pierre, monté sur un cheval au galop dans un nuage aveuglant de poussière et au milieu d'un troupeau de bisons qui fait un bruit de tonnerre, c'est vraiment un exploit. En fait, la plupart des chasseurs amérindiens persistent à se fier à leurs lances, à leurs arcs et à leurs flèches, jusqu'au moment où, dans la dernière moitié du 19e siècle, le fusil à répétition commence à remplacer le mousquet. En utilisant à cheval ses armes traditionnelles, un Amérindien peut assez facilement abattre des bêtes au même rythme qu'un Métis avec le mousquet, ce qui lui évite d'acheter des armes à feu. Au début, les armes européennes n'ont donc pas sur les Amérindiens des Prairies ce puissant impact qu'elles ont eu sur leurs voisins de la forêt. En second lieu, symbole principal de la richesse, le cheval concourt à renforcer la concurrence entre les Amérindiens des Plaines. Armes à feu, munitions, tabac, marmites, couteaux et hachettes obtenus des marchands de fourrures, tout cela a aussi sa valeur, mais produit moins d'effet sur eux que sur leurs voisins.

L'érection du fort Lacorne près du confluent des branches de la rivière Saskatchewan met un point final à la poussée des Français au nord-ouest du lac Supérieur. Leur réseau se trouve étiré à son extrême limite; il est d'ailleurs peu probable que, sans une organisation rationnelle de leur système de transport, ils eussent pu s'étendre plus loin. Comme la Compagnie de la baie d'Hudson ne réagit d'aucune façon significative à leur expansion vers l'intérieur des terres, les Français n'ont guère d'autre raison d'ajouter à leur investissement que la poursuite de la recherche de la Mer de l'Ouest. De son côté, la Compagnie n'a guère de motifs de mettre de côté sa politique de «s'endormir au bord de la Mer glaciale». Certes, à ce qu'il semble, les Français accaparent le plus gros des fourrures, mais les marchands amérindiens continuent d'en apporter assez aux postes de la Compagnie pour que les Anglais soient en mesure de faire un commerce profitable. Le seul nouvel investissement important de la Compagnie, au cours de cette période, est l'établissement du fort Churchill en 1717, manœuvre qui n'a rien à voir avec la lutte contre les Français: elle vise à déborder les Cris qui bloquent aux Athapascans la route du poste d'York.

Le fait que Français et Anglais se contentent de rivaliser à distance tourne à l'avantage des marchands assiniboines et cris. Même si les Français établissent des postes au cœur du territoire de ces derniers, ils ne disposent pas des ressources nécessaires pour y transporter assez de marchandises pour répondre à la demande des Amérindiens. C'est pourquoi ils sont enclins à donner, en échange de fourrures de première qualité, des articles de faible poids, mais de haute valeur, tandis que, dans les postes de la Compagnie plus éloignés, mais ravitaillés par un transport maritime à bon marché, on peut offrir toute une variété de marchandises et accepter des fourrures de qualité inférieure. Situation qui permet aux intermédiaires assiniboines et cris d'assumer l'important marché du transport et de garder l'avantage sur leurs concurrents.

«Les hommes de la Nord-Ouest»

À la fin des années 1750, les Français laissent tomber leurs postes de l'Ouest. Il faut attendre le milieu des années 1760, une fois la conquête de la Nouvelle-France accomplie et la stabilité politique revenue dans l'Est, pour que les marchands, de leurs bases montréalaises, puissent réoccuper dans l'Ouest l'ancien territoire de traite des Français et tenter d'aller plus loin encore, au-delà du monde connu. Cette activité commerciale des gens de Montréal est d'abord le fait d'associations entre des marchands de la ville et les vrais traiteurs qui, eux, voyagent à l'intérieur du pays et font affaire avec les Amérindiens.

Pour commencer, ces nouveaux adversaires de la Compagnie de la baie d'Hudson ont à relever deux défis: d'abord, en plus de devoir rivaliser avec une compagnie dont les réserves financières sont plus considérables, ils doivent lutter les uns contre les autres. En second lieu, vers le milieu des années 1770, il devient évident que la région du castor de première qualité se trouve vers l'Athabasca, dans le nord de la Saskatchewan et plus loin encore. La Compagnie de la baie d'Hudson sort de son sommeil et, par la construction de Cumberland House (poste de traite sur la rivière Saskatchewan), elle entame un programme d'expansion vers l'intérieur du continent. Or, en 1778, l'Américain Peter Pond, au caractère hautain, fougueux et opiniâtre, démontre aux marchands de Montréal qu'on peut atteindre cette nouvelle région, quelle que soit la difficulté du voyage. Mais il est évident que des associations sans grande envergure ne disposent pas des ressources financières qu'il faudrait pour

Le fort du Prince de Galles, dans la baie d'Hudson, vu du côté nord-ouest. Ce magnifique fort de pierre est, en fait, un «éléphant blanc». Construit pour protéger les intérêts de la Compagnie contre l'attaque des Français, il ne convient absolument pas à l'environnement. Du maigre boisé qui l'entoure, on fait du bois de chauffage pour tenter, mais en vain, de chauffer ce fort pendant l'hiver. Gravure des environs de 1797, d'après un dessin de Samuel Hearne (1745-1792). (ANC, C-41292)

exploiter sur une grande échelle le nouveau territoire; de plus, la concurrence effrénée pousse à la violence et au meurtre.

Pour surmonter ces obstacles et mettre un peu d'ordre là-bas, les marchands de Montréal commencent peu à peu à s'unir: en 1776, ils mettent successivement leurs ressources en commun dans de plus larges associations, la plus célèbre étant la Compagnie du Nord-Ouest. Parmi les associés initiaux, mentionnons Peter Pond et son second, Alexander Mackenzie (qui deviendra Sir Alexander): tous deux jouent un rôle capital dans cette poussée du commerce des fourrures qui, en une dernière vague, atteindra les océans Arctique et Pacifique.

Toutefois, avant d'envahir d'une façon importante la région de l'Athabasca-Mackenzie, les hommes de la Nord-Ouest, les *Nor'Westers*, ont à résoudre des problèmes de logistique: on trouve difficilement des fonds; la région est trop loin de Montréal pour qu'on l'atteigne en une seule saison de canotage; l'été est trop court et les ressources en gibier trop imprévisibles pour qu'on s'arrête à chasser et pêcher en route; et, enfin, les canots, petits et légers, des Amérindiens de la forêt ne peuvent pas transporter sur de longues distances assez de nourriture, de marchandises de traite ou de fourrures. On surmonte ces obstacles de diverses façons. On scinde le système de transport en deux sections, l'une pour l'est, l'autre pour le nord-ouest; pour la partie du voyage dans l'est, on adopte le «canot de maître», long de 11 mètres et large de deux, en mesure de porter trois tonnes de bagages en plus de l'équipage; pour le trajet au-delà du lac Supérieur où les eaux sont trop peu profondes pour le «canot de maître», on aménage le «canot du nord», d'environ huit mètres sur deux et d'un tonnage faisant la moitié du précédent. De la sorte, la Compagnie du Nord-Ouest adapte les techniques amérindiennes à ses propres besoins; de leur côté, certains groupes amérindiens, en particulier les bandes ojibwées qui se sont installées à l'ouest du lac Supérieur, se font une spécialité de fabriquer des canots pour la compagnie. Celle-ci, en outre, améliore les sentiers de portage; au Sault-Sainte-Marie, elle creuse le premier canal des Grands Lacs pour faire éviter à ses canots les rapides de l'endroit; plus tard, elle met en usage sur les Grands Lacs de petites goélettes.

Pour résoudre le problème de l'approvisionnement, la Compagnie du Nord-Ouest décide de se rabattre autant que possible sur les ressources locales. En plus du porc et de la farine distribués aux voyageurs à Montréal, on importe du maïs du sud des Grands Lacs, entreposé au Sault-Sainte-Marie pour le bénéfice des flottilles qui passent par là. Entre le lac Supérieur et le lac Winnipeg, les hommes de la Nord-Ouest doivent compter sur les Ojibwés de la région pour avoir du maïs, du riz sauvage et du poisson. Par-delà le cours inférieur de la rivière Winnipeg, ils dépendent des Amérindiens des Plaines pour leur nourriture: les Prairies deviennent ainsi le grand garde-manger du commerce des fourrures de l'Ouest. Le pemmican est pour les voyageurs la nourriture appropriée: la traite pelletière dans l'Ouest n'aurait peut-être jamais eu lieu sans lui. Les voyageurs dépensent chaque jour énormément de calories, le pemmican les leur fournit sous un format facile à transporter, léger et très compact: un sac de 41 kilos, le format standard, équivaut à la viande tirée de deux bisons femelles d'âge adulte, soit environ 410 kilos. À part le pemmican, les voyageurs apprennent à aimer certains mets délicats des Amérindiens, comme la langue de bison. On expédie ces provisions des Prairies aux entrepôts du Bas-de-la-Rivière et au lac Cumberland, mais malgré ces caches dans le Nord-Ouest, les provisions occupent de 25% à 50% du chargement des canots en partance de Fort-William, en 1814.

L'activité des hommes de la Nord-Ouest a pour la Compagnie de la baie d'Hudson des conséquences beaucoup plus défavorables que les actions des Français; on ne peut donc les laisser faire sans relever le défi. Les deux compagnies affrontent des problèmes de même nature, mais, à la différence

Sir Alexander Mackenzie. Il s'évertue par deux fois à trouver une route du lac Athabasca au Pacifique. La première fois, en 1789, le fleuve qui aujourd'hui porte son nom le conduisit à l'océan Arctique; mais la seconde, en 1793, il atteint Bella Coola, ce qui met fin à la longue recherche d'une route vers l'ouest. Huile de René-Émile Quentin, 1893. (Archives provinciales de la Colombie britannique, Victoria, bdp 2244)

des «hommes de la Nord-Ouest», la Compagnie de la baie d'Hudson n'est pas en mesure, pour transporter ses chargements, de recourir à des canots d'un plus gros gabarit: c'est que ses postes, à l'exception de ceux des fleuves Moose et Rupert, se trouvent au-delà de la zone du bon bouleau; et il est peu pratique d'acheter des canots chez les Amérindiens des terres. Les employés de la Compagnie se mettent donc, au fort Albany, à se fabriquer des embarcations à faible tirant d'eau pour naviguer sur les rivières. Au 19e siècle, ces embarcations deviennent le pivot du système de transport de la Compagnie: on les appelle bateaux York, à cause du rôle essentiel qu'elles jouent dans l'expédition de chargements allant au fort York ou en arrivant. Ce fort est, à coup sûr, le plus important des entrepôts de la Compagnie dans l'ouest du Canada.

Pendant que la concurrence entre les hommes de la Nord-Ouest et ceux de la baie d'Hudson pose les bases de leurs empires de traite, s'ouvre une nouvelle période d'exploration. Même si les hommes de la Nord-Ouest sont les premiers à démarrer dans les années 1760, en s'avançant au nord vers le fleuve Churchill, c'est la Compagnie de la baie d'Hudson qui réalise la première exploration importante au-delà de l'ancienne limite atteinte par les Français. Stimulé par des rumeurs amérindiennes au sujet de richesses minières, Moses Norton, agent-en-chef au fort Churchill (ce même Norton qui entretient plusieurs épouses, en même temps qu'il réserve une boîte de poison pour ces maris amérindiens que leur honneur empêche de se montrer coopératifs), fait partir Samuel Hearne à pied, en 1771, pour une expédition épuisante qui le conduira, par une route fort pénible, jusqu'à la rivière Coppermine, à environ 1600 km au nord-ouest.

Hearne avait déjà tenté deux expéditions de ce genre qui lui ont appris, à lui comme à Norton, deux bonnes leçons. D'abord, toute expédition est condamnée à l'échec si l'on n'a pas de guides amérindiens de qualité: ceux qu'on avait pris pour les deux premiers voyages étaient tout à fait incompétents. En second lieu, Hearne a appris qu'on ne dirige pas les Amérindiens quand ils sont chez eux: on les suit, et au rythme qu'ils établissent pour eux-mêmes. Ces conseils en tête, on choisit le chef chipewyan Matonabbee, fort estimé des Anglais, pour servir de guide à Hearne dans une troisième tentative pour atteindre la Coppermine. Matonabbee explique à Hearne pourquoi ce dernier avait précédemment échoué, et ce sera là une troisième leçon:

> [Matonabbee] attribuait tous nos malheurs à la mauvaise conduite de mes guides; de plus, expliquait-il, le projet que nous avions, selon le désir du gouverneur [Norton] de ne pas accepter de femmes pour ce voyage allait être la source principale de nos misères: «quand les hommes, disait-il, sont tous lourdement chargés, ils ne peuvent ni chasser ni faire de longues distances, et s'ils sont heureux à la chasse, qui va transporter le fruit de leurs efforts?» Et il ajoutait: «Les femmes sont faites pour le travail dur; une seule suffit pour transporter ou tirer autant que deux hommes. Ce sont elles aussi qui installent nos tentes, font nos vêtements et les réparent, nous gardent au chaud pendant la nuit; en fait, on ne peut pas songer à voyager sur de longues distances ni pour quelque durée que ce soit (...) sans leur compagnie».

Bref, les rôles économiques étant bien répartis entre les sexes dans la société amérindienne, une équipe de guides doit comprendre à la fois des hommes et des femmes pour fonctionner adéquatement.

Presque tout le pays que Hearne parcourt avec Matonabbee relève du domaine commercial des Chipewyans: ils ont la haute main sur le commerce au nord-ouest du fort Churchill depuis son établissement. Cette région avoisine celle des Inuit, les Inuit du Caribou au sud-est, près du fort, et les Inuit du Cuivre au nord-ouest. C'est là une zone de guerre où surviennent des combats meurtriers chaque fois que se rencontrent des Chipewyans et des Inuit. C'est une guerre sans quartier. Hearne voit les gens de Matonabbee attaquer un campement d'Inuit en plein sommeil; tous, hommes, femmes et enfants, sont massacrés. L'hostilité qui oppose ces groupes semble avoir son origine dans un passé lointain et on se perd en conjectures sur les causes. La Compagnie de la baie d'Hudson a bien tenté de mettre fin à ces violences, mais il semblerait que c'est la présence même de la Compagnie qui contribue à durcir le conflit dans certaines régions: les Amérindiens et les Inuit cherchent à se bloquer les uns aux autres l'accès aux armes et aux marchandises.

Sept ans après ce voyage de Hearne, Peter Pond repousse la frontière des postes de traite jusqu'à la rivière Athabasca, en érigeant un petit fort à quelque 65 km du lac Athabasca. Il y apprend des Amérindiens que la rivière du même nom se déverse dans des lacs plus étendus, puis dans la rivière des Esclaves (appelée par la suite fleuve Mackenzie). Or, au cours de l'hiver 1784-1785, voici que le capitaine James Cook publie un récit du voyage qu'il a fait à la côte du Pacifique, où il rapporte qu'une rivière venue du nord-est se jette dans cet océan. Pond se convainc, semble-t-il, que la rivière des Esclaves, dont les Amérindiens lui ont parlé, pourrait être celle que mentionne Cook et qu'elle se déverserait dans le Pacifique plutôt que dans l'Arctique. Il voit là d'exaltantes perspectives d'avenir, car sur la côte ouest se développe rapidement un commerce pelletier fort profitable, auquel les hommes de la Nord-Ouest veulent avoir accès. En outre, si l'on peut trouver une route d'eau pour aller du bassin Athabasca-Mackenzie riche en fourrures à l'Océan Pacifique, on évitera les coûts élevés du transport terrestre à partir de Montréal.

Pond ne pourra mettre ses projets à l'essai avant de prendre sa retraite en 1789. C'est Alexander Mackenzie, ancien associé de Pond, qui relève ce grand défi, qu'il appelle «le grand projet que j'ai l'ambition de réaliser moi-même». Le 3 juin 1789, il se met en route du fort Chipewyan, guidé par «English Chief», un Chipewyan qui a déjà fait partie de la bande de Matonabbee. Au début de juillet, l'expédition de Mackenzie arrive au delta du fleuve qui porte aujourd'hui son nom. Il y découvre un campement d'hiver que les Inuit ont abandonné: il vient de trouver l'océan Arctique et non le Pacifique. On comprend qu'il soit très déçu; et en effet il donne à ce fleuve qui l'a conduit à l'Arctique le nom de «fleuve de la Déception».

Malgré sa frustration, Mackenzie ne se laisse pas décourager. À l'automne 1792, il repart du fort Chipewyan, mais cette fois il file vers l'ouest en remontant la rivière La Paix. Près du lieu où cette dernière rejoint la rivière Smoky, il érige un petit poste de traite et y passe l'hiver avant de continuer. La première traversée de l'intérieur de la Colombie britannique se révèle un bien plus grand défi que la descente du Mackenzie. Le terrain est fort accidenté; dans presque toutes les rivières importantes, les flots sont dangereusement tumultueux. Souvent, l'explorateur doit prendre de difficiles décisions sur la route à suivre, ayant à choisir entre plusieurs solutions. Quand il fait ce choix, il se fie entièrement aux informations que lui fournissent les Amérindiens; pour autant qu'on peut en juger par le récit de son expédition, ses guides ont conscience de leur importance, ils le taquinent là-dessus et mettent à l'épreuve l'air de supériorité qu'il se donne. Le journal de Mackenzie montre en bien des endroits que l'explorateur n'est pas du tout à l'aise dans cette situation. Par exemple, le 23 juin 1793, il réunit ses guides pour décider s'il vaut mieux suivre le Fraser tout le long jusqu'à la côte, ou le quitter pour se diriger vers l'ouest par la rivière West Road:

> Au début de la conversation, je fus fort surpris par la question suivante que me posa l'un des Amérindiens: «Pour quelle raison, me demanda-t-il, vous montrez-vous si pointilleux et si inquiets quand vous cherchez à savoir si nous connaissons ce pays? est-ce que vous, hommes blancs, vous ne savez pas tout en ce monde?» Je m'attendais si peu à cet interrogatoire que j'hésitai quelques instants avant de pouvoir répondre. Finalement, je lui dis: nous sommes certainement au courant de l'état des choses importantes dans toutes les parties du monde, je sais où est l'océan et où je suis moi-même en ce moment, mais je ne vois pas exactement quels sont les obstacles qui peuvent m'empêcher d'atteindre le but: vous et ceux avec qui vous êtes en relation, vous les connaissez bien ces obstacles, puisque vous les avez si souvent surmontés. C'est ainsi que, par bonheur, j'ai pu maintenir dans leurs esprits la conviction que les Blancs leur sont supérieurs.

Mackenzie choisit alors d'aller vers l'ouest et quitte le Fraser, parce que les Amérindiens insistent sur les périls qu'il présente et réduisent au minimum la longueur et les difficultés de l'autre route. Tantôt en canot, tantôt à pied, il atteint la rivière Bella Coola, à Friendly Village, le 17 juillet 1793.

La recherche du Pacifique, commencée par Cartier deux cents ans plus tôt, prend donc fin. Les indigènes ont guidé les étrangers d'un océan à l'autre; la plupart des tribus ont bien accueilli les nouveaux venus chez elles; la plupart les ont laissé passer à contrecœur. Elles sentent bien qu'avec eux vient de se perdre, pour leur économie, une magnifique occasion.

Vers le Pacifique

Le parcours remarquable d'Alexander Mackenzie permettra au commerce pelletier de se prolonger de l'intérieur des terres jusqu'au Pacifique. Simon Fraser et David Thompson, aussi de la Compagnie du Nord-Ouest, suivent bientôt; ils explorent deux des quatre grands fleuves de la côte nord-ouest: Fraser descend en 1808 celui qui porte son nom, tandis que Thompson, en 1811, suit le Columbia de sa source jusqu'à l'océan. Dans leur sillage, les frontières de la traite prennent de l'expansion et la Compagnie du Nord-Ouest élève plusieurs postes dans le centre et l'est de la Colombie britannique, dans une zone alors appelée Nouvelle-Calédonie. Le commerce de la côte reste, toutefois, hors d'atteinte, parce que l'éloignement de Montréal est trop considérable, compte tenu des problèmes de transport et de ravitaillement. La Nouvelle-Calédonie reste la limite occidentale du territoire que la Compagnie du Nord-Ouest est en mesure d'exploiter réellement. Il va sans dire que la Compagnie de la baie d'Hudson, de son côté, n'y a pas accès.

À cette époque, cependant, le commerce des fourrures se trouve bien établi le long de la côte, et ce depuis une dizaine d'années. Ce commerce avait été précédemment stimulé par la visite du capitaine Cook chez les Nootka de l'ouest de l'île de Vancouver. James Cook, le plus célèbre des navigateurs de son temps, avait déjà cartographié une partie de la péninsule de Gaspé, aidé la flotte de James Wolfe à remonter le Saint-Laurent, servi au siège de Louisbourg, dressé la carte du dangereux littoral de Terre-Neuve et fait connaître les merveilles du Pacifique sud. En 1778, il traverse le Pacifique à la recherche du passage du nord-ouest et jette l'ancre dans le Nootka Sound. Il y obtient des indigènes des peaux de loutre en retour d'une quantité insignifiante de marchandises qu'il revendra en Chine avec un gros bénéfice. La nouvelle s'en répand rapidement et les marchands se ruent sur la côte.

À la fin du 18e siècle, le commerce y diffère de celui de l'intérieur de façons essentielles. Au début, quatre pays sont en concurrence: l'Espagne, l'Angleterre, la Russie et les États-Unis. À l'exception de l'Espagne, on fait toutes les opérations de commerce, jusqu'en 1827, à partir des navires. Après 1795, les Espagnols se retirent, les marchands anglais et américains deviennent les concurrents principaux, même si les Russes se montrent actifs au nord du fleuve Skeena. Comme le gros du commerce se limite au littoral, il ne s'établit pas de liens permanents entre les marchands et les Amérindiens, et le ravitaillement en nourriture et en bois n'exerce aucune contrainte sur l'environnement.

Grâce aux grands navires de haute mer, on traite sur la côte une quantité de marchandises beaucoup plus considérable que dans l'arrière-pays. À la fin du 18e siècle, jusqu'à 20 navires y viennent chaque année (par opposition, les deux Compagnies de la baie d'Hudson et du Nord-Ouest n'arrivent pas à expédier dans le nord-ouest du Canada plus que l'équivalent de quatre cargaisons par année). C'est une mine d'or pour ces Amérindiens de la côte ouest, portés au commerce et conscients de leur situation. Comme on peut s'y attendre, les marchandises européennes fort recherchées qu'ils reçoivent en échange de leurs peaux de loutre stimulent chez les indigènes du littoral le commerce et la pratique des présents. En outre, la maîtrise des routes essentielles devient une raison de plus pour les villages de se faire la guerre, comme cela s'est produit à l'intérieur des terres.

Toutefois, presque tous les articles dont on fait commerce sur la côte sont des produits de luxe plutôt que de première nécessité. C'est que ces Amérindiens ne se sentent pas obligés de compter sur les marchandises européennes: ils recourent toujours aux moyens traditionnels pour se procurer le plus gros de leur nourriture, le poisson. C'est en réalité ce qu'ils feront jusqu'à ce que des lois fédérales et provinciales sur la protection de l'environnement, à la fin du 19e siècle et au début du 20e, leur refusent le droit de continuer. Ils considèrent donc les armes à feu (réservées à la guerre) comme des articles précieux, et il en va de même pour les ciseaux de métal, le drap, l'habillement, les couvertures, symboles de richesse, comme pour les colliers de fer et les bracelets de cuivre.

Dans cette atmosphère de féroce compétition, on fait une impitoyable chasse aux loutres. Au début du 19e siècle, leurs quantités baissent brusquement et le commerce se voit menacé; à la fin des années 1820, c'est l'effondrement. Ce qui pose un problème critique aux groupes établis sur les îles du large et qui n'ont guère d'autres animaux à fourrure à échanger. Les Haïdas de l'archipel de la Reine-Charlotte règlent ce problème en fabriquant des articles d'artisanat spécialement conçus pour les visiteurs européens. Sur la terre ferme, on recherche de plus en plus les fourrures d'animaux terrestres, en particulier de castor et de martre, à la fourrure douce et lustrée. Les relations commerciales dans l'arrière-pays, le long des principales rivières, deviennent alors essentielles; il s'ensuit encore plus de conflits entre les villages.

Un rapport de forces changeant

L'année 1821 est un jalon important dans l'histoire des Amérindiens. Jusque-là, la traite des fourrures a rattaché le monde indigène à celui des Européens dans toutes les régions du Canada, sauf dans les plus lointaines parties du bas de la vallée du Mackenzie et dans le Yukon. Or, en 1821, un demi-siècle de concurrence impitoyable prend fin avec la fusion des Compagnies de la baie d'Hudson et du Nord-Ouest. À cette nouvelle entreprise, toujours appelée Compagnie de la baie d'Hudson en dépit de la fusion, le parlement anglais accorde le monopole du commerce dans la Terre de Rupert, dans le Nord-Ouest et dans le versant du Pacifique: on est persuadé que la compagnie répondra mieux aux intérêts de la population de ces régions, si l'on supprime le mal d'une concurrence effrénée.

En réalité, la concurrence a déjà ruiné les économies indigènes d'une bonne partie du monde subarctique, entre le fleuve Churchill et la baie de James. À la rivière La Pluie, pour prendre un exemple, la Compagnie de la baie d'Hudson doit faire venir du cuir des Prairies pour que les Amérindiens de cette rivière puissent se fabriquer des mocassins. Plus grand désastre encore, la traite déréglée de l'alcool a conduit à une démoralisation générale; dans les milieux politiques anglais, on est résolu de mettre un terme à ce commerce. Même chez les marchands, on se rend compte que la bagarre ne peut se poursuivre beaucoup plus longtemps.

À la même époque, les marchands de fourrures sont forcés de reconnaître que les seules régions qu'il leur reste à exploiter (le Yukon, des parties de l'intérieur septentrional de la Colombie britannique et l'Arctique) se trouvent bien loin et coûtent cher à atteindre. Le temps est venu de faire son possible pour limiter la traite des fourrures à un niveau supportable pour l'écosystème. Faute d'un gouvernement bien établi, il n'y a qu'un moyen d'imposer des règles de conservation: le monopole. Celui-ci aura aussi l'avantage d'abaisser le coût des opérations en supprimant certains postes de traite, ainsi qu'un bon nombre d'emplois.

La concession du monopole se fonde en général sur de bonnes intentions, mais la centralisation de l'autorité marque un changement soudain dans les relations entre indigènes et étrangers. Ce qui avait d'abord été une association d'égal à égal et à l'avantage des deux parties, devient bientôt un échange inégal. À l'exception de la côte ouest et des Prairies où la concurrence américaine joue toujours, la Compagnie de la baie d'Hudson domine complètement le commerce et finit par établir un ordre social et économique qui place les Amérindiens et les Métis dans une position de plus en plus subalterne.

Chez les Inuit, la situation est différente, quoique, en fin de compte, tout aussi désastreuse. Avant 1821, les relations régulières entre Inuit et Européens se limitent en gros à la côte du Labrador, au détroit d'Hudson et à la partie occidentale de la baie d'Hudson. Les baleiniers ne pénètrent pas vraiment dans l'ouest ni dans le centre de l'Arctique avant la fin du 19e siècle, alors que sur le littoral labradorien les Inuit entretiennent des relations de commerce avec les baleiniers d'Europe dès le début du 18e siècle; vers 1750, ce commerce a pour centre les environs du Hamilton Inlet. Les intermédiaires inuit y vendent des fanons de baleine qu'ils obtiennent d'autres groupes établis plus au nord.

Or, à la fin du 18e siècle, des marchands britanniques établissent des postes de traite au nord de Hamilton Inlet, à Hopedale, puis, en 1771, les Frères Moraves arrivent dans la région pour faire œuvre missionnaire et sociale; ils installent des missions à Nain, Okak et Hopedale. Les Moraves veulent rendre leurs missions indépendantes et dissuader les Inuit d'aller vers le sud rencontrer les baleiniers. Pour arriver à ces fins, ils ouvrent des comptoirs de traite qui sont, pour les Inuit du Labrador, jusqu'aux années 1860, le point d'approvisionnement le plus important en marchandises européennes. Lorsque la rapide expansion de la pêche à la morue jusque dans cette région met fin au monopole des Moraves (car les pêcheurs se sont mis à commercer d'une façon considérable avec les indigènes), l'alcool devient là aussi un article important dans la traite, pour le plus grand malheur des Inuit. Et comme un très grand nombre d'étrangers, jusqu'à 30 000 pêcheurs à la fin du 19e siècle, viennent dans la région chaque année, des maladies s'introduisent avec eux: rougeole, typhus et scarlatine balaient les communautés inuit. Ces maladies, jointes à des modifications dans le régime alimentaire traditionnel, provoquent bientôt, dans la population inuit, un brusque déclin.

Dans le détroit et autour de la baie d'Hudson, les Inuit n'ont que des relations commerciales sporadiques avec les navires de ravitaillement de la Compagnie. Le commerce que dirige cette dernière au fort Churchill après 1717 a plus d'importance. Au début, à partir de son poste de traite, elle envoie des sloops vers le nord à la recherche d'Inuit qui vivent à l'intérieur de la côte ouest de la baie d'Hudson. Ce geste est rendu nécessaire à cause de Chipewyans qui recourent à la force des armes pour empêcher les Inuit de venir de façon régulière au fort Churchill. À la fin du 18e siècle, la Compagnie réussit à maintenir une paix durable entre les Inuit et les Chipewyans, ce qui permet enfin aux Inuit du Caribou de venir au fort Churchill en toute sécurité: on n'a plus besoin d'envoyer de sloops. Parmi ces Inuit du Caribou, certains marchands se mettent à l'emploi du fort, pour chasser le phoque et la baleine en vue de leurs huiles, jusqu'à l'effondrement de l'industrie baleinière en 1813. Relations fort importantes: grâce aux armes à feu, aux hameçons et aux filets obtenus de la Compagnie, les Inuit sont en mesure d'occuper la toundra de l'arrière-pays en toutes saisons. Après 1820, ils envahissent le sud, en repoussant les Chipewyans; vers 1860, les Inuit du Caribou sont devenus prédominants dans toute la partie sud de la toundra canadienne.

Portrait de Joseph Brant. Chef agnier, commandant militaire et loyaliste, Brant (1742-1807) personnifie les problèmes que les chefs indigènes auront un jour à affronter, quand ils voudront accorder leurs mœurs à celles des Européens. Homme de deux civilisations (comme le fait penser son habillement), il connaît bien les coutumes iroquoises, mais il est chrétien et très instruit. Huile de William Berczy (père), vers 1807. (MBAC, 5777)

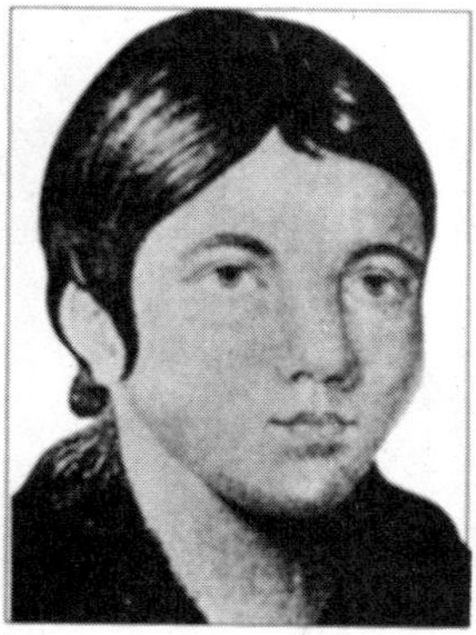

En 1825, Shawnawdithit est la dernière représentante des Béothuks encore en vie. Les Béothuks qui n'ont pas succombé aux maladies apportées d'Europe sont exterminés. En 1829, elle aussi périt de tuberculose: une race entière disparaît alors. (Archives provinciales de Terre-Neuve et du Labrador, A 17-110, photo de Ray Fennelly)

Sur la rive est de la baie d'Hudson, les Inuit ont des relations plus précaires avec la Compagnie: c'est en 1750 seulement que celle-ci établit un petit poste, le fort Richmond, à la limite sud du territoire inuit. On veut en faire une base d'exploitation minière et pelletière: ce sera un échec commercial. On le ferme en 1756, pour se transporter à la Petite Rivière de la Baleine, où la compagnie avait, un certain temps, pendant l'été, dirigé une petite pêche au béluga; toutefois, on se rend compte bientôt que la population inuit n'y est pas suffisante, là non plus, pour maintenir des opérations rentables. Ce nouveau poste ferme aussi, au bout de trois ans. Cette fois, la compagnie déménage à la Grande Rivière de la Baleine où un poste de traite connaît d'abord une activité intermittente, jusqu'en 1855, pour devenir ensuite un poste permanent. Or partout, baleiniers et pêcheurs apportent l'alcool et les maladies qui ravagent les Inuit.

Si nous nous reportons en arrière, nous constatons que dans leurs premières relations avec les Européens et leurs descendants, les indigènes du Canada ont souvent connu les mêmes expériences. Dans les toutes premières années, ils ont nettement l'avantage: plus nombreux que les étrangers, ils ont la main-d'œuvre et la compétence pour produire, et à bas prix, ce que recherchent les Européens; dans un milieu nordique difficile, ils possèdent les moyens techniques pour se suffire à eux-mêmes.

Malheureusement pour eux, cette situation de supériorité se dégrade vite. Des maladies venues d'ailleurs déciment leur population, tandis que les étrangers augmentent en nombre d'une façon constante, grâce à l'immigration et à l'accroissement naturel. Et lorsque les indigènes s'impliquent dans le commerce de la fourrure, leur régime économique cesse d'être axé sur leurs besoins immédiats. Au contraire, ils sont entraînés dans les rouages d'un marché international de matières premières, rouages qui imposent des exigences aux ressources locales bien au-delà de ce que les écosystèmes peuvent supporter. Il en résulte un épuisement général. De plus, de nouvelles techniques ajoutent souvent à l'efficacité du chasseur et du pêcheur, aux dépens encore du gibier et du poisson.

Pire encore, l'influence politique des indigènes se met à baisser. Jusqu'à la fin de la guerre de 1812, ils sont des alliés militaires d'importance pour les Britanniques. Pour se gagner leur faveur, le gouvernement de la Grande-Bretagne est amené à publier la Proclamation royale de 1763, qui reconnaît l'existence du droit des autochtones et désigne la Couronne comme protectrice de ce droit. En dehors des frontières du Québec de 1763, le droit des Amérindiens ne peut se transmettre qu'à la Couronne au cours des cérémonies publiques d'un traité: on veut ainsi protéger les Amérindiens contre les gens sans scrupule qui spéculent sur les terres et réduire au minimum les risques de voir ces terres passer entre d'autres mains.

La guerre de 1812 terminée, les autorités coloniales décident qu'on n'a plus besoin des Amérindiens comme alliés; elles s'intéressent davantage aux perspectives agricoles, forestières et minérales des terres des indigènes qu'au bien-être de leurs habitants. Leur premier souci est désormais d'avoir accès aux richesses du sol au meilleur marché possible et sans effusion de sang. Dans presque tous les territoires régis par un traité, ce sont surtout les contraintes de la mise en valeur qui déterminent à quel moment on conclut un accord. Là où aucun traité n'existe, ces contraintes se sont fait sentir tout récemment et, dans bien des cas, les négociations sont en cours. La principale exception est la Colombie britannique dont, en 1988, le gouvernement refuse encore de reconnaître les droits des Amérindiens.

Accablés par l'épuisement de leurs ressources et par l'adoption de nouveaux modes de vie, les indigènes d'abord indépendants sont passés, après une période d'interdépendance avec les marchands européens, à la dépendance économique. Vers 1821, ce changement est déjà bien en route dans presque tout le Canada: seuls les groupes les plus reculés n'ont pas été bouleversés.

CHAPITRE 2

La Nouvelle-France et ses rivales 1600-1760

CHRISTOPHER MOORE

Fondateur et commandant de la Nouvelle-France, Samuel de Champlain meurt à Québec le jour de Noël 1635. Presque toute la colonie peut assister aux funérailles, car après vingt-sept ans de colonisation, la population d'origine européenne compte à peine trois cents personnes. Bon nombre de ces colons sont d'ailleurs arrivés de fraîche date; mais ils représentent un progrès considérable par rapport aux premières années de fondation. À vrai dire, la réussite de Champlain tient moins à la taille de sa colonie, qui demeure minuscule, qu'au fait qu'elle se soit maintenue.

Depuis sa fondation en 1608, le poste de Québec a fait face à bien des dangers: la famine, le scorbut, les rivalités commerciales, le soutien vacillant de la France, l'hostilité de nations indigènes beaucoup plus puissantes, et les offensives militaires anglaises. Bien sûr, Champlain n'a pas été le seul défenseur de la colonie, mais par sa ténacité à en plaider la cause, il a plus que quiconque contribué à sa survie. En fait, à l'époque de Champlain, l'intervention européenne dans le nord-est du continent américain a déjà pris un virage décisif: les premières traversées remontent à l'an mil, et elles sont devenues régulières depuis le début du 16e siècle, mais c'est Champlain qui a transformé des contacts sporadiques en une présence permanente.

La colonie de Champlain

Les baleines et la morue ont attiré les Européens au Canada depuis un siècle: le castor leur donne un motif d'y rester. Dans les dernières décennies du 16e siècle, les chapeliers ont mis en vogue le chapeau de castor qui présente l'avantage d'être étanche et résistant et de garder sa forme, quel qu'en soit le modèle. Pendant deux siècles et demi, ce genre de chapeau aura une importance de premier plan et, du coup, la peau de castor canadien n'est plus confinée à l'industrie de la fourrure de luxe: elle devient un article de base du commerce international. De cet engouement vestimentaire naîtra un grand empire colonial.

L'intérêt grandissant pour les peaux de castor amène les marchands français à explorer plus régulièrement le golfe du Saint-Laurent. Ils y mettent à l'essai, comme aussi plus au sud, dans la baie de Fundy, des comptoirs permanents qui jettent les bases économiques de la colonisation. Celle-ci, considèrent-ils, ne peut être financée que par les revenus de la traite des fourrures, pour laquelle il faut établir un monopole. C'est au cours de ces tentatives que l'un des marchands, François Gravé du Pont, fait connaître le Canada à l'homme qui va les éclipser tous. Samuel de Champlain, qui a alors vingt-trois ans, est un roturier de la ville de Brouage, dans le sud-ouest de la France. Il

Publiée en 1632, trois ans avant qu'il meure, cette carte de Samuel de Champlain est d'une exactitude surprenante. Il a suffi de trente ans, grâce surtout à Champlain lui-même, pour fixer les traits essentiels de la géographie du Canada, de Terre-Neuve aux Grands Lacs. On y précise aussi les régions où vivaient les diverses tribus amérindiennes de cette époque. D'une gravure sur cuivre, parue dans l'œuvre de Champlain, *Les voyages de la Nouvelle-France occidentale, dicte Canada* (Paris, chez C. Collet, 1632.) (ANC/CNCP-15661)

a sans doute une certaine formation en cartographie et en topographie, mais il n'a ni titre officiel, ni réputation lorsqu'en 1603 il accompagne Gravé du Pont en amont du Saint-Laurent jusqu'à l'île de Montréal, et lorsqu'il prend part à un plan de colonisation (1604-1607) sur l'île Sainte-Croix et à Port-Royal, dans la baie de Fundy. Champlain s'affirme peu à peu comme explorateur et comme géographe, grâce principalement à la publication de ses récits.

En 1607, on abandonne l'établissement de Port-Royal, mais Champlain propose une nouvelle tentative de colonisation dans le Saint-Laurent, et c'est lui qu'on choisit pour la diriger. Il a compris, comme le dira l'historien Guy

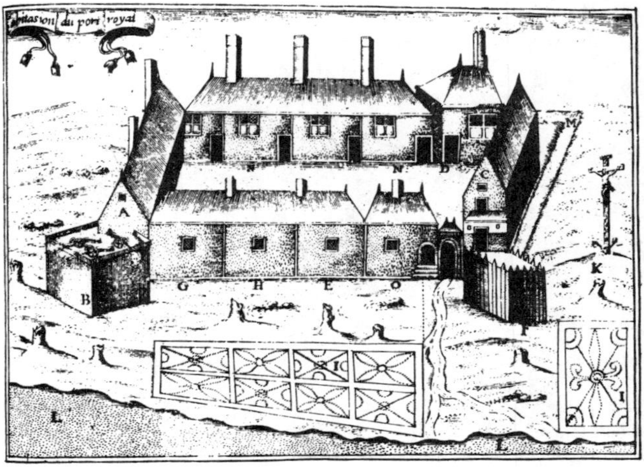

De la baie de Fundy à la baie d'Hudson, bon nombre des premiers avant-postes des Européens au Canada ressemblent à celui-ci: des logements à la spartiate au milieu d'une petite clairière. Érigée en 1604-1605 en Nouvelle-Écosse, sur la rive nord du bassin d'Annapolis, l'Habitation de Port-Royal est abandonnée, puis on la réclame et l'on se bat pour elle: elle devient ainsi avec le temps le noyau de l'Acadie. Elle sera reconstruite en 1939-1940 près de son emplacement original. Gravure sur cuivre d'après un dessin de Champlain, dans *Les voyages du sieur de Champlain* (Paris, chez J. Berjon, 1613). (Bibliothèque nationale du Canada, Division des livres rares, NL-8760)

Frégault, que s'il faut «une armée de colons pour asseoir un établissement sur l'Atlantique, un bataillon suffit pour en jeter un dans les espaces intérieurs». En algonquien, «Québec» signifie «l'endroit où la rivière se rétrécit»; en s'y établissant, on s'assure d'un monopole efficace sur la traite des fourrures de l'arrière-pays, monopole que ne pourrait garantir un établissement sur le littoral canadien. Champlain en a compris l'importance au bon moment. On s'intéresse de plus en plus à la traite des fourrures, alors que, dans le golfe du Saint-Laurent, les pêcheries et la chasse à la baleine connaissent un certain déclin.

En juillet 1608, Champlain débarque avec un groupe de travailleurs au pied du cap Diamant, ce gros rocher qui domine encore la ville de Québec, et y construit un agglomérat de bâtisses fortifiées qu'il appelle l'*Habitation de Québec*. Vingt des vingt-huit hommes y meurent au cours de l'hiver. Quand les navires reviennent de France au printemps de 1609, les survivants sont affaiblis par la sous-alimentation et le scorbut. Ils ont néanmoins établi une présence européenne permanente sur le sol canadien. La Nouvelle-France, comme l'avait d'abord appelée Giovanni da Verrazano en 1524 pour symboliser toutes les revendications et les intérêts du roi de France en Amérique du Nord, est devenue une réalité. Et pendant un siècle et demi, la ville de Québec, qui va se développer autour de l'emplacement de l'Habitation, en demeurera le centre.

Ce même printemps, Champlain orchestre une campagne diplomatique et militaire pour faire de son pied-à-terre une colonie. En 1609, et il en sera

Les 28 hommes de Champlain, demeurés au pays pour hiverner, ont construit l'Habitation de Québec en 1608, au pied de la falaise qui délimite l'actuelle haute-ville. Il faudra attendre 25 ans avant qu'une ville ne se développe autour de cet emplacement. Gravure sur cuivre d'après un dessin de Champlain dans *Les voyages du sieur de Champlain* (Paris, chez J. Berjon, 1613). (Bibliothèque nationale du Canada, Division des livres rares, NL-8759)

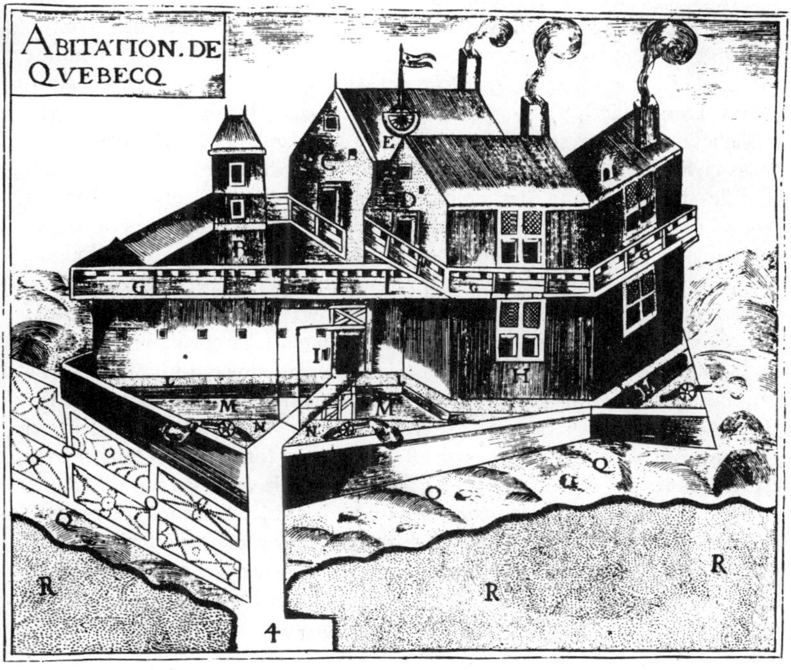

ainsi pendant des dizaines d'années, la Nouvelle-France n'est qu'un poste de traite et une ambassade, juchée sur le bord d'un continent que dominent les nations indigènes. Depuis le tout début du 16ᵉ siècle, ces nations ont pris l'habitude d'échanger des fourrures pour des haches de fer, des marmites de cuivre, du drap et des perles décoratives qu'apportent les pêcheurs et les marchands de passage dans le golfe du Saint-Laurent. Pour s'assurer la mainmise sur ce commerce, elles se sont livrées à des guerres sanglantes qui, vers 1600, ont fait de la vallée du Saint-Laurent une contrée dépeuplée que se disputent chaudement deux groupes de nations alliées. Le premier est une ligue de cinq nations, dite *Confédération iroquoise*, le second, une formation sociale d'agriculteurs et de marchands, qui compte quelque trente mille personnes. L'Iroquoisie s'étend dans la vallée de la Mohawk et dans le district des Finger Lakes de l'État de New York actuel. Mais elle compte aussi dans son alliance un réseau de tribus moins importantes, qui couvre une bonne partie du territoire au sud du Saint-Laurent. Le second groupe vit au nord du fleuve: sa composante la plus puissante est la Confédération huronne sur les rives de la baie Georgienne, dans le lac Huron. Les vingt mille Hurons (ou *Ouendats*, comme ils s'appellent eux-mêmes) font partie de la famille iroquoienne, c'est-à-dire qu'ils parlent une langue semblable à l'iroquois, pratiquent une agriculture extensive, fondée sur le maïs, et forment des confédérations politiques complexes. Une vieille rivalité oppose les confédérations huronnes et iroquoises. Les alliés des Hurons sont des tribus vouées à la chasse et à la cueillette: parmi celles-ci, les Montagnais, qui vivent sur la rive nord du golfe du Saint-Laurent, sont les mieux connus des Français. Comme les luttes entre Hurons et Iroquois ont quasi fermé le Saint-Laurent au commerce, les alliés de la rive nord utilisent d'autres routes pour porter leurs fourrures vers la côte. Tadoussac, village montagnais à l'embouchure du Saguenay, a servi de centre commercial entre les indigènes et les Français jusqu'à l'arrivée de Champlain à Québec.

Compte tenu de ces alliances et de ces rivalités, Champlain ne peut guère se contenter d'ouvrir un comptoir et de lancer une invitation à la traite s'il veut contrôler le commerce des fourrures. Les indigènes accueillent les marchands européens à cause des marchandises qu'ils apportent, mais celles-ci peuvent tout aussi bien arriver par les bateaux qui font l'aller-retour chaque été. Si les Français ont obtenu un pied-à-terre dans la vallée du Saint-Laurent, ce n'est pas en raison de la générosité ou de la faiblesse des indigènes, mais parce qu'on a convaincu certains d'entre eux qu'une présence française permanente leur fournirait un rempart contre leurs rivaux. Bien sûr, Champlain aspire nettement à étendre et à renforcer son établissement, mais, au début du moins, la survie de sa colonie dépend de son aptitude à en démontrer l'utilité

Au cours de son voyage en Huronie, en 1615-1616, Champlain fait le croquis de deux Algonquins en tenue guerrière (A et C), ainsi que celui d'un homme en habillement d'hiver (D) et d'une femme en celui d'été (B). On appelait ces Amérindiens Cheveux-Relevez, parce que, écrit Champlain, ils les ont «fort relevez, et agencez, et mieux peignez que nos courtisans».

Deux femmes huronnes (F et H) s'occupent ici à cueillir et à moudre le maïs sur lequel se fonde leur société agricole. Les fers de flèche en métal et les balles de mousquets rendront périmée la cuirasse de lames de bois que porte le guerrier huron (E).

Gravures d'après des dessins de Champlain, dans *Les voyages de la Nouvelle-France occidentale, dicte Canada* (Paris, chez P. Le-Mur, 1632). (ANC, C-133067, C-133065) à ses alliés. Et il n'a pas le choix de ses alliés: ce choix a été fait avant lui par des marchands français dans leurs conventions de traite avec les Montagnais. Avec leurs alliés de l'arrière-pays, ceux-ci l'entraînent dans une expédition de guerre contre les Iroquois.

Des guerriers de trois nations alliées (des Montagnais de l'est et du nord de Québec, des Algonquins de la région de l'Outaouais et des Hurons de la baie Georgienne) se joignent aux Français de l'Habitation au printemps de 1609. «Ils se réjouirent quelque cinq ou 6 jours, qui se passèrent en danses et festins», écrira Champlain. On offre des marchandises de traite pour sceller une amitié qui n'est à vrai dire qu'une alliance politique pragmatique: chacun des partenaires espère la tourner à son propre avantage. Dès que la fête prend fin, la campagne militaire commence. Les alliés remontent ensemble le Saint-Laurent et le Richelieu jusqu'au lac Champlain et, au mois de juillet, ils se trouvent face à un parti de guerre iroquois. Les armes européennes donnent aux alliés de Champlain un avantage décisif: le premier coup de fusil abat trois chefs iroquois et c'est rapidement la déroute dans le camp adverse.

Cette victoire appuyée par la présence continue des armes françaises à Québec assure désormais la sécurité du commerce sur le Saint-Laurent. Au cours des six années suivantes, Champlain prend part à plusieurs autres combats contre les Iroquois. Les Cinq Nations ne se laisseront plus surprendre, mais avec la fondation d'un établissement hollandais sur le fleuve Hudson, qui offre une route commerciale de rechange, on en vient à une trêve temporaire. Les alliés du nord demeurent les maîtres du Saint-Laurent et, à l'Habitation, le commerce peut prospérer.

L'alliance conclue avec la nation huronne en 1609 marque aussi le début d'une période de six ans au cours de laquelle la réputation d'explorateur de Champlain va se confirmer. Jusqu'en 1609, les Hurons n'ont pas eux-mêmes rencontré les Français, même si, depuis cinquante ans et plus, ils reçoivent des marchandises européennes par l'entremise des Montagnais et des Algonquins. L'origine même du mot «huron» montre que les Français tiennent leurs alliés pour des rustauds arriérés, mais cela ne les empêche pas d'entrer bientôt dans une étroite association avec eux. La Confédération huronne est plus étendue, plus prospère et plus puissante que n'importe quelle autre tribu alliée. En faisant commerce des denrées qu'ils cultivent, les Hurons accumulent des fourrures et deviennent les intermédiaires entre les marchands français et les populations qui chassent le castor.

Au grand déplaisir des Montagnais et des Algonquins qui auraient préféré que l'échange des marchandises se fasse sur leur propre territoire, les transactions directes entre Français et Hurons vont rapidement prendre de l'im-

Les armes européennes paraissent d'abord représenter une catastrophe pour les troupes indigènes qui doivent les affronter: il suffit de quelques coups d'arquebuses pour que Champlain et ses compagnons en 1609 mettent en déroute une armée iroquoise, lors d'une escarmouche au lac Champlain. Les indigènes modifient bientôt leurs tactiques et jamais plus les Iroquois ne se feront surprendre à découvert comme ici ni battre d'une manière aussi décisive. Gravure sur cuivre d'après un dessin de Champlain, dans *Les voyages du sieur de Champlain* (Paris, chez J. Berjon, 1613). (Bibliothèque nationale du Canada, Division des livres rares, NL-6643)

portance. En 1615, Champlain lui-même est autorisé à accompagner un groupe huron dans ce voyage d'une durée d'un mois au cours duquel, quittant l'île de Montréal, ils remontent la rivière des Outaouais, gagnent le lac Huron en traversant le lac Népissingue, puis descendent au sud, jusqu'à la Huronie. Blessé au cours de l'été dans un combat contre les Iroquois, Champlain passe l'hiver chez ses alliés. D'autres Français, notamment Étienne Brûlé, y vivent déjà: grâce à leurs renseignements et à ses propres voyages, Champlain est en mesure de faire un remarquable inventaire géographique du bassin des Grands Lacs.

En moins de vingt ans, l'alliance avec les Hurons a donc permis d'étendre la connaissance du territoire jusqu'au lac Supérieur, bien au-delà de Montréal, qui avait marqué la limite des contacts européens depuis un siècle. La carte dans laquelle Champlain rassemble toutes ces nouvelles données, en 1632, demeure l'un des chefs-d'œuvre de la cartographie canadienne.

«L'extrême affection que j'ai toujours eue aux découvertures de la Nouvelle-France m'a rendu désireux de plus en plus à traverser les terres, pour enfin avoir une parfaite connaissance du pays», écrira Champlain pour présenter le livre dans lequel il raconte son séjour chez les Hurons. Mais curieusement, malgré ses belles réussites d'explorateur et de cartographe, Champlain semble peu motivé par la recherche désintéressée. On ne trouve pas dans ses écrits l'intérêt que d'autres ont manifesté pour le monde des peuples indigènes; ce qu'il note à propos des Hurons («n'ayant ni foi ni loi») paraît d'une étroitesse d'esprit étonnante de la part d'un homme qui a vécu un an parmi eux. Rentré à l'Habitation au printemps de 1616, il n'entreprend plus de voyages et laisse à des intermédiaires comme Étienne Brûlé les relations de routine avec les indigènes.

Étienne Brûlé, qu'on a envoyé vivre parmi les indigènes en 1610, en échange d'un jeune Huron qui reste auprès de Champlain, y passe une bonne partie de sa vie. La première fois qu'il revient à l'Habitation, les hommes sont sidérés lorsqu'ils comprennent que ce jeune homme, qui voyage avec un groupe de marchands indigènes, mange comme eux, s'habille comme eux et parle leur langue, est en réalité un Français. Brûlé continue à s'adonner à la traite des fourrures — il semble du reste que sa mort, survenue en 1633, ait été causée par sa tentative de conclure un accord commercial contraire aux intérêts de ses hôtes hurons — mais il s'adapte aux coutumes indigènes beaucoup plus pleinement que ne le fera jamais Champlain. Souvent, les écrits de Champlain évoquent l'inflexible détermination d'un homme qui évalue les choses exclusivement en fonction de l'utilité qu'elles peuvent avoir pour ses propres projets: or, en 1616, sinon plus tôt, son principal projet est la colonisation du Canada.

N'étant plus le simple agent local d'une compagnie de traite des fourrures, Champlain se détache alors des marchands qui lui ont fait découvrir le pays; en France, le soutien royal lui est de plus en plus acquis et, à compter de 1612, il porte le titre de lieutenant du vice-roi. Dans un mémoire qu'il présente à Louis XIII en 1618, il fait valoir sa vision d'une colonie dont le centre serait Québec. Alors que les marchands, français et indigènes, se contenteraient d'un modeste comptoir de traite, Champlain propose d'évangéliser les indigènes et d'établir des centres importants. En plus de la traite des fourrures, il entrevoit l'existence de pêcheries, de mines, d'exploitations forestières et agricoles. Il prévoit même l'ouverture d'une route au-delà des Grands Lacs, permettant d'accéder à l'Orient, «d'où l'on peut tirer un notable profit».

Au cours de ses dix premières années, l'Habitation n'est qu'un avant-poste qui accueille des travailleurs de passage. Or, pour bâtir sa colonie, Champlain a besoin de missionnaires et de familles. Les premiers prêtres arrivent en 1615; Louis Hébert vient s'y établir en 1617 avec sa femme, Marie Rollet, et leurs trois enfants. En 1620, l'une de leurs filles donne naissance au premier enfant qui survivra dans la communauté. Louis Hébert sera surnommé «le premier agriculteur du Canada», titre bien prétentieux lorsqu'on considère la production agricole des nations iroquoises de l'époque, mais qui souligne l'importance qu'il y avait pour la colonie à voir se développer des activités autres que la traite des fourrures. En 1627, pourtant, la population de Québec est encore inférieure à cent personnes, dont moins d'une douzaine sont des femmes, et l'établissement dépend encore des indigènes qui apportent les fourrures, ainsi que des navires de ravitaillement français. La colonie pourrait bénéficier cette année-là d'une impulsion considérable puisque le principal ministre du roi, le cardinal Richelieu, a mis sur pied la Compagnie des Cent Associés; celle-ci regroupe cent marchands et aristocrates déterminés à développer la Nouvelle-France. Les Cent Associés constituent une compagnie privée semblable aux autres qui, à condition de souscrire aux efforts de colonisation, ont par le passé détenu le monopole de la traite des fourrures. Mais disposant de ressources plus considérables et jouissant de relations plus puissantes, la nouvelle compagnie semble mieux équipée pour réaliser les ambitions coloniales de la France.

En 1628, les Cent Associés recrutent en France quatre cents colons, mais au moment où ils prennent la mer à destination de Québec, la guerre éclate entre la France et l'Angleterre. Une compagnie anglaise rivale saisit l'occasion pour prendre la place des Français dans le commerce du Saint-Laurent. Cet été-là, une flotte dirigée par David Kirke bloque le fleuve et contraint les navires des Cent Associés à retourner en France. En 1629, Kirke revient avec ses frères s'emparer de l'Habitation privée de vivres, et il en chasse Champlain ainsi que la plupart de ses colons.

En fait, la guerre entre la France et l'Angleterre prend fin avant que les Kirke ne capturent Québec. Pendant leur occupation, les Anglais semblent avoir beaucoup de mal à préserver les alliances complexes nécessaires au commerce des fourrures. Lorsqu'à la suite de négociations diplomatiques, la France récupère finalement sa colonie en 1632, on doit presque repartir à zéro; de plus, ces quelques années de lourdes pertes, non compensées par les revenus de la traite des fourrures, n'ont pas épargné la Compagnie des Cent Associés, pourtant bien nantie, qui se retrouve au bord de la faillite. Malgré ces difficultés, l'arrivée régulière de colons permet à la Nouvelle-France des années 1630 de se développer plus rapidement. Un nouveau poste de traite apparaît en amont du fleuve, à Trois-Rivières, cependant qu'à Québec on ouvre de nouvelles terres à la culture, on trace les premières rues d'un village et on agrandit l'église. Le Jésuite Paul Le Jeune peut ainsi écrire que pour ceux qui ont connu l'endroit dans les années 1620, Québec semble être en 1636 «un autre pays, et qu'il n'est plus ce petit coin caché au bout du monde». Au moment où il écrit ces lignes, la population de toute la Nouvelle-France s'élève à peine à quatre cents habitants et Champlain est mort depuis un an déjà.

On a souvent exagéré le rôle de Champlain comme architecte d'une implantation européenne au Canada; il aurait été le père et le prophète de la civilisation française en Amérique du Nord. Or, il n'a pas été précisément seul dans ses entreprises; il est venu en Nouvelle-France avec le soutien des compagnies de commerce et il y est resté à titre d'agent de la politique royale. Au moment où il est arrivé à Québec, les marchands avaient déjà façonné les alliances qui demeurent vitales pour la Nouvelle-France longtemps après sa mort. En outre, sa volonté de revendiquer, de coloniser et d'évangéliser le Canada allait directement à l'encontre des intérêts de ses alliés indigènes qui n'ont toléré son avant-poste à Québec qu'en échange de la protection qu'il assurait à la traite des fourrures.

Mais c'est une colonie que voulait Champlain et non un poste de traite. Plaire aux marchands et aux indigènes était pour lui une stratégie plutôt qu'un but. N'étant lui-même ni commerçant, ni membre de la noblesse de cour, il a fait de la colonie un projet personnel dont il s'est fait le promoteur infatigable pendant vingt-sept ans. Sans le contexte d'une colonie en développement, un comptoir à Québec serait toujours à la merci des fluctuations du commerce et des attaques militaires de la part de forces indigènes, ou de brigands venus de la mer, comme les Kirke. L'acharnement de Champlain à défendre, pendant plus d'un quart de siècle, l'idée d'une colonie a transformé de façon décisive les liens que la France entretient avec les territoires et les populations du Canada. S'il n'avait pas persisté, écrit l'historien Marcel Trudel, «il n'y aurait pas eu de Nouvelle-France».

Le Canada et les Cent Associés: missions, marchands et agriculteurs

Champlain ne laisse pas d'héritier qui puisse défendre sa cause. En 1610, il avait épousé à Paris Hélène Boullé, âgée de douze ans (lui-même en avait environ trente). Le contrat de mariage stipulait que l'épouse ne vivrait avec son conjoint qu'à l'âge de quatorze ans, et, pour l'époque, ce genre de

Cette gravure qui est censée représenter des Hurons est publiée en 1683, quelque trente années après la destruction de la nation huronne pendant les guerres iroquoises. Champlain, les Jésuites et bien d'autres avaient pourtant décrit cette nation de famille iroquoienne comme bien fixée, vivant dans de grands villages qu'entouraient des palissades et des champs de maïs, mais les Européens persistent à s'imaginer les indigènes du Canada comme de petites bandes de gens qui chassent dans les bois. Gravure publiée dans A. Mallet, *Description de l'univers* (Paris, 1683). (ANC, C-107624)

mariage n'est pas exceptionnel. Il s'était agi essentiellement de sceller une union avec la famille Boullé, qui a des relations, et il n'y a guère lieu de croire que les époux se soient rapprochés par la suite: s'il est vrai qu'Hélène Boullé a vécu à Québec de 1620 à 1624, elle a passé la plus grande partie de sa vie à Paris. Quand Champlain est revenu au Canada en 1632, il lui a laissé tous les biens qu'il avait en France et ne l'a jamais revue; elle finira sa vie comme religieuse. Champlain n'avait pas non plus de protégé à Québec. Pour le remplacer, la roi désigne un militaire d'origine aristocratique, Charles Huault de Montmagny, qui sera pendant douze ans gouverneur général, un titre que ne reçut jamais Champlain, mais que porteront tous ses successeurs.

La croissance de la colonie se poursuit sous Montmagny. Néanmoins, si on la compare à d'autres colonies du Nouveau Monde, la Nouvelle-France a commencé à prendre du retard dès 1627, lorsque la Compagnie des Cent Associés est chargée de l'administrer. Les colonies françaises et anglaises des Antilles commencent à prospérer grâce à la canne à sucre, la Virginie a découvert le tabac, la Nouvelle-Angleterre développe ses entreprises de pêche et de commerce. Toutes attirent des milliers de colons. Lorsque le mandat des Cent Associés en Nouvelle-France prend fin, en 1663, cent mille colons se sont établis dans les colonies anglaises de l'Amérique du Nord et dix mille dans la Nouvelle-Hollande, sur le fleuve Hudson. La Nouvelle-France n'en compte que trois mille, et la traite des fourrures, qui reste la seule activité commerciale pouvant attirer des colons, demeure en grande partie une entreprise indigène; elle n'emploie qu'une poignée de Français à Québec. La plupart de ceux-ci, une fois terminé leur contrat d'engagement, rentrent en France plutôt que de s'installer sur des terres. La vision que Champlain avait eue d'une communauté vaste et diversifiée ne se réalise pas.

La Compagnie des Cent Associés deviendra le bouc émissaire pour expliquer la lenteur du développement de la Nouvelle-France. Il est pourtant difficile de la blâmer pour des conditions qui excluent un afflux important de colons. En réalité, malgré les désastres de ses premières années et les difficultés qu'elle connaît dans le commerce des fourrures par la suite, la compagnie remplit ses engagements: elle entretient un courant d'immigration qui, bien que faible, n'en est pas moins régulier. Chaque année, au cours de son mandat, quelques familles obtiennent des terres pour s'y établir en permanence, et de nouvelles institutions sont créées. Pourtant, la colonie est toujours dépendante de son alliance avec les Hurons, sa population est encore très majoritairement masculine et son activité principale reste le commerce des fourrures.

Cependant, une autre motivation que le commerce commence à prendre de l'importance. On compte au moins autant de protestants que de catholiques parmi les premiers bailleurs de fonds de l'établissement de Québec, et la colonie s'est passé de prêtres pendant les sept premières années de son existence. Mais dans la mesure où la colonie semble appelée à survivre, elle suscite un enthousiasme grandissant auprès des catholiques français. Les établissements religieux qui vont bientôt proliférer en Nouvelle-France ne sont pas surtout destinés à desservir les quelques marchands et agriculteurs de la petite colonie: ce qui les attire, c'est la perspective de convertir la population indigène de l'Amérique du Nord. Mus par cette ambition, les Récollets arrivent les premiers en 1615, et se mettent presque aussitôt en route pour le «grand voyage», empruntant en canot la rivière des Outaouais. Animés du même désir, les Jésuites les remplacent en 1632; les récits annuels de leurs missions, les *Relations*, deviennent bientôt un instrument important pour promouvoir la colonie auprès des Français bien nantis et cultivés.

C'est l'élan religieux, plutôt que la Compagnie des Cent Associés, la traite des fourrures ou les colons de Québec, qui mène à la fondation de Montréal, en 1642. Rêvant d'ériger une ville missionnaire dans une région sauvage, un groupe de mystiques quitte la France sous la direction d'un militaire dévôt, Paul Chomedey de Maisonneuve, et inspiré par une dame dynamique, Jeanne Mance. Ils veulent convertir les indigènes en les amenant à vivre parmi les Français et même à devenir français dans leur habillement, leurs activités et leurs attitudes. Toutefois, les indigènes se montrent plutôt indifférents et, malgré l'idéalisme et le courage des fondateurs de Montréal, la société missionnaire s'effondre, vaincue par les dettes et la désillusion, au cours des années 1650, alors que la colonisation et le commerce sont devenus la raison d'être de Montréal.

Les Jésuites optent pour une stratégie différente, préférant vivre parmi les indigènes pour étudier leurs langues et leurs coutumes et ainsi mieux les convertir. Ils se rendent dans toutes les nations alliées, mais concentrent leurs efforts sur la nation huronne, la plus nombreuse, la plus sédentaire et la plus influente. En 1634, le père Jean de Brébeuf part pour la Huronie, à la tête de trois autres missionnaires, et au bout de quelques années, la communauté jésuite y regroupe des missionnaires, des frères laïques, des domestiques et des soldats, un total de plus de cinquante Français. En 1639, le père Jérôme Lalemant entreprend la construction de Sainte-Marie, mission fortifiée située au bord d'une rivière, non loin du littoral de la baie Georgienne. La mission Sainte-Marie, qui comprend une chapelle, un hôpital, des écuries pour les bêtes et des logements pour les Français et les Hurons convertis, offre aux Jésuites et à leurs aides un coin d'Europe au milieu d'une nation indigène.

Les Jésuites veulent relever un défi de taille. Ce sont des intellectuels qui ont reçu une formation théologique et scientifique, et ils doivent affronter les rigueurs accablantes de la vie quotidienne dans ce qui leur paraît être un pays sauvage habité par des barbares. Que ce soit l'éducation des enfants, le

La reconstruction, au 20e siècle, de Sainte-Marie-des-Hurons, sur la rivière Wye (près de Midland, Ontario) rappelle la tentative des Jésuites de recréer un morceau d'Europe au milieu de la nation huronne. Les Amérindiens qui recevaient les missionnaires dressaient leurs maisons longues dans l'extrémité resserrée du village qu'enfermait une palissade. Établi en 1639, il s'agit là du premier établissement européen dans l'arrière-pays nord-américain. Cinq Jésuites périssent quand les Iroquois s'attaquent à des villages hurons des environs, en 1648-1649. C'est pourquoi on abandonne cette mission, et l'on met le feu à la chapelle pour lui éviter d'être profanée. (Huronia Historical Parks, ministère du Tourisme de l'Ontario)

mariage ou l'inhumation des morts, tout dans les coutumes des Hurons les déroute et les horrifie. Et ils n'ont guère de raisons d'être encouragés: en dépit des tentatives entreprises depuis 1615, à la fin des années 1630, pratiquement aucun Huron ne s'est véritablement converti. Les missionnaires persévèrent quand même. Certains trouvent un défi personnel et intellectuel dans l'effort qu'il leur faut livrer pour comprendre les autres sans perdre la foi, mais leur soutien le plus ferme réside dans une profonde ferveur religieuse. Soumis à la volonté de Dieu quelle qu'elle soit, ils s'efforcent d'accepter toutes leurs épreuves et conviennent entre eux que le martyre ne serait qu'une manifestation de la grâce de Dieu. Leur acceptation (et souvent leur désir) du martyre est profonde et d'une sincérité toute spirituelle, mais elle convient aussi à leur situation. Tout autant que Champlain et les marchands de fourrures, les missionnaires connaissent leur part de guerres cruelles, d'épidémies dévastatrices et de la terrible violence qui résulte du choc de deux civilisations. Rares sont ceux qui se dérobent devant ces réalités.

À mesure qu'ils maîtrisent la langue des Hurons et qu'ils se familiarisent avec leurs structures sociales, les Jean de Brébeuf et les Jérôme Lalemant en publient des descriptions aussi nombreuses que captivantes. Ils réussissent même à s'adapter à leur mode de vie et à mieux comprendre leurs coutumes et leurs croyances. Mais ils ne parviennent pas pour autant à les convertir. Les Hurons se montrent pour la plupart ouvertement hostiles à cette présence étrangère. Les plus farouches adversaires des Jésuites disposent d'arguments solides: non seulement les missionnaires perturbent les coutumes ancestrales, ils sèment aussi la mort sur leur passage. En effet, à leur insu, les Jésuites et leurs aides répandent des maladies nouvelles contre lesquelles les Hurons n'ont aucune résistance. Au cours des années 1630, la petite vérole et la rougeole déciment la population: des milliers d'indigènes périssent. Dans les années 1640, la population huronne diminue presque de moitié; plusieurs des tribus alliées subissent le même sort. Les Jésuites persévèrent pourtant, soignant les malades, priant pour les morts et prêchant leur message. Solidement appuyés par le roi et les autorités coloniales, les Jésuites sont en mesure de faire de leur présence une condition de l'alliance entre Français et Hurons. Au cours des années 1630 et 1640, ce sont toujours ces derniers qui rassemblent les peaux de castor (grâce surtout au commerce qu'ils font avec d'autres indigènes) et les transportent à Québec. Même moins nombreux, ce commerce (ainsi que l'alliance militaire qui en dépend) conserve suffisamment d'importance à leurs yeux pour qu'ils continuent d'accepter la présence des Jésuites, malgré l'hostilité que ceux-ci inspirent à un grand nombre d'entre eux.

Les guerres iroquoises

La guerre que Champlain livre contre les Iroquois, de 1609 à 1615, s'est peu à peu transformée en une sorte de paix armée, mais au cours des années 1640, les alliances indigènes qui, depuis 1608, sont essentielles à l'existence de la Nouvelle-France s'effondrent en raison de nouvelles guerres entre Iroquoiens, qui seront parmi les plus sanglantes à être livrées en territoire canadien.

Les rivalités entre les principales nations indigènes existent depuis longtemps, mais les alliances, les marchandises et les armes européennes, en ont augmenté les enjeux. Chacune voit dès lors les nations rivales comme des obstacles à sa prospérité et à son prestige, voire comme une menace à sa propre survie. Par conséquent, la puissante confédération iroquoise des Cinq Nations lance ses guerriers, désormais familiarisés avec les armes européennes, dans une campagne militaire d'une étonnante envergure qui détruira, entre 1645 et 1655, toutes les nations iroquoiennes rivales. En dix ans, Hurons, Pétuns, Neutres et Ériés seront anéantis. Chacune de ces nations comptait au moins dix mille personnes et avait constitué une force redoutable dans les guerres et les affrontements du passé. À la suite de ces conflits, la survie de la colonie française du Saint-Laurent se trouve elle-même menacée.

C'est en 1648, après des années d'incursions et de batailles, que les Iroquois envahissent la Huronie. Durant cette invasion, déjà affaiblis par les pertes terribles dues à la maladie, les Hurons sont en outre déchirés par des querelles intestines. Certains voient dans la religion catholique, les missionnaires et l'alliance avec les Français le seul espoir de survie, et pour la première fois, bon nombre de Hurons consentent à se faire baptiser. D'autres blâment les Français pour les épidémies et les dissensions qui règnent dans leurs rangs. Incapables d'organiser une défense efficace, les Hurons sont défaits en 1648 et en 1649. Le père Antoine Daniel meurt pendant l'assaut; Jean de Brébeuf et le neveu du père Jérôme Lalemant, Gabriel, ainsi que de nombreux Hurons, connaissent une mort atroce par la torture, une pratique courante dans les guerres iroquoiennes. Les prêtres ont gagné le martyre auquel ils aspiraient, mais leur entreprise missionnaire la plus importante s'est effondrée. La nation huronne jadis puissante a cessé d'exister, sa population a été massacrée, dispersée ou encore intégrée dans celle des Iroquois vainqueurs. Les guerriers des Cinq Nations s'attaquent ensuite à d'autres rivaux et devant la ruine de ses tentatives d'évangélisation et de ses alliances commerciales, la petite colonie française, en témoin impuissant, ne peut que regarder la Confédération détruire les nations les unes après les autres. La Nouvelle-France se retrouve finalement en conflit direct avec les Iroquois qui, après avoir vaincu

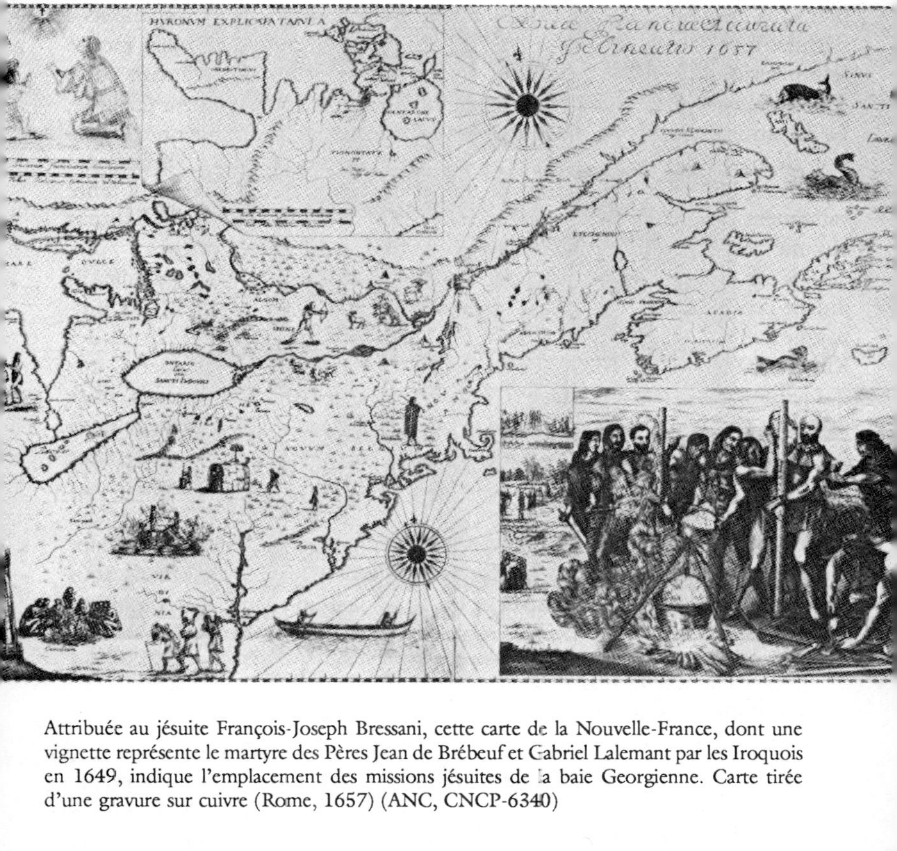

Attribuée au jésuite François-Joseph Bressani, cette carte de la Nouvelle-France, dont une vignette représente le martyre des Pères Jean de Brébeuf et Gabriel Lalemant par les Iroquois en 1649, indique l'emplacement des missions jésuites de la baie Georgienne. Carte tirée d'une gravure sur cuivre (Rome, 1657) (ANC, CNCP-6340)

les nations indigènes, se tournent maintenant contre les colons français de la vallée du Saint-Laurent.

En 1660 et en 1661, des bandes de guerriers iroquois frappent partout en Nouvelle-France. Ils assiègent Montréal, saccagent l'île d'Orléans, près de Québec, et poursuivent leur offensive jusqu'à Tadoussac. L'agriculture s'effondre lorsque les colons, terrorisés par les guerriers qui se tiennent en embuscade en bordure de leurs champs, se réfugient dans des forts. Les ouvriers sont plus nombreux que jamais à retourner en France et la traite des fourrures devient aussi périlleuse que peu rentable. Les Iroquois n'ont peut-être jamais menacé la Nouvelle-France d'une destruction totale, même si deux cents colons ont péri sous leurs coups. Affaiblis par leurs propres pertes et cherchant moins à détruire les Français qu'à les rendre dociles, les Iroquois n'ont jamais monté une invasion de grande envergure contre Montréal ni contre aucun autre établissement. Même la traite des fourrures ne s'est pas complètement écroulée. La disparition des intermédiaires hurons offre aux tribus algonquiennes l'occasion de devenir commerçants. Et, à vrai dire, l'exploit d'Adam Dollard des Ormeaux, qui périt avec tous ses hommes en 1660, au moment où il tente vainement de s'emparer des fourrures des Iroquois, montre que les Français eux-mêmes sont maintenant prêts à se mettre en quête de fourrures.

Si les Iroquois n'ont pas pour objectif la destruction de la colonie, ils jouent cependant un rôle crucial dans la chute des Cent Associés. La Compagnie connaît des difficultés financières depuis les pertes subies aux mains des Kirke, en 1628 et en 1629, et avec la crise que provoquent les guerres iroquoiennes, il devient évident que la colonie ne peut ni faire ses frais, ni se défendre elle-même. Couronné roi depuis 1643, Louis XIV se dégage de la tutelle de ses conseillers à l'âge de vingt-cinq ans et il commence un règne personnel qui va durer jusqu'en 1715. En 1663, il décrète un nouveau départ pour la Nouvelle-France. La Compagnie des Cent Associés est dissoute. Jamais plus la colonie ne dépendra d'une compagnie agissant sous les contraintes d'un bilan commercial. La Nouvelle-France sera désormais sous l'autorité immédiate des ministres et du Roi-Soleil lui-même. La colonie de Champlain devient une province royale de Louis XIV.

La Nouvelle-France sous le Roi-Soleil

Le roi de France régnera sur la Nouvelle-France de 1663 à 1763. Louis XIV et, après lui, son arrière-petit-fils Louis XV voient à élaborer une politique coloniale, leurs ministres de la Marine (responsables à la fois de la marine et des colonies) faisant preuve d'une grande logique dans l'attention minutieuse qu'ils portent aux affaires coloniales. D'excellents ministres restent en fonction des dizaines d'années; ils ont laissé dans les marges de milliers de pages de rapports, propositions et requêtes, leurs décisions écrites à la main: «Bon», «Non», «Non absolument», ainsi que de brèves directives que leurs commis avaient charge de transformer en des instructions détaillées. Le grand palais de Versailles, que l'on commence tout juste à construire quand le gouvernement royal s'établit en Nouvelle-France, est le vrai centre de l'administration de la colonie. Dans celle-ci, l'autorité du roi se transmet par l'intermédiaire de deux hauts fonctionnaires. Le gouverneur général, d'ordinaire un militaire de la noblesse, représente le pouvoir royal, symboliquement et dans les faits. Il a le

François de Laval (1623-1708) arrive en Nouvelle-France en 1659, quand la colonie compte à peine 2000 habitants; en 1674, après une longue dispute juridique entre le Pape et Louis XIV, il devient le premier évêque de Québec. Ecclésiastique austère et ferme, il remplit toutefois ses fonctions dans un esprit de charité et avec beaucoup de sens pratique. Il se retire en 1685 pour s'adonner à la spiritualité, dans ce Séminaire de Québec qu'il avait fondé en 1663. Laval avait aussi mis sur pied une école des arts et métiers où l'on enseignait la sculpture et la peinture. Portrait à l'huile, peint vers 1672 et attribué à un protégé de Laval, Claude François, dit Frère Luc (1614-1685). (Société du Musée du Séminaire de Québec, PC84.1 R277)

commandement des forces armées, dirige les «relations étrangères» qu'on entretient avec les colonies britanniques et les nations indigènes et, comme représentant du roi, préside aux cérémonies d'État et aux manifestations. Certains gouverneurs passent seulement quelques années à Québec avant de retourner poursuivre leur carrière en Europe. Aucun ne remplira sans doute son mandat avec plus d'éclat que Louis Buade de Frontenac, gouverneur général de 1672 à 1682, puis, de nouveau, de 1689 à sa mort en 1698, à l'âge de soixante-seize ans. Chef intrépide ayant le sens du geste théâtral, sa conduite de la guerre suscite l'enthousiasme de la colonie, mais son régime autoritaire lui vaut beaucoup d'ennemis, tout comme son application à tirer des revenus de la traite des fourrures pour se payer un train de vie fastueux.

Mais Frontenac n'est pas le seul gouverneur à mal accepter les limites de sa liberté d'action, car une bonne part de l'administration courante de la colonie relève d'un autre haut fonctionnaire, l'intendant. Celui-ci, issu d'ordinaire d'une noblesse moins brillante, la noblesse de robe, contrôle non seulement les fonds militaires et le ravitaillement, mais est en outre l'administrateur civil de la Nouvelle-France, puisque sa responsabilité s'étend aux finances, à la justice et à la police, ce dernier terme recouvrant l'ensemble des mesures pour assurer le bon ordre et le bien-être de la colonie. À mesure que des commis, des garde-magasin, des huissiers, des représentants locaux, des fonctionnaires du port et de la voirie viennent s'ajouter à son personnel, l'intendant voit son influence s'étendre à l'ensemble de la colonie.

Gouverneur et intendant sont assistés d'une Conseil souverain (appelé par la suite Conseil supérieur) qui va devenir la plus haute cour de justice dans la colonie, en s'appuyant sur diverses cours royales de niveau inférieur. Passée sous l'autorité du roi, la colonie voit peu à peu se former une organisation militaire. Grâce aux deniers de la Couronne affectés à la Nouvelle-France, on peut y mettre en place un appareil de gouvernement bien plus considérable que ce que pourrait s'offrir n'importe quelle compagnie privée, même celle des Cent-Associés. L'Église vit, elle aussi, une période de transformations. L'opposition des indigènes, la faillite de la mission huronne, les besoins croissants des colons, tout cela contribue à tempérer le zèle missionnaire qui avait caractérisé les débuts de l'Église en Nouvelle-France. Les missionnaires continuent de se rendre parmi les nations amérindiennes, mais, avec la croissance de la colonie, les besoins religieux des colons prennent une importance croissante. Le premier évêque, François de Laval, est nommé à l'époque des Cent-Associés. Après quinze ans de négociations entre Rome, Versailles et la hiérarchie religieuse, il obtient l'érection du diocèse de Québec en 1674. Entre-temps, Laval fonde un séminaire pour former des prêtres canadiens et réussit à faire imposer la dîme pour le soutien matériel du clergé.

Laval et son successeur, Mgr de Saint-Vallier, sont des personnages puissants. Hommes pieux et austères dont l'autorité est proportionnelle au prestige de leur fonction, ils dominent leur diocèse et défendent leurs idées avec fermeté, tant en chaire qu'au Conseil souverain. Ils ne craignent pas la confrontation, menaçant d'excommunier ceux qui vendent de l'alcool aux Amérindiens ou encore soutenant des luttes de protocole avec le gouverneur. Ils s'attaquent avec vigueur au libertinage et au relâchement des mœurs. Le catéchisme de Saint-Vallier, publié en 1702, influencera l'enseignement catholique jusqu'au 20e siècle.

Malgré tout, l'avènement du gouvernement royal entraîne l'affaiblissement de la domination cléricale sur la colonie. L'appui et les fonds du roi sont essentiels à la réussite de plusieurs projets de l'Église et c'est en outre le roi qui nomme les évêques. Les représentants du roi soulignent que ce dernier a la responsabilité de l'Église et ils sont souvent prêts à donner des conseils en matière de politique ecclésiastique. Comme les soins de santé, l'éducation et les services sociaux sont administrés par l'Église, le gouvernement royal s'en préoccupe et témoigne un vif intérêt pour la croissance du diocèse. Les successeurs de Laval et de Saint-Vallier n'auront jamais une influence équivalente à celle de ces deux premiers évêques. Aucun d'eux n'est un Canadien et certains se montrent même réticents à visiter leur diocèse. La Nouvelle-France ne sera jamais une théocratie, bien que l'Église y représente une force importante.

Même les évêques les plus énergiques, bénéficiant d'un solide appui royal, doivent relever des défis considérables. On manque souvent de prêtres. Certaines communautés rurales peuvent attendre jusqu'à cinquante ans avant d'obtenir une paroisse et un curé résident. Là où les colons ne voient un prêtre que de façon sporadique, la foi catholique reste malgré tout bien enracinée. La paroisse devient une dimension essentielle de la société rurale. L'église et le presbytère sont les principaux lieux de rencontre et le curé assure souvent le leadership au niveau local. L'évêque et le gouverneur comptent sur lui pour transmettre leur volonté à la population. Les habitants peuvent se plaindre du poids de la dîme ou tenter de contrôler les biens de la paroisse, l'Église n'est cependant pas menacée. À partir de 1627, un décret royal réserve la Nouvelle-France aux seuls catholiques et, même si l'on tolère la présence d'un petit nombre de protestants, le mariage et les cérémonies religieuses leur sont interdits. L'Église de la Nouvelle-France est donc non seulement l'expression de la foi, mais aussi un pivot de la vie sociale et culturelle. Les fêtes religieuses rythment le calendrier et chaque cérémonie ou manifestation publique est presque toujours également un événement religieux.

Pour les habitants de la Nouvelle-France, la première conséquence importante de l'instauration du gouvernement royal sera de mettre fin aux guerres iroquoises. Louis XIV est disposé à défendre sa colonie. C'est ainsi que la milice du pays qui avait tenu le coup contre les Iroquois reçoit un renfort: le régiment de Carignan-Salière, de plus de mille hommes, arrive à Québec en 1665 avec mission d'envahir l'Iroquoisie. Ces troupes ne réussissent pas à infliger beaucoup de pertes aux Iroquois, mais leur intervention s'avère décisive. Déjà aux prises avec de lourds dommages causés par la guerre et les épidémies, les Iroquois font la paix avec la Nouvelle-France et ses alliés indigènes: en 1667, un traité général inaugure une paix de vingt ans, au cours de laquelle la colonie royale va pouvoir se consacrer à son propre développement.

Dans les années 1660, alors que la colonie française du Saint-Laurent commence à progresser, de petits établissements européens prennent forme dans d'autres régions de ce qui est aujourd'hui le Canada. Champlain en 1608 avait renoncé à Port-Royal comme lieu de colonisation, sous prétexte qu'on ne pouvait pas facilement assurer le contrôle du long littoral à échancrures qu'était l'Acadie. (Probablement d'origine algonquienne, le mot Acadie est aussi une déformation d'Arcadie, le nom d'une région de la Grèce ancienne, que l'explorateur Verrazano a utilisé pour désigner une partie de la côte américaine.) Un demi-siècle d'histoire a donné raison à Champlain: les marchands de fourrures et les missionnaires français viennent bientôt réoccuper à Port-Royal la colonie abandonnée, mais les tentatives de colonisation faites dans un climat de rivalités par Jean Biencourt de Poutrincourt, Nicolas Denys, Charles Saint-Étienne de Latour et Charles Menou d'Aulnay provoqueront surtout des escarmouches stériles. Une entreprise britannique, en particulier, s'avère de bien courte durée: dans les années 1620, Sir William Alexander, poète de naissance écossaise et courtisan des Stuart d'Angleterre, prépare minutieusement les plans d'une colonie écossaise au nord de la Nouvelle-Angleterre. Il n'en est rien resté, à un détail près: c'est de là que vient le toponyme «Nouvelle-Écosse».

Les petits postes que ces colonisateurs s'efforcent pendant des années de construire et de soutenir en Acadie, doivent régulièrement se défendre, d'une part, les uns contre les autres, et, d'autre part, contre la Nouvelle-Angleterre, la Virginie et d'autres colonies anglaises. Pourtant, s'il s'avère impossible de maintenir en Acadie une colonie cohérente, il y a néanmoins un certain peuplement. Peu à peu, à compter des années 1630, une petite population française prend racine sur la baie de Fundy, aux alentours de postes de traite qui se font concurrence. Les Micmacs, qui incorporent rapidement le christianisme à leur propre culture et dont les épidémies réduisent dangereusement le nombre, consentent à cette présence: c'est ainsi que naît la société acadienne, moins sous l'effet de projets formels de colonisation qu'à la suite d'efforts accomplis par des individus (écossais, irlandais, basques, micmacs et aussi français) pour s'assurer un avenir sur cette terre.

Ces colons doivent affronter les fortes marées de la baie de Fundy: à son extrémité, elles peuvent être de quinze mètres. Ils élèveront bientôt des digues pour transformer en terre fertile les marécages qu'inondent les marées.

La chasse à la baleine et la pêche se pratiquaient selon des procédés industriels que l'Europe avait transférés dans les anses et baies du Canada atlantique: le pêcheur attrape la morue qu'il porte au quai, une équipe terrestre la tranche, l'évide et la lave, recueille l'huile du foie et, finalement, étend le poisson pour le laisser sécher. Cette gravure qu'Herman Moll a insérée dans son *Map of North America* (1718), a été faite à partir d'une vignette, *La Pesche des Morues*, publiée par Nicolas de Fer en 1698 dans sa carte des Amériques du Nord et du Sud. (ANC/CNCP C-3688)

Les premières digues ne sont que des talus en mottes de terre qu'on érige entre des lieux élevés; avec le temps, elles acquièrent une structure mieux travaillée, couvrent une superficie de plus en plus grande et sont munies de vannes pour que s'écoulent les eaux de pluie sans laisser entrer les eaux salées de la marée. Petit à petit, sur ce littoral de la baie de Fundy, les parties abritées

Gerard van Edema, peintre né en Hollande (1652-1700), fait, vers 1690, le voyage de Terre-Neuve et des colonies américaines, sous les auspices de l'Angleterre. Toutefois, si le titre de cette toile à l'huile a raison de situer la scène dans la baie de Plaisance, cette peinture doit représenter l'un des postes de pêche de la colonie française établie sur la côte sud de Terre-Neuve, des années 1660 à 1713. (ROM, 957.91)

sont bornées de ces digues hautes de près de deux mètres et recouvertes d'herbages qui enferment les terres fertiles où les Acadiens pratiquent la culture du blé et l'élevage du bétail.

Les Acadiens sont d'origine et de langue françaises, mais les colonies de la Nouvelle-Angleterre, au sud, se trouvent beaucoup plus près et plus faciles à atteindre que Québec. Comme ils font du commerce avec les Anglais en temps de paix et que souvent ils en subissent la domination en temps de guerre, les Acadiens prennent l'habitude de les appeler «nos amis l'ennemi». Et c'est ainsi, malgré l'instauration du gouvernement royal en Nouvelle-France — instauration qui finira par donner à l'Acadie gouverneurs, garnisons et institutions — que prend forme la neutralité chez les Acadiens.

Plus à l'est, l'industrie morutière de Terre-Neuve donne naissance à d'autres établissements. Bien sûr, le commerce de la morue est venu bien avant la colonisation: il y a peut-être eu plus de pêcheurs à visiter Terre-Neuve au cours de cet obscur 16e siècle que durant les premières années du 17e, au moment où Champlain fonde sa colonie. Tout au long de ces deux siècles, la pêche reste une industrie transitoire, en dépit de certains efforts pour encourager la colonisation. Les pêcheurs viennent chaque printemps d'Angleterre, de France, d'Espagne ou du Portugal et, chaque automne, ils rentrent chez eux avec leur charge de morue sèche ou de morue verte. Il peut arriver à la plupart d'entre eux de passer à Terre-Neuve presque tous les étés de leur carrière sans jamais y établir leur domicile ni même y passer un seul hiver. Ce que d'ailleurs préfèrent les villes portuaires d'Europe, qui investissent dans les pêcheries de morue: elles craignent que des ports de pêche établis dans une colonie ne deviennent des concurrents.

Le marché de la morue a beaucoup plus d'ampleur et de prix que celui de la fourrure: l'Europe attend toujours avec avidité les chargements des pêcheurs. Le long de la Manche, on donne la préférence à la morue verte, à peine marinée dans la saumure, mais le gros de la morue terre-neuvienne est tranchée, salée, puis exposée au soleil et au vent jusqu'à ce qu'elle soit tout à fait séchée. La morue peut ainsi se conserver des mois, des années et c'est ce produit nord-américain qui trouvera un débouché dans les régions chaudes du littoral méridional de l'Europe. Les pêcheurs de France et d'Angleterre se font concurrence pour s'assurer ce marché au Portugal, en Espagne et dans la Méditerranée. Toutefois, malgré l'ampleur de ce commerce, la morue reste à tout le moins aussi dispendieuse que le bœuf et l'Europe n'a pas les moyens de la transporter bien loin à l'intérieur des terres: c'est pourquoi seule une faible fraction de la population européenne est en mesure de consommer la morue de Terre-Neuve.

Pour le séchage du poisson, les pêcheurs occupent les rives de Terre-Neuve depuis le printemps jusqu'à l'automne, en prenant la place des indigènes de l'île, les Béothuks, qui se voient repoussés dans un arrière-pays peu habitable. Dans les dernières années du 16e siècle, l'Espagne et le Portugal s'étant retirés des pêcheries, il reste l'Angleterre et la France pour se disputer le poisson et le territoire: quelques rares établissements commencent alors à se former. En 1610, John Guy de Bristol arrive à la baie de la Conception avec un groupe de colons; dans la décennie suivante, lord Baltimore tente en vain d'installer à Ferryland, dans la péninsule d'Avalon, une colonie de catholiques anglais. L'intérêt de Baltimore se porte bientôt vers le sud, du côté du Maryland sur la baie de Chesapeake et, tout au cours du 17e siècle, les colons de Terre-Neuve se font éclipser par les flottes de pêche qui vont et viennent entre l'île et l'Europe. À la charnière des seizième et dix-septième siècles, la Terre-Neuve des Anglais, c'est tout juste, sur le littoral est de l'île, le pays qui s'étend des baies de La Trinité et de La Conception jusqu'à Ferryland, et à Renews, au sud de Saint John's: mille personnes peut-être (dont quelques femmes et enfants) hivernent là chaque année, rejoints l'été par des milliers de pêcheurs venus d'Angleterre. Saint John's, rendez-vous de pêcheurs depuis le 16e siècle, forme l'établissement le plus considérable, mais la population est éparpillée dans une vingtaine d'avant-ports, partout où s'ouvre un petit havre avec son approvisionnement suffisant en poissons. Les pêcheurs français, qui font le va-et-vient entre Terre-Neuve et les ports basques, bretons et normands, se réservent, eux, le littoral nord de l'île pour leurs opérations; et vers 1660, sur le littoral sud, ils fondent une petite colonie de pêche, appelée Plaisance, pourvue d'un gouverneur, d'une garnison, de fortifications et composée d'une centaine de personnes.

Le peuplement de la Nouvelle-France

La paix et le soutien royal une fois assurés au cours des années 1660, commence à se réaliser en Nouvelle-France le projet qu'avait formulé Champlain et que les Cent-Associés avaient entretenu: celui d'un peuplement. En 1663, un tiers des 3000 colons du Saint-Laurent sont des enfants de moins de quinze ans: ils sont appelés à devenir les parents d'un grand nombre des futurs colons de Louis XIV. Pourtant, après un demi-siècle, une population de trois mille personnes apparaît comme un pitoyable petit fondement pour une grande colonie royale; c'est pourquoi le roi s'engage dans un programme énergique de recrutement pour peupler la Nouvelle-France.

On obtient de nouveaux colons grâce au régiment de Carignan-Salière, composé d'officiers et de soldats envoyés en 1665 pour protéger la colonie contre les Iroquois. La paix assurée, on licencie le régiment et le roi fait comprendre aux officiers qu'il veut les voir s'établir en Nouvelle-France: plusieurs d'entre eux, avec 400 de leurs hommes, y consentent. D'autres corps d'armée suivent le régiment au Canada, avec l'intention manifeste que les soldats se fassent colons. Peu après, la colonie obtient des effectifs permanents, les Compagnies franches de la Marine, corps d'infanterie qui ont été levés par le ministère de la Marine plutôt que par l'armée régulière. Les hommes enrôlés dans ces troupes sont des recrues de France, alors que leurs officiers viennent de l'aristocratie coloniale: officiers du régiment et leurs enfants, fils des colons qui ont réussi, immigrants de bonne famille.

Chez les civils, on recrute avec vigueur des travailleurs agricoles (jusqu'à 500 certaines années) et, dans cette conjoncture de paix et d'expansion, de plus en plus nombreux sont ceux qui restent et s'établissent. Pour ces immigrants, le départ pour la Nouvelle-France, sous le régime royal (et il en était de même sous les Cent-Associés), commence par un contrat d'engagement.

Le premier monastère des Ursulines à Québec est construit en 1642, à l'époque où la ville ne compte que quelques centaines d'habitants; il brûle complètement en 1650. Cette évocation, datée de 1850 et due au peintre Joseph Légaré (1795-1855), rend bien le décor irrégulier de ce qui est aujourd'hui le vieux Québec. À noter les wigwams au premier plan, à droite. (Musée des Ursulines de Québec; photo du ministère des Communications du Québec, MCQ-87-114F1)

Ce contrat oblige l'engagé à servir pendant trois ans son «engagiste» ou celui à qui l'«engagiste» transmet le contrat; en retour, l'engagé reçoit son transport en Nouvelle-France, logement, subsistance et un modeste salaire annuel. Après ses trois années de service, il a droit, s'il le désire, à son passage pour rentrer en France. Ces engagés ne sont nullement tenus de demeurer plus longtemps au pays: moins de la moitié le font.

Les hommes qu'on recrute pour la colonie à cette époque sont, pour la plupart, de jeunes travailleurs ou de jeunes soldats, dont très peu arrivent avec femme et enfants. En 1663, on compte presque deux fois plus d'hommes que de femmes et cette proportion aurait pu devenir encore plus élevée si la Couronne n'avait pris des mesures énergiques pour recruter des immigrantes. C'est pourquoi s'ouvre alors l'un des plus célèbres épisodes du peuplement de la Nouvelle-France: l'arrivée des «filles du roi». De 1663 à 1673, environ 775 femmes acceptent l'offre du roi de se transporter dans la colonie. L'arrangement est tout ce qu'il y a de plus simple: la Couronne veut des femmes pour les célibataires et les filles du roi veulent des maris. Grâce à une dot du roi (d'ordinaire, 50 livres, soit les deux tiers de ce qu'un engagé touche en un an), 90% des femmes prennent mari, la plupart quelques semaines ou quelques mois après leur arrivée. Selon Mère Marie de l'Incarnation, fondatrice des Ursulines de Québec, qui aident les nouvelles venues à se loger, les femmes ont bien compris que les hommes ayant déjà établi leur ferme sont les meilleurs partis: «C'est la première chose, écrit-elle, dont les filles s'informent, et elles font sagement.»

Qui sont ces femmes? Chaque fille du roi a sa propre histoire, mais le cas de Nicole Saulnier nous paraît bien représentatif: âgée de 18 ans, orpheline de père, Parisienne, elle arrive à Québec au cours de l'été 1669; en octobre suivant, elle épouse un engagé qui s'était établi sept ans plus tôt, non loin de là, dans l'île d'Orléans: elle y vivra plus de quarante ans en élevant une famille de plus en plus nombreuse. On pense que la plupart de ces femmes sont devenues fille du roi à la suite de quelque accident qui les a laissées orphelines ou, en tout cas, sans soutien. Dans une société où des règles rigoureuses président à la conduite des femmes, des jeunes filles sans protection courent facilement des dangers: cette situation périlleuse incite bien des filles du roi à saisir l'occasion d'un mariage arrangé par l'État. Pendant une dizaine d'années, il y aura jusqu'à 130 femmes par année à préférer aux risques de la vie en France le mariage en Nouvelle-France.

Les filles du roi sont porteuses de l'avenir de la colonie. En effet, au milieu des années 1670, la population féminine a presque doublé et le flot de l'immigration subventionnée, celle des hommes comme celle des femmes, touche à sa fin. En 1681, année où la population du Canada approche les 10 000, il ne se fait plus d'immigration sur une grande échelle: un petit nombre de soldats vont s'établir dans le pays, on recrutera quelques engagés, on y enverra quelques repris de justice; mais dans l'ensemble, la hausse de la population va désormais se faire par accroissement naturel.

Les 10 000 colons de 1681 sont donc à l'origine de presque tous les francophones du Canada. La majorité des immigrants civils viennent de l'ouest de la France. Dans les débuts, la Normandie fournit bon nombre des colons et la petite province voisine, le Perche, apporte aussi une contribution importante grâce au travail d'un ou deux recruteurs énergiques; en 1663, Normands et Percherons forment le tiers des colons. Toutefois, à mesure que La Rochelle supplante Rouen (en Normandie) comme port d'embarquement, la provenance des immigrants change: plus de la moitié de ceux du 17e siècle viennent du sud de la Loire. Qu'ils soient du nord ou du sud, ils ont tendance à venir de provinces situées près de l'Atlantique, à l'exception d'un bon nombre de filles du roi, et des soldats, qui sont de Paris. Au total, la moitié des immigrants proviennent des villes. Comme les villes servent de centres aux métiers et à l'industrie, il se trouve donc, même si la très grande majorité du peuple en France est faite de paysans, que la moitié des immigrants masculins se réclament d'un métier. Plus d'un tiers sont peut-être alphabétisés, sans doute parce qu'ils ont appris à lire et à écrire «sur le tas», en exerçant un métier qualifié.

Dans l'ensemble, les immigrants sont pauvres (comme la majorité de la population), mais n'appartiennent probablement pas à la couche sociale la plus démunie. Ils sont plus qualifiés, mieux alphabétisés, plus urbanisés et il y a plus de chances qu'ils viennent des provinces ou des bourgs du littoral que la majorité de leurs contemporains. Une fois ici, leurs talents et leur niveau d'alphabétisation vont bientôt décliner, dans une colonie qui devient rapidement rurale. Du mélange de dialectes régionaux vont apparaître des accents et des caractéristiques de langage qui sont nouveaux; un héritage culturel d'origines diverses va aussi créer de nouvelles coutumes et de nouvelles traditions.

Les démographes ont l'habitude de considérer un taux de natalité d'un peu plus de 40 naissances pour mille habitants comme «naturel», là où l'on n'empêche pas la reproduction par des méthodes artificielles. De nos jours, on admet qu'il ne peut jamais être question de «taux naturel» en démographie: tout est constamment relié d'une façon complexe aux conditions particulières d'une société. En tout cas, le taux de natalité du Régime français n'a pas fini de nous impressionner: durant à peu près tout le siècle qui s'étend de 1663 à 1763 (et même après), les habitants de la Nouvelle-France se sont reproduits à un taux annuel de 55 ou même 65 naissances pour mille habitants (dans le Canada d'aujourd'hui, le taux de natalité est d'environ 15 pour mille, et même au point culminant du «baby boom» d'après-guerre, il n'a jamais dépassé 30 pour mille). Le taux annuel de mortalité s'est maintenu à 25 ou 30 pour mille, ce qui est assez bon. C'est pourquoi les 10 000 colons de 1681 ont pu se multiplier dans des proportions remarquables, presque sans recourir à l'immigration.

Grâce au milieu salubre du Nouveau-Monde et parce qu'ils ne souffrent pas de la misère noire et du surpeuplement de l'Europe, les colons ont une plus longue durée de vie. Même les nouveau-nés jouissent d'un taux de survie très élevé: près des trois quarts peuvent espérer atteindre l'âge adulte. Le taux élevé de natalité, premier facteur de l'accroissement rapide de la population, s'explique facilement: les femmes se marient jeunes et, quand elles deviennent veuves, se remarient tout de suite. Avant 1680, la moitié des épouses ont contracté mariage à moins de vingt ans. Les couples commencent à élever une famille dès leur mariage (les conceptions avant le mariage ne représentent pas 5% du total des naissances) et ils continuent d'engendrer aussi longtemps que possible. Il s'ensuit qu'un enfant peut souvent avoir six ou sept frères ou sœurs, et plus de la moitié des enfants font partie d'une famille de dix enfants et plus. À leur tour, ils se marieront tôt et, comme leurs parents, élèveront une grosse famille: la population augmente donc d'une façon régulière. Toutefois, cette explication facile peut nous leurrer, car elle évite le vrai problème: en Nouvelle-France comme dans la plupart des colonies nord-américaines, si le secret d'un taux élevé de natalité réside dans le mariage précoce, on peut se demander pourquoi les gens choisissent de se marier tôt.

La famille et la terre

Le mariage précoce fait partie intégrante du mode de vie en Nouvelle-France. Jusqu'aux années 1650, la petite population compte pour survivre sur la venue des navires de ravitaillement. Mais après cette date, la Nouvelle-France devient rapidement autosuffisante en matière alimentaire. C'est que, les immigrants continuant d'arriver et de prendre une terre, la colonie commence à produire plus que ce qu'il lui faut pour se nourrir, cependant que le prix du pain connaît une baisse qui va durer près de trois quarts de siècle. L'agriculture devient ici une occupation de subsistance, les habitants cultivant surtout pour se nourrir, et peu en vue de faire commerce. Il y a de la terre en abondance: même dans cette étroite vallée du Saint-Laurent, on ne sera jamais à court de bonne terre à cultiver. C'est pourquoi l'engagé qui décide de rester au pays avec sa femme, ou à défaut les fils qu'ils y ont élevés, peuvent toujours obtenir assez de terre pour soutenir une famille. D'ailleurs, il leur faut une famille, car on est difficilement en mesure d'exploiter une ferme sans une main-d'œuvre nombreuse. Si les grosses familles sont souvent un fardeau dans les «vieux pays» pauvres en terre de culture, on les considère en Nouvelle-France comme une bénédiction et la recette du succès.

L'engagé du 17e siècle qui choisit de rester à la fin de son contrat de trois ans a d'ordinaire l'intention de se faire «habitant», c'est-à-dire censitaire propriétaire d'une ferme familiale. Il débute avec les quelques économies qu'il a amassées de son temps de service et il reçoit une concession d'environ 60 arpents (un arpent mesure quelque trois hectares ou près d'un acre) de forêt vierge. Son premier travail ne consiste pas à semer, mais à défricher: il doit simplement s'attaquer aux arbres avec sa hache et faire pénétrer le soleil. À mesure que progresse, lentement, le «découvert», il doit se construire un abri et commencer à réunir les éléments d'une ferme. Il peut choisir d'aller travailler à gages, ou il peut s'endetter, mais s'il veut une ferme qui en vaut la peine, il est obligé de défricher, défricher au rythme d'un arpent environ par année. Il peut se mettre à l'œuvre tout seul (aussi longtemps que les hommes sont plus nombreux que les femmes, l'autosuffisance individuelle est presque un préalable au mariage), mais l'effort durable est affaire de famille. S'il épouse la fille d'un colon, la famille de la conjointe peut l'aider. Si le couple a des économies, il peut acquérir la concession d'un autre qui a déjà fait du défrichement, car il y a toujours des concessions vacantes: des habitants se convertissent dans la traite des fourrures, retournent en ville, rentrent en France ou encore veulent simplement changer d'endroit. Quoi qu'il en soit, le défrichement et la construction deviennent pour le couple l'œuvre de toute une vie. Ce que résume l'historienne Louise Dechêne à propos de l'habitant de la première génération: «À sa mort, trente ans après avoir reçu la concession, il possède 30 arpents de terre arable, une pièce de prairie, une grange, une étable, une maison un peu plus spacieuse, un chemin devant sa porte, des voisins, un banc à l'église. Sa vie a passé à défricher, à bâtir.» Pour ceux qui persistent, les temps deviennent moins durs, à mesure que la ferme produit davantage et que la famille qui s'agrandit permet de répartir la tâche. Ce travail pénible, aussi héroïque en quelque sorte que les batailles épiques de la Nouvelle-France, est un élément essentiel de la mise en place d'une colonie permanente le long du Saint-Laurent.

Éloigné de tout marché qui puisse faire valoir ses produits, l'habitant cultive seulement ce qu'il lui faut. Le pain est sa nourriture de base, de sorte que le blé devient en Nouvelle-France la production principale, mais il peut aussi ajouter à sa culture une certaine quantité de maïs, d'avoine, d'orge et un peu de tabac. La plupart des fermes ont leur potager. On élèvera juste assez de bétail pour le soutien d'une famille. Avec sa viande (même en quantité négligeable), avec ses produits laitiers et ses œufs, l'habitant se nourrit mieux que la plupart des paysans d'Europe ou que les pauvres des villes. L'autosuffisance s'étend à presque tout ce qu'il utilise ou porte: outils élémentaires, laine de ses moutons, toile de lin cultivé, chaussures de cuir faites à la main. Le travail de la ferme exigeant le concours de chacun des membres de la famille, on ne peut pas vraiment parler d'une sphère «domestique» réservée à la femme: celle-ci voit à la ferme comme les hommes et, devenue veuve, elle est capable d'en prendre la responsabilité. Les enfants ont peu de chances d'acquérir beaucoup d'instruction au-delà du «petit catéchisme» (l'analphabétisme à la campagne grimpe rapidement à 90%): ils se mettent tôt aux travaux des champs avec leurs parents.

Il y a assez tôt évolution dans la forme de la maison de ferme, en

Cette confortable maison de pierre qui remonte au 18e siècle, est située dans l'île d'Orléans et abrite aujourd'hui un restaurant. Elle illustre le style traditionnel de l'architecture domestique en Nouvelle-France: toit à pente raide terminé par un larmier et recouvert de chaume (celui-ci remplacé plus tard, comme c'est le cas ici, par des bardeaux de cèdre), lucarnes, murs épais, bouts de pignon inclinés comme ceux du nord de la France, cheminée de la salle commune érigée au milieu. (ONF)

particulier dans son toit en pente pour se débarrasser de la neige. La plupart des maisons sont faites de bois, selon la méthode pièce sur pièce: structure de poutres fermée de billes plus petites qu'on a équarries et couchées les unes sur les autres. Tantôt recouvertes d'un enduit, tantôt badigeonnées à la chaux, elles on un toit de chaume ou de planches. À l'intérieur, une seule pièce ou peut-être deux, avec une cheminée au centre et un foyer. Au 17e siècle, peu de ces maisons utilisent le poêle: la plupart recourent au foyer pour se chauffer et faire la cuisson. Ameublement austère: tout juste le minimum en fait de mobilier, fabriqué surtout sur place et presque toujours sans ornement. C'est dans ces pièces, avec en plus un grenier, que vit la grosse famille de l'habitant.

Ces habitants sont-ils de bons cultivateurs? Bon nombre n'ont pas d'expérience en agriculture; leur instruction déficiente, leur participation à des travaux sans rapport avec la ferme (comme la traite des fourrures), leur éloignement des marchés les amènent à conserver des modes de culture élémentaires et à résister au changement. Les petites fermes qu'on a dégagées de peine et de misère de la forêt qui les encerclait peuvent paraître bien primitives. Mais il se pratique une rotation des cultures et d'autres méthodes qui soutiennent en gros la comparaison avec celles qu'on utilise ailleurs à la même époque. L'important ici n'est pas l'expérience ou l'ignorance de l'habitant, mais son adaptation au milieu. Dans ces conditions d'abondance de la terre mais de rareté de la main-d'œuvre, on n'a pas besoin d'apprendre ou de suivre les méthodes de la culture intensive qui se pratique en certaines régions de l'Europe, où les conditions sont inverses.

Le régime seigneurial: seigneurs et censitaires

Les engagés et leurs femmes qui, dans les années 1660 et 1670, s'en vont le long du fleuve se défricher une terre dans la forêt, le font à l'intérieur d'un système de possession du sol appelé régime seigneurial: ce système a façonné la Nouvelle-France et continue à façonner l'image qu'on en garde. En France, le traditionnel axiome «nulle terre sans seigneur» remontait au Moyen Âge, quand le seigneur, grâce à son château et à ses hommes, dominait un territoire en le protégeant, et que le peuple en assurait le maintien par le travail. Même si le féodalisme s'était estompé dans ses aspects politique et militaire, il en était resté d'une façon générale en France, et dans la plus grande partie de l'Europe, une société de seigneurs et de censitaires. Son transfert de France en Nouvelle-France ne donne lieu à pratiquement aucune discussion: la métropole prend simplement pour acquis que le sol de la colonie appartient au roi (de toute façon, la guerre n'a laissé dans la vallée du Saint-Laurent qu'une petite population d'indigènes) et que la seigneurie sera la façon normale pour la Couronne, par l'intermédiaire de ses représentants, de concéder la terre à ses sujets.

Dans le régime seigneurial, on concède deux sortes de terres: la seigneurie et la roture. Que la seigneurie soit accordée directement par le roi ou qu'elle le soit par un autre seigneur, le titulaire doit foi et hommage à son seigneur, mais il n'a pas de rente à payer. D'autre part, celui qui occupe une roture (on le dit alors censitaire) est tenu, pour cette terre qu'il a obtenue d'un seigneur, de verser indéfiniment une rente. Cette qualité de censitaire entraîne aussi une série de devoirs: il doit, en particulier, recourir au moulin à farine du seigneur et acquitter une taxe sur la vente de la terre. La seigneurie couvre d'ordinaire assez d'étendue pour se subdiviser en des douzaines de rotures, mais la roture dépasse rarement la surface d'une seule ferme familiale.

Les Cent Associés, du temps qu'ils dirigent la Nouvelle-France, ont besoin d'aide pour recruter des colons; la Compagnie se met donc à concéder des seigneuries à tous ceux qui lui paraissaient capables de lui en fournir. Robert Giffard, chirurgien déjà venu au pays dans les années 1620, est parmi les premiers à collaborer à cette mesure: en 1634, il se fait accorder la seigneurie de Beauport, juste à l'est de Québec. Il est originaire de Mortagne-au-Perche: c'est à lui et à deux ou trois amis qu'on doit l'abondant recrutement des premiers colons venus du Perche. Le zèle de Giffard trouve peu d'imitateurs parmi les seigneurs; la plupart des seigneuries sont lentes à se développer: tout de même, vers les années 1650, on peut distinguer trois agglomérats de peuplement autour de Québec, de Montréal et de Trois-Rivières. Dès lors commence à se former l'aspect caractéristique du pays: la seigneurie, en général, forme un territoire étroit, à peu près rectangulaire et perpendiculaire à un cours d'eau; les rotures qu'elle contient sont aussi des bandes longues et étroites. Presque tout le monde veut s'établir près d'une rivière: l'accès à celle-ci, en tout cas, reste essentiel pour voyager et pour faire du commerce.

Les seigneurs ne sont pas nécessairement nobles: il n'est pas nécessaire de faire partie de la noblesse pour obtenir une seigneurie et la seigneurie ne donne pas la noblesse. Toutefois, la noblesse de la colonie occupe le premier rang dans la possession du sol: en 1663, la moitié des seigneurs sont nobles (en comptant les seigneuresses, surtout des veuves, qui ont hérité des biens-fonds de leurs époux) et ils détiennent les trois quarts de tout ce que le roi a concédé. Cette proportion augmentera lorsque des officiers du régiment de Carignan-Salière et, plus tard, ceux des Compagnies franches de la Marine acquerront des terres qui contribueront à les retenir dans le Nouveau-Monde. C'est le cas, par exemple, de Pierre de Saurel, venu à titre de capitaine dans le régiment de Carignan-Salière. Pour protéger la colonie contre les incursions iroquoises, Saurel érige avec ses hommes un fort à l'endroit où le Richelieu se jette dans le Saint-Laurent, en aval de Montréal; quand on licencie le régiment, cet avant-poste devient la seigneurie de Saurel (plus tard orthographié Sorel) et plusieurs de ses soldats s'en font les premiers censitaires. Pour les gens de l'élite seigneuriale, faire partie d'une caste militaire n'est que naturel: les nobles se sont toujours présentés comme «ceux qui commandent» et, en tant que chefs, ils s'attendent à tirer leur soutien de leurs terres et de leurs censitaires.

«Ceux qui prient», le clergé, s'attendent aussi à ce même soutien de la part du tiers-état, formé de «ceux qui travaillent»: l'Église sera donc, tout au long de l'histoire de la Nouvelle-France, un seigneur de première importance. L'attribution de seigneuries au clergé et à des religieuses n'est pas simplement un acte de charité: plusieurs des communautés religieuses détiennent l'argent et le savoir-faire pour mettre leurs biens-fonds en valeur. Le cas le mieux réussi

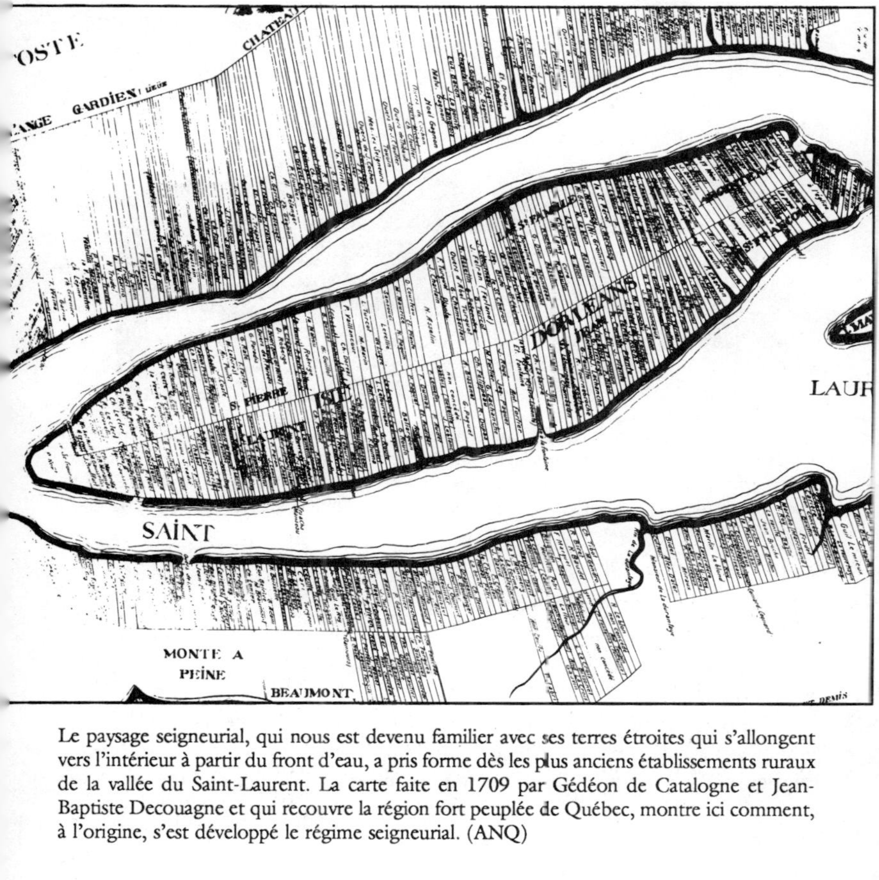

Le paysage seigneurial, qui nous est devenu familier avec ses terres étroites qui s'allongent vers l'intérieur à partir du front d'eau, a pris forme dès les plus anciens établissements ruraux de la vallée du Saint-Laurent. La carte faite en 1709 par Gédéon de Catalogne et Jean-Baptiste Decouagne et qui recouvre la région fort peuplée de Québec, montre ici comment, à l'origine, s'est développé le régime seigneurial. (ANQ)

est peut-être celui de la seigneurie de Montréal, propriété des Sulpiciens, venus remplacer la défaillante Société de Notre-Dame qui avait fondé Ville-Marie en lui fixant un idéal très élevé. Bien nantis et cultivant leurs relations, les Sulpiciens ont recours à d'habiles administrateurs, et investissent dans l'exploitation de leurs terres. Ils en sont récompensés par une rapide expansion, et demeureront propriétaires d'une bonne partie de l'île de Montréal jusqu'au 19e siècle. Toutes les seigneuries ecclésiastiques n'appartiennent pas à des

Labours d'automne à Saint-Hilaire, par Ozias Leduc (1864-1955). Même s'il a été peint en 1901, nous retrouvons dans ce tableau l'immuable permanence du modèle trois fois centenaire d'une ferme tout en longueur. Avec le temps, toutefois, les cultivateurs sont passés des bœufs aux chevaux de trait (de préférence, percherons) pour tirer la charrue. (MQ, A 42 57P; photo de Patrick Altman)

communautés religieuses: ainsi, Mgr de Laval, noble mais aussi membre du clergé, détient à titre personnel la seigneurie de la côte de Beaupré, près de Québec. Comme la noblesse, l'Église va au cours des ans étendre sa mainmise sur les terres.

Le petit nombre de nobles dans les premières années de la Nouvelle-France stimule la mobilité sociale: bien des roturiers ont la chance de devenir seigneurs. Par exemple, Charles Lemoyne, fils d'un hôtelier de Dieppe, arrive au pays en 1641, engagé à l'âge de quinze ans pour servir les Jésuites en Huronie. L'expérience qu'il y acquiert va l'aider plus tard à s'enrichir dans la traite des fourrures; toutefois, sa première seigneurie, Longueuil, lui vient en récompense de sa bravoure dans les guerres iroquoises des années 1650. Par la suite, bien en place comme l'un des hommes clés de Montréal, il obtient du roi des lettres de noblesse; à sa mort en 1685, le fils de l'hôtelier s'appelle Charles Lemoyne de Longueuil et de Châteauguay et il laisse de grands biens à ses quatorze enfants, dont plusieurs deviendront encore plus célèbres que le père. D'autres, qui sont de petite naissance, connaissent un progrès similaire pour s'être distingués dans les guerres iroquoises ou dans le commerce: une seigneurie est tout simplement chez eux le signe de la réussite. Quelques seigneurs ont aussi débuté comme roturiers et le sont demeurés, mais ils ont peu de fortune et leur nombre va d'ailleurs se réduire avec le temps. En somme, posséder la terre, avoir de l'influence et jouir de prestige social, tout cela se tient d'une façon étroite.

En principe, un seigneur n'est pas qu'un propriétaire du sol, il est aussi le dirigeant d'une collectivité. Militaire, il doit en organiser et commander la sécurité; il jouit du patronage de l'église paroissiale, s'il l'a fait bâtir à ses frais. Possesseur de la terre, bâtisseur du moulin à farine et homme le plus riche des environs, il est le moteur économique de sa collectivité; son manoir imposant représente et confirme son statut de chef de son monde, de châtelain de qui dépend la vie de la seigneurie. C'est l'image que bien des historiens de la Nouvelle-France retiendront comme représentation fidèle du régime seigneurial. Que le régime leur apparaisse bienfaisant, paternaliste et instrument de coopération, ou plutôt rétrograde, oppressif et étouffant, peu importe: ils verront en lui le pilier d'un système social fondamentalement féodal.

Mais cette image s'est dissipée, grâce à une étude attentive de la façon dont le système seigneurial a réellement fonctionné. Après l'époque de Robert Giffard, les seigneurs comprennent qu'il y a peu à tirer de l'agriculture et ne font plus grand-chose pour attirer colons et censitaires; ils ne transforment pas leurs domaines en collectivités économiques cohérentes, y vivent rarement, et la plupart ne touchent en rentes qu'un revenu insignifiant. Quant aux censitaires, ils passent souvent d'une seigneurie à une autre et ne montrent guère de respect ni d'affection à l'égard de leurs prétendus dirigeants. À bien des points de vue, la ferme typique et le paysage rural n'auraient guère été différents si le régime seigneurial n'avait pas existé.

Néanmoins, ce qui a été réellement au cœur du système — les droits de propriété du seigneur — a donné du relief à ce régime, non pas en tant que système de société, mais plus simplement en tant que fardeau financier pour les censitaires. Dans les premières années de la Nouvelle-France, époque de faible peuplement et de rareté de censitaires, les seigneurs peuvent avoir reçu peu d'argent de leurs concessionnaires et s'être peu occupés de leurs domaines, mais ils exigent quand même des rentes et des services, en espérant de meilleurs revenus à mesure que le nombre des censitaires s'accroît. Mais les revenus seigneuriaux ont rarement rendu plus riches les communautés religieuses ou les nobles de l'armée qui les percevaient; néanmoins, ils ont bel et bien rendu les habitants plus pauvres. Dans la seigneurie montréalaise des Sulpiciens, de 10 à 14 pour cent des revenus de la ferme passent des censitaires au seigneur; chez la plupart des cultivateurs du bas du Richelieu, les charges s'élèvent à la moitié au moins de tout le surplus produit. Une bien petite part de cet argent est réinvestie dans la terre. On l'expédie plutôt à des communautés en France, ou on le dépense pour mener en ville un train de vie de noblesse. Mais si les seigneurs se tiennent à l'écart et ne se sont pas impliqués dans la vie de leurs seigneuries, il ne s'ensuit pas pour autant que les habitants jouissent d'indépendance: non seulement il doivent payer leurs rentes, mais ils sont aussi tenus d'acquitter la dîme (c'est-à-dire de verser le vingt-sixième de leurs récoltes pour le soutien du clergé paroissial), de servir dans la milice en temps de guerre et de fournir à la Couronne une main-d'œuvre gratuite pour les routes, fortifications et autres travaux publics.

Un marché d'avant-poste: la fourrure

Quand Louis XIV prend en main son domaine de l'Amérique du Nord, la colonie du Saint-Laurent a un urgent besoin de soldats et de colons, mais les besoins sont tout aussi importants du côté du commerce de la fourrure qu'il faut réorganiser. Celui qui se pratiquait du temps de Champlain — les Hurons et leurs alliés descendant avec leurs fourrures aux postes de traite de la colonie — s'était écroulé par suite des guerres entre Iroquoiens, et malgré les progrès de l'agriculture, la traite reste essentielle. Tant que l'agriculture n'en est une que de subsistance, l'exportation de la fourrure est pour la Nouvelle-France l'unique bonne raison qu'a la métropole d'y investir, puisque les tentatives de l'administration royale de développer le commerce du bois, la construction navale et d'autres industries n'ont guère de succès.

Le traité général de paix conclu en 1667 avec les Iroquois est surtout, semble-t-il, à l'avantage de cette nation victorieuse. La Confédération iroquoise, en effet, a déjà la maîtrise de l'approvisionnement de pelleteries en direction de l'Hudson, où les Anglais ont supplanté les Hollandais en 1664. Or, les concurrents hurons une fois éliminés, la confédération semble en mesure de prendre le contrôle de tout l'arrière-pays de la Nouvelle-France et de profiter de la rivalité entre les deux puissances européennes. C'est grâce seulement aux nations algonquiennes qui restent de l'ancienne alliance commerciale, que la Nouvelle-France peut éviter de devenir le client obligé de l'Iroquoisie. Ces nations de chasseurs et de cueilleurs ont résisté aux incursions des Iroquois ainsi qu'à leurs offres d'alliance. Quand la Huronie se trouve écartée de la scène, plusieurs groupes algonquiens, surtout les Outaouais et les Ojibwés, saisissent l'occasion de se transformer en marchands et en intermédiaires: ils se révèlent bientôt souples et accommodants. Et puis, les Français n'attendent plus d'une façon passive que les fourrures leur arrivent à Montréal: que la fourrure soit rare à cause de la guerre ou que la paix la rende abondante, la

Peu de sujets dans le Nouveau-Monde ont causé plus d'embarras aux artistes européens que l'indispensable *castor canadensis* dont la fourrure va demeurer longtemps l'article essentiel des exportations canadiennes. Dans le cartouche d'une carte des Amériques tracée en 1698 par Nicolas de Fer, un croquis fait par Nicolas Guérard des chutes de Niagara récemment découvertes, et d'après le dessin célèbre publié en 1697 par le récollet Louis Hennepin, sert de toile de fond à un grand nombre de castors qui ressemblent à des chiens et qui assez curieusement n'ont rien d'aquatique. (ANC, CNCP-26825)

concurrence entre les marchands reste acharnée, et certains commencent à se risquer vers l'ouest pour rencontrer les «trappeurs» indigènes sur leur propre terrain. Le «coureur de bois» vient d'apparaître.

Ce n'est pas là un titre flatteur: on désigne par cette expression un marchand clandestin, un contrebandier restant dans les bois. Les marchands réguliers, les autorités montréalaises, les fonctionnaires de la Couronne — et le ministre de la Marine lui-même — tous s'opposent à ce que les colons délaissent l'étroite petite colonie agricole du Saint-Laurent pour aller faire du commerce dans le territoire des indigènes; tous préféreraient abandonner aux Amérindiens la besogne du transport, et garder le commerce centré sur Montréal. Or, malgré des interdictions répétées, de jeunes Français se mettent bientôt à parcourir les «pays d'en haut»; il y en aura à la longue jusqu'à mille et c'est ainsi que le lieu d'échange de marchandises françaises contre des peaux de castor commence à se déplacer à l'ouest du territoire colonisé.

Dans les années 1660, aussi, les Français se remettent à accomplir dans les voyages d'exploration des actions d'éclat qu'on n'avait plus vues depuis Champlain. Les alliés hurons d'abord, puis les Iroquois se réservant l'entrée des pays d'en haut, un petit nombre de missionnaires et de marchands avaient pu y aller, mais sans enrichir d'une façon importante la connaissance géographique, au-delà de ce que Champlain nous avait laissé. Désormais, grâce à la réorganisation des alliances commerciales, des explorateurs membres du clergé et commerçants vont étendre les frontières de la Nouvelle-France. Parmi les pionniers du mouvement vers l'ouest, mentionnons Médard Chouart dit Des Groseilliers et son jeune beau-frère, Pierre-Esprit Radisson. Dans sa jeunesse, Chouart avait été parmi les engagés des Jésuites dans la mission huronne: il y avait appris les langues indigènes et établi des relations avec plusieurs des alliés de la Huronie. En 1654, il fait vers l'ouest son premier voyage sans autorisation, devenant ainsi un des premiers coureurs de bois. En 1659, avec Radisson, il entreprend dans la partie occidentale du lac Supérieur un long voyage de traite qui lui réussit: l'un et l'autre se rendent parfaitement compte de l'abondance des réserves de castor qui attendent d'être mises en valeur, au nord et à l'ouest des Grands Lacs.

D'autres poursuivent ces explorations. En 1673, Louis Jolliet et le jésuite Jacques Marquette explorent la partie nord du Mississippi. En 1679, après avoir visité le sud des Grands Lacs, René-Robert Cavelier de La Salle procède au lancement du *Griffon*, le premier navire à naviguer en amont des chutes Niagara. Cavelier de La Salle veut tellement trouver à travers le continent une route pour l'Asie qu'il donne le nom de Lachine à sa seigneurie qui est aussi son point de départ sur l'île de Montréal. C'est dans la poursuite de son rêve

Chaque trève conclue pendant les guerres entre les Iroquoiens au 17e siècle rend possibles de nouveaux voyages de traite et d'exploration. Le canot demeure le moyen essentiel de transport, mais les Français construisent bientôt des bateaux à voile sur les Grands Lacs. En 1679, René-Robert Cavelier de La Salle (1643-1687) bâtit le navire *le Griffon* pour inaugurer la navigation sur les lacs Érié, Huron et Michigan, mais ce navire disparaît dès la première saison avec son équipage. Le paysage imaginaire avec ses arbres tropicaux que présente cette illustration dans l'ouvrage du récollet Louis Hennepin, *Nouvelle découverte d'un très grand pays situé dans l'Amérique* (Utrecht, 1697), peut être le fait de l'imagination du graveur, mais certains récits de voyages du récollet ne font pas moins preuve de fantaisie. (ANC, C-1225)

asiatique qu'il descend le Mississippi jusqu'au golfe du Mexique en 1682. Cinq ans plus tard, au cours d'un autre voyage qu'il fait sur le littoral de ce golfe, l'impétueux et irascible explorateur meurt assassiné dans une querelle avec ses hommes.

Tous ces voyages, qui augmentent considérablement l'étendue de l'empire français en Amérique du Nord, ont la sanction officielle de l'intendant Talon, du gouverneur Frontenac et de leurs successeurs. Mais il y a aussi beaucoup d'entreprises sans caractère officiel, comme celle d'un obscur coureur de bois âgé de vingt ans, Jacques Denoyon, qui, en 1688, pousse à peu près jusqu'au Manitoba. Bon nombre de ces coureurs de bois vont finalement, comme Denoyon, revenir vivre à Montréal ou sur une ferme de la campagne, mais d'autres opteront de plein gré pour la société des indigènes, et y demeureront.

Officiels ou non, tous ces voyages se rapportent à la traite des fourrures. Pour recruter des guides et même pour traverser le territoire d'une tribu chez qui ils arrivent, les explorateurs engagent des relations diplomatiques avec les indigènes, et les accords se font toujours par le commerce. Quand les fourrures arrivent à Montréal et qu'elles ne constituent pas le seul motif de ces voyages, elles servent à en rembourser les frais. Le gouverneur Frontenac, éternel endetté, s'implique lui-même à fond dans le commerce. Son fort Frontenac qu'il fonde en 1673 (à l'endroit du futur Kingston, sur le lac Ontario), devient autant une entreprise de traite de la fourrure qu'un poste militaire, et ses profits le pousseront à soutenir avec énergie les explorations de La Salle. À la fin du 17ᵉ siècle, des postes de traite font une soudaine apparition tout autour des Grands Lacs et sur le haut Mississippi, dont le plus important est Michilimackinac, sur le détroit qui relie les lacs Huron et Michigan. Dans les années 1680, coureurs de bois, marchands indigènes et explorateurs canalisent un flot de pelleteries en direction de Montréal.

En 1681, les hauts fonctionnaires du roi comprennent que cette circulation de la fourrure a réussi à miner le rôle de foire que joue Montréal dans le trafic des peaux de castor, payées en retour par des vêtements, des mousquets, des marmites de cuivre et d'autres articles de traite. En même temps qu'elles offrent une amnistie aux coureurs de bois, les autorités mettent sur pied, pour ces voyages de traite, un système de permis appelés «congés». Cette légalisation du coureur de bois va amener un autre personnage dans la traite: le «voyageur». Titulaire d'un congé, ou associé à un marchand de Montréal qui en a reçu un, il va faire de cette traite dans l'ouest une profession. Les immigrants qui viennent d'arriver, les marchands en faillite, peut-être même des habitants, partent vers l'ouest pour tenter d'y gagner leur vie en transportant des marchandises de traite par la route qui mène en canot jusqu'aux Grands Lacs et en rapportant des peaux de castor. Bien loin de se voir menacée dans son développement, Montréal connaît la prospérité: ce sont les marchands de Montréal bien en place qui fournissent aux voyageurs les marchandises de traite (comme ils le faisaient, mais moins à découvert, pour les coureurs de bois) et, par conséquent, c'est à eux encore que reviennent les fourrures. La ville qu'on avait fondée pour y établir une pieuse collectivité se trouve désormais bien engagée dans une carrière commerciale.

La métamorphose du coureur de bois en un voyageur dûment reconnu ne fait cependant pas disparaître toute forme de traite illicite. Les conditions requises pour l'obtention d'un congé restreignent l'accès à la traite: des marchands commencent donc à chercher d'autres voies commerciales. L'une de ces routes mène au sud chez les marchands anglais de la colonie du New York: des traiteurs d'Albany offrent de bons prix pour la fourrure. C'est ainsi que prend naissance un marché clandestin d'échange entre Montréal, Albany et les postes de l'ouest, qui tient longtemps lieu de soupape de sécurité pour les voyageurs et leurs fournisseurs indigènes, au cas où la Compagnie des Indes occidentales, société de commerce à charte royale qui achète les fourrures canadiennes et les expédie en France, en vienne à plafonner les prix. Les marchands du New York et leurs alliés iroquois vont demeurer une alléchante solution de rechange, eux qui sont toujours prêts à battre en brèche le monopole commercial de la Nouvelle-France. Cependant, un concurrent plus important et plus sérieux vient d'apparaître du côté de la baie d'Hudson.

Le défi de la baie d'Hudson

Lorsque Samuel de Champlain doit céder Québec aux frères Kirke en 1629, certains traiteurs de la colonie montrent peu de scrupules à changer de camp: pour Étienne Brûlé et d'autres, la vie nouvelle qu'ils mènent dans le commerce de la fourrure nord-américaine l'emporte sur la fidélité à la patrie et ils poursuivent leur travail sous la domination anglaise jusqu'au retour des Français. Un demi-siècle plus tard, le commerce des Britanniques dans le nord et dans l'ouest du Canada doit ses débuts à deux colons de la Nouvelle-France pour qui la traite est également au-dessus des attaches nationales ou même familiales. Des Groseilliers et Radisson ont, dans la Nouvelle-France des années 1660, reçu un accueil sans enthousiasme: ils sont convaincus qu'ils ont sauvé la colonie de la faillite grâce aux fourrures qu'ils rapportent au plus fort des attaques iroquoises. Mais leur entreprise illégale leur vaut châtiment et amende; et, par la suite, leur projet de réorganiser complètement le commerce de la fourrure ne reçoit pas meilleur accueil.

On a, dans la colonie, de sérieuses raisons de ne pas goûter le projet de Chouart et de Radisson. Ces deux beaux-frères sont convaincus que l'avenir de la traite réside dans de lointaines rivières qui se déversent, non pas dans les Grands Lacs ni dans le Saint-Laurent, mais dans la baie d'Hudson. Les autorités, qui s'inquiètent déjà de voir des jeunes gens disparaître vers l'ouest en nombre toujours croissant, comprennent que si le commerce se fondait sur la baie d'Hudson, il se passerait tout à fait de la Nouvelle-France: évidemment, elles ne se montrent pas enthousiastes. Éconduits chez eux, Chouart et Radisson se rendront finalement en Angleterre. Celle-ci, à l'époque, n'est pas en guerre contre la France — ces deux pays se sont même ligués contre les Pays-Bas, qui dominent encore les mers. Chouart et Radisson peuvent voir leur démarche comme une entreprise de nature strictement commerciale, mais elle deviendra bientôt une cause à caractère national: en 1670, la charte royale accordée par Charles II à la Compagnie des marchands aventuriers de la baie d'Hudson établit pour l'Angleterre un droit de commerce sur l'arrière-pays de la Nouvelle-France.

La Compagnie de la baie d'Hudson devient ce qu'aurait pu être la Nouvelle-France si l'on n'avait pas persisté à y appliquer une politique de colonisation. Comme l'Habitation de Québec en ses premiers temps, les postes de la Compagnie sont de petits établissements entièrement composés d'hommes, qui comptent sur l'Europe pour le ravitaillement et sur les nations indigènes pour les fourrures. Ceux qui servent d'intermédiaires entre les trappeurs amérindiens et les clients de la compagnie sont tous des indigènes, et chacun des postes a bientôt son effectif d'autochtones, qui ont pour fonction de «garder la maison»: installés dans les environs, ils servent de ravitailleurs, de chasseurs, de guides et, pour les hommes de la Compagnie, de familles de remplacement.

Chouart et Radisson ont vu juste en estimant qu'on pouvait tirer un grand commerce de la baie d'Hudson, mais ils font l'erreur de s'imaginer qu'avec cette concurrence le marché de Montréal va s'écrouler. Au contraire, c'est l'entrée en scène de la Compagnie qui amène les postes français des pays d'en haut à s'étendre encore plus loin vers l'ouest et vers le nord. Tout au long du régime français, et même après la conquête de la Nouvelle-France, Montréal va devancer les postes de la baie d'Hudson et le New York dans l'approvisionnement de l'Europe en fourrures.

Il se peut que les nations indigènes aient profité, elles aussi, de cette lutte entre les deux empires. Bien loin de faire cadeau de leurs fourrures à des exploiteurs, les marchands indigènes déterminent eux-mêmes les prix et exigent de meilleures conditions de vente chaque fois qu'ils le peuvent. Dans ce climat de concurrence de plus en plus forte entre Français et Anglais, ils peuvent jouer les uns contre les autres, et soutenir leurs propres exigences. En dépit des changements considérables que leur imposent les relations avec les Européens, la traite fournit aux indigènes l'occasion de jouer un rôle et d'exercer un pouvoir: les Français sont parvenus bien au-delà du Saint-Laurent et ont même construit des postes permanents, mais ils n'ont pu le faire qu'avec le consentement des indigènes, consentement obtenu après de longues négociations. C'est, par exemple, l'opposition des indigènes qui empêche Louis Jolliet d'atteindre le golfe du Mexique en 1673, et c'est parce que La Salle réussit à conclure un traité avec ces mêmes indigènes qu'il peut, neuf ans plus tard, compléter le voyage.

De nouveau la guerre

Dans les années 1680, constatant que les Français et les Anglais, avec l'aide d'un réseau de plus en plus vaste de marchands indigènes, poussent leurs opérations de traite vers l'ouest à travers le continent, la confédération iroquoise comprend qu'en dépit de ses gains du temps de guerre, la paix s'est faite contre elle. Bien loin de se trouver sous la dépendance des Iroquois, les Français ont mis sur pied un nouveau système d'alliances commerciales qui se passent de l'Iroquoisie: celle-ci décide donc de recourir de nouveau à la guerre. Elle prend d'abord pour cibles les alliés des Français autour des Grands Lacs, mais les Iroquois échouent dans leur tentative de fermer la route commerciale en direction de Montréal. Au contraire, à la fin du 17ᵉ siècle, les Cinq Nations semblent subir un revers d'importance, puisque c'est vers cette époque qu'elles perdent le contrôle de ces territoires du sud de l'Ontario enlevés aux Hurons et aux autres nations qu'elles avaient éliminées: la guerre qui provoque ce changement se fait uniquement entre armées indigènes, et les Européens n'en ont pas fait mention. Toutefois, la tradition indigène rapporte de nombreuses luttes, depuis les embuscades dans les portages et dans les lieux de campement jusqu'aux assauts contre des bourgs palissadés. Les Iroquois et leurs rivaux du nord peuvent, les uns et les autres, lever mille hommes ou davantage et, des deux côtés, utiliser désormais des mousquets européens tout autant que les arcs et les hachettes. On se livre la guerre sur les rivières et sur la rive des lacs depuis Sault-Sainte-Marie jusqu'au sud du lac Érié. Le résultat est décisif: les Iroquois doivent se retirer sur leur territoire originel, au sud du lac Ontario. Vers 1700, la tribu des Mississaugas quitte la rive nord du lac Huron pour venir s'établir dans le sud de l'Ontario: ces Amérindiens ne sont sans doute pas aussi nombreux que les Iroquoiens qui, au début du 17ᵉ siècle, avaient peuplé cette même région, mais lorsque s'ouvre le 18ᵉ siècle, la revendication des Mississaugas sur ce territoire ne leur est pas contestée.

Le conflit entre dans une nouvelle phase en 1689, quand Guillaume III d'Angleterre et Louis XIV se déclarent la guerre. Les Iroquois, fortement appuyés par la colonie anglaise du New York, lancent une offensive contre le cœur de la Nouvelle-France. C'est le 5 août 1689, à Lachine, point de départ des voyageurs, que la colonie française apprend comment cette guerre va se faire: venus frapper l'établissement à l'aube, quinze cents guerriers iroquois y incendient 50 des 80 maisons, massacrent 24 personnes et repartent avec peut-être 90 prisonniers. Ainsi commence une nouvelle série d'attaques contre les établissements ruraux de la Nouvelle-France. Pendant plusieurs années,

Louis de Buade de Frontenac (1622-1698), gouverneur général de la Nouvelle-France de 1672 à 1682 et de 1689 à sa mort, a 74 ans quand il se met, en 1695, à la tête de ce qui sera la dernière invasion française de l'Iroquoisie. À cet âge, il n'y a donc nulle honte à se faire transporter pendant une partie du voyage. Pourtant, cette représentation du pouvoir français que les alliés indigènes prennent sur leurs épaules recèle, à certains égards, une ironie qui n'est certainement pas intentionnelle. Gravure au trait, vers 1710. (ANC, C-30926)

les partis de guerre iroquois tuent des habitants et du bétail, brûlent maisons et récoltes. À plusieurs reprises, ils contraignent les colons à chercher à nouveau refuge dans des lieux fortifiés. Il périt plus de 100 habitants en 1691; une incursion contre Verchères en 1692 donne naissance à l'une des héroïnes de la Nouvelle-France: quand la fille du seigneur, Marie-Madeleine Jarret de Verchères, âgée de quinze ans, aura, avec les censitaires de sa famille, défendu le fort jusqu'à l'arrivée d'un renfort de Montréal, tous les éléments sont réunis pour perpétuer l'image légendaire des habitants aguerris.

Dans ce long conflit, toutefois, c'est à peine si la survie de la colonie est remise en question par les incursions éclairs des Iroquois: même si la Nouvelle-France connaît, au cours des années 1690, la plus faible croissance de son histoire, elle a désormais sur place une armée de 1400 hommes, un réseau de postes avec garnison dans l'ouest et un millier de colons qui ont l'expérience des régions sauvages. La Nouvelle-France est en mesure d'aller porter la guerre en territoire ennemi.

Les colons montrent de plus en plus de vaillance à faire en pays sauvage ce qu'on appelle «la petite guerre»: ils en font une première démonstration en 1686, lorsque Pierre de Troyes, à la tête d'un parti de soldats et de voyageurs levé à Montréal, monte, par les terres, s'emparer des postes de la Compagnie de la baie d'Hudson sur la baie de James. En 1689, le gouverneur Frontenac, qui veut remonter le moral des colons en vengeant Lachine, lance ses troupes et les alliés indigènes contre les villages frontaliers du New York et de la Nouvelle-Angleterre. Ces attaques se font sous le commandement d'officiers de carrière, ce qui ne les empêche pas de suivre les tactiques de guerre amérindiennes: les partis de guerre traversent les forêts, souvent en hiver, et vont surprendre de petits avant-postes anglais ou des villages sans défense, ils massacrent et incendient, puis ils reviennent avec des prisonniers avant que ne puisse s'organiser une contre-attaque. Même les chasseurs et les partis de guerre iroquois sont la cible de ces attaques.

En 1690, les Anglais tentent même de s'emparer de Québec, mais sans succès; ils organisent l'assaut avec une flotte de trente navires ou davantage, envoyés de la Nouvelle-Angleterre sous les ordres de Sir William Phipps. À leur arrivée à Québec, les assaillants rencontrent une défense trop solide et doivent bientôt se retirer: quand ils somment le gouverneur Frontenac de se rendre, ils s'attirent cette célèbre réponse: «Je n'ai point de réponse à faire à votre général que par la bouche de mes canons et à coups de fusils».

Pendant le reste de la guerre, la Nouvelle-France se porte à l'attaque autant de fois qu'elle a à se défendre, disputant la maîtrise de la baie d'Hudson, frappant les colonies anglaises et poussant des incursions, pas très heureuses, au pays des Iroquois. Anglais et Français font la paix en 1697 et, peu après, les Iroquois commencent aussi à vouloir mettre fin au conflit.

Le territoire même de l'Iroquoisie n'a jamais été en butte à des attaques systématiques, mais la guerre et les épidémies continuent d'en miner la population, et les seuls à profiter du conflit semblent bien être ses alliés anglais et les fournisseurs du New York. Pour tenter d'échapper au piège, les Iroquois ouvrent des négociations avec les Français. En 1701, un changement capital intervient dans les affaires nord-américaines: les Cinq Nations de la confédération iroquoise concluent une paix générale avec la Nouvelle-France et ses alliés indigènes, et déclarent qu'elles vont demeurer neutres dans les conflits qui surviendront entre les colonies françaises et anglaises. Les Iroquois n'ont pas subi la défaite: en réalité, ils ont contraint les Français à s'immobiliser, et

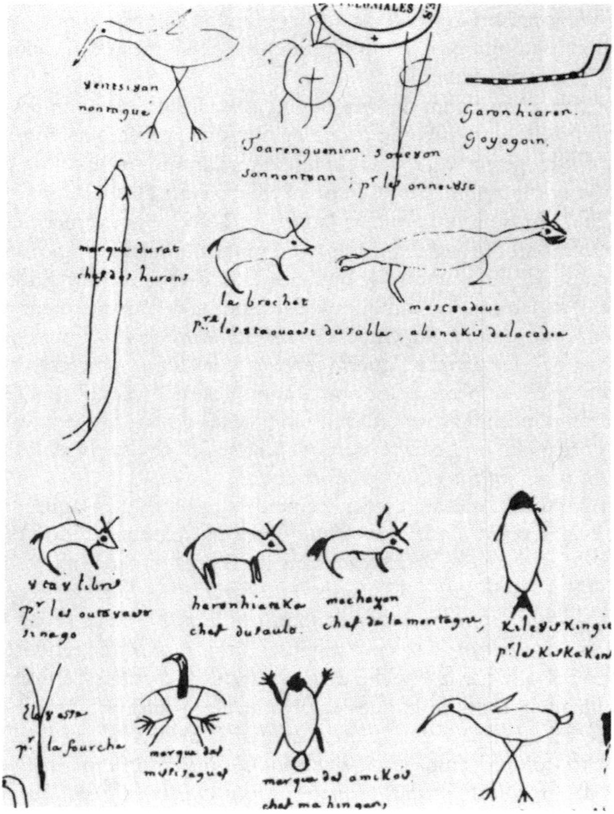

Quand les Français, leurs alliés indigènes et les Cinq Nations iroquoises en arrivent à une paix définitive en 1701, chacun des chefs amérindiens dessine le totem de son clan au bas du traité, en guise de signature. Les Français recourent à une symbolique différente: sur l'avers d'une médaille de Louis XV, frappée en 1740 et distribuée à des chefs pour services rendus, ce sont un soldat romain et un Amérindien revêtu de la toge qui représentent l'alliance entre Français et indigènes. (BN; ANC, C-62182)

ils vont demeurer chez eux une puissance indépendante bien après la disparition de la Nouvelle-France. Par ce traité de paix, cependant, il devient clair qu'aucune puissance indigène ne sera plus une menace pour les intérêts essentiels de la colonie française. Durant presque tout le 17e siècle, alors que la Nouvelle-France consolide lentement sa force et augmente sa population, toutes les sociétés amérindiennes subissent des pertes catastrophiques à cause des maladies qui viennent d'Europe. La plupart s'y sont adaptées et se maintiennent, mais l'équilibre du pouvoir se modifie: la maîtrise par les indigènes de la traite des fourrures et de tout le pays au nord et à l'ouest de Montréal se maintient, mais la Nouvelle-France, dont le foyer est désormais en sécurité, est plus en mesure que jamais d'étendre son pouvoir et son influence en direction de l'ouest.

Vers le même temps, un décret royal venant du Palais de Versailles déclenche un autre changement dans les affaires de la colonie. Malgré les guerres, l'arrivage des peaux de castor par Montréal s'est poursuivi sans diminuer de volume; la poussée des voyageurs vers l'ouest est une telle réussite que leurs fourrures passent en France en quantité bien supérieure à ce que le marché peut absorber. Sous la pression de la Compagnie des Indes occidentales, à qui il revient de vendre ces fourrures, le roi décide tout simplement d'interrompre la traite pour un certain temps: on n'accordera plus de *congés*, la Compagnie n'achètera plus de fourrures et l'on fermera les postes militaires des pays d'en haut.

L'application de ce changement draconien se révèle impossible. Le ministre de la Marine se voit bientôt contraint au compromis: on forme dans la colonie même une compagnie qui doit trouver un marché pour les peaux de castor, et quelques-uns des postes de l'ouest sont maintenus. Mais le problème demeure: il y a surabondance de fourrures, et pas de débouché pour le castor. Il faudra plus de dix ans pour que la traite s'en remette.

Bientôt, cependant, les problèmes des marchands de fourrures cessent d'occuper le premier plan: avec la guerre de Succession d'Espagne s'ouvre en 1702 une autre dizaine d'années de conflits entre la France et l'Angleterre. Pour la Nouvelle-France et surtout pour la noblesse militaire qui s'est endurcie dans les guerres iroquoises des vingt années précédentes, ce sera la dernière grande lutte du tumultueux 17e siècle, et le héros principal en est assurément Pierre Lemoyne d'Iberville.

Né à Montréal en 1661, fils de Charles Lemoyne de Longueuil, cet engagé anobli est devenu seigneur et homme le plus riche de la colonie. Lemoyne d'Iberville participe à la guerre pour la première fois en 1686; il est alors avec les soldats et voyageurs de Pierre de Troyes qui font en deux mois l'épuisant voyage en canot de Montréal jusqu'à la baie de James. Ils s'attaquent

En 1697, au cours de la bataille pour la baie d'Hudson, Pierre Lemoyne d'Iberville (1661-1706) coule deux navires de guerre anglais et en chasse un troisième puis, à l'embouchure du fleuve Nelson, il doit abandonner son propre navire endommagé. Une fois sur le rivage, Iberville et ses hommes s'en vont assiéger le fort York et s'en emparent: c'est parmi les postes de traite de la Compagnie de la baie d'Hudson celui qui a la plus grande valeur. Gravure publiée dans l'ouvrage de C.C. LeRoy Bacqueville de la Potherie, *Histoire de l'Amérique septentrionale* (Paris, chez J.-L. Nion et F. Didot, 1722). (ANC, C-12005)

à tous les postes de la Compagnie de la baie d'Hudson. Puis, sur une période de vingt ans, Iberville se livre, pratiquement chaque année, à des luttes acharnées sur terre et sur mer. Il meurt aux Antilles en 1706, après avoir servi dans la baie d'Hudson, aux frontières du New York, en Acadie, à Terre-Neuve et en Louisiane, accumulant une fortune par le pillage et perdant trois de ses frères au combat. Comme bien d'autres chefs dans cette Nouvelle-France du 17e siècle, Iberville est courageux, brutal, débordant d'énergie, et sa carrière est de courte durée. Avec lui, on revient aux jours de violence qu'avaient connus des hommes comme Champlain et Brébeuf, mais sa mort marque la fin d'une période. En effet, alors même que la guerre suit son cours, un 18e siècle plus calme est en préparation.

Une société différente: la Nouvelle-France au 18e siècle

Si la carrière de Pierre Lemoyne d'Iberville représente l'apogée, en Nouvelle-France, de cet héroïque 17e siècle, Philippe Rigaud de Vaudreuil est le symbole de ce qui compte le plus au 18e. Gouverneur général de 1703 à 1725, il a, selon son biographe, «l'une des plus remarquables carrières de l'histoire de la Nouvelle-France, mais... complètement dépourvue d'éclat et de panache». En fait, sous Vaudreuil, la colonie entre enfin dans une époque où même ses gouverneurs peuvent tolérer que les vertus prosaïques l'emportent sur le panache de la guerre.

Fils cadet d'un noble de province, Vaudreuil arrive en Nouvelle-France en 1687 comme officier supérieur et prend bientôt épouse dans la noblesse de la colonie. Il devient gouverneur peu après le début de la guerre de Succession d'Espagne, quand les ambitions dynastiques de Louis XIV amènent presque toutes les puissances d'Europe à se liguer contre lui. La Nouvelle-France ne peut pas échapper à la guerre, qui va d'ailleurs donner à Iberville et à d'autres militaires du pays tant d'occasions d'accomplir d'héroïques exploits. Mais comme on vient de conclure la paix avec les Iroquois, et qu'un commerce des fourrures en trop grande expansion perd du terrain, Vaudreuil comprend que la colonie a peu à gagner dans une guerre en Amérique du Nord. Pour soutenir ses alliés micmacs et abénaquis qu'on menace, il permet des actes de «petite guerre» contre les établissements de la Nouvelle-Angleterre qui empiètent sur les limites de la colonie, mais ne fait rien du côté des frontières du New York, pour ne pas réveiller l'hostilité des Iroquois. La baie d'Hudson, dont le traité de paix de 1697 a laissé une partie aux Anglais et l'autre au Français, n'est le théâtre d'aucun combat. Il n'y a de campagnes importantes que sur le littoral atlantique: les Français dévastent la Terre-Neuve des Anglais en 1706 et en 1709, les forces de la Nouvelle-Angleterre s'emparent de l'Acadie en 1710. Un projet des Britanniques contre la ville de Québec fait long feu quand sept navires de la flotte de l'amiral Hovenden Walker coulent, en août 1711, sur la côte nord du golfe Saint-Laurent: pour célébrer l'événement, une église de Québec que l'on avait appelée Notre-Dame-de-la-Victoire en l'honneur de la résistance de Frontenac en 1690, reçoit un nouveau nom, Notre-Dame-des-Victoires. Lorsqu'en 1713, la guerre prend fin entre les puissances d'Europe, Vaudreuil est en mesure de faire connaître à la colonie une paix qui va durer jusqu'en 1744, la plus longue période de paix dans l'histoire de la Nouvelle-France.

La guerre de Succession d'Espagne a ruiné la France: pour obtenir la paix, Louis XIV doit sacrifier des colonies. Par le traité d'Utrecht de 1713, tout ce que les Français occupent à Terre-Neuve est cédé aux Anglais, et le traité reconnaît formellement l'occupation britannique de l'Acadie. Les Français se retirent des forts qu'ils ont capturés à la baie d'Hudson et acceptent les revendications de l'Angleterre sur la baie jusqu'à la ligne du partage des eaux qui viennent s'y déverser; et ils vont jusqu'à reconnaître que l'Angleterre a un droit sur le pays de la confédération iroquoise. Les Iroquois n'ont toutefois aucunement l'intention de se laisser déplacer par un traité entre Français et Anglais: ils restent là où ils étaient et accroissent même leurs forces, puisqu'à cette époque les Tuscaroras se transportent plus au nord pour se joindre à la confédération. Les Cinq Nations deviennent ainsi les Six Nations, ce qu'elles ont toujours été depuis.

La Nouvelle-France reçoit certains dédommagements en retour de ce qu'elle a perdu au traité d'Utrecht. Même si Terre-Neuve est cédée aux Anglais, les pêcheurs français (qui restent beaucoup plus nombreux que les rares colons qu'on y avait établis) conservent le droit de pêcher et de sécher leur poisson sur le littoral nord de l'île. La France obtient des droits sur le Cap-Breton et sur l'île Saint-Jean, future Île-du-Prince-Édouard. En obligeant la France à renoncer à la baie d'Hudson, le traité confirme Montréal comme le centre incontesté de la traite française, mais en même temps redonne de la vigueur à la concurrence commerciale que se font les deux empires. Quant aux colons de la Nouvelle-France, la paix qui s'annonce est bien ce qu'ils retirent de mieux de ce traité: certes, ni l'importance ni l'influence des effectifs militaires ne vont diminuer, mais c'est la paix, plus que la guerre, qui oriente désormais le cours des choses dans la partie septentrionale de l'Amérique du Nord, en cette première moitié du 18e siècle.

De nouvelles colonies apparaissent

La décision de Champlain de faire de la vallée du Saint-Laurent le foyer de la Nouvelle-France, s'était appliquée sur un siècle: mis à part quelques postes de traite dans la baie d'Hudson et de petits établissements fragiles sur Terre-Neuve et en Acadie, la collectivité qui s'était développée autour de l'Habitation de Champlain à Québec avait été la seule société européenne dans cette région septentrionale de l'Amérique. Vers 1700, quelque 15 000 colons sont établis à Québec, à Montréal, à Trois-Rivières, ainsi que sur les fermes dont le nombre croît d'une façon continue et qui forment maintenant, entre les trois villes, une longue suite d'établissements presque sans interruption. Même si les commerçants et les explorateurs français se sont rendus aussi loin que les Prairies, en suivant les routes de canots, la partie septentrionale de

À court de numéraire en 1684 pour payer ses soldats, l'intendant Jacques de Meulles se tire d'affaire en leur remettant des cartes à jouer qu'il a signées: on doit les rembourser à l'arrivée du vaisseau du roi. Par la suite, pour les besoins du crédit, on se sert de formules imprimées, mais le nom de monnaie de carte se maintient. Nous avons ici une reproduction moderne (aquarelle et encre), attribuée à Henri Beau, qui présente un spécimen daté de 1714 et signé par l'intendant Michel Bégon. (ANC, C-17059)

l'Amérique du Nord, à l'extérieur de la vallée du Saint-Laurent ne compte à peu près pas d'établissements européens. Mais peu après, la Nouvelle-France du Saint-Laurent, que l'on en vient au 18e siècle à désigner d'une façon précise par le nom de Canada, se voit étayée par d'autres collectivités françaises établies ailleurs sur le continent. Le territoire que la France réclame en Amérique du Nord va prendre rapidement de l'expansion et se trouver en conflit avec une présence anglaise encore plus considérable, puisque la Nouvelle-Angleterre, le New York, la Virginie et d'autres colonies vont, à partir du littoral atlantique, progresser dans l'arrière-pays. À mesure que la population des colonies et que les revendications territoriales prennent de l'ampleur, les relations de la Nouvelle-France avec les autres colonies nord-américaines vont commencer à la préoccuper autant que ses relations avec les nations indigènes.

Après 1713, grâce à la paix, les ports de Terre-Neuve deviennent plus sûrs et les établissements anglais y prennent de l'importance. Pendant la guerre, ces ports et leurs liaisons maritimes avec l'Europe avaient subi la menace constante d'une attaque navale: la disparition de cette menace amène davantage de pêcheurs à y vivre à longueur d'année; vers le milieu du 18e siècle, Terre-

En 1720, les responsables de la construction de Louisbourg posent une médaille commémorative dans les fondements de l'un des bastions: elle y est retrouvée par les archéologues dans les années 1960. Cette médaille représente la forteresse et les bateaux de pêche sur lesquels repose sa prospérité. (Environnement Canada—Parcs, Louisbourg, 74-318)

Neuve compte 7500 colons, dont un nombre croissant de femmes et d'enfants. Certes, les pêcheurs de passage qui viennent d'Europe chaque année sont toujours plus nombreux, mais ces colons commencent à former une collectivité vigoureuse et durable. La plupart des Terre-Neuviens sont établis dans des ports, leurs maisons construites dans un grand nombre de petits havres rocheux, le long de la côte est. Le climat et la géographie rendent l'agriculture à peu près impossible et les arbres eux-mêmes poussent avec une telle lenteur que la coupe du bois par les colons a tôt fait de mettre à nu la péninsule d'Avalon et la côte septentrionale. De sorte que les colons doivent faire venir nourriture et ravitaillement, mais, au milieu du 18e siècle, on importe de la Nouvelle-Angleterre davantage que de l'Europe. Ils prennent le saumon, le phoque et surtout la morue qu'ils expédient principalement vers le sud de l'Europe et vers les Antilles plutôt qu'en Grande-Bretagne. Terre-Neuve n'a pas encore de structures coloniales régulières, mais Saint John's devient quand même peu à peu un port de commerce et la résidence de bien des marchands. En 1750 encore, les Terre-Neuviens viennent surtout de l'ouest de l'Angleterre, mais les colons irlandais de religion catholique qui vont y instaurer les traditions de l'Irlande arrivent déjà en grand nombre.

Contrainte par le traité d'Utrecht à évacuer sa petite colonie de Plaisance, sur le littoral sud de Terre-Neuve, la France se tourne du côté du Cap-Breton, qu'elle rebaptise Île Royale. Dans le but d'en faire un centre de puissance navale, elle y met en place une administration coloniale complète avec une garnison. Louisbourg, établi en 1713, sur la côte est, devient la capitale de l'île (pendant vingt-cinq ans, on va l'entourer du système de fortifications le plus complexe de la Nouvelle-France) en même temps que l'une de ses villes les plus importantes: des cinq mille habitants de l'île Royale, au moins 2000 vivent à l'abri des remparts de maçonnerie qui l'entourent.

L'île Royale exploite bientôt une industrie de la pêche semblable à celle que les colons anglais mettent sur pied à Terre-Neuve. Les pêcheurs qui y élisent domicile, et ceux des flottes qui viennent chaque année de France pour les rejoindre, capturent en poissons jusqu'au tiers de tout ce que les Français prennent dans le Nouveau-Monde, ce qui entretient à Louisbourg un florissant commerce maritime. En moins de dix ans, la ville se met à concurrencer Québec comme port de mer. L'île Royale fait bien partie de la Nouvelle-France, mais comme elle se trouve à plusieurs jours de navigation de la collectivité plus ancienne appelée désormais Canada, elle se développe en une société distincte et fortement commerçante. Ses marchands expédient de la morue en Europe et aux îles françaises des Antilles, comme Saint-Domingue (Haïti) et la Martinique; en retour, ils reçoivent du sucre, du café et du rhum des Antilles, des étoffes, des denrées alimentaires et des produits manufacturés de France. Ils revendent ensuite ces articles au Canada, pour une part, en échange d'autres denrées, et aussi aux colonies de la Nouvelle-Angleterre pour en recevoir des bateaux, des matériaux de construction et du bétail. Malgré les rivalités commerciales croissantes entre les deux empires, français et anglais, ce commerce avec la Nouvelle-Angleterre, trop utile pour qu'on s'en passe, se fait sous la tolérance réticente des autorités françaises. Cette même dérogation permet à Louisbourg de commercer aussi avec les Acadiens qui dans la péninsule de la Nouvelle-Écosse vivent sous domination britannique.

Contraints de se soumettre au régime anglais en 1710, ces Acadiens peuvent quand même prospérer grâce à la paix qui règne durant la première partie du 18e siècle. La petite communauté vit en relations tellement étroites que pour la moitié des mariages à Annapolis-Royal (l'ancien Port-Royal), il faut obtenir une dispense des empêchements visant la consanguinité. En tout cas, la population passe d'à peine 2000 habitants en 1700 à plus de 10 000 vers 1750. Desservis par des prêtres français, libres de tout impôt seigneurial ou de réquisitions de l'armée et sans beaucoup de colons anglais pour les déranger, les Acadiens peuvent à loisir récolter de riches moissons produites sur un sol fertile que leurs digues protègent contre les marées de la baie de Fundy. Faisant affaire avec les Français et avec les Anglais, mais sans se sentir dépendants d'aucun parti, ils mettent au point une neutralité délicate. Les autorités britanniques, isolées en Acadie, comprennent que le peuple accepterait leur domination, en faisant toutefois valoir son droit à ne pas porter les armes contre les Français. En temps de paix, ce compromis exigé par les «Français neutres» paraît assez bon à tout le monde, et on peut croire que les Acadiens peuvent vivre heureux sous la domination étrangère, une première en Amérique du Nord pour une population française.

À la recherche de l'océan Pacifique

Dans les avant-postes de l'ouest, au cours du 17ᵉ siècle, c'étaient les coureurs de bois et les voyageurs qui ouvraient le chemin vers l'ouest, suivis tant bien que mal par les autorités. Mais au 18ᵉ, c'est la politique officielle du roi qui montre de plus en plus la voie dans l'expansion des postes au centre de l'Amérique du Nord. En 1701, alors que le marché de la fourrure est engorgé, Versailles lance un clair défi aux intérêts anglais en autorisant la fondation d'un établissement à Détroit (on disait «le Détroit») sur les Grands Lacs, et d'une colonie, la Louisiane, à l'embouchure du Mississippi. La Nouvelle-France ne sera plus réduite à une petite collectivité sur le Saint-Laurent, portant quelque intérêt au commerce de l'ouest. On veut plutôt que la Nouvelle-France forme avec ses alliés indigènes un front qui s'étende du Saint-Laurent au golfe du Mexique, en passant par les Grands Lacs et le Mississippi, de façon à limiter les colons anglais à la bande de terre qui s'étend entre la chaîne des Alleghanys et la mer. En même temps, des forts français vont progresser vers l'ouest et vers le nord, en vue d'encercler la Compagnie de la baie d'Hudson et peut-être d'ouvrir la voie jusqu'au Pacifique.

Cet ambitieux programme exige une reprise de la traite des fourrures. Ce ne sont pas l'engorgement du marché et la guerre qui ont épuisé les réserves de fourrures accumulées en Europe, mais bien plutôt les souris et autres parasites: ce qui reste des pelleteries dans les magasins est devenu inutilisable. La demande de peaux de castor remonte, et le marché s'ouvre de nouveau aux fourrures. Au 18ᵉ siècle, les peaux d'orignal, de chevreuil, d'ours, de vison et d'autres bêtes, qui servent à faire des vêtements de cérémonie et des parements d'habits, vont prendre presque autant d'importance que les peaux de castor pour les chapeliers: le commerce de la fourrure en Nouvelle-France devient plus considérable que jamais. Cette expansion rend nécessaire un grand nombre de postes dans l'ouest, qui servent de bases militaires, de comptoirs de traite, de sièges d'ambassade et de missions pour les nations indigènes, de tremplins pour l'exploration. Des alliances complexes avec les Amérindiens demeurent essentielles au commerce, à mesure qu'il progresse davantage vers l'ouest. Pour soutenir les alliés de la Nouvelle-France, le gouverneur Vaudreuil autorise Constant Lemarchand de Lignery, qui commande dans l'ouest, à lancer une guerre de longue durée contre leurs ennemis, les Renards, qui vivent sur la côte occidentale du lac Michigan. Les fonds que dépense le roi pour les forts de l'ouest sont, en somme, des subventions au commerce des fourrures de Montréal, mais ils ont aussi pour effet d'augmenter la mainmise des officiers militaires, comme Lignery, sur le commerce.

Pierre Gaultier de Varennes et de La Vérendrye est de ces officiers qui ont joué un grand rôle dans ce commerce. Pendant qu'il est en charge des «postes du nord», au nord-ouest du lac Supérieur, La Vérendrye se persuade qu'avec le concours des alliés indigènes, il pourrait atteindre une rivière qui, en coulant vers l'ouest ou vers le sud, irait se déverser dans le Pacifique. Avec ses fils, il consacre quinze ans à cette tâche, luttant, d'un côté, pour s'assurer le soutien de l'autorité royale et des marchands de Montréal, et, de l'autre, pour amener des nations indigènes, ennemies les unes des autres, à permettre cette poussée vers l'ouest. Les La Vérendrye n'atteindront jamais le Pacifique (alors qu'à cette même époque, les marchands de fourrures de Russie arrivent en Alaska), mais ils peuvent voir les contreforts des Rocheuses, faisant ainsi progresser d'une façon importante la connaissance géographique des plaines de l'ouest. Le réseau des postes qu'ils ont établi sur les lacs du Manitoba empêche la Compagnie de la baie d'Hudson de s'assurer un monopole du commerce des fourrures dans ces régions lointaines; toutefois, cette compagnie continue probablement à recevoir toutes les fourrures dont elle a besoin, et elle n'a probablement pas perçu l'avance des Français comme une menace.

Avec la prolifération des postes dans l'ouest, survient une évolution chez ceux qui font profession de la traite. Afin de couvrir une partie des frais de l'expansion, le roi cède de plus en plus, dans l'ouest, le contrôle de la traite à des commandants militaires: pour ces derniers, jeunes nobles disposés à servir au loin, l'obtention d'un commandement est une occasion de s'enrichir, car ils peuvent alors s'associer à des marchands et à des voyageurs. En versant des redevances ou une part de leurs profits, ces derniers ont accès à la région de traite contrôlée par un officier. Mais ces nouvelles dispositions ruinent l'indépendance des voyageurs, eux qui jusque-là étaient à la tête du commerce: de plus en plus, les hommes qui, à coups de rames et dans les portages, transportent les marchandises entre Montréal et les postes de traite, par des routes qui s'allongent sans cesse, deviennent des salariés embauchés par les marchands et leurs associés militaires. Sur les voies principales, on recourt à de plus grand canots: certains mesurent dix mètres et sont manœuvrés par huit hommes. Dans les années 1730, on va jusqu'à différencier les places occupées dans le

Port de mer, centre religieux et capitale de la Nouvelle-France, Québec a toujours été la ville la plus importante et la plus raffinée de la colonie. Assiégée quatre fois sous le régime français, elle doit surtout sa protection à son site naturel: c'est seulement dans les années 1740 qu'elle sera enfin entourée d'un rempart. Gravure publiée dans l'ouvrage d'A. Mallet, *Description de l'univers* (Paris, 1683). (ANC, C-107626)

canot: les plus exigeantes, celle de la proue et de la poupe, rapportent les salaires les plus élevés.

Des flottilles de ces canots partent de Montréal chaque printemps. Les trajets les plus courts, comme à Michilimackinac ou à Détroit, permettent aux hommes de revenir à l'automne. Les voyages à destination plus éloignée (la moitié des départs de Montréal) nécessitent un engagement de plus longue durée: souvent, les hommes partent en automne et passent deux hivers dans les pays d'en haut.

Le commerce et les postes de l'ouest prenant de l'importance au cours des années 1720 et 1730, des voyageurs commencent à s'y établir: arrivés avec leurs femmes ou épousant des indigènes, ils fondent une famille à Détroit, à Michilimackinac ou dans le Haut-Mississippi, appelé «pays des Illinois». D'autres voyageurs continuent de tenir maison à Montréal, y revenant de temps à autre pour une saison ou deux, et laissant habituellement à l'épouse le soin d'assurer seule la conduite du ménage.

C'est probablement de cette époque que date une bonne partie du folklore haut en couleurs des voyageurs: culte de la force et de l'endurance, rivalités entre les «hommes du nord», qui hivernent dans ce lointain pays de l'ouest, y consommant la nourriture des indigènes et le pemmican, et les «mangeurs de lard» qui chaque automne reviennent à leur lard salé de Montréal. On célèbre les voyageurs dans des chansons et dans des contes, comme celui de la chasse-galerie, dans lequel le diable propose à des voyageurs groupés dans un canot de les amener chez eux en une seule nuit par la voie des airs. Mais la réalité est plus prosaïque. À mesure que s'accroît le besoin de main-d'œuvre, les marchands de fourrures vont chercher leurs hommes en dehors de l'île de Montréal, naguère lieu de recrutement de la plupart des voyageurs: après 1730, la moitié de ceux qui s'engagent dans la traite se présentent comme habitants, c'est-à-dire cultivateurs. Pour presque tous, voyager dans l'ouest est une occupation temporaire, pour l'argent qu'elle rapporte, qu'ils laissent bientôt tomber pour retourner à l'agriculture. Il y a certes encore des voyageurs qui entrent dans la traite comme l'avaient fait leurs pères, et y font carrière, mais de toute évidence son expansion attire de la campagne un nombre croissant de recrues, moins douées et moins zélées.

La société du 18e siècle

La paix internationale qui se maintient jusque dans les années 1740 fait profiter toutes les possessions nord-américaines de la France. Les colonies françaises des Antilles tirent parti d'une population esclave qui augmente rapidement, et produit pour l'Europe des quantités énormes de sucre. L'esclavage assure aussi une certaine prospérité dans la nouvelle colonie de la Louisiane, aux prises avec des conditions difficiles. Les pêcheries du littoral atlantique et le commerce de la fourrure au Canada se portent bien. L'ampleur du commerce

Dans cette peinture d'un réalisme austère, faite vers 1700, l'artiste inconnu évoque d'une façon impressionnante les soins procurés aux malades par les communautés religieuses qui ont fondé des hôpitaux dans les villes importantes de la Nouvelle-France: nous avons ici, par exemple, l'Hôtel-Dieu de Montréal. (MQ, Collection des Religieuses hospitalières de Saint-Joseph, Montréal)

commence à souder les colonies les unes aux autres. Il y a enfin chez les pêcheurs de l'île Royale, et dans les plantations esclavagistes des Antilles, un marché pour d'abondants produits de la Nouvelle-France: le blé, les légumes et le bois. À Québec, l'import-export prend du volume et la navigation fluviale augmente, car les colons s'activent davantage du côté de Gaspé et sur la Côte nord. Le prix du blé produit par les habitants se met à monter à mesure que s'ouvrent des marchés pour ce qui n'avait été jusque-là qu'une culture de subsistance.

Le long du Saint-Laurent, la population qui avait souffert des épidémies et de la guerre connaît de nouveau un accroissement rapide: de 15 000 en 1700 et de 18 000 lors de la paix d'Utrecht, elle passe à 35 000 dans les années 1730 et se sera encore multipliée presque par deux vers 1750. L'immigration reste minime: la plupart des habitants sont maintenant issus de colons nés au Canada. Il faut, en outre, pourvoir de terres cette population qui devient de plus en plus rurale: la colonisation se développe à vive allure dans le pays plat et fertile qui entoure Montréal, mais des terres sont encore disponibles même dans la région de Québec, où pourtant vivent plus de la moitié des Canadiens. L'accroissement de la population a fini par donner plus de valeur aux seigneuries, du moins pour un certain nombre d'entre elles. La colonisation atteignant de nouvelles régions, le roi concède plusieurs nouvelles seigneuries, comme c'est le cas dans la Beauce, au sud de Québec. C'est seulement après la distribution des seigneuries que les colons sont autorisés à quitter les terres surpeuplées des rives du Saint-Laurent pour s'y installer.

Depuis les débuts, en Nouvelle-France, on ne défrichait et mettait la terre en valeur qu'au rythme de la croissance de la population: or, dans les premières décennies du 18e siècle, le rendement agricole augmente deux fois plus vite que la population rurale. Les habitants sont ainsi en mesure de mieux se nourrir et se vêtir, mais il faut ajouter qu'un marché plus vaste pour le blé et pour d'autres produits de la ferme qu'on exporte de Québec, pousse aussi à produire en plus grandes quantités. Avec une production accrue et des prix qui finalement se mettent à monter, il y a des chances que la prospérité s'étende à la campagne: si les cultivateurs peuvent vendre davantage, leur terre acquiert de la valeur, l'agriculture devient un peu moins une vocation et un peu plus une entreprise, et les seigneurs aussi bien que les marchands recommencent à s'intéresser à la campagne.

Dans ce passage de l'agriculture de subsistance à l'agriculture commerciale, tout pourrait changer dans cette Nouvelle-France rurale, depuis l'aspect de la campagne jusqu'aux dimensions de la ferme familiale. Mais ce ne sera pas le cas. Les façons traditionnelles d'agir ne se modifient que lentement; le marché du blé est à la fois nouveau et incertain: une récolte avortée (il y en a plusieurs dans les années 1730 et 1740), une crise dans l'exportation ou une catastrophe affectant le marché (comme lorsqu'en 1745 les Anglais prennent l'île Royale) peuvent ruiner ce commerce. Même s'ils ne savent rien de cela à l'avance, les habitants ne sont pas portés à spéculer sur d'éventuels profits qu'ils toucheraient en liquidant des récoltes qui tiennent lieu d'approvisionnement pour leur famille et de réserves de semences. On exporte le blé et la prospérité du 18e siècle finit par atteindre la campagne, mais l'évolution se fait seulement en surface: l'agriculture de subsistance reste la destinée des habitants, tandis que le commerce et la diversification demeurent surtout le lot des villes.

La vie à la ville

Les centres de commerce apparaissent en Nouvelle-France avant les fermes: au début du gouvernement royal de 1663, plus d'un tiers de la colonie vit à la ville. Cette proportion décroît lentement, mais à la fin du régime français, plus d'un cinquième des habitants sont encore des citadins. Le rythme de croissance de Montréal et de Québec est plus lent que celui de la campagne, mais avec Louisbourg qu'on vient de fonder, elles sont devenues, au 18e siècle, des villes importantes.

Dans les dernières années de ce régime, le marquis de Montcalm, qui n'a pas une admiration sans bornes pour la colonie, affirme qu'on peut vivre à Québec «à la mode de Paris». Il y a peut-être dans cette ville, au goût de Montcalm, trop de luxe et trop de gaspillage. En tout cas, cette capitale, passée de 2500 habitants vers 1715 à 6000 ou davantage dans les années 1750, reste la ville la plus impressionnante de la colonie. C'est aussi la plus ancienne: déjà, on a perdu de vue l'époque de Champlain et même l'emplacement de son tombeau. Juchée sur une colline comme certaines villes italiennes, fait remarquer un admirateur, Québec couronne une falaise entourée d'eau: elle compte toujours sur ses défenses à l'état naturel, même si, de 1746 à 1749, on a érigé, du côté de la campagne, un réseau de bastions. Sur les hauteurs, dominent les grands édifices de la colonie. Des officiers de l'armée, des hauts fonctionnaires altiers, des prêtres, des religieuses vont et viennent ou se font transporter en carrosse entre le château Saint-Louis, résidence du gouverneur général, et le palais de l'intendant, entre la cathédrale, le séminaire, les couvents et l'Hôtel-Dieu. Dans la basse-ville où mouillent les navires et où s'amarrent les barges, commis de marchands et matelots s'affairent en foule, autour du quai et des entrepôts des marchands, à décharger et à mettre à l'abri les cargaisons de marchandises importées, toutes débarquées à Québec. D'imposantes maisons de pierre, à deux ou trois étages, chacune d'elles séparée de sa voisine par son mur mitoyen qui déborde le toit et sert de coupe-feu, s'alignent le long de rues étroites, où affluent des voitures, des dames riches qui font le tour des boutiques d'artisans, des domestiques et des esclaves qui se livrent à leurs tâches.

Montréal, avec environ quatre mille habitants, n'a ni la taille ni la belle situation de Québec. Cœur du commerce de la fourrure, cette ville conserve l'allure d'un avant-poste, où l'on reçoit à tout bout de champ des groupes de

Les Compagnies franches de la Marine ont tenu garnison dans les villes de la Nouvelle-France, avec des officiers de la noblesse canadienne et des soldats recrutés en France; elles ont aussi érigé les postes de traite qui ont installé la domination française aussi loin que dans les Prairies. Dessin à l'aquarelle d'un capitaine des troupes, daté des environs de 1718. (Petitot et Compagnie, Paris, France)

voyageurs, de soldats et d'indigènes qui s'adonnent à la traite ou à la guerre. Cependant, vers 1750, elle a aussi ses remparts de pierre et elle est devenue bien plus que le poste de traite qu'elle était à ses débuts. Ses édifices impressionnent moins que ceux de la capitale, mais plus de la moitié, comme ceux de Québec, sont de maçonnerie plutôt que de bois: de graves incendies en 1721 et en 1734 contribuent à populariser l'usage de la pierre. Ni Montréal ni Québec n'ont l'eau courante, de rues pavées ou d'éclairage public, mais toutes deux affichent un air intensément commercial. Néanmoins, les décisions royales et les réalités économiques ont réservé l'activité industrielle à la France et non aux colonies: or, sans industrie, les villes de la Nouvelle-France ne peuvent pas offrir d'emplois à une main-d'œuvre urbaine; Montréal et Québec n'existent que pour le commerce et l'administration, et ne peuvent qu'en suivre le rythme de croissance.

Centres administratifs, les villes abritent les hauts fonctionnaires du roi, les officiers de l'armée et les membres des communautés religieuses. Cette élite, qui occupe le sommet de la société coloniale, est bien en vue dans les villes où les familles qui en font partie représentent jusqu'à 40% de la population. Un petit nombre de hauts fonctionnaires sont venus de France pour faire avancer leur carrière, en servant un mandat dans les colonies: instruits, bien nantis et en relations avec les milieux administratifs de Versailles, ils apportent du raffinement à la vie urbaine, surtout à Québec. Toutefois, la majeure partie de l'élite coloniale est tirée du Canada: au 18e siècle, la noblesse proprement canadienne est bien établie.

Le point fort de cette aristocratie est la hiérarchie militaire. La plupart des nobles de la colonie détiennent des seigneuries, mais fort peu en tirent beaucoup de profits ou leur consacrent beaucoup de temps: ils préfèrent occuper des postes dans les troupes coloniales, les Compagnies franches de la Marine. À la fin du régime français, 200 ou 300 hommes servent comme officiers dans ces compagnies ou se contentent d'une «expectative», c'est-à-dire que, fils d'officiers en nombre croissant, ils attendent que survienne une vacance. Ils constituent une élite dont les liens intimes se font de plus en plus resserrés: ils suivent leurs pères et leurs oncles dans le service, ils épousent les sœurs et les nièces les uns des autres, ils trouvent dans le commandement militaire à la fois un gagne-pain et une destinée. Ces postes dans les Compagnies franches de la Marine ne sont pas une sinécure; même après 1700, époque où le roi cesse d'élever à la noblesse les roturiers qui ont réussi, l'aristocratie du pays ne devient jamais un simple élément décoratif de la société; les nobles justifient leurs privilèges de la façon la plus traditionnelle, par le commandement militaire. Ils avaient, au 17e siècle, fait campagne contre les colonies anglaises, contre des nations indigènes et contre les postes de la Compagnie de la baie d'Hudson. Au 18e, ils mettent en place et dirigent les garnisons des avant-postes, ils prennent charge des relations diplomatiques et de la guerre avec les indigènes, ils font l'exploration de l'ouest, ils surveillent le commerce des fourrures. Les consignes peuvent les obliger à aller et venir entre des avant-postes éloignés dans l'Amérique française et, même en temps de paix, les exigences du service se font parfois rigoureuses. Ainsi la carrière de Paul Marin de Lamalgue n'a rien d'extraordinaire. Fils d'un officier et frère d'un marchand de fourrures, on le nomme enseigne en 1722, à l'âge de 30 ans; il sert vingt ans dans les forts du lac Supérieur; en 1743, il est enfin promu lieutenant et se rend en France; en 1745, il est à la tête d'une expédition militaire qui, par voie de terre, va de Québec en Acadie et à l'île Royale; l'année suivante, il dirige une incursion contre Saratoga, dans le New York; en 1748, il repart pour l'ouest: commandant militaire à la baie Verte, sur le lac Michigan, il retire de la traite un revenu important; en 1753, il meurt à 61 ans, en service dans la vallée de l'Ohio. Même si le gouverneur le recommande comme brave officier, «fait pour la guerre», Marin n'atteint jamais un rang élevé ni les plus hautes distinctions: il y a bien des militaires dans son cas.

La noblesse canadienne n'est pas riche, bien que son niveau de vie se trouve bien au-dessus de celui du «petit peuple». Au 18e siècle, peu de nobles dans la colonie sont encore associés à de riches biens-fonds en France et, au Canada, les seigneuries peuvent rarement suffire à rendre la vie facile. Les nobles canadiens ont le loisir de se livrer à toutes sortes de commerces: ce qu'ils font souvent soit en investissant, soit encore (comme seigneurs ou à titre de commandants de postes de traite) en prélevant une forme d'impôt sur le travail d'autrui. Cette pratique va même jusqu'à faire partie de leur commandement militaire: des officiers qui ont la haute main sur la solde et sur le ravitaillement de leurs hommes en prélèvent une part pour eux-mêmes. Malgré tout, le commerce en Nouvelle-France ne mène que rarement à la fortune facile et toute cette activité témoigne peut-être moins de l'aptitude des nobles au commerce que de leur souci de trouver des revenus qui puissent soutenir leur train de vie.

Les salaires de l'armée, et tout ce qu'on peut soutirer quand on occupe un poste de commande, ont une importance vitale. La carrière des officiers dépend du gouverneur général: à titre de commandant en chef, c'est lui qui dispose de la protection et des nominations; son influence contribue à organiser à Québec une vie de Cour, reflet lointain d'une autre plus importante et beaucoup plus brillante, celle de Versailles. C'est pourquoi, à Québec et, dans une moindre mesure, à Montréal et à Louisbourg, les dirigeants de la colonie participent à des bals, à des dîners, à des jeux et à des fêtes raffinées où l'élégance et le luxe sont sans aucun rapport avec le train de vie de la plupart des habitants. Faire partie d'une clique et d'un réseau de «dévoués» dans l'entourage de l'autorité supérieure peut devenir essentiel à l'avancement d'un officier et, en ce domaine, les femmes sont appelées à jouer un rôle décisif: comme celles de l'élite passent par le couvent, elles ont plus d'instruction que les hommes et, lorsque leurs époux ou leurs fils servent loin de Québec,

LE THEATRE
DE NEPTVNE EN LA
NOVVELLE-FRANCE

Repreſenté ſur les flots du Port Royal le quatorziéme de Novembre mille ſix cens ſix, au retour du Sieur de Poutrincourt du païs des Armouchiquois.

Neptune commence revetu d'vn voile de couleur bleuë, & de brodequins, ayant la chevelure & la barbe longues & chenuës, tenant ſon Trident en main, aſſis ſur ſon chariot paré de ſes couleurs : ledit chariot trainé ſur les ondes par ſix Tritons juſques à l'abord de la chaloupe où s'eſtoit mis ledit Sieur de Poutrincourt & ſes gens ſortant de la barque pour venir à terre.
ptune comme

ARRE
Et éco
Si tu
Ie ſuis de Iupi

DEVX
Le deuzié
fleche en mai
peaux de Caſ

Poète et avocat, Marc Lescarbot (vers 1570-1642) a passé un an à Port-Royal, en 1606-1607. De retour en France, il publie une histoire de la Nouvelle-France et cette pièce, *Le théâtre de Neptune*, qu'on avait jouée à Port-Royal pendant son séjour. Le dessin à l'encre fait vers 1934 par C.W. Jefferys et intitulé *La première pièce de théâtre au Canada*, se veut une reconstitution du spectacle sur canots présenté au baron de Poutrincourt, lors de son retour dans la colonie, le 14 novembre 1606. (Photo Robert Stacey)

celles qui savent manœuvrer avec habileté dans la vie de Cour peuvent aider de beaucoup à l'avancement de leurs familles.

L'apparat, voilà en fait ce qu'on attend des nobles; vivre noblement est un devoir de la noblesse, même si, pour cela, il faut d'ordinaire s'endetter. Aux nobles il faut des demeures plus grandes que celles des autres, s'habiller, se coiffer, se poudrer à la dernière mode, se faire servir par des domestiques et des esclaves, recevoir et se faire recevoir sans compter et souvent. Les jeunes gens de la noblesse, que protège leur rang, peuvent se battre en duel, entretenir des maîtresses et faire les fêtards dans les rues sans redouter le châtiment. Rares, semble-t-il, sont les membres de cette élite coloniale qui s'intéressent à la vie intellectuelle ou aux lettres; l'éducation qu'ils veulent pour leurs enfants, c'est, pour leurs garçons, une formation surtout militaire et, pour leurs filles, des cours de bonnes manières. Après avoir, toute leur vie, sauvé les apparences, les nobles de l'armée meurent souvent endettés, comptant sur la protection pour assurer une pension à la veuve, et sur un poste militaire ou sur un mariage dans la classe bourgeoise pour garantir l'avenir des enfants.

Le clergé urbain est, d'une certaine façon, un rejeton de la noblesse. Depuis l'époque des Cent Associés, la colonie est desservie par des communautés religieuses: les Jésuites, les Sulpiciens, les Ursulines et les autres. Attirées au début par la perspective de servir dans les missions, ces communautés s'urbanisent à tel point que, dans les premières années du 18e siècle, 80% des ecclésiastiques se tiennent dans les villes, tandis que 70% de la population vit à la campagne. Plusieurs de ces communautés ont de la noblesse et de l'instruction et elles se recrutent presque uniquement en France. Pour servir les paroisses partout dans la colonie, le Séminaire de Québec forme un clergé diocésain d'un caractère moins fermé: vers le milieu du 18e siècle, la Nouvelle-France fournit elle-même les quatre cinquièmes de son clergé paroissial, mais il semble d'origine plus urbaine que rurale et ce sont encore des prêtres non résidents qui, dans bien des cas, vont faire du ministère auprès de fidèles largement disséminés dans plusieurs paroisses de la campagne. Les communautés de sœurs, qui dirigent plusieurs des écoles et des hôpitaux du pays, vont des plus raffinées aux plus simples. Parmi ces dernières, les Sœurs de la Congrégation de Notre-Dame de Montréal: leur fondatrice, Marguerite Bourgeoys, était venue à Montréal dès les premières années de cette ville pour y ouvrir sa première école. Elle a poussé sa communauté de sœurs enseignantes à s'engager à fond dans le service du monde laïque: ses religieuses se sont vouées à l'instruction des filles de tout niveau social, et cela dans des régions aussi éloignées que celle de Louisbourg.

Même si les villes sont dominées par les nobles, elles n'en sont pas moins

Portrait du Père Emmanuel Crespel (1703-1775), missionnaire, écrivain et commissaire provincial (c'est-à-dire supérieur) des Récollets, rameau issu de l'Ordre de saint François. Les Récollets sont les premiers religieux à envoyer des prêtres au Canada. Rejetés dans l'ombre par des communautés religieuses plus influentes qui arriveront plus tard, on les admire quand même pour leur style de vie simple; ils servent comme chapelains de l'armée, comme desservants dans les paroisses, comme maîtres d'école et comme missionnaires. Peinture de J.-M. Briekenmacher, connu aussi sous le nom de *Père François*, récollet de Montréal (en activité de 1732 à 1756). (MQ, A58. 187p.)

Eustache Chartier de Lotbinière (1688-1749), représenté ici sur ce portrait anonyme de 1725, avait hérité de la seigneurie de sa famille et suivi son père dans la haute administration coloniale. À la mort de son épouse, qui le laisse avec cinq enfants, il s'oriente vers la prêtrise et sera successivement archidiacre, vicaire général et doyen du Chapitre de la cathédrale de Québec, étant ainsi l'un des rares Canadiens de naissance à occuper un poste élevé dans la hiérarchie ecclésiastique. (ANC, C-100376) des centres de commerce, soutenus par un noyau de familles marchandes. À Montréal, le commerce repose sur la fourrure; à Québec, sur l'import-export; à Louisbourg, sur la pêche et sur le transport naval. Mais quelle que soit leur spécialité, les marchands forment un groupe bien distinct: ils sont passés maîtres dans le jeu du crédit, dans la comptabilité et dans les discussions d'affaires. Ils sont aussi les fournisseurs: au 18e siècle, ils peuvent approvisionner les gens de la ville en rhum, mélasse et café provenant des Antilles, en tissus et vêtements de luxe, en bijouterie, en vins et en spiritueux, même en livres et en objets d'art qu'ils font venir de France, tous articles qui demeurent à peu près inconnus hors du monde urbain.

Des maisons de commerce, établies dans les ports de France, envoient souvent un fils de marchand ou un protégé prendre charge de cargaisons qu'elles expédient à Québec. Toutefois, mis à part cette ville, rares sont les marchands qui arrivent avec des biens: leur capital est en général limité et en situation périlleuse. L'entreprise du négoce est aussi une affaire de famille: chez les moins importantes, l'épouse du marchand prête son concours à la boutique, et même dans le cas d'un commerce plus considérable, la veuve peut prendre la suite de l'époux et diriger l'affaire pendant des années. Les familles marchandes ont un train de vie supérieur à celui de presque tous les colons, et la possibilité de devenir plus riches que les nobles. Les marchands recrutent des clients dans la noblesse, ils forment avec elle des associations d'affaires et des alliances par mariage; cependant, il semble que les familles bourgeoises soient moins portées à faire montre de cette ostentation qui est le propre de l'élite.

La croissance de cette bourgeoisie marchande a toujours été entravée par les restrictions économiques de la colonie. La maîtrise du commerce fondamental de la fourrure appartient en définitive à la Compagnie des Indes occidentales établie en France, compagnie à monopole qui achète et expédie l'approvisionnement de chaque année. Comme la navigation transatlantique qui se fait en direction ou à partir de Québec relève de maisons de commerce installées en France, les chargements envoyés dans la colonie ne peuvent être pris en charge que par un petit nombre de commis qui se trouvent sur les lieux, à Québec même. Quant aux marchands, ils peuvent tenir des boutiques de petit commerce pour le bénéfice des citadins, et leur offrir une série de services dans les affaires. Mais aussi longtemps que la plupart des colons se suffisent largement à eux-mêmes sur leurs terres, les chances de diversifier le commerce restent minces.

C'est Montréal qui subit le plus de contraintes sur son commerce. Sans beaucoup d'autres choix que la traite des fourrures, des familles bourgeoises, comme celle des Gamelin, assument le risque d'équiper des brigades de voyageurs en vue d'opérations fort étendues: c'est ainsi que les Gamelin commanditent presque toutes les explorations de La Vérendrye dans l'ouest, comme ils le traîneront ensuite en cour quand il ne pourra pas rembourser ses dettes. Louisbourg, par ailleurs, jouit des meilleures perspectives pour le commerce: sa situation sur le littoral, la variété de ses relations commerciales et sa part active dans la pêche de la morue, tout cela encourage une croissance rapide de son activité commerciale dans les pêcheries et dans la navigation.

Les marchands de Québec profitent aussi de l'expansion commerciale du 18e siècle et de la croissance des exportations de blé et de bois. De 1720 à 1740, on construit 200 bateaux dans les environs de Québec, et des entrepreneurs commencent à les utiliser pour transporter des cargaisons à l'île Royale et aux Antilles françaises. À mesure que la navigation augmente sur le fleuve et dans le golfe, des marchands de Québec se mettent à investir dans des établissements de pêche et de traite de fourrures à Gaspé, le long de la côte nord du golfe, et même jusqu'au Labrador. L'une des personnes les plus dynamiques de ce groupe, dans les années 1750, est Marie-Anne Barbel, veuve Fornel: ayant perdu son mari en 1745 après lui avoir donné quatorze enfants, elle transforme les intérêts qu'il avait dans la pêche et le commerce sur la côte nord en une entreprise florissante, puis elle en investit les profits dans des biens-fonds à Québec pour finalement vivre une retraite confortable jusqu'à l'âge de 90 ans.

En d'autres termes, l'atmosphère est au commerce et on ne manque pas de talents pour mettre en valeur tout ce que la Nouvelle-France offre d'occasions, mais les marchands du Canada sont victimes d'une double servitude. D'une part, les branches importantes du commerce dans la colonie sont soumises au contrôle de la métropole: or, peu disposée à soutenir des entreprises qui pourraient faire de la Nouvelle-France une rivale de la mère patrie, cette dernière ne laisse aux colons, dans le domaine du commerce, qu'une sphère d'activité bien limitée. D'autre part, les postes et les avantages que donne le pouvoir et qui pourraient soutenir la bourgeoisie demeurent rigoureusement entre les mains de la noblesse. La Nouvelle-France semble bien avoir un groupe de marchands aussi important et aussi influent que le permettent les conditions coloniales, mais il ne parvient jamais à disputer sa prédominance à l'élite aristocratique.

Dans ces villes de Nouvelle-France vivent aussi une classe ouvrière d'artisans et le petit peuple des domestiques. Le noyau de ce corps d'artisans se compose des hommes de métiers: constructeurs, charpentiers, ébénistes, forgerons. Les villes font aussi vivre bouchers, boulangers, aubergistes, ainsi

Polychrome et doré à l'origine, cet ange agenouillé a été sculpté dans le pin vers 1775 par l'artisan québécois François-Noël Levasseur (1703-1794). Il était destiné à une niche d'église. Son style reflète la mode persistante du baroque qui a connu son essor en Europe aux 17ᵉ et 18ᵉ siècles. (MBAC, 7792)

Ce fauteuil avec siège paillé, qui date de la période 1720-1740, est un magnifique exemple du style canadien. Bien représentatif de l'ameublement fabriqué vers la fin du régime français, il évoque le haut niveau d'habileté qu'ont atteint les artisans de la colonie. Seul un membre de l'élite urbaine a pu commander un tel meuble. (ROM, 960.106)

que des fournisseurs d'articles de luxe à l'élite: perruquiers, couturières, tailleurs. Quelques industries apparaissent peu à peu. Une fonderie, appelée *les Forges Saint-Maurice*, commence son activité, près de Trois-Rivières, dans les années 1730. Après avoir ruiné ceux qui l'avaient établie, elle se maintient tant bien que mal grâce aux subventions du roi et elle finit par produire bon nombre des poêles et socs de charrue qu'utilisent les colons. Vers la fin de la colonie française, quelques ateliers de poterie et d'autres sortes d'artisanat font aussi leur apparition, mais les plus importantes de ces nouvelles industries se rattachent à la construction navale de Québec et font vivre bien des charpentiers et tonneliers, ainsi que d'autres corps de métiers. Presque tous les artisans de la colonie sont à la tête d'une petite entreprise familiale: le maître, son épouse, un ou deux apprentis, qui sont le plus souvent les fils d'autres artisans de la ville. Comme chez les bourgeois, les épouses et les filles prennent une part active à cette entreprise familiale, et les revenus qu'elles assurent sont essentiels: il arrive fréquemment que les épouses des artisans font marcher une petite auberge, confectionnent des vêtements pour la vente, donnent un coup de main à la boutique et tiennent les comptes de la famille!

Malgré l'écart social qui les sépare, les nobles, les bourgeois et les artisans vivent bien près les uns des autres dans des villes encombrées, et les ménages de ces trois groupes sociaux comprennent des domestiques. Parmi ces derniers, un certain nombre d'hommes ont été engagés en France, mais, dans cette catégorie, les femmes dépassent les hommes en nombre et la plupart sont Canadiennes de naissance. Dans les années 1740, plus de la moitié des domestiques de Québec sont des orphelins ou des enfants de familles pauvres, car le service domestique donne à la collectivité le moyen de subvenir aux besoins des enfants à sa charge: entrés tout jeunes au service d'un ménage mieux nanti, ces jeunes serviteurs reçoivent les vivres et le couvert en retour de leur travail, jusqu'à leur mariage ou jusqu'à ce qu'on en décide autrement, ainsi que le mentionnent certains contrats.

Parmi les domestiques, il y a aussi en ville des esclaves, car l'esclavage est chose courante en Nouvelle-France depuis l'époque de Champlain. Quelques-uns sont des Noirs amenés d'Afrique par l'intermédiaire des planteurs des Antilles, mais la majorité de ces hommes et de ces femmes ont été capturés à la guerre par les gens de la colonie ou par leurs alliés indigènes. Les Noirs passent pour être durs au travail et pour avoir plus de valeur, mais il semble que les nobles leur préfèrent les esclaves qu'on appele «panis», originaires de diverses tribus amérindiennes, à qui on trouve un air exotique et décoratif. Au Canada, les esclaves ne seront jamais nombreux ni de grande nécessité comme dans les plantations du sud; on les achète, pour la plupart, en vue seulement du service domestique. Quelques-uns ont pu se marier, un petit nombre ont été affranchis, mais, en général, ils ont eu la vie dure et, souvent, de courte durée. Par exemple, Mathieu Léveillé est amené à Québec pour y occuper la charge infâme de bourreau. Il souffre de maladie durant les dix années qu'il y vit, et meurt au début de la trentaine. De son côté, Marie-Josephe-Angélique, esclave à Montréal, connaît une fin plus spectaculaire: on l'exécute, pour avoir allumé un incendie ayant détruit près de 50 maisons en 1734.

Si on les compare avec les villes de la même époque en Europe, celles de Nouvelle-France sont trop petites pour compter un nombre considérable de pauvres et, les industries y faisant défaut, elles ne sont jamais un attrait pour les indigents de la campagne.

Cette chambre à coucher, aux murs blanchis à la chaux, peut sembler austère, mais en Nouvelle-France une famille aurait été fière d'une pièce d'un tel confort, comprenant une cheminée pour le chauffage, des meubles travaillés au tour, des tapis et une grande armoire pour les vêtements et la lingerie. (ONF)

Salle commune de l'époque 1750-1820, représentative de la riche maison de ville. L'ameublement de qualité a d'abord été marqué en Nouvelle-France par le style Louis XIII (on le constate dans les panneaux chantournés de l'armoire), puis par celui de Louis XV, plus simple, jusqu'à la conquête anglaise de 1760, lorsque seront coupées les relations directes avec la mère patrie. Le poêle de fonte à six plaques, marqué des lettres «F. St. M.» (pour *Forges Saint-Maurice*), date des environs de 1810. (ROM)

Ce qui ressemble le plus à une basse classe urbaine, ce sont les soldats des Compagnies franches de la Marine, en garnison dans les villes. Recrutés en France pour servir dans la colonie «selon le bon plaisir du roi» (c'est-à-dire, pour une durée indéterminée), ils logent chez les gens de la ville ou dans les fermes des environs. En temps de paix, on peut les engager comme journaliers, et ceux qui s'adaptent au pays peuvent tenter d'obtenir leur licenciement pour se marier et s'établir. Or, la présence de plusieurs centaines de jeunes gens, soumis à une discipline militaire plutôt lâche, devient facilement cause de perturbation: on tient les soldats responsables d'une grande part des larcins et de l'ivrognerie qui se manifestent de temps à autre dans les villes; et, à mesure que grossit la population militaire, le nombre des naissances illégitimes monte en flèche dans les endroits où les troupes sont cantonnées.

Si on les observe par opposition à la société rurale, les villes de la colonie apparaissent pour ainsi dire comme un autre monde. Le commerce, la médecine, les métiers, le savoir sont tous le fait de la ville. Les cours royales de justice ne servent guère au-delà des abords des villes, mais les seigneurs peuvent, et il leur arrive de le faire, régler les affaires des censitaires dans leurs propres tribunaux. Les villes sont aussi des centres artistiques. L'ostentation chez la noblesse contribue à soutenir les arts: même si elle ne pousse pas loin sa culture, l'élite encourage les orfèvres, les portraitistes et d'autres habiles artisans, dont il subsiste aujourd'hui des œuvres de haute qualité. Les orfèvres profitent aussi des relations diplomatiques avec les indigènes, puisque l'argenterie de traite, fabriquée dans la colonie, est souvent offerte à des chefs amérindiens en signe d'amitié et d'alliance. Toutefois, le plus important protecteur des arts est l'Église, qui non seulement a la mainmise presque complète sur l'instruction, les sciences et le savoir, mais aussi, pour des montants élevés, passe des commandes d'art religieux: presque toute peinture et toute sculpture en Nouvelle-France est d'Église, pour fournir images dévotes, ex-votos, décorations et retables aux temples et aux couvents. La musique, surtout celle des orgues et des chœurs de chant, est presque en entier chasse gardée du monde ecclésiastique. Marc Lescarbot, l'un des compagnons de Champlain en Acadie, avait monté une pièce à Port-Royal en 1606, *Le théâtre de Neptune*, et l'évêque Saint-Vallier s'était plaint, dans les années 1690, de la représentation à Québec du *Tartuffe* de Molière. Autrement, dans la colonie, on ne trouve guère de littérature et seulement un héritage fort clairsemé d'écrits autres qu'utilitaires. La colonie n'aura d'ailleurs jamais d'imprimerie. À quelques exceptions près, même les bibliothèques personnelles des gens à l'aise contiennent surtout des œuvres dévotes et des manuels d'affaires, de sciences ou de géographie. On peut conclure, sans être injuste, qu'en Nouvelle-France l'activité artistique et intellectuelle demeure restreinte, conformiste et en accord avec les goûts bien établis de l'élite dirigeante et du clergé.

La vie de l'habitant

Les villes dépendent de la campagne pour se ravitailler, au moins en aliments de base, et il y a toujours un va-et-vient entre ces villes et les fermes. Les fils d'habitants passent parfois quelques années à faire de l'apprentissage en ville, et ceux qui servent pendant quelques saisons comme voyageurs entrent quelque peu en contact avec le commerce urbain Cependant, les liens restent ténus. Même la natalité et la mortalité sont différentes: les citadins se marient plus tard et ont moins d'enfants que les cultivateurs; la mortalité infantile est plus fréquente en ville, peut-être à cause de l'encombrement et des maladies, mais aussi parce que les citadins à l'aise ont l'habitude, comme en Europe, de mettre leurs nouveau-nés en nourrice: il en meurt un grand nombre.

La ville du 18e siècle nous révèle un système complexe de rapports sociaux: riches marchands et artisans qui s'inclinent devant la noblesse; aristocrates qui pratiquent l'ostentation et courent après l'argent ou le crédit pour en faire les frais; soldats, domestiques et esclaves à la recherche d'un endroit sûr où se nicher. Or, la Nouvelle-France rurale est toujours constituée d'une masse de gens qui, pour l'observateur moderne (comme pour la plupart de leurs contemporains de la ville), ont tous l'air d'être les mêmes. En dehors de la ville, peu de nobles, peu de marchands ou d'artisans, point d'esclaves et pas beaucoup de domestiques. La Nouvelle-France rurale, c'est une ferme après l'autre, toutes occupées par des familles de paysans.

Les gens de la campagne eux-mêmes ne se voient pas tout à fait de cette façon. D'abord, ils préfèrent au mot paysan celui d'habitant, et tiennent pour certain qu'ils ont toute liberté de se déplacer, de vendre ou de léguer le titre de leur terre, d'organiser leur vie sans trop d'ingérence de la part des seigneurs, des marchands ou des fonctionnaires de l'État. Dans les premières décennies du 18e siècle, les habitants produisent encore une bonne partie de leur alimentation et, vu la rareté des artisans à la campagne, on peut penser qu'ils fabriquent encore bon nombre de leurs outils et des articles de poterie. Toutefois, la plupart sont sans doute dans une meilleure situation que leurs parents du 17e siècle, parce qu'ils ont hérité de l'œuvre des pionniers, et à cause de la prospérité générale qui a fini par les atteindre. En conséquence, certains habitants ont le temps et l'occasion de donner à la sculpture sur bois et à l'ameublement un style proprement canadien, de sorte que leurs maisons sont un peu plus grandes, mais aussi mieux meublées, et peut-être chauffées par un poêle qui vient des forges Saint-Maurice. En certains milieux, la prospérité rurale attire même des marchands, empressés à échanger des produits d'importation contre le surplus de blé; il se peut que des habitants portent des tissus importés ou consomment du sucre ou du rhum qui viennent aussi de l'extérieur.

L'arrivée de marchands a pu hâter la croissance des plus anciens villages ruraux de la colonie. Les fermes forment d'ordinaire une longue rangée sur la route ou sur la rivière, mais quelques villages font leur apparition assez tard sous le régime français, ayant souvent pour centre un marchand ou deux. L'exemple le plus frappant est celui de François-Auguste Bailly de Messein, fils d'un officier de la Marine, qui renonce à son rang de cadet dans les troupes vers 1730 et s'établit comme marchand de campagne à Varennes, en aval de Montréal. Il achète du blé, vend des articles d'importation, prête de l'argent et devient ainsi assez riche pour donner à ses fils l'éducation d'élite qui leur permet de retrouver le statut que le grand-père avait occupé d'une façon passagère: l'un d'eux deviendra même évêque à Québec, avec le titre de

À gauche: Les tissus et leurs accessoires comptent, en Nouvelle-France, parmi les principaux articles d'importation, mais beaucoup d'habitants portent des vêtements de rude étoffe, que l'on tisse à la maison, de même qu'ils fabriquent leurs chaussures et leurs manteaux. L'influence des indigènes sur l'habillement des Canadiens est manifeste dans le couvre-chef et sa broderie, dans les mocassins et dans les ceintures, tels qu'ils sont représentés dans cette aquarelle faite dans les années 1825-1830 par J. Crawford Young, officier de l'armée britannique et en même temps peintre amateur. À noter les éternelles pipes de plâtre, ainsi que les «couettes», les unes et les autres à la mode tout le long du régime français et encore après. (MM, M21231)

À droite: *Une dame canadienne-française en son habillement d'hiver et un prêtre catholique.* Aquatinte faite à la main qui illustre les *Travels through Lower Canada*, (Londres, 1810) de John Lambert (né vers 1775). Même si ces dessins datent des voyages de Lambert en Amérique du Nord dans les années 1806-1808, ces deux personnages sont habillés essentiellement de la même façon qu'à l'époque de la Conquête. (ANC, C-113742)

coadjuteur. Ce Bailly de Messein est toutefois rare de son espèce, et l'activité de quelques marchands de campagne comme lui ne change guère le mode de vie traditionnel. En général, les habitants du 18e siècle semblent s'adonner quelque peu au commerce (avec la chance de voir monter leur niveau de vie, et le risque mortel de s'endetter), sans que leur mode de vie ni leur comportement ne s'en trouvent modifiés. Certains cultivateurs, qui ont la chance de posséder une bonne terre, d'être pourvus de fils robustes ou d'avoir simplement plus d'habileté et plus d'ambition, récoltent presque toujours plus de blé que ce qui leur est strictement nécessaire. Cependant, la prospérité peut mener dans une impasse les cultivateurs moins heureux qui sont poussés à acheter davantage et à se débattre ensuite dans les dettes qui s'accumulent. Mais lorsque des marchands avides, des citadins voraces et des seigneurs exigeants paraissent devenir les grands bénéficiaires du travail des habitants, ceux-ci peuvent en venir simplement, une fois qu'ils se sont assuré un niveau de bien-être convenable, à réduire le volume de leur production: c'est justement ce que leur reproche l'intendant Hocquart en 1741.

Il est courant, en ville, de juger sévèrement les habitants. Selon un officier militaire en 1752, «les Canadiens de l'état commun sont indociles, entêtés et ne font rien qu'à leur gré et fantaisie». Il s'offusque surtout de les voir aller sur leur monture, qu'ils n'utilisent que pour «faire la cour à leur maîtresse». L'intendant Hocquart, qui juge que les Canadiens «n'ont pas l'air grossier et rustique de nos paysans de France», affirme «qu'ils ont une trop bonne opinion d'eux-mêmes, ce qui les empêche de réussir comme ils pourraient le faire»; ce sont, d'après lui, les longs hivers qui les encouragent à la paresse.

Ces jugements excessifs montrent bien le gouffre qui sépare la ville de la campagne; ils ne tiennent aucun compte du savoir-faire avec lequel les habitants affrontent les défis permanents de la vie de paysan. Toute famille est soumise chaque année à la rigide nécessité de produire assez pour acquitter ses rentes au seigneur et ses dîmes à l'Église, pour se nourrir et pour mettre en réserve les grains des prochaines semences. On peut remédier à un échec par l'endettement et ces dettes peuvent se transmettre à la génération suivante, mais, en ce domaine, le moindre petit revers rend le redressement plus difficile. À mesure qu'une famille en difficultés perd un peu de son bien-être, s'appauvrit et est plus mal en point, elle est amenée à produire de moins en moins et s'enfonce ainsi davantage dans la pauvreté. Cultiver la terre est une joute à mort que l'on soutient sans beaucoup d'espoir: or, malgré l'analphabétisme et l'isolement, la plupart des habitants s'en tirent assez bien.

Dans les fermes familiales, on entretient une connaissance pratique des chapitres pertinents du code légal, la Coutume de Paris. Les greffes des notaires débordent de transactions d'habitants: achats et ventes de titres de concession, locations d'outils et de bétail, contrats de rentes constituées qui dispensent le cultivateur, moyennant la promesse de verser un intérêt de 5% chaque année, de rembourser le capital lui-même: la dette, en pratique, peut ainsi durer indéfiniment.

Les transactions légales les plus importantes touchent la propriété et l'héritage. Pour protéger sa terre, qui est le seul actif de la famille, l'habitant couvre son testament de clauses qui décrivent en toute rigueur ce qu'il possède. Les contrats de mariage, auxquels recourent 90% des couples de la colonie, précisent aussi dans le détail ce que les parents des futurs conjoints peuvent offrir pour aider le nouveau couple à s'établir. La Coutume de Paris stipule que la propriété doit être divisée d'une façon égale entre les héritiers, mais elle ne peut contraindre des générations d'habitants à morceler à l'infini l'indispensable ferme de famille: les parents font donc, dans cette transmission de la terre, acte de donation ou de vente au bénéfice d'un enfant déterminé, qui en retour dédommage ses frères et sœurs et assure le soutien de ses parents âgés tout le reste de leur vie.

Dans toutes ces dispositions légales, on devine un grand souci d'entraide mutuelle. La société paysanne repose sur la famille et la plupart des arrangements que prend l'habitant font partie d'une stratégie de la famille. L'importance de cette cellule sociale y apparaît peut-être davantage dans la façon dont les collectivités rurales se développent dans des régions nouvelles. Une fois qu'un territoire est complètement occupé, il ne peut plus répondre aux besoins d'une population en voie de croissance: le surplus de personnes, produit par les générations successives, doit se trouver de nouvelles terres en arrière des plus anciennes qui bordent la rivière, ou quelque part ailleurs dans le pays. Or, ceux qui s'établissent dans les régions nouvelles ne sont pas des célibataires qui ont quitté la ferme familiale pour aller travailler tout seuls: dans un pourcentage qui nous étonne, c'est par groupes de familles que l'on s'établit dans ces régions nouvelles; au 18e siècle, dans un même ensemble de seigneuries récemment ouvertes, 40% des nouveaux colons sont des familles avec, à leur tête, des parents qui sont mariés depuis plus de dix ans. On peut être à peu près certain qu'elles ont hypothéqué ailleurs une ferme confiée aux soins d'un fils aîné ou de l'un ou l'autre des enfants, de sorte que la famille qui a atteint sa pleine croissance peut rassembler toutes ses ressources en vue d'une tâche plus lourde, celle d'un nouvel établissement. Les membres individuels, certes, y perdent du bien-être, mais c'est à l'avantage de ce que possède la famille et de son avenir. Ce mode d'expansion continue, de nature à sauvegarder le vieux bien familial pendant qu'il sert de tremplin pour passer à une nouvelle terre, se maintient aussi longtemps que durera ce type d'agriculture et que la terre demeurera abondante. On peut l'observer dans le Québec rural jusqu'au 20e siècle.

Une société adulte

Les révolutionnaires français de 1789 ont qualifié d'ancien régime tout ce qu'ils étaient en train de balayer: monarchie, Église, noblesse. Les historiens usent du même terme pour qualifier tout un mode de vie qui a disparu presque partout en Europe avec la montée de la démocratie, du capitalisme et de la révolution industrielle. Au 18e siècle, la Nouvelle-France sort enfin d'un jeune âge qu'ont marqué des débuts orageux, pour devenir une société adulte de l'ancien régime. Comme bien des sociétés de son temps en Europe, elle comprend une petite élite pourvue de privilèges et une masse importante de pauvres cultivateurs. Cette structure sociale donne plus de force encore à un système politique dans lequel règne un gouvernement absolu sans que l'on songe aucunement à des institutions représentatives. Gouverneurs, intendants, évêques, se réclament tous d'une autorité paternaliste sur les habitants de la colonie; ils trouvent tout naturel d'avoir le droit et le devoir non seulement de commander au nom du roi, mais aussi d'accorder ou de refuser telle ou telle faveur ainsi qu'ils le jugent à propos, comme d'imposer leurs conceptions de la vie à ceux qui leur sont soumis. Sans doute peuvent-ils rencontrer à l'occasion, chez ces derniers, de la résistance à l'autorité: cela arrivera, par exemple, quand la pénurie fait monter le prix des aliments à Montréal et que des femmes descendent dans la rue pour exiger l'intervention du roi; quand des soldats se mutinent à Louisbourg en 1744; ou quand des habitants refusent les corvées de l'État ou des seigneurs. Néanmoins, la contestation populaire ne remet que rarement en question les structures de la société ou du gouvernement. Des agents de l'autorité royale sont chargés, de haut en bas, depuis le gouverneur jusqu'aux capitaines de milice de chaque paroisse, de faire connaître au peuple la volonté du roi, et non l'inverse. On peut grogner devant les faits, quand le gouverneur réquisitionne des cultivateurs pour travailler à une construction militaire, quand l'intendant détermine le prix du blé ou quand le clergé réclame ses dîmes, mais on ne se pose guère de questions sur le droit des autorités à agir ainsi.

La société civile repose sur le catholicisme. Dans la colonie, on impose des restrictions étroites aux quelques protestants qui s'y trouvent; les enseignements qui viennent de la hiérarchie ecclésiastique sont rigoureux et sévères, même la danse fait froncer les sourcils. Bien entendu, les prêtres ne peuvent pas toujours mettre en vigueur ce qu'ils ont décidé. Le gouvernement s'est libéré assez tôt de la domination cléricale, et les libertins de la noblesse se permettent de négliger les ordres du clergé: un groupe de ces nobles en 1749 a l'audace de demander au curé de Montréal d'avancer l'heure des cérémonies du Mercredi des Cendres, pour qu'ils puissent s'y présenter à leur convenance, en rentrant de chez l'intendant où a lieu le bal nocturne du Mardi Gras. Même à la campagne, les prêtres reprochent aux habitants leur air négligé, leurs superstitions et leur opposition aux dîmes. Pourtant, même à l'époque où le pouvoir temporel de l'Église est le plus faible, la foi populaire et les observances religieuses persistent dans une large mesure. L'Église a sa part dans des événements de tous genres: naissances, décès et mariages, bien entendu, mais aussi dans la célébration de victoires militaires et de fêtes publiques, dans la conduite des hôpitaux, des écoles, des œuvres de bienfaisance et dans les confréries des gens de métiers. La messe paroissiale et l'assemblée des paroissiens qui la suit sont des événements essentiels à chacune des collectivités.

Dans une colonie qui croît et s'affermit de façon rapide, il ne manque jamais d'occasions pour qu'on puisse changer sa situation. Même s'il est à l'intérieur des terres et reçoit peu d'immigrants après les années 1680, le Canada jouit jusqu'à certain point de relations avec l'extérieur et de mobilité physique. Québec entretient des liens de commerce avec la France et il en est de même avec les colonies du littoral atlantique. Louisbourg à une extrémité de la Nouvelle-France, et Montréal à l'autre, ont des relations régulières, à peine tolérées, avec la côte de la Nouvelle-Angleterre et les limites du New York: entre les unes et les autres vont et viennent un certain nombre de personnes, mais aussi des nouvelles et des marchandises. À l'intérieur de la colonie, la circulation routière et fluviale va en augmentant tout au long du 18e siècle. Le besoin d'ouvrir de nouvelles régions amène même les familles de cultivateurs à se déplacer et une bonne minorité des colons vont se marier en dehors de leurs collectivités. La traite des fourrures, évidemment, peut toujours pousser les jeunes gens vers l'ouest: quelques-uns vont s'y intégrer dans la société indigène ou entraîner leurs épouses dans les petits établissements qui se développent sur les Grands Lacs et sur le haut Missisipi.

Mais toute société où l'on vit surtout d'une agriculture de subsistance se révèle lente à changer. La Nouvelle-France rurale est massivement illettrée et même en ville, seuls ceux qui en ont absolument besoin apprennent à lire et à écrire. L'instruction est, d'abord, affaire d'endoctrinement religieux, et, ensuite, un travail de raffinement de l'élite, ou une préparation immédiate aux professions libérales et au commerce. Celui-ci existe bel et bien et dans certains milieux il est même florissant, mais c'est un commerce qui se trouve bien à l'aise dans une société précommerciale, et non pas un capitalisme révolutionnaire qui chercherait en se déployant à miner l'économie traditionnelle. Le Nouveau Monde offre quantité d'occasions au changement, malgré cela, on constate que la colonie laurentienne se développe en une société traditionnelle, caractérisée par une grande stabilité.

Être fils d'habitant, c'est courir à coup sûr le risque de mener (à tout le moins selon nos conceptions d'aujourd'hui) une vie d'une uniformité monotone, faite d'ignorance et de dur labeur. Pourtant, dans ce cadre figé, l'effort, la chance ou un mariage judicieux, permettront à certains maçons, voyageurs et habitants, ou à leurs enfants d'améliorer leur condition d'une façon marquée. La société peut se montrer très dure pour celui ou celle qui perd pied, mais, en général, les gens s'en tiennent d'assez près à leurs conditions de naissance, trouvant dans leur collectivité nourriture, gîte et gagne-pain.

La guerre de la conquête

Le conflit qui met fin à l'empire français sur le continent nord-américain vient, en partie, de la bonne fortune de la France au cours des décennies de paix qui précèdent. Dans la première moitié du siècle, l'expansion de la traite des fourrures, de l'agriculture et de la pêche en Nouvelle-France n'est que le reflet de la prospérité que connaît le commerce français aussi bien en Europe qu'outre-mer, et même jusqu'aux Indes. Au cours de cette période, la France peut avec réalisme rêver de couvrir le monde de son commerce, mais les Anglais poursuivant le même but, des heurts seront bientôt inévitables. Tout laisse prévoir un affrontement d'importance, en cette Europe du 18e siècle, entre les deux grands empires de commerce.

Ce conflit débute avec l'entrée en guerre de la Grande-Bretagne, d'abord contre l'Espagne en 1739, puis contre la France en 1744. Malgré des enjeux qui se précisent, cette première guerre ne dégénère pas, à proprement parler, en une guerre coloniale entre Français et Anglais: la Grande-Bretagne est victime d'une crise dans ses affaires intérieures (par exemple, la campagne du «beau prince Charlie» pour accéder au trône en 1745-1746), et le jeu traditionnel des alliances en Europe ramène une fois de plus les deux puissances rivales à se combattre sur le continent sans résultat concluant, et le conflit cesse en 1748. Au Canada, dont les frontières paraissent en sécurité, le marquis de Beauharnois, officier de la Marine qui avance en âge et gouverne depuis 1726, ne voit guère le besoin d'aggraver par des conflits locaux cette guerre entre empires.

Les seuls faits militaires d'importance en Nouvelle-France concernent plutôt Louisbourg. La colonie française de l'île Royale a, en trente ans, renforcé le rôle de la France dans le marché de la morue, ainsi que sa force militaire sur le littoral atlantique. La déclaration de guerre en Europe lui offre l'occasion de faire sentir ce pouvoir: en 1744, Louisbourg s'empare à Canseau (Nouvelle-Écosse) d'un avant-poste de pêche occupé par la Nouvelle-Angleterre, vient bien près de capturer Annapolis Royal (le seul endroit

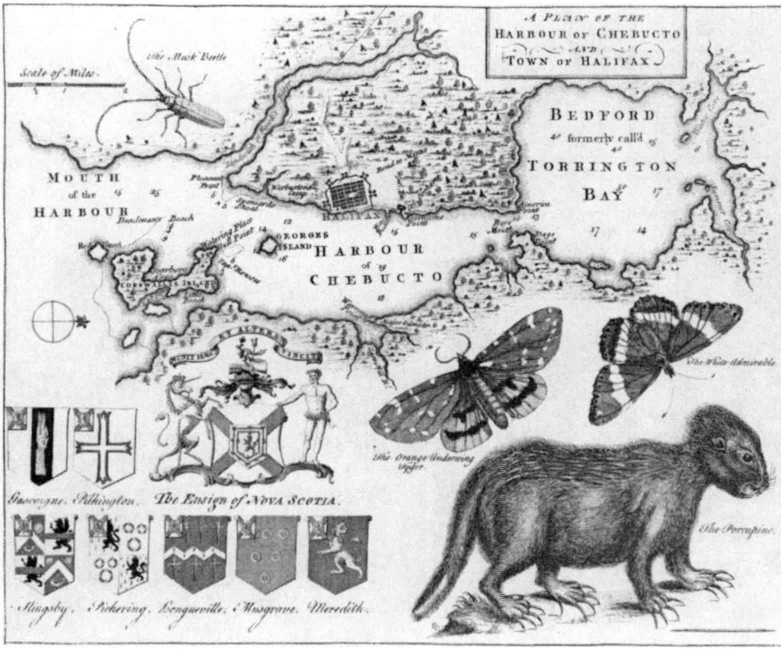

Les indigènes et les pêcheurs de passage gardent pour eux seuls le beau havre de Chebouctou, jusqu'à l'arrivée en 1749 d'une flotte anglaise chargée de soldats et de colons, sous les ordres du colonel Edward Cornwallis, qu'on vient de nommer gouverneur de la Nouvelle-Écosse. Ils arrivent pour fonder Halifax. Parmi eux, un entomologiste et graveur de 18 ans, Moses Harris: son *Plan of the Harbour of Chebucto and Town of Halifax* (avec son porc-épic et ses papillons), daté de 1749 et publié en février 1850 dans le *Gentleman's Magazine*, passe pour être le premier document écrit de la nouvelle colonie. (NS, P21/80.11, négatif N-14638)

d'Acadie où les Britanniques tiennent garnison) et lance ses corsaires contre les navires anglais. D'ailleurs, même en temps de paix, la seule existence de Louisbourg suffit à irriter les colonies anglaises d'Amérique, et surtout le Massachusetts. Les gens de Nouvelle-Angleterre veulent bien commercer avec Louisbourg, mais ils n'ont jamais accepté la présence française sur un territoire qu'ils considèrent comme leur propre arrière-pays; les succès des Français en 1744 s'attirent une réplique rapide: la Nouvelle-Angleterre lance ses troupes contre l'île Royale elle-même.

Au milieu du 18e siècle, les journaux anglais s'activent à façonner l'opinion publique sur plusieurs questions politiques. La popularité dont jouit chez elle la Grande-Bretagne dans la lutte qu'elle mène à travers le monde contre l'empire français donne naissance, dans la propagande, à un lot de dessins humoristiques dirigés contre les Français. Exemple cette gravure de John June d'après un dessin de Louis-Pierre Boitard, publiée à Londres en 1755. On y trouvait les inscriptions: «Britannia prêtant attention aux plaintes de ses Américains offensés» et «Les Français renversés dans la chute du Niagara». (MTL/JRR, T16045)

Ce n'est pas une cible facile: la France a fortifié Louisbourg au point que seul un siège en règle de l'artillerie peut la mettre en danger. Comme la Nouvelle-Angleterre ne dispose pas d'une organisation militaire en bonne et due forme, la France ne craint aucune menace sérieuse pour l'île Royale, sauf de la Grande-Bretagne: aussi n'entretient-elle à Louisbourg que sa garnison et ses munitions de temps de paix, lorsqu'une milice réunie en toute hâte par la Nouvelle-Angleterre, que soutient une flotte britannique venue des Antilles, se présente devant la forteresse en mai 1745. L'importance des assiégeants révèle bien les ressources cachées que peuvent offrir les colonies anglaises de l'Amérique du Nord. Les petits établissements que les colons du 17e siècle avaient fondés le long du littoral atlantique sont devenus les grandes et puissantes Treize Colonies: ensemble, elles comptent déjà plus d'un million de personnes, leurs villes et leurs campagnes se sont étendues à l'intérieur des terres, loin de la côte où elles avaient commencé. Fort de ses alliances conclues avec les nations indigènes éloignées, et de ses traditions militaires, le Canada a toujours maintenu sa supériorité sur les Américains dans les guerres en pays sauvage; toutefois, sur le littoral, l'avantage n'est pas de son côté. La Nouvelle-Angleterre lève une armée de 4000 hommes, l'équipe et l'envoie au nord après une préparation de seulement quelques mois, mais cela se révèle suffisant. Durant les six semaines du siège, elle pilonne les remparts de pierre de la forteresse, cependant qu'un blocus naval coupe tout secours qui pourrait venir de France: Louisbourg capitule en juin.

Les habitants de l'île Royale sont déportés en toute hâte en France, et disparaît avec eux la puissance militaire qu'entretenait la France sur la côte de l'Atlantique. Puisque l'île Royale exportait une bonne partie des grains du Canada, les prix du blé s'effondrent à Québec et, comme Louisbourg a toujours passé pour un bastion avancé de la colonie laurentienne, on entreprend aussitôt des constructions pour munir Québec de ses propres remparts. Or, ni l'Angleterre ni ses colonies américaines ne donnent suite à la victoire de la Nouvelle-Angleterre sur l'île Royale: il n'y aura guère d'autres opérations militaires en Amérique du Nord et le traité de paix de 1748 rend l'île Royale à la France, dans un mouvement général de restitution des territoires conquis. En moins d'un an, Louisbourg redevient aussi active, aussi peuplée et aussi prospère qu'auparavant: dès 1750, les gens de la Nouvelle-Angleterre qui en avaient fait le siège en 1745 reviennent y faire du commerce. La première escarmouche de cette guerre du milieu du siècle n'a donc abouti à rien. Pourtant, même s'il n'y a pas urgence en Europe d'en venir à un règlement de comptes général entre les deux puissances commerciales, il reste en Amérique du Nord bien des points où le choc des intérêts de l'une et l'autre menace de créer un conflit de plus grande ampleur.

Dans les colonies de l'Atlantique, le rétablissement de l'autorité française sur l'île Royale ne marque pas un retour au *statu quo*. En effet, pour contrebalancer la restitution de Louisbourg à la France, l'Angleterre entreprend d'une façon systématique de s'assurer la domination sur la terre ferme de la Nouvelle-Écosse. En 1749, deux régiments avec 2500 colons recrutés en

Grande-Bretagne débarquent dans la baie de Chebouctou pour fonder la ville de Halifax. Pour augmenter cette colonie, on va chercher en Allemagne et en Suisse 1500 «protestants étrangers» et l'on fonde Lunenburg en 1753. Au début, mal équipés et harcelés par les alliés indigènes de la France, les colons connaissent la souffrance et la mortalité, mais la nouvelle colonie poursuit sa croissance, grâce à la venue d'un certain nombre de résidents de la Nouvelle-Angleterre, dont la présence est annonciatrice du courant migratoire qui s'établira plus tard entre cette région et le littoral de la Nouvelle-Écosse. Un de ces immigrants, John Bushell, commence en 1752 à publier le premier journal du Canada, la *Halifax Gazette*. Vers la fin de la décennie 1750-1760, Halifax confirme le rôle qu'elle joue sur le littoral de l'Atlantique nord en tant que base militaire de premier plan pour la Grande-Bretagne, et ce territoire, revendiqué dès les années 1620 sous le nom de Nouvelle-Écosse, prend peu à peu la forme d'une colonie britannique.

En réaction contre le progrès de Halifax, la France installe à Louisbourg une garnison plus importante et elle fortifie la frontière sud du territoire, qu'elle revendique le long de l'isthme de Chignectou. Ces deux opérations menacent de rompre l'isolement qui permettait jusque-là aux Acadiens (au nombre maintenant d'environ 12 000) de former une enclave neutre à l'intérieur d'un territoire anglais. Au cours des années 1750, un certain nombre se mettent à émigrer à l'île Royale et à l'île Saint-Jean.

À Terre-Neuve, l'affrontement qui se dessine entre Anglais et Français est moins immédiat. Même si la colonisation britannique qui s'y développe et envahit le territoire que l'on a réservé aux pêcheurs français, la vraie rivalité porte sur le marché de la morue en Europe. La mainmise que l'Angleterre s'était assurée sur Terre-Neuve en 1713 comptait pour un avantage important, mais le commerce français de la morue s'était relevé avec vigueur: il devient évident que seules des opérations militaires dans les eaux terre-neuviennes pourront mettre fin à la rivalité dans une industrie qui a, pour les puissances européennes, encore plus de valeur que la traite des fourrures.

Les intérêts de la France et de l'Angleterre se heurtent aussi à la frontière sud-ouest de la Nouvelle-France, dans une région où le Canada se sent en sécurité depuis que les Iroquois ont signé en 1701 un traité de neutralité. Dans les années 1750, des colons de la Pennsylvanie et de la Virginie essaient de s'étendre vers l'ouest, en direction de la rivière Ohio qui leur ouvrirait le Mississippi. Pour contenir cette poussée vers l'ouest et conserver le commerce et le soutien des nations indigènes qui sont au sud du lac Érié, des gouverneurs de la Nouvelle-France dressent tour à tour des forts sur les rives de l'Ohio et de ses affluents. Au début, le conflit se limite à des escarmouches entre les indigènes, clients des Français, et les Américains, mais à mesure que des troupes françaises et des corps de milice américaine viennent réclamer des frontières inconciliables, l'affrontement direct devient inévitable.

Pendant que se préparent ces conflits, on renforce considérablement la Nouvelle-France: les effectifs des Compagnies franches de la Marine sont doublés, on leur ajoute des compagnies d'artilleurs, on augmente le corps du génie. Avec ces garnisons plus considérables, ces expéditions en préparation et ces nouveaux forts, les dépenses de la colonie montent en flèche, la colonne des dépenses dans le budget de la Nouvelle-France dépasse pour la première fois le million en 1744 et au début de la décennie 1750-1760, elles atteignent chaque année entre trois et six millions de livres. Même si la colonie est officiellement en paix, les dépenses militaires expliquent presque toute cette augmentation.

Ces dépenses, qui vont atteindre trente millions de livres dans les années de guerre juste avant 1760, sont à Québec sous le contrôle de François Bigot, intendant depuis 1748. C'est à cause d'elles qu'il est devenu l'une des figures légendaires de la Nouvelle-France: on en a fait un monstre de corruption qui aurait détourné l'argent de la colonie à son profit, dans une époque de très grande disette, et serait ainsi responsable de la chute du Canada. Selon les critères du 20e siècle, Bigot est assurément un personnage corrompu: l'année même de sa nomination à l'intendance, il entre dans une entreprise de commerce pour expédier à Québec les marchandises qu'il doit acheter au nom de la colonie et, par l'intermédiaire des fournisseurs en titre qu'il associe à l'affaire, il va tirer de grands profits des achats qu'il autorise. Bigot s'enrichit grâce à son poste, se sert de sa fortune et de son influence pour entretenir des maîtresses et s'assurer une bonne place dans la vie de luxe, fertile en scandales, qui caractérise cette fin de règne à la cour de Québec. Mais quand même, c'est la politique de l'empire français, et non les bénéfices de Bigot, qui a fait se multiplier par soixante les dépenses de l'État sur une période d'à peine douze ans. Mais la Couronne de France n'est pas toujours disposée à admettre le coût de sa politique, et exige sans cesse qu'on fasse des économies, ce qui pousse le nouveau gouverneur, le marquis de La Galissonière, à répliquer sèchement que la guerre ne se fait jamais sans qu'il en coûte. Il voit bien que la dette énorme de la Nouvelle-France vient surtout des préparatifs de guerre: Versailles se plaint du coût, mais poursuit sa politique.

Se servir de la fonction publique pour son profit personnel n'est le fait ni du seul Bigot ni du seul service du roi. Le 18e siècle tolère chez les gens haut placés une certaine confusion entre les intérêts publics et les intérêts privés, et l'on ne s'attire guère de reproches aussi longtemps qu'il y a équilibre dans les

Fondée en 1713 pour rétablir la puissance française sur le littoral atlantique, Louisbourg devient un port de pêche et un centre de commerce qui connaît la prospérité. Par deux fois assiégée et capturée par les Anglais, la forteresse est laissée à l'abandon moins de dix ans après le second siège, celui de 1758. Elle est ici représentée avec soin dans une gravure de P. Canot, d'après une esquisse qu'a faite sur les lieux-mêmes le capitaine Ince, du Trente-cinquième Régiment (Londres, Thomas Jefferys, 1762). (ANC, C-5907)

comptes. Ce qui vaut à Bigot la prison, l'exil et l'infamie, ce n'est pas tant les profits excessifs qu'il a soutirés, que la chute de la colonie et l'incapacité de la Couronne à payer ses dettes de guerre: on a fait de Bigot et de ses associés les boucs émissaires de l'une et de l'autre. En réalité, l'application qu'a mise Bigot à s'enrichir en ravitaillant la Nouvelle-France a certainement renforcé la colonie dans ses préparatifs de guerre. De mauvaises récoltes et des recours de plus en plus fréquents aux miliciens appauvrissent la production agricole dans les années 1750, et à mesure qu'on augmente les garnisons du pays, la Nouvelle-France n'arrive plus à se suffire à elle-même. Malgré des efforts accrus de ravitaillement à l'intérieur de la colonie (en particulier, après qu'un Canadien, Joseph-Michel Cadet, se soit chargé d'approvisionner les troupes en 1756), il faut combler à partir de l'Europe le déficit qui sépare ce qu'il faut à l'armée, et ce que la colonie peut lui fournir. C'est en ce domaine qu'on obtient un succès surprenant: le tonnage d'exportation de France à Québec double, puis triple sous l'administration Bigot. Quand la guerre, la menace de la flotte anglaise et les primes d'assurance qui montent en flèche ont éliminé presque tous les affréteurs indépendants, les associés de Bigot restent presque les seuls à expédier de France, en direction de la colonie en guerre, ce qu'il faut de nourriture et d'équipement.

Les conflits de frontières finissent en 1754 par mettre aux prises Français et Américains dans l'Ohio. Les Troupes franches de la Marine, aguerries et bien organisées, l'emportent sur les miliciens volontaires des colonies anglaises, mais la guerre imminente pousse les deux empires rivaux à grossir les enjeux. Au début de 1755, l'Angleterre dépêche aux Treize Colonies deux régiments de ses troupes régulières; et, pour la première fois depuis les guerres iroquoises des années 1660, la France envoie des forces régulières pour soutenir la garnison des Troupes de la Marine. La guerre n'est toujours pas déclarée, parce que, des deux côtés, on négocie des alliances en Europe; toutefois, cette paix officielle n'empêche ni une attaque de la flotte anglaise contre un convoi de troupes françaises, ni des opérations de guerre de grande envergure aussitôt après l'arrivée en Amérique des troupes régulières et de leurs généraux.

Les campagnes militaires de 1755 montrent bien que les régiments de l'armée régulière ne transformeront pas la façon de faire la guerre, en Amérique du Nord, car l'entraînement qu'ils ont eu sur les champs de bataille d'Europe ne se révèle pas à leur avantage dans les régions sauvages. Le général de l'armée française, Jean-Armand Dieskau, est blessé et fait prisonnier, au sud du lac Champlain, dans un combat qui ne fait pas de maître. Pendant ce temps, le général anglais, Edward Braddock, se fait tuer et son armée est mise en déroute par un petit corps des Troupes de la Marine et leurs alliés indigènes, alors qu'elle se porte contre le fort Duquesne, forteresse française sur la rivière Ohio. D'un côté comme de l'autre, on se retire pour refaire ses forces en attendant la déclaration formelle de guerre de 1756.

La déportation des Acadiens

Ces escarmouches de frontières ont moins d'importance que «le grand dérangement», ainsi qu'on a appelé la déportation des Acadiens au cours de l'été et de l'automne 1755. Pour le colonel Charles Lawrence, gouverneur en exercice de la Nouvelle-Écosse, qui se fait le promoteur de cette déportation, ce n'est là qu'une mesure militaire: selon lui, son pays est déjà *de facto* en guerre, et sa colonie se voit menacée par les forces françaises à la fois aux frontières et au large des côtes. Quand les porte-parole des Acadiens réagissent avec ambiguïté au serment d'allégeance inconditionnel qu'on leur propose, Lawrence comprend qu'écarter de sa colonie des éléments qui pourraient lui manquer de loyauté n'est qu'une simple mesure de précaution.

La déportation se fait avec une rapidité étonnante. Une fois la décision prise (à l'unanimité) par le Conseil exécutif de la Nouvelle-Écosse en juillet 1755, Lawrence met en action toutes les troupes que l'Angleterre avait réunies dans cette colonie: il mobilise une flotte de navires marchands qu'il pourvoit de vivres, puis il envoie ses régiments rassembler les Acadiens, les diriger sur les navires avec les effets qu'ils peuvent transporter et, enfin, mettre le feu à leurs villages. Au bout de quelques mois, l'Acadie a tout simplement cessé d'exister. Village après village, à Grand-Pré, aux Mines, à Beaubassin, partout autour de la baie de Fundy, on s'empare d'au moins 7000 Acadiens qu'on fait partir pour l'exil avant la fin de 1755; on en bannira quelques milliers d'autres, les années suivantes. À peine 2000 fugitifs ou résistants pourraient tenir bon dans les bois.

Cette décision de déporter les Acadiens est le résultat des transformations de la Nouvelle-Écosse. En 1713, l'Angleterre avait, par faiblesse autant que par tolérance, laissé les Acadiens sur les lieux. Au cours des années paisibles 1720-1740, avec de maigres ressources et à peu près sans autres sujets que des Français, les commandants britanniques entretiennent un *modus vivendi* délicat qui maintient leur sécurité tout en renforçant la propension des Acadiens à la neutralité. Toutefois, après 1749, la fondation de Halifax amène en Nouvelle-Écosse des troupes et des colons; gouverneurs et commandants n'ont plus besoin de ménager des accords avec les sujets français qui occupent les meilleures terres de la colonie. Quant aux Acadiens, qui se montrent neutres depuis 1710, ils souhaitent plus que jamais le demeurer. Certes, ils ne peuvent pas ne pas voir la puissance anglaise qui augmente autour d'eux et ils continuent de n'aider que mollement les troupes françaises qui se tiennent aux frontières. Mais au nombre de dix ou douze mille, ils forment un peuple bien enraciné dans le sol d'Acadie, établi depuis des générations sur une terre qu'ils ont arrachée aux marées de la baie de Fundy. Même si la domination anglaise s'affermit sur eux, l'idée d'une déportation leur paraît inconcevable, irréaliste: même en face des fusils de ces forces anglaises assemblées, ils se pensent en mesure de marchander les conditions de leur neutralité. Jusqu'au jour où leur est lu l'ordre de déportation.

Impuissants, n'ayant commis aucun crime, en possession d'un droit sacré à leurs terres et à leur mode de vie, ils se voient éliminés d'une société qu'ils avaient établie sur un sol qu'ils cultivaient depuis plus d'un siècle. Lawrence ordonne qu'on les distribue «dans les diverses colonies du continent» — aucune des colonies américaines ne consentirait à les recevoir tous ensemble chez elle — et c'est pourquoi les navires laissent de leurs passagers dans les ports tout le long du littoral atlantique, de la Nouvelle-Angleterre à la Georgie. Les officiers de Lawrence ne visent peut-être pas à diviser les familles à mesure qu'on les fait monter à bord, mais, puisque les familles acadiennes constituent un réseau étendu de parenté, tous les exilés se trouvent séparés de presque tous ceux qu'ils considèrent comme les leurs. De plus, même s'il n'y a pas de plans pour les affamer ou les soumettre à la contagion, le tiers environ des exilés meurent de maladies contagieuses auxquelles ils ne sont pas habitués. Cette opération de bannissement dure jusqu'en 1762, et un certain nombre d'Acadiens sont transportés jusqu'en Europe: en 1758, par exemple, 700 d'entre eux périssent dans un naufrage sur l'Atlantique et les survivants trouvent refuge en France.

Une partie des Acadiens qu'on avait débarqués par petits groupes dans les ports des colonies américaines vont y rester, constituant ainsi au sein d'une société étrangère une toute petite minorité mal acceptée. D'autres, aussitôt que possible, prennent la direction des Antilles françaises, de la Louisiane ou du Saint-Laurent. Quand la guerre prend fin en 1763, de petits groupes commencent à rentrer en Acadie, par terre ou par mer, au coup par coup mais avec une persistance surprenante, opération qui prendra des dizaines d'années. Mais cette Acadie où ils retournent, n'existe plus: de nouveaux colons se sont hâtés d'occuper les anciennes terres endiguées — les meilleures de la Nouvelle-Écosse —, et les exilés qui rentrent chez eux doivent se chercher de nouvelles demeures dans des lieux jusque-là négligés. Le cœur de l'Acadie va se déplacer en direction de l'ouest, dans le Nouveau-Brunswick où le souvenir collectif de la déportation et des pertes subies sera le ferment de l'édification progressive d'une nouvelle société acadienne.

Le sentier des Plaines d'Abraham

Au printemps 1756, arrive la déclaration en bonne et due forme de ce qu'on allait appeler, selon le calendrier européen (1756-1763), la guerre de Sept Ans. Elle projette aussi à l'avant-scène trois personnages qui ont un rôle important dans le conflit: un Canadien, un Français et un Anglais. Pierre Rigaud de Vaudreuil, fils du gouverneur qui a dirigé la Nouvelle-France au début du siècle, est devenu gouverneur général en 1755. Canadien de naissance, il a grandi dans la tradition, vieille ici d'un siècle, de faire la guerre à l'ennemi en le harcelant d'incursions sur ses frontières, et il est convaincu que la colonie se doit de conserver ses alliances avec les indigènes. Vaudreuil en vient bientôt à prendre fort mal le mépris que les officiers de l'armée régulière manifestent à l'égard des troupes de la colonie, moins brillantes peut-être, mais mieux entraînées à la petite guerre nord-américaine. En 1756, on lui envoie un subalterne qui va devenir son rival, Louis-Joseph de Montcalm, vétéran des guerres d'Europe, promu commandant des forces militaires de la Nouvelle-France. Conscient de son talent, enclin à porter des jugements sarcastiques sur les idées d'autrui, Montcalm trouve pénible d'avoir à s'en rapporter au gouverneur Vaudreuil, dont il ne veut pas prendre au sérieux l'expérience militaire acquise dans la colonie. Comme la guerre a tendance à se faire de plus en plus selon les rites d'une armée de métier, il veut surtout garder son armée intacte, sans insister, comme Vaudreuil, sur la protection de frontières disséminées. D'ailleurs, il ne tient pas, comme les colons, à sauver la Nouvelle-France à tout prix; le Canada n'est pour lui qu'un champ de bataille français parmi d'autres et il spécule sur ce qui pourrait amener le roi à le céder. Entre lui et Vaudreuil, il ne peut y avoir qu'affrontement.

Le troisième personnage de 1756 est William Pitt, homme d'État anglais qui, cette même année, vient de surmonter l'opposition de George II et d'accéder au poste de premier ministre. Il s'est fermement engagé à faire la guerre à la France dans les colonies plutôt qu'en Europe. Malgré la préoccupation qu'a le roi de défendre les terres de sa famille allemande et de ses alliés, divers revirements diplomatiques donnent au parti de Pitt toute liberté: si ce premier ministre reste au poste, les Anglais accentueront la guerre contre l'empire français, jusqu'à la conquête pure et simple de la Nouvelle-France. Ses ressources militaires et son aptitude à organiser la défense avaient toujours donné à cette colonie française l'avantage sur les colonies anglaises de l'Amérique du

Nord, pourtant beaucoup plus peuplées. Mais la maîtrise de plus en plus forte de la Grande-Bretagne sur les mers lui permet de dépêcher des troupes et de l'équipement en des quantités beaucoup plus grandes que ne le peut la France: à la fin de la guerre, sur des effectifs anglais de 140 000 hommes, plus de 20 000 servent en Amérique du Nord, avec le soutien de forces coloniales aussi nombreuses, et celui de la Marine royale.

Même si les Anglais se sont engagés à fond dans la guerre d'Amérique, les années 1756 et 1757 sont marquées surtout par des succès français. La guerre se fait à cette époque aux frontières de l'ouest, contre la forteresse de Louisbourg, ainsi que sur le Richelieu et le lac Champlain. De toutes parts en Nouvelle-France, c'est le combat général, et toutes les alliances avec les indigènes sont activées. Certes, quelques guerriers iroquois se mettent au service de la cause anglaise — dont un futur chef des Six-Nations, Thayendanegea dit Joseph Brant —, mais la plus grande partie de la confédération iroquoise s'en tient au traité de neutralité, malgré les tentatives de persuasion que font chez elle des agents anglais de plus en plus influents.

«La guerre enrichit le Canada», écrit un officier militaire devant les sommes énormes que le roi investit dans la défense de la Nouvelle-France. Il pourrait plutôt remarquer jusqu'à quel point la guerre est en train de ruiner toutes les entreprises du temps de paix, transformant la Nouvelle-France en société militarisée. Depuis toujours, on enrôlait en compagnies de milice, dans chaque paroisse, tous les hommes âgés de 16 à 60 ans. Maintenant, la mobilisation touche jusqu'au quart de la population. Ces miliciens ne font pas que combattre aux côtés des garnisons de frontières et des troupes régulières, ils assurent le soutien dans des campagnes militaires d'envergure, transportent les provisions, montent la garde des entrepôts, construisent routes et forts. Les pertes augmentent sans arrêt et, avec tant de monde occupé à la guerre, l'agriculture et les occupations normales se mettent à décliner: dès 1755, Vaudreuil se préoccupe des champs laissés à l'abandon, et le problème s'aggrave chaque année.

La disette fait monter rapidement les prix, le numéraire disparaît et le papier-monnaie signé Bigot se déprécie. Puis c'est le rationnement, les officiers qui fouillent les campagnes pour confisquer la nourriture et le blé accumulé, le bétail des habitants (d'abord, les vaches, les cochons, les moutons, puis — ce qu'on trouve dégoûtant — même les chevaux) qui s'en va dans les casseroles. Pendant l'hiver 1757-1758, se produisent de graves pénuries, une réduction draconnienne des rations et des protestations populaires dans les rues de Montréal et de Québec, devant l'échec des autorités à maîtriser la flambée des prix des aliments essentiels. Ce n'est pas encore une véritable famine, mais la petite vérole dévaste une population déjà affaiblie par la sous-alimentation et par un hiver inhabituellement rigoureux.

Pourtant, le moral de la population fait impression même sur Montcalm, de plus en plus en désaccord avec Vaudreuil. Montcalm semble préparé à la défaite: il écrit en 1757 que le Canada ne serait pas une perte irréparable, si la France peut sauver ses pêcheries. En l'automne de disette de cette même année, son adjoint, François-Gaston de Lévis vante la détermination des habitants et estime que la Nouvelle-France peut survivre: «Si les Anglais, écrit-il, ne sont pas plus heureux dans leurs expéditions en Europe qu'en Amérique, ils ne pourront pas soutenir longtemps les frais immenses que la guerre leur occasionne». En somme, si la petite garnison et la population en armes peuvent continuer à tenir à distance les armées qui se massent contre elles, la Nouvelle-France pourrait survivre en tenant le coup plus longtemps que les contribuables anglais.

À la fin de 1757, Montcalm obtient du roi l'autorisation de mener ses campagnes sans le contrôle du gouverneur Vaudreuil et il voit en 1758 la guerre s'orienter vers la stratégie qu'il a toujours préférée. Avec la perte du fort Duquesne sur l'Ohio, et la destruction du fort Frontenac sur le lac Ontario, la maîtrise des Français sur les frontières de l'ouest commence à faiblir. À l'autre extrémité de la Nouvelle-France, Louisbourg tombe aussi, victime cette fois d'un siège en règle entrepris par le nouveau commandant en chef anglais, Jeffery Amherst: la ville a résisté jusqu'à la fin de juillet 1758 et, une fois de plus, ses habitants (environ 5000 avec presque autant d'hommes de troupes) sont transportés en France par les vainqueurs; désormais, la forteresse, ses pêcheries et son commerce naval ne seront plus restaurés: on démolit les fortifications, la ville est abandonnée à ses ruines. Et pourtant, même si l'écroulement des défenses extérieures de la Nouvelle-France rend plus importante encore la lutte en son centre, préoccupation principale de Montcalm, celui-ci remporte sa plus grande victoire lorsqu'il repousse l'armée anglaise à Carillon (dit *Ticonderoga* par les Anglais), au sud du lac Champlain. La défaite anglaise à Carillon, et le temps perdu pour prendre Louisbourg semblent bien confirmer qu'aucune de ces deux armées ne menacera sérieusement le centre de la Nouvelle-France en 1758.

«La campagne sera critique», écrit Lévis en avril 1759. Les Français ont juste assez de troupes (peut-être 3500 soldats réguliers, 2500 hommes des Troupes de la Marine et 15 000 miliciens) et juste assez de provisions (la société Bigot a fait arriver à Québec, ce même printemps, plus de vingt chargements) pour espérer qu'avec un peu de chance on puisse tenir la vallée du Saint-Laurent, le lac Champlain, le lac Ontario et faire passer aux Anglais une

Chef compétent et critique féroce de la plupart de ses collègues, le marquis de Montcalm (1712-1759) passe quatre campagnes militaires à tenter de rendre la défense de la Nouvelle-France conforme au style de la guerre en Europe. Blessé sur les Plaines d'Abraham dans la matinée du 13 septembre 1759, il meurt le jour suivant et on l'inhume dans le couvent des Ursulines de Québec, où son crâne est conservé. Toile d'un artiste inconnu, probablement français (cette toile serait du 18e siècle). (ANC, C-27665)

autre année coûteuse sans victoire. En ce même printemps, toutefois, les opérations militaires des Anglais contre la colonie commencent à porter fruit, ce qui rend leur abandon improbable. Pendant l'été, le général Amherst s'empare de Carillon et du fort Saint-Frédéric, poussant d'une façon quasi irrésistible en direction du lac Champlain, cependant que d'autres troupes, composées de réguliers et de coloniaux prennent le fort Niagara et s'assurent le contrôle du lac Ontario. Il ne semble guère qu'en 1759 ou en 1760, quoi qu'il se passe à Québec, les Français pourront bloquer cette avance qui se fait sur deux fronts.

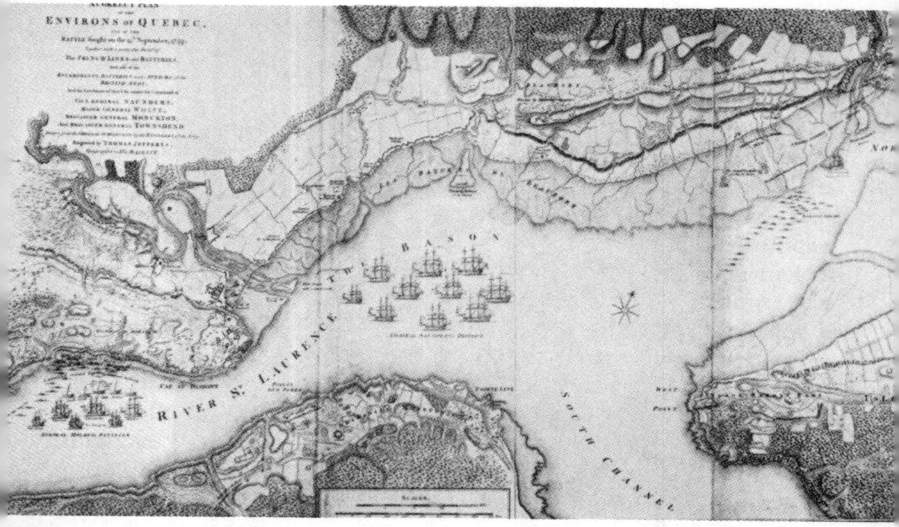

Plan exact de Québec et de la bataille du 13 septembre 1759. En reportant habilement sur une carte les chenaux tortueux du Saint-Laurent, les hommes de la marine anglaise ont pu conduire l'armée de Wolfe jusqu'à Québec, lui permettant de se déplacer rapidement de son camp de la rive sud jusqu'à la rivière Montmorency en aval (en haut à droite), puis en amont jusqu'à l'Anse-au-Foulon, lieu d'accès aux Plaines d'Abraham. Plan gravé et publié par Thomas Jefferys (Londres, 1759), d'après les relevés originaux des ingénieurs de l'armée. (ROM)

C'est à Québec que culminera l'affrontement. Samuel de Champlain avait opté pour ce site, 150 ans auparavant, à cause des défenses naturelles qu'il offrait et parce qu'il dominait le fleuve. En 1759, les 2200 soldats réguliers de Montcalm avec les 1500 hommes des Troupes de la Marine, soutenus par une milice qui groupe jusqu'à 10 000 hommes, vont tenir la ville tout l'été contre 8000 réguliers de l'armée anglaise, appuyés par la flotte qui leur a fait remonter le fleuve et dirigés par le nouvel adversaire de Montcalm, le brigadier général James Wolfe, âgé de 32 ans.

«Montcalm est à la tête d'une grande quantité de mauvais soldats, je suis à la tête d'une petite quantité de bons», écrit Wolfe durant le siège de Québec. De lourdes pertes pauvrement comblées ont contraint Montcalm de compléter ses bataillons de l'armée régulière avec des civils de la milice; c'est pourquoi Wolfe compte sur un engagement décisif dans lequel ses soldats

Dans cette gravure, faite d'après une œuvre de l'aide de camp de Wolfe, Hervey Smyth (1734-1811), lui-même gravement blessé pendant la bataille, ce qui se passe en douze heures est ramené à un seul et même moment: ici, les forces britanniques remontent le fleuve, s'emparent du sentier qui mène au haut de la falaise et livrent la bataille sur les Plaines d'Abraham; tout cela comme on l'apprend dans la matinée du 13 septembre 1759. Publié à Londres, 1759. (ROM, 940x54)

bien entraînés et disciplinés auraient le dessus. Montcalm, toutefois, a le terrain pour lui: il repousse toutes les attaques tentées contre ses lignes. Lorsque Wolfe, en juillet, ordonne un premier assaut du côté de la rivière Montmorency, c'est la milice canadienne, ce qu'il y avait supposément de moins «bon» dans les troupes de Montcalm, qui met en déroute l'armée anglaise.

Incapable d'en venir aux prises avec l'ennemi, Wolfe entretient un barrage d'artillerie qui réduit en ruines une bonne partie de Québec et il envoie des troupes incendier Baie-Saint-Paul et la Malbaie, ainsi que toutes les demeures sur une étendue de 80 kilomètres à l'est de Québec, sur la rive du fleuve, une région densément peuplée. En mauvaise santé, Wolfe se querelle en septembre avec ses officiers et envisage de retirer son armée. Mais il veut tenter auparavant un dernier coup, en adaptant un projet que lui présentent ses brigadiers, pour essayer une dernière fois de contraindre Montcalm à une bataille rangée. Maître du fleuve grâce à sa flotte, ayant sous ses ordres de magnifiques régiments et profitant des fautes de la défense, Wolfe réussit, dans la nuit du 12 au 13 septembre, à s'emparer d'un sentier qui mène au sommet des falaises, à l'ouest de Québec; au matin suivant, environ 4000 de ses hommes, avec leur artillerie de campagne, occupent les Plaines d'Abraham: Montcalm est contraint de lui livrer bataille.

L'exploit accompli par Wolfe en faisant débarquer son armée pourrait ne pas signifier la ruine de la Nouvelle-France. Montcalm, s'il avait retardé l'affrontement, pendant qu'il aurait amené ses canons et encerclé par l'est et par l'ouest la tête de pont lancée par Wolfe, pourrait augmenter ses chances de battre l'armée anglaise, qui ne peut plus opérer de retraite. Mais de son camp à l'est de la ville, il étudie la situation et décide, à ce qu'il semble, qu'il ne peut se permettre un délai qui donnerait à l'armée de Wolfe davantage de temps pour se mettre en place: il passe donc à l'action le matin même avec les seules troupes qu'il a à sa disposition. Sur les Plaines d'Abraham, les «habits rouges» de Wolfe sont rangés sur une ligne, face à l'est, en direction de la ville. Après quelques durs accrochages, les troupes de Montcalm, en habit blancs, se mettent en branle vers l'ouest, en direction des Anglais, sous le roulement des tambours, les étendards de régiment battant au vent. Les deux armées sont, en gros, égales en nombre. Ce sont justement les conditions que Wolfe a attendues tout l'été: dans un combat qui dure quinze minutes à peine, les salves tirées à courte portée par ses habiles soldats réguliers mettent en pièces l'armée française. Wolfe meurt sur le champ de bataille; Montcalm est blessé au cours de la retraite: il meurt le lendemain. Quelques jours plus tard, la capitale de la Nouvelle-France se rend aux Anglais.

La guerre n'est pas tout à fait finie pour l'armée française: elle se retire en amont du fleuve en direction de Montréal, pour combattre une autre année sous les ordres de Lévis, jusqu'au moment où Vaudreuil commande une halte générale et signe la capitulation de la Nouvelle-France. Pour les Canadiens, cependant, c'est la bataille des Plaines d'Abraham qui a marqué le point final: en 1759, le nombre de miliciens à Québec avait dépassé toutes les prédictions, des garçons de treize ans et des hommes de quatre-vingts s'étaient portés volontaires; en 1760 au contraire, dans les régions encore sous domination française, il faut faire appel aux miliciens en les menaçant de mort et Lévis, usant des méthodes de Wolfe, doit mettre le feu aux maisons de miliciens récalcitrants.

Pendant cinq ans, un quart de la population canadienne a tenu les armes, pour finalement voir la guerre se livrer sur son sol. Partout, on en a souffert, mais les dommages sont surtout considérables à Québec et dans ses environs.

Dans la région la plus ancienne et la plus populeuse de la colonie, bien des miliciens sont rentrés chez eux, après la chute de la ville, pour y constater que la récolte est perdue, que leur cheptel a été pris jusqu'à la dernière bête par l'ennemi, et que leur maison ne tient plus debout.

Combien de Canadiens exactement ont péri au cours de la conquête du pays, on l'ignore toujours. Il y a eu de lourdes pertes sur tous les champs de bataille, et une usure constante des forces derrière les lignes de défense. Les pertes se sont peut-être élevées, durant la guerre de la Conquête, à six ou sept mille Canadiens, un dixième de la population. En ville comme à la campagne, tout le monde a connu les pénuries périodiques et les épidémies. Les suites combinées de l'invasion et des ravages économiques ont laissé les colons dans une incertitude accablante vis-à-vis de l'avenir. Ils risquent de subir le même sort que les Acadiens et les habitants de l'île Royale, mais ils se disent qu'il y a pour leur société une chance de reprendre vigueur: à la fin de 1759, les colons retournent aux occupations moins risquées auxquelles habitants, commerçants, voyageurs, artisans et les autres se sont adonnés depuis plus d'un siècle. Ils rentrent chez eux pour survivre de justesse aux hivers de 1759 et 1760 et pour y attendre la suite des événements, dans une société désormais sous domination étrangère.

CHAPITRE 3

Aux confins de l'empire 1760-1840

GRAEME WYNN

Un pays aux noms barbares

«Quel spectacle!» s'écrie l'essayiste anglais Horace Walpole en apprenant la chute de Québec en 1759. «Une armée dans la nuit gravit un précipice en s'accrochant à des souches pour donner l'assaut à une ville et attaquer un ennemi bien retranché et deux fois plus nombreux!» Cette victoire, pourtant précédée de peu par des dépêches pessimistes, couronne une «merveilleuse année» pour les Anglais. Elle est toutefois assombrie par la mort dramatique de Wolfe sur les Plaines d'Abraham. En Angleterre, des feux de joie éclairent la campagne et on frappe une médaille commémorative. La démoralisante défaite de Montmorency est oubliée; oublié aussi le concours d'événements à l'origine de la victoire. Il est devenu un héros national, cet impitoyable jeune général qui, à l'été 1759, a donné l'ordre aux troupes et aux Rangers américains de piller et d'incendier un pays sans défense. En Nouvelle-Angleterre, pays de convictions puritaines et de solide méfiance à l'égard du catholicisme et des Français, cette mort «arrache une larme à chaque Anglais, un soupir à chaque cœur protestant». En 1791, le peintre Benjamin West connaît un énorme succès avec une toile illustrant la fin du héros. Cette toile reste sans doute l'une des images les plus saisissantes de la valeur symbolique que les Britanniques ont accordée à l'événement. Immanquablement, chaque fois qu'on l'évoque, on fait grand cas de l'audace tactique et du génie militaire du commandant anglais.

Pour les Canadiens et les Français, la défaite est amère. Eux aussi ont perdu leur commandant en chef, le marquis de Montcalm, blessé mortellement sur le champ de bataille. Un grand nombre d'habitants ont vu incendier leurs maisons par les troupes anglaises. Québec, lourdement bombardée, est en ruine. Les troupes françaises et les miliciens canadiens poursuivent pourtant la lutte en 1760. Au printemps, Lévis remporte une victoire à Sainte-Foy. Mais faute de renforts venus de France, la résistance est inutile et, le 8 septembre, Montréal capitule. Encerclés par une armée qui les surpasse en nombre, le gouverneur Vaudreuil et ses troupes n'ont d'autre choix que de rendre les armes devant le général Jeffrey Amherst et ses canons. Ainsi s'achèvent plusieurs décennies de lutte acharnée entre Français et Anglais en Amérique du Nord. Au fort Duquesne sur l'Ohio, comme dans le corridor des rivières Hudson et Richelieu, et à Louisbourg à l'extrémité nord-est du continent, les combats ont sévi pendant cinq ans. Beauséjour, Oswego, Carillon, Louisbourg et Québec en étaient les cibles. Les Acadiens ont été les victimes civiles les plus nombreuses et les plus tragiques. Mais il n'y aura pas de déportation pour les habitants de la Nouvelle-France. Amherst leur garantit

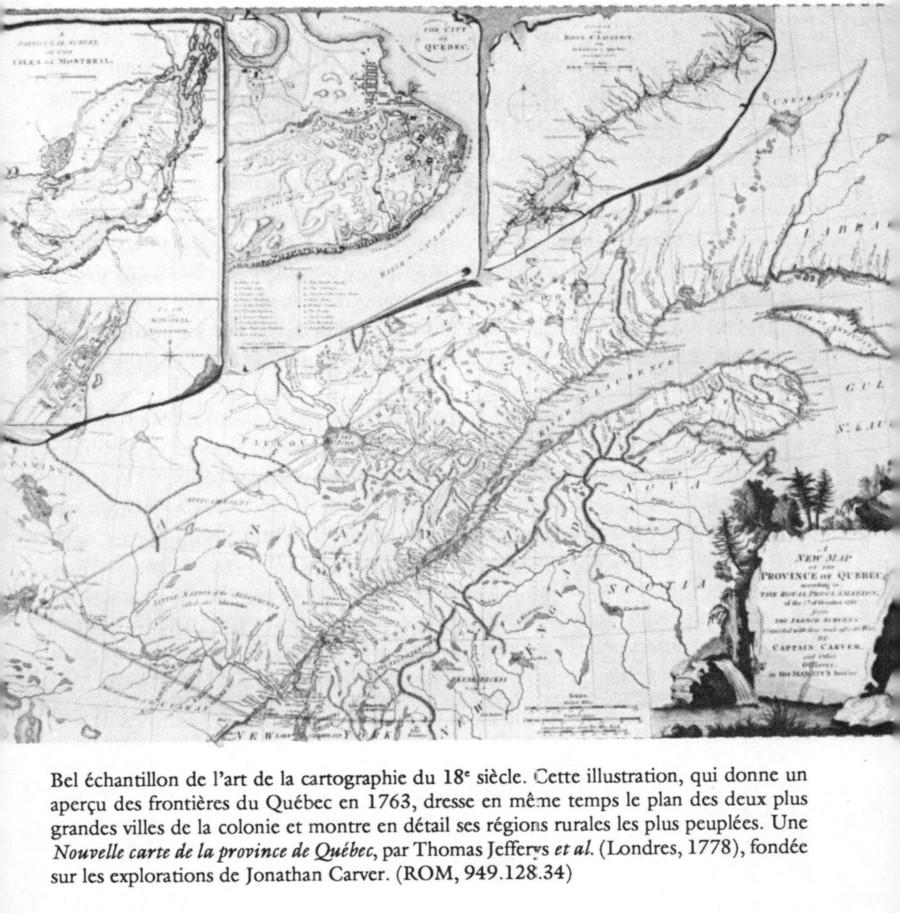

Bel échantillon de l'art de la cartographie du 18e siècle. Cette illustration, qui donne un aperçu des frontières du Québec en 1763, dresse en même temps le plan des deux plus grandes villes de la colonie et montre en détail ses régions rurales les plus peuplées. Une *Nouvelle carte de la province de Québec*, par Thomas Jefferys *et al.* (Londres, 1778), fondée sur les explorations de Jonathan Carver. (ROM, 949.128.34)

la liberté de religion, le droit de propriété et *l'égalité en matière de commerce.* En 1763, le traité de Paris confirme leur statut de sujets de la Couronne britannique. La Nouvelle-France n'existe plus.

La cession des possessions françaises en Amérique du Nord ouvre une phase clé dans le développement du Canada. Après la Conquête, le peuple de la Nouvelle-France doit faire face à des bouleversements. Entre 1760 et 1840, de nouveaux colons étendent leur influence dans le nord-est du continent: ils fondent des villes, défrichent, construisent des routes, érigent maisons, clôtures et granges. Par milliers, des hommes, des femmes et des enfants, issus de milieux modestes mais dotés d'une énergie et d'un courage remarquables, jouent un rôle vital dans le développement de l'Amérique du Nord britannique. Ils supportent les épreuves de l'immigration, les difficultés de l'établissement sur des terres en friche, les périls de la pêche en haute mer et les risques du métier de bûcheron, donnant naissance à ce qui deviendra les importantes sociétés coloniales de 1840. Tout cela ne se fait pas sans peine. Les colons sont soumis aux aléas du climat et de la guerre. Leur sort est lié à des forces économiques et politiques sur lesquelles ils ont peu de contrôle. Leur avenir est suspendu aux décisions des administrateurs coloniaux. Ils viennent de milieux fort différents et leur vie quotidienne dans la colonie est soumise aux mélanges d'ethnies, de langues et de religions qui prévalent à l'endroit où ils s'installent.

Tels sont les facteurs qui s'exercent sur la vie des Britanniques ordinaires en Amérique du Nord, entre la chute de la Nouvelle-France et l'ère des chemins de fer. Durant ces trois quarts de siècle de changements, les colonies se sont transformées en un «royaume multiforme et fractionné». Situées aux confins de l'Empire britannique, au «soleil de la glorieuse Angleterre», elles bénéficient de l'impact considérable du commerce impérial. Elles voient le jour dans le cadre d'une administration ayant pour objectif de grouper les sociétés coloniales sous l'autorité du parlement britannique. Mais ce cadre crée aussi un réseau d'institutions locales qui structurent la vie dans le Nouveau Monde en quelque sorte. Les rébellions de 1837 et la guerre de 1812 résultent de l'impérialisme de la Grande-Bretagne et des lacunes de son administration en Amérique du Nord. Entre 1760 et 1840, des millions de ménages viennent peupler les colonies. Souvent, leur situation de plus en plus précaire les a chassés d'Angleterre. Ils cherchent avidement à se tailler une place au Nouveau Monde. Or la vie dans les colonies est étonnamment variée et pleine de défis. Même les villes nouvelles, où tout est «tourbillon et effervescence», ajoutent un élément de diversité inattendu.

Mais la paix revenue dans la vallée du Saint-Laurent ne parvient pas à sceller le sort du Canada. Pendant toute l'année 1761, la France et l'Angleterre poursuivent leur lutte aux Indes, dans les Antilles et en Europe: c'est la guerre de Sept Ans. Lorsque l'Espagne entre en guerre aux côtés de la France, le conflit gagne les Indes orientales. Pendant quelques mois, en 1762, des corsaires français contrôlent Saint John's et la plupart des établissements de pêche de Terre-Neuve. Mais la puissance britannique l'emporte. Avant même la fin des hostilités, Londres est le théâtre de maints débats populaires autour

L'évêché et des ruines, tels qu'ils apparaissent lorsqu'on monte la pente menant de la Basse Ville à la Haute Ville. Cette vue de la ville de Québec après le bombardement britannique de 1759 est fondée sur un croquis d'un commissaire à bord du *Prince of Orange*, l'un des navires de soutien de l'assaut contre les Plaines d'Abraham. Gravure d'Antoine Benoist d'après un croquis de Richard Short. (ROM, 940 x 26.12)

du butin de la victoire. L'Angleterre ne peut retenir tout le territoire occupé par ses armées: à quoi renoncer? Les uns conseillent vivement au gouvernement de conserver la Guadeloupe productrice de sucre; les perspectives y sont sûrement plus alléchantes que dans le glacial Canada. Et la Jamaïque n'est-elle pas un allié commercial plus important que toute la Nouvelle-Angleterre? Un bon nombre le croient, d'autres non. Un soir, à Londres, un groupe de tailleurs est en train de discuter de la question quand soudain — après plusieurs toasts — un infortuné partisan des acquisitions antillaises «reçoit à la volée un pot d'un gallon qui lui fracture le crâne, avant d'être chassé à coups de pied». Les mérites respectifs des colonies font également l'objet de débats en France, où Voltaire évoque avec mépris les «quelques arpents de neige» du Canada. Pour la Grande-Bretagne, il y a certes, sur le plan stratégique, de bons motifs de garder le Canada. L'exclusion de la France de la vallée du Saint-Laurent laisse entrevoir la fin de la concurrence internationale dans la traite des fourrures et, par la suite, l'établissement de pionniers venus de New York. Aux yeux des Français, ces perspectives rendent simplement plus probable la rupture de l'Empire britannique, puisque les colonies américaines cherchent à obtenir leur indépendance.

La carte de l'Amérique du Nord est donc redessinée en 1763. En vertu du traité de Paris, la France se retire du continent. Saint-Pierre-et-Miquelon, la Guyane, la Martinique, Sainte-Lucie et la Guadeloupe, et des droits de pêche sur la côte nord de Terre-Neuve, c'est tout ce qui reste de l'immense empire français en Amérique. À l'est du Mississippi, l'Angleterre étend sa domination de la baie d'Hudson jusqu'au golfe du Mexique. De son côté, l'Espagne détient le territoire au sud et à l'ouest du Mississippi et revendique le littoral nord du Pacifique. Au-delà des frontières connues des Européens, des trappeurs russes viennent chasser la loutre de mer aux confins nord-ouest du continent. En octobre 1763, une proclamation royale établit le cadre administratif du nouveau territoire britannique. La province de Québec est déclarée colonie et ses frontières englobent, grosso modo, la péninsule de Gaspé et le bassin hydrographique du Saint-Laurent, depuis l'île d'Anticosti jusqu'à l'Outaouais. La Nouvelle-Écosse comprend le territoire au nord de la baie de Fundy ainsi que les îles de Saint-Jean et du Cap-Breton. Le Labrador, Anticosti et les îles de la Madeleine sont réunis à Terre-Neuve afin d'unifier le contrôle des pêcheries. Les droits de la Compagnie de la baie d'Hudson sur la Terre de Rupert sont confirmés. Il est interdit de s'établir à l'ouest des Appalaches car le reste de l'Amérique britannique continentale — un immense triangle englobant les Grands Lacs et s'étendant vers le sud entre les Appalaches et le Mississippi — est reconnu comme territoire indien.

Cette concession aux Amérindiens est dictée par la nécessité, non par la générosité. En effet, au cours de l'été de 1763, dans un effort désespéré pour contenir l'expansion européenne, les tribus amérindiennes ont organisé une série de raids sanglants contre les comptoirs de l'intérieur. Sous la conduite du brillant guerrier outaouais Pontiac, elles ont fait plus de deux mille morts. Mais la proclamation a été modelée par des pressions contradictoires — telles les obligations qu'imposent le gouvernement de nouveaux sujets, la protection du territoire conquis et la conciliation des intérêts des trappeurs, des colons et des spéculateurs de l'Ouest. Il faut encore pacifier les Amérindiens. Mais, pour le jeune George Washington, en tout cas, l'interdiction de s'établir à l'ouest des Appalaches n'est qu'«un expédient temporaire à fin d'apaiser les Indiens». Pour satisfaire à la demande de ceux qui favorisent l'expansion des colonies du littoral, le territoire au sud de la rivière Ohio est enlevé aux Amérindiens en 1768. Six ans plus tard, lorsque l'Acte de Québec repousse les frontières de la colonie pour y inclure à la fois le domaine de l'intérieur propice au commerce des fourrures (à peu près le bassin des Grands Lacs) et la région du golfe du Saint-Laurent où se pratique la chasse aux phoques, le «Territoire indien» est rayé de la carte.

Toutefois, ces ajustements ne règlent pas les difficultés et les lenteurs qui, après 1763, caractérisent l'administration britannique dans ses colonies nord-américaines de plus en plus rétives. Bien que l'intention de l'Acte de Québec ait été, à long terme, d'angliciser les Canadiens, les habitants de la Nouvelle-Angleterre voient d'un mauvais œil la reconnaissance qu'il accorde aux lois civiles françaises, au régime seigneurial et à l'Église catholique romaine. Les nouvelles frontières de la colonie du Saint-Laurent leur apparaissent comme des obstacles à leur propre expansion vers l'Ouest. En outre, les treize colonies protestent contre les taxes que l'Angleterre a levées pour payer les coûts de sa longue guerre avec la France et couvrir les frais d'administration des territoires nouvellement acquis. Des protestations ont déjà éclaté dans le Massachusetts, quand une cargaison de thé pour laquelle les Anglais exigeaient des droits de douane a été jetée dans le port de Boston. Lorsque l'Acte de Québec est adopté à Westminster, assorti de clauses destinées à mater le Massachusetts, les Américains manifestent leur mécontentement à Bunker Hill, en banlieue de Boston, où la milice américaine attaque les troupes anglaises. Cette bataille mise à part, l'invasion du Canada est le principal événement marquant la première année de la Révolution américaine. Saint-Jean, au sud-est de Montréal, tombe aux mains des envahisseurs au début de novembre, après un siège de six semaines. Le 13, les troupes américaines, fortes de 2100 hommes, chassent les 150 soldats formant la garnison de Montréal et établissent leurs quartiers dans la ville. Le lendemain, une autre armée américaine, dirigée par Benedict Arnold, met le siège devant Québec, mais son attaque contre la capitale, le 31 décembre, est repoussée. Les rebelles restent néanmoins au Québec jusqu'à l'arrivée d'une flotte britannique, le 6 mai 1776. Abstraction faite de quelques escarmouches autour de Montréal, l'invasion est terminée. Une fois la paix signée, en 1783, les revendications britanniques en Amérique du Nord sont reculées jusqu'aux Grands Lacs, qui délimitent la frontière sud-est du futur Canada moderne. Connues sous le nom d'Amérique du Nord britannique entre 1776 et 1867, les diverses colonies qui constituent ce royaume nordique sont surtout le domaine des Amérindiens au cours de la décennie qui suit la Conquête.

En effet, dans toute la moitié nord du continent, les autochtones sont au moins deux fois plus nombreux que les Européens et occupent un territoire beaucoup plus vaste que les nouveaux venus. Mais aucun de ces deux grands ensembles ne forme une communauté unifiée. La langue et les traditions séparent les autochtones tout comme leurs moyens de subsistance. De même, la population européenne de l'Amérique du Nord britannique — qui, à cette époque, ne compte pas plus de 100 000 habitants — est issue de milieux divers, s'emploie à des activités économiques radicalement différentes et vit éparpillée dans des cadres disparates. Grosso modo, la colonie européenne est concentrée dans deux régions: le littoral de l'Atlantique et le long du fleuve Saint-Laurent. Au-delà, dans les régions boisées de l'est, dans les vastes plaines de l'intérieur et sur la côte du Pacifique, les Amérindiens sont les plus nombreux, bien que de petits noyaux d'Européens engagés dans le commerce des fourrures soient installés dans des comptoirs disséminés à l'intérieur du pays et sur les rives de la baie d'Hudson.

Des facteurs stratégiques et économiques modèlent l'établissement de colons sur le littoral de l'Atlantique. Traditionnellement considérée par les dirigeants britanniques comme «un grand navire anglais amarré près des Grands Bancs» pour faciliter la pêche, la froide et inhospitalière Terre-Neuve se peuple avec une extrême lenteur. Certes, des vaisseaux européens pêchent depuis des siècles dans les eaux avoisinantes, quittant l'Europe au printemps et y retournant à l'automne. En Angleterre, cette pêche saisonnière apparaît comme une indispensable pépinière de marins, car elle transforme les matelots en véritables loups de mer qui peuvent être affectés à la marine en périodes de crise. C'est aussi un métier lucratif qui enrichit de nombreux marchands anglais. On décourage donc le peuplement de l'île, qui compromettrait à la fois la sécurité des Anglais et leurs profits. La population de Terre-Neuve ne cesse pourtant de s'accroître au cours du dix-huitième siècle. Quand les flottes de pêche quittent l'île à l'automne, les hommes d'équipage liés par contrat pour deux ou trois étés passent l'hiver à Terre-Neuve, afin de protéger et d'entretenir les installations côtières nécessaires au saumurage et à la conservation des prises de l'été. D'autres préfèrent Terre-Neuve à la perspective de chômer dans le Devon ou de crever de faim en Irlande. Certains hommes ont pris femme parmi les domestiques emmenées par des officiers et autres dirigeants et cherchent à s'établir dans l'île en permanence. Dans les années qui suivent 1760, de 8000 à 9000 personnes hivernent à Terre-Neuve. Les Terre-

Dès 1830, Saint John's, Terre-Neuve, avec son port grouillant d'activités, ses nombreux quais et entrepôts et sa garnison, est le modèle même de la ville coloniale. Dans la campagne environnante sont éparpillées les résidences des bourgeois ainsi que des centaines de petites fermes qui produisent du lait et des légumes pour la ville. *La ville et le port de Saint-Jean*, aquatinte de H. Pyall (Londres, 1831), d'après un dessin de William Eagar. (ANC, C-41605)

Neuviens permanents, dont 850 à 900 femmes et environ 2000 enfants, constituent sans doute presque la moitié de ce nombre.

Chaque été, les pêcheurs saisonniers font doubler le nombre d'Européens installés à Terre-Neuve. Ils encombrent les anses, l'activité s'accroît sans modifier beaucoup les caractéristiques fondamentales du peuplement. La population est concentrée là où la pêche est la plus abondante, entre Bonavista et la péninsule d'Avalon, au sud.

Le long de ce littoral profondément échancré auquel ils se cramponnent, sont éparpillés des grappes d'habitations, des hangars, des débarcadères (ou quais) et des claies (ou séchoirs) qui relient la mer au rivage et forment le centre du travail en été. De mai à septembre, jour après jour, de petits bateaux partent de chaque point avec un équipage de trois ou parfois quatre hommes. Les embarcations voguent à l'aviron vers les lieux de pêche riches de morues qui sont capturées à la ligne. Les chaloupes descendues des navires anglais, amarrés près de la côte et dégréés pour l'été, côtoient celles des pêcheurs résidents. Chaque soir, les poissons sont ouverts et salés. Chaque matin, ils sont mis à sécher sur les claies, jusqu'au jour — à la fin de l'été ou à l'automne — où ils sont expédiés au marché. Les tâches quotidiennes et leur rythme ne varient guère. Seules les tempêtes viennent briser la routine. Ici, cinquante bateaux vont appareiller, là à peine une douzaine. Mais le savoir-faire et les conditions sont remarquablement uniformes. Saint John's, avec sa garnison d'environ deux cents hommes et ses nombreux entrepôts appartenant aux marchands, est le centre le plus important de l'île. Mais, comme dans les plus petites bourgades, le bétail, les moutons et la volaille errent çà et là sur les chemins raboteux qui relient les bâtiments et fourragent plus loin dans les broussailles. Ce sont des postes purement utilitaires. À l'évidence, la grande préoccupation des gens, c'est la pêche. Joseph Banks, botaniste de l'expédition du capitaine Cook à Terre-Neuve, dans la décennie de 1760, écrit: «Pour la boue et les saletés de toutes sortes, Saint John's, à mon avis, est sans rivale.»

En Nouvelle-Écosse, le vide créé par l'expulsion des Acadiens en 1755 est déjà comblé. Entrée dans sa deuxième décennie, vigoureuse et même urbanisée, Halifax, s'arc-boutant sur son magnifique port, entame la forêt, les broussailles et le roc. Les investissements britanniques, le commerce avec la Nouvelle-Angleterre et les préparatifs en vue de l'assaut de Québec ont favorisé sa croissance. Des palissades entourent la ville; une impressionnante église anglicane se découpe sur le ciel; des soldats manœuvrent; et les fonctionnaires de l'État sont un levain important dans une ville qui compte de 3000 à 4000 habitants. Bien que cette population diminue et que la situation se détériore quand le gouvernement britannique réduit ses dépenses après 1760, la ville reste le port le plus considérable entre Boston et Québec pendant toute la décennie. Au surplus, les habitants de la Nouvelle-Angleterre commencent à établir des colonies agricoles sur les bords de la baie de Fundy et des postes de pêche le long du littoral de l'Atlantique. Natifs de quelques villes de la Nouvelle-Angleterre, ils sont unis par les liens du sang et du mariage. La plupart d'entre eux s'installent parmi les migrants de régions voisines de la Nouvelle-Angleterre. Par exemple, parmi les 104 personnes qui ont quitté Chatham, au Massachusetts, pour Liverpool et Barrington, en Nouvelle-Écosse, plus de la moitié des époux et des épouses répondent à cinq noms de famille. Dans les rapports officiels, certains des nouveaux venus sont étiquetés:

Halifax à ses débuts, dans toute sa splendeur: les rues sont propres, les églises et les immeubles de l'administration dominent la ligne d'horizon. Fourmillant de vie et de détails, le tableau exprime avec bonheur la symbiose des habitations, des activités et des gens dans cette ville nouvelle, mais étonnante à bien des égards. ***La résidence du gouverneur et Mather's Meeting House, rue Hollis, avec un aperçu de la rue George.*** Huile de Dominique Serres (1765), d'après un dessin de Richard Short. (Art Gallery of Nova Scotia, Halifax, 82.41)

«Indigent... indolent», d'autres: «Robuste... travailleur». Dès 1763, leurs minuscules installations parsèment le littoral, depuis l'extrémité de la baie de Fundy jusqu'à Liverpool, au sud-ouest de Halifax. Environ 9000 personnes vivent en Nouvelle-Écosse. Cependant, avec ses fermes et ses postes de pêche rudimentaires où la plupart des colons se battent pour survivre, la colonie est largement tributaire de la Nouvelle-Angleterre dont elle est, à bien des égards, un avant-poste.

Dans les premières années qui suivent 1760, les dirigeants anglais ne tarissent pas d'éloges pour les paysages québécois. Considérant la vallée du Saint-Laurent à travers le prisme de leur cadre de vie britannique, ils y trouvent cette société rangée, stable, essentiellement féodale et agraire qu'évoque tendrement, dans ses rêves nostalgiques, la petite noblesse anglaise du dix-huitième siècle. Les maisons blanchies à la chaux, les fermes confortables qui s'échelonnement depuis le grand fleuve jusqu'au roc et à la forêt sombre du Bouclier canadien, les flèches des clochers d'église, signes de l'importance de la religion, les moulins à blé et les moulins de sciage, les manoirs — symboles du régime seigneurial — et la robuste prospérité des «habitants» chez qui, bien souvent, le parler du paysan s'allie à la courtoisie simple et digne du gentilhomme, tout cela fortifie ce point de vue. Et la longue file de maisons qui longe le fleuve inspire à plus d'un quelque description sentimentale ou quelque dessin romantique.

En fait, ces visions ne saisissent qu'un aspect de la réalité. Il y a une différence énorme entre la vie des habitants en Amérique du Nord et les images de celle des paysans en Europe telles qu'elles subsistent dans les mémoires. Bien que les habitants des fermes le long du Saint-Laurent soient des censitaires, l'écart de fortune est mince entre le seigneur et l'habitant. L'agriculture se pratique sur une base individuelle plutôt que collective. La présence de l'Église catholique est limitée par la distance entre les établissements et la rareté des prêtres qui les desservent. Dès le milieu du dix-huitième siècle, nombre d'habitants se seraient sentis fort dépaysés en France. Le fait est qu'un groupe d'Acadiens relogés en France après la déportation de 1755 n'ont pas tardé à retraverser l'Atlantique pour s'établir dans la Louisiane espagnole et la Nouvelle-Écosse britannique. Après plusieurs générations en Amérique, ils n'étaient plus des Européens. Par ailleurs, presque 20% des Canadiens habitent les villes de Québec, de Montréal et de Trois-Rivières. Environ 2000 autres vivent en dehors des limites étroites de la colonie, dans la région des Grands Lacs où se fait la traite des fourrures et où, avec des épouses indiennes et des enfants métis, ils forment une population à part, souvent dénoncée par les dirigeants britanniques comme un ramassis de vagabonds sans foi ni loi.

Pour tous ces gens, les années qui suivent la Conquête sont une période d'adaptation: ils doivent composer avec l'absence d'une bonne partie de l'élite d'avant la Conquête, retournée en France, et la présence des soldats anglais qui marque le changement de régime colonial. Les marchands de langue anglaise dominent bientôt le commerce des fourrures et la vie commerciale de Montréal, cependant qu'un nombre croissant de domaines terriens changent de propriétaires. En effet, dès la fin de la décennie, trente seigneuries sont passées aux mains des Anglais. À Québec, les soldats et les fonctionnaires britanniques s'installent dans la Haute-Ville. De nouvelles fortifications symbolisent la domination britannique que les marchands anglophones étendent dans les faubourgs peuplés de Canadiens. En outre, la transition de l'administration civile au régime militaire provoque des frictions. Et la coexistence des lois civiles françaises et de la common law anglaise, reflets de valeurs sociales et économiques différentes, n'est pas sans causer de l'animosité entre les marchands, ainsi que des flottements dans l'administration.

Il faut aussi s'acclimater à la lente reprise du commerce des fourrures, aux dommages infligés à la ville de Québec par la guerre et à la récession qui succède à l'inflation qu'a connue la décennie précédente. Mais pour la plupart des Canadiens, la vie reprend à peu près son cours habituel pendant toute la décennie.

Au-delà de ces quelques villes et villages, la connaissance qu'ont les Européens de la partie nord du continent reste limitée. Les explorateurs et les commerçants qui la traversent ne sont pas des savants mais des gens d'affaires. Ils ont une connaissance pratique des voies navigables qu'ils empruntent. En conséquence, il leur est difficile d'en dresser la carte. Quand ils ne sont pas entièrement oubliés, les renseignements recueillis au cours de leurs voyages

Datant de 1812, cette aquarelle représente Montréal vue de la montagne. Elle a probablement été peinte d'après des dessins antérieurs. L'artiste, Thomas Davies, a participé à la prise de la ville en 1760 et est revenu au Canada en 1786 comme lieutenant dans l'armée anglaise. À noter, la rangée de maisons, le terrain entièrement défriché et la ceinture d'arbres le long du Saint-Laurent. À remarquer aussi la muraille qui, dans les faits, est en mauvais état et sera démolie au début du 19e siècle. (MBAC, 6286)

sont longtemps négligés. Quant aux Indiens, ils décrivent les territoires qui leur sont familiers, mais systématiser leurs données serait une entreprise difficile. Lorsque le cartographe anglais John Mitchell publie sa carte de l'Amérique du Nord en 1755, il dessine avec une certaine précision la baie d'Hudson, le Labrador, le littoral de l'Atlantique et la vallée inférieure du Saint-Laurent. Mais ses Grands Lacs ne représentent qu'approximativement ceux des cartes modernes. Dans les espaces vides au sud et à l'ouest de la baie d'Hudson, il note: «Nous n'avons pas inscrit les noms barbares donnés récemment à certaines de ces régions nordiques du Canada, car ils sont inutiles et d'une autorité douteuse.» Au mieux, tout le territoire à l'ouest de la baie d'Hudson, le fleuve Nelson et les embranchements de la rivière Saskatchewan demeurent *terra incognita* pour les Européens en 1763.

Le territoire, bien entendu, est loin d'être inoccupé. Cinq groupes d'Amérindiens (identifiés de façon sommaire par la langue et la culture) vivent entre les Grands Lacs et les montagnes Rocheuses. La partie boisée du Bouclier canadien est le domaine des Ojibwés. Les Assiniboines et les Cris de l'Ouest occupent ce qui est aujourd'hui le sud du Manitoba et de la Saskatchewan. Chasseurs et cueilleurs, ils vivent des ressources variées de ce territoire, selon un rythme saisonnier bien établi. Traditionnellement, les Cris habitent la forêt et les plaines et les Assiniboines les plaines et les prairies, mais leurs systèmes économiques chevauchent et ils pratiquent de nombreux échanges économiques et culturels. Au sud et à l'ouest de la région des Assiniboines et des Cris vivent les membres de la Confédération des Pieds-Noirs, chasseurs des plaines qui ne pêchent pas et ne construisent pas de canots; ils dépendent surtout des bisons pour se nourrir, s'habiller, se fabriquer un abri et des outils. Plus au nord, répandus dans toute la région subarctique, entre les montagnes de l'Ouest et la baie d'Hudson, vivent les Athapascans qui suivent les migrations saisonnières du caribou, leur principal moyen de subsistance. Ces cinq groupes ont été marqués par leur contact avec les Européens, mais leur vie n'a cessé de graviter autour de leurs vieilles croyances et du cycle des saisons. Ils pratiquent toujours leurs arts traditionnels. Leurs mœurs sont sous le signe de la continuité plus que du changement. Les Indiens font preuve d'une bonne dose d'autonomie dans leurs relations avec les Européens et les emprunts qu'ils leur font.

Une mosaïque de nations amérindiennes encore inconnues des Européens habitent la côte du Pacifique. Sauf les dix mille Athapascans qui occupent la région septentrionale entre les Rocheuses et les montagnes littorales, ces peuples parlent des langues inconnues dans l'Est. Eux-mêmes sont divisés sur le plan linguistique. Selon les spécialistes modernes, dans une population

Scène d'hiver au fort Franklin, peinte au cours d'une remarquable expédition (1825-1827), conduite par sir John Franklin. Le groupe a voyagé par voie de terre depuis les Grands Lacs, a descendu le Mackenzie et a suivi la côte de l'Arctique à l'ouest et à l'est. Ce tableau évoque les lointaines et austères étendues de terres septentrionales, alors peu connues, de l'Amérique du Nord britannique. Le fort Franklin, au nord-est du grand lac de l'Ours, est un comptoir de traite à la fois pour la Compagnie du Nord-Ouest et celle de la baie d'Hudson. Aquarelle de George Back (1825-1826). (ANC, C-3257)

de cent mille personnes partagées entre six familles linguistiques distinctes, les divers groupes parlent une trentaine de langues mutuellement inintelligibles. Les Haïdas, les Tsimshians, les Nootkas, les Bella-Coolas, les Tlingits, les Kwakiutls et les Salish ont tous une culture complexe où les cérémonies jouent un grand rôle. Les rivières, la mer et la terre fournissent d'amples provisions de nourriture; le cèdre de l'Ouest sert à la fabrication des maisons, des canots et des récipients; divers animaux et plantes varient leur menu et leur fournissent outils et vêtements. Le commerce apporte l'obsidienne et le jade lorsqu'on n'en trouve pas sur place. Sédentaires, libérés de la nécessité de partir sans cesse à la recherche de nourriture, ces peuples ont donné naissance à de riches traditions de sculpture sur bois et créé de nombreux rites symboliques. S'adossant à la forêt et faisant face à la mer, les habitations et les imposants mâts totémiques qui se dressent dans les villages de la côte forment des paysages saisissants, reflétant l'une des cultures autochtones les plus avancées de l'Amérique du Nord.

La petite population inuit de l'Arctique est éparpillée entre le delta du Mackenzie et le Labrador. Comme les Naskapis et les Montagnais qui vivent à l'est de la baie d'Hudson, ils continuent dans une grande mesure, vers 1760, à échapper à l'influence des Européens. Au contraire, dans le bassin hydrographique des Grands Lacs et du Saint-Laurent et sur le littoral de l'Atlantique, le contact avec les Européens a bouleversé la vie des Indiens. Ici, leur nombre est une fraction de ce qu'il a déjà été. La variole et les fusils iroquois (cadeaux des Hollandais) ont décimé les Hurons et leurs alliés et sérieusement dépeuplé le futur Haut-Canada. Bien qu'un millier environ d'Ojibwés de la rive nord du lac Huron se soient installés dans la péninsule nord des lacs Érié et Ontario, leur population totale a chuté. Quant aux Nipissings qui, en 1615, étaient au nombre de sept ou huit cents, ils ne sont plus, un siècle et demi plus tard, que deux cents, dont une quarantaine de guerriers. Alors que les différences entre les tribus des Grands Lacs se reflétaient jadis dans le vêtement et les coutumes, elles se sont beaucoup atténuées à mesure que les contacts avec les Européens et les marchandises de ces derniers ont contribué à uniformiser leur culture. De façon encore plus marquée, les Micmacs et les Malécites de la Nouvelle-Écosse, qui n'ont jamais été nombreux, ont succombé à la maladie. Les survivants sont désormais tributaires des marchandises européennes. L'action combinée de la maladie et du commerce européen a érodé chez eux les traditions spirituelles et matérielles. Enfin, à Terre-Neuve, les Béothuks ont été soudainement repoussés à l'intérieur des terres par les Micmacs venus de Nouvelle-Écosse et les pêcheurs européens. Les Béothuks n'ont plus qu'un accès limité aux indispensables ressources du littoral. Dès lors, leurs jours sont comptés.

Pour les Européens, le défi que pose l'Amérique du Nord britannique à ses débuts est clair: cerner l'inconnu, exploiter ses ressources, développer le commerce et coloniser un pays à l'état sauvage. Ce défi est brillamment relevé. Commerçants et explorateurs accroissent les connaissances géographiques avec une rapidité stupéfiante. Avant la fin de la décennie, Samuel Hearne a quitté le comptoir de la Compagnie de la baie d'Hudson pour explorer les terres dénudées des Tchippewayans qui, par la rivière Coppermine, le conduisent aussi loin que le Grand lac des Esclaves. Quelques années plus tard, Matthew Cocking pénètre dans le territoire des Pieds-Noirs. Repoussant le territoire de la traite des fourrures du Saint-Laurent encore plus au nord et à l'ouest, Alexander Mackenzie prouve sa stupéfiante habileté à s'aventurer dans l'inconnu, jusqu'à l'Arctique en 1789 et au Pacifique en 1793. Au début du dix-neuvième siècle, Simon Fraser et David Thompson traversent les montagnes de l'Ouest et atteignent la mer à l'embouchure des fleuves Columbia et Fraser. Suivant les indications des Espagnols Bodega Quadra et Juan Pérez, qui ont déjà exploré l'archipel de la Reine-Charlotte, le grand navigateur anglais James Cook s'embarque en 1778 à Nootka, sur l'île de Vancouver, et atteint le détroit de Béring. Quatorze ans plus tard, son compatriote George Vancouver entreprend l'exploration de l'intérieur des terres, sur la côte du Pacifique. Dans la décennie de 1820, les expéditions britanniques conduites par sir William Parry, sir John Franklin, sir John Richardson et d'autres permettent de dresser des cartes de l'ouest de l'Arctique. Dès 1790, ces remarquables explorateurs ont dissipé en bonne partie le brouillard qui planait sur les cartes de John Mitchell. Cinquante ans plus tard, il ne reste plus que des détails à compléter.

Pendant tout ce temps, les comportements des Européens envers les autochtones ne sont ni simples ni tout d'une pièce. La traite des fourrures rend Indiens et Européens interdépendants. Des efforts sincères sont tentés pour «sauver» les autochtones en les convertissant au christianisme et à l'agriculture. Pourtant, on ne se soucie guère des Béothuks alors qu'ils meurent de faim. Fondamentalement, peu d'Européens s'inquiètent de l'impact dévastateur chez les autochtones des explorations, puis du commerce et de la colonisation qui s'ensuivent. Le déclin dramatique des populations indigènes depuis 1500 en est la preuve. Mais les dirigeants et les colons sont bien trop absorbés par la poursuite des tâches colossales que leur impose ce vaste territoire nouvellement acquis pour prendre garde à de tels signaux. Les années qui suivent 1763 apportent à la plupart des autochtones la maladie, la famine et la décadence culturelle.

«Au soleil de la glorieuse Angleterre»

Enthousiasmés par les succès militaires et diplomatiques de la décennie de 1750, les dirigeants britanniques envisagent de grandes choses pour leur vaste empire au cours de la décennie suivante. Celui-ci semble offrir des perspectives de profit illimitées. Les produits coloniaux pourront répondre aux besoins des

Anglais, les consommateurs coloniaux achèteront des marchandises britanniques et les colons paieront des impôts à l'Angleterre. Avec les Amériques, songe lord Rockingham, homme politique éminent, l'Angleterre détient une véritable «mine d'or». Le Canada y tient une place importante. Ses pêcheries et ses fourrures constituent une source d'enrichissement. L'huile de baleine destinée à l'éclairage, les fanons de baleine servant à la fabrication de corsets et le fer des forges Saint-Maurice contribueront au commerce de l'empire. Le chanvre et le lin croissant le long du Saint-Laurent réduiront la dépendance britannique à l'égard de l'étranger. Quant au bois des forêts canadiennes, il approvisionnera les Antilles. En outre, comme le souligne joyeusement lord Shelburne, du Board of Trade, la paix de 1763 donne à l'Angleterre l'occasion de fournir «des vêtements à bon nombre de nations indiennes et à soixante-dix mille Acadiens (il veut dire ici les Canadiens) qui, dans un climat aussi froid, devraient acheter chaque année aux manufactures anglaises l'équivalent de 200 000 livres sterling en marchandises».

Cet ambitieux programme mercantiliste, fondé sur la conviction que l'autosuffisance est la pierre angulaire d'un empire et conçu selon une réglementation qui accorde aux marchands britanniques le monopole du commerce impérial, est gravement ébranlé par la Révolution américaine. Reconnaissant l'importante contribution des Treize Colonies au commerce de l'empire, Shelburne craint qu'avec leur perte, «le Soleil de la Glorieuse Angleterre ne se couche pour toujours». De son côté, l'économiste écossais Adam Smith manifeste son désaccord. Son ouvrage, *Recherches sur la nature et les causes de la richesse des nations*, publié en 1776, conteste les principes mêmes de restriction et de monopole sur lesquels s'appuient les théories dominantes dans l'empire. Mais l'adhésion de Smith au libre-échange entre les nations n'a pas assez de poids pour supplanter les credos habituels. Avec l'appui des commerçants dont la fortune s'est édifiée grâce à l'ancien système, les dirigeants anglais luttent pour que ce qui reste de l'empire après 1783 soit autosuffisant. Désormais, les colonies de l'Amérique du Nord britannique remplaceront la Nouvelle-Angleterre, New York et la Pennsylvanie comme fournisseurs des Antilles; l'équipement naval — en particulier le chanvre pour les cordages et le pin blanc pour les mâts — viendra du Nouveau-Brunswick et de la vallée du Saint-Laurent, au lieu du Maine et du Massachusetts. Un nombre croissant d'habitants de l'Amérique du Nord britannique consommeront des produits fabriqués en Angleterre. Navires et marchands étrangers seront exclus des ports coloniaux.

Ce programme commercial est plus facile à concevoir qu'à réaliser. L'Amérique du Nord britannique ne peut subvenir à ses propres besoins, encore moins approvisionner les Antilles. Par nécessité, on permet d'importer au Nouveau-Brunswick et en Nouvelle-Écosse les céréales, le bétail et le bois d'œuvre américains, et les décideurs ne peuvent, au mieux, que restreindre le commerce aux vaisseaux anglais. De même, l'achat d'équipement naval, de bois d'œuvre, de bétail, de farine et de céréales en provenance des États-Unis est autorisé dans les Antilles britanniques, tandis que le rhum, le sucre, la mélasse, le café et autres produits de ces îles peuvent être expédiés — sur des vaisseaux britanniques — aux États-Unis. À la fin du dix-huitième siècle, alors que les ports antillais sont ouverts aux vaisseaux américains, les autorités de la Nouvelle-Écosse expriment leur découragement en voyant leur «capital perdu... (leurs) marchands qui déménagent aussi vite qu'ils le (peuvent) et ... (leurs) intérêts compromis de toutes parts».

La contrebande ouvre une autre brèche dans la digue de l'autosuffisance de l'empire. Les pêcheurs américains, qui obtiennent la permission de faire sécher leurs prises le long des côtes de la Nouvelle-Écosse, du Labrador et des îles de la Madeleine, organisent un commerce illicite des plus florissants de produits tels que le thé, le rhum, le sucre et le vin. Accablé, un marchand de la Nouvelle-Écosse, déclare en 1787 que très peu de maisons ne recèlent pas «un colis américain». Vingt ans plus tard, le gouverneur de Terre-Neuve estime que 90% de la mélasse consommée dans sa colonie provient illégalement des Antilles françaises via les États-Unis.

Au début du dix-neuvième siècle, ce commerce clandestin est érigé sur le gypse de la Nouvelle-Écosse, qui est échangé en quantités croissantes contre des marchandises de contrebande dans les eaux limitrophes, parmi les îles de la baie de Passamaquoddy. Les autorités tentent de «bouter les chenapans américains» hors de la côte, mais ils en sont empêchés par les circonstances et par l'empressement des contrebandiers à se considérer «un jour comme des sujets britanniques et le lendemain comme des citoyens des États-Unis, selon ce qui favorise le mieux leurs intérêts».

En Angleterre, on commence à mieux saisir les difficultés inhérentes au maintien d'un empire autarcique. L'accroissement de la population et une urbanisation progressive font naître des doutes quant à la possibilité pour le pays de subvenir seul à ses besoins alimentaires. Après 1795, une succession de mauvaises récoltes fait monter le prix du pain. La famine semble imminente à moins d'importer des céréales de l'étranger. Mais les colonies ne sont pas en mesure d'en produire en quantité suffisante. D'ailleurs, le coût élevé du transport maritime et les hauts et les bas des récoltes en Amérique du Nord annulent, de façon générale, les avantages tarifaires dont les Anglais font bénéficier les céréales de leurs colonies.

Cependant, tout conspire au maintien d'un régime commercial anglais essentiellement fermé. En 1803, la reprise des hostilités entre l'Angleterre et la France conduit les deux pays à faire le blocus de certains ports européens. Lorsque des navires américains en route pour l'Europe sont saisis par les Anglais, le président Thomas Jefferson ferme les ports des États-Unis. Cette mesure met fin sur-le-champ à la concurrence qui, jusque-là, a presque exclu des ports antillais les vaisseaux de l'Amérique du Nord britannique. Grâce aux schooners et aux traîneaux des dissidents américains qui transportent de la farine, de la potasse et d'autres marchandises vers le nord pour remplir les cales des navires de l'Amérique du Nord britannique, les marchands ont peu de difficulté à rassembler des cargaisons. Du reste, la création, en Amérique du Nord britannique, de quelques «ports libres», où les vaisseaux britanniques et américains peuvent faire le commerce de certaines marchandises, rend leur tâche encore plus aisée. Les affaires prospèrent donc au Nouveau-Brunswick et en Nouvelle-Écosse. Jusqu'à la révocation de ce compromis, peu après 1820, les provinces Maritimes récoltent les avantages économiques de leur position clé dans le commerce atlantique.

En même temps, le blocus continental décrété par Napoléon en 1806 entrave sérieusement l'énorme commerce du bois de l'Europe septentrionale (Baltique) dont dépend l'économie britannique en plein essor. La hausse des prix ne tarde pas à contrebalancer le coût élevé de l'expédition par l'Atlantique de volumineuses cargaisons de bois d'œuvre. Après 1804, les expéditions de bois en provenance de l'Amérique du Nord britannique se multiplient par mille en cinq ans. C'est, de toute évidence, un commerce en serre chaude, né dans des circonstances spéciales. Il ne faut donc pas s'étonner si ceux qui le pratiquent cherchent à fortifier leur entreprise. Ils y parviennent en obtenant un tarif préférentiel qui donne aux producteurs coloniaux un avantage substantiel sur leurs concurrents étrangers; le bois de l'Amérique du Nord britannique se vend ainsi sur un marché entièrement protégé. Pour les colonies, les conséquences sont énormes. Partant du Saint-Laurent et du Nouveau-Brunswick, de Pictou et de l'Île-du-Prince-Édouard, des centaines de vaisseaux naviguent avec des cargaisons de bois d'œuvre. Bref, c'est une époque d'expansion économique et de prospérité.

En Angleterre, cependant, le soutien croissant qu'obtient la doctrine du libre-échange tempère l'optimisme des colonies. Les droits sur le bois d'œuvre sont particulièrement outrageants pour ceux qui, à la suite d'Adam Smith, appuient la politique commerciale du laisser faire. En 1821, ils obtiennent une réduction du tarif préférentiel accordé au bois d'œuvre colonial. Pendant toute la décennie de 1830, alors que la doctrine du libre-échange gagne du terrain, les vieux arguments en faveur des droits sont défendus avec un zèle renouvelé: le commerce, c'est le lien entre l'Angleterre et ses colonies; sans le tarif préférentiel, le commerce du bois d'œuvre s'écroulerait et les exportations coloniales se réduiraient à quelques fourrures; abandonner les droits, ce serait rendre les colonies orphelines et léser la mère patrie. Les appels au patriotisme, les arguments à l'appui des droits acquis et la force de l'inertie finissent par l'emporter. Le tarif préférentiel est donc de nouveau accordé au bois colonial; la structure fissurée, chancelante du mercantilisme survit ainsi jusque dans les années 1840.

Pour les colonies, c'est une victoire à la Pyrrhus. L'incertitude permanente au sujet des droits aggrave de beaucoup la volatilité d'un commerce déjà exposé aux fluctuations cycliques du marché. Pendant les années 1820 et 1830, le marasme succède au boom au Nouveau-Brunswick (et à un moindre degré dans le Haut-Canada et le Bas-Canada) tandis que les tendances changeantes du marché anglais, les rumeurs au sujet du remaniement des tarifs et les rajustements réels influent sur les économies coloniales fortement tributaires de l'empire. Au Nouveau-Brunswick, la question du tarif préférentiel occupe le premier plan au point que, en 1831, après cinq mois d'appréhension, quand on apprend à Saint-André que le projet de loi sur la réduction des droits a été défait, les citoyens lèvent leur verre à la santé des députés britanniques qui ont défendu leurs intérêts et organisent dans le port une fête considérable. C'est le soir de la Saint-Georges:

> Un navire, dont on dit qu'il a été construit dans la Baltique, est rempli d'un chargement de combustibles et (...) remorqué jusqu'au port où il est amarré. L'effigie d'un distingué défenseur des intérêts de la Baltique est suspendue au mât. Il tient à la main un papier sur lequel on peut lire: «Baltic Timber Bill» (Projet de loi sur le bois d'œuvre de la Baltique). Plusieurs livres de poudre à canon ont été dissimulées sous son gilet, et il y en a une bonne quantité à bord. Les combustibles sont mis à feu, et au moment opportun, le pauvre est réduit en poussière.

Mais cela ne suffit pas à freiner le mouvement du libre-échange en Angleterre. Dès le milieu du siècle, le régime colonial, que des générations d'habitants de l'Amérique du Nord britannique avaient estimé immuable «selon les si éminentes prescriptions du bon sens et de la société», a été démantelé. Après coup, on peut se dire que ce régime constituait moins un ensemble de principes cohérent qu'une série de mesures capricieuses appliquées au petit bonheur pour servir les intérêts britanniques. Mais l'effet de ces mesures sur les économies coloniales et la vie des habitants est tel que nombre d'entre eux redoutent leur disparition. De Montréal on lance un manifeste en faveur de l'annexion aux États-Unis. Au grand émoi des magistrats locaux, les habitants de Chatham, au Nouveau-Brunswick, défilent dans les rues, le 4 juillet 1849, en tirant des coups de pistolet en l'air et en chantant *Yankee Doodle*. Cependant, tout compte fait, le choc de la révolution commerciale, pendant la décennie de 1840, est moins désastreux qu'on ne l'avait appréhendé. Les colonies sont désormais assez robustes pour voler de leurs propres ailes.

«Nos affaires... une corvée»

Théoriquement, les diverses colonies de l'Amérique du Nord britannique ont un cadre administratif simple. Le parlement britannique détient l'autorité suprême. Dans chaque colonie, un gouverneur fait le lien entre l'autorité impériale et les intérêts locaux. Un Conseil exécutif partage avec le gouverneur les fonctions administratives et judiciaires. Partout (sauf au Québec avant 1791), une Assemblée élue défend les intérêts des colons. En dehors de cette hiérarchie centrale, les juges de paix — nommés par le gouverneur mais essentiellement autonomes — exercent le rôle de magistrats locaux et leur pouvoir s'étend à de vastes communautés. Ils exercent de ce fait un certain contrôle local.

En pratique, les choses ne sont pas si simples. Le rôle du parlement de Westminster dans les affaires internes des colonies est minime, surtout dans le dernier quart du dix-huitième siècle. Aucun impôt n'est levé dans les colonies après 1776. Jusqu'en 1782, les affaires coloniales sont supervisées par le

Le colonel John Graves Simcoe. Simcoe (1752-1806) est le premier lieutenant-gouverneur du Haut-Canada. «Simcoe se révéla toujours le plus énergique des gouverneurs qui furent envoyés en Amérique du Nord britannique après la Révolution américaine. Il fut aussi celui qui exprima le mieux sa foi dans la destinée impériale sur ce continent et qui jugea avec le plus de sympathie les intérêts et les aspirations de ses habitants» (*Dictionnaire biographique du Canada*). Huile sur ivoire (sans date) par un artiste inconnu. (Law Society of Upper Canada, Toronto, 87-128-2)

Board of Trade, qui coordonne mollement les activités des divers ministères (tels que le Trésor, les Douanes et l'Amirauté) dont la juridiction s'étend aux possessions de la Couronne outre-mer. Par la suite, le ministère de l'Intérieur assume cette responsabilité. Lorsque les affaires coloniales sont confiées au secrétaire d'État à la Guerre, au début du dix-neuvième siècle, il est trop absorbé par la lutte contre la France pour se consacrer à ces questions moins pressantes. Même la création du Colonial Office, en 1815, n'apporte que peu de changements réels. Des problèmes moraux et coloniaux plus vastes — tels que l'esclavage ou l'immigration — soulèvent l'intérêt, mais les parlementaires britanniques ne se soucient que rarement du sort des colonies. L'agent du Nouveau-Brunswick à Londres n'est certes pas seul à formuler cette réflexion attristante: «L'empire est si vaste et nous sommes si loin, nos affaires ne sont qu'une corvée.»

Dans ce contexte, les gouverneurs sont théoriquement aussi puissants que les monarques de la dynastie des Tudor. À titre de représentants de la Couronne et symboles du contrôle impérial, ils occupent un haut rang dans la société coloniale et leur prestige s'accompagne, il va sans dire, d'une grande influence. En vérité, leur autorité réelle est limitée. Les pouvoirs exécutif, judiciaire et législatif ne peuvent s'exercer sans tenir compte de la réalité. Inquiets de leur carrière, la plupart des gouverneurs s'efforcent de complaire au ministère des Colonies. Faute de directives précises, ils suivent les voies les plus conservatrices, appliquent les politiques selon les instructions reçues et s'assurent que les affaires courantes sont menées à bien. Les conseils exécutifs, dont les membres sont nommés, jouent un rôle important au gouvernement. Ils se réunissent environ une fois par mois pour étudier les pétitions visant des faveurs spéciales, pour édicter des règlements et approuver les demandes de subventions et de permis, d'après les recommandations des ministères auxquels elles ont été présentées. Mais parce que les conseillers traitent tout cela comme des affaires courantes, leur marge de manœuvre est limitée et ils agissent avec prudence.

Bien que les gouverneurs puissent opposer leur veto à toute loi ou dissoudre l'Assemblée législative, une telle mesure peut être risquée. Elle sera certainement peu judicieuse si le peuple soutient l'Assemblée. La plupart des gouverneurs disposent de peu de postes à distribuer comme ils l'entendent, ce qui huilerait les rouages du gouvernement. D'une manière générale, ils sont soumis à l'approbation de l'Assemblée pour toute dépense en dehors de celles déjà autorisées. Les membres de l'Assemblée législative, à titre de représentants du peuple, se méfient d'instinct de toute proposition qui vient d'en haut — tel, par exemple, le secours aux immigrants indigents — et qui risque d'épuiser les fonds restreints dont ils disposent. L'affectation des ressources aux routes, aux ponts et aux écoles est pour eux un souci constant; tout autre appel aux deniers publics est généralement rejeté sans ménagement. Les gouverneurs avisés reconnaissent donc les limites de leur pouvoir et naviguent dans le sens du courant: ils tâchent si possible d'imprimer une direction, mais donnent rarement des ordres. Ceux qui s'y risquent doivent souvent affronter une Assemblée furieuse. Ils ne disposent guère de choix quant à leurs moyens d'action.

Pourtant, certains gouverneurs jouent un rôle important dans le développement de leurs colonies. C'est le cas de l'énergique et imaginatif John Graves Simcoe, premier lieutenant-gouverneur du Haut-Canada. Il cherche à faire de la colonie naissante un modèle de gouvernement britannique efficace. Pour arriver à ses fins — favoriser le développement, pourvoir à l'instruction des «classes supérieures» et doter l'Église d'Angleterre — il a besoin de ressources considérables, mais celles-ci se font attendre. Il établit tout de même les fondations solides du conservatisme et du loyalisme dans la population de la province. Il est conscient des besoins des colons ordinaires et y répond en instaurant un régime efficace de concession de terres. Séduit par l'idée de créer une société hiérarchisée dans une région reculée, Simcoe offre de vastes étendues de terre à des hommes en vue et à d'autres qui se proposent d'encourager le peuplement et de jouer le rôle de *gentry* locale. Peu de gens suivent ce plan, mais ceux qui le font forment le noyau d'une élite coloniale. En adoptant, dans le domaine de l'arpentage, le «plan en damier» (dans lequel un *township* modèle mesure neuf milles sur douze et est constitué de quatorze rangs contenant chacun 24 lots de 200 acres) et en réservant les deux septièmes des terres pour le soutien de l'Église et de l'État, Simcoe impose à l'aménagement du territoire une géométrie de base. Et en poursuivant un plan de développement audacieux selon lequel London, sur la rivière Thames, devient la capitale du Haut-Canada, et où des routes militaires allant de London à York et de York au lac Simcoe doivent constituer les artères principales du circuit routier, il canalise le peuplement de la colonie.

Avec le temps, l'équilibre du pouvoir se modifie. Au dix-huitième siècle, le manque de contrôles, la lenteur des communications, la taille réduite des sociétés coloniales et le favoritisme inhérent au développement de nouvelles colonies permettent à bon nombre de gouverneurs de jouer un rôle important, ce qui, dans l'ensemble, ne sera plus possible à leurs successeurs du dix-neuvième siècle. Désormais, l'autorité de l'exécutif est peu à peu réduite par le pouvoir grandissant des assemblées législatives et l'action plus efficace du Colonial Office. Bien entendu, les changements ne se font pas partout au

Ce portrait de William Lyon Mackenzie, peint presque quarante ans après sa mort par J.W.L. Forster (d'après un daguerréotype de Eli J. Palmer) montre le réformateur et premier maire de Toronto la main appuyée sur la Pétition de griefs datée de 1835 et dont il fut le principal auteur. À sa droite se tient Louis-Joseph Papineau, Patriote et homme politique radical, qui vivait retiré à Montebello dans sa seigneurie de la Petite-Nation au moment où Napoléon Bourassa a peint ce tableau en 1858. (À gauche: Collection d'art du Gouvernement de l'Ontario, MGS606898; à droite: MQ, photo Patrick Altman, G52.52p)

même rythme. Dans la Nouvelle-Écosse de la fin du dix-huitième siècle, les loyalistes américains défendent avec succès le droit exclusif pour l'Assemblée législative de présenter des projets de loi sur l'affectation des deniers publics. Par contraste, l'Acte constitutionnel de 1791, qui établit le Haut et le Bas-Canada, donne au gouverneur et à son Conseil le contrôle des revenus substantiels générés par les terres de la Couronne. Une telle indépendance financière permet aux gouverneurs de poursuivre des politiques impopulaires sans guère tenir compte de l'opposition des députés.

En somme, tous les éléments sont réunis pour susciter le ressentiment et la confrontation — surtout dans le Bas-Canada où un gouverneur anglais et un Conseil dominé par les Anglais font fi de l'Assemblée constituée en majorité de Canadiens français. Lorsque le contrôle des revenus locaux passe finalement aux assemblées des deux Canadas en 1831, l'hostilité et le manque de coopération entre les membres élus du gouvernement et ceux qui ont été nommés d'office entraînent crise sur crise. En dépit des tentatives de conciliation, les tensions politiques persistent.

En 1837 éclatent des rébellions dans le Bas et le Haut-Canada. Leurs causes immédiates sont très claires. Dans le Bas-Canada, le gouvernement britannique précipite l'insurrection par son refus de modifier la structure du gouvernement colonial et par sa décision de permettre au gouverneur d'utiliser les revenus provinciaux sans le consentement de l'Assemblée, passant outre aux requêtes de cette dernière. Dans le Haut-Canada, l'insurrection pivote autour du rôle actif qu'a joué le lieutenant-gouverneur, sir Francis Bond Head, dans l'élection d'une majorité conservatrice à l'Assemblée. Mais les racines du mécontentement sont beaucoup plus profondes. À mesure que la population du Canada s'accroît et se diversifie, à mesure aussi que les revenus des provinces augmentent, les vieilles structures s'avèrent de plus en plus inadaptées. Dans le Haut-Canada, où les nouveaux immigrants d'origine modeste et appartenant à l'Église évangélique forment un pourcentage croissant de la population, le mécontentement est dû surtout à la décision de réserver le septième des terres de la colonie au profit de l'Église d'Angleterre (les réserves du clergé) mais aussi à la richesse et à la puissance du *Family Compact*, petit groupe de dirigeants étroitement liés par le mariage, le favoritisme et les convictions conservatrices qui domine le gouvernement de la province au cours des décennies de 1820 et de 1830.

Dans le Bas-Canada, la situation est plus complexe. Les partis anglais et canadien ont pris forme à l'Assemblée au début du siècle, mais la question de la langue n'a pas polarisé la population avant 1809 et 1810. C'est alors que, par des mesures maladroites, le gouverneur sir James Henry Craig déclenche des événements qui vont dresser les uns contre les autres Canadiens français et Anglais. Il commet l'erreur de comparer les aspirations des Canadiens aux ambitions d'un Napoléon, ces aspirations légitimes lui apparaissant comme une menace à l'autorité anglaise. Craig emprisonne sans procès les chefs du Parti canadien, dissout deux fois l'Assemblée et tente de stopper la publication

La région des Deux-Montagnes est un important foyer de la rébellion des Patriotes. Le 14 décembre 1837, environ 1300 militaires et miliciens, commandés par John Colborne, attaquent les Patriotes rassemblés à Saint-Eustache. Le docteur Olivier Chénier, à la tête d'environ 400 hommes, tente désespérément de résister. Barricadés dans l'église, Chénier et plusieurs de ses partisans périssent au cours de la bataille. Gravure tirée de *Popular History of the Dominion of Canada*, de C.R. Tuttle. (ANC, C-6032)

du journal *Le Canadien*, fondé quatre ans plus tôt pour défendre les intérêts des Canadiens français.

Pendant toute la deuxième et la troisième décennie du dix-neuvième siècle, alors que l'immigration et l'essor économique remodèlent la société du Bas-Canada, un fossé se creuse entre francophones et anglophones. «Dans les villes, écrit en 1831 Alexis de Tocqueville, alors de passage, les Anglais font étalage d'une grande richesse. Chez les Canadiens, il n'y a que des ressources pécuniaires restreintes; de là des jalousies et de petites irritations (...)» Même

Incident survenu au cours de la Rébellion, en novembre 1838. Capturée «en chemise au milieu d'un groupe de brigands à l'allure de Robespierre, tous armés de fusils, de longs couteaux et de piques», Jane Ellice, épouse du secrétaire particulier de lord Durham, a laissé cette aquarelle représentant ses ravisseurs, des Patriotes. (ANC, C-13392)

à la campagne, bon nombre de Canadiens estiment que «la race anglaise (...) se répand autour d'eux de façon alarmante (...) (et) qu'en fin de compte (les Canadiens)... (seront) absorbés». Ayant choisi pour devise «Nos Institutions, notre Langue et nos Lois», *Le Canadien* continue de rallier les forces nationalistes. «Ce journal, écrit Tocqueville, se sert de tout ce qui peut enflammer contre les Anglais les passions populaires grandes et petites.» En 1822, une proposition ayant pour objet d'unifier les deux Canadas, mise en avant par des dirigeants du Haut-Canada et des marchands anglais, ne fait qu'accroître, chez les Canadiens français, la crainte d'être encerclés par les Anglais. Pour Louis-Joseph Papineau, l'éloquent porte-parole du Parti canadien, qui dirige la résistance contre l'assimilation, le Bas-Canada est un territoire distinct et important qu'il faut protéger comme la patrie française et catholique de l'habitant.

Avec Papineau, dont le nom brille de plus en plus à la tête du Parti patriote, issu du Parti canadien en 1826, la critique des marchands anglophones qui dominent les conseils et le pouvoir judiciaire s'intensifie. Et l'on réclame des réformes de façon plus pressante. Le Conseil législatif est un «cadavre putride», ses membres viennent de «l'aristocratie de la débâcle». L'Angleterre doit se rendre compte, insiste Papineau, que l'Assemblée dominée par des Canadiens français ne peut tolérer l'aristocratie «répugnante et insupportable» dont les représentants, nommés à la fois aux conseils exécutif et législatif, ne sont que «vingt tyrans assurés de l'impunité dans tous leurs excès». Soutenu par une éclatante victoire électorale en 1834, Papineau poursuit avec une vigueur accrue ses idéaux républicains et nationalistes. Entre-temps, la situation économique de la colonie s'est aggravée. Les récoltes sont mauvaises et, en 1837, l'effondrement de banques anglaises et américaines déclenche une crise financière et commerciale. Au milieu de cette détresse, un contemporain écrit que «la pénurie est grande et le malheur absolu au Canada».

En 1837, lorsque l'Angleterre rejette la requête du Parti patriote visant à obtenir le contrôle, par l'Assemblée, des dépenses provinciales, les chefs des Patriotes inaugurent un programme de rassemblements publics. Papineau compare un jour la situation des Canadiens du Bas-Canada à celle des Américains en 1775. L'agitation se poursuit tout l'été. Pendant quelques semaines, des Patriotes armés contrôlent certains secteurs de la campagne près de Montréal. En novembre il y a des combats de rue dans la ville. Les troupes britanniques sont appelées pour rétablir l'ordre. De nombreux chefs des Patriotes sont arrêtés; d'autres s'enfuient vers le Richelieu. À la fin du mois, les rebelles repoussent des troupes gouvernementales à Saint-Denis. Mais faute d'organisation et d'équipement, ayant du reste à leur tête des hommes qui ignorent tout de l'art tactique, ils ne peuvent guère vaincre longtemps. Ils sont défaits à Saint-Charles, puis écrasés à Saint-Eustache après une farouche résistance. Quelques centaines de Patriotes sont tués ou blessés. Plus de cinq cents sont faits prisonniers. Les dommages aux propriétés sont considérables. Papineau et quelques autres se sont enfuis aux États-Unis. Un deuxième soulèvement est promptement maîtrisé en novembre 1838. Cette fois, plus de huit cents Patriotes sont emprisonnés; douze d'entre eux sont pendus à la prison du Pied-du-courant et cinquante-huit, déportés dans une colonie pénitentiaire d'Australie.

Dans le Haut-Canada, William Lyon Mackenzie, critique ardent du *Family Compact* et huit cents partisans enhardis par le départ de troupes du Haut-Canada pour la province voisine, marchent sur Toronto au début de décembre 1837, dans l'espoir de renverser l'administration et établir un gouvernement démocratique sur le modèle américain. Armée de fourches, de bâtons et de fusils, mais inexpérimentée et indisciplinée, cette armée hétéroclite de radicaux est rapidement dispersée par la milice locale. L'opposition au puissant *Compact* est généralisée, mais peu souhaitent une rébellion. Après un deuxième soulèvement tout aussi vain près de Brantford, la rébellion prend fin. Mackenzie s'enfuit aux États-Unis; deux de ses lieutenants sont pendus; plusieurs de ses partisans sont bannis.

Les deux insurrections sont un échec mais, ensemble, elles ont un impact important sur l'administration coloniale. En 1838, la constitution du Bas-Canada est suspendue. Le gouvernement britannique, sentant la nécessité d'une réévaluation, envoie John George Lambton, comte de Durham, en Amérique du Nord britannique comme gouverneur général, et lui confie la responsabilité de décider de «la forme et du futur gouvernement des provinces canadiennes». «Radical Jack» Durham a concocté un plan avant de se mettre en route: créer une union de toutes les colonies de l'Amérique du Nord britannique. Mais la Nouvelle-Écosse et le Nouveau-Brunswick ne sont pas intéressés; or une action décisive est essentielle. En outre, après avoir cru que les deux rébellions reflétaient «une lutte entre un gouvernement et un peuple», Durham doit bientôt se raviser. Une fois installé dans le Bas-Canada, il conclut que la lutte n'a pas été «une lutte de principes, mais de races: deux nations se faisant la guerre au sein d'un même État». Il propose pour solution l'assimilation des Canadiens français. Parce qu'ils sont «une société vieillie et stationnaire dans un monde nouveau et progressif», cette assimilation lui semble inévitable. Autant accélérer le processus par l'union du Haut et du Bas-Canada. Les représentants de la nette majorité de colons anglophones (quelque 55% des populations combinées des deux provinces) domineront alors légitimement l'assemblée conjointe, et les Canadiens français, désormais minoritaires, abandonneront leurs aspirations nationales.

Le rapport Durham contient d'autres propositions radicales; critiquant la clique tory «mesquine, corrompue, insolente» — le *Family Compact* — qui monopolise le pouvoir dans le Haut-Canada, il soutient que pour les affaires domestiques, les gouvernements coloniaux devraient être responsables devant leurs électeurs, ce qui revient à dire que les membres de l'exécutif (ou en termes modernes le cabinet) devraient être choisis parmi la majorité élue de l'Assemblée et pouvoir compter sur le soutien de cette majorité. Il conseille fortement de créer des administrations municipales et une cour suprême. Il fait valoir qu'il faudrait abandonner les réserves du clergé, dont l'objet était de doter l'Église anglicane, réviser les politiques en matière de propriété foncière et d'immigration, et encourager les citoyens de l'Amérique du Nord britannique à développer un sentiment d'appartenance nationale afin de résister à la puissante influence des États-Unis.

Une telle batterie de propositions provocantes ne pouvait mener à un consensus. Les Canadiens français sont indignés par une politique conçue, selon les termes de Mgr Lartigue de Montréal, «pour nous anglifier, c'est-à-dire nous décatholiser...» De leur côté, les tories anglophones s'interrogent sur la santé mentale de Durham et rejettent son rapport comme «honteux et

Bel échantillon du talent naturel de Théophile Hamel pour le portrait, cette huile datant de 1848 a longtemps été intitulée *Lord Durham avec trois chefs indiens*, suivant une tradition de la famille Durham. Il s'agit en fait d'une députation de trois chefs montagnais accompagnés de leur interprète Peter McLeod chez le gouverneur général lord Elgin. (Collection du comte d'Elgin et de Kincardine, Broomhall, Dunfermline, Écosse, photo: MBAC, 69-388A)

pernicieux». Par ailleurs, les réformistes se réjouissent de l'avènement d'un gouvernement responsable sous l'égide de l'empire. Quant aux parlementaires britanniques prêts à unifier les provinces, ils regimbent devant cette perspective. Alors qu'ils ont du mal à faire face à l'industrialisation et à la fin du mercantilisme, ils sont peu disposés à relâcher les liens administratifs dont dépend, selon eux, l'allégeance des colonies à la mère patrie.

Pendant tout ce temps, la vigueur du voisin du Sud exerce sur l'Amérique du Nord britannique une influence considérable. La Révolution américaine inspire aux dirigeants britanniques et aux tories une grande circonspection devant les convictions démocratiques. Au tournant du siècle, ils s'inquiètent de l'affluence des Américains dans le Haut-Canada et des «Principes républicains» qu'invoque l'opposition aux gouvernements coloniaux. Puis, en 1812, les États-Unis déclarent la guerre à la Grande-Bretagne et attaquent les deux Canadas. Beaucoup de gens étant arrivés du Sud depuis peu, il apparaît à un certain nombre que le Haut-Canada est «en tous points une colonie américaine». Persuadé que les colons se débarrasseraient volontiers du joug britannique, le président américain Thomas Jefferson croit que la conquête serait «une simple promenade». En 1812, il reste à peine 2200 soldats britanniques en garnison au Canada, et la résistance indienne aux troupes américaines, dans le bassin ouest des Grands Lacs, a été écrasée à Tippecanoe sur la rivière Wabash. Mais c'est bientôt la fin des triomphes faciles. Les premiers succès de la milice canadienne, remportés grâce à l'adresse tactique du général de division Isaac Brock, du 49e régiment, remontent le moral de ses hommes. Tecumseh, le chef shawni dont les hommes ont été défaits à Tippecanoe, prend le parti des Anglais. Or l'appui des partisans de Tecumseh, avant que ce dernier tombe à Moraviantown, exerce une influence décisive sur les succès britanniques dans l'ouest de la péninsule du Niagara, en 1812 et en 1813. Tout compte fait, les Américains sont étonnamment inefficaces. L'une de leurs armées est conduite par un général trop corpulent pour monter à cheval, et à Queenston Heights les miliciens, invoquant les garanties constitutionnelles, refusent d'obéir aux ordres et de marcher sur le Haut-Canada. Par chance, Laura Secord entend des officiers américains discuter de leurs plans alors qu'ils mangent à sa table. Elle s'empresse de rapporter leur conversation à la garnison. La plupart des colons n'aspirent qu'à la paix: les fermiers qui ont trouvé une terre à bon compte et qui paient des taxes peu élevées dans la colonie britannique n'ont guère envie de se joindre à la république américaine.

Au début de la campagne de 1813, les envahisseurs tentent de séparer les deux Canadas en s'emparant de Kingston. Mais ils attaquent d'abord York (Toronto) qui est une cible plus facile. Ils occupent la ville, mettent le feu aux

La médaille (à gauche) a été frappée par la Loyal and Patriotic Society of Upper Canada pour récompenser des manifestations extraordinaires de courage et de loyauté pendant la guerre de 1812, mais elle n'a jamais été décernée. On y voit le lion britannique protégeant le castor canadien contre l'aigle américain. Entre eux coule le Niagara. (ROM, 955.217.15)

Aussi fascinante que puisse être cette illustration de *La bataille de Queenston* (ci-dessus), elle est fort peu conforme à la réalité, comme on peut s'y attendre d'un croquis dessiné de mémoire et cherchant à reproduire une scène pleine d'action. Le 13 octobre 1812, quelque 1300 soldats américains traversent le Niagara dans treize bateaux et tentent de s'emparer de Queenston Heights. Le commandant chargé de la défense, Isaac Brock, est tué dès la première charge contre les envahisseurs, mais ces derniers finissent par être repoussés à la pointe de la baïonnette. Lithographie d'après un croquis du major J.B. Dennis. (ANC, C-276)

édifices publics et s'emparent du matériel naval. Il y a des escarmouches dans la péninsule de Niagara pendant tout l'été et l'automne de 1813. Les Américains capturent le fort George, mais sont repoussés à Stoney Creek et à Beaver Dams. Forcés d'évacuer le fort George, ils incendient Newark (Niagara-sur-le-lac), ce qui entraîne des représailles de la part des Anglais à Buffalo. Sur le lac Érié, une victoire navale des Américains leur permet de contrôler le lac pendant le reste de la guerre. Traversant de nouveau la Niagara, les Américains tentent vainement de reprendre le fort George. Dans la sombre nuit du 25 juillet, à portée d'oreille des chutes, les troupes fatiguées s'engagent dans un combat acharné et confus qui s'achève sans vainqueur.

Le conflit embrase également les rives du lac Champlain et du Saint-Laurent. Les troupes américaines font même marche sur Montréal, en octobre 1813, mais sont arrêtées à Chateauguay par le corps des Voltigeurs canadiens-français, dirigé par Charles de Salaberry. Sur le littoral atlantique, des troupes de Halifax, sous les ordres de l'habile commandant sir John Sherbrooke, lieutenant-gouverneur de la Nouvelle-Écosse, envahissent le Maine pour s'emparer de Castine, et les Anglais conservent leur emprise sur une bonne partie du Maine pendant toute la durée de la guerre. En août 1814, ils attaquent et incendient Washington et la Maison Blanche. Mais pour la plupart des habitants de la Nouvelle-Angleterre et de la Nouvelle-Écosse, la guerre est un événement secondaire. À peine dérange-t-elle Américains et Anglais qui font du cabotage. Ainsi, le traité de Gand, signé en Belgique la veille de Noël 1814 par des négociateurs britanniques et américains, convient d'un retour au *statu quo* de 1811. Le Haut-Canada, ont noté plusieurs de ses habitants, a été «sauvegardé» pour la Grande-Bretagne. Au cours des 175 années qui se sont écoulées depuis, nombre de Canadiens se sont découvert, parmi les participants à cette guerre, des héros et des héroïnes — Brock, Salaberry, Secord et Tecumseh ne sont pas les moindres — mais en définitive, il ne s'est agi que d'un conflit local.

Les accords anglo-américains de 1817 et 1818 prévoient la démilitarisation de la région des Grands Lacs et fixent la frontière sud du territoire britannique au 49e parallèle, depuis le lac des Bois jusqu'aux Rocheuses. Mais les ambitions et les influences américaines restent une source d'inquiétude pour bon nombre d'administrateurs britanniques. Au début des années 1820, ou met en chantier d'importantes citadelles à Québec et à Halifax; elles dominent encore aujourd'hui le paysage de ces deux villes. Vers la fin de la décennie et au cours de la suivante, des sommes considérables sont dépensées pour fortifier Kingston et construire le canal Rideau entre cette ville et Bytown (Ottawa), afin que la voie navigable entre Montréal et les Grands

Lacs offre un second itinéraire plus sûr, au cas où les Américains se rendraient maîtres du Saint-Laurent.

Un nombre grandissant de méthodistes et de baptistes, parmi les premières communautés installées au Haut-Canada, ne tardent pas à être considérés comme une menace à l'Église d'Angleterre. Et les livres de classe *américains* — «dans lesquels on ne parle pas de la Grande-Bretagne en termes respectueux» — tout comme les enseignants américains, dont il faut craindre qu'ils n'inculquent aux enfants, «sur un ton nasillard», le fanatisme religieux et une haine invétérée du système politique britannique, sont vertement critiqués. Si la paranoïa prend le dessus sur la vérité, ces assertions entretiennent chez les gens du fond des campagnes la conviction que les institutions britanniques sont bien fragiles.

Les derniers sursauts des rébellions de 1837 ne font que confirmer de telles inquiétudes. William Lyon Mackenzie reçoit un accueil enthousiaste à Buffalo après s'être enfui de Toronto. Comme d'autres refugiés, il trouve dans les États du Nord un soutien à sa campagne de raids frontaliers, raids dont l'objet est de susciter la peur et l'incertitude dans les colonies britanniques. En 1838, un groupe de rebelles forment une société secrète appelée «Hunters' Lodges», qui se propose de libérer le Haut-Canada du joug britannique. Ils y font plusieurs petites incursions. Les loges sont rapidement dominées par des Américains. D'après certaines estimations, le nombre des membres dépasserait 40 000. Parmi leurs tentatives les plus provocantes pour déstabiliser les relations entre la Grande-Bretagne et les États-Unis, notons l'incendie du paquebot *Sir Robert Peel* dans les Mille-Îles et le dynamitage du monument de Brock à Queenston Heights en 1840.

Bien que Louis-Joseph Papineau ait refusé de donner son aval aux raids frontaliers dans le Bas-Canada et que la première tentative, en février 1838, soit un échec humiliant, les chefs de la société secrète organisent dans la colonie un mouvement clandestin impressionnant, les Frères Chasseurs. Leur déroute à la fin de 1838 met fin aux rébellions, mais l'amertume suscitée par les événements de 1837-1838 subsiste longtemps chez les francophones et les anglophones.

Fait révélateur, les incitations souvent réitérées des Américains à se débarrasser de la tyrannie et de l'oppression britanniques n'ont jamais eu une audience très répandue. Entre 1760 et 1840, les colonies sont irrévocablement attachées à la mère patrie par les liens du sentiment et de la dépendance financière, tout comme par la voie hiérarchique et les modalités du commerce. Les Canadiens français exceptés, la plupart des habitants des colonies trouvent leur souche en Grande-Bretagne. Un grand nombre d'entre eux viennent des

Campement des loyalistes à Johnstown, nouvel établissement sur les rives du Saint-Laurent, au Canada. Robert Hunter, jeune Anglais en route pour Niagara Falls, visite Johnstown (aujourd'hui Cornwall) en 1785. «L'établissement des loyalistes, conclut-il, est l'une des meilleures choses que George III ait jamais faites. Cela fait chaud au cœur de voir qu'ils vont tous bien et semblent parfaitement satisfaits de leur situation.» Aquarelle (1784) de James Peachey, ingénieur topographe de l'armée britannique. (ANC, C-2001)

États-Unis et se sont installés dans les territoires britanniques après la Révolution américaine. D'après les normes de l'époque, les dépenses de la Grande-Bretagne dans les colonies sont énormes. D'année en année, ces débours pour des constructions militaires et l'entretien des troupes font circuler de l'argent. À titre d'exemple, le marché que la garnison représente pour le blé du Haut-Canada est si considérable que le marchand Richard Cartwright conclut, en 1792: «Aussi longtemps que le gouvernement britannique trouvera opportun d'embaucher des gens pour venir manger notre blé, ça ira très bien pour nous.»

Les aléas du peuplement des provinces

Pour ceux qui sont venus s'installer dans les colonies, le simple fait d'occuper un lieu sauvage et de le défricher prend des proportions épiques. Les sociétés coloniales s'édifient à travers une lutte pour leur survivance dans un milieu nouveau. Les économies coloniales dépendent, pour leur expansion, du labeur des hommes et des femmes, ainsi que des ressources locales. Lorsque le juge en chef Smith du Canada écrit, en 1787: «Ce sont les *hommes* et non les *arbres* qui constituent la richesse d'un pays», il établit une équation fondamentale: les êtres humains sont synonymes de puissance et de prospérité. La taille de la population est la mesure du succès et du progrès. Si l'on s'en tient à ce critère, les années qui s'écoulent entre 1760 et 1840 sont une période de croissance remarquable. La population d'origine européenne s'est multipliée par seize; dès 1841, l'Amérique du Nord britannique compte plus d'un million et demi d'habitants d'ascendance européenne. Quant aux autochtones, dont le nombre a chuté en quatre-vingts ans, ils ne forment plus qu'un dixième de la population.

Entre 1760 et 1800, le hasard marque pour une large part l'immigration en Amérique du Nord britannique. La Grande-Bretagne n'a pas encore établi de plan cohérent pour le peuplement de ses colonies d'outre-mer. Persuadé que l'émigration minerait la force de la nation, le parlement anglais, dans l'ensemble, s'oppose au départ de citoyens britanniques pour les colonies. C'est pourquoi le gouvernement, fort désireux de neutraliser la Nouvelle-Écosse acadienne et catholique après la fondation de Halifax en 1749, favorise l'établissement de «protestants étrangers», originaires pour la plupart de la vallée du Rhin. Préoccupé par la défense du territoire, il encourage également les soldats dont les régiments ont été licenciés en Amérique à y demeurer en leur concédant des terres. Mais pendant une quinzaine d'années après 1760 on présume que le Canada et la Nouvelle-Écosse seront peuplés par les colons qui, installés d'abord dans les anciennes colonies de l'Amérique britannique, se déplaceront vers le nord. Des proclamations annoncent que, dans les deux colonies, des terres sont à la disposition des résidents du Massachusetts, du Connecticut, de la Pennsylvanie et de New York. Seule la Nouvelle-Écosse attire de nombreux candidats, du moins tant que les terres à l'ouest des Appalaches restent interdites au peuplement. Quelques colons et marchands de fourrures sont attirés vers Québec et Montréal. Peu d'émigrants, écrit Guy Carleton, gouverneur de Québec, «préfèrent les longs hivers inhospitaliers du Canada au climat plus attrayant et aux terres plus productives des provinces de Sa Majesté situées au sud». À moins d'une «catastrophe dont l'idée seule fait frémir», la colonie restera selon lui le domaine des Canadiens.

Des initiatives individuelles poussent certains émigrants à traverser l'Atlantique. Dans les années 1770, environ 1000 personnes sont invitées à abandonner, dans le Yorkshire, des exploitations agricoles dont le loyer augmente sans cesse pour s'établir dans le domaine de Michael Franklin, notable de la Nouvelle-Écosse. Dix ans plus tôt, Alexander McNutt, spéculateur énergique et convaincant, a installé 600 Irlandais sur ses immenses concessions en Nouvelle-Écosse. Mais le «danger pour l'Irlande d'être privée d'un si grand nombre de ses habitants» paraît tel que cette pratique est immédiatement interdite. Passant outre au règlement, un nombre restreint mais constant d'Irlandais se rendent à Terre-Neuve avec les pêcheurs, et dans les années qui suivent 1770 de petits groupes d'Écossais quittent les Highlands pour s'installer sur des terres le long du golfe Saint-Laurent.

Les migrations dues à la Révolution américaine ont des répercussions beaucoup plus importantes. En 1783 et en 1784, un grand nombre de militaires et de réfugiés civils qui ont pris le parti de la Grande-Bretagne pendant la Révolution américaine quittent les États nouvellement indépendants pour l'Amérique du Nord britannique. Environ 35 000 de ces «loyalistes» s'en vont en Nouvelle-Écosse et quelque 9000 au Québec. Leur impact est immense. La péninsule de la Nouvelle-Écosse voit sa population doubler; au nord de la baie de Fundy qui, en 1780, compte moins de 1750 personnes d'ascendance européenne, 14 000 ou 15 000 loyalistes dominent la nouvelle colonie du Nouveau-Brunswick. Un millier peut-être s'installent dans les îles encore peu peuplées de Saint-Jean (rebaptisée Île-du-Prince-Édouard après 1798) et du Cap-Breton (qui devient une colonie distincte en 1784 et le demeure jusqu'à 1820). À l'intérieur des terres, environ 7000 loyalistes occupent un territoire jusque-là presque inhabité, à l'extrémité du lac Érié, dans la péninsule de Niagara, autour de la baie de Quinte et le long de la rive nord du Saint-Laurent. Un autre groupe de 1000 ou 2000 s'installent près de l'embouchure du Richelieu, près du lac Saint-François et dans la vallée inférieure de l'Outaouais.

Les loyalistes n'ont pas grand-chose en commun, si ce n'est l'expérience de l'emménagement dans un autre pays. Militaires et civils, Noirs, Blancs et Iroquois, gens instruits et illettrés, riches et pauvres, ils viennent de toutes les anciennes colonies et de familles de tous les milieux, immigrés de longue date ou récents. Les diplômés de Harvard, les anciens propriétaires de plantations abandonnées, ceux qui ont de grandes fortunes et les titulaires d'un poste dont l'arbre généalogique remonte au *Mayflower* paraissent éminents dans la mythologie qui entoure les loyalistes, mais ils sont indubitablement une minorité. La plupart sont des gens ordinaires: petits fermiers, artisans, journaliers, accompagnés de leur famille. Parmi ceux qui se rendent en Nouvelle-Écosse, il y a environ 3000 Noirs (en majorité des esclaves fugitifs) qui se rassemblent dans des établissement séparés près de Shelburne, Dighy

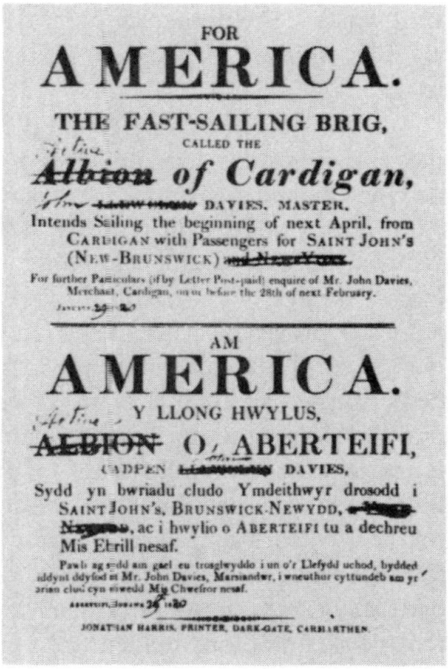

Parmi les milliers d'émigrants venus en Amérique du Nord britannique avant 1840, il y a plusieurs centaines de familles galloises. Cette affiche du pays de Galles, corrigée après le naufrage de l'*Albion*, en novembre 1819, rappelle les dangers de la navigation transatlantique. Elle constitue un échantillon intéressant des renseignements offerts aux candidats à l'émigration. (Bibliothèque nationale du Pays de Galles, Cardiff)

et Chedabucto, de même qu'à Halifax. Leurs espoirs d'indépendance se réalisent rarement, et en 1792, presque 1200 d'entre eux quittent la Nouvelle-Écosse pour la Sierra Leone. Parmi les gens qui s'installent au nord des Grand Lacs, il y a près de 2000 Indiens, surtout des Iroquois des Six Nations, sous la direction du chef mohawk Joseph Brant. On leur concède des terres le long de la rivière Grand en échange de leur fidélité à la Couronne et pour compenser leurs pertes durant la guerre.

En dépit des fougueuses déclarations de fidélité des loyalistes dont témoigne cette épitaphe: «Il était connu pour sa Fidélité à son Roi en 1775», gravée sur la tombe de Thomas Gilbert à Gagetown, Nouveau-Brunswick, ils comptent peu d'idéologues. Pris dans une lutte qui divisait deux communautés, nombre d'entre eux se sont dit que les whigs insurgés ne pouvaient vaincre le pouvoir britannique. D'autres ont pris le parti des loyalistes pour imiter leurs amis (ou se démarquer de leurs ennemis). En fait, ils ont parié sur le mauvais cheval et ils sont partis une fois leur cause perdue. D'autres encore ont opté pour le nord tout simplement parce qu'on y offrait des terres et des provisions. Selon le gouverneur de la Nouvelle-Écosse, John Parr, «la plupart de ceux qui sont venus à Shelburne, un point de débarquement important, n'étaient pas accablés sous le poids de leur loyalisme, ce bien grand mot dont ils ont fait usage».

Quels que soient leurs motifs d'émigrer, la plupart des loyalistes affrontent des épreuves dans leur nouveau pays. Il en est qui se plaignent presque machinalement, mais pour la plupart, les difficultés ne sont que trop réelles. Au moment où ils sollicitent une aide médicale, un groupe de loyalistes de la Nouvelle-Écosse résument la situation critique d'un bon nombre en racontant leurs déboires: «dur travail, logement incommode, huttes ouvertes, longs jeûnes et provisions malsaines». Un tel afflux d'arrivants crée des conditions dont le corollaire inévitable est le mécontentement. Il faut nourrir des milliers de personnes, arpenter et octroyer les terres avant que les nouveaux venus ne puissent occuper un lot. La forte demande de provisions, de fournitures et de logements fait monter les prix. Et dans les conditions économiques et sociales fluctuantes qui s'ensuivent, des tensions se produisent entre les loyalistes eux-mêmes, entre les nouveaux venus et leurs prédécesseurs, entre les vrais loyalistes et ceux qui les ont suivis. Les «loyalistes de la onzième heure» sont particulièrement nombreux dans le Haut-Canada. Attirés par les bonnes terres à prix modique qui leur sont offertes, et encouragés, après 1791, par le lieutenant-gouverneur Simcoe qui admire les talents d'agriculteurs des pionniers américains, des colons de New York et de la Pennsylvanie font irruption dans la colonie. Parmi eux , il y a des quakers, des mennonites et autres pacifistes mal vus chez eux à cause de leur neutralité dans les années 1776 à 1783. Dès 1812, le Haut-Canada compte environ 80 000 habitants. Quelque 80% d'entre eux sont d'origine américaine, mais les loyalistes et leurs descendants constituent moins du quart de la population totale.

Comme la plupart des immigrants, ceux qui arrivent dans les colonies sont relativement jeunes: partout les enfants et les jeunes adultes forment la majorité. De façon constante, il y a plus de naissances que de décès, et les femmes, qui se marient habituellement au début de la vingtaine, ont en général plusieurs enfants. Il en résulte un puissant dynamisme, comme le donne à penser l'expérience d'un missionnaire du Nouveau-Brunswick qui, entre 1795 et 1800, a marié 48 couples, baptisé 295 enfants et enterré 17 personnes. Bien qu'il y ait peu d'immigration au Québec à la fin du dix-huitième siècle, les mêmes tendances s'y font jour. Pendant tout le siècle, tous les vingt-cinq ou vingt-sept ans, la population de la colonie double. C'est une augmentation d'environ 2,8% par année, un taux comparable à ceux qu'on observe de nos jours dans de nombreux pays africains et asiatiques qui font face à une explosion démographique. Conséquemment, la population d'origine française qui n'était que d'environ 60 000 en 1760 dépasse largement les 200 000 au début des années 1810.

Un «triste corollaire: passions et pommes de terre»

Au tournant du dix-neuvième siècle, l'émigration européenne vers l'Amérique du Nord britannique s'accélère. D'abord, les gens viennent presque exclusivement des Highlands d'Écosse. Après 1815, les immigrants viennent de toutes les parties des îles britanniques, mais surtout d'Irlande et leur nombre est énorme. D'après les chiffres officiels (qui sont probablement en dessous de la vérité), un million de personnes ont quitté les îles britanniques pour les colonies nord-américaines dans la première moitié du siècle. Au moins 60% d'entre eux ont traversé l'Atlantique avant 1842, année où le romancier anglais Charles Dickens, de passage à Montréal, décrit des immigrants «groupés par centaines sur les quais publics, près de leurs caisses et de leurs cartons».

Ces déplacements de population résultent en grande partie des changements qui affectent la Grande-Bretagne, où le nombre d'habitants augmente bien plus vite que dans les autres pays d'Europe. De 13 millions en 1780, la population du Royaume-Uni est passée à plus de 24 millions en 1831. En général, les contemporains attribuent ce phénomène à un accroissement de la natalité. C'est le point de vue de Thomas Malthus, dont le célèbre *Essai sur le principe de population* est publié en 1798. En même temps, les révolutions agricole et industrielle détruisent les modes de vie traditionnels. En Angleterre, l'*enclosure* remplace les champs ouverts, les pâturages en commun et l'agriculture collective par la propriété individuelle de terres aux dimensions réduites. En Écosse, les tentatives britanniques pour provoquer l'effondrement de la société traditionnelle des clans et pour exploiter les Highlands voient les vallées encaissées se transformer en pâturages pour les moutons. Et en Irlande, la culture de la pomme de terre permet à une population rurale qui s'accroît rapidement de survivre grâce à la division et à la subdivision des fermes, si bien qu'en 1821 l'Irlande a la population rurale la plus dense de toute l'Europe.

Partout, ces révolutions ont des effets profondément perturbateurs. En 1815, selon l'historien français Élie Halévy, les Irlandais sont devenus «un vaste prolétariat ignorant, superstitieux, désordonné et d'une pauvreté lamentable». Pour leur part, les propriétaires fonciers écossais s'efforcent d'abord de rétablir sur le littoral les petits fermiers déplacés, pour qu'ils se consacrent à la pêche et à la récolte du varech. Lorsque cette dernière industrie commence à décliner après 1815, les efforts qui se poursuivent dans les Highlands pour améliorer le rendement de l'agriculture s'accompagnent d'évictions massives et souvent brutales communément appelées *clearances*. Avec la rotation des cultures, l'agriculture scientifique et autres progrès de l'exploitation agricole, la productivité des fermes anglaises s'accroît. Par ailleurs, privés du droit au pâturage communal, les squatters et les petits exploitants sont forcés de devenir ouvriers agricoles, de déménager dans les villes en pleine croissance, ou de tirer leur subsistance d'un ou deux acres de terre et d'un travail à forfait sur un métier à tisser ou une tricoteuse. Hélas, ces solutions boîteuses conduisent souvent à la pauvreté. Les salaires payés aux ouvriers agricoles sont terriblement bas. Quant aux manœuvres, ils mènent habituellement dans les villes industrielles de la première époque une existence pénible: peu accoutumés à la discipline des ateliers, ils font un travail souvent ardu et parfois dangereux; les heures sont longues, la paie insuffisante et les conditions de vie difficiles. Pendant quelques années, il avait été possible de gagner un salaire raisonnable en accomplissant chez soi des travaux de filature ou de tissage à contrat, mais au début du dix-neuvième siècle, les progrès technologiques et l'expansion de la production industrielle réduisent à la fois les débouchés et la rémunération pour de tels travaux. Les longues heures de labeur ne rapportent aux familles qu'un penny ou deux par jour, à peine de quoi payer un maigre repas de pain, de babeurre et de pommes de terre.

La misère et le chômage s'aggravent après la victoire de Wellington sur Napoléon à Waterloo en 1815, car des milliers de combattants — soldats et matelots — reviennent au foyer pour solliciter des emplois dans un pays qui doit s'adapter au déclin des industries de guerre et au prix réduit du blé en temps de paix. Des observateurs sérieux estiment qu'en Angleterre le nombre des indigents s'élève à presque 15% de la population et que 120 000 enfants pauvres — qui ont servi de modèles à Charles Dickens pour son *Oliver Twist* — battent le pavé à Londres. Les prêtres avertissent leurs paroissiens, comme les a invités à le faire le révérend Thomas Malthus, de «l'inconvenance et même de l'immoralité de se marier» alors qu'ils ne peuvent subvenir aux besoins de leurs enfants, mais cette objurgation ne parvient guère à résoudre un problème d'une telle ampleur.

À l'ère de la suprématie industrielle de la Grande-Bretagne, soutient Patrick Colquhoun, en 1814, dans *A Treatise on the Population, Wealth, and Resources of the British Empire*, l'unique solution, c'est l'émigration. En effet, la surpopulation et le marasme économique pourraient être allégés par l'émigration dans les colonies, où les gens achèteraient des marchandises manufacturées en Grande-Bretagne et fourniraient aux usines britanniques des matières premières. Ces arguments se répandent et, dès 1815, les avantages de l'émigration sont reconnus. En février, le premier avis officiel sur ce thème depuis 1749 paraît dans les journaux d'Édimbourg sous l'en-tête: «Généreux appui aux colons» (*Liberal Encouragement to Settlers*). Pendant les vingt-cinq années suivantes (et davantage), l'émigration — décrite par lord Byron dans son poème *Don Juan* (1824) comme «ce triste corollaire des passions et des pommes de terre / Deux mauvaises herbes qui symbolisent notre misère économique» — suscite en Grande-Bretagne un intérêt considérable. Programmes d'établissement appuyés par le gouvernement, initiatives de grands propriétaires fonciers, enquêtes des commissions parlementaires, interventions philanthropiques, règlements en vue d'enrayer les «spéculations autour des émigrants» et «théories sur la colonisation», tout cela grossit le flot des émigrants. Il reste que le départ de la Grande-Bretagne pour l'Amérique du Nord britannique durant toutes ces années est indubitablement un exode des familles et des individus loin des conditions difficiles de leur patrie, vers les colonies les plus accessibles. S'installer ailleurs, c'est la réaction pragmatique

La publicité concernant l'émigration n'était pas toujours favorable. Cette caricature anonyme, publiée à Londres vers 1820, se moque de ceux qui partent pour les colonies en rêvant d'une vie facile, et les prévient contre les escrocs qui spéculent sur les terres. (ANC, C-41067)

de gens dont la vie a été brisée. La plupart sont plutôt pauvres (bien que pas complètement démunis) et ne nourrissent que des ambitions modestes.

Les émigrants endurent d'atroces épreuves en traversant l'Atlantique. Nombre de vaisseaux servant à leur transport sont mal tenus. Pendant la traversée, l'océan est souvent houleux. Les voyages peuvent durer de onze à douze semaines. Les plus chanceux atteignent Québec en moins de trente jours. Les passagers sont entassés dans des locaux sombres et insalubres de l'entrepont. C'est seulement en 1835 que les capitaines sont tenus de fournir les denrées essentielles — habituellement rien d'autre que de l'eau, des biscuits et des flocons d'avoine. La correspondance des agents et des fonctionnaires qui s'occupent des émigrants révèlent une triste réalité: «lits infects», «odeur fétide», «des centaines (de gens) (...) entassés les uns contre les autres». Les vaisseaux servant au commerce du bois d'œuvre transportent généralement des émigrants quand ils font route vers l'Ouest. Pour les loger, deux rangées de couchettes sommaires, chacune mesurant six pieds carrés, sont bâties de chaque côté du pont inférieur. (Dans un vaisseau de 400 tonneaux, ce pont mesure environ cent pieds de long et vingt-cinq de large.) Dans cet espace où s'élèvent de chaque côté trente-deux couchettes et où ne parviennent des écoutilles ni lumière ni air, 200 émigrants sont transportés sur l'Atlantique en vertu des règlements en vigueur en 1803, et 300 en vertu de ceux de 1828 (une rangée supplémentaire de couchettes a sans doute été ajoutée). Or, de nombreux navires chargent plus de passagers que ne le permet la loi. Quand le *James* arrive à Halifax dans les années 1820, 5 des 160 passagers qui s'étaient embarqués à Waterford ont péri en chemin, 35 autres, trop malades pour continuer le voyage, sont débarqués à Terre-Neuve, et tous les autres sont atteints de typhus, ce que le lieutenant-gouverneur attribue à «leur alimentation insuffisante pendant la traversée (...) au fait que le navire est bondé et très malpropre, et (...) à l'absence de secours médicaux».

En 1832, le choléra fait beaucoup de morts dans l'espace restreint et renfermé des vaisseaux d'émigration. Tout l'été, les vaisseaux atteignent les ports de l'Amérique du Nord britannique après des voyages cauchemardesques semés de morts et d'affliction. Bien que les navires d'émigrants doivent s'arrêter à Grosse-Île, trente milles en aval de Québec et que le règlement concernant la quarantaine soit renforcé, l'épidémie atteint Québec et Montréal en juin. En moins d'une semaine, plus de 250 personnes tombent malades. Au milieu du mois, chaque ville enregistre plus de 100 décès par jour. Des bureaux de santé et des baraques pour les malades en quarantaine sont établis le long du Saint-Laurent, mais la panique se répand. Le 19 juin, le marchand juif Alexander Hart écrit de Montréal: «Aucun de nous ne va en ville, un

Des fumigations et la pleine lune derrière de sinistres nuages jettent une lueur inquiétante sur la Place du marché, devant la cathédrale Notre-Dame, dans la Haute Ville de Québec, pendant l'épidémie de choléra de 1832. Le peintre Joseph Légaré était membre du bureau de santé de la ville. (MBAC, 7157)

grand nombre déménagent à la campagne. Hier, 34 cadavres sont passés devant la maison, aujourd'hui, jusqu'à cette heure, 23 — sans compter ceux qui sont enterrés dans le vieux cimetière et dans le cimetière catholique — douze charrettes sont utilisées par le bureau de santé pour emporter les morts qui sont enterrés sans prières.»

Écoles et magasins sont fermés. La seule activité qui s'exerce encore, c'est l'assemblage de planches d'un pouce d'épaisseur pour la fabrication de cercueils. En septembre, quand l'épidémie prend fin, elle a fait près de 3500 victimes à Québec, presque 2000 à Montréal, et plusieurs centaines dans le Haut-Canada et les provinces Maritimes. Deux ans plus tard, une deuxième épidémie fait 1200 victimes dans le Haut et le Bas-Canada, et un certain nombre d'autres en Nouvelle-Écosse et au Nouveau-Brunswick.

Entre 1801 et 1815, quelque 10 000 Écossais venant de diverses parties des Highlands et des îles s'expatrient. Un homme — Thomas Douglas, comte de Selkirk — joue un rôle clef dans ce déplacement de population. Riche, énergique, portant un intérêt profond au sort des Highlanders, fasciné par les perspectives qu'offre l'Amérique et attiré par les idées des premiers économistes, Selkirk s'engage à établir une colonie écossaise en Amérique du Nord britannique. En 1803, il accompagne 800 émigrants depuis les Hébrides jusqu'aux terres qu'il a acquises à l'Île-du-Prince-Édouard. L'année suivante, il est dans le Haut-Canada où il acquiert des terres près du lac Sainte-Claire en vue d'une deuxième entreprise devant s'appeler Baldoon. Mais l'endroit, marécageux, est malsain et les autorités du Haut-Canada se montrent tièdes à l'égard du projet. Ainsi donc, la vision qu'entretient Selkirk d'une communauté gaélique prospère servant de rempart contre l'expansion de l'influence américaine dans le Haut-Canada ne se réalise pas. Dès 1812, Selkirk a regroupé ses intérêts dans l'Ouest après avoir reçu de la Compagnie de la baie d'Hudson une concession énorme, dont les rivières Rouge et Assiniboine occupent le centre. Près de 350 Écossais émigrent à la rivière Rouge avant 1815. Mais la petite colonie subit de nombreuses difficultés, faisant notamment face à la résistance de la Compagnie du Nord-Ouest, à des inondations et à des invasions de sauterelles. L'expansion des années 1820 qu'avait prévue Selkirk ne se produit pas par l'addition de colons écossais, mais par des retraités de la Compagnie de la baie d'Hudson, accompagnés de leur femme autochtone, et par l'augmentation du nombre de Métis catholiques, liés au commerce des fourrures de Montréal par le sang et par leur rôle de chasseurs de bisons et de fournisseurs d'aliments. Cependant, pour Selkirk, la plus importante de ses entreprises, c'est son volume publié en 1805 et intitulé *Observations on the Present State of the Highlands of Scotland, with a View of the Causes and Probable Consequences of Emigration* (Remarques sur l'état actuel des Highlands d'Écosse, avec un aperçu des causes et des conséquences probables de l'émigration). Dans cet essai, il conteste les arguments invoqués contre l'émigration et défend le droit de ceux qui tiennent à leur indépendance et créent des fermes au milieu des forêts de la Nouvelle-Écosse, de l'Île-du-Prince-Édouard et du Haut-Canada pour maintenir leur mode de vie traditionnel. Son plaidoyer a un effet considérable sur le public britannique.

Pendant la décennie qui suit 1815, le gouvernement britannique — confronté à la misère qui règne au pays une fois la paix établie avec la France, inquiet par ailleurs de la tendance des émigrants à se diriger vers les États-Unis désormais hostiles et percevant la nécessité d'encourager la colonisation britannique dans le Haut-Canada dominé jusque-là par des Américains — favorise l'établissement dans les colonies en offrant une subvention de traversée aux gens qualifiés. Au total, 6500 personnes — soldats licenciés, tisserands en chômage venus avec leurs familles de la Basse-Écosse, catholiques issus des parties les plus pauvres de l'Irlande, etc. — traversent l'Atlantique et reçoivent des terres dans les régions de Peterborough, de Perth et de la rivière Rideau dans le Haut-Canada. Dans l'ensemble, ces entreprises risquées sont couronnées de succès. Elles permettent un nouveau départ; et la satisfaction des intéressés encourage sans nul doute une nouvelle vague d'émigration. Mais les programmes d'aide à l'établissement coûtent cher et, pour cette raison, on estime préférable d'y mettre fin.

Les projets privés de colonisation prennent bientôt le relais des programmes gouvernementaux. Dotée d'une charte en Angleterre, la Canada Company, par exemple, acquiert presque 2,5 millions d'acres dans le Haut-Canada, dont un million d'acres attenants au lac Huron. Cinquante mille acres de terre de la compagnie ont été vendus dès 1830. Guelph est devenu un petit village confortable, et l'expansion se poursuit dans le voisinage de Goderich. En dépit de l'arbitraire de certains de ses agents et des allégations d'un de ses employés les plus pittoresques, William «Tiger» Dunlop, à savoir que la compagnie était peu soucieuse des intérêts des colons, cette compagnie est réputée avoir largement contribué à la croissance du Haut-Canada dans les années 1830. La Canada Company a des agents dans tous les ports importants de la Grande-Bretagne et de l'Irlande et, comme d'autres compagnies, elle fait distribuer des cartes géographiques, des brochures et de la publicité dans la plupart des villes et villages de la Grande-Bretagne. Cette publicité encourage des individus et des familles à émigrer en Amérique du Nord britannique pendant les années 1820 et 1830. La population de la Grande-Bretagne est plus que jamais en mouvement. Dans le choix de leur destination, les candidats à l'émigration subissent souvent l'influence des brochures, guides et descriptions dont le message fondamental — conseils et déclarations rassurantes — ne varie guère. Citons notamment *The Canadas, as they at Present Commend Themselves to the Enterprize of Emigrants, Colonists and Capitalists*, d'A. Picken, et *Emigration: The Advantages of Emigration to Canada*, de William Catermole. Des agents ratissent les régions notoirement surpeuplées, donnant ainsi un caractère d'urgence à la publicité écrite. Les colons déjà établis envoient à leur parenté de l'argent ou des billets payés d'avance. Les agents des transports maritimes parcourent la campagne anglaise pour recruter des passagers. Mais ce qui exerce peut-être le plus d'influence, ce sont les lettres

À gauche: le romancier écossais John Galt, auteur d'une vie de Byron et de plusieurs autres ouvrages. Il se rend dans le Haut-Canada à plusieurs reprises et exerce les fonctions de surintendant de la Canada Company de 1826 à 1829. En 1827, il fonde la ville de Guelph. Le Canada n'a guère marqué ses écrits. (National Portrait Gallery, Londres) À droite: William «Tiger» Dunlop, journaliste, chirurgien et homme politique, accompagne Galt au Canada en 1826 afin d'administrer la vaste région du lac Huron pour la Canada Company. Contrairement à Galt, il écrit plusieurs ouvrages fondés sur son séjour au Canada. Daniel Maclise est l'auteur des deux portraits. (Extrait de *A Gallery of Illustrious Literary Characters (1830-38)*, Londres, 1873)

de ceux qui se sont rendus dans les colonies avant 1820 et qui parlent de réussite et des promesses du pays nouveau. «Nous avons du bois d'œuvre en abondance»; «Nous avons une ample provision de bonne nourriture et de grog...»; «Malthus ne serait pas compris ici»; «De grâce, qu'Anthony persévère dans son métier de meunier, car dans ce pays, il aurait un bel avenir»; «Les perspectives pour nous sont dix fois meilleures qu'elles ne le sont dans le vieux pays»; «Je n'aime pas le Canada autant que l'Angleterre, mais là-bas il y a trop de monde et ici, il n'y en a pas assez». Parce que les pionniers parlent rarement dans leurs lettres de leurs épreuves ou de leurs doutes, le message est irrésistible. Par rapport à la Grande-Bretagne, le nouveau pays offre des salaires élevés, des terres à prix modique et des perspectives d'avenir intéressantes. Des dizaines de milliers de personnes décident donc de traverser l'Atlantique. Elles vendent leur ferme, réunissent leurs petites économies et inaugurent une nouvelle vie.

Quelle tournure prennent ces vies? Tout dépend du moment et de l'endroit où elles ont débuté. Parce que l'industrie de la pêche a créé des liens puissants entre les ports britanniques et certains établissements de Terre-Neuve, les émigrants venus du Somerset ont tendance à se concentrer à la baie de la Trinité, tandis que ceux qui viennent du Devon se regroupent à la baie de la Conception. De façon analogue, les Irlandais gravitent vers Saint-Jean et la péninsule d'Avalon, au sud. La plupart des émigrés venant d'un petit nombre de paroisses du sud-ouest de l'Angleterre et du sud-est de l'Irlande, il leur est tout naturel de s'installer parmi les gens d'origine semblable. Ainsi, leurs conventions sociales, leurs croyances, même leurs façons traditionnelles de s'exprimer et de chanter ne sont pas vraiment incongrues dans leur nouveau pays. Et elles tendent à perdurer. Le fait est qu'à Terre-Neuve, dont les établissements isolés et relativement éloignés ont accueilli peu de nouveaux venus après 1850, de tels traits distinctifs ont subsisté jusqu'au vingtième siècle.

Dans le Haut-Canada, au contraire, les établissements mixtes sont la règle. Bien que les Écossais se soient regroupés dans quelques régions et que

Cette vue bucolique — faisant partie d'une série d'illustrations conçues pour attirer des immigrants dans les établissements de la New Brunswick and Nova Scotia Land Company — donne une idée tout à fait irréaliste du labeur écrasant qui attend les colons. *Défrichement du terrain de la ville, à Stanley, oct. 1834*, lithographie de S. Russell, d'après un dessin de W.P. Kay, publiée dans *Sketches in New Brunswick* (Londres, 1836). (ANC, C-17)

les Irlandais, qui forment la majorité des arrivants après 1815, s'installent généralement sur des terres plus pauvres à l'arrière de celles qui sont déjà occupées en bordure du lac, au nord et à l'est de Kingston, les deux groupes comprennent des catholiques et des protestants. Peu d'Écossais, d'Irlandais et d'Anglais s'établissent dans des *townships* occupés exclusivement par leurs compatriotes. Même s'ils le font, il y a des chances pour qu'ils se trouvent parmi des gens venant de régions très éloignées de la leur dans le vieux pays. Ainsi, les colons font connaissance avec des coutumes et des principes différents des leurs, et leurs façons d'agir commencent inévitablement à se modifier. En outre, constituer une ferme à partir d'une centaine d'acres de forêt du Haut-Canada exige des compétences très différentes de celles qu'il faut pour nourrir une famille sur un acre de sol irlandais ou pour s'acquitter de ses tâches sur une terre anglaise à titre de métayer. Pour satisfaire leurs besoins, la plupart des colons font de l'agriculture mixte. Les quelques produits pour lesquels existe déjà un marché sont cultivés en abondance, mais les potagers révèlent parfois le goût de mets traditionnels. Dans certaines habitations, le style des meubles, le plan des structures et l'utilisation de l'espace rappellent le vieux pays; ici et là, les façades des maisons rappellent les habitations d'outre-mer. Mais en général, les modalités de la vie au Nouveau Monde ont émoussé les impératifs de la tradition. Dans le Haut-Canada plus que dans les colonies Maritimes, et là plus qu'à Terre-Neuve, la variété des croyances, des coutumes et des accents régionaux qui marquaient l'Ancien Monde forme un amalgame empirique d'habitudes nord-américaines d'où naît véritablement un nouveau monde.

Les travaux et les jours

Considérons quatre images. D'abord, le pêcheur. Hardi, basané, ayant une connaissance intime des vents et des marées de son littoral, capable d'exercer divers métiers, arrachant durement son pain à la mer perfide. Puis, il y a le traiteur de pelleteries, représenté par le voyageur à l'esprit indépendant, aux bras vigoureux. On le reconnaît à sa ceinture flamboyante et à sa toque pittoresque. Sa vie est un mélange de dangers, de travail harassant et de camaraderie. Il peut être représenté aussi par le loup de mer orcadien, grippe-sou et docile, qui n'a pas beaucoup d'imagination et qui accepte sans rechigner sa place dans la structure hiérarchique de la Compagnie de la baie d'Hudson. Troisièmement, il y a le bûcheron, le colon qui passe ses hivers «à se démener à toutes sortes de travaux en forêt», au détriment de sa ferme, prétendent les uns; l'homme de chantier — véritable force de la nature — qui couronne ses mois d'isolement et de travail dangereux dans les bois par une beuverie monstre, au printemps, affirment les autres. Quoi qu'il en soit, c'est un «type aux habitudes dépensières, qui a une mentalité de vaurien et de vagabond», et contre qui l'on conseille aux colons respectables de protéger leurs filles. Enfin, il y a le cultivateur, le petit propriétaire énergique qui aspire à une «vie de paix et de simplicité» qui tient «son arbre généalogique» et qui tire parti des richesses de la nature, l'homme qui s'installe chaque soir près de la cheminée de sa confortable petite maison pour admirer la vertu, la santé et le bonheur de sa famille et se laisser «charmer par l'utile bourdonnement du rouet».

Telle est à bien des égards l'une des images que nous nous faisons des hommes qui peuplent alors l'Amérique du Nord britannique. Mais, comme la plupart des clichés, ces images allient quelques grains de vérité à une grande part d'imagination. Elles forment la base de légendes et de contes édifiants. Elles semblent des caricatures plutôt que des portraits. Mais vu leur présence dans la littérature et le théâtre ainsi que dans les musées qui célèbrent et reproduisent «tout à loisir» l'époque coloniale, on peut se demander quelle est leur part de vérité concernant la vie de nos ancêtres.

«Qui a jamais vu un pêcheur riche?»

Entre 1760 et 1780, la pêche à Terre-Neuve est essentiellement une industrie saisonnière dirigée depuis l'Europe. Durant la Révolution américaine, elle est désorganisée par les racoleurs et les corsaires. Quand la pêche reprend après 1783, il y a surplus de morue séchée et les prix tombent. Plusieurs faillites s'ensuivent. Avec la reprise des hostilités entre la Grande-Bretagne et la France en 1793, la pêche saisonnière décline. Dès 1800, les résidents permanents constituent 90% de la population de Terre-Neuve en été et produisent 95% de ses exportations de morue. Soudain, raconte un officier de la marine britannique, l'île prend «plus l'apparence d'une colonie que d'un comptoir de pêche, à cause du grand nombre de gens qui peu à peu chaque année y passent l'hiver et qui ont une maison, de la terre et une famille». On constate en effet un accroissement spectaculaire du pourcentage des femmes et des enfants qui y ont émigré.

Ces développements révolutionnent la vie à Terre-Neuve. Jusque vers 1770, la pêche est l'affaire de trois groupes. Les marchands, qui résident habituellement en Angleterre ou en Irlande, organisent le commerce, exploitent des magasins à Terre-Neuve et participent à un vaste réseau d'échanges internationaux. Les propriétaires, résidents permanents ou saisonniers, possèdent

Bien que de nombreux détails soient faux et qu'aucun endroit en Amérique du Nord britannique ne ressemble vraiment à ce tableau (ces arbres!), Duhamel Du Monceau, qui l'a peint en 1769, illustre ici le savoir-faire et le travail requis pour la production de la morue séchée. (ANC, C-105230)

non seulement les bateaux, mais aussi l'outillage pour la pêche côtière; ils achètent des fournitures aux marchands à qui ils vendent leurs prises. Les employés (résidents permanents ou saisonniers) forment le troisième groupe; ils pêchent pour les propriétaires ou les marchands qui exploitent des bateaux à leur propre compte. Mais le réservoir insuffisant de main-d'œuvre saisonnière ou engagée à long terme et les prix croissants du matériel et de la nourriture (qui doublent alors que le prix du poisson n'augmente que de moitié) exercent sur les propriétaires une pression insoutenable. De plus en plus, ils recrutent leur équipage dans leur parenté, tandis que femmes et enfants s'occupent des prises sur le rivage. En fait, les propriétaires de bateaux dégringolent l'échelle sociale au point de devenir des pêcheurs ordinaires. Dès lors, ils se nourrissent en cultivant des pommes de terre et un jardin potager, gardent une ou deux truies, chassent et vont peut-être à la cueillette des baies sauvages. De plus, la chasse aux phoques se développe. Elle rapporte habituellement au pêcheur un supplément de revenu modeste mais précieux. Saint John's devient le centre commercial de Terre-Neuve. Les établissements le long des côtes, connus localement comme des petits villages de pêcheurs, reçoivent leur approvisionnement de Saint John's par mer et acheminent leurs prises directement aux marchands de cette ville. C'est une économie de troc d'où le numéraire est absent. Peu à peu, le nombre de marchands diminue; la plupart des artisans constructeurs de bateaux et de tonneaux pour la pêche disparaissent des établissements éloignés, et les familles elles-mêmes prennent leur relève dans des communautés toujours plus fermées et autarciques.

Ainsi, les établissements dispersés et isolés de Terre-Neuve commencent à adopter leur configuration typique des dix-neuvième et vingtième siècles. Avec le temps, ils se simplifient surtout quand disparaissent entre les colons les inégalités reliées au rang social et à la profession. Paradoxalement, les Terre-Neuviens deviennent égalitaristes au moment même où la spécialisation inhérente à la modernité commence à différencier le monde au-delà de l'île. La vie dans ces communautés est tributaire des ressources d'une étroite bande de terre et de mer. Elle est axée autour de familles intimement unies par les liens du sang et du mariage. Les communautés mènent une existence traditionnelle et se replient sur les intérêts locaux. Chaque famille accomplit une grande variété de tâches au cours de l'année. Chaque membre de la maisonnée acquiert un savoir-faire dans une foule de domaines, du raccommodage des filets à la tonte des moutons, de la salaison du poisson au saumurage du lard. Pendant les périodes les plus actives, toute la famille travaille de concert, mais en général le partage des tâches est net entre les sexes. Les hommes pêchent, coupent du bois, s'acquittent des durs travaux des champs, chassent et piègent; ils raccommodent les filets et réparent les bateaux. Les femmes s'occupent du jardin, de la traite des vaches et de la basse-cour; elles ramassent les pommes de terre, font la cueillette des petits fruits, aident à saler le poisson et à faire les foins. Elles sont également chargées de la tenue de la maison. Toutes ces tâches routinières et exigeantes permettent aux gens de gagner leur subsistance, mais guère plus. Les habitations sont modestes — «un bon nombre, note un visiteur à la baie de la Trinité en 1819, n'ont qu'un rez-de-chaussée». Bien que les plus coquettes aient un revêtement de planches à clin, la plupart sont «de bois rond, raboteux à l'intérieur et à l'extérieur», et elles n'ont «qu'une cheminée dans une grande cuisine». Le confort matériel est rare, et si le prix du poisson baisse ou que les prises sont médiocres, c'est assez pour jeter les gens dans une «pauvreté et une misère effroyables». Ainsi, après de rudes hivers, des prises faibles et une chasse aux phoques décevante, comme c'est le cas en 1816 et 1817, le prêcheur méthodiste George Cubit écrit de Saint-Jean: «Tout l'hiver, nous avons vu s'approcher le spectre de l'insurrection et de la famine. Je crains, Monsieur, que Terre-Neuve ne soit au bord de la ruine.»

L'industrie de la pêche dans le golfe du Saint-Laurent connaît les mêmes aléas. C'est une entreprise mixte axée sur un groupe de ports échelonnés de Paspébiac, dans la baie des Chaleurs, à Arichat et Chéticamp au Cap-Breton, qui emploie des «émigrants» des îles Anglo-Normandes, des travailleurs à terre expérimentés du Québec, des «engagés» (domestiques) et des pêcheurs possédant leurs propres bateaux. Comme à Terre-Neuve, ces pêcheurs sont indispensables à l'industrie car leurs bateaux leur permettent l'accès facile aux lieux de pêche. Mais ils dépendent des marchands pour le transport de leurs prises vers des marchés lointains; presque toujours, ils ont besoin de provisions et d'outillage en plus de ce qu'ils peuvent fabriquer eux-mêmes. Constamment à court d'argent, ils sont à la merci des moindres fluctuations: remontes décevantes, intempéries (qui rendent difficile le séchage approprié du poisson) et prix incertains constituent des problèmes fréquents sur ces côtes. En approvisionnant les pêcheurs à crédit contre remboursement en poissons à l'automne, les marchands établissent un certain contrôle sur une industrie notoirement difficile à gérer, en raison de son caractère imprévisible. Il va sans dire qu'en agissant ainsi ils prennent des risques — les pêcheurs peuvent décamper; lors des mauvaises saisons, les remboursements peuvent être inférieurs aux avances — aussi les marchands gardent-ils un œil vigilant sur les écarts de prix et sur le comportement de «leurs» pêcheurs. Mais, de façon plus dramatique, les dettes et la dépendance sont le sort commun des pêcheurs qui, pour la plupart, vivent et travaillent à crédit. Répondant à sa propre question: «Qui a jamais vu un pêcheur enrichi?», le loyaliste William Paine décrit ceux qui vivent de ce dur métier comme «toujours (...) *pauvres* et *misérables*».

Qu'il fonctionne à Terre-Neuve, dans le golfe du Saint-Laurent ou sur le littoral sud de la Nouvelle-Écosse, le système de troc laisse aux familles de pêcheurs fort peu d'argent (quand il y en a). Ils n'achètent guère plus que le strict nécessaire. Les marchandises qu'ils se procurent — de la mélasse ou du fer — viennent généralement d'outre-mer. À peu près rien n'encourage la mise sur pied de manufactures locales. Les pêcheurs n'ont pas besoin de routes et ne réclament pas non plus la mise en valeur des terres de l'intérieur. Il se construit des navires et des bateaux, mais c'est là une industrie modeste qui offre peu d'emplois. En outre, un certain nombre de facteurs — l'habitude de dépendre des produits importés, des sols minces et acides, un printemps tardif et brumeux et les besoins de main-d'œuvre pour la pêche, en été — nuisent à l'agriculture locale: sur tout le littoral de pêche, elle n'est qu'un revenu d'appoint. Quant aux profits, ils sont canalisés dans les centres commerciaux qui contrôlent les pêches — Jersey dans les lointaines îles Anglo-Normandes, Saint John's et Halifax — tandis que leur labeur pénible n'offre qu'une maigre existence aux familles de pêcheurs de la rude côte atlantique.

«Des pelleteries déjà choisies et troquées»

Partagé entre le Saint-Laurent et la baie d'Hudson, mais fortement concentré à Montréal, le commerce des fourrures a été sérieusement perturbé par la guerre de Sept Ans. Les hostilités ont débuté dans la vallée de l'Ohio, deux ans avant que la France et l'Angleterre ne se déclarent officiellement la guerre en 1756. Coupés du Saint-Laurent, la plupart des postes français de la Saskatchewan sont fermés avant la chute de Québec. Dès 1760, les marchands anglais de la baie d'Hudson ont le monopole sur les fourrures de l'Ouest. Mais leur domination est de courte durée. Avec leur savoir-faire et leur expérience, munis de brandy et de marchandises anglaises de haute qualité comme monnaie d'échange, les voyageurs, les interprètes et les traiteurs canadiens deviennent derechef de formidables concurrents dans l'Ouest. Au début de la décennie de 1770, le Cri Wapinesiw, qui a amené de vingt à trente canots chaque année au poste de York Factory entre 1755 et 1770, fait transmettre à Andrew Graham, agent de la Compagnie de la baie d'Hudson, un message dans lequel il dit espérer que «vous ne seré pa en collère contre lui parce qu'il a bu tant de brandy cet hiver qu'il ne peu venir». L'empressement des traiteurs montréalais à se mêler aux Indiens ainsi que leurs provisions de munitions, de tabac et d'alcool signifient, conclut Graham, que «chaque incitation à visiter les postes de la Compagnie est oubliée, et que les pelleteries de première qualité sont déjà choisies et troquées. Le rebut est emballé et nous est apporté.»

Pendant presque toutes ces années de vigoureuse expansion, le commerce centré sur Montréal est morcelé et hautement concurrentiel. Avec la Conquête, le monopole de la Nouvelle-France cède la place à un commerce poursuivi par des individus, des associations et de vagues coalitions. La concurrence est souvent acharnée — Peter Pond est par deux fois impliqué dans la mort de traiteurs rivaux, mais peu à peu des groupements plus stables surgissent. Le plus en vue, c'est la Compagnie du Nord-Ouest (CNO), dominée par des Écossais qui conjuguent leurs ressources en 1776. En 1779, les seize actions de la Compagnie sont divisées entre neuf associations. Un an plus tard le groupe s'élargit de nouveau. Les concurrents restent, mais les plus puissants d'entre eux se joignent à une nouvelle coalition en 1787 et s'allient à la Compagnie par des accords coopératifs au début de la décennie de 1790. Puis le traité de Jay, signé par les États-Unis et la Grande-Bretagne en 1794, chasse les traiteurs britanniques du territoire américain et de la région au sud-ouest des Grands Lacs. Certains d'entre eux deviennent membres de la CNO en 1795, mais d'autres conservent leur indépendance et commencent à défier la compagnie à l'intérieur des terres. Pour fortifier leur situation, les sociétés Forsythe-Richardson et Leith-James forment en 1798 une Nouvelle Compagnie du Nord-Ouest (également connue comme la Compagnie XY d'après l'estampille inscrite sur ses ballots de fourrures). Alexander Mackenzie et d'autres partenaires hivernants de la première CNO, mécontents de leur rang dans l'organisation, ne tardent pas à les rejoindre. Une concurrence implacable et coûteuse entre les deux groupes montréalais s'ensuit dans tout l'intérieur. Elle met durement à l'épreuve la petite XY Company, et lorsque survient le décès de Simon McTavish, l'impérieux «Marquis» de la première Compagnie du Nord-Ouest, les compagnies concurrentes fusionnent leurs opérations en 1804.

Menacée de déclin tandis que les combatifs traiteurs de Montréal se répandent dans l'Ouest, la Compagnie de la baie d'Hudson se met à imiter et à défier ses adversaires en traitant avec les Amérindiens. Méthodiquement, elle cartographie les rivières et bâtit des postes. Mais c'est avec vingt ans de retard sur Peter Pond qu'elle atteint l'«Eldorado» de l'Athabasca, et elle n'est pas en mesure d'exploiter efficacement les richesses de cette région jusqu'à ce qu'elle prenne des «voyageurs» à son service, en 1815. Les durables et spacieux bateaux York forment la base du réseau de transport de la Compagnie de la baie d'Hudson à l'intérieur des terres; lents et encombrants, mais plus faciles à manœuvrer que les canots, ils deviennent le symbole de la Compagnie durant cette période.

Trente années durant, les commerçants du Saint-Laurent et ceux de la baie d'Hudson se disputent l'avantage dans la traite des fourrures. Les postes prolifèrent. En 1789, plus d'une centaine ont été construits et presque les deux tiers l'ont été par les traiteurs du Saint-Laurent. Au cours des seize années suivantes, 323 autres postes surgissent, dont environ 130 appartiennent à la Compagnie de la baie d'Hudson. Une telle rivalité ne peut durer. Les dépenses des Montréalais pour maintenir les liens entre les comptoirs intérieurs

Le premier fort Garry a été construit par la Compagnie de la baie d'Hudson entre 1817 et 1822, au confluent des rivières Rouge et Assiniboine. Il doit son nom à Nicholas Garry, qui a contribué à la fusion de la Compagnie de la baie d'Hudson et de la Compagnie du Nord-Ouest en 1821. Cette œuvre de H.A. Strong (vers 1884) illustre le deuxième fort Garry, qui est devenu le centre administratif de l'Assiniboia en 1836. (ANC, C-10531)

et le poste de Fort William sont énormes. Celles de la Compagnie de la baie d'Hudson augmentent aussi, bien qu'elle ait moins de 500 employés permanents à l'intérieur des terres en 1805. La concurrence fait monter les prix et épuise les stocks de pelleteries. Et quand les marchés européens de la fourrure se resserrent pendant les guerres napoléonniennes, les difficultés augmentent. Les dividendes de la CBH s'élevaient à 8% à la fin du dix-huitième siècle. Ils sont inexistants entre 1809 et 1814. Cette année-là, à peine une centaine de postes (dont 42 appartiennent à la CBH) sont encore actifs dans l'Ouest. De

Dans *Wanderings of an Artist*, Paul Kane note qu'un soir, en juin 1848, après avoir quitté Le Pas sur la rivière Saskatchewan, il est arrivé avant les autres membres de son groupe à l'endroit choisi pour camper. «J'ai sorti mon matériel à dessin et fait un croquis de la flotte de navires qui s'avançaient, poussés par un bon vent et faisant force de voiles pour échapper à l'orage qui les poursuivait en grondant.» Son tableau, *Flotte de bateaux*, montre les bateaux York de la Compagnie de la baie d'Hudson se dirigeant vers le lac Winnipeg. Huile *c.* 1850. (ROM/E, 912.1.31)

nouveau, la concurrence met le commerce en danger et, en 1821, la Compagnie de la baie d'Hudson et la Compagnie du Nord-Ouest fusionnent. En 1825, la Compagnie de la baie d'Hudson, désormais seule, n'exploite plus que 45 postes de traite.

Pour les Amérindiens de l'intérieur, dix fois plus nombreux que les Européens avant d'être décimés par une épidémie de variole, de 1818 à 1821, la pénétration effrénée de leur territoire par le commerce européen a des contrecoups immenses. Dès 1800, peu d'entre eux vivent à plus d'une quinzaine de milles d'un poste de traite. Soulagés du poids de longs trajets jusqu'à des marchés lointains, la capacité limitée de leurs canots ne constituant plus un obstacle, les Amérindiens sont en mesure de se livrer à la trappe intensive. Une fois dépouillés de leur situation stratégique d'intermédiaires et de la puissance qu'elle leur conférait, Cris et Assiniboines doivent trouver, dans l'Ouest en pleine mutation, une nouvelle voie comme fournisseurs des traiteurs européens. Les Cris quittent la région de l'entrelacs et du lac des Bois et s'installent plus loin à l'Ouest tandis que les Assiniboines déménagent vers le sud, à la lisière des boisés et des prairies, d'où ils chassent le bison des plaines. Mais cette chasse est la ressource traditionnelle des Pieds-Noirs et des Mandanes, qui ont maintenant des chevaux provenant du sud et des fusils fournis par les traiteurs des États-Unis, de la baie d'Hudson ou du Saint-Laurent. Le conflit entre Cris-Assiniboines et leurs voisins du sud s'aggrave. Au cours de la décennie de 1830, les Pieds-Noirs se sont assuré le contrôle des Plaines comme fournisseurs de peaux de bisons de l'*American Fur Company* et de la Compagnie de la baie d'Hudson. Grâce à un commerce qui rapporte chaque année au moins 80 000 peaux de bisons, ils profitent d'une décennie ou deux de prospérité. Mais les Pieds-Noirs connaissent bientôt le désenchantement. En effet, 1860 marque la quasi-disparition des troupeaux.

Aux Saulteux (Ojibwés) qui se répandent dans le territoire qu'ont abandonné les Cris, et aux Tchippewayans de la forêt septentrionale, les décennies de 1820 et de 1830 infligent un sort à peine moins dramatique. Castors, orignaux et caribous, chassés sans merci pour la traite et l'alimentation, deviennent de plus en plus rares dans ces régions. Les Saulteux renoncent à la chasse collective par bandes de vingt ou vingt-cinq. Ils se taillent de petits territoires de chasse réservés à leur famille. De moins en moins nomades, les Saulteux chassent surtout le lièvre et autres petits animaux. Dans les années 1820, les habitants de Rainy River doivent compter sur les agents de la CBH pour leur apporter les peaux de bison nécessaires à la fabrication de mocassins et de vêtements. En 1840, la chasse abusive des animaux comestibles et à fourrure a provoqué l'épuisement des ressources: les assises écologiques de la vie traditionnelle des Amérindiens sont gravement affaiblies. Nombre d'autochtones dépendent désormais — au moins de façon intermittente — de l'aide européenne, et leur autonomie séculaire est compromise.

Ajoutons à cela les ravages de l'alcool: plus de 21 000 gallons ont circulé à l'intérieur des terres pendant la seule année de 1803, où la concurrence a été très vive. Et ceux de la maladie: dans les années 1780, la variole sème la mort chez les Tchippewayans; selon l'estimation peut-être excessive de Samuel Hearne, 90% de la population meurt. La variole fait également beaucoup de victimes chez les Saulteux, les Sioux et les Assiniboines. Entre 1818 et 1820, la rougeole et la coqueluche tuent la moitié des Assiniboines de Brandon, le tiers des Cris de l'Ouest et d'autres groupes. En 1838, la variole décime peut-être les deux tiers des Assiniboines, des Pieds-Noirs et des Cris du nord de la Saskatchewan — bien que le nouveau vaccin administré par les hommes de la Compagnie de la baie d'Hudson réduise le taux de mortalité chez les Cris des Plaines et les Indiens des forêts et des parcs du centre-sud du Manitoba, du sud de la Saskatchewan et de l'est de l'Alberta. Ruinés, débauchés, expulsés et de plus en plus désenchantés du rôle qui leur est dévolu à la périphérie du monde commercial européen, les Amérindiens de l'intérieur sont carrément engagés, en 1840, dans la voie qui mènera au confinement dans des réserves, à l'agitation et au terrible désespoir des années 1870 et 1880.

Comme le démontrent la fortune et les hôtels particuliers des McGill, des Mackenzie, des McTavish, des Frobisher et des Ellice de Montréal, et les vies fastueuses des actionnaires de la CBH vivant en Grande-Bretagne, il y a des bénéfices substantiels à tirer du commerce des fourrures. Mais comme ceux de la pêche, leurs profits se concentrent là où le commerce est organisé plutôt que dans les régions productrices de la matière première. Parce que les Amérindiens sont rétribués en marchandises importées d'Europe, le commerce ne contribue guère au développement économique local. Sa portée réside dans son impact sur les peuples autochtones et ses conséquences pour l'essor politique et institutionnel de l'Amérique du Nord britannique. La traite des fourrures est le moule d'où est sorti le Canada moderne. Axée sur le castor des régions boisées du nord, passant par les deux grandes portes d'entrée septentrionales du continent et les rivières qui y conduisent, elle a défini, en dernière analyse, les frontières du pays.

«On se démène à toutes sortes de travaux en forêt»

Si vastes qu'elles soient, les riches forêts de l'Amérique du Nord britannique ont fort peu de valeur commerciale avant que le blocus des ports du continent, imposé par Napoléon, ne fasse monter les prix du bois. On assiste alors à la naissance d'un commerce transatlantique qui fait du bois le principal produit exporté de l'Amérique du Nord britannique au début du dix-neuvième siècle. Les fourrures, qui ont dominé les expéditions de marchandises du Bas-Canada jusqu'à 1790, constituent moins de 10% du total en 1810, époque où les produits du bois, bateaux inclus, forment les trois quarts de la valeur des exportations de la colonie. Jusqu'à 1830, le commerce est axé surtout sur la production de bois équarri, poutres ou mâts dressés à la hache. Cependant, les exportations de bois de sciage, sous forme de madriers et de planches,

Ce bûcheron de la fin du dix-neuvième siècle est peut-être du Manitoba ou du nord-ouest de l'Ontario, mais son habillement ressemble beaucoup à celui de ses compagnons de l'est du Canada. ***Bûcheron abattant un arbre en hiver*** (*c.* 1870), tableau de W.G.R. Hind. (MTL/JRR, T-31492)

augmentent constamment par la suite. En 1840, elles constituent en Grande-Bretagne plus du tiers des importations de bois des colonies.

À cette époque, rares sont les affluents des rivières Outaouais et Miramichi, et du fleuve Saint-Jean dont les rives n'ont pas connu la hache du bûcheron. Le bois d'œuvre et le bois de sciage, tout comme les produits secondaires tels que les douves pour tonneaux, arrivent au port de Québec par le bassin hydrographique de la Trent et du Richelieu et traversent l'Atlantique depuis le Saguenay et les anses du golfe du Saint-Laurent. Ce commerce, lié aux rivières, ne tarde pas à gagner l'intérieur, et on abat les plus beaux pins d'une bande relativement étroite — composée de pruches et de pins blancs — de la forêt septentrionale de feuillus. C'est seulement quand les ressources en arbres de grande taille et d'accès facile diminuent et que la capacité des scieries s'accroît qu'on s'attaque à des arbres moins imposants. Puis les opérations gagnent les cours d'eau secondaires où les bûcherons-draveurs doivent parfois faire sauter des embâcles, improviser des barrages, ouvrir des chenaux à travers les marais, aménager des glissoires en bordure des rapides.

Même si les grandes étendues dénudées sont encore rares au début du dix-neuvième siècle, dès 1840 de grandes parties de la forêt, qui ont subi des coupes sévères, ont changé de physionomie, car leurs essences originelles ont disparu. Parce que les incendies sont fréquents — le plus célèbre est le grand incendie de 1825 de la Miramichi, qui s'est propagé sur plus de 400 milles carrés —, quantité de forêts calcinées assombrissent le paysage avant le milieu du siècle.

Trois facteurs — la technologie, le climat et les règlements — façonnent très tôt l'industrie du bois d'œuvre. La technologie lui impose une étonnante unité; que l'on produise du bois équarri ou du bois de sciage, l'industrie est tributaire de la force des hommes et des bêtes, de l'énergie du vent et de l'eau. De la Nouvelle-Écosse au Bouclier canadien, les arbres sont abattus à la hache, tirés par des bœufs (ou, de plus en plus, par des chevaux) jusqu'à un cours d'eau, et flottés au printemps. Le tout constitue un travail harassant et parfois dangereux. Les plus beaux arbres de la forêt s'élèvent à une hauteur de 150 pieds (environ 50 mètres) et il faut beaucoup d'adresse et d'efforts pour les abattre sans accident. La hache à simple taillant utilisée à cette fin (elle sert aussi à ébrancher) pèse à peu près cinq livres (deux kilos ou plus). Quant à la doloire, cet outil qui sert à parer et à lisser les pièces de bois, elle est deux fois plus lourde. Même une fois que les arbres sont débités et équarris (ce qui fait perdre un quart du bois), les mâts mesurent encore 40 à 50 pieds de long et 24 pouces de côté. C'est toute une aventure que de les transporter et de les hisser à bord des voiliers. La drave, qui transporte les billes au port ou au moulin est la partie la plus risquée du travail des bûcherons, surtout sur les cours d'eau étroits. Les draveurs ont fort à faire pour diriger les convois à l'aide de perches ou de gaffes, autour des écueils et des hauts-fonds. Ils doivent souvent plonger dans l'eau glacée, au risque de leur vie.

Le climat règle le cycle annuel de l'industrie. Comme il est plus facile d'abattre les arbres lorsque leur sève a cessé de couler et qu'il est moins ardu de les tirer sur la neige et la glace, l'exploitation forestière est essentiellement un travail hivernal. La drave en aval dépend des niveaux élevés de l'eau à la fonte des neiges et, à partir de Québec en tout cas, le transport maritime ne peut se faire que l'été et l'automne. L'activité des scieries est limitée elle aussi en saison par l'énergie hydraulique dont elle est tributaire.

Par ailleurs, des règlements façonnent l'industrie. Bien qu'il y ait des écarts importants entre les colonies, la tendance est partout la même: restreindre et réglementer l'accès à la forêt pour les bûcherons. Les règlements impériaux du dix-huitième siècle, qui avaient pour objet de réserver des mâts à la marine royale, s'avèrent anachroniques et inefficaces devant l'expansion coloniale et l'essor du marché du bois. En 1825, il suffit d'un permis pour couper des arbres sur les terres de la Couronne non concédées. Le versement d'une redevance légère — mais fort mal acceptée — donne à court terme aux bûcherons le droit de prendre une certaine quantité de bois dans des étendues désignées du domaine public.

Exploitation forestière sur le fleuve Saint-Jean reproduit l'activité fébrile qui règne chaque année sur le fleuve près de Saint-Jean, alors que des radeaux de bois venant de la vallée en amont sont triés et vendus. Aquarelle (19e s.) du lieutenant James Cummings Clarke. (ANC, C-19294)

Quand s'amorce l'exploitation forestière, le marché est en pleine expansion. Il est alors facile de trouver du bois d'œuvre de qualité, et cette industrie n'exige qu'un petit capital. S'y engagent volontiers des groupes familiaux et des associations de trois à six personnes — peut-être des cultivateurs attirés par le travail dans une forêt avoisinante pendant la saison morte. Ces entreprises, souvent exploitées à mi-temps, produisent par année généralement entre 20 et 200 tonnes de bois d'œuvre, vendu à un marchand local au comptant ou à crédit. Ces travaux sont étroitement liés aux tâches qui jalonnent la vie rurale, comme en témoigne clairement, en 1818, le journal de William Dibblee, cultivateur du Nouveau-Brunswick. Après avoir noté à plusieurs reprises, de janvier à mars, les activités de ses fils, Jack et William, pour se procurer du bois d'œuvre, Dibblee écrit:

> *1er avril* — Jour du Poisson d'avril ... Trop froid, la sève ne coule pas — Les garçons vont couper du bois — Fred (*un autre fils*) et Ketchom (*un jeune voisin*) à la cabane à sucre — Après-midi: Fred transporte le bois — Préparé la ficelle pour faire un long filet.
> *3 avril* — Il est tombé trois pouces de neige la nuit dernière... Les garçons vont couper du bois — Mauvais printemps.
> *4 avril* — Les garçons entaillent (*les érables*) aussi vite qu'ils peuvent — Maintenant la sève coule un peu...
> *30 avril* — Planté des oignons. Semé de la laitue et du cresson. Willy et Fred transportent du bois. Les garçons réparent la clôture.

Ce commerce libre et d'accès facile qui, par l'intermédiaire des marchands et des négociants des ports provinciaux, lie les colons aux maisons de commerce d'outre-mer, constitue un important supplément aux revenus de la ferme.

Des changements surviennent dans le deuxième quart du siècle, alors que de gros entrepreneurs contrôlent de plus en plus l'exploitation forestière. La cause première de ces changements, c'est le capital de plus en plus important que mobilise l'industrie à mesure qu'elle se déplace vers des régions éloignées et d'accès difficile et que la production de bois d'œuvre se diversifie. En même temps, des redevances plus élevées et des règlements plus sévères touchant le domaine de la Couronne (freinant la coupe illégale) accroissent les coûts de l'exploitation forestière. La concurrence, les périodes de prospérité suivies de crises graves nuisent surtout aux petits exploitants indépendants. Globalement, ces forces étouffent les petites entreprises familiales et ouvrent la voie à la concentration de l'industrie forestière.

Le commerce du bois, contrairement à celui du poisson et des fourrures, stimule vigoureusement la croissance des colonies et y favorise les investissements. Il encourage l'immigration en Amérique du Nord car il permet d'offrir des traversées à bon marché sur les vaisseaux qui, autrement, auraient navigué sur lest vers l'Amérique après avoir déchargé leurs cargaisons de bois en Angleterre. La construction des navires, qui prend son essor de concert avec le commerce du bois et fournit une grande partie de la flotte qui transporte le bois sur l'Atlantique, emploie 3300 personnes au Québec durant la seule année de 1825. Plusieurs milliers de bûcherons travaillent dans les camps, à la drave, au tri et au chargement du bois à expédier. Les besoins en foin et en nourriture dans les camps stimulent l'agriculture. En effet, un grand nombre de cultivateurs transportent dans la forêt, durant l'hiver, du foin, de l'avoine et d'autres provisions. D'importantes quantités d'avoine, de bœuf et de porc venant des fermes de l'Île-du-Prince-Édouard ravitaillent les bûcherons de la Miramichi. La farine, le porc, le bœuf en quartiers, le beurre, les biscuits et les autres denrées en provenance du Québec nourrissent «la plupart des hommes travaillant dans les bois» du nord du Nouveau-Brunswick.

Une vie de paix et de simplicité?

Les visiteurs anglais jugent souvent négligents les cultivateurs du Haut-Canada. Habitués à l'agriculture de plus en plus «scientifique» de leur pays, les Anglais sont décontenancés devant le spectacle des animaux broutant dans les bois, du fumier répandu que personne ne songe à ramasser, et du blé planté parmi les souches. Un bon nombre déplorent l'habitude généralisée d'alterner culture du blé et jachère dans les mêmes champs une année après l'autre, car cela a pour conséquence d'épuiser le sol. En réalité, ces coutumes sommaires et expéditives sont beaucoup mieux adaptées aux conditions prévalant presque partout dans le Haut-Canada — où la terre est assez bon marché, l'argent rare et la main-d'œuvre coûteuse et difficile à trouver — que ne l'admettent les visiteurs.

Établir une ferme n'est pas une sinécure. La terre est prisonnière de la forêt et l'on ne peut la libérer qu'au prix d'un labeur éreintant. Au mieux, un colon énergique peut défricher quatre acres par an; à mesure que sa petite ferme s'agrandit, d'autres tâches le réclament et ralentissent le rythme du défrichement. Et la poussée impétueuse des mauvaises herbes et des jeunes arbres lui rappelle constamment que les gains durement obtenus peuvent être bien vite anéantis. Une tente, un abri primitif de branches ou une cabane rudimentaire et sans fenêtres est souvent la première maison d'un couple sur sa nouvelle terre. Lorsqu'elle est remplacée par quelque chose de mieux — le plus souvent une cabane en bois rond — elle est, il faut s'y attendre, petite et fort simple. Un bon nombre n'ont pas de fondations, le plancher est en terre battue et elles mesurent à peu près seize pieds sur vingt-cinq (cinq mètres sur sept). Chauffées par une cheminée où on cuit aussi les repas, ces habitations de plain-pied sont habituellement enfumées, sombres et peu à l'abri des courants d'air. Elles sont meublées sommairement et n'offrent aucune protection contre les mouches noires et les maringouins qui abondent. Les maisons à ossature de bois sont plus commodes, mais leur prix étant de cinq à dix fois supérieur à celui des cabanes en bois rond bien construites, elles sont clairsemées dans les régions ouvertes depuis peu à la colonisation.

La hache et le bœuf (qu'on préfère au cheval en raison de sa résistance aux durs travaux) sont les instruments des familles de pionniers. Les charrues sont à peu près inutiles tant que les champs ne sont pas débarrassés des souches. La terre est ensemencée à la main et la récolte se fait de la même façon, à l'aide d'une faux. On bat le blé au fléau. Il n'y a aucune machine agricole dans le Haut-Canada avant 1832. C'est un travail épuisant qui génère beaucoup de poussière. On le fait sur le plancher de la grange, portes ouvertes, pour laisser entrer la brise qui sépare le grain de la balle. Et d'innombrables défis exigent de la famille patience, ingéniosité et débrouillardise quand il faut réparer le matériel brisé. Un immigrant irlandais, plus à l'aise, plus instruit et mieux établi que la plupart, illustre fort bien la nécessité de posséder cette faculté d'adaptation quand il écrit, dans une lettre envoyée à Dublin en 1832:

> À la maison, je suis occupé à ferrer les chevaux, à fabriquer des barrières, des clôtures, des manteaux de cheminée et des meubles. En somme, mes travaux mécaniques sont si variés que j'ai du mal à les énumérer, mais vous pourrez vous faire une idée de leur complexité quand je vous dirai que dans la même journée, j'ai fabriqué une dent en ivoire pour une très charmante jeune fille et une autre en fer pour la herse.

C'est, conclut la remarquable pionnière Catharine Parr Traill en 1836, dans son magnifique récit *The Backwoods of Canada*, une «sorte d'existence à la Robinson Crusoe».

Des milliers de fermes dans toute la colonie connaissent de tels débuts. L'existence d'innombrables jeunes hommes et jeunes femmes est absorbée par le travail exigé. Mais avec le temps, de petites clairières consacrées à la culture de l'avoine, du maïs, des citrouilles, des pommes de terre et des navets s'étendent et finissent par comporter de vastes champs de blé et de seigle. Au couple de Buck et Bright («le nom que portent trois quarts des bœufs de trait au Canada», affirme Mrs. Traill), s'ajoutent vaches, veaux, cochons, poules et canards. Et une économie rurale complexe se développe. Dans le Haut-Canada, neuf fermes sur dix cultivent du blé. Mais, contrairement au bois, avant 1840, le blé ne constitue pas un produit d'exportation important. Les coûts du transport, les restrictions imposées par les *Corn Laws* britanniques et

Certains immigrants maintiennent dans le Nouveau Monde une vie élégante et policée. En 1837, Anne Langton — qu'on voit ici près du feu — vient rejoindre son frère à Sturgeon Lake, dans le Haut-Canada, où les deux tiers des colons sont des diplômés d'université. Son journal et sa correspondance seront publiés par son neveu en 1950 sous le titre: *A Gentlewoman in Upper Canada*. (AO, 2096)

les prix canadiens en privent les ménagères anglaises. Même au cours des années où le commerce d'exportation est florissant, les chargements en provenance de la colonie atteignent la modeste moyenne de moins de quatre boisseaux par personne. Des quantités importantes de farine approvisionnent la population urbaine croissante de la colonie, et le blé rapporte en général au moins un cinquième du revenu des cultivateurs. Mais d'une année à l'autre, la production varie beaucoup. En outre, elle est plus considérable dans certaines parties de la colonie. Dans l'est de l'Ontario, par exemple, la potasse et la «perlasse» (base de la lessive servant à la fabrication du savon) et le bois d'œuvre ont souvent plus d'importance que le blé, tandis que de substantielles quantités de porc sont acceptées régulièrement en guise de paiement dans la région du lac Ontario. À l'ouest, les ventes de seigle, de tabac et d'orge excèdent en général celles du blé. Bien que 40 à 50% des nouvelles terres en culture soient consacrées au blé, les fermes du Haut-Canada dans leur ensemble comptent sur l'agriculture mixte.

Peu de colons du Haut-Canada sont prêts à se passer du marché ou sont en mesure de le faire. S'ils n'ont rien à vendre, les dettes qu'ils contractent pour se procurer les denrées essentielles chez les marchands du pays les lient de toute façon au marché. L'autarcie complète n'est ni possible ni souhaitable. Tandis qu'ils se démènent pour défricher la terre et apprivoiser la forêt, nombre d'entre eux considèrent leur ferme comme leur moyen de subsistance et le centre de leurs intérêts dans leur nouveau pays plutôt que comme une source de profits. S'ils disposent de main-d'œuvre et si un marché pour leurs produits est accessible, les colons, dans l'espoir d'obtenir de bons prix dans l'année qui vient, cultiveront peut-être quelques acres en plus de ce qui est nécessaire pour nourrir leur famille, afin d'en tirer de l'argent comptant ou de rembourser leurs dettes. De la même manière, certains travaillent quelque temps dans les chantiers pour arrondir leurs revenus. Mais si des produits excédentaires sont apportés au marché, cela tient souvent plus à un heureux hasard — la récolte a dépassé les espérances ou le fumier était excellent — qu'à un plan préétabli. L'objectif premier de nombreuses fermes du Haut-Canada des débuts est de nourrir leurs habitants, quelles que soient les vicissitudes du marché. En général, le cultivateur ne vend que ses surplus, quand il en a.

Bien entendu, ce n'est pas partout le cas, surtout dans les régions en bordure des lacs, qui ont été colonisées plus tôt. Là où les marchés sont accessibles et où de grandes fermes existent depuis les premières décennies du dix-neuvième siècle, les cultivateurs, pénétrés de la mentalité et des principes de l'agriculture anglaise améliorée, gèrent de véritables exploitations commerciales. Ils drainent et engraissent leurs champs; ils font alterner les cultures conformément aux normes reçues; ils accouplent leurs juments et leurs génisses avec des étalons et des taureaux importés afin d'en améliorer la race. Mais presque partout dans le Haut-Canada, avant 1840, le lien entre la ferme et le marché reste ténu. Des visiteurs acerbes s'affligent de la «profusion incongrue de fermiers prodigues» qui ne mangent que ce qu'il y a de mieux («du rôti de bœuf presque tous les jours»). Les disciples locaux de l'agriculture scientifique qui, pour répandre leur doctrine, fondent des sociétés agricoles peu fréquentées, déplorent l'apathie et l'ignorance de ceux qui refusent d'améliorer leur bétail et leurs céréales. Mais ils n'assisteront pas à une réforme tant que la lutte pour établir un foyer et une famille ne sera pas gagnée et qu'un meilleur réseau de transport n'aura pas rendu les marchés plus accessibles.

L'économie agricole du Haut-Canada à ses débuts ressemble à bien des égards à celle des autres régions de l'Amérique du Nord britannique. Dans certaines parties du Nouveau-Brunswick, de la Nouvelle-Écosse et de l'Île-du-Prince-Édouard, le crédit, les dettes et l'échange lient les petits cultivateurs au vaste monde commercial, mais les sols peu productifs de ces provinces et leur climat plus rude font que les surplus sont plutôt minces et sporadiques. Les dirigeants «éclairés» des sociétés d'agriculture locales tentent vainement, pendant la première moitié du siècle, de surmonter les «préjugés» traditionnels des Écossais et de tous ceux qui ont la réputation de se tirer d'affaire à la va comme je te pousse. Les besoins des Highlanders, écrit Thomas Chandler Haliburton, tory distingué mais opiniâtre de la Nouvelle-Écosse et créateur du personnage de Samuel Slick à la fin des années 1820, «sont relativement restreints et leur ambition se borne à la quête du nécessaire». Ni les primes d'encouragement aux plus belles récoltes et au meilleur bétail, ni les efforts énormes consentis dans les années 1820 — pour appeler la science à la rescousse, histoire de donner de la dignité aux agriculteurs — n'arrivent à commercialiser et à améliorer l'agriculture selon les vœux des promoteurs. «Jamais je n'ai vu un pays qui offrait tant d'avantages naturels», proclame Slick, le colporteur yankee, qui se plaint de ces habitants qu'il a affublés du sobriquet «Bluenoses», et qu'il trouve «ou bien endormis, ou complètement indifférents à leurs avantages». Selon lui, les habitants de la Nouvelle-Écosse manquent de trois choses: Industrie, Entreprise, Économie. Aussi devraient-ils avoir pour emblème un hibou et pour devise «Il passe sa vie à dormir».

Dans le Bas-Canada également, les commentateurs du début du siècle déplorent l'indolence des cultivateurs qui exploitent leur ferme selon des méthodes dépassées. Mais dans cette région peuplée depuis longtemps, où les fermes s'échelonnent sur toutes les basses terres fertiles du Saint-Laurent jusqu'aux sols minces du Bouclier, la vie rurale a son caractère propre. Au cours des quarante dernières années du dix-huitième siècle, la poussée démographique a permis de défricher les basses terres seigneuriales à un rythme impressionnant. L'accès aux marchés des Antilles et la montée des prix en Grande-Bretagne dans les années 1790 ont stimulé l'agriculture; par ailleurs, les marchands de Québec ont envoyé des agents «pour acheter toutes les céréales dont le cultivateur n'a pas besoin pour vivre». La campagne est prospère et beaucoup de Canadiens, de l'avis de George Heriot, sous-ministre des Postes, commencent «à mettre au rancart leur ancien costume et à acquérir le goût des fabriques européennes».

Bien que l'exploitation agricole — fondée sur un simple assolement biennal ou triennal où dominent le blé et le fourrage — soit aussi mauvaise que possible aux yeux des visiteurs européens, dès 1802 les exportations de blé rivalisent en valeur avec celles des fourrures. Mais ensuite, elles déclinent abruptement. Cette chute des exportations correspond à trois phénomènes importants. D'abord la croissance démographique, tant naturelle que due à l'immigration britannique, qui augmente sensiblement la demande intérieure. Ensuite, le redéploiement de la population vers les villes et surtout les villages, ce qui entraîne une demande accrue en produits alimentaires. Enfin, la réorientation de la production agricole durant la première moitié du siècle: le blé est remplacé par l'avoine et la pomme de terre. Le recul du blé est accentué par la concurrence des terres neuves du Haut-Canada, qui produisent à meilleur compte, par l'effet de la «mouche à blé» durant les années 1830 et sans doute par un recul des rendements.

Le paysage agricole du Bas-Canada présente une texture variée. Autour des villes, l'agriculture est plus intensive et l'élevage joue un rôle plus important. Dans les plus anciennes campagnes de la zone seigneuriale, l'agriculture répond aux besoins régionaux; enfin, dans les zones de colonisation, en constant mouvement, elle est plus rudimentaire, plutôt vivrière. À cette distinction s'en ajoute une autre, présente un peu partout, entre les «gros habitants», les autres cultivateurs, les artisans et les journaliers.

Avant 1850, l'agriculture du Bas-Canada reste traditionnelle et extensive. Maints commentateurs et réformistes en dénoncent le caractère routinier. La polyculture domine et l'élevage n'est pas encore devenu une spécialisation notable. Bien qu'elle constitue un secteur économique important, l'agriculture n'arrive pas à occuper toute la main-d'œuvre, ce qui donne lieu à un fort mouvement d'émigration vers les villages et les villes au profit surtout des États-Unis.

La vie quotidienne

La pêche, la traite des fourrures, l'exploitation forestière et l'agriculture comportent chacune leur rythme particulier, leurs exigences journalières et leurs coutumes. Chacune marque de son empreinte la vie en Amérique du Nord britannique. Mais, si importantes que soient ces occupations, il est essentiel de se rappeler que les gens vivent dans un endroit qui a, lui aussi, ses particularités. Trois descriptions de la vie dans des points distincts de ce vaste territoire donnent une idée des contextes riches et variés où s'inscrit l'existence quotidienne et permettent de mieux apprécier la vie telle qu'elle se déroule dans les campagnes de l'Amérique du Nord britannique avant 1840.

Au début de la décennie de 1760, Théophile et Félicité Allaire vivent dans une maison modeste, près du Richelieu, dans la paroisse et seigneurie de Saint-Ours. Leur ferme, plutôt petite d'après les normes locales, mesure à peine 110 verges (100 mètres) le long de la rivière, mais s'étend sur quinze fois cette distance vers l'ouest. À quelque 800 verges de la rivière, la terre défrichée des Allaire cède la place à la forêt et aux broussailles qui leur fournissent le bois de chauffage, les matériaux pour les clôtures et la construction, et produisent le fourrage pour la plus grande partie de l'année. Des clôtures de bois brut divisent les 27 arpents de terre défrichée (environ 23 acres ou 9 hectares) en un jardin potager (0,6 arpent), une prairie (d'environ 7,4 arpents) et des labours (19 arpents) dont la moitié est en jachère. Bien que Théophile modifie, d'úne année à l'autre, les quantités qu'il plante et moissonne, il cultive surtout du blé (les deux tiers de la récolte), de l'avoine (peut-être le quart) et des pois. En 1765, l'agent recenseur trouve sur la propriété deux chevaux, deux vaches, deux moutons et deux cochons. La ferme produit donc tout juste de quoi nourrir Théophile, Félicité, leurs jeunes enfants (en 1767 ils en ont trois) et deux filles plus âgées issues de mariages précédents. En comparaison avec la plupart de leurs voisins, les Allaire vivent une situation difficile.

Des fermes un peu plus grandes, quoique semblables, bordent les deux rives du Richelieu en amont et en aval de la maison des Allaire. En aval, la limite du peuplement passe au-delà de Saint-Ours par les sols bas et sableux de la paroisse voisine de Sorel, au confluent du Richelieu et du Saint-Laurent; en amont, elle se situe sur la terre fertile de la paroisse de Saint-Denis. En tout, 1750 personnes vivent dans ces trois paroisses en 1765. Le long d'une grande partie de la vallée inférieure du Richelieu, les fermes sont suffisamment rapprochées pour que, de leur porte d'en avant, les voisins puissent entendre des propos échangés à tue-tête. Ici et là de minuscules villages de six à douze maisons sont ramassés autour de leur église. La plupart des habitations ressemblent, en un peu plus grand, à celle de Théophile et de Félicité, qui mesure à peine un peu plus de seize pieds (cinq mètres) de côté. De bois rond, pièce sur pièce, à la manière traditionnelle, il s'agit presque de la cabane du pionnier. Au rez-de-chaussée il y a une seule pièce où Félicité prépare les repas dans l'âtre; la famille y mange, elle et Théophile y dorment. À l'étage se trouvent le grenier et, sans doute, les lits des enfants. L'ameublement est rudimentaire. Certes la plupart des familles ont-elles une table de pin, mais selon toute apparence, les Allaire n'en ont pas. À part un grand lit ouvré avec soin, la maison contient un poêle en fonte (qui vaut plus cher que le bâtiment lui-même), trois vieilles chaises, une commode de pin et un buffet en bois. Il y a deux gobelets, deux tasses et cinq fourchettes, mais pas d'assiettes. Les repas sont sans doute pris à même les marmites en fonte et les poêles à frire, ou servis dans les tasses et les bols que possède le couple. Peut-être un ferblantier et un potier du village ont-ils fabriqué la cafetière, le bougeoir, les bols et les bouteilles dont se servent les Allaire, mais presque tout ce qu'ils possèdent a été fait à la maison. Théophile possède un marteau, des ciseaux à froid et quelques outils rudimentaires pour les travaux agricoles: des haches, des pioches, une faux. Il est à peu près certain que Félicité a confectionné les courtepointes et le linge de maison.

L'historien Allan Greer raconte comment, d'année en année, la vie des hommes et des femmes sur les fermes du Bas-Richelieu suivent un cycle analogue à celui que connaissent les Allaire. En avril ou au début de mai, l'année agricole débute avec le labour et les semailles. Suivant les bœufs ou les chevaux et la charrue de type brabant de l'Europe septentrionale (qui prévaut jusqu'à l'adoption de l'araire, sorte de charrue plus légère, au dix-neuvième siècle), Théophile prépare les champs pour les semailles. De son côté, Félicité (avec l'aide, peut-être, des deux aînées) entreprend de cultiver, dans le jardin potager, des courges, des choux, des oignons, du tabac et des fines herbes dont elles vont s'occuper tout l'été. Une fois les semailles terminées, Théophile érige des clôtures autour des champs, effectue des réparations dans la maison et la grange. Il répare aussi les instruments aratoires et creuse des rigoles d'écoulement. Aux tâches quotidiennes et répétitives — repas, lessive et nettoyage de la maison — Félicité ajoute la traite des vaches. Elle fabrique le beurre et nourrit les volailles. Au milieu de l'été, il faut couper et engranger le foin. En septembre, la moisson mobilise tous les bras vigoureux disponibles. Dans les plus grandes fermes, sans doute embauche-t-on de la main-d'œuvre supplémentaire, mais les Allaire doivent se débrouiller seuls. Une fois la récolte à l'abri, les clôtures sont démolies pour permettre le pacage du troupeau, et l'automne, on laboure quand le temps le permet. En hiver, c'est le moment d'abattre les animaux de boucherie pour faire provision de viande. Cela permet en outre d'épargner le fourrage. Tout le long du Richelieu, les femmes fabriquent des vêtements, filent la laine, font des tapis et cousent du linge de maison et les vêtements de la famille. En janvier et février, Théophile et ses voisins battent le blé en grange, coupent du bois de chauffage et des clôturages. Peut-être défrichent-ils un peu plus de terre. Dans les fermes plus importantes, les surplus de céréales, de viande ou de beurre sont apportés au marché une fois la dîme payée. Tout le long de la vallée, le début du printemps est consacré à la production du sirop d'érable.

Les rythmes démographiques façonnent la vie des habitants de la vallée du Richelieu. La plupart des hommes se marient dans la vingtaine, presque toutes les femmes au début de la vingtaine. Il reste fort peu de célibataires, hommes ou femmes. Les mariages se célèbrent surtout à la fin de l'automne et l'hiver, au moment où les travaux agricoles sont le moins accaparants. C'est aussi une époque où il y a abondance de victuailles pour célébrer l'événement. Les naissances sont également plus fréquentes pendant certaines saisons, suivant le rythme des mariages et des travaux agricoles. Les enfants illégitimes sont rares, mais le taux de natalité est relativement élevé selon les normes d'aujourd'hui (47 à 52 par 1000 habitants). Dans l'ensemble, le taux de mortalité est faible; il ne se rapproche pour ainsi dire jamais de celui de la natalité. Bien qu'il reflète l'incidence de la variole, du choléra, de la typhoïde et de la grippe, tout comme des pénuries de vivres qu'entraînent les mauvaises récoltes, le taux de mortalité ne monte jamais en flèche, à cause des famines, sur les rives du Richelieu. Les femmes se mariant jeunes, elles ont pour la plupart de nombreux enfants. À la fin du dix-huitième siècle, environ le quart des enfants meurent avant leur premier anniversaire. Mais le taux de survie est relativement élevé après l'âge d'un an, et la mortalité infantile décline quelque peu au dix-neuvième siècle.

Les gens ont donc souvent de grandes familles: avoir huit ou dix enfants n'a rien d'inhabituel. En six ans, Théophile et sa première femme, Amable Ménard, ont eu cinq enfants, dont un seul a survécu. Lorsque, devenu veuf, Théophile engage la veuve Félicité Audet comme ménagère, celle-ci a déjà une petite fille. De leur mariage, célébré un an après le décès d'Amable, naissent trois enfants en six ans. Puis Théophile s'éteint en 1767. Félicité ne tarde pas à se remarier et donne au moins trois fils à son nouveau mari. Dans les années 1770, sa troisième famille compte au moins huit enfants.

Pour les Allaire, la vie est ponctuée d'obligations traditionnelles envers le seigneur et l'église. Bien que Théophile, ses voisins et ses successeurs puissent vendre, transférer par un acte ou hypothéquer leur terre, les seigneurs gardent le droit de la confisquer dans certaines circonstances. Ils exigent aussi un paiement annuel — les cens et rentes — de chaque censitaire (habitant) de leur seigneurie. La plupart des habitants sont également tenus de verser d'autres redevances à l'achat de la terre, pour l'utilisation du pâturage communal, pour les droits de pêche ou pour la production de sucre d'érable. Il va sans dire que les plus pauvres renâclent: en 1840, les censitaires de Sorel doivent à leur

«Les Canadiens adorent la danse et, en toute saison, ils s'adonnent à cet agréable exercice», note George Heriot dont le volume *Travels through the Canadas* (Londres, 1807) contient cette illustration. *La Ronde*, aquatinte de J.C. Stadler, d'après une aquarelle de Heriot. (ANC, C-251)

seigneur au moins 92 000 livres, ceux de Saint-Ours 70 000 livres. Les droits du seigneur sur la terre et les obligations des habitants envers lui n'en déterminent pas moins la structure hiérarchique de la communauté. Ainsi, le seigneur a droit à un banc à l'avant de l'église. La place d'honneur lui revient lors des cérémonies locales.

L'Église catholique joue également un rôle important dans la vie des habitants. Tous sont pratiquants — c'est la règle, et l'autorité spirituelle du prêtre s'étend sur toute la paroisse. L'Église exige un tribut important de ses ouailles. Les curés ont droit à la dîme, fixée par la loi au vingt-sixième de la récolte de céréales; les habitants contribuent aussi aux quêtes du dimanche, versent un montant annuel pour la location d'un banc. La somme qu'ils

Les remarques de George Heriot sur la popularité de la danse s'appliquent à toutes les classes de la société. Ici on voit une danse, manifestement en milieu aisé. Les deux Noirs, dans la partie supérieure gauche du tableau, sont propablement des esclaves, l'esclavage ayant été autorisé jusqu'en1834. *Le Menuet*, aquatinte (1807) de J.C. Stadler, d'après une aquarelle de Heriot. (ANC, C-252)

doivent payer pour les réparations à l'église est répartie périodiquement entre eux. L'ensemble des redevances versées au curé et au seigneur constituent pour les habitants peut-être la moitié de tout le produit, une fois les besoins de leur famille satisfaits. De telles obligations freinent l'enrichissement des habitants. Elles placent le curé et le seigneur au cœur du pouvoir économique et politique dans la communauté. Mais leur autorité est loin d'être absolue. Les seigneurs n'indiquent pas à leurs censitaires de quelles cultures ils doivent s'occuper. Ils ne se mêlent pas non plus de leur vie privée. D'ailleurs, les habitants sont rétifs devant le pouvoir seigneurial — par exemple, ils retardent le paiement de leurs redevances — et font preuve d'une bonne dose d'indépendance dans la conduite de leurs affaires. Quant à leurs relations avec l'Église, les habitants se conforment aux usages en assistant à la messe et en faisant baptiser leurs enfants à la naissance, mais ils se cramponnent à leurs croyances traditionnelles, usant de potions et d'incantations que les autorités religieuses tiennent pour superstition et magie. À maintes reprises, ils résistent aux initiatives du clergé qui menacent d'alourdir leur fardeau financier.

Si uniforme que soit la vie dans la vallée du Richelieu, des changements importants s'y produisent après 1760. Les jeunes hommes, qui vivent chez eux et doivent compter sur la parenté pour les aider à défricher la terre et construire une maison et une grange, agrandissent l'établissement à partir de la rivière jusqu'à ce que toute la terre cultivable des trois paroisses soit occupée. Cela signifie que, dans toute paroisse ou seigneurie du Bas-Canada, il existe toujours des différences considérables entre les familles rurales. Les fermes de colonisation disposent d'à peine quatre ou cinq arpents en culture, souvent entièrement consacrés au blé. À l'autre bout de l'échelle, les grandes fermes, avec leurs 70 ou 80 arpents défrichés, peuvent avoir une portion de 25 à 30 pour cent consacrée à la culture du blé et l'équivalent laissé en jachère; on peut y trouver quatre ou cinq bœufs et chevaux, de dix à douze moutons et vaches et une demi-douzaine de porcs. Au début du dix-neuvième siècle, de nombreuses fermes sont entièrement labourées, et le paysage est de plus en plus dépouillé de ses arbres. Les petits villages se transforment en petites villes. Dans les années 1790, Sorel prospère comme centre de construction navale et, dans les années 1820, comme port d'escale pour les bateaux à vapeur naviguant sur le Saint-Laurent. En 1815, Saint-Ours est une localité «d'environ soixante maisons, dont plusieurs solidement construites en pierre»; en son centre s'élèvent «une belle église et un beau presbytère... (*et*) à quelque distance, le manoir». Plusieurs de ses habitants ont «des biens considérables»; Saint-Ours a ses commerçants et ses artisans. Vingt-cinq ans plus tard, Saint-Denis compte 123 maisons, une distillerie, des moulins à blé et des scieries. Sa population de plus de 600 âmes comprend des marchands, des notaires, des meuniers, des forgerons et des menuisiers. En 1825, 11 000 personnes vivent dans les trois paroisses de Sorel, Saint-Ours et Saint-Denis.

Bien avant cette époque, il était devenu impossible pour la plupart des fils d'exploiter de nouvelles fermes près de la maison paternelle. À Sorel, où le sol est pauvre, les habitants subdivisent leurs avoirs fonciers et arrondissent leurs revenus en exerçant par-ci par-là un emploi saisonnier dans la traite des fourrures. Le salaire qu'ils en tirent leur apporte une prospérité relative pendant les années 1790. Mais elle est de courte durée. Tandis que la population de la paroisse fait plus que quadrupler entre 1790 et 1831, la demande de travailleurs dans la traite des fourrures chute. Ayant peu de moyens pour pallier le maigre rendement de leurs petites fermes (en 1831, quelques-unes seulement comptent plus de 35 acres, ou 14 hectares), les Sorellois s'appauvrissent.

En revanche, les cultivateurs de Saint-Denis qui, en 1831, ont en moyenne 67 acres de terres de labour, sont prospères. Dans l'ensemble, les fermes de Saint-Denis (et du village voisin, Saint-Ours) sont exploitées pour nourrir les familles qui y vivent, mais elles produisent également un surplus de blé assez considérable pour le marché montréalais. Se rendant compte que l'accès à ce marché, ainsi que le rhum, le thé et le poivre qu'il leur procure, dépend de la culture de plus de terres qu'il n'en faut pour assurer leur subsistance, les cultivateurs de Saint-Denis modifient, au chapitre des successions, les coutumes relativement démocratiques qu'ils ont suivies au dix-huitième siècle. La population de la paroisse augmentant, seuls les parents ayant une ferme très vaste continuent de la diviser plus ou moins également entre leurs enfants; les autres ont tendance à transmettre toute la ferme à l'un de leurs fils. Il en résulte un déclin de population, car les jeunes hommes et les jeunes femmes quittent la paroisse en quête de nouvelles perspectives. Il en est qui sont attirés vers les villes en pleine croissance, et s'y emploient comme manœuvres ou artisans. Un nombre de plus en plus grand de ceux qui restent sont sans terre. En 1831, les habitants propriétaires (qui, en 1765, dans la vallée du Richelieu, comptaient neuf chefs de ménage sur dix) ne sont plus qu'une minorité parmi les chefs de famille de Saint-Denis. La plupart d'entre eux vivent relativement à l'aise dans des maisons plus vastes et mieux meublées que celle des Allaire. Quoique les fermes ne soient guère plus grandes que celle de Théophile, elles sont entièrement cultivées et leur cheptel est bien plus considérable. Mais un cultivateur sur sept est locataire et presque le quart d'entre eux sont ouvriers agricoles. Dans la plupart des cas, on vit pauvrement et de façon précaire. Accablés de dettes, les gens ont perdu le sentiment de sécurité que la propriété foncière donnait même à des familles comme celle des Allaire. Lorsque, durant les années 1830, une série de mauvaises récoltes met en difficulté la plupart des gens de Saint-Ours et de Saint-Denis, un bon nombre sombrent dans l'indigence la plus complète.

Gentilshommes et honnêtes fils de la pauvreté

Situé sur la rive nord du lac Ontario, à mi-chemin entre Kingston et Toronto, le *township* de Hamilton s'élève d'une plaine basse et fertile, près du lac, jusqu'à une crête d'alluvions glaciaires située en son centre. Au nord, le terrain descend du côté des escarpements qui marquent la limite septentrionale du *township* sur le lac Rice. La région est magnifique. À la fin du dix-huitième siècle, une forêt d'érables recouvre presque entièrement le *township*. Sur les hauteurs poussent des chênes et des pins; des frênes, des cèdres et des pruches croissent là où le sol est humide. Ici, la saison des cultures dure de 188 à 195 jours, et la période où la terre ne gèle pas varie de 140 jours, le long du lac, à environ 120 à l'intérieur. Grâce aux sols fertiles, d'une couleur gris-brun, qui prédominent, le milieu est propice à l'agriculture.

Situé sur la principale voie de communication vers l'ouest du Haut-Canada, le *township* de Hamilton se peuple rapidement. Parmi les arrivants, se trouve Robert Wade, qui a émigré en 1819 du comté de Durham, au nord-est de l'Angleterre. Il est âgé de quarante-deux ans, est marié et a huit enfants.

«Rien n'est plus inconfortable que ces bicoques empestant la fumée et la crasse, où sont entassés enfants, cochons et volaille», observe Catharine Parr Traill, mais elle concède que c'est «le revers de la médaille». À noter: la clôture en treillis et le chemin de rondins qui traverse les endroits marécageux. ***Ferme boisée près de Chatham***, aquarelle (*c.* 1838) de Philip J. Bainbrigge. (ANC, C-11811)

Ayant assez bien réussi en Angleterre où il était cultivateur à bail, il arrive au Nouveau-Monde avec un capital suffisant pour acheter une ferme de 200 acres (80 hectares) en bordure du lac. Il fait partie du groupe d'environ 700 émigrés qui sont arrivés dans le *township* au cours des années 1810. Il installe bientôt sa famille dans les deux maisons en bois rond de son nouveau domaine, puis il achète six vaches, dix-huit moutons, dix cochons, deux chevaux et un poulain. Il commence à cultiver et continue à défricher — trente acres le sont déjà, dont la moitié en herbages. En moins d'un an, il a acquis une autre concession dans le *township* d'Otonabee, au nord du lac Rice. En 1821, Robert Wade possède l'une des meilleures fermes de polyculture du *township* de Hamilton.

Les autres colons forment un groupe varié. Des membres de familles loyalistes qui s'étaient établies ailleurs dans la colonie arrivent à Hamilton par petits groupes, au cours des premières vingt années du dix-neuvième siècle. Des Américains traversent le lac Ontario pour rejoindre des parents qui comptaient parmi les premiers arrivants. D'autres débarquent de Grande-Bretagne. Au moins huit sont d'anciens officiers de marine à qui leur demi-solde assure un revenu stable et précieux. Certains, comme Robert Wade, ont apporté des sommes considérables, mais bon nombre n'ont guère plus que la force de leurs bras et la volonté de travailler. Pour la plupart de ceux-là, le chemin de la réussite dans le Nouveau-Monde est bien plus long, plus ardu et plus incertain que pour Robert Wade.

Moins de 200 familles (1250 personnes) vivent à Hamilton en 1821. Mais il n'y reste aucune terre de la Couronne pour les colons éventuels. La plupart des terres réservées pour doter l'Église et le gouvernement sont déjà affermées, et plus de la moitié du *township* encore couvert de forêts denses est entre les mains de spéculateurs. À cause de cette appropriation spéculative, les nouveaux venus devront débourser un capital important pour acquérir une propriété dans ce territoire très enviable.

En comparaison du prix d'une terre de la Couronne (offerte au-delà de Hamilton pour environ cinq pence l'acre), les fermes dans le *township* coûtent cher. Les prix sont plus élevés au bord de l'eau et varient selon l'étendue et la qualité des améliorations, mais au début des années 1820, la terre défrichée se vend en moyenne 15 shillings l'acre. La terre non défrichée peut être obtenue pour la moitié de ce prix, mais il faut débourser de 80 à 100 livres de plus pour acheter les outils, le bétail et la semence, pour bâtir une maison et une grange et défricher plusieurs acres. Bref, les colons ont besoin d'au moins 150 livres pour s'établir sur 100 acres. À moins de posséder une telle somme, ils doivent louer une ferme ou accepter de travailler à salaire. Les conséquences sont évidentes: en 1821, le tiers des cultivateurs de Hamilton louent à bail des terres réservées, presque la moitié de ceux qui vivent sur une ferme dans le *township* sont des cultivateurs à bail et plus du tiers des biens qui y sont évalués appartiennent à un dixième de ses habitants.

Dans les années 1840, à peu près vingt ans après l'arrivée de Robert Wade, la valeur moyenne d'une terre défrichée a quasi triplé, celle d'une terre non défrichée a plus que doublé, et la location coûte cinq fois plus cher qu'en 1819. À ceux qui possèdent de la terre, une telle inflation rapporte des gains de capitaux importants; en 1834, Robert Wade évalue sa propriété à 1600 livres. On subdivise des fermes afin de réaliser des profits. À mesure que de nouvelles familles s'installent, la forêt est repoussée de plus en plus loin. Sur de nombreuses fermes en bordure du lac, des maisons et des granges solides s'élèvent maintenant au milieu des champs clôturés. Les routes ont été améliorées et, après 1842, des diligences relient Cobourg, centre commercial prospère, à l'arrière-pays. Mais l'afflux constant d'immigrants a inondé le marché du travail local, et tandis que le prix des terres est en hausse, les salaires diminuent. Ces facteurs ne tardent pas à scinder la société de Hamilton en deux groupes distincts. D'une part, il y a les émigrants aux moyens modestes, venant des îles britanniques ou d'ailleurs; pour eux, le *township* est une escale où ils acquièrent l'expérience du Nouveau Monde et font un peu d'argent, avant de poursuivre plus loin la lutte pour un modeste confort et l'indépendance. D'autre part, pour ceux qui peuvent acquérir une propriété grâce à leurs capitaux, à leurs relations ou à quelque autre avantage initial, Hamilton est un endroit où s'établir et recréer le décorum de la vie dans la campagne anglaise. Avant le milieu du siècle, le *township* est doté d'une société agricole, d'une bibliothèque de prêts, d'une société de théâtre amateur, d'un club de cricket et d'un terrain de chasse. Charles Butler, qui a émigré du Middlesex dans les années 1830 avec sa femme et ses enfants et une mise d'environ 1000 livres, n'est pas insensible à de tels agréments quand il décide de vivre à proximité de Cobourg. S'installer à Peterborough, à une distance d'à peine 25 milles (40 kilomètres), de l'autre côté du lac Rice, ce serait, conclut-il, «pour lui et sa famille, s'isoler complètement de la société».

Robert Wade, considérant ces nouveaux venus d'un œil plutôt sarcastique, les qualifie de «*broken down gentry*». Dunbar et Susanna Moodie sont un échantillon typique de ce genre d'immigrants. Dunbar est un soldat orcadien qui trouvait sa demi-solde insuffisante pour lui assurer en Angleterre le style de vie auquel il aspirait. Susanna, sœur de Catherine Parr Traill, a écrit deux petits traités contre l'esclavage avant de quitter l'Angleterre. Elle vient d'une famille fortunée où l'on cultive les lettres et s'exprime avec aisance; les enfants ont beaucoup lu et sont versés en poésie, en peinture et en science de la nature. Pour des raisons financières, les Moodie viennent au Canada après leur mariage en 1831 et s'installent pour peu de temps dans la quatrième concession du *township* de Hamilton. Vingt ans plus tard, dans *Roughing It in the Bush*, Susanna entreprend de décrire «ce que les forêts du Canada sont pour les fils industrieux de l'honnête pauvreté, qui doivent être honorés à jamais, et ce qu'elles sont pour le gentilhomme raffiné et accompli». Tracés avec une liberté d'imagination et un sens dramatique plus vifs que ne le croyait Susanna, ces croquis frôlent parfois le fantastique. Pour sa part, la romancière Margaret Atwood a discerné en eux quelque chose de la compulsion obsessionnelle — crainte, tension et labeur harassant — qui imprègne l'affrontement si souvent renouvelé des colons et de la forêt dans l'hinterland du Haut-Canada.

«À travers une forêt lugubre sur une piste exécrable»

Lorsque le lieutenant-colonel Joseph Gubbins, sa femme Charlotte, leurs trois enfants et leurs neuf domestiques arrivent au Nouveau-Brunswick en 1810, ils pénètrent dans un monde de contrastes. Saint-Jean est alors un centre commercial aux immeubles tassés les uns contre les autres, où l'on dénombre environ 3000 habitants. La capitale, Fredericton, n'est guère qu'un village qui compte moins de 200 maisons «éparpillées, dit un résident, sur un pré communal ravissant, le plus riche que j'aie jamais vu pour y faire paître les moutons». Il y a des maisons coquettes et commodes, des fermes «agréables» et d'une valeur marchande enviable, de charmants cottages avec une élégante pelouse en pente. Mais ils sont cernés par la forêt. On trouve en bien plus grand nombre de petites habitations construites à la diable, dont les planches gauchies laissent passer les courants d'air, et devant lesquelles des feux qui fument ont été allumés pour chasser les maringouins. La population de la colonie, environ 30 000 personnes, est composée d'Acadiens, d'Amérindiens, de loyalistes, d'Américains arrivés avant et après l'afflux de 1783-1784, et de plusieurs centaines d'émigrants venus directement des îles britanniques. Plus de la moitié d'entre eux vivent dans la vallée du fleuve Saint-Jean; les autres sont clairsemés à la périphérie de la province. L'élite gravite autour de la résidence du gouverneur, où se déroulent bals, réceptions mondaines et promenades en traîneau. Mais dans plus d'une maison sur la Miramichi, la bouteille de rhum reste «sur la table du matin au soir», et presque partout des colons endurent ou se souviennent d'avoir enduré «la plus grande misère».

Ne sachant rien de tout cela, Gubbins est arrivé dans la colonie comme officier supérieur chargé de l'inspection de la milice; il doit surveiller l'entraînement de l'armée de citoyens qui assurera la défense du Nouveau-Brunswick si la guerre finit par éclater entre la Grande-Bretagne et les États-Unis. Installés sur les terres du riche loyaliste et juge en chef George Ludlow, récemment décédé, le lieutenant-colonel et sa femme sont adoptés sur-le-champ par la société de Fredericton. Mais le mandat de Gubbins l'oblige à beaucoup voyager dans toute la province, et ses tournées d'inspection lui révèlent les aspects les plus divers de la vie au Nouveau-Brunswick. Pour le gentilhomme anglais tory, nombre de ces rencontres doivent être déconcertantes. Mais Gubbins est un observateur pénétrant de la scène coloniale.

Traverser ces terres couvertes de forêts n'est pas facile. L'élégante voiture que Gubbins a fait expédier par bateau au Nouveau-Brunswick est pratiquement inutile, faute de routes convenables. En hiver, les rivières gelées facilitent les visites et le transport des produits vers le marché, car les chevaux peuvent tirer les traîneaux sans effort sur une distance d'au moins 60 milles (90 kilomètres) par jour. Mais comme il fait ses inspections l'été, Gubbins ne dispose pas de moyens de transport aussi commodes. Il chevauche quand faire se peut, souvent «à travers une forêt lugubre sur une piste exécrable». Au-delà de la vallée du fleuve Saint-Jean, il a fréquemment recours à des canots et à des bateaux découverts. Lorsqu'il part de Shediac pour se rendre au nord, traversant une région dont, à Fredericton, on connaît peu de chose, il doit troquer les chevaux de l'armée contre des poneys locaux, accoutumés aux bois où «ils ne peuvent guère faire deux pas de suite sur un chemin plat, mais doivent sauter d'une racine à une butte et à des troncs d'arbres au rythme de cinq à six milles à l'heure». Dans ces conditions, les étapes sont incertaines, il faut accepter le logement là où il est offert. Comble de malchance, les auberges ont rarement plus d'une chambre. Ainsi, relate Gubbins, «si j'avais emmené un domestique, il aurait fallu ou bien l'avoir comme compagnon, ou le laisser dormir dans l'étable. J'ai donc décidé de m'en passer.»

Les Micmacs — qu'il appelle Michilmackinacs — exercent sur Gubbins une véritable fascination. Il visite Aukpaque, au-dessus de Fredericton, le village de mission où 40 à 50 familles se réunissent chaque été, et il décrit la construction de leurs wigwams recouverts d'écorce de bouleau. Près de Richibouctou, il découvre un groupe dont les conditions de vie lui paraissent bien supérieures à celles des autres. En effet, ce groupe subvient à ses besoins «principalement par la pêche», bien qu'il cultive du maïs et des pommes de terre et coupe du bois d'œuvre pour le vendre. Gubbins attribue au déclin des troupeaux d'orignaux et de caribous le fait que beaucoup d'Indiens en sont «réduits à couper du bois de chauffage en hiver, et en été à faire un peu de

Il a fallu un demi-siècle de travail ininterrompu — défrichage de la forêt, entretien des champs, construction d'immeubles et garde des moutons — pour créer ce paysage serein. Le sentiment de la réussite a dû être extraordinaire. ***Vue de la route allant de Windsor à Horton en passant par le pont Avon sur la rivière Gaspreaux***. Aquarelle (1817) de J.E. Woolford, faisant partie d'une série de paysages de la Nouvelle-Écosse peinte pour lord Dalhousie. (NS 79.146.3, N-9411)

culture pour subsister». Et il signale les activités de la *New England Company*. Celle-ci, la plus ancienne des sociétés missionnaires anglaises, dont le siège est à Londres mais que plusieurs notables anglicans administrent au Nouveau-Brunswick, se propose de «civiliser» et de christianiser les Indiens. Or les fonds pour atteindre ces buts, versés à tout colon qui prend un enfant indien comme apprenti, ont été «honteusement détournés», estime Gubbins. Des fillettes ont été confiées aux «personnes les plus débauchées», et, au moins dans le cas d'un colon, l'argent a servi à se procurer «un mulâtre comme domestique». Pour Gubbins, il est trop évident que, à mesure que la progression du peuplement et de l'agriculture a réduit l'accessibilité du gibier et privé les Amérindiens du «puissant aiguillon de la chasse», ils sont devenus «inertes, paresseux et dépendants». Lorsque la consommation excessive d'alcool s'ajoute à ces problèmes, les autochtones tombent souvent «dans un état déshonorant pour la nature humaine». Enfin il conclut avec pessimisme: «Les autochtones (...) dégénèrent en proportion de leurs contacts avec des Européens.»

Vingt-cinq ans après l'arrivée des loyalistes au Nouveau-Brunswick, le paysage porte encore la trace de la hache des pionniers. En 1810, pas plus du quart de un pour cent des 28 000 milles carrés de la colonie a été défriché. Sur certaines fermes, on tue les arbres en pratiquant une incision annulaire, ou cernement; bien qu'ils puissent se tenir debout pendant des années, ils ne produisent plus de feuilles et on peut pratiquer à leur pied certaines cultures. Le plus souvent, pour retirer plus vite des profits, on brûle les broussailles, on abat les arbres et on les coupe en longueurs maniables pour la construction, comme bois de chauffage, ou pour les brûler plus facilement. Défricher de cette façon, observe Gubbins, est «une entreprise qui exige un labeur infini», et pourtant, «souches et racines continuent à défigurer le terrain et interdisent l'utilisation d'une charrue pendant des années...» À maintes reprises au cours de ses déplacements, Gubbins parcourt du regard des terres couvertes d'arbres brûlés ou tombés, et des champs séparés par des clôtures «faites de petits arbres ou de plus grands qui, fendus, sont utilisés comme barreaux et posés en zigzag». Il aperçoit des maisons et des granges blotties à l'ombre d'un mur de feuillus.

Gubbins est frappé par l'isolement de la vie dans les colonies. À Shediac, son groupe est accueilli par des Acadiennes «vêtues d'un costume à la mode normande comme il y en avait peut-être au siècle dernier». Plus au nord, il a la surprise de rencontrer des pêcheurs acadiens qui «n'ont même pas entendu parler de Bonaparte ni de la guerre avec la France». Il ne peut oublier non plus la curiosité avec laquelle son hôte de la Miramichi examine «quelques vieux journaux de Londres» extraits de ses bagages, ni s'empêcher de noter que le colon s'est exclamé à plusieurs reprises: «Il y en a du remue-ménage dans le monde!» La façon relâchée et incohérente dont les juges locaux, loin des officiers de justice de Fredericton, appliquent les lois provinciales le préoccupe plus gravement, tout comme la qualité médiocre des soins médicaux dans presque toute la province. Un prétendu médecin sans scrupules est allé jusqu'à prescrire «du poivre de cayenne sous forme de grosses pilules comme traitement spécifique des symptômes de troubles pulmonaires»! D'autres, dans leur ignorance, «commettent des meurtres en toute impunité». Gubbins s'exprime encore plus librement au sujet de la popularité de la religion évangélique parmi les habitants du Nouveau-Brunswick, dans les régions rurales où il n'y a pas d'Église établie. Le colonel, qui est anglican, a peu d'indulgence pour les «fanatiques» qui propagent «leurs pernicieuses doctrines». Il ne faut guère s'étonner de l'«absence de moralité», note-t-il sévèrement, quand les convertis croient qu'ils ne peuvent pécher en esprit, et que les prêcheurs de la Nouvelle Lumière proclament qu'il n'y a «pas de péché au fond du cœur de l'homme».

Tout compte fait, Gubbins considère les gens du Nouveau-Brunswick comme de vrais Américains par leurs habitudes et leurs attitudes. Les coutumes britanniques en matière de «religion, de bon goût, de frugalité, d'agronomie... (*et*) de cuisine» ont laissé peu de traces dans la colonie, même chez les descendants immédiats des Anglais. Et puis les pauvres «n'apprennent pas à respecter les riches comme en Europe». Ce qui n'arrange rien, les domestiques insistent pour dîner «avec le maître et la maîtresse de maison qu'ils appellent Monsieur et Madame». Rien de «plus inacceptable» que le «manque d'attachement» de l'enfant américain envers ses parents, un défaut des enfants de langue anglaise du Nouveau-Brunswick qui saute aux yeux de Gubbins. Paradoxalement, les Acadiens, dont la loyauté est encore mise en doute dans les cercles officiels, sont plus respectueux, plus ordonnés et plus sympathiques à Gubbins que la masse du Nouveau-Brunswick anglais. «Leur comportement envers leurs parents et amis, de même qu'avec leurs supérieurs et même les étrangers, note-t-il, attire spécialement l'attention quand on l'oppose à la suffisance pleine d'ignorance du commun d'origine anglaise.»

Cela tient, conclut Gubbins, aux conditions de vie au Nouveau-Brunswick. La terre non défrichée étant bon marché dans les régions lointaines et isolées, les nouveaux venus ne tardent pas à s'y installer et mènent alors une existence «solitaire et extrêmement difficile». Dans les familles qui n'ont pas les moyens ou l'occasion d'acheter une foule d'articles de première nécessité, «il faut faire un peu de tout pour subsister»; les cultivateurs deviennent, par la force des choses, «tisserands, teinturiers, tailleurs, cordonniers et menuisiers». L'inexpérience aggrave le défi auquel ils sont confrontés et un bon nombre retournent «très rapidement à l'état de barbares». Au mieux, leur «apprentissage d'un sort rigoureux les détache à coup sûr des habitudes de la mère patrie». La main-d'œuvre étant rare et coûteuse, même les officiers et les gentilshommes sont forcés «d'accomplir toutes les grosses besognes d'une exploitation agricole». Rares sont les domaines établis par des loyalistes fortunés qui continuent de prospérer au dix-neuvième siècle. «Dans ce pays, écrit Gubbins, les enfants constituent la richesse des parents et une veuve qui a une famille nombreuse est considérée comme un parti avantageux.»

Dans tout cela, selon Gubbins, il y a beaucoup à déplorer. Il fait valoir, par exemple, que les corvées interminables de la ferme, qui sont le lot de presque tout le monde, empiètent sur l'éducation et laissent les jeunes de la colonie «sûrement inférieurs à leurs parents en tout ce qui touche les manières et la bonne société». La génération précédente elle-même n'est pas au-dessus de tout reproche — nulle part, semble-t-il, ses défauts ne sont-ils plus apparents qu'à l'Assemblée, dont les députés sont «pauvres et ignorants». Leur traitement, soutient-il, est «le principal objet de leur ambition» et, dans les affaires du gouvernement, «leurs intérêts particuliers prennent le pas sur (...) le bien public».

Bien qu'il soit plus discret à ce sujet, Gubbins trouve beaucoup à admirer dans la société du Nouveau-Brunswick. Le vol est «presque inconnu», et les gens aident généreusement les victimes de la malchance. Les colons organisent des corvées (qu'ils appellent *frolics*, aussi connues sous le nom de *bees* dans le Haut-Canada) pour aider les arrivants à bâtir leur maison et à commencer le défrichage; comme seule rémunération, ils ont à boire et à manger, une agréable compagnie et l'assurance qu'à l'occasion on leur rendra la pareille. Dans la région, les salaires sont assez élevés et tout le monde peut gagner sa vie, même le plus chétif et le plus âgé. Certes, les produits manufacturés anglais coûtent deux fois plus cher qu'en Grande-Bretagne, et les médecins de Fredericton sont parfois «embarrassés de rapporter à la maison (...) (leurs) honoraires sous forme de foin, de poisson salé, ou encore d'un porcelet bien ficelé», mais le commerce du bois d'œuvre a revigoré le marché local et favorisé une «amélioration générale dans l'apparence des campagnards, le confort de leurs habitations, le nombre et la valeur de leur cheptel». Réfléchissant sur la population de la province en général, Gubbins note que les gens «produisent sur leur ferme l'indispensable, et en vendant du bois, ils se procurent un peu de luxe».

Ces villes où «tout est tourbillon et effervescence»

Un nombre relativement restreint de citoyens de l'Amérique du Nord britannique vivent dans des villes avant 1840: leurs habitants constituent le sixième des résidents établis le long du Saint-Laurent en 1760, et environ 10% de la population de l'Amérique du Nord britannique en 1840. Mais, bien que de taille réduite, ces villes et leurs agglomérations satellites sont des centres importants de la vie dans la colonie. Ce sont les pivots qui rattachent le plus

Au début des années 1830, Montréal compte environ 27 000 habitants. Elle a connu une croissance très rapide au cours de la décennie précédente. La gravure de R.A. Sproule, *La place d'Armes en 1830*, permet de constater que la vieille ville est encore un quartier résidentiel. On y voit surtout la nouvelle église Notre-Dame et l'ancienne église paroissiale qui sera bientôt démolie. L'église Notre-Dame domine d'ailleurs le paysage urbain, comme le montre la lithographie de Coke Smyth, *Le port de Montréal en 1832*. Les berges du fleuve sont encore dépourvues de quais permanents, une situation à laquelle viendra bientôt remédier la toute nouvelle Commission du port. En attendant, les navires doivent jeter l'ancre face à la ville et on les décharge à l'aide de barques. (MM)

solidement le Nouveau Monde à l'Ancien. Idées, immigrants et marchandises, tout passe par les villes. Les fonctionnaires coloniaux y sont tous installés. Elles tirent du commerce et du gouvernement prospérité et prestige. Le cadre des affaires et l'administration font de chacune d'elles le noyau de son arrière-pays. Leurs journaux apportent au fond des campagnes des nouvelles de la Grande-Bretagne et de l'empire. Pour les gens de l'époque, les villes sont, comme Toronto en 1842, des endroits où «tout est tourbillon et effervescence, où il faut être à la mode».

L'importance et la complexité du réseau urbain de l'Amérique du Nord britannique s'accroissent considérablement entre 1760 et 1840. Au début de cette période, seules les villes de Québec, Montréal et Halifax comptent plus de 3000 habitants. En 1840, il y a au moins dix localités de cette taille, et le nombre de centres plus petits s'est accru encore plus vite. En 1821, Québec compte 15 000 résidents. Au cours de la décennie suivante, elle concédera à Montréal la supériorité numérique et commerciale sur le Saint-Laurent. En 1832, York, qui doit bientôt être érigée en municipalité sous le nom de Toronto, a dépassé Kingston pour devenir le plus grand centre urbain du Haut-Canada avec 13 000 âmes. Dans les années 1830, Saint-Jean fait concurrence à Halifax dans les provinces Maritimes. Et en 1840, Montréal est la ville prédominante de l'Amérique du Nord britannique avec 40 000 habitants — à peine autant que dans nombre de villes d'aujourd'hui comme Barrie, Saint-Hyacinthe, Medicine Hat ou New Westminster.

Dans un environnement où sont réunis tant d'éléments nouveaux, les colons comprennent vite qu'il leur faut défendre leurs intérêts. L'expansion est le mot d'ordre général. Les citoyens en vue de quelque ville que ce soit veulent y attirer des fonctions administratives et améliorer les transports dans l'espoir d'en favoriser l'expansion. Des rivalités s'élèvent entre petites localités qui ambitionnent de devenir chef-lieu de comté ou municipalité de district, car dans un cas comme dans l'autre, la vie s'animera grâce aux affaires officielles qui y seront traitées. En 1840, juges, shérifs, greffiers de la paix, receveurs des douanes, agents des terres de la Couronne, commis de district, directeurs d'écoles et inspecteurs élisent domicile dans des centres régionaux importants. Au cours de la décennie de 1830, les habitants de Kingston comptent sur le regain de prospérité que leur apportera l'élargissement de l'arrière-pays grâce à la canalisation des rivières Rideau et Trent, et au début de la décennie suivante on leur recommande d'éviter les erreurs commises par la ville de New York où Broadway, large de 80 pieds et considérée comme très vaste lors de sa construction, est maintenant encombrée par la circulation. *Leur* «AVENUE aura 100 pieds de large et, droite comme une flèche, se diri-

Décrite, vers 1830, comme un deuxième Montréal, York prend un essor considérable au cours des décennies suivantes. Le palais de justice, la prison et l'église donnent à la rue King son cachet. Mais la rive est le pivot de la ville. En 1838, les quais accueillent de nombreux schooners; hôtels et entrepôts bordent la rue Front, les diligences quittent tous les jours le «Coffin Block» triangulaire pour se rendre à Holland's Landing, et un marché au poisson ajoute à l'animation des lieux. *Vue de la rue King est, de la rue Yonge à la rue Church, prise de la rue Toronto*, lithographie d'après un dessin de Thomas Young, publiée par Nathaniel Currier (New York, 1835). *Le marché au poisson, en contre-bas de la rue Front, Toronto*, sépia d'un artiste inconnu d'après une gravure du volume *Canadian Scenery*, illustré par W.H. Bartlett. (Haut: MTL/JRR, T-10248; bas: ROM, 960.58.2)

gera vers Priest's Field — et là, elle se terminera en CERCLE ou en CARRÉ— englobant de vieux pins à titre de reliques sacrées de la forêt primitive».

Un heureux mariage d'énergie et d'imagination engendre de nouveaux immeubles et des plans de rues imposants même dans des terrains vagues. Là où l'emplacement d'un moulin ou tout autre avantage naturel favorise quelque expansion, se fondent les bases solides de la croissance économique. De nouveaux noms apparaissent sur les cartes à mesure que les hameaux situés aux carrefours deviennent des villages et que les villages se transforment en villes. Les chartes des villes (les plus importantes ont droit au titre de «cité») marquent l'essor des lieux dont la réussite est manifeste. Tout compte fait, cependant, c'est le commerce qui donne sa physionomie au réseau urbain. Les villes de premier plan sont des centres commerciaux ayant accès à la mer et chacune d'elles dessert un arrière-pays très vaste. Pour Montréal, à la tête de la navigation sur le Saint-Laurent, cet arrière-pays inclut le Haut-Canada jusqu'à ce que les progrès du transport, tels que le canal Érié, les canaux sur le Saint-Laurent et, finalement, le chemin de fer, accélèrent la croissance de Toronto. Mais dans l'ensemble, chaque colonie possède son port commercial de premier plan. Bien que les journaux de langue française de Montréal continuent à raconter ce qui se passe en France, ceux des centres importants se tournent d'abord et avant tout du côté de la Grande-Bretagne. Étonnamment, il existe fort peu de liens entre les villes. Dans les années 1840, une part minime des renseignements commerciaux que publient les journaux de Halifax, Saint-Jean (Nouveau-Brunswick) et Saint John's (Terre-Neuve) a trait aux deux Canadas. Dans les journaux de Québec et de Montréal, les rares nouvelles au sujet de Halifax paraissent généralement avec un retard de dix à quinze jours.

Le printemps et l'automne sont les saisons les plus actives de la navigation. À Montréal et à Saint-Jean, la scène ressemble, à quelques détails près, à celle que décrit à Halifax le jeune et opiniâtre ingénieur de l'armée, William Moorson, dans les années 1820.

> Les pavillons se déploient sans cesse à la citadelle pour signaler l'entrée des vaisseaux; les marchands courent de toutes parts, dans l'attente de leurs cargaisons; on aperçoit les officiers de la garnison s'éloigner à grandes enjambées pour souhaiter la bienvenue à un détachement venu du dépôt, ou recevoir pour le mess une grande futaille de bordeaux de Sneyd. Les dames, brûlant d'impatience, vont d'un pas léger dans deux ou trois soi-disant bazars pour admirer les bonnets dernier cri.

Au-delà de ces villes importantes, il y a celles de seconde zone. Moins peuplées et ayant un volume restreint d'échanges commerciaux, elles offrent sur les marchés de district les produits expédiés des centres régionaux et, dans certains cas, des arrivages directs de Grande-Bretagne et des Antilles. Chacune a son quartier commercial. Les magasins — s'ils ne sont ni très nombreux ni très vastes selon les normes de la métropole — sont généralement «bien remplis et, dans quelques-uns, la marchandise est disposée avec goût».

Le réseau commercial s'étend dans des endroits encore plus reculés. Voisinant un maréchal-ferrant, un charron, la taverne et le moulin, le magasin général fait intimement partie des «villages en pleine croissance» éparpillés dans le pays. Sur ses tablettes, écrit le poète Oliver Goldsmith (petit-neveu canadien de l'écrivain irlandais du même nom) dans *The Rising Village*, sont rangées «toutes les choses utiles et bien davantage». Ici «des clous et des couvertures», là «des colliers de chevaux et une grande soupière».

> Boutons et gobelets, hameçons, cuillers et couteaux,
> Châles pour les jeunes damoiselles, flanelle pour les vieilles épouses;
> Cardes, bas, chapeaux pour hommes et garçons,
> Scies à bois et garde-feu, soies et jouets d'enfants.

Acheteurs de produits domestiques, créditeurs des familles avoisinantes, fournisseurs d'articles exotiques indispensables et, parfois, d'objets de luxe importés d'outre-mer, les marchands généraux sont le noyau des communautés rurales. Ils sont aussi les branches lointaines d'un réseau commercial et financier qui a ses racines dans les usines, les banques et les maisons de commerce britanniques.

En 1840, même les plus grandes villes de province sont fort différentes de celles que nous connaissons. Contrairement aux espaces urbains tentaculaires d'aujourd'hui, Montréal, Toronto, Québec, Halifax et Saint John's sont des agglomérations compactes. À cette époque, il y a dans chacune de ces villes le quartier du port et des entrepôts maritimes, le secteur commercial et des rues élégantes, mais tout est à une échelle réduite. Riches et pauvres, marchands et manœuvres habitent des rues différentes, mais ils sont éparpillés dans divers quartiers. Les juxtapositions sont souvent saisissantes. Ainsi, si imposante et si belle que soit la rue King de Toronto dans les années 1830, des bœufs y tirent des charrettes; à peine un pâté de maisons plus loin, sur les rives du lac, se tient un marché aux poissons. Sur l'emplacement de la vieille ville, à l'est, les splendides hôtels particuliers des marchands prospères sont entourés des petites maisons délabrées des immigrants et des manœuvres qui peuplent les rues secondaires du quartier. À l'ouest, des édifices publics et privés de style georgien et néo-gothique s'élèvent en bordure du lac. À peu de distance à l'intérieur, ils cèdent la place à des habitations beaucoup plus humbles.

À Montréal, le centre commercial occupe la largeur de cinq îlots. Le visiteur qui part du bord de l'eau aperçoit tour à tour des séries d'entrepôts, d'auberges et de tavernes, puis les bureaux des agents de change, des avocats, des compagnies d'assurances, les magasins et les banques, enfin, les immeubles abritant ateliers et fabriques. Chacune de ces zones est d'une grande diversité. D'importants marchands — affréteurs et agents — occupent un bureau parmi les entrepôts et les hôtels du bord de l'eau, certains d'entre eux vivent aux étages supérieurs des immeubles de trois ou quatre étages du secteur. Les architectes et autres membres des professions libérales habitent ici et là dans les principales rues du quartier. Fonderies de cuivre, ateliers de voitures, fabriques de bougies et autres boutiques d'artisans marquent les limites internes de la ville. Au-delà, à l'ouest et à l'est, de grandes fonderies et de larges usines. Au-delà, les pentes sud du mont Royal sont encore couvertes des riches domaines aménagés au début du siècle par les «barons» du commerce des fourrures: James McGill, Simon McTavish et William McGillivray.

À Montréal et à Québec, des quartiers «ethniques» commencent à se former. Dans l'une et l'autre villes, les citoyens de langue anglaise sont regroupés dans le secteur commercial. Les quartiers où vivent la plupart des artisans, des travailleurs et des petits boutiquiers sont à dominance française. Ces tendances reflètent clairement la répartition de la fortune et du pouvoir. Certes, les investisseurs canadiens-français possèdent de nombreuses propriétés à Montréal et à Québec, mais les banques, les assurances et le commerce en gros sont presque exclusivement entre les mains des Anglais. Banques, hôtels particuliers et édifices publics (comme le bureau de la douane) reflètent, dans leur architecture georgienne et classique, les goûts de la métropole britannique. De même, les cathédrales anglicanes des deux villes arborent une exacte ressemblance avec l'église de Saint Martin in the Fields de Londres.

On ne trouve pas dans les petites villes les rangées serrées d'immeubles caractéristiques des grands centres urbains; d'ailleurs, la démarcation d'avec la campagne environnante n'y est pas très nette. Le revenu, le statut social et l'affiliation religieuse isolent les familles et les individus, et les gens n'ignorent aucune nuance de ces distinctions, mais tous les visages sont familiers et la plupart des résidents se sentent intégrés à la collectivité. Souvent le citoyen est fier de sa ville natale. Cela s'exprime diversement dans les journaux, les hôtels de ville, l'embellissement des rues et les sociétés de conférences qui surgissent un peu partout, le tout générant un solide esprit de clocher. Lord Durham constate que c'est là une facette particulièrement frappante de la vie au Haut-Canada. «La province, écrit-il en 1839, n'a pas un seul grand centre auquel toutes ses parties distinctes pourraient se rattacher et qu'elles seraient accoutumées à suivre en sentiment et en action; les habitants des différentes régions du pays n'ont pas non plus entre eux ces relations étroites (...) qui font l'union d'un peuple (...) Il existe plutôt de nombreux centres locaux sans importance, dont les sentiments et les intérêts sont distincts et peut-être antagonistes.»

Cobourg, sur le lac Ontario, illustre bien l'évolution de ces «centres sans importance». Dans les années 1820, ce n'est encore qu'un village. Au cours des années 1830, c'est le centre commercial d'un arrière-pays s'étendant au-delà des limites du *township* de Hamilton. En 1833, un vapeur relie la rive nord du lac Rice à la tête de ligne des diligences venant de Cobourg. Les diligences relient Cobourg à York et à Kingston. À la fin de la décennie, les bateaux-postes relient la ville à Rochester et à d'autres ports du lac Ontario.

Le lancement du ROYAL WILLIAM, à Québec, le 29 avril 1831. Des foules élégantes s'alignent au bord de l'eau et contemplent, de la falaise, le vapeur quittant le dock flottant au chantier naval John S. Campbell, à Québec. En 1833, c'est le premier vaisseau canadien à traverser l'Atlantique seulement à la vapeur. Aquarelle (1831) de J.P. Cockburn. (ANC, C-12649)

En 1837, Cobourg est érigée en municipalité. Cinq ans plus tard, elle compte des moulins à farine et des scieries, quatorze marchands généraux, dix hôtels et tavernes, quatre fabriques de voitures et bon nombre de tailleurs, de tanneurs, d'ébénistes et de boulangers. Cinq avocats et quatre médecins exercent leur profession à côté du coiffeur et du pharmacien. Deux banques et une compagnie d'assurances ont une succursale dans la ville. Elle est devenue le centre administratif du comté de Northumberland, sa population compte plusieurs fonctionnaires du comté. Elle a aussi un maître de poste et un receveur des douanes. Au milieu d'un groupe de maisons finies de planches à clin, dont la plupart ne comptent qu'un étage et demi, le collège Victoria, bâti par l'Église méthodiste, occupe un vaste et imposant immeuble de pierre, en retrait du lac. Quelques commerçants prospères ont construit de grandes maisons dont certaines sont en brique, et plusieurs ont été baptisées «New Lodge», «Beech Grove», «The Hill». L'une d'elles, mise en vente en 1843, est une «résidence admirablement située», composée de cinq chambres à coucher, d'une salle à manger, d'un salon de réception et d'un placard à porcelaine. Doté d'une pelouse, d'une cour d'écurie, d'une grange et d'une «écurie à trois stalles», le domaine comprend quelque deux acres et a «une vue superbe sur le lac et le port». En 1842, le Diocesan Theological Institute of the Church of England s'établit à Cobourg, de concert avec la St. Peter's Church. La ville compte un institut des artisans (Mechanics Institute) et une loge orangiste. Et pourtant, sa population excède à peine mille personnes.

Comme les villes deviennent de grands centres pendant la première moitié du dix-neuvième siècle, elles sont le creuset de changements sociaux. Leur société se diversifie et la demande de biens et de services s'accroît. Métiers, commerces et professions nouvelles s'insèrent dans le tissu urbain; des fabricants de meubles et de voitures apparaissent à côté des charretiers, manutentionnaires, bouchers et cordonniers. La division des classes sociales et des fortunes s'accentue nettement. La promiscuité exacerbe aussi les différences ethniques et religieuses. Les tensions montent, car catholiques et protestants, Anglais, Irlandais et Canadiens français sont plus conscients de leur identité et se font concurrence pour protéger leurs intérêts; à l'occasion, la violence éclate et se traduit en contusions et même en crânes fracturés, par exemple, quand les orangistes, qui célèbrent la victoire à Boyne, de Guillaume d'Orange sur les forces catholiques irlandaises, le 12 juillet 1690, se heurtent aux «green Catholics» des quartiers irlandais de plusieurs villes. Les immigrants irlandais et les Canadiens français, qui s'arrachent les emplois dans le commerce du bois de la vallée de l'Outaouais, terrorisent Bytown (Ottawa) chaque printemps par leur tapage, des beuveries et des échauffourées.

L'imposant collège Victoria élève Cobourg au-dessus d'une foule de villes en plein essor dont les bâtiments s'entassent autour d'un quai ou d'un point de débarquement. À noter: le bureau de douane au-dessus duquel flotte le pavillon de la marine anglaise, rappelant le commerce sur le lac Ontario. Gravure d'après une aquarelle de W.H. Bartlett dans *Canadian Scenery* (Londres, 1842). (ANC, C-2394)

Presque toujours, une telle agitation accélère l'adaptation et les compromis. Les formes naguère familières d'administration urbaine, qui intégraient les gens à la vie de la collectivité en leur offrant des emplois à temps partiel (notamment dans la voirie et la police) cèdent peu à peu la place à un gouvernement plus centralisé et plus structuré. C'est alors que plusieurs groupes réformistes, réagissant aux changements et se faisant l'écho d'une nouvelle classe moyenne formée de protestants évangéliques en pleine expansion, cherchent des solutions aux «problèmes» de ces villes où vivent de plus en plus d'étrangers. Un mouvement en faveur d'un meilleur système d'éducation gagne du terrain. Des citoyens militent pour l'organisation de la police et l'amélioration des services publics tels que les égouts, l'approvisionnement en eau et l'éclairage des rues, alors que le problème des déchets et celui de la contamination de l'eau s'aggravent. Des campagnes s'organisent également contre les théâtres et les débits de boissons alcooliques. Depuis ses débuts à Montréal à la fin des années 1820, un mouvement de tempérance a gagné des appuis dans toute l'Amérique du Nord britannique. Les orateurs proclament les vertus de la Cause au cours de bruyantes assemblées publiques. Ceux qui font le serment de tempérance renoncent à des spiritueux tels que le whisky ou le rhum, et s'engagent même à l'abstinence totale. Également à cette époque surgissent les partisans de l'observance stricte du dimanche qui enjoignent aux citoyens de renoncer chaque dimanche au travail et aux «promenades futiles» pour prier et étudier la Bible. Il ne fait pas de doute que la plupart des anglicans et des catholiques préfèrent «la sainte allégresse du jour du Seigneur» à la stricte observance. D'autres considèrent les «foutues sociétés de buveurs d'eau froide» comme une engeance potentiellement dangereuse, dont l'objectif délibéré est «d'en imposer aux naïfs et aux étourdis et de les tromper». Mais les brochures et les journaux tels que *The Canada Temperance Advocate* et le *Christian Guardian* diffusent la bonne nouvelle et finissent par en imprégner les esprits. Si bien que Toronto, réputée ville d'ivrognes dans les années 1840, s'enorgueillit, en 1890, de la rigueur morale de ses protestants évangéliques, ce qui lui vaut le surnom de «Toronto la pure».

Un domaine multiforme et fractionné

En 1840, un quart de siècle avant que Canadiens et représentants des provinces Maritimes réunis à Charlottetown contemplent le rêve d'un pays transcontinental, l'Amérique du Nord britannique est un immense domaine dont le fractionnement est remarquable. L'établissement d'origine européenne s'étend sur 1500 milles (2500 kilomètres) entre Saint John's (Terre-Neuve) et la rivière Sainte-Claire. Un million et demi de gens vivent, pour la plupart, dans des enclaves territoriales, isolés les uns des autres. Des villages de pêcheurs, blottis dans des anses de la côte profondément échancrée de l'Atlantique, sont tournés vers la mer. La plupart du temps, ils sont bâtis sur le roc. La forêt d'épinettes — «misérable épinette (...) habitable seulement pour les bêtes sauvages» — se presse dans leur dos. Lorsque l'agriculture est possible, le roc ou les montagnes limitent le plus souvent les champs. Les fertiles marécages de Fundy sont cernés par des escarpements assez imposants pour porter le nom de «montagnes» en dépit de leur élévation relativement faible. Les terres basses et productives de la vallée du Saint-Laurent cèdent la place, souvent à moins d'un mille ou deux du fleuve, au granit du Bouclier canadien et aux sols arides des Appalaches; le Bouclier bascule vers le Saint-Laurent en aval de Kingston, et sa limite sud déchiquetée traverse quelques concessions au nord de Peterborough. L'Île-du-Prince-Édouard est peu propice à l'agriculture: la plus grande partie de son territoire est formée de terres sablonneuses et de marécages. Même là où le sol est cultivable, le climat empêche ses habitants d'en tirer pleinement parti. Au Cap-Breton, les Écossais trouvent de hautes terres vacantes, mais découvrent avec effarement que la saison de la végétation y est bien courte.

Les divisions ethniques, la langue et la religion accentuent ce fractionnement, en particulier le long du Saint-Laurent, où les langues et les religions reflètent des origines, des expériences et des conceptions différentes, et divisent une population, par ailleurs tributaire du dynamisme commercial de Montréal. Il en est ainsi ou à peu près de la société anglophone du Haut-Canada et de la mosaïque des habitants du Nouveau-Brunswick, de la Nouvelle-Écosse, de l'Île-du-Prince-Édouard et de Terre-Neuve. De Pictou à Inverness, on peut entendre le gaélique, le violon et la cornemuse, mais les appartenances religieuses divisent encore au vingtième siècle les Écossais de la Nouvelle-Écosse. Dans *The Channel Shore*, puissante évocation de la vie en Nouvelle-Écosse entre les deux guerres mondiales, Charles Bruce écrit: «Dans les basses terres près de la mer, peuplées de catholiques, on dansait et jouait aux cartes et il y avait une église dont le clocher était surmonté d'une croix (...) Sur les collines (où les catholiques étaient clairsemés), il y avait des réunions qui étaient à la fois des pique-niques et des tombolas, des festivals des fraises, et de minuscules églises toutes blanches»... En se cramponnant de façon plus ou moins tenace à leurs racines, les divers groupes — Acadiens, Irlandais, descendants des émigrants allemands protestants des années 1750, Anglais et Yankees — soulignent la diversité des colonies de l'est. Cette diversité — largement attribuable aux vagues successives d'immigrants de multiples origines qui se sont accrochés à l'une ou l'autre des parcelles habitables — s'est maintenue particulièrement dans les colonies les plus isolées.

Ni les intérêts économiques, ni les intérêts politiques n'ont unifié ce territoire. Certes, les techniques de la pêche côtière ont généré des modes d'établissement et de production analogues. De même, les bûcherons du Nouveau-Brunswick diffèrent peu, dans leur façon de s'attaquer à la forêt, de ceux de la vallée de l'Outaouais. Mais la pêche, pratiquée ici et là dans les anfractuosités de la côte, est axée sur une ressource difficilement contrôlable. Quant au commerce du bois, tributaire comme il l'est du régime des cours d'eau, il morcelle les colonies en une série de localités accrochées à leurs principales rivières. Chaque spécialité embrigade des gens issus de milieux divers sans parvenir à atténuer leurs différences culturelles. Pêcheurs et bûcherons n'entretiennent presque aucun rapport. Ils n'ont en commun que la rigueur et les risques de leur existence.

La plupart des habitants de l'Amérique du Nord britannique sont des cultivateurs qui consacrent toute leur énergie aux quelque cent ou deux cents acres où ils puisent leur subsistance et dont ils tirent un sentiment de sécurité et de réussite. Là où le marché est restreint — et c'est le plus souvent le cas — les horizons sont étroits. Bien des colons ne voient guère au-delà de la forêt qui limite la terre qu'ils ont défrichée. Pour les autres, un petit cercle de voisins constitue leur microcosme quotidien, et les grands centres urbains leur sont parfaitement étrangers.

Dans certaines régions, agriculture et abattage du bois vont de pair: les colons vont travailler dans les bois, et les surplus de la ferme approvisionnent les camps de bûcherons. Mais en 1840, l'agriculture et le travail en forêt commencent à occuper des sphères distinctes. Le commerce du bois du Saint-Laurent est axé sur l'Outaouais et sur ses affluents, très avant dans le Bouclier et bien au-delà des principales régions agricoles du Haut et du Bas-Canada. Au Nouveau-Brunswick, la production se concentre de plus en plus dans l'intérieur encore non colonisé de la province, au nord et à l'est. Les colonies ont peu d'intérêts politiques communs, sauf quand elles réagissent contre des menaces de l'extérieur telles que l'élimination du tarif préférentiel qui leur est consenti sur le marché britannique. Même dans ce cas, les réactions aux crises communes reflètent davantage les intérêts régionaux que ceux de l'ensemble. La vie dans la vallée du Saint-Laurent se distingue si nettement de celle des Maritimes qu'un ministre canadien, revenant d'une visite à Charlottetown en octobre 1864, se fait demander, à propos des habitants des colonies de l'Est: «Quelle sorte de gens sont-ils?»

Jusqu'à ce que les scrupules des moralistes victoriens s'emparent des esprits, l'Amérique du Nord britannique est une société rude, instinctive, vigoureuse et violente. Dans ces existences difficiles et dangereuses, la mort est une visiteuse à la fois familière et imprévisible. Orages soudains, chute des arbres, canots instables, fonctionnement défectueux des machines, dysenterie et autres maladies, périls des accouchements, fauchent beaucoup de jeunes vies. Mauvais coups de hache, chutes et autres accidents mutilent bien des corps robustes. Lorsque la vie est à ce point incertaine, on a tendance à en

Mères et filles du Bas et du Haut-Canada. À gauche: *Portrait de Mme Louis-Joseph Papineau et de sa fille Ézilda*, huile d'Antoine Plamondon (1836). À droite: *La Mère et l'Enfant*, huile anonyme du Haut-Canada. (*c.* entre 1830 et 1840). Ézilda, fille du chef patriote, devint la mère de Henri Bourassa, homme politique et journaliste. L'austérité des habitants du Haut-Canada (peut-être des mennonites du comté de Waterloo) forme un contraste frappant avec les vêtements raffinés de leurs contemporains du Bas-Canada. (MBAC 17,920; The Winnipeg Art Gallery, photo d'Ernest P. Mayer, G-57-133)

faire bon marché. Le rhum et le whisky sont alors pour les masses des sources omniprésentes de réconfort, de consolation et de chaleur, tandis que les mieux nantis consomment à profusion le bordeaux et le porto. Résultat, de légères disputes dégénèrent souvent en querelles violentes. Les voisins en viennent aux coups. Des gentilshommes se battent en duel. Les injures sont monnaie courante dans les débats politiques et entre groupes rivaux qui composent le tissu social des colonies. Des accrochages brutaux entre factions politiques durant la période des élections, et entre protestants et catholiques, le 12 juillet, font sans nul doute partie d'une sorte de cérémonial. Les belligérants s'amusent autant qu'ils se défoulent. Mais ces heurts révèlent un anarchisme plus profond. En dépit des juges locaux, des agents de police et autres fonctionnaires, on fait généralement aux lois l'honneur d'y déroger. Les squatters défient les règlements et s'arrogent des droits sur les terres de la Couronne. Les bûcherons usent régulièrement de subterfuges pour éviter les redevances sur le bois qu'ils ont coupé. Aucun des groupes n'échappe à la violence ou à la menace de violence quand il s'agit de se débarrasser de concurrents et de décourager les inspecteurs zélés. Dans l'ensemble, de tels comportements témoignent de l'indépendance d'esprit, de l'individualisme et de l'insouciance qui contrastent avec les aspirations officielles à une société disciplinée et respectueuse.

La barrière de péage. Cette scène colorée où un habitant passe sans payer rappelle avec humour le peu de respect presque généralisé que les gens avaient pour l'autorité. Huile (non datée) de Cornelius Krieghoff (1815-1872), l'une des variations qu'a peintes sur ce thème le paysagiste germano-canadien. (ROM, 956.77)

Au-delà de la bordure sud du Bouclier canadien, la vie est fort différente. Les Européens occupent une infime minorité d'un vaste territoire très peu peuplé. Par comparaison avec l'Est, la Terre de Rupert porte peu d'empreintes de la pénétration européenne. Pour l'observateur fortuit, la vie des Amérindiens semble, au premier abord, très semblable à celle qu'ils menaient un demi-siècle auparavant. La plupart des autochtones gardent, sur les points essentiels, leurs modes de vie traditionnels. Presque partout, de petits groupes tirent leur subsistance de la pêche et de la chasse. Par ailleurs, les bandes indiennes se déplacent à leur gré dans tout le territoire, et d'habitude les Européens ne tentent pas de restreindre leurs mouvements. Ici et là quelques postes de traite des fourrures, des îlots de coutumes anglaises dans une étendue de pays presque entièrement indienne sont les seuls signes visibles de la présence britannique. Et pourtant, des changements se sont produits. Un nombre important d'autochtones luttent pour survivre. L'alcool, qui a été la monnaie d'échange pour la traite des fourrures, les a affaiblis corps et âme. La demande des Européens — et leurs fusils — a épuisé les ressources dont dépendaient à la fois leur commerce et leur vie. Certains groupes ont abandonné leur territoire, et un nouveau peuple issu du mélange indien et européen a vu le jour. En 1840, il y a 2500 Métis à la Rivière-Rouge, cinq fois plus qu'en 1821. Dépendant de plus en plus de la chasse aux bisons — qui, à l'été de 1840, attire plus de 1200 charrettes de la Rivière-Rouge vers les Plaines — les Métis contribuent largement à l'approvisionnement de la Compagnie de la baie d'Hudson. Ce faisant, ils contraignent les Amérindiens vivant dans les plaines et à la lisière des boisés à se réadapter. Ainsi, en dépit de son apparente continuité, la géographie humaine de l'intérieur du continent est des plus changeantes.

Considérée dans sa totalité, l'Amérique du Nord britannique est un royaume singulièrement disparate. Ses populations se connaissent à peine. Séparées par l'origine et la profession, la langue et la religion, elles sont également isolées dans l'espace et le temps. Tandis que les Amérindiens de l'Ouest vivent accordés aux saisons, suivent le gibier et demeurent attachés à leurs croyances traditionnelles, les ingénieurs de l'Est célèbrent la puissance et la fiabilité de la vapeur. À rebours des rythmes flexibles de la campagne, les usines et les fonderies de Montréal engendrent le spectre de la discipline et des horaires rigides. Ainsi donc, les gens sont aussi divisés par les circonstances, leurs aspirations et leur style de vie. Les colons entassés dans une cabane de bois rond au plancher de terre battue ont peu de choses en commun avec ceux qui, par leurs vêtements élégants et leur conversation étincelante, brillent dans les soirées officielles. De même, les manières yankees dérangent souvent les rêves tories. Quand Susanna Moodie, dame bien née et très comme il faut, est abordée comme une égale par une jeune fille «impertinente», une «créature (...) vêtue d'une robe sale et en lambeaux, au décolleté très échancré (...) les cheveux en broussailles retombant sur son mince visage de fouine», elle n'est ni la première ni la dernière à s'indigner du sans-gêne de ses voisins «de basse extraction».

Si on l'oppose aux structures fractionnées de 1840, la Confédération est certes un concept audacieux, et son achèvement depuis 1867 a été un triomphe de la technologie et des compromis. Mais en réalité, les fondements du Canada moderne ont été établis entre 1760 et 1840. Le lien créé par la traite des fourrures entre le Saint-Laurent et les territoires de l'Ouest avait déjà rendu possible un pays *a mari usque ad mare*. À mesure que les colonies se sont développées, les structures de base et les modes de vie se sont fixés. C'est au cours de ces années que les levés de plans et la fondation des villes ont

Les candidats rebelles. Avant le vote au scrutin (secret), lorsque, d'une plate-forme prévue à cet effet, les électeurs devaient déclarer leur choix, les campagnes électorales comme celle-ci à Perth, dans le Haut-Canada, en 1828, étaient des événements excitants et souvent violents. Les partisans bruyants tentaient d'intimider ceux qui, selon toute apparence, allaient voter pour l'autre parti, et la concurrence pour obtenir une place au pied de la plate-forme était féroce. De généreuses quantités d'alcool aidaient les indécis à se prononcer. Aquarelle (1830) de F.H. Consett. (Archives de l'Université Queen's, fonds William Morris, 2139, boite 3)

sculpté le paysage. De nouveaux moyens de transport ont emprunté les pistes ouvertes avant 1840. Et les comportements qu'a forgés le processus de colonisation ont façonné des générations de Canadiens.

Au milieu du dix-neuvième siècle, la société de langue anglaise de l'Amérique du Nord britannique est moins radicale que celle des États-Unis, moins conservatrice que celle de la Grande-Bretagne. Les habitants du Haut-Canada sont plus dynamiques que leurs cousins d'outre-mer. Quant aux habitants de la Nouvelle-Écosse, comme le dit plaisamment le colporteur yankee Sam Slick, ce sont «d'éternels paresseux»; tandis que «nous allons de l'avant», ils «font marche arrière». Les colons sont plus égalitaristes et, prétendent certains, plus avares que les Anglais et les Anglaises, mais leurs manières et leurs idées les distinguent des Yankees. Ils sont moins expansifs et plus respectueux de l'autorité que leurs voisins du sud. Vers 1850, une Anglaise, en visite à

Le volume de Thomas Chandler Haliburton, *The Clockmaster; or the Sayings and Doings of Samuel Slick of Slickvile*, a remporté un tel succès que 80 éditions ont été publiées au dix-neuvième siècle. Ces histoires pleines de vie ont paru d'abord en 1835 dans le journal de Halifax *The Novascotian*, appartenant à Joseph Howe. (MTL, division des beaux-arts)

Toronto après un séjour aux États-Unis, résume, inconsciemment peut-être, des opinions courantes à l'époque quand elle écrit que les gens «ne courent pas dans tous les sens», comme ils ont tendance à le faire au sud, et qu'elle «n'a pas vu de fainéants».

Ces perceptions doivent beaucoup aux circonstances qui ont présidé au développement de l'Amérique du Nord britannique. En général, les colons anglophones sont des déracinés. Déplacés à cause de l'industrialisation, des pressions de la surpopulation, ou encore de contraintes idéologiques, ils aboutissent dans des milieux en changement. Avec l'émigration et le mélange d'éléments divers, la tradition a forcément perdu des plumes. La mobilité a affaibli l'attachement au terroir et il a fallu que de nouvelles collectivités se forment. Quand la terre est largement disponible à bon marché, comme c'était le cas avant 1840, ces collectivités sont très différentes de celles d'une Europe très peuplée, où la terre est rare. Au Nouveau Monde, les très riches et les très pauvres sont en petit nombre, parce qu'il n'y a guère de fortune à tirer de la terre, et parce que la terre accessible offre à la plupart des familles d'abord une certaine sécurité et au moins de quoi vivre. Cela vaut pour le Bas-Canada comme pour les autres colonies avant 1840. Voilà pourquoi les rêves loyalistes d'une *gentry* terrienne n'ont pas tardé à s'évanouir.

Bien entendu, des écarts économiques et sociaux subsistent. Certains immigrants ont apporté des capitaux, d'autres sont arrivés les mains vides ou presque. Par suite de la croissance démographique et de la spéculation, le marché local des terres est sujet à l'inflation. À mesure que les prix montent, les propriétaires terriens font des profits et il devient plus difficile pour d'autres d'acquérir un bien-fonds. Mais, au moins jusqu'à 1840, les colons qui le désirent peuvent s'établir là, pas loin encore, où la terre est encore assez bon marché. Quant aux Canadiens français, pour qui la perspective de vivre à la lisière du Bouclier n'a rien d'attirant, ils trouvent des emplois dans les filatures de la Nouvelle-Angleterre. Dans les colonies tout comme aux États-Unis, un réservoir de terres accessibles a sur la société un effet de nivellement et pousse plus d'un manœuvre à la conclusion réconfortante que dans presque tous les domaines, il «vaut bien son maître».

Cependant, les théories égalitaristes et individualistes n'ont jamais gagné autant de terrain, en Amérique du Nord britannique, que dans le sud. Dans la société canadienne-française, les liens familiaux, la paroisse et la proximité des fermes des basses terres avivent le sentiment d'appartenance à une collectivité. Les gens ont des obligations et du respect envers le curé et le seigneur. La mémoire collective et l'attachement aux institutions traditionnelles sont vivaces. Il résulte de tout ceci que les Canadiens français sont fortement identifiés à leur ethnie et à leur région, et reliés à la trame d'une société organisée. Dans les autres colonies, les tendances libérales se heurtent à maintes reprises au conservatisme des politiciens et aux aspirations des élites coloniales attachées aux traditions britanniques. La loyauté est la pierre angulaire du conservatisme des anglophones en Amérique du Nord britannique, et chez eux ce terme ne recouvre pas seulement l'allégeance à la Couronne

Deux trésors architecturaux du Haut-Canada: le Sharon Temple, à Sharon, au nord de Toronto (à gauche), et le Dundurn Castle, à Hamilton (à droite). Construit en 1830 par John et Ebenezer Doan, d'après les plans de David Willson, chef des *Children of Peace*, une secte quaker dissidente, le temple est hautement symbolique: ses quatre piliers représentent la Foi, l'Espérance, l'Amour et la Charité, et ses quatre portes invitent les fidèles de tous les quartiers à se rassembler. Dundurn, la plus vaste maison Régence du Haut-Canada au moment où elle a été terminée en 1835, était la demeure de sir Allan MacNab, le premier conseiller de la reine dans la colonie et premier ministre du Canada-Uni de 1854 à 1856. (York Pioneer and Historical Society; Gouvernement de l'Ontario)

britannique, mais aussi l'acceptation générale de l'Église établie, des libertés britanniques et de l'impérialisme anglais. Tous ces points, espère-t-on, forgeront des manières d'être, des politiques et des mesures sociales bien supérieures à celles des États-Unis. En outre, la rareté des terres habitables rend plus difficile aux Canadiens d'envisager leur territoire comme un empire illimité de petits propriétaires vertueux. Ce concept poétique — selon l'expression d'Alexis de Tocqueville — qui s'est emparé des esprits des Américains, ne peut guère hanter l'imagination des Canadiens. Les liens britanniques et les réalités d'un pays nordique freinent donc l'individualisme impétueux et agressif associé au front pionnier des États-Unis.

Ces moulins actionnés à l'énergie hydraulique, construits en 1826 — peut-être les plus vastes de la colonie — produisaient la farine «la plus célèbre, à juste titre», au moyen d'un «outillage très coûteux et très compliqué». Ils moulaient le blé canadien et américain en tirant 30 000 barils de farine par an dans les années 1840. À noter: le blockhaus à l'extrême droite; les forces américaines ont fait un raid à Gananoque en septembre 1812. Aquarelle de H.F. Ainslie (*c.* 1839). (ANC, C-520)

Néanmoins, l'expérience de l'établissement en Amérique du Nord britannique a fait naître chez nombre de Canadiens la certitude de plus en plus nette que le progrès est à la fois important et réalisable. Repousser la forêt vierge pour créer des fermes est une entreprise pragmatique. La forêt est un obstacle qui, à court terme, semble implacable. Mais, bon an mal an, elle recule sous la hache des colons. Et ceux qui ont entrepris ce combat titanesque voient rarement, dans leur avance, autre chose qu'une réussite. Fait assez révélateur, les terres non concédées de la Couronne sont généralement désignées comme des «terres incultes». La terre est à celui qui s'y établit. Les ressources, surtout le bois, sont là pour qu'il s'en serve. Lorsque des règlements sont imposés pour contrôler le pillage, leur objet n'est pas de conserver la forêt, mais de l'exploiter avec méthode et d'en tirer profit.

Les facteurs écologiques sont fort mal compris. Dès 1840, les dommages que les colons ont infligés à l'environnement qu'ils voulaient dominer sont visibles. De nombreux *townships* et seigneuries sont sur le point d'être complètement dégarnis de leurs arbres. Or, une fois la forêt dépouillée de son réseau de racines et de son feuillage protecteur, le soleil cuit le sol et la pluie le martèle. L'eau glisse et s'écoule à la surface au lieu d'imprégner la terre. La couche arable est emportée et souvent envase les cours d'eau. À cause de faibles niveaux d'eau souterraine, les récoltes se dessèchent et les puits tarissent. Les cours d'eau deviennent imprévisibles et même dangereux, surtout pendant le dégel du printemps. Très tôt, les propriétaires de moulins, du Cap-Breton jusqu'au Canada-Ouest (Ontario), présentent des demandes d'aide afin de contrer les effets néfastes des soubresauts de la nature sur les barrages et les roues hydrauliques. Au Nouveau-Brunswick, la sciure de bois constitue déjà un problème: elle encombre les berges et obstrue les branchies des poissons. Et en 1850, les barrages des moulins à l'amont de presque tous les cours d'eau importants ont sérieusement perturbé la montée du saumon de l'Atlantique. Les populations de castors et autres animaux à fourrure ont baissé sérieusement par suite de la demande européenne. Ici et là, dans l'Ouest, le gibier autrefois abondant se fait rare. Même à Terre-Neuve, les bancs de poissons montrent des signes d'épuisement.

Et pourtant, en 1840, aucun des habitants de l'Amérique du Nord britannique, même celui-là dont la familiarité avec un territoire particulier remonte à peine à une dizaine d'années, ne pourrait manquer d'être impressionné devant le progrès auquel hommes et femmes ont vaillamment contribué. Dans l'ensemble, les réalisations et les perspectives d'avenir semblent supérieures dans le Haut-Canada. Dans le Bas-Canada, les bonnes terres de la zone seigneuriale sont déjà densément occupées; au-delà, une bonne partie des *townships* sont peu fertiles et les perspectives économiques, pour la majorité francophone de la population, deviennent de plus en plus limitées face à la domination commerciale et à l'influence politique des anglophones. À l'est, la terre et le climat sont plus ingrats, il est d'autant plus difficile d'y gagner une modeste subsistance. C'est sur l'espoir plutôt que sur une véritable conviction que se fonde l'optimisme. Ainsi, le Sam Slick de Thomas Haliburton

Les illustrations du paysage du Haut-Canada au milieu du dix-neuvième siècle montrent les ravages consécutifs à un déboisement excessif. Dans ce tableau de Thomas Burrowes, centré sur l'une des églises isolées que fréquente la population clairsemée de la colonie, apparaît ce qui reste d'une forêt jadis magnifique. (AO 97)

souligne la richesse des ressources de la Nouvelle-Écosse pour convaincre les colons sceptiques du potentiel de leur province. Quelques années plus tard, plus d'un colon du Haut-Canada aurait pu faire sienne l'opinion selon laquelle «il ne faut rien d'autre que l'assiduité au travail et un esprit entreprenant pour changer les lieux incultes et désolés» de ce territoire en une «véritable terre d'abondance». D'autres seraient tombés d'accord avec le truisme qui affirme qu'aucun pays ne peut rester «stagnant en toute sécurité». À l'Est ou à l'Ouest, peu d'anglophones de l'Amérique du Nord britannique auraient contredit les innombrables lettres que des immigrants ont envoyées outremer: dans ce nouveau monde, un travail acharné et un peu de chance procurent l'indépendance et un modeste confort aux hommes et aux femmes ordinaires.

Une telle conviction et l'expérience sur laquelle elle se fonde ont marqué les mentalités. Les Canadiens anglais développent une foi viscérale dans l'individu et la propriété privée, une volonté de maîtriser l'environnement et un attachement à la famille, à l'indépendance et à la prospérité matérielle. Les Canadiens français partagent bon nombre de ces valeurs tout en restant très attachés aux traits spécifiques de leur culture: la langue et les coutumes héritées de leurs ancêtres français, la foi catholique, un mode spécifique d'occupation du territoire, des lois civiles distinctes et aussi une perception de leur destin collectif. Le peuplement britannique d'un territoire qu'ils considèrent comme le leur paraît menaçant et ils n'hésitent pas à défendre leurs droits avec vigueur. Mais au-delà de ces différences, les attitudes que francophones et anglophones ont forgées pendant les durs commencements du pays se retrouvent encore aujourd'hui chez un grand nombre de Canadiens, en dépit des changements considérables introduits au fil des ans par les développements de la technologie et les mutations de la société.

CHAPITRE 4

Un défi continental 1840-1900

PETER WAITE

Le cap Spear, qui s'avance dans l'Atlantique à Saint John's, Terre-Neuve, est le point le plus à l'est du continent nord-américain. De là jusqu'aux îles de la Reine-Charlotte, au nord-ouest de la Colombie britannique, on compte 80 degrés de longitude, presque le quart du tour de la terre. Pas moins de la moitié de cette distance sépare l'extrémité de l'île Ellesmere située sur le 83e parallèle nord, où la terre se termine et où les montagnes plongent dans l'océan Arctique, de la pointe Pelée, sur le lac Érié, au 42e parallèle. On peut le dire: le Canada est un grand pays. Avoir réussi à rassembler une telle portion de la surface terrestre dans un tout politique et en rester officiellement maître, constitue une sorte de prouesse dont les Canadiens ne sont pas toujours conscients.

Vers d'autres océans

En 1840, la population totale de l'Amérique du Nord britannique — ainsi qu'on nomme alors le Canada — est d'environ un million et demi d'habitants, dispersés dans sept colonies. Terre-Neuve a une population de 60 000 habitants, concentrée à l'est, dans la péninsule Avalon, qui prend la forme d'un homard entre le cap Pine au sud et le cap Bonavista au nord. C'est là que Cartier a débarqué en 1534. En gros, la population des autres colonies est alors de 130 000 pour la Nouvelle-Écosse, 100 000 pour le Nouveau-Brunswick, 45 000 pour l'Île-du-Prince-Édouard, 650 000 pour le Bas-Canada (Québec), et 450 000 pour le Haut-Canada (Ontario). En 1840, une loi britannique unira ces deux dernières colonies, pour former la Province du Canada.

Par charte royale, la Compagnie de la baie d'Hudson détient le territoire à l'ouest et au nord du lac Supérieur, le bassin de toutes les rivières qui se jettent dans la baie d'Hudson. Au-delà des montagnes Rocheuses, la Compagnie (en anglais, HBC, *Here Before Christ*) a le monopole du commerce dans les territoires alors appelés Oregon et Nouvelle-Calédonie, occupés conjointement par les Américains et s'étendant du 42e parallèle nord, frontière de la Californie, alors possession du Mexique, jusqu'au 54e parallèle, frontière de l'Alaska, qui appartient encore à la Russie.

La population totale des autochtones, à l'est, à l'ouest et dans l'Arctique, serait de quelque 300 000. L'océan Arctique et ses îles est l'une des premières grandes régions explorées au Canada, comme en témoignent les toponymes du détroit de Davis ou de la baie Frobisher, qui commémorent Martin Frobisher et John Davis, deux explorateurs du 16e siècle. John Franklin, lieutenant de la marine britannique, découvre environ 1000 milles de côtes de

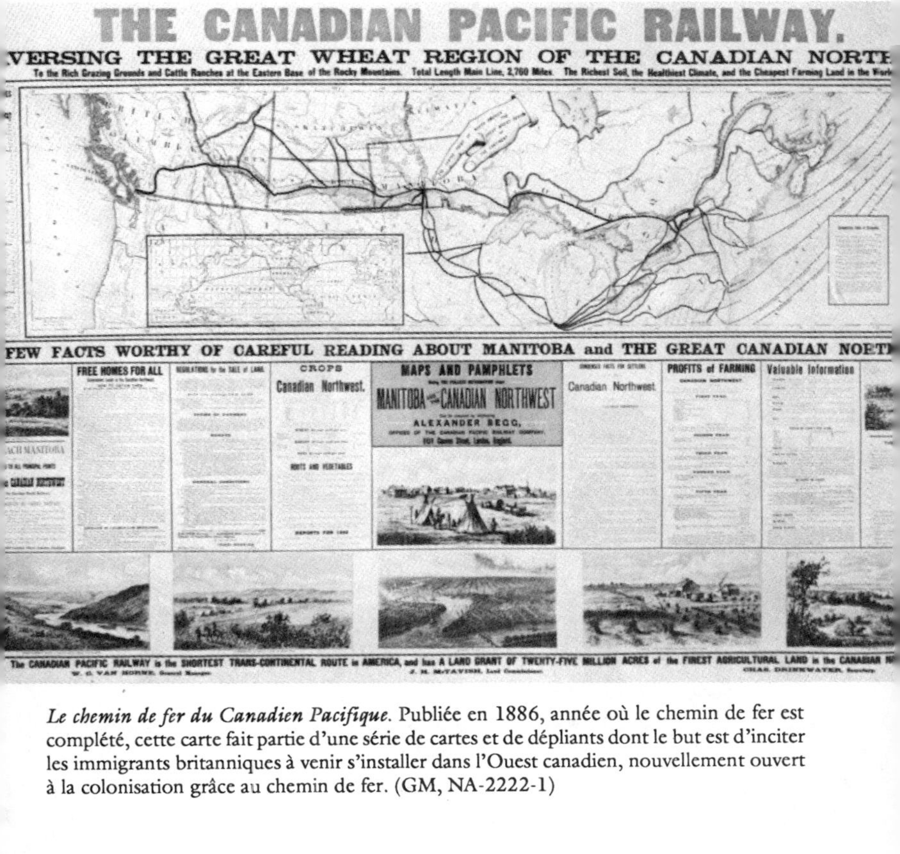

Le chemin de fer du Canadien Pacifique. Publiée en 1886, année où le chemin de fer est complété, cette carte fait partie d'une série de cartes et de dépliants dont le but est d'inciter les immigrants britanniques à venir s'installer dans l'Ouest canadien, nouvellement ouvert à la colonisation grâce au chemin de fer. (GM, NA-2222-1)

la région arctique septentrionale en 1825-1827, à l'est et à l'ouest de l'embouchure du fleuve Mackenzie. En 1845, il organise une nouvelle expédition pour découvrir le passage du Nord-Ouest. Il n'en revient jamais. Il meurt en 1847, sur son bateau l'*Erebus*, bloqué par les glaces, à l'ouest de l'île King William. En 1848, on organise une mission de secours. Mais on ignore son sort jusqu'en 1859 lorsque l'expédition de McClintock trouve la relation écrite de la tragédie. Plus tard, en 1984, on fera la saisissante découverte des corps gelés et extraordinairement bien conservés de deux membres de l'équipage de Franklin.

La dernière expédition de sir John Franklin, 1845-1848. Aquarelle, sans date, d'un artiste inconnu. Franklin part en 1845 à la recherche du Passage du Nord-Ouest. Il ne revient pas. L'expédition de Francis McClintock, de 1857 à 1859, découvre deux squelettes, deux fusils et un canot de sauvetage, à la pointe Victory sur l'île King William. (ROM, 955.141.2)

À gauche: En 1984, on découvre sur l'île Beechy, dans les Territoires du Nord-Ouest, le corps presque parfaitement conservé de l'officier marinier John Torrington, membre de la dernière expédition de Franklin. Il est mort au printemps de 1846. Des liens l'attachent à son cercueil étroit pour le retenir et empêcher sa mâchoire de s'ouvrir. (Owen Beattie, Université de l'Alberta, photo Canapresse, Toronto)

L'Arctique est un pays violent et démesuré. Pour y survivre, il faut une grande capacité d'adaptation, des ressources, du courage et une bonne dose de chance. Pendant des millénaires, les autochtones, du nord comme du sud, ont su s'adapter à cet environnement rigoureux. Les Blancs à leur tour ont dû en faire autant.

Une aventure hivernale

Même dans le sud, le Canada est marqué par ses hivers. Partout, sauf sur la côte de la Colombie britannique, la prise des glaces représente l'un des deux grands événements de l'année, l'autre étant la fonte des glaces au printemps. Entre novembre et avril, l'hiver endort les rivières et les lacs du Canada, immobilise les bateaux, les canots et les barges, entraîne la désertion des fermes et paralyse partiellement les affaires. La mi-novembre met fin à la saison de travail intense à la campagne et, dans une certaine mesure, à la ville aussi. L'énergie provient alors de l'eau courante, même avec l'arrivée de la machine à vapeur dans les années 1830. La plupart des moulins à farine et tous les moulins à scie sont actionnés par l'eau. L'hiver les paralyse donc et rend inactifs les meuniers et les marchands de bois. Les canaux gèlent aussi. On tire les bateaux sur la rive, les draveurs retournent à la maison, la construction s'arrête, les ouvriers sont mis à pied, les fermiers tantôt se reposent, tantôt font la fête. Les camps de bûcherons sont à peu près les seuls à offrir du travail à la main-d'œuvre qui se disperse sur les rivières Miramichi et Saint-Jean au Nouveau-Brunswick, et sur la Saint-Maurice, la Gatineau et l'Outaouais dans le Bas-Canada. On y bûche le bois en hiver, afin d'en assurer la descente sur la rivière lors de la fonte des glaces, à la fin d'avril.

La pauvreté sévit plus encore en hiver, car le travail diminue de façon dramatique et les besoins essentiels (nourriture, combustible et vêtement) deviennent à la fois plus urgents et plus coûteux. À la ville, on peut en venir à manquer du nécessaire, mais à la campagne, on arrive à se prémunir contre l'hiver. D'avance, on remplit sa cave de barils de pommes, patates, navets, carottes et choux. On fait provision de bois et, avec le progrès, de charbon. On met les doubles fenêtres et on entoure de mottes de gazon ou de branchages la partie visible des fondations. En décembre, on remise les voitures et les charrettes puis on sort les traîneaux et les couvertures de bison. Après cela, on est prêt à jouir de l'hiver!

En Europe et sur la côte ouest, l'hiver est une saison qui peut être déprimante. Mais les *Canadians* et les Canadiens de l'est du Canada trouvent leur plaisir dans le soleil, la neige et le son des grelots. Comme l'écrit en 1838 une visiteuse britannique, Anna Jameson, l'hiver est la saison «des bals à la ville, des danses à la campagne, des fréquentations et des mariages...» De sa fenêtre qui donne sur une rue de Toronto, elle regarde passer les traîneaux qui servent au transport, au commerce, ou encore les cabriolets montés sur de hauts patins que conduisent à toute vitesse des jeunes gens fringants ou des officiers de la garnison locale. Ce qui la fascine le plus, ce sont les traîneaux à bois chargés d'érable, de bouleau, de pin, de chêne, et destinés aux nombreux foyers de la ville. Selon sa description, la charge atteint six ou sept pieds de hauteur et porte parfois des chevreuils, complètement gelés, dont les bois dépassent de chaque côté. Au sommet de la charge est assis le conducteur, enveloppé d'une couverture, portant un «casque de poil» enfoncé jusqu'aux oreilles et une longue écharpe rouge, qui fait une tache de couleur dans le paysage. Ainsi juché, il conduit une paire de gros bœufs «dont les naseaux laissent échapper des volutes dans l'air glacial; bref, le tout est aussi pittoresque que les charrettes de raisins en Italie...»

Mais l'hiver n'est pas une saison que les marchands et les hommes d'affaires apprécient. Réduits à l'impuissance, ils voient leur capital immobilisé dans les moulins gelés, en pure perte et sans espoir. Les affaires, les vraies, supposent des importations et du transport. Or on doit attendre le printemps pour que les importations de lainages, de porcelaine, de machinerie et de cotonnades arrivent. Le Saint-Laurent gèle jusqu'en bas de Québec, Montréal voit donc son commerce et son fleuve bloqués de novembre jusqu'en mai. Un ingénieur civil, Thomas C. Keefer, décrit ainsi la situation:

> ...dans tous nos ports, c'est un embargo qui échappe à tout pouvoir humain. Autour de nos quais et hangars abandonnés, sont entassées pêle-mêle des mâtures dénudées — vestiges du commerce — dont les voiles sont tombées comme les feuilles à l'automne. Les roues reposent en silence dans la boue — le ronflement de la vapeur est mort — la salle intérieure, vivante et si récemment encore fourmillante d'activité, n'est plus qu'un lieu abandonné — et une neige froide s'ébat seule sur le pont désert. L'animation liée aux affaires est disparue, le sang qui donne vie au commerce est figé et stagnant dans le Saint-Laurent, grande artère vitale du Nord... bloqués et emprisonnés par la Glace et l'Indolence, nous avons au moins le temps de réfléchir — et si la philosophie peut être de quelque consolation, ne pourrions-nous tirer parti d'une réflexion sur la *Philosophie des chemins de fer*?

Les signes avant-coureurs du changement

Par une soirée froide et pluvieuse de fin novembre, sur la route entre Fredericton et Woodstock, au Nouveau-Brunswick, une diligence monte une longue et difficile côte boueuse. Les chevaux sont épuisés. On y avance péniblement et lentement, à un mille à l'heure parfois, alors que le train ferait le même trajet à 30 ou 40 milles à l'heure, nuit et jour, sans être obligé de s'arrêter pour désembourber les roues, nourrir les chevaux ou changer d'attelage. Dans de telles circonstances, il n'est pas surprenant que les trains exercent un attrait presque irrésistible sur les Canadiens, car ils poursuivent leur route en libérant les voyageurs de la saleté et de la boue et surtout du joug de l'hiver. Leurs déplacements ne dépendent plus des animaux ou de la

En traîneau à la campagne et ***En traîneau à la ville... de Montréal.*** Deux sépia, vers 1842, par Henry James Warre (1819-1898). Warre est très fier de son traîneau de ville qui file à travers les rues de Montréal aussi vite que ses chevaux peuvent aller. Il l'oppose au lourd traîneau qui titube à travers les bancs de neige et les routes enneigées de la campagne. À noter la façon différente d'atteler les chevaux à la ville et à la campagne. (ANC, C-31277 et C-31278)

température. Assiduité, maîtrise, célérité, ponctualité, toutes ces vertus bourgeoises du chemin de fer assurent aux hommes d'affaires ce dont ils rêvent depuis longtemps: la stabilité commerciale.

En Amérique du Nord britannique, caractérisée par la forêt, l'isolement et la distance, le transport est la clé de tout. Le canot favorise d'abord l'expansion et l'adaptation des Canadiens français. Il est à l'origine de la Compagnie du Nord-Ouest. Vers 1840, le vigoureux bateau York assure la prospérité de la Compagnie de la baie d'Hudson. Le transport crée le commerce. L'un ne va pas sans l'autre. Thomas Keefer qualifie le chemin de fer de «civilisateur de fer». Dans une formule saisissante, il soutient que «seule l'invention de l'imprimerie a eu une influence comparable à celle de la vapeur».

La technologie et l'ingénierie suivent de près l'invention de la vapeur. L'homme fait beaucoup de progrès dans plusieurs champs de recherche, particulièrement en biologie et en médecine. Mais ce sont la machine à vapeur et le télégraphe qui modifient le plus le visage de la société. Lent d'abord, le changement s'accélère pendant la deuxième moitié du 19e siècle. Vers 1900, le Canada en est transformé. Asa Briggs, spécialiste d'histoire sociale, considère que cette période est en Grande-Bretagne «l'âge du progrès»; au Canada on pourrait parler plutôt de révolution.

De plus, les chemins de fer jouent un rôle économique considérable. Ils nécessitent des investissements énormes, absorbant non seulement l'épargne des colonies mais aussi les capitaux importés massivement de Grande-Bretagne en Amérique du Nord britannique. Il s'agit d'actions dans les chemins de fer, qui sont des titres de propriété, ou encore d'obligations, qui constituent une forme d'endettement des compagnies de chemin de fer. Les gouvernements coloniaux eux-mêmes cèdent aux pressions et aident la construction ferroviaire. Souvent, ils consentent des garanties sur les obligations, à certaines conditions, comme le fait par exemple le Railway Guarantee Act de la province de Canada en 1849. Toutes les villes veulent un chemin de fer et, de préférence, une grande ligne qui les traverse en plein cœur. Elles émettent donc des obligations dans l'espoir de convaincre les compagnies d'orienter leur ligne dans la bonne direction. Les promoteurs d'un chemin de fer doivent d'abord obtenir une charte émise par les législatures provinciales. Chaque année après 1850, les statuts enregistrent, sous forme de «bills privés», une liste de nouvelles compagnies. Bien peu d'entre elles franchissent les étapes ultérieures: établir le tracé, mettre les rails en place; plus rares encore sont celles qui construisent des wagons ou une locomotive. Un ingénieur de chemin de fer fait un jour cette remarque: «Le plus long voyage qu'effectue un chemin de fer, c'est celui qui va de la charte au matériel roulant».

Le premier chemin de fer canadien est le Champlain and St. Lawrence, qui relie La Prairie, en face de Montréal, à Saint-Jean-sur-Richelieu, sur une distance de quatorze milles. Terminé en 1836, c'est une construction précaire. Il fonctionne sur des rails de bois recouverts d'étroites bandes de fer et il n'est en opération que du printemps à l'automne. Il est rentable en dépit de ses mésaventures, les bandes de fer ayant la mauvaise habitude de se prendre dans les roues des wagons. John Molson, qui a fondé la brasserie Molson en 1786, fournit 20% du capital qui, en fait, est presque entièrement d'origine locale. En 1851, le Champlain and St. Lawrence circule toute l'année sur des rails de fer. Il rejoint la frontière américaine, où il fait la correspondance avec le Vermont Central. Mais il a alors un sérieux concurrent, le St. Lawrence and Atlantic, qui va de Montréal jusqu'à Portland, Maine, dont le port est ouvert toute l'année et qui constitue le premier chemin de fer international au monde. Il est le produit de l'alliance d'entrepreneurs américains et de promoteurs canadiens. La ligne passe par Sherbrooke, mettant ainsi à profit le dynamisme de l'entrepreneur Alexander Galt, qui y demeure. Quand il est complété en 1853, le St. Lawrence and Atlantic est absorbé, en partie à

Le pont Victoria, que l'on voit ici en construction, est le premier et pendant longtemps le seul pont jeté sur le Saint-Laurent à la hauteur de Montréal. Inauguré officiellement en 1860, il représente une étape importante dans l'histoire du génie civil au Canada. Érigé pour le Grand Tronc, il forme un maillon essentiel de la grande ligne reliant Montréal à Portland et à Rivière-du-Loup. (MM/N)

l'instigation de Galt, par une entreprise britannique encore plus importante, le Grand Tronc.

Le dynamisme de la Grande-Bretagne dans la construction ferroviaire des années 1840 s'explique par l'énorme accumulation de capital qu'a engendrée la révolution industrielle des cinquante années précédentes. Quand il devient évident qu'il est rentable d'investir dans les chemins de fer, on cherche des débouchés à l'étranger, en France, aux États-Unis et, surtout, en Amérique du Nord britannique. Autant que le capital, l'expertise est exportable. Les ingénieurs britanniques tiennent à un tracé bien étudié, minutieusement exécuté et libre d'obstacles, avec un minimum de côtes et de courbes. S'il faut des ponts coûteux, des nivellements de terrain, des tunnels, on en fait. Cela signifie des coûts élevés au départ, mais ultérieurement, grâce à de bonnes assises, des coûts d'exploitation avantageux.

Au Canada, la construction des chemins de fer ne se fait pas dans les mêmes conditions qu'en Grande-Bretagne où les coûts de la main-d'œuvre sont basés sur du travail douze mois par année, fourni par des itinérants très mal payés. Au Canada, tout travail s'arrête en novembre, toute construction doit tenir compte du gel intense, la main-d'œuvre est à la fois moins productive et plus coûteuse. Il semble que les responsables du Grand Tronc, dont les actionnaires et les entrepreneurs sont britanniques, n'aient pas été mis au courant de ces différences. Mais, faisant face aux coûts initiaux élevés des chemins de fer britanniques et en même temps aux problèmes de main-d'œuvre et de construction typiquement canadiens, ils réussissent à construire leur chemin de fer. En témoignent les vieilles gares de pierre si élégantes entre Montréal et Toronto ou Toronto et Guelph, les longues rampes qui s'étendent à l'est de Toronto et les ponts qui surplombent les vallées profondes plus à l'ouest. Toutefois, le Grand Tronc a bientôt besoin de l'aide financière des

La gare du Grand Tronc à Toronto. Cette aquarelle a été peinte quelques années plus tard, vers 1857-1859, par William Armstrong (1822-1914). La compagnie du Grand Tronc est incorporée en 1852. (MTL/JRR, T12188)

actionnaires, des détenteurs d'obligations et, inévitablement, du gouvernement de la Province du Canada. Pour les gouvernements, incorporer de telles entreprises représente un risque et un fardeau. Une fois la ligne commencée, on les presse fortement de la terminer, en s'en portant garants, si nécessaire. Grâce à de bons arguments, des dons en actions, ou simplement des pots-de-vin, les gouvernements et les députés du parti au pouvoir se laissent convaincre d'autoriser des emprunts. L'histoire du Grand Tronc n'est pas édifiante. Un ingénieur britannique, sir Edmund Hornby, le confirme avec cynisme: «Ma parole! Je ne pense pas que l'on puisse dire plus de bien des Canadiens que des Turcs quand il s'agit de contrats, d'emplois, de passages gratuits sur les chemins de fer ou même d'argent.» Le gouvernement et l'opposition parlementaire s'affrontent sur la question du Grand Tronc. Mais finalement, en juillet 1862, une loi, The Grand Trunk arrangements Act, met fin au débat. Le nouveau directeur, sir Edward Watkin, mène le chemin de fer d'une main de fer. Ce n'est pourtant pas la fin des difficultés du Grand Tronc. Mais quand il atteint Chicago dans les années 1880, son avenir semble assuré.

En Amérique du Nord britannique, les parlementaires ne sont pas, comme ceux de Londres, des bourgeois qui s'occupent des affaires de l'État tout en vivant principalement de leurs propres revenus. Des bourgeois, il y en a, certes, parmi les membres du parlement provincial. La plupart des parlementaires coloniaux ont cependant à s'occuper aussi de leurs intérêts personnels. Comme en Angleterre, la vie politique est un devoir envers la société, mais un devoir souvent coûteux. Ils doivent s'éloigner pour la durée de la session parlementaire et leurs affaires en souffrent. Comme lord Elgin, alors gouverneur général du Canada, l'exprime en 1848:

> ...la vie politique est ruineuse pour les hommes de ces Colonies. Les meilleurs d'entre eux n'y persévéreront pas un jour de plus que nécessaire. Les spéculateurs, les escrocs et les jeunes gens qui veulent se faire un nom ... peuvent trouver ici, dans la vie publique ... quelque compensation pour les sacrifices qu'elle impose. Mais pour les hommes honnêtes qui réussissent bien dans leurs propres affaires et qui ne peuvent compter sur une fortune personnelle, c'est différent.

En Nouvelle-Écosse et au Nouveau-Brunswick, la construction des chemins de fer se fait selon un modèle différent. Les gouvernements ne peuvent s'en remettre à l'entreprise privée car la population de ces deux provinces est trop faible pour assurer la rentabilité des projets. Pourtant, le peuple réclame des chemins de fer, particulièrement dans le sud du Nouveau-Brunswick où la population, plus nombreuse, dispose d'un plus grand poids politique. En l'absence de compagnies qui en prendraient la responsabilité, le gouvernement de cette province se fait entrepreneur. Il construit un chemin de fer public entre Saint-Jean et Shediac (environ cent milles) et lui donne le nom cocasse de European and North American Railway. Le gouvernement de la Nouvelle-Écosse quant à lui construit et exploite les lignes Halifax-Truro et Halifax-Windsor.

En Nouvelle-Écosse, comme ailleurs, l'existence même de chemins de fer marque des changements irréversibles. Les chemins de fer, comme les autoroutes plus tard, génèrent leur propre trafic, avec des effets secondaires imprévisibles. Le long de la vieille route de terre entre Halifax et Truro, les petits relais où l'on trouve de l'avoine pour les chevaux, de la bière pour les hommes, du repos pour les deux, disparaissent graduellement, au fur et à mesure que les voyageurs découvrent le bien-être, la vitesse et le confort des chemins de fer. Dans les villes comme Halifax, Saint-Jean, Québec, Montréal, Toronto, Hamilton, l'accessibilité aux chemins de fer réoriente les perspectives et accélère le changement. En 1872, George Brown vend la moitié des copies de son journal, le *Globe*, en dehors de Toronto. En 1876, un train spécial du matin transporte le *Globe* à Hamilton, où il fait concurrence aux journaux locaux. Les chemins de fer ouvrent de tout nouveaux marchés et rendent accessibles une gamme de nouveaux produits. Ce n'est pas sans raison qu'Alexander Campbell, ministre des Postes, s'exclame en 1885, en pensant aux quarante années précédentes: «Quelle époque! et quels changements!»

Au tournant du siècle, les progrès dans le monde des voyages, du transport et du commerce entraînent une nouvelle mentalité politique aussi bien qu'économique. Les liens que créent les chemins de fer pourront, en temps et lieu, devenir une unité politique. L'idéologie sous-jacente à l'unification de l'Italie en 1850-1860 et à celle de l'Allemagne en 1867 est intimement liée aux chemins de fer. Dans la Guerre civile américaine, la victoire des armées du Nord est due en partie aux chemins de fer qui permettent de déployer au maximum la supériorité du Nord en hommes et en matériel militaire.

La réflexion qui mène à la Confédération canadienne est aussi partiellement alimentée par les avantages que l'on attend du chemin de fer. L'Intercolonial entre Halifax et Québec, complété en 1876, est le prix exigé par le Nouveau-Brunswick et la Nouvelle-Écosse pour leur entrée dans la Confédération. Quant à l'Île-du-Prince-Édouard, son chemin de fer de 136 milles lui coûte si cher que sa dette la force à *rouler* dans la Confédération! Dans les années 1890, c'est presque la ruine pour Terre-Neuve et pour ses entrepreneurs, qui construisent un chemin de fer de 500 milles entre Saint John's, sur la côte est, et Port-aux-Basques, à l'ouest. Pendant ce temps, au Canada, le Canadien Pacifique complété en 1885 fait des profits. Il engendre

Le premier timbre-poste de la Province du Canada, dessiné par l'arpenteur de chemin de fer Sandford Fleming (1827-1915) et émis en 1851. Il représente l'industrieux castor canadien dans un champ de trilles (aujourd'hui l'emblème de l'Ontario), couronné par les armoiries de l'Empire britannique. (British Museum)

un tel trafic qu'en 1903 le gouvernement canadien décide qu'il a besoin non pas d'un, mais de deux nouveaux transcontinentaux. En 1900, la multitude de chemins de fer et de tramways électriques augmente l'emprise tentaculaire qu'exercent les grandes villes comme Halifax et Saint-Jean, Montréal et Toronto, Winnipeg et Vancouver, sur leur région ou sur leur arrière-pays en pleine croissance.

Les hommes, le pouvoir et le patronage

En 1840, les colonies de l'Amérique du Nord britannique sont encore sans liens géographique et politique. Les premiers timbres-poste émis dans les années 1850 symbolisent bien cette séparation des colonies. Chacune a le sien: Terre-Neuve, l'Île-du-Prince-Édouard, la Nouvelle-Écosse, le Nouveau-Brunswick, la Province du Canada et, en 1858, l'Île de Vancouver et la Colombie britannique. Chacune a aussi son gouverneur, son administration, ses bureaux de douanes et la responsabilité de ses relations avec la Grande-Bretagne. La Nouvelle-Écosse a un gouvernement représentatif depuis 1758; l'Île-du-Prince-Édouard, depuis 1769, alors qu'elle acquiert le statut colonial; le Nouveau-Brunswick, depuis 1784; les Canadas, depuis 1791; Terre-Neuve, depuis 1832. Au départ, le système représentatif fonctionne assez bien, même si l'on ne peut éviter quelques frictions entre une assemblée élue et un conseil nommé qui, dans les faits, cumule les fonctions législatives et exécutives. À mesure que se développent les colonies, que les chambres d'assemblée osent dénoncer plus ouvertement ce qu'elles considèrent comme des abus du pouvoir exécutif, il devient plus difficile de gouverner les colonies. Cette tension grandissante entre les deux pouvoirs exécutif et législatif rappelle celle que les colonies américaines et la Grande-Bretagne n'ont pas su régler dans les années 1760. Pourtant, dans l'Amérique du Nord britannique des années 1840, ce n'est pas tant la tyrannie du gouvernement britannique qui est à l'origine du problème, que le contrôle d'une clique sur le pouvoir exécutif colonial. Les

À gauche: *Robert Baldwin*. Huile, 1848, de Théophile Hamel (1817-1870). Baldwin (1804-1858), homme politique parmi les plus perspicaces du Haut-Canada, est l'un des artisans de l'alliance des réformistes des deux Canadas en 1840-1841. Il se fait aussi le promoteur de la responsabilité ministérielle et d'une nation biculturelle. (Château Ramezay)

À droite: *Louis-Hippolyte LaFontaine*. Huile, 1848, de Théophile Hamel. LaFontaine (1807-1864) est le chef des réformistes du Bas-Canada. Il s'unit à Robert Baldwin et Francis Hincks. Quand le Canada obtient le gouvernement responsable, il devient premier ministre. En un certain sens, il est donc le premier premier ministre du Canada. (Château Ramezay)

gouverneurs nommés à Londres ont peu d'influence. Leur mandat est généralement de cinq à sept ans, juste le temps d'arriver et de partir. Celui des membres du conseil exécutif provincial est beaucoup plus long. Joseph Howe de Nouvelle-Écosse, souligne avec force, en 1839:

> (Un gouverneur) doit gouverner par et avec les quelques conseillers qui sont déjà en possession du pouvoir quand il arrive. Il peut essayer de voler et se débattre dans le filet, comme l'ont fait certains gouverneurs bien intentionnés, mais il doit en fin de compte, comme un oiseau en cage, se satisfaire des limites étroites qui lui sont assignées. J'ai connu un gouverneur intimidé, ridiculisé et presque mis en marge de la société... Cependant, je n'en ai connu aucun qui, même avec les meilleures intentions...ait réussi honnêtement à remettre en question le petit groupe des fonctionnaires qui forment les conseils, accaparent les fonctions et exercent le pouvoir.

Dans les années 1830, le Conseil exécutif de la Nouvelle-Écosse repose sur quatre ou cinq familles, unies par des mariages croisés. Le problème, ce n'est pas le manque d'intelligence ou d'efficacité de ces oligarchies, mais une trop grande habileté dans le patronage et dans l'utilisation du gouvernement à leurs fins personnelles. Elles ont appris à recruter des jeunes gens de talent en mariant leurs filles à de brillants aspirants en quête de bonne situation, de promotion et de patronage. Seule la Chambre d'assemblée du Nouveau-Brunswick exerce un semblant de contrôle sur le Conseil exécutif. Il faut l'attribuer à la conception américaine de gouvernement que les Loyalistes ont apportée avec eux en 1782-1783, après avoir soutenu la cause britannique pendant la Révolution américaine. D'autres chambres d'assemblée pensent qu'elles pourront aussi avoir le contrôle du gouvernement en gagnant la responsabilité ministérielle. Ainsi, elles pourront obtenir la démission d'un conseil exécutif devenu trop arrogant. Techniquement, le gouverneur a toujours le pouvoir de dissoudre le Conseil. Mais il n'use jamais de ce pouvoir, étant donné les difficultés dont fait état Joseph Howe.

Les réformistes coloniaux font de leur lutte en faveur du régime ministériel, c'est-à-dire d'un gouvernement responsable, une question de principe, une tentative d'appliquer à la réalité coloniale des années 1840 et 1850 le système de partis qui s'est développé en Grande-Bretagne dans les années 1830. Des observateurs judicieux suivent de près l'évolution des institutions politiques de la Métropole. C'est le cas, notamment, de Joseph Howe à Halifax et de Robert Baldwin à Toronto. Ce n'est pas un hasard si la Nouvelle-Écosse et la Province du Canada sont à l'avant-garde du combat pour le régime ministériel. Tout ce débat engendre des tensions dramatiques et de l'amertume. Les *tories* accusent les réformistes de rechercher non pas le gouvernement responsable mais le pouvoir, c'est-à-dire les cordons de la bourse et les nominations, et de dissimuler leur avidité sous le discours politique.

En Nouvelle-Écosse et dans la Province du Canada, le régime conservateur des *tories*, qui est établi depuis longtemps, perd graduellement du terrain, puis il est finalement défait aux élections générales de 1847. Dès le début de 1848, les deux gouvernements démissionnent à la suite d'un vote de non-confiance et les nouveaux gouvernements, dits réformistes, deviennent maîtres du Conseil exécutif, du patronage et du pouvoir. Lord Elgin fait cette remarque:

> Que le parti ministériel passe à l'opposition et vice versa appartient à l'essence même de notre système constitutionnel. C'est là probablement l'élément le plus conservateur de ce système. Accepter que chaque groupe de politiciens puisse exercer à tour de rôle le gouvernement impose un frein à la passion des fanatiques.

Acceptée en théorie, cette politique est mise à rude épreuve en 1849, quand le gouvernement réformiste de la Province du Canada adopte la loi d'Indemnisation aux sinistrés de 1837. Appuyée par les réformistes des deux sections du Canada, donc par un grand nombre de Canadiens français, cette loi accorde une compensation aux citoyens qui ont subi des pertes pendant la rébellion de 1837 à cause de l'intervention militaire. Mais le gouvernement ne fait pas suffisamment de distinction entre les citoyens en général et ceux qui ont pris part à la Rébellion. Les *tories* sont donc furieux: le gouvernement n'a pas à payer les citoyens qui se sont rebellés. Un groupe, constitué d'anglophones conservateurs, se révolte à Montréal, qui est encore la capitale de la Province du Canada. Les émeutiers assaillent le gouverneur, lord Elgin, qui a sanctionné la loi, et mettent le feu aux édifices du parlement, en utilisant le gaz d'éclairage qui vient de faire son apparition à Montréal. La loi d'Indemnisation reste en vigueur, mais Montréal perd à tout jamais son statut de capitale. Le gouvernement se transporte à Toronto en 1850, puis à Québec. Bien que ce soit la loi d'Indemnisation qui déclenche la révolte des *tories* en avril 1849, le malaise causé par le changement de politique économique de la Métropole y est aussi pour quelque chose. Cependant, une année à peine après le déménagement de la capitale vers Toronto, les affaires reprennent et seuls les murs calcinés du vieux parlement de Montréal rappellent les événements de 1849.

La Province du Canada est une colonie singulière, née de l'union du Haut et du Bas-Canada. Elle s'étend sur 1000 milles (1600 kilomètres) de Gaspé à Sarnia. Son unité géographique naturelle constituée par le Saint-Laurent et son estuaire, et par la région des Grands Lacs, est renforcée par son nouveau réseau de canaux et par son système de chemins de fer, plus récent encore et en pleine expansion. Mais la Province du Canada est aussi divisée. Le Bas-Canada, le futur Québec, garde sa langue, son droit civil, ses institutions d'enseignement étroitement liées à l'Église catholique, trois domaines totalement différents dans le Haut-Canada, la future province d'Ontario. La plupart des terres du Bas-Canada sont encore régies selon les normes du système seigneurial, même s'il y a un changement à l'horizon. Une loi, habilement conçue, à l'effet d'abolir le régime seigneurial, est adoptée en 1854. D'autre part, au point de vue politique, la Province du Canada est une fédération en puissance. Elle compte un nombre égal de représentants des deux sections au sein d'une seule Chambre d'assemblée. L'Union de 1841 le veut ainsi, même si la population du Bas-Canada est de 50% supérieure à celle du Haut-Canada. Une représentation égale permet de neutraliser la supériorité numérique des Canadiens français. À long terme, cet objectif ne se réalise pas, à cause de la création du parti réformiste. En effet, Louis-Hippolyte La Fontaine se laisse

Au milieu du 19e siècle, la population de Montréal est en majorité d'origine britannique, comme en témoigne *La rue Notre-Dame vue du nord-est*, gravure de J. Murray, vers 1850. Les soldats écossais et la colonne Nelson, érigée en 1809 pour célébrer la victoire de l'amiral anglais contre la marine française, nous le rappellent. (ANC, C-23386)

persuader par Robert Baldwin qu'une alliance sera favorable aux Canadiens français comme aux Canadiens anglais.

Quoique différents, les deux Canadas ont beaucoup en commun: le commerce, le transport et, surtout, un système politique qui correspond à leurs attentes communes, soit un gouvernement responsable. C'est cette prise de conscience d'intérêts communs qui est à l'origine de la supériorité économique et politique de la Province du Canada sur les autres colonies de l'Amérique du Nord britannique en 1860.

Peuplement et société

La plupart des Canadiens sont des immigrants ou des descendants d'immigrants. En 1840, les Canadiens français sont au pays depuis plus de deux cents ans. Ils comptent quelque sept générations, et leur folklore garde mémoire de leurs origines. Robert de Roquebrune (1889-1978) se souvient des récits que lui ont faits son père et son grand-père ou d'autres ancêtres. Par exemple, à la toute fin du 17e siècle, le mariage de son ancêtre La Roque de Roquebrune, officier de l'armée française, à Suzanne-Catherine de Saint-Georges, une jeune Montréalaise de quinze ans, pleine de vie. Le père de Robert de Roquebrune se plaît à rappeler le mariage béni par l'évêque de Québec, Mgr de Laval, le retour des époux à Montréal, en canot comme à l'aller, et leur arrivée au clair de lune. Comme la jeune mariée s'est endormie, Roquebrune la porte dans ses bras, avec tendresse, jusqu'à leur maison. C'est là une histoire à laquelle le jeune Robert de Roquebrune, qui grandit à L'Assomption deux cents ans plus tard, dans les années 1890, reste profondément attaché. Mais il y en a d'autres, comme le rôle joué par son grand-père dans la rébellion de 1837 puis son mariage à la belle jeune femme qui l'a aidé à échapper à l'armée britannique. Le père de Robert sort d'un coffre quelques vêtements, soigneusement conservés, et raconte des épisodes de l'histoire de la famille qui leur sont rattachés. La vie de nombreux Canadiens français comporte un tel héritage où la langue, les souvenirs et l'histoire de la famille forment un tout.

Les autres immigrants viennent d'Angleterre, d'Écosse et d'Irlande. Pourquoi ont-ils choisi le Canada? C'est ordinairement pour des motifs économiques plutôt que religieux. L'immigrant type vient souvent rejoindre un parent qui a déjà bien réussi au Canada. Il est jeune, ambitieux, mais paralysé par une société et une économie vieillies, dont les structures trop rigides ne peuvent lui promettre le succès ou l'ascension sociale. Les difficultés économiques à l'origine de l'émigration ne sont pas graves au point de mener à la misère, mais souvent assez sérieuses pour donner le goût de partir. Les

L'incendie du parlement. Huile, 1849, attribuée à Joseph Légaré (1795-1855). Quand, en 1849, le gouvernement LaFontaine-Baldwin adopte la loi d'Indemnisation des citoyens qui ont subi des pertes pendant la rébellion de 1837, il y a une tempête de protestations. Le 25 avril, après avoir lancé des pierres et des œufs pourris sur le carrosse du gouverneur, une bande d'émeutiers de Montréal envahit le parlement et y met le feu. À la suite de cette flambée de violence, le siège du gouvernement quitte Montréal. (MM, M11588)

immigrants disposent généralement de petites économies. Ils peuvent donc assumer le coût de leur passage et, une fois rendus, attendre la première récolte. S'ils sont riches, les habitants des vieux pays n'ont ni besoin ni volonté d'émigrer. S'ils sont très pauvres, ils n'en ont pas les moyens.

Cette règle souffre une exception bien connue: la migration irlandaise liée à la famine de 1847-1848. La traversée de l'Atlantique dans de mauvais cargos à bois, qui autrement feraient un voyage de retour à vide, est peu coûteuse. Les immigrants irlandais qui s'y entassent sont si pauvres, si mal nourris, si mal préparés à aborder un nouveau pays, qu'ils créent de graves problèmes sociaux là où ils débarquent, que ce soit à New York, Boston, Saint-Jean, Québec ou Montréal. Leur migration est inspirée par le désespoir. Mais la majorité des immigrants sont habiles, forts et désireux d'améliorer leur situation matérielle. Ce sont là des vertus bourgeoises. En Grande-Bretagne, en 1821, le mot d'ordre est le suivant: ne partez pas si vous êtes en mesure d'avoir une vie confortable, même modeste, en Grande-Bretagne. Ne partez pas si vous êtes un commerçant et que vous ne connaissez rien aux travaux de la ferme. Mais partez si vous redoutez la pauvreté.

Au milieu du 19ᵉ siècle, bien que la plupart des bateaux n'utilisent pas encore la vapeur, les conditions de voyage encore rudimentaires sont meilleures qu'un siècle plus tôt. Pourtant l'insalubrité règne encore dans les années 1840. Des centaines de passagers, depuis les enfants jusqu'aux octogénaires, sont entassés les uns sur les autres, avec très peu d'air et de lumière, menacés de contagion, insuffisamment ou mal nourris. Sur un vaisseau de 700 tonnes, l'Atlantique peut être tantôt clément, tantôt déchaîné, agréable ou effrayant. À aucun prix, il ne faut voyager l'hiver; mais les tempêtes sont toujours pénibles, parfois fatales, lorsqu'elles engloutissent les bateaux, corps et biens. Ainsi, James Affleck, beau-père du futur premier ministre sir John Thompson, est capitaine au long cours à partir d'Halifax; il disparaît avec son équipage et son bateau pendant l'été 1870. Le *City of Cork* sombre le même été. Un paquebot à vapeur de la compagnie Allan, le *Hungarian*, qui fait régulièrement la navette de Portland, Maine, à Liverpool, frappe l'extrémité sud-ouest de la Nouvelle-Écosse par une nuit de tempête de février 1860 et va s'échouer sur le cap Ledge, causant la perte de plus de cent passagers. La traversée de l'Atlantique est donc faite pour les braves et les obstinés qui sont prêts à risquer leur vie et celle de leurs enfants dans un long et périlleux voyage.

Une fois l'océan traversé et passées les formalités d'immigration et la quarantaine, l'immigrant a besoin d'un peu d'argent pour se rendre là où il veut aller. Avant l'acquisition par le Canada des Territoires du Nord-Ouest, l'immigrant doit acheter sa terre. Seuls les Loyalistes et les officiers britanniques en demi-solde font exception. La gratuité ne se généralise que sous le Homestead Act de 1872. L'immigrant doit aussi subvenir à ses besoins et à ceux de sa famille jusqu'à la première récolte. On peut y arriver, avec un peu de chance dans le choix de sa terre, beaucoup de bonne volonté et d'habileté. Savoir manier la hache ou la charrue est un atout.

Les histoires d'échecs éclipsent les réussites dont on ne parle pas assez.

James Croil et les siens. Immigrant écossais qui devient l'éditeur du *Presbyterian Record*, Croil est l'auteur de plusieurs oeuvres. Cette photographie de 1888, qui recrée l'arrivée de la famille Croil au Canada dans les années 1840, est de William Notman & Sons. Notman (1826-1891) est un photographe très recherché, qui a des studios à travers l'est du Canada et des États-Unis. (MM/N, 88, 087-II)

Par exemple, James Croil est né en Écosse en 1821. Il arrive à Québec au début de 1845 avec femme et enfants, et sept souverains en poche. (Un souverain vaut une livre sterling ou 20 shillings.) Une partie de cet argent sert au transport de la famille dans le comté de Glengarry, dans le Haut-Canada, où demeure le frère de sa femme. Celui-ci lui fait un prêt de semences, de bois et d'instruments aratoires. Avec ce qui lui reste de ses sept souverains, Croil s'approvisionne pour l'été. Quand il commence à travailler, il lui reste cinq shillings. En 1845, il a une bonne récolte. Il peut donc remettre à son beau-frère les semences et la moitié du produit de sa terre. Avec l'autre moitié, il se fait des provisions pour l'année 1846. Au printemps de cette année-là, il loue une petite ferme au prix de 20 livres par année. À la fin de l'été 1848, quand son bail expire, il a des instruments aratoires et du bétail bien à lui. En 1849, il loue deux fermes adjacentes, au coût de 33 livres par année. À l'automne

1851, les deux fermes sont mises en vente. Croil n'a pas encore d'économies, mais la terre paraît bonne et ses fils sont maintenant des hommes forts et en bonne santé. Il tient un conseil de famille et dit à ses fils que s'ils contribuent au travail de la ferme, la famille pourra acquérir les terres en question. Après tout, comme le dit un historien, la principale force motrice sur une ferme de famille, c'est la famille de la ferme. En conséquence, Croil achète les deux fermes au prix de 300 livres, payables par tranche annuelle de 50, avec intérêt de 4 à 5 pour cent. Quarante acres sont déjà défrichés. Croil et ses fils en défrichent six acres de plus chaque année. En 1861, seize ans après leur arrivée au Canada, ils ont donc payé leur dette, défriché cent acres de terre (quarante hectares) et leur ferme vaut 1000 livres. (Il s'agit de la livre coloniale, «le cours d'Halifax», même si le Canada a officiellement adopté le dollar en 1858.) Les deux fils aînés de Croil quittent la ferme familiale pour en cultiver d'autres à leur compte. Croil continue à exploiter la sienne avec les deux plus jeunes de ses fils.

Noces canadiennes. Aquarelle, vers 1845, de James Duncan (1806-1882). Une danse pendant des noces au Bas-Canada. Le violoneux est à droite. À noter le poêle en fonte au milieu de la pièce, système de chauffage plus efficace que le foyer. (ROM/C, 951.158.14)

L'organisation économique que Croil décrit dans ses mémoires est ingénieuse et rigoureuse. Pendant l'été, la famille vit du bacon, du bœuf et du jambon, qu'elle fume elle-même, auxquels s'ajoutent d'autres produits de la ferme: des œufs, du fromage et du beurre. En octobre, on tue une vache ou un jeune taureau; le forgeron en prend un quart; le cordonnier, un autre; le tailleur, un troisième. La famille garde le quatrième. On tue une autre bête en décembre. On la débite, on la gèle, puis on l'entoure de paille dans des barils, de façon à la conserver jusqu'à la fin de mars. On envoie la peau de la seconde bête au tanneur, qui en garde la moitié et retourne le reste à la famille. Une fois par année, le cordonnier vient à la ferme pour fabriquer des chaussures pour toute la famille. Une fois fondu, le suif des animaux sert à faire des chandelles. On fait bouillir les restes avec des cendres de bois pour en faire du savon. Les femmes filent la laine et tissent le drap, elles cousent les couvertures et les courtepointes, elles fabriquent les lits de plume. Quand un fils ou une fille de la famille se marie, Croil vend une paire de chevaux et une vache ou deux pour offrir au jeune couple, selon son expression, «un trousseau convenable». Il n'en est pas plus pauvre pour autant, car il y a toujours des veaux et des poulains en gestation. L'économie de la ferme se fonde sur les veaux, les poulains *et* les enfants!

Dans une économie agricole, il est presque toujours possible de faire quelque récolte. Là où le climat est trop humide pour le blé, il est favorable à la pomme de terre et au foin. Pour les fermiers de l'est du Canada, la grande variété de la production permet l'autosuffisance et parfois une certaine abondance. Évidemment, les réalisations de Croil supposent des tâches quotidiennes très dures, que l'on serait porté à sous-évaluer aujourd'hui: défricher la terre à raison de six acres par année, abattre les arbres, les scier, brûler les rémanents et, finalement, ôter les souches en s'échinant et en s'éreintant! Même lorsqu'elles sont pourries depuis quelques années, elles sont terribles à arracher. À ces travaux de base, s'ajoutent les tâches routinières de la ferme. Même en hiver, les animaux ne laissent pas de répit; il faut traire les vaches deux fois par jour, nourrir les chevaux, les poulets, les cochons et en prendre soin. Il faut couper le bois de chauffage et le fendre. Il faut construire des clôtures ou les entretenir, réparer les granges, faire des confitures et des marinades, filer la laine, la tisser et faire des couvertures, et accomplir ces milliers de tâches qui doivent être faites avant l'hiver et la fin des travaux à l'extérieur.

À la campagne, on prend son plaisir dans la danse, généralement la danse carrée, au son du fifre et du violon. Il y a toute une gamme de danses de folklore, écossaises, irlandaises, américaines. En Ontario et au Québec, on boit généralement du whisky; dans les provinces de l'Atlantique, c'est du

La fête de la moisson dans le Bas-Canada. Aquarelle, vers 1850, attribuée à William Berczy fils (1791-1873). D'origine suisse-allemande, Berczy, à l'exemple de son père, se consacre à la peinture de genre, au paysage et au portrait. (ANC, C-37218)

rhum importé à bon compte des Antilles. On peut fabriquer du whisky à peu près de tout: seigle gelé, citrouille fermentée, orge germée artificiellement. Mais le produit est aigre et fort. Il brûle, à l'intérieur comme à l'extérieur, avec une flamme bleu pâle. Parfois la boisson et le travail de la ferme sont inconciliables. Les corvées sont fréquentes et très populaires à la campagne parce qu'elles constituent des occasions de plaisir, de fredaines et même plus. Quand elles sont organisées pour construire une grange ou une maison, elles exigent une certaine sobriété. Susanna Moodie les déteste, et elle les décrit en ces termes dans *Roughing It in the Bush*: «Sources de bruit, de chicane, de beuveries». Mrs Moodie, une Anglaise de bonne famille venue au Canada

Cette photographie prise vers 1852, l'une des plus anciennes que l'on ait de Montréal, montre à l'avant-plan la rue Craig (aujourd'hui Saint-Antoine). L'architecture domestique, avec ses toits en pente et ses murs coupe-feu, est encore d'inspiration française, bien que, à gauche, s'insère une maison au toit plat annonçant ce qui deviendra la caractéristique dominante de la seconde moitié du siècle. À droite, la masse imposante de l'église Saint Patrick nous rappelle l'importance des immigrants d'origine irlandaise. (ANC, C-47354)

avec son mari en 1832, parle en connaissance de cause. Pendant une corvée de trois jours, elle a dû s'occuper de la nourriture et de la boisson pour trente-deux hommes. Beaucoup d'institutions sociales ne fonctionneraient pas sans le punch. Les pratiques de chorales à Halifax, et ailleurs sans doute, doivent être «arrosées», et il se trouve immanquablement quelqu'un qui sache mêler le rhum, le jus de citron et le sucre pour un petit «remontant» au temps de repos.

On accepte que les hommes boivent. S'enivrer n'est pas inconvenant, même pour un prétendu gentleman. Les mœurs du 18e siècle se perpétuent vaillamment au 19e, comme en témoigne le récit d'un capitaine de navire de vingt-deux ans, d'Halifax: il dîne en 1787 à la table du gouverneur, en compagnie de vingt autres gentlemen; après soixante bouteilles de bordeaux suivies d'une douzaine ou deux de bière, ceux qui en sont encore capables essaient de monter à la Citadelle pour tenter leur chance auprès des filles de la rue Barrack.

Pourtant, au 19e siècle, les abstinents mènent le combat. À partir des années 1830, apparaissent des mouvements de tempérance qui prêchent les vertus éminentes de l'eau froide. Ainsi, les Fils de la Tempérance réussissent à convaincre le gouvernement du Nouveau-Brunswick de tenter l'expérience de la prohibition. Une loi à cet effet est adoptée en 1852 et mise en vigueur le 1er janvier 1853. Mais le gouvernement doit la révoquer l'année suivante parce qu'elle est difficilement applicable. En 1855, il en présente une nouvelle version, qui doit entrer en vigueur le 1er janvier 1856. Cette loi entraîne la chute du gouvernement. Elle est donc révoquée. Après cette mésaventure, les gouvernements du Nouveau-Brunswick n'osent plus s'attaquer à la prohibition et nulle autre colonie ne s'aventure sur ce terrain. Néanmoins, un peu partout, un nombre croissant de protestants condamnent le gin à l'égal du péché! Les mouvements de tempérance sont puissants chez les méthodistes et les baptistes, et aussi chez les presbytériens. Ils sont discrets chez les anglicans et chez les catholiques. Saint Benoît n'a-t-il pas dit qu'une cruche de vin par jour ne constitue ni un péché ni un danger?

Il ne faudrait pas en conclure qu'il n'y a que prédication et prière aux réunions des sociétés de tempérance. Quand un jeune homme et une jeune fille vivent sous l'autorité d'un père ivrogne, ils connaissent les effets du whisky et n'ont pas besoin de conférences sur l'enfer. Les sociétés de tempérance présentent souvent un caractère jeune, vigoureux, dynamique, elles organisent des danses, des pique-niques, des soupers, des promenades en traîneau l'hiver. Dans ce dernier cas, il y a un moyen de se réchauffer de façon aussi efficace, sinon plus, qu'en buvant du whisky. Au fur et à mesure que ces sociétés se développent et atteignent la maturité, elles en créent d'autres, comme des sociétés immobilières et des compagnies d'assurances. Les organismes publics naissent souvent de sociétés privées.

Il y a une certaine grandeur à l'origine de ces fêtes rurales. Mais sur le front pionnier se manifeste aussi une tendance culturelle qui veut que les coutumes plus primitives l'emportent sur les plus civilisées. Les Églises protestantes, et les autres aussi, font l'impossible pour rehausser le niveau des mœurs. Mais

Casimir Gzowski (1813-1898), photographié avec sa famille, à sa résidence de Toronto, autour de 1857, par Armstrong, Beere, & Hime. Né en Russie, Gzowski arrive au Canada dans les années 1840 et y travaille comme ingénieur. Il devient surintendant des Travaux publics de la Province du Canada, avec charge des routes, parcs, ponts, ports et voies navigables. Mais il est surtout célèbre pour la construction du chemin de fer et du pont international entre Fort Érié et Buffalo. (AO, S. 4308)

la société rurale de l'Amérique du Nord britannique peut faire preuve d'étroitesse, d'intolérance et même de brutalité. Par exemple, le charivari, sérénade tapageuse que l'on sert aux nouveaux mariés, et qui n'est souvent qu'un rite folklorique inoffensif et joyeux, peut devenir malveillant, particulièrement si le couple n'est pas populaire.

Des factions sociales et politiques irlandaises, exportées au Canada, contribuent aussi à la violence dans les fêtes populaires et aux excès fanatiques. Heureusement, les catholiques irlandais ont tendance à s'installer dans les villes, et les protestants, à la campagne. Malgré tout, une marche d'Orangistes à Toronto ou ailleurs peut facilement, surtout après quelques gorgées de whisky, tourner en une émeute de protestants déchaînés. Les manches de haches sont fréquemment utilisés dans de telles circonstances.

Le duel est en voie de disparition dans les années 1840, mais on le pratique encore illégalement. Un gentleman ne peut refuser un duel sans perdre l'estime de lui-même ou la considération de ses amis. Le cas de Joseph Howe d'Halifax illustre bien ce fait. Provoqué en duel par John Halliburton, fils du juge en chef sir Brenton Halliburton, le journaliste et éditeur alors âgé de trente ans écrit qu'il ne peut se dérober. Ou bien il risque sa vie en duel, ou «il anéantit toutes ses chances de se rendre utile». Le duel a donc lieu, tôt le matin du samedi 14 mars 1840, à la tour Martello de Point Pleasant. On respecte les usages: deux pistolets, un seul café. On ne connaît pas la distance qui sépare les deux hommes. Elle est généralement de cinquante pas, même si, d'après sir Lucius O'Trigger, le duelliste irlandais dans le drame *The Rivals* de Sheridan, la distance qui convient à un gentleman est de vingt pas. John Halliburton tire le premier et manque son coup. Howe, qui est un bon tireur, ayant grandi dans les bois le long du North West Arm, tire en l'air. Il ne veut pas, déclare-t-il après le fait, enlever à un vieillard son seul fils. La conséquence de cet incident et la morale qu'on peut en tirer, c'est que Howe est maintenant libre de refuser le duel. Il fait son choix une fois pour toute, sans avoir besoin de s'expliquer ou de s'excuser. Un mois et demi plus tard, il est de nouveau provoqué en duel par le secrétaire provincial, sir Rupert George. Sans l'épisode Halliburton, Howe ne pourrait pas refuser le défi. Maintenant, il le peut. Sans grief personnel contre sir Rupert, il ne le viserait pas s'il se présentait en duel. Par contre, il n'est pas intéressé à se faire abattre simplement pour avoir comparé, dans le journal qu'il publie, les compétences et le salaire d'un homme. C'est de loin la meilleure attitude, car sir Rupert devient ainsi la risée générale d'Halifax.

Inévitablement, la politique devient aussi une arène où s'affrontent les partisaneries et les passions locales. Les petites villes ont des hôtels rivaux. Les plus grandes se donnent des journaux qui se font concurrence et dans lesquels les adversaires sont condamnés gratuitement et peints sous un jour aussi noir que possible, alors que les partisans sont blancs comme neige. Les familles entretiennent leurs allégeances politiques et les transmettent à la génération suivante. Dans le comté d'Antigonish, en Nouvelle-Écosse, on a l'habitude de dire qu'un mariage mixte n'est pas un mariage entre catholique et protestant, mais entre conservateur et libéral.

Le déroulement des élections est alors très différent d'aujourd'hui. Les assemblées électorales sont très mouvementées et le vote représente un événement public et social. On ne connaît pas le scrutin secret: l'électeur se lève aux yeux de tous et annonce son choix. La foule accueille le vote par des applaudissements ou des huées, ou les deux. C'est presque un euphémisme

Un jour d'élections à Montréal en 1860 ou 1861, près du Champ de Mars. Le vote se prend à main levée jusqu'après la Confédération. L'intimidation et la brutalité sont régulières, et la police doit souvent intervenir pour protéger les votants dissidents. (MM/N, 7226)

que de qualifier de virile cette pratique britannique. À l'occasion, elle mène à une autre coutume, moins courageuse mais britannique, elle aussi, qui consiste à frapper l'adversaire à la tête.

Cette description laisse l'impression d'un monde rude. Il l'est à l'occasion, comme dans la *Shiners' War* des années 1840 à Ottawa, qui oppose les bûcherons irlandais et canadiens-français. Mais des événements aussi violents éclatent seulement lorsque les passions d'un groupe sont en ébullition ou que le contrôle social exercé normalement par l'Église et la communauté reste inopérant. C'est le cas à Montréal en 1849, avec l'émeute autour de la loi qui indemnise les victimes de la rébellion, ou en 1853 à Québec et à Montréal quand l'affaire Gavazzi tourne en agitation populaire, les catholiques devenant furieux à la suite des accusations portées contre leur Église par le prêtre renégat.

Le système judiciaire plonge aussi ses racines dans la communauté, mais

La souveraineté de la loi dans le Haut-Canada, telle que présentée dans *The Illustrated London News,* 17 février 1855. En haut: Un témoin prête serment à un procès qui a lieu dans une campagne du comté de Dufferin, vers 1850. Il s'agit sûrement d'une cause mineure, car les procès importants se tiennent à la cour du comté. En bas: seulement cinq «hommes bons et honnêtes» délibèrent du verdict à rendre, dans un verger avoisinant. (ANC, C-16525 et C-16524)

il est moins improvisé qu'il ne semble. Comme en Grande-Bretagne, la justice coloniale repose en grande partie sur un juge de paix qui n'est pas rétribué. Nommé par le gouvernement colonial, il peut être de n'importe quel métier ou occupation, fermier, ferblantier, pêcheur, marchand. Mais c'est généralement un homme qui jouit d'un certain prestige dans la communauté. Il n'est pas obligé de connaître le droit. En règle générale, le juge de paix n'est pas avocat, car, selon un vieux dicton qui a cours dans les colonies, les avocats font plus d'argent en défendant les criminels qu'en les poursuivant. Sous plusieurs aspects, le juge de paix est aussi une créature de la communauté dans laquelle il vit. Cela fait la force de l'institution, autant que sa faiblesse dans certaines parties de l'Amérique du Nord britannique. Que peut-on attendre d'un juge de paix qui est tellement sous la coupe des malfaiteurs de la place qu'il a peur de les poursuivre ou de leur donner une sentence impartiale quand ils sont trouvés coupables? De plus, comme les juges de paix reçoivent des honoraires, ils peuvent devenir malhonnêtes et corrompus. Dans *Sam Slick, the Clockmaker*, récits de Thomas Chandler Haliburton sur la vie en Nouvelle-Écosse dans les années 1830, le cheval du juge Pettifog transporte plus de fourberie que de justice. Le juge Pettifog et son constable Nabb forment la plus belle paire de fripons qu'on puisse rencontrer.

Les contours de la mortalité

Dans le Canada du 19e siècle, la vie, la maladie et la mort sont des réalités très proches les unes des autres. Ce que la clarté et la noirceur, la chaleur et le froid, le confort et l'inconfort, la satiété et la faim représentent dans la vie quotidienne d'alors, on peut s'en faire une vague idée quand on se retrouve, après une journée de patinage sur un lac gelé, devant un feu de foyer, tasse de thé à la main. L'espace vital est vaste en ce 19e siècle canadien, mais l'espérance de vie, très mince. Un mauvais coup de hache, une coupure légère, un refroidissement peuvent entraîner la mort. Ainsi, lord Sydenham, alors gouverneur général du Canada, fait une promenade à Kingston par une belle journée de septembre 1841. Son cheval trébuche et tombe, écrasant gravement la jambe droite du gouverneur. Deux semaines plus tard, celui-ci meurt du tétanos. En 1880, George Brown, propriétaire et rédacteur du *Globe* de Toronto est atteint d'une balle par un de ses employés. La blessure est mineure, mais la gangrène s'y développe. En moins de sept semaines, Brown décède. Commentant en Chambre la mort soudaine et déconcertante de son collègue, John A. Macdonald cite Burke: «Quelles ombres nous sommes, et quelles ombres nous poursuivons.»

La vie des femmes est encore plus fragile. Mettre des enfants au monde peut être fatal. Quand l'accouchement est difficile, tout peut arriver. Une malformation du bassin, une mauvaise présentation du bébé, plusieurs autres causes peuvent emporter l'enfant, la mère, ou les deux. Chaque famille vit ses propres tragédies. La mortalité infantile est stupéfiante. Entre 1871 et 1883, John et Annie Thompson ont neuf enfants; quatre meurent en bas âge et un cinquième reste infirme, des conséquences de la polio. Les morts d'enfants décrites dans les romans de Charles Dickens peuvent nous paraître d'un pathétique outré. Mais elles peignent une réalité à laquelle peu de familles peuvent échapper. Beaucoup de chansons de folklore évoquent des morts d'enfants. Sur la lame de l'impitoyable faucheuse, on peut lire: diphtérie, coqueluche, oreillons, typhoïde, petite vérole.

Pourtânt, la situation s'améliore au cours du 19e siècle. Le vaccin antivariolique est connu depuis un moment. Mais il comporte un risque, et la plupart le refusent. C'est vers 1800 qu'Edward Jenner fait sa grande découverte, qui consiste en l'injection de la vaccine, la forme la moins virulente de la maladie. D'autre part, l'éther est utilisé pour la première fois en 1846, à Boston. On l'adopte, comme anesthésique, de même que le chloroforme, en Grande-Bretagne et en Amérique du Nord britannique. Le docteur Edward Dagge Worthington, de Sherbrooke, dans le Bas-Canada, est le premier médecin à utiliser un anesthésique pour une intervention chirurgicale. La reine Victoria donne naissance à son fils Léopold sous anesthésie en 1853. «Quelle bénédiction que ce chloroforme», s'exclame la reine. Et elle parle en connaissance de cause puisqu'elle en est à son huitième enfant en treize ans. L'exemple de Victoria propage l'usage de l'anesthésie dans tout l'Empire.

Pourtant, entre une invention et son utilisation, il y a souvent un décalage considérable, sans parler de l'acceptation populaire. C'est particulièrement vrai de la médecine. L'utilisation de l'anesthésie se répand rapidement, mais les résistances au vaccin antivariolique durent longtemps. La vaccination obligatoire donne lieu à des émeutes à Montréal dans les années 1870. Une sérieuse épidémie de variole se déclare à Montréal et à Ottawa en 1885, puis à Galt en 1902 et à Windsor en 1924.

Contre le choléra venu d'Asie, on reste quasi impuissant. La maladie progresse rapidement et elle est mortelle. On peut mourir vingt-quatre heures après en avoir ressenti les premiers symptômes. Le choléra gagne l'Europe en 1831. Prévenues de l'épidémie, les autorités coloniales établissent des stations de quarantaine à Grosse-Île, dans le Saint-Laurent, en aval de l'île d'Orléans, et dans les ports d'Halifax et de Saint-Jean. En 1832, le choléra frappe néanmoins Québec, Montréal et les ports des Maritimes. Il se répand de nou-

En haut: L'Université McGill est fondée en 1821, grâce à un legs du célèbre marchand de fourrures James McGill. Elle est prospère en 1875, quand cette illustration paraît dans le *Canadian Illustrated News*. Son développement peut être principalement attribué à John William Dawson, qui en est le recteur de 1855 à 1893. (ANC, C-62715)

En bas: *Un dessin de l'Université de Toronto*. Aquarelle de W. G. Storm, architecte de l'université. John Strachan, plus tard évêque de Toronto, obtient en 1827une charte royale pour le King's College, un collège anglican qui est sécularisé sous le nom de University of Toronto en 1849. (MBAC, 239)

À gauche: Pierre-Joseph-Olivier Chauveau exerce les fonctions de surintendant de l'Instruction publique pour le Canada-Est (Québec) de 1855 à 1867, succédant à ce poste à Jean-Baptiste Meilleur. Chauveau se fait l'apôtre de réformes, en particulier de l'amélioration de la formation des enseignants. En 1867, il devient le premier premier ministre du Québec, poste qu'il occupe jusqu'en 1873. Il crée alors le ministère de l'Instruction publique qui sera aboli en 1875. (ANC, C-26721)

À droite: Un pionnier de l'instruction obligatoire, le ministre méthodiste Egerton Ryerson. Il devient surintendant de l'Instruction publique pour le Haut-Canada en 1844. Il le demeure pendant plus de trente ans. Huile, vers 1850, par Théophile Hamel. (Gouvernement de l'Ontario, MGS 622107)

veau en 1850 et, de façon sporadique, tout au long du 19e siècle. Encore à l'état endémique en Inde, le choléra se répand, comme il le fait encore, par l'eau contaminée. La solution, c'est l'assainissement de l'eau par la chloration. Mais la société met du temps à l'apprendre et, plus encore, à construire des systèmes publics d'adduction d'eau, seul moyen d'éviter la contamination.

Les médecins aussi doivent faire leurs classes. Dans l'Amérique du Nord britannique, les écoles de médecine sont tôt rattachées aux universités. En 1829, est fondée l'École de médecine de McGill et vers 1850, d'autres suivent la même voie. La médecine devient ainsi l'objet d'une formation théorique et non plus seulement d'un apprentissage. Les relations entre les universités et leurs écoles de médecine ne sont pas faciles. Aux universités Queen's de Kingston et Dalhousie d'Halifax, les tensions sont constantes. Mais heureusement, même si elles ont des fonctions différentes, les universités et les écoles de médecine finissent par reconnaître qu'elles sont complémentaires.

Le développement le plus impressionnant lié à l'utilisation de l'éther et du chloroforme est, sans doute, toute cette gamme d'interventions chirurgicales qui deviennent possibles. Les premières opérations que l'on pratique avec l'éther sont souvent réussies. Mais le patient meurt d'une infection post-opératoire. On met du temps à découvrir que la stérilisation de la salle d'opération est primordiale. Même dans les années 1870, les médecins opèrent sans gants, après s'être à peine lavé les mains, et ils tiennent leur scalpel entre les dents quand ils ont les mains occupées. La grande découverte de Joseph Lister sur l'antisepsie, c'est-à-dire la stérilisation chirurgicale et la désinfection des plaies avec l'acide phénique, est publiée en 1867. On l'accepte une décennie plus tard et, dans les années 1890, les opérations sont pratiquées avec succès et sans risques.

Sans doute est-ce le domaine médical qui connaît la plus grande révolution au Canada entre 1840 et 1900. L'intégration des femmes dans les hôpitaux, non seulement comme infirmières mais aussi comme médecins, n'est pas le moindre des changements opérés. Emily Stowe, la première Canadienne devenue médecin, se voit refusée à l'École de médecine de Toronto dans les années 1860. Elle va donc étudier à New York et revient pratiquer à Toronto, où elle le fait sans permis de 1867 à 1880. On lui reconnaît finalement le droit de pratique en 1880. Trois ans plus tard, une école de médecine pour femmes est ouverte. Puis l'Université de Toronto finit par capituler et ouvre son école de médecine aux femmes en 1886.

L'image de la médecine que donnent les journaux du temps est bien étrange. On y retrouve une abondante publicité sur des remèdes miraculeux, capables de guérir toutes les maladies depuis le simple rhume jusqu'au «genou d'eau» ou à la pneumonie. On suggère même d'utiliser les restes pour les chevaux. Un exemple de cette publicité est le médicament Radway's Ready Relief, qui fait passer le patient de «la douleur, la misère, la faiblesse et la décrépitude, à la santé et à la vigueur». Son effet est instantané, si bien que les patients, tout heureux, donnent l'impression d'être en état d'ivresse, ce qui n'est pas faux puisque la plupart des médicaments contiennent 90% d'alcool.

La publicité plus ou moins trompeuse dont regorgent les journaux sur les médicaments brevetés est bien connue. Mais il y a d'autres aspects de la société canadienne du 19e siècle, dont les journaux donnent une image fascinante mais fausse. Ceux-ci sont libres d'imprimer à peu près tout ce qu'ils veulent, et ils en profitent. La réputation du *Globe* de Toronto est basée sur ses reportages vivants mais biaisés. Dans la page éditoriale, son propriétaire et

Un exemple des vertus que l'on prête aux médicaments à la fin du 19e siècle. (Collection Marc Choko)

rédacteur George Brown se donne la liberté de mettre au pilori qui il veut, et c'est généralement l'un de ses nombreux ennemis politiques. Les lecteurs tolèrent la partisanerie des journaux. Ils s'attendent même à ce qu'ils appuient leurs amis et confondent leurs ennemis. Leur attitude est celle qu'on a aujourd'hui devant une caricature: même quand on la trouve exagérée, on s'en amuse. D'ailleurs, la loi du libelle est alors peu contraignante. Une autre caractéristique des journaux de l'époque, c'est qu'ils ne sont vraiment pas sélectifs. On y trouve de tout: vols, émeutes, meurtres, pendaisons, calamités sur mer et sur terre, guerres en Europe et en Amérique du Nord, scandales et vengeances. Un bal tenu à Charlottetown en 1864 est décrit en termes qui rappellent les excès de l'Empire romain:

> Le plaisir se répandant en sourires sensuels rencontre et embrasse une joie exubérante...la danse enchanteresse se déroule avec gaieté, et la valse vicieuse, avec ses enlacements lascifs, est source d'excitation grandissante; les poitrines généreuses et les regards voluptueux révèlent des ébats orgiaques...

Un journal de Saint-Jean commente ainsi cette délicieuse suite d'hyperboles: «Il y a des confrères qui dépassent la mesure dans la presse de l'Île-du-Prince-Édouard». Les journaux ont besoin de la politique, et les politiciens, du soutien de la presse. Les journaux peuvent avoir des principes, mais on arrive à acheter et à vendre les journaux et leurs principes. Parfois, ce n'est même pas nécessaire: sous la pression des circonstances, les journaux subissent de durs changements, en hommes et en tactiques. En 1854, John A. Macdonald demande au *Spectator* de Hamilton de l'appuyer dans un brusque tournant politique. C'est là une demande exorbitante, puisque le *Spectator* est ainsi appelé à aider un politicien local qu'il dénonce depuis des années. «C'est tout une volte-face que vous me demandez», répond le rédacteur à Macdonald. Mais il ajoute avec loyauté: «Je pense que nous pouvons le faire». Les journaux auront à subir des changements plus importants encore quand ils auront à promouvoir, combattre ou simplement accepter la Confédération qui pointe à l'horizon.

Les bateaux à vapeur et l'Atlantique

À la fin de la décennie 1850, la Province du Canada et les quatre colonies maritimes ont déjà obtenu le gouvernement responsable et pris conscience de leur force. Elles caressent maintenant l'ambition de prendre leur place dans le monde. La frontière est mal définie entre la juridiction du Colonial Office de Londres et celle des gouvernements coloniaux de Saint John's, Charlottetown, Halifax, Fredericton, Toronto ou Québec.

Ces derniers manifestent de l'avidité, de l'impatience et de l'inconstance. De toute évidence, ils développent le goût du pouvoir, ce qui n'a rien à voir avec la taille de la colonie, mais plutôt avec les enjeux. L'Île-du-Prince-Édouard lutte avec autant d'acharnement pour le pouvoir dans les champs de juridiction essentiels à la vie de ses habitants que la Province du Canada, beaucoup plus grande et plus puissante. Les colonies commencent à se doter d'une législation propre, qui éclaire la traditionnelle *Common Law* sur des points de droit touchant l'endettement, le douaire et les femmes en général. Il se fait alors des pressions pour libérer la femme de l'incapacité juridique où elle se trouve quant à la disposition de ses biens meubles, c'est-à-dire l'argent et les valeurs dont l'époux a le contrôle légal complet. À mesure que les colonies croissent en population et en prospérité, qu'elles développent leurs chemins de fer et leur commerce, elles acquièrent de la confiance en elles-mêmes, pour ne pas dire de la suffisance, et le désir d'agir selon ce qui leur convient.

Lorsqu'on a été, par exemple, premier ministre du Nouveau-Brunswick ou de la Nouvelle-Écosse, quel avenir a-t-on? Monter sur le Banc? Certains premiers ministres provinciaux le font. Mais lorsque Joseph Howe de la Nouvelle-Écosse se retire après sa défaite en 1853, il ne le peut pas parce qu'il n'est pas avocat. Son successeur, le conservateur Charles Tupper, ne le peut pas non plus car il est médecin. Samuel Leonard Tilley, premier ministre du Nouveau-Brunswick, est un pharmacien de Saint-Jean. La magistrature est une fin de carrière honorable, mais elle n'est pas accessible à tous les hommes de talent qui ont atteint les sommets de la vie publique dans les colonies. Francis Hincks, premier ministre de la Province du Canada, est un banquier. Il est nommé par la métropole gouverneur de la Barbade en 1855 et, plus tard, de la Guyane anglaise. Mais après 1860, le gouvernement britannique décide de ne plus faire de telles nominations, quels que soient les mérites des politiciens coloniaux qui doivent se retirer à la suite d'une défaite. En 1863, Joseph Howe aimerait devenir gouverneur. À la place, il est appelé au Service de protection des pêcheries impériales. C'est une mince récompense. Les politiciens, les journaux et le public sont irrités par les restrictions et les obstacles à l'avancement qui existent dans la société coloniale.

Cette insatisfaction touche aussi les hommes d'affaires. Sir Edward Watkin, de la compagnie du Grand Tronc, voit dans les nouvelles forces politiques un stimulant à la construction ferroviaire. Sir Hugh Allan, à la tête de la Allan Steamship Line, et de la Montreal Telegraph Company, partage cette opinion.

La période entre 1840 et 1860 est témoin de multiples changements, non seulement dans les chemins de fer, mais aussi dans la navigation à vapeur. Le *Royal William* est le premier bateau à vapeur à traverser l'Atlantique en 1833. Parti de Québec, il fait escale à Pictou, en Nouvelle-Écosse, pour gagner Gravesend, avec sept passagers à son bord et un chargement de charbon de Pictou. Celui qui profite le plus de l'invention du bateau à vapeur, c'est Samuel Cunard. Né à Halifax en 1787, Cunard retire de la pêche à la baleine et du commerce du bois et du charbon quelques profits qu'il réinvestit dans le transport et l'entreposage maritimes, ainsi que dans la Halifax Banking Company fondée en 1825. Cunard saisit l'avantage fondamental que retirera la navigation à voiles de l'utilisation de la vapeur: désormais, les navires seront partiellement indépendants du vent et des conditions atmosphériques. La régularité, la ponctualité, la vitesse ne sont pas garanties pour autant, car on

Un chargement de bois équarri par la proue d'un navire, à Québec. Le commerce du bois de pin équarri est florissant durant le blocus napoléonien. Il est cependant en déclin en 1872 au moment où William Notman prend cette photographie. (MM/N, 76, 319-I)

ne dompte pas si facilement la mer, et l'erreur humaine est encore possible. Néanmoins, la fameuse compagnie de navigation à vapeur que fonde Cunard connaît un grand succès. Elle constitue encore le plus grand titre de gloire de l'armateur canadien. En 1839, Cunard fait une offre au gouvernement britannique. Il est prêt à assurer un service postal rapide et à la vapeur, de Liverpool à Halifax et Boston. Pendant dix ans, il reçoit un subside annuel de 55 000 livres. Il continue à bénéficier de cette aide financière par la suite, car la Marine royale aime le modèle de ses navires et leur rapidité. Sa compagnie commence ses opérations au moment où la Grande-Bretagne adopte le nouveau timbre d'un penny. Le 17 juillet 1840, à 2h du matin, le *Britannia*, premier bateau à vapeur de la compagnie, arrive à Halifax, douze jours après

Cette affiche est produite entre 1875 et 1878, alors que William Annand est agent général du Canada à Londres. En 1879, sir John A. Macdonald convertit le poste en celui de haut commissaire. À noter le bateau à vapeur de la compagnie Allan avec voiles carrées au mât principal et au mât de misaine, voile aurique à l'artimon, et le moteur auxiliaire à vapeur. (ANC, C-63484)

avoir quitté Liverpool. À cette heure tardive, un simple bateau à voiles serait paralysé dans le port jusqu'à l'aube. Mais le *Britannia* n'a pas à attendre. Il débarque passagers et courrier puis repart pour Boston, où il accoste à 10 heures du soir le 19 juillet. Vers 1855, Cunard passe aux navires à coque de fer. Au début des années 1860, il remplace la roue à aubes par l'hélice. Quand il meurt en 1865, il laisse une fortune considérable. Un néo-écossais écrit à un ami d'Halifax en 1866: «Notre vieil ami sir Samuel C. me manque; je pense qu'il a laissé 600 000 livres... c'est une somme considérable qu'il a accumulée depuis ce temps où, vous et moi en sommes témoins, il avait peu ou rien. Voilà ce que lui a valu la vapeur en vingt ans...»

La compagnie Allan est plus célèbre encore dans l'histoire du Canada. Elle est fondée en 1819 pour effectuer la liaison Écosse-Canada. En 1854, le consortium Allan forme la compagnie Montreal Ocean Steamship et obtient, l'année suivante, un contrat du service postal de l'Empire. Comme la compagnie Cunard, la compagnie Allan devient prospère en améliorant sans cesse la ligne et la technique de ses bateaux. Sur eux reposera le transport au Canada, de 1850 jusqu'à la vente de la compagnie au Canadien Pacifique en 1909. Pendant soixante ans, les bateaux Allan font partie de l'univers des Canadiens: le *Canadian*, l'*Indian*, le *Sarmatian*, le *Parisian*, l'infortuné *Hungarian*, le *Sardinian*, le *Buenos Ayrean*, premier navire à coque d'acier à traverser l'Atlantique, et plusieurs autres, partent de Montréal en été et de Portland, Maine, en hiver. Hugh Allan étend ses activités bien au-delà du transport maritime. Il se lance dans l'aventure des chemins de fer, la finance, l'assurance et l'industrie. En 1864, il fonde à Montréal la Merchants' Bank qui devient vite l'une des banques les plus dynamiques du Canada. Allan est le type même du grand financier montréalais. Son immense succès fait de Montréal, à partir de 1860, la capitale financière du Canada.

Il y a une collaboration étroite entre les propriétaires du transport maritime et le gouvernement. La compagnie Allan ne serait pas aussi prospère sans certaines améliorations techniques. Le gouvernement canadien creuse à seize pieds le chenal du Saint-Laurent au niveau du lac Saint-Pierre. Il se charge aussi de subventionner l'érection et l'entretien de phares à l'entrée du golfe du Saint-Laurent, le plus important étant celui de Cap Race, à l'extrémité sud de Terre-Neuve.

En moins de vingt-cinq ans après l'apparition du bateau à vapeur sur l'Atlantique, on met en place le câble transatlantique. En 1844, Samuel Morse réussit à relier par une ligne télégraphique Washington et Baltimore. À peine deux ans plus tard, des compagnies de télégraphe font leur apparition au Canada. Hugh Allan fonde la Montreal Telegraph Company, qui bientôt relie Montréal à Portland, Toronto et Détroit. On en vient donc tout naturellement à établir par câble transatlantique la liaison Amérique-Europe. C'est en 1858 que l'on dépose au fond de la mer le premier câble. Il relie l'Irlande

Heart's Content, Terre-Neuve: arrivée du câble transatlantique, 1866. Aquarelle, 1866, de Robert Dudley. La première tentative d'établir un câble transatlantique est un échec parce que l'eau pénètre le câble. Mais, en juillet 1866, le *Great Eastern*, le plus grand bateau à vapeur du temps, dépose au fond de la mer l'extrémité ouest du câble à Heart's Content, dans la baie Trinité, à Terre-Neuve. L'extrémité est se trouve à Valentia, au sud-ouest de l'Irlande. (ROM/E, SSC 952.72.1)

à la baie Trinité de Terre-Neuve. La reine Victoria l'utilise pour un message qu'elle adresse au président James Buchanan. Mais ce premier câble ne résiste pas à l'eau car il est mal isolé. Un deuxième câble est déposé par un énorme bateau de fer, le tout nouveau *Great Eastern*. Il atteint Heart's Content, à Terre-Neuve, en juillet 1866. Avec le chemin de fer, le câble transatlantique et le bateau à vapeur, le monde se rapproche des côtes du Canada, et les distances diminuent sous le pouvoir de la technologie.

L'apparition du câble transatlantique, le développement des transports, les innovations dans l'architecture navale constituent la toile de fond du débat politique qui se fait autour du projet d'une confédération canadienne. Les hommes politiques de l'Amérique du Nord britannique connaissent bien ces découvertes techniques et ils s'en servent. Ils voyagent sur les bateaux de Hugh Allan ou de Cunard; ils font affaire avec la Merchants' Bank et utilisent le télégraphe de Hugh Allan. La communauté d'affaires de Montréal soutient le mouvement en faveur d'une confédération, très généreusement, quoique sans bruit et en coulisse. La *Gazette* de Montréal, porte-parole le plus représentatif de cette communauté, accueille avec enthousiasme l'union de toutes les colonies de l'Amérique du Nord Britannique.

Le contexte créé par les récentes inventions et la nouvelle technologie engendre des idées politiques et sociales expansionnistes que tous ne partagent pas. Mais tous ceux qui lisent les journaux sont conscients que le monde change rapidement. Il n'est pas surprenant que Joseph Howe prédise dès 1851 que les plus jeunes parmi ses auditeurs pourront un jour entendre le sifflet de la locomotive dans les cols des montagnes Rocheuses. Cette même année, il essaie en vain de leur faire entendre ce sifflet dans les Cobequid Hills, en amenant les gouvernements de la Nouvelle-Écosse, du Nouveau-Brunswick, du Canada et de la Grande-Bretagne à construire ensemble le chemin de fer Intercolonial entre Halifax et Montréal. Après cet échec, on ne peut le blâmer de se tourner vers la mer et de fonder son projet de «fédération impériale» sur les techniques du bateau à vapeur.

La Grande Aventure

Un jour, le rail vaincra pourtant. La Confédération unira bientôt les colonies par un gouvernement central et des institutions juridiques et politiques communes. Mais il lui faudra, pour devenir une réalité, la technologie des chemins de fer et l'ambition des hommes d'affaires. Alexander Galt, député de Sherbrooke, cet homme romantique et instable qui imagine les arrangements financiers de la Confédération, est surtout un promoteur des chemins de fer. George-Étienne Cartier, un des rebelles de 1837 converti au droit et à la droite, se fait un nom dans les milieux politique et juridique en s'occupant du financement du Grand Tronc. Il en est de même de son collègue John A. Macdonald, un opportuniste. Comme eux, la plupart des Pères de la Confédération sont des avocats et des hommes d'affaires bien au fait des possibilités qu'offrent les années 1860.

Sous plusieurs aspects, la Confédération est un événement étonnant. On peut en additionner les causes apparentes sans en saisir la cause profonde. Comme toutes les réalisations politiques, la Confédération s'explique par la conjoncture et la rencontre fortuite d'hommes et d'événements favorables. Les hommes qui sont à l'origine du projet de confédération proviennent de colonies très différentes et politiquement séparées.

Un premier projet de fédération voit le jour dans la Province du Canada-Uni en 1858, à cause de difficultés économiques et politiques. Sur le plan économique, c'est le krach que connaît le marché financier de New York en

1857 et les conséquences économiques qui s'en suivent. Sur le plan politique, ce sont les problèmes auxquels fait face le gouvernement Cartier-Macdonald (Cartier est alors premier ministre), à la suite du litige concernant le choix d'Ottawa comme nouvelle capitale du Canada. Déjà considéré comme un pis-aller dans la Province du Canada-Uni, le projet de confédération suscite peu d'intérêt dans les colonies atlantiques, qui s'occupent de leurs affaires et s'en tirent assez bien. Le gouvernement britannique reçoit aussi le projet avec froideur, estimant que l'instabilité politique du Canada-Uni n'est qu'accidentelle. La dépression de 1857-1858 s'estompe, en effet, et le gouvernement du Canada-Uni survit, entérinant le choix de la capitale fait par la reine. Le projet de Confédération est donc abandonné, mais il y a eu débat sur la question, de sorte que l'union des colonies devient une éventualité. C'est mieux que rien.

La Confédération fait peur aux conservateurs du Canada-Uni. Bien qu'à contre-cœur, ils doivent admettre que la Confédération devra s'étendre au Nord-Ouest (le territoire de la Compagnie de la Baie d'Hudson, appelé Terre de Rupert). Comme certains réformistes, ils considèrent que le Nord-Ouest ne sera qu'un éléphant blanc, une immense terre lointaine, dont l'administration ne ferait qu'engloutir inutilement beaucoup d'argent. Le peuplement de l'Ouest, il ne faut sûrement pas y penser avant plusieurs décennies.

Contrairement aux conservateurs, les réformistes manifestent beaucoup d'intérêt pour le Nord-Ouest. Ils n'acceptent pas le *statu quo* parce que la cohabitation et le partage du pouvoir politique avec les Canadiens français comportent trop de difficultés pour que la Province puisse survivre sous le régime de l'Union. S'ils veulent une fédération, ce n'est pas par attrait pour les colonies atlantiques; c'est que «la domination des Canadiens français» dans le Canada-Uni les inquiète au plus haut point. Ils n'envisagent pas le complet divorce d'avec le Bas-Canada, car ils tiennent trop aux chemins de fer, aux canaux et au port de Montréal. Ils entrevoient plutôt un marché commun entre les deux sections de la Province. Les deux Canadas seraient liés par les communications et le transport mais séparés par leurs institutions culturelles, déjà très éloignées les unes des autres. À une grande réunion des réformistes tenue à Toronto en novembre 1859, le séparatisme latent du parti s'affirme au grand jour.

On peut dire de cette réunion qu'elle est dominée par George Brown, et du parti, qu'il est le parti de George Brown. Cet homme est un grand et rude Écossais, avec une tête allongée comme une bouteille de Johnie Walker. C'est un presbytérien de l'Église libre d'Écosse, férocement anti-catholique dans son attitude et dans sa politique. Grâce à son journal, le *Globe* de Toronto,

Brown crée un parti politique qui regroupe surtout les communautés des fermiers protestants du Haut-Canada. Le parti de Brown poursuit deux objectifs majeurs, qui deviennent des impératifs avec les années.

En premier lieu, les réformistes réclament pour la section ouest de la Province (Ontario) une représentation parlementaire proportionnelle à sa population. Fini, fulmine Brown, le système unique d'une représentation égale pour les deux sections de la Province. Le Haut-Canada a maintenant un demi-million de plus d'habitants que le Bas-Canada (Québec); autrement dit, un demi-million de protestants ont le même poids en Chambre que la morue de Gaspé! En 1840, l'égalité de représentation a joué contre les Canadiens français. Le Bas-Canada avait alors une population de 50% supérieure à celle du Haut-Canada. Aujourd'hui, à la fin des années 1850, les chiffres sont renversés. C'est pourquoi Brown et son parti réclament la représentation proportionnelle, «*Rep. by pop.!*», selon l'expression du *Globe*. Comme l'écart démographique s'élargit sans cesse, le cri de ralliement des réformistes, contrairement à la plupart des slogans politiques qui meurent rapidement d'eux-mêmes, s'amplifie avec le temps.

L'importance de cette lutte s'explique par le caractère protestant très marqué du parti de George Brown. Dans les années 1850, les protestants du Haut-Canada ressentent avec aigreur la mise en place d'un système d'écoles séparées, qui permet aux parents d'envoyer leurs enfants dans des écoles confessionnelles subventionnées par l'État. L'Union de 1840 a établi un tel système et, en général, on ne s'en plaint pas. Les quelques écoles séparées qui existent alors manquent d'organisation et tendent à disparaître. En 1850, une loi met fin à ce système par trop permissif. Mais, en 1855, un gouvernement maintenu au pouvoir grâce au vote des Canadiens français, adopte une loi scolaire favorable à la minorité catholique. Cette nouvelle loi, jointe au mécontentement que provoque l'établissement par Rome de nouveaux diocèses en Angleterre, augmente chez les protestants la peur de l'Église catholique. L'établissement d'écoles séparées dans le Haut-Canada s'appuie sur une politique prudente et raisonnable mais il ne manque pas de méthodistes ou de presbytériens pour n'y voir qu'iniquité et tyrannie. La nouvelle loi renforce donc encore le désir de séparation dans le Haut-Canada. En 1856, George Brown décrit ainsi la division qui règne à l'Assemblée législative:

> Nous avons deux pays, deux langues, deux religions, deux façons de penser et d'agir. La question est de savoir s'il est possible de maintenir ces deux nations avec une seule législature et un seul exécutif. Voilà la question à résoudre.

La solution que le Parti réformiste met de l'avant en 1859, c'est la transformation de l'union des deux Canadas en une fédération, dans laquelle les pouvoirs seraient partagés entre un gouvernement central et deux gouvernements locaux. Pour des raisons économiques, il faudrait conserver une certaine union, même décentralisée.

La seconde revendication des réformistes remonte loin dans le temps, mais elle n'en présente pas moins un caractère d'urgence. La population croissante du Haut-Canada nécessite plus d'espace. Au milieu du siècle, on estime qu'il n'y a plus de bonnes terres disponibles à prix raisonnable dans cette section de la Province. Les colons sont repoussés vers le Bouclier canadien, dans les comtés reculés de Hastings, Victoria, Simcoe, Grey, Bruce. Ces terres où l'on trouve en abondance rochers, bouleaux, pins blancs, bleuets et lacs promettent d'agréables lieux de villégiature comme Muskoka, Lake of Bays et Parry Sound, mais elles ne font pas de bonnes fermes. Brown et ses réformistes convoitent, au-delà du massif précambrien, au-delà du lac Supérieur, les prairies de la vallée de la rivière Rouge. Leur ambition, c'est d'annexer les prairies que ne colonise pas la Compagnie de la Baie d'Hudson. D'ailleurs, la Compagnie du Nord-Ouest a déjà fait la preuve que la charte de cette dernière n'a pas une grande valeur. Les montagnes Rocheuses ne font pas obstacle aux rêves des réformistes car au-delà, dans le bassin du fleuve Fraser, on a découvert des gisements aurifères, ce qui provoque en 1858 une ruée vers l'or. En 1846, le traité de l'Oregon fixe au 49e parallèle la frontière occidentale entre l'Amérique du Nord britannique et les États-Unis. Il existe alors deux colonies sur la côte ouest: l'île de Vancouver et, sur le continent, la Colombie britannique. Le sentiment national, qui peut-être n'atteint pas encore son plein épanouissement dans l'Est, rejoint pourtant le Pacifique. Selon l'expression employée par le *Globe* dès 1854: «C'est un empire que nous avons en vue».

Le Parti libéral-conservateur de Cartier-Macdonald s'oppose aux réformistes dans leur hostilité au système des écoles séparées et leur ambition d'annexer les territoires de la Compagnie de la baie d'Hudson et le pays plus à l'ouest. Le Parti libéral-conservateur se forme en 1854, au moment où les Canadiens français glissent lentement vers la droite, ce qui est peut-être inévitable. Les Canadiens français estiment alors que leur langue et leurs institutions nationales sont mieux protégées à cause de l'avènement du gouvernement responsable, et que leur Église prend de la force et de la vigueur grâce au renouveau religieux. Les conservateurs anglophones du Bas-Canada (et certains francophones) sont les interprètes du monde des affaires et des communications de Montréal. En 1858, Galt de Sherbrooke et Cartier de Montréal se montrent prêts à considérer et à évaluer les avantages d'une confédération. D'autres conservateurs sont plus tièdes. Ils sont soulagés quand disparaît le projet, avec

Tracé du 49e parallèle, sur la rive droite de la rivière Mooyie, en direction de l'ouest. Photographie du Corps of Royal Engineers de la North American Commission. Le 49e parallèle constitue «la frontière sans défense» qui sépare le Canada des États-Unis, depuis le lac des Bois jusqu'au détroit de Georgie. La photo montre la frontière en 1860-1861 sur la rive occidentale de la rivière Mooyie, entre la Colombie britannique et l'Idaho. (ANC, C-78979)

la prospérité des années 1860. Macdonald lui-même ne manifeste pas d'intérêt pour un changement politique comme tel. Quel politicien au pouvoir le ferait? Mais il tient au symbole que présente le nom de son parti, libéral-conservateur. Comme tout conservateur, il aime la stabilité, mais il aime aussi la volonté libérale d'adopter des idées nouvelles, le moment venu. Sur la question du «*Rep. by pop.*», il a une position très claire. Parce que les Canadiens français ne peuvent pas l'accepter, il ne le peut pas, non plus, son parti étant largement dépendant du vote canadien-français. Macdonald a donc tout avantage à maintenir le *statu quo*, du moins dans l'immédiat. Quelle raison les

Canadiens français auraient-ils d'accepter les 82 députés protestants de l'ouest de la Province que le «*Rep. by pop.*» voudrait leur imposer, plutôt que de maintenir une représentation égale de 65 députés?

Le Parti libéral-conservateur doit aussi compter avec l'opposition des rouges. Ce parti politique a été formé à la fin des années 1840 par un groupe de jeunes radicaux qui se détachent du parti de La Fontaine. Inspirés par le libéralisme européen et par l'idéal démocratique américain, ils réclament une séparation plus nette de l'Église et de l'État, une réforme du système d'éducation et une démocratisation des institutions. Ils représentent une force politique dans la région de Montréal au cours des années 1850.

En avril 1861, éclate la Guerre civile américaine. La tension monte rapidement, de sorte que les Britanniques et les Américains en viennent vite à l'affrontement. Les journaux de New York et de Chicago donnent cet avertissement à l'Amérique du Nord britannique: «Attendez que la guerre finisse, et on règlera votre compte». Les colonies britanniques, particulièrement la grande et fragile Province du Canada, se sentent donc de plus en plus seules et isolées dans un monde nord-américain où se développe l'hostilité.

Les divisions politiques au sein du Canada-Uni deviennent plus profondes et les deux partis finissent par avoir force égale. C'est donc l'impasse. Le gouvernement conservateur est défait en mai 1862 sur un projet de loi à l'effet de renforcer la milice canadienne. Les gouvernements subséquents ne font guère mieux. Un changement de position ou une erreur administrative précipitent leur renversement. En juin 1864, le gouvernement Taché-Macdonald est forcé de démissionner parce que son ministre des Finances, Alexander Galt, a fait un prêt de 100 000 dollars au Grand Tronc sans l'autorisation de la Chambre d'Assemblée. Entre 1861 et 1864, la Province du Canada connaît deux élections et quatre gouvernements. Le 14 juin 1864, quand le quatrième gouvernement est renversé, les hommes politiques réunis à Québec — la capitale n'étant pas encore déménagée à Ottawa — ne voient pas de solution à la crise politique. Il faudrait désigner un cinquième gouvernement, peut-être par élection. Mais le suffrage de 1863 n'a pas apporté de changement. Personne ne croit qu'un nouveau recours au peuple puisse départager les partis.

Soudainement, George Brown trouve une solution à l'impasse et un terrain d'entente pour les conservateurs et les réformistes. En 1864, il propose un compromis, qui serait plus avantageux que la fédération des seuls Canadas. Il offre de participer, avec son parti, à un projet de confédération, c'est-à-dire d'union de toutes les colonies de l'Amérique du Nord britannique, incluant la Province du Canada. Ainsi les problèmes internes de cette dernière seraient résolus par la formation de deux nouvelles provinces correspondant aux deux sections existantes. John A. Macdonald et George-Étienne Cartier accepteraient peut-être ce projet plus vaste et plus prometteur que la fédération des deux Canadas. La volte-face de Brown, c'est-à-dire l'offre de former un gouvernement de coalition en vue d'une confédération, est si renversante que certains historiens émettent l'hypothèse que le vrai père de la Confédération n'est pas un homme mais une femme: la nouvelle épouse de Brown.

Anne Nelson Brown est une descendante des Nelson d'Edimbourg, propriétaires d'une maison d'édition de prestige. Elle a beaucoup voyagé, jouit d'une vaste culture et parle couramment l'allemand et le français. Brown l'a rencontrée à l'été 1862, l'a demandée en mariage cinq semaines plus tard et l'a épousée en novembre suivant. En juin 1864, il est fier de sa femme et de leur enfant, et les aime profondément tous les deux. Il leur adresse de Québec une correspondance passionnée. C'est là que se trouvent les quelques informations connues sur le projet de confédération.

Le Haut-Canada obtiendrait son «*Rep. by pop.*» à la Chambre des communes du gouvernement central. D'autre part, il aurait son gouvernement propre dans une province séparée. Les deux seraient sous la juridiction d'une nouvelle nation à la grandeur de l'Amérique du Nord britannique. La confédération serait donc de nature à faire naître le patriotisme, plus que la seule fédération des deux Canadas, qui ne mène à rien. La Confédération pourrait créer une nation.

L'étonnant compromis de George Brown est appuyé par les politiciens et pris en charge par un gouvernement de coalition qui en accepte le principe. La Grande Coalition, comme on l'appellera par la suite, réunit trois des quatre principaux groupes politiques du Canada-Uni: Cartier y représente les conservateurs canadiens-français; Macdonald, les conservateurs canadiens-anglais; et Brown, les réformistes. Le quatrième groupe, celui des rouges, ne fait pas partie de la coalition et il combat avec force le projet de confédération. Le gouvernement de coalition formé à la fin de juin 1864 est plus uni et plus fort que tous les autres gouvernements qu'a connus le Canada-Uni depuis plusieurs années. Son projet de confédération reçoit l'appui de 92 députés sur 130. Le gouvernement peut donc compter maintenant sur un pouvoir réel, sur une force motrice pour le réaliser.

Essentiellement, on peut dire que la Confédération canadienne naît des difficultés politiques du Canada-Uni. C'est parce qu'ils sont conscients de la difficulté, voire de l'impossibilité de faire marche arrière, que les politiciens de cette province décident d'aller de l'avant. Derrière la coalition, derrière Brown, Macdonald et Cartier, il y a une opinion publique favorable à la

L'Oncle Tom et la petite Eva. Huile dans un cadre de coquilles d'escargots, sans date, par Ira B. Barton. Josiah Henson (1798-1883), ministre noir et instituteur, aurait servi de modèle à Harriet Beecher Stowe pour son personnage principal de *La case de l'Oncle Tom*, 1852. Henson s'enfuit au Canada en 1830 et fonde la colonie de Dawn, près de Dresden, au Haut-Canada, pour les esclaves fugitifs. (Upper Canada Village, Morrisburg, Ontario)

confédération. Celle-ci représente sûrement une solution à l'impasse politique du Canada-Uni, mais plus encore: l'union d'un océan à l'autre, *A mari usque ad mare*. Un Néo-Écossais, qui séjourne dans le Haut-Canada en septembre 1864, écrit:

> Tous les journaux discutent des divers aspects du changement envisagé... Ils sont conscients du sérieux et de l'importance de la tâche qui attend les Provinces; celles-ci posent aujourd'hui les fondations d'un empire... qui s'étendra... de Terre-Neuve aux nobles collines et paisibles havres de l'Île de Vancouver... Telle est notre destinée, et les Provinces, de la plus petite à la plus grande, doivent en être dignes.

Ce raisonnement gagne toutes les provinces.

Mais on ne peut s'attendre à ce que les querelles internes de la Province du Canada affectent les quatre colonies de l'Atlantique, puisqu'elles se portent assez bien et n'ont pas connu le dixième des difficultés auxquelles est confrontée leur lointaine voisine. D'où leur tendance à se replier quelque peu sur elles-mêmes. C'était le cas en 1858; c'est encore vrai en 1864. La colonie la plus réfractaire au changement est l'Île-du-Prince-Édouard, qui est heureuse de ses fermes, de ses pommes de terre, de ses homards et de ses plages, et qui se contente de regarder le continent de l'autre côté de son bras de mer. En 1864, beaucoup des habitants de l'Île n'ont jamais traversé le détroit de Northumberland. La Nouvelle-Écosse hésite, elle aussi, pour diverses raisons. Elle connaît la prospérité à la suite du traité de Réciprocité de 1854, par lequel les États-Unis ont échangé certains avantages commerciaux contre le droit de pêche dans ses eaux. À partir des ports de Yarmouth, Maitland, Avonport, Great Village, Maccan, Parrsboro, les bateaux prennent le large pour les sept mers du monde. Plusieurs Néo-Écossais connaissent mieux Yokohama, Canton, la Barbade et Falmouth qu'Ottawa. Il règne une aussi grande activité dans le port de Saint-Jean au Nouveau-Brunswick. Ce dernier a cependant d'autres ambitions, il rêve de devenir le terminus d'un chemin de fer venant de Montréal et, du coup, le port qui donnerait au Bas-Canada un accès à la mer pendant l'hiver. Il supplanterait ainsi Portland, dans le Maine, qui assume ce rôle depuis dix ans. Terre-Neuve, pour sa part, est la colonie la plus distante, dans son attitude comme dans sa position géographique. Sa population est très différente de celle des autres colonies. Pourtant, depuis 1860, la pêche côtière y est moins bonne, et les difficultés économiques amènent les Terre-Neuviens à envisager un changement dont ils n'auraient jamais voulu auparavant.

Derrière toutes ces réactions des colonies de l'Atlantique, se cache un argument, semi-conscient, que l'Île-du-Prince-Édouard appelle avec ironie l'argument de la gloire. Les colonies de l'Amérique du Nord britannique pensent qu'elles pourraient, comme les Américains cent ans plus tôt, se faire un pays bien à elles, une nation capable de prendre en charge et de développer les vastes territoires au nord de la frontière américaine. Les hommes politiques et les journaux perçoivent que ce rêve est présent partout dans les colonies de l'Est mais à des degrés très différents. La Province du Canada vient donc de concrétiser une idée qui flottait dans l'air depuis plus d'une génération.

La Guerre civile américaine contribue grandement à promouvoir le projet de confédération et les changements qu'elle implique. Aucune guerre n'a eu pareil impact sur l'histoire de l'Amérique du Nord. Ni la révolution américaine, ni la guerre de 1812 n'ont fait tant de ravages. À Montréal, le 20 octobre 1864, l'orateur nationaliste Thomas D'Arcy McGee résume d'un mot les motifs d'adhérer à l'union: *circumspice*. «Regardez la terre trembler autour de vous, dit-il à ses auditeurs, dans les vallées de la Virginie, les montagnes de Georgie, et vous trouverez autant de motifs d'agir que de baies dans une haie de mûres». Au sud de la frontière, il y a la guerre, les coups de canon et la mort. Les colonies, qui ont déjà pensé qu'elles pourraient retarder leur émancipation, se trouvent subitement en danger. «L'expérience nous a appris, dit encore McGee en 1867, que les jours du ridicule gouvernement colonial sont comptés, que ce système politique comporte des risques et qu'il peut devenir tragique pour le Nouveau Monde».

La Guerre civile convainc les politiciens des colonies qu'une fédération viable doit reposer sur une centralisation beaucoup plus forte que celle des États-Unis. Elle laisse aussi penser que les Américains, lorsqu'ils auraient fini de se battre entre eux, pourraient porter leur agressivité au-delà de leurs frontières.

Un certain nombre d'incidents qui surviennent pendant la guerre de Sécession enflamment les Yankees. Le plus grave, c'est l'affaire du navire sudiste, l'*Alabama*. Ce navire est construit à Liverpool, sous les yeux du gouvernement britannique. On lui donne l'apparence d'un navire marchand, mais la délégation américaine à Londres n'est pas dupe, elle lui reconnaît l'allure d'un navire de guerre. Avant même son lancement, l'*Alabama* quitte discrètement Liverpool pour la France, où il est équipé. Ainsi commence sa carrière meurtrière, qui durera deux ans. En 1864, lorsqu'il est enfin coulé dans la baie de Biscaye par les navires de guerre du Nord, il a déjà causé pour 15 millions de dommages. Le Département d'État et la presse américaine soutiennent que l'*Alabama* a prolongé la guerre civile de deux ans. Comme la guerre a coûté deux milliards par année, le gouvernement américain réclame la bagatelle de quatre milliards à la Grande-Bretagne!

Une façon élégante de régler ce compte, comme les Américains le suggèrent lourdement, ce serait la cession de l'Amérique du Nord britannique. La Grande-Bretagne n'a pas l'intention de céder ses colonies. Mais ce serait différent si celles-ci choisissaient d'elles-mêmes l'annexion aux États-Unis. La philosophie du gouvernement libéral de lord Palmerston est la suivante: même si elles présentent beaucoup d'inconvénients, car elles coûtent cher et sont difficiles à administrer, les colonies britanniques de l'Amérique du Nord ne peuvent être abandonnées aux Américains. Elles font partie du passé de la métropole. Elles ont beau être diablement gênantes, la Grande-Bretagne a des obligations envers elles et envers ce qu'elles représentent. Cependant, comme les enfants, les colonies se développent. Si la Grande-Bretagne ne peut s'en défaire aux mains des Américains, il n'y a aucun mal, aucune offense à la fierté britannique, à ce que les colonies décident d'elles-mêmes d'assumer leur destinée. Pour la Grande-Bretagne, ce serait une solution avantageuse.

Le nouveau secrétaire aux colonies du gouvernement Palmeston est Edward Cardwell. C'est un homme brillant et paisible. Au parlement, la timidité le rend moins efficace mais, au cabinet ou au caucus, il devient un administrateur impitoyable s'il a l'appui de ses collègues. Il a une ligne de conduite bien déterminée: vous avez une politique et vous y croyez, mettez-la en application et restez-y fidèle. Cardwell applique ce principe quand la Grande-Bretagne doit se prononcer sur le projet de confédération entre 1864 et 1866.

Le mouvement en faveur d'une confédération s'affirme avec force pendant l'année 1864. À la fin de l'été, une conférence en vue de l'union des Maritimes est convoquée à la hâte à Charlottetown. Cette union, c'est le projet que caressent depuis quelque temps les gouverneurs en poste dans les colonies. Avec les années, il gagne l'appui du *Colonial Office* et, de façon ponctuelle, des premiers ministres. Mis au courant de la tenue de cette conférence, les hommes politiques de la Province du Canada demandent d'y assister, dans l'intention d'y proposer un projet plus important, l'union de toutes les colonies. Le 1er septembre 1864, les représentants du Canada débarquent donc du *Queen Victoria*, amarré dans le port de Charlottetown. Comme George Brown l'exprime, ils éprouvent alors la joie de Christophe Colomb! Les délégués de la Nouvelle-Écosse et du Nouveau-Brunswick, et même quelques-uns de l'Île-du-Prince-Édouard, se laissent prendre au projet exaltant des représentants canadiens. Bâtir une nation! L'union ébauchée à Charlottetown se précise à la conférence tenue à Québec, un mois plus tard. Aux deux conférences, la vie sociale est aussi intense que le travail. À la fin d'octobre 1864, on rédige les Résolutions de Québec qui constituent le projet officiel de l'union des colonies britanniques de l'Amérique du Nord.

Sans tarder, le gouvernement anglais s'empare du projet. Avec une rapidité déconcertante, Edward Cardwell adopte le projet de confédération qui vient de sortir, tout chaud pour ainsi dire, des bals, réceptions et réunions de Charlottetown et de Québec. Il en fait le projet du gouvernement britannique à la fin de novembre 1864, alors qu'il est évident que le projet bénéficie d'un appui suffisant dans les colonies. Il fait connaître la position de la métropole dès décembre 1864; il la fait valoir auprès des gouverneurs en poste à Charlottetown, Saint John's, Fredericton et Halifax; par des dépêches, il exerce une pression sur eux; il remplace un gouverneur récalcitrant en Nouvelle-Écosse; menace ceux de l'Île-du-Prince-Édouard et de Terre-Neuve; inspire un coup d'État au Nouveau-Brunswick. Si ce n'était que de Cardwell, la confédération serait une réalité en 1865, et elle s'étendrait à toutes les colonies.

Ce sont les élections tenues à Terre-Neuve, à l'Île-du-Prince-Édouard et au Nouveau-Brunswick qui empêchent Cardwell d'atteindre ses fins. À Terre-Neuve, on remet à plus tard l'adhésion à la confédération; dans les deux autres colonies, on la rejette. Ces résultats reflètent le malaise qu'éprouve la population devant l'empressement et les pressions des politiciens. Un fort provincialisme et l'absence de communications ferroviaires avec Québec et Montréal représentent bien la distance incroyable qui sépare les Maritimes de la vallée du Saint-Laurent. Les électeurs des Maritimes ne sentent pas le besoin d'agir en vitesse comme les politiciens de la Province du Canada. La confédération peut être attrayante, mais il faut bien évaluer les moyens de la réaliser. Beaucoup de citoyens des Maritimes n'aiment pas les conditions telles que présentées.

C'est le même sentiment qui règne en Nouvelle-Écosse où, cependant, le peuple n'a pas l'occasion de se prononcer dans une élection générale, puisque le gouvernement Tupper, au pouvoir depuis 1863, n'est pas obligé de déclencher d'élections avant 1867. Charles Tupper sait très bien qu'il y a risque de défaite sur la question de la confédération. Il ne la soumet donc pas à une consultation populaire. Il attend la suite des événements. En avril 1866, il apprend qu'à Fredericton, à l'instigation de Cardwell, le gouverneur vient de remplacer un gouvernement opposé à la confédération par un gouvernement qui y est favorable. Tupper décide alors d'agir. Il obtient des deux Chambres de la législature une résolution en faveur de l'union projetée. Deux mois plus tard, les électeurs du Nouveau-Brunswick donnent un appui à leur nouveau gouvernement pro-fédératif. Cardwell ne réussit pas à entraîner dans son mouvement Terre-Neuve et l'Île-du-Prince-Édouard. Mais il considère que les deux colonies situées sur le continent sont les plus importantes. La confédération sera donc réalisée.

Si la Nouvelle-Écosse n'aime pas les conditions du projet, elle aime encore moins les manipulations de Tupper. Elle voudrait un appel au peuple même s'il n'y a pas obligation. Une délégation anti-fédéraliste de Nouvelle-Écosse se rend en Angleterre en 1866. Pendant presque un an, elle essaie de bloquer au parlement de Londres la loi que l'on nommera l'Acte de l'Amérique du Nord britannique. La délégation échoue devant l'assurance et l'inflexibilité du gouvernement britannique, de Tupper, Macdonald et autres politiciens. Avec la bénédiction du pouvoir souverain de Westminster, les trois colonies du Canada, de Nouvelle-Écosse et du Nouveau-Brunswick s'unissent donc. Elles forment une nouvelle entité, le Dominion du Canada, qui comprend quatre provinces: Ontario, Québec, Nouvelle-Écosse et Nouveau-Brunswick.

L'Acte de l'Amérique du Nord britannique est sanctionné par la reine

La Conférence de Charlottetown, Île-du-Prince-Édouard, en septembre 1864. Les Pères de la Confédération posent devant l'Hôtel du Gouvernement. Le troisième à gauche, appuyé à la colonne, est Charles Tupper (1821-1915) de la Nouvelle-Écosse. Tout près de la colonne suivante, se tient Thomas D'Arcy McGee (1825-1868). Devant lui, debout, George-Étienne Cartier (1814-1873) et, assis, John A. Macdonald (1815-1891). (ANC, C-733)

Ci-dessus, George Brown (1818-1880) qui fonde le *Globe* de Toronto en 1844 et le dirige toute sa vie, même s'il fait de la politique active pendant plusieurs années.
À droite, le journaliste et homme d'État Joseph Howe (1804-1873), alors qu'il est secrétaire d'État aux Provinces dans le gouvernement de sir John A. Macdonald. À noter ses pantalons sans pli. Le pantalon avec pli ne sera à la mode qu'au début du 20e siècle. (ANC, C-26415 et C-7158)

Victoria le 29 mars 1867 et proclamé à midi le 1er juillet suivant. Les Néo-Écossais et certains habitants du Nouveau-Brunswick s'en montrent désespérés, se rebiffent et s'objectent. Mais le gouvernement britannique reste inflexible. Que peuvent les coloniaux contre un changement constitutionnel décidé à Londres avec la connivence des gouvernements des colonies? Tout ce que Joseph Howe et ses partisans anti-fédéralistes peuvent faire, c'est de se venger, au moment de l'élection, de ceux qui les ont trahis. Aux élections fédérales et provinciales de 1867, les fédéralistes de Nouvelle-Écosse essuient une défaite cuisante. Les anti-fédéralistes gagnent 18 des 19 sièges accordés à la Nouvelle-Écosse dans la nouvelle Chambre des communes, et 36 des 38 sièges, dans la Chambre d'assemblée locale. C'est sans ambiguïté! Macdonald et ses collègues ont été trompés par l'optimisme du premier ministre Tupper, qui pense que l'on peut faire passer n'importe quoi avec un peu d'audace. Tupper est arrivé à ses fins, c'est sûr, mais non sans laisser de rancœur.

L'opposition de la Nouvelle-Écosse place le nouveau Dominion du Canada dans une position difficile. Sir John A. Macdonald, créé chevalier par Londres et devenu premier ministre du Canada, doit alors faire la plus grande preuve d'ingéniosité et d'habileté de sa carrière. Samuel Leonard Tilley du Nouveau-Brunswick se rend en éclaireur chez ses voisins de la Nouvelle-Écosse. Il rapporte à Macdonald qu'il n'y a pas moyen de nier la gravité de la situation, comme Charles Tupper voudrait le faire. Au contraire, insiste-t-il, le Dominion ne pourrait rien gagner mais perdre beaucoup en laissant pourrir la situation. Macdonald prend alors le problème en main et, à mille milles de distance, il en maîtrise la complexité avec une remarquable habileté. Il améliore les termes de l'entente financière de la Confédération en ce qui concerne la Nouvelle-Écosse et il fait de Howe un de ses ministres, comme garantie des concessions accordées.

Les conditions d'entrée dans la Confédération ont été un peu plus favorables au Nouveau-Brunswick. De plus, on a tenu dans cette province deux élections sur la question, en 1865 et en 1866. En conséquence, la province entre dans la Confédération avec un mandat du peuple. Aux élections fédérales d'août 1867, 8 de ses 15 sièges vont au gouvernement Macdonald.

Quant aux Canadiens français, ils sont aussi divisés sur le projet de confédération au moment du débat parlementaire de 1865. Mais en 1867, avec l'appui des évêques, le gouvernement Macdonald remporte 47 des 65 sièges du Québec. Bon nombre de Canadiens français mettent leur espoir dans l'existence d'un gouvernement provincial. Ils se réjouissent aussi du retour de leur capitale dans la ville de Québec, estimant qu'Ottawa sera une capitale fédérale très éloignée.

L'Ontario, pour sa part, est la province qui a été à l'origine de la Confédération et au cœur de sa réalisation. En 1867, elle donne au gouvernement Macdonald 52 de ses 82 sièges.

En somme, le nouveau gouvernement de Sir John A. Macdonald se met à l'œuvre à la Chambre des communes avec une majorité de 35 sièges. Il peut donc gouverner, mais sans arrogance.

En marche vers le Pacifique

La constitution de 1867 est d'abord l'œuvre de Macdonald. Charles Tupper et Leonard Tilley sont des politiciens de province, ni l'un ni l'autre n'est avocat. Alexander Galt est un magnat des chemins de fer et un homme d'affaires. George-Étienne Cartier est avocat, mais son expérience porte surtout sur l'administration des chemins de fer et sur le droit civil, ce qui est de peu d'utilité dans la rédaction aride et minutieuse d'une constitution. George Brown est journaliste. Parmi les 33 Pères de la Confédération, on trouve donc peu d'expérience administrative et juridique, et on n'en trouve guère plus dans la fonction publique de l'époque. Macdonald confie au juge Gowan de Barrie, en Ontario, un vieil ami du temps de la rébellion de 1837, qu'il n'y a personne qui puisse l'aider et qu'il doit tout prendre sur lui: «Dans ces circonstances, je n'ai pas d'aide. Aucun membre de la Conférence (de Québec) — excepté Galt pour les finances — n'a la moindre idée de la façon d'élaborer une constitution. Tout ce qu'il y a de bon ou de mauvais dans la constitution est de moi.» En fait, la constitution canadienne revient à l'esprit fécond et souple de Macdonald.

Le partage des compétences entre le gouvernement fédéral et les gouvernements provinciaux est l'une des premières et des plus importantes questions à régler. Macdonald doit se rendre compte, lorsqu'on commence à utiliser le terme «fédéral», que ce terme a une grande extension. Il existe plusieurs sortes de fédéralisme. À un extrême, on a la constitution de la Nouvelle-Zélande établie en 1852, qui réduit presque les provinces au rang de municipalités. À l'autre, on a la première confédération des États-Unis, celle qui a été en vigueur de 1777 à 1789, et qui, en pratique, donne tous les pouvoirs aux États. Les objectifs de Macdonald sont nets et clairs. Il veut éviter ce que la guerre civile américaine a illustré de façon manifeste: la tendance qu'ont les systèmes fédéraux à se démanteler si le pouvoir central est trop faible. En conséquence, il donne à Ottawa le plus grand pouvoir possible, ne réservant aux provinces que le minimum nécessaire à un système fédéral.

Il en résulte une domination du gouvernement central sur les gouvernements provinciaux. Le pouvoir d'Ottawa de légiférer en vue «de la paix, de l'ordre et du bon gouvernement» représente la plus grande attribution de pouvoirs que connaissent les scribes du Colonial Office. C'est une expression utilisée depuis des années — plus souvent cependant dans les termes «paix, bien-être et bon gouvernement» — à chaque fois que le parlement britannique veut accorder la plénitude des pouvoirs à un gouvernement colonial. La centralisation va plus loin encore au Canada par le fait que la nomination de tous les juges du pays, jusqu'aux cours de comtés, relève d'Ottawa. Seules les nominations des magistrats, juges de paix, reviennent aux provinces. De plus, Ottawa nomme les lieutenants-gouverneurs, qui sont les chefs officiels des gouvernements provinciaux. Enfin, le désaveu, pouvoir illimité que possède le gouvernement fédéral d'annuler, pour n'importe quel motif, une loi provinciale, constitutionnelle ou non, s'élargit sans cesse. Un an à peine après la Confédération, en juin 1868, Macdonald avertit les provinces qu'elles peuvent s'attendre à ce que le désaveu, cette arme que la Grande-Bretagne n'utilisait que rarement contre les législatures coloniales, soit employé beaucoup plus fréquemment par Ottawa. Macdonald voit le gouvernement central comme un maître et les gouvernements provinciaux comme des valets. À long terme, il espérait sans doute rabaisser les gouvernements provinciaux au rang de gouvernements quasi municipaux, comme en Nouvelle-Zélande. Quelques-uns de ces principes se retrouvent dans le rôle que Macdonald attribue au gouvernement central concernant le Nord-Ouest, dont il négocie l'achat avec la Compagnie de la baie d'Hudson.

Dans les quinze mois qui suivent la Confédération, pendant que Macdonald courtise Joseph Howe et la Nouvelle-Écosse, le cabinet canadien délègue George-Étienne Cartier et William McDougall à Londres pour négocier la cession des droits de la Compagnie de la Baie d'Hudson sur la Terre de Rupert. Les deux ministres ont un passé politique radical et les deux sont fermes et opiniâtres. Cartier a le style, l'allure et la foi du Canadien français. Il a partagé la cause des Patriotes des années 1830, mais il s'est également adapté à la rudesse du monde des chemins de fer et de la finance, de même qu'au jeu du politicien des années 1850. McDougall, lui, est un réformiste ontarien, encore plus à gauche que George Brown, radical, anti-catholique, anti-français. Il n'aurait jamais été dans le même clan que Cartier sans la Grande Coalition de juin 1864. Depuis la Confédération, il détient le ministère des Travaux publics dans le gouvernement Macdonald.

Pour des motifs différents, Cartier et McDougall partagent l'avis que le Canada doit maintenant acquérir la Terre de Rupert. Ce territoire est immense. On n'a jamais atteint ses frontières, même si elles sont assez définies. Il comprend toutes les terres arrosées par les rivières qui se jettent dans la baie d'Hudson. En termes modernes, cela signifie une partie de l'ouest du Québec, la plus grande partie du nord-ouest de l'Ontario, tout le Manitoba, presque toute la Saskatchewan et l'Alberta, et la partie orientale des Territoires du Nord-Ouest. La question qui se pose pour le Canada, c'est le prix à payer. La Compagnie de la baie d'Hudson désire le meilleur prix possible. Elle préférerait vendre au Canada, mais le prix qu'offre celui-ci est très loin du prix escompté

Les édifices du parlement, Ottawa. Aquarelle, 1866, de Otto R. Jacobi. Belle vue des édifices du parlement de la Province du Canada au moment où on les termine, en 1866. L'année suivante, ils deviennent le siège du nouveau parlement du Dominion du Canada. Les principaux architectes en sont Thomas Fuller (1823-1898) et Charles Baillairgé (1826-1906). (MBAC, 9990)

et, en réalité, beaucoup plus bas que la valeur marchande. En 1867, les États-Unis ont payé la somme de 7,2 millions de dollars comptants à la Russie pour l'Alaska, sans en connaître les ressources éventuelles. La Compagnie suppute, non sans raison, que si l'Alaska vaut 7 millions, la Terre de Rupert, qui compte 700 milles de frontière avec les États-Unis, doit valoir beaucoup plus. Il est question de 40 millions de dollars, et la rumeur court que la Compagnie songe à vendre aux Américains. Même si elle était réellement tentée de le faire, le gouvernement britannique ne l'autoriserait jamais.

Après six mois de négociations, car la Compagnie de la baie d'Hudson hésite mais le gouvernement britannique insiste, le Canada conclut un marché avantageux. Il paie un million et demi pour toute l'étendue de la Terre de Rupert et rétrocède à la Compagnie un vingtième des terres arables. Au départ, la Compagnie en demandait un dixième, mais le Canada le refuse. La Terre de Rupert devient ainsi la propriété du Dominion du Canada, qui l'achète et la paie grâce à une garantie impériale. Elle va demeurer propriété fédérale jusqu'à ce qu'elle soit vendue ou donnée en subventions aux chemins de fer. Ce qui en restera en 1930 sera remis aux trois provinces de l'Ouest. L'achat de la Terre de Rupert constitue la plus grosse transaction immobilière de l'histoire du Canada. Quand Cartier et McDougall rentrent au pays au printemps de 1869, ils ont raison d'être fiers d'eux-mêmes.

Louis Riel, le père du Manitoba

Pendant les négociations menées à Londres en vue de l'achat des Territoires du Nord-Ouest, le gouvernement canadien oublie de considérer les problèmes importants que l'annexion peut causer à la Rivière-Rouge. D'Ottawa, il est facile de penser que le gouvernement peut simplement acquérir les Territoires du Nord-Ouest et les faire administrer par un modeste lieutenant-gouverneur qui s'y installe, alors que la Compagnie la Baie d'Hudson s'en retire. Ce serait compter sans Louis Riel, un Métis de vingt-cinq ans, qui a un huitième de sang indien et sept huitièmes de sang canadien-français. Intelligent, ambitieux, poète, visionnaire, vaniteux, Riel a grandi dans la colonie de la Rivière-Rouge. Il a fait des études à Montréal à la suggestion de l'archevêque de Saint-Boniface, Mgr Alexandre-Antonin Taché, qui voyait dans le jeune homme de grandes dispositions pour le sacerdoce. Ce talent, Riel le met au service non pas de l'Église, mais de son peuple métis, qui est mal compris de la plupart des protestants anglais et généralement sous-estimé. Pendant l'hiver et le printemps, les Métis vivent sur des fermes en bordure de la rivière Rouge et de ses affluents. Leurs terres profondes et étroites rappellent le découpage des terres au Québec. Pendant l'été et l'automne, ils font la chasse au bison. Comme tous les peuples chasseurs, ils ont développé des techniques qui leur sont propres. Ils forment une cavalerie légère disciplinée. W. L. Morton, le grand historien des Prairies qui a grandi au Manitoba, fait cette description de la chasse des Métis en été:

> Alors les chasseurs, chacun ayant monté son meilleur cheval, avancent sous les ordres d'un capitaine et approchent du troupeau derrière un repli de la plaine ondulée. Une fois en place, ils chargent en ligne, au signal du capitaine. Chaque homme transporte son fusil au cou de son cheval, une poignée de poudre dans sa poche, des balles plein la bouche. Quand le bison se met à courir, chacun se choisit un animal, ordinairement une jeune femelle, et chevauche à côté. Le coup de feu est tiré en travers du cou du cheval, la cible étant visée de biais. À cinquante ou même cent verges, le chasseur de la Rivière-Rouge peut abattre sa proie, bien qu'en général le coup soit tiré de plus près. Puis il verse une poignée de poudre dans le canon de son fusil, met une balle dans la gueule, puis foule le tout en frappant la crosse sur la cuisse ou la selle de son cheval.

> Entre-temps, celui-ci est parti au galop à la poursuite d'une nouvelle bête... Ainsi se fait la chasse dans le tonnerre des sabots, le reniflement et le mugissement du troupeau, dans la poussière et la clarté estivales des plaines...

Les Métis n'aiment pas la présence des Canadiens venus de l'Est. À la Rivière-Rouge, ces derniers sont bruyants et agressifs, surtout que le gouvernement canadien a déjà envoyé des arpenteurs qui lotissent les terres selon un mode fort différent du leur. Le gouvernement canadien a la ferme intention de respecter les titres de propriété, mais aucune autorité n'en donne l'assurance aux Métis.

Riel connaît les siens et sait ce qu'il peut en attendre. Avec les cavaliers métis, il s'empare de Upper Fort Garry, le principal établissement de la baie d'Hudson, au confluent des rivières Rouge et Assiniboine, le 2 novembre 1869. Il l'occupe jusqu'à ce que le nouveau Dominion du Canada consente à négocier la prise de possession de la colonie. Le résultat de la résistance des Métis, c'est la création de la minuscule province du Manitoba en 1870, avec des droits particuliers pour les Métis et les colons français.

Riel peut donc être considéré comme le père du Manitoba. En un certain sens, il l'est. Mais il commet des erreurs, dont une très grave. Il connaît ses hommes, il les influence et les entraîne, car il a leur admiration. Il manque cependant d'expérience face au pouvoir et à la façon de s'en servir. Le «coup de main» par lequel il s'empare de Fort Garry crée tension et incertitude. Les Métis canadiens-français ne constituent pas le seul groupe de «sang-mêlé». Il y en a d'autres qui ont du sang anglais. Riel essaie de les entraîner dans sa résistance. Les Métis de Riel sont cependant les mieux organisés, les plus unis, et ils ont été les premiers à réagir. Ils éprouvent du ressentiment envers les autres groupes, particulièrement les colons d'Ontario qui en sont venus à considérer la Rivière-Rouge comme le prolongement naturel de leur province. Ils sont victimes de menaces, souvent plus anodines que dangereuses, mais comment Riel peut-il le savoir? Il est bouleversé par certains faits qu'il identifie, avec raison, à des conspirations contre lui. À la fin de février 1870, les négociations avec le Canada sont en marche, une délégation à Ottawa est organisée pour le printemps et l'agitation de la Rivière-Rouge se calme. Mais les Métis se sentent de nouveau menacés par certains Ontariens anglophones établis à Portage-la-Prairie. Armés, les hommes de Riel les arrêtent un jour, au moment où ils passent à Fort Garry, même s'ils sont, en l'occurrence, sur leur route de retour, ils les emprisonnent au fort et, pour faire un exemple, ils exécutent celui qui manifeste le plus de résistance et d'agressivité, après l'avoir fait juger par leur cour martiale. C'est là une erreur. Thomas Scott est un protestant récemment arrivé d'Irlande du Nord. Il sème le trouble partout où il passe, mais ce n'est pas là un motif suffisant de condamnation, même par une cour martiale. Riel n'arrive pas à se remettre des conséquences de l'exécution de Thomas Scott. Les délégués du Manitoba à Ottawa doivent traverser Toronto incognito, tant l'opinion publique d'Ontario est soulevée de colère. Quand ils atteignent la capitale canadienne, on les arrête avec des mandats émis à Toronto et à Ottawa. Sir John A. Macdonald se trouve ainsi dans l'embarras. Il assume donc en secret les honoraires des avocats pour obtenir la libération des délégués du Manitoba. L'incident prouve qu'il y a chez les Ontariens protestants un sentiment de vengeance impitoyable, que Macdonald doit prendre au sérieux.

Avec ses 140 milles de long sur 110 milles de large, le Manitoba entre dans la Confédération le 15 juillet 1870. La loi du Manitoba respecte la plupart des conditions posées et obtenues par Riel. Ottawa envoie une expédition militaire pour prendre possession du territoire. Riel s'enfuit aux États-Unis car il sait que, même sans mandat d'arrestation, les miliciens ontariens ne le laisseront jamais s'échapper, s'ils le trouvent. Ce n'est que plus tard que Riel sera accusé du meurtre de Scott. Mais, en 1875, il sera amnistié par le gouverneur général, lord Dufferin, à la condition qu'il s'exile pour cinq ans.

Au-delà de la colonie de la Rivière-Rouge, dans les Territoires du Nord-Ouest, les grandes plaines s'étendent vers l'ouest en s'élargissant et s'élevant graduellement jusqu'aux vastes plateaux fertiles du sud de l'Alberta, à 2500 pieds d'altitude. Là, les Rocheuses s'élèvent des contreforts et bouchent entièrement l'horizon à l'ouest. Les plaines de l'Ouest, ainsi qu'on les appelle, sont habitées par de fières tribus amérindiennes, les Assiniboines, les Cris et les Pieds-Noirs. La plupart ont suivi les chevaux qui montaient du Mexique et ont atteint les plaines du Nord au milieu du 18ᵉ siècle. Les Indiens des plaines chassent le bison, qui assure leur subsistance et leur raison d'être. Ces tribus, particulièrement les Pieds-Noirs du sud de l'Alberta, ont l'habitude de troquer des fourrures contre du whisky frelaté, avec les négociants américains qui viennent de Fort Benton dans le Montana. Le Canada aura bientôt à éliminer ce trafic d'alcool, désastreux pour les Indiens et susceptible de dégénérer en guerre ouverte entre les Indiens et les Blancs.

La colonie de l'or

La Colombie britannique est coincée entre deux frontières américaines: le 49ᵉ parallèle, au sud; et l'Alaska, acquise de la Russie en mars 1867, au nord. Dans ces circonstances, il est difficile pour elle de décider de s'unir au Canada. D'autre part, la colonie est dans une mauvaise situation économique. La ruée vers l'or se déplace constamment. Du fleuve Fraser où elle était en 1858, elle est remontée vers le nord, dans la région de Cariboo, à Barkerville, où des vestiges témoignent encore de la fièvre de l'or qui a marqué l'histoire de la colonie. Dès 1865, l'or de Barkerville s'épuise à son tour et les mineurs quittent la région. D'autre part, la dette de la colonie grossit. En conséquence, le gouvernement britannique décide qu'il n'y a pas d'avantages à maintenir deux colonies sur la côte du Pacifique, l'Île de Vancouver et la Colombie britannique, avec capitales, gouvernements et timbres distincts. Il procède unilatéralement à leur union en novembre 1866. La nouvelle colonie adopte le nom de l'une, Colombie britannique, et la capitale de l'autre, Victoria. Cette union ne signifie pas la fin des problèmes, surtout que l'acquisition de l'Alaska par les États-Unis place la nouvelle Colombie britannique dans une position particulièrement précaire.

Il y a peu de solutions, et celles qu'on trouve sont inadéquates. La population blanche ne dépasse probablement pas les 11 000 habitants contre 26 000 Indiens. Elle a l'impression de vivre au bout du monde, dans un confortable cul-de-sac, sur les rivages cléments du Pacifique. Elle est coupée de tout. Pour envoyer une lettre de Victoria à Ottawa, il faut utiliser un timbre américain en plus de celui de la colonie. Autrement, la lettre est arrêtée au bureau de poste de San Francisco, 500 milles plus au sud. Situation humiliante et injuste! Pourquoi alors ne pas s'unir aux États-Unis plutôt qu'au Canada? À Victoria, on reste quelque peu loyal à l'Angleterre. Mais sur le continent, l'annexion aux États-Unis n'apparaît pas comme une trahison, ce qui a été le cas dans les colonies de l'Est. On peut l'envisager froidement, comme une solution logique. Néanmoins, le mouvement en faveur de la Confédération a beaucoup plus de force dans la vallée du Fraser que sur l'île de Vancouver car la partie continentale de la colonie est au moins contiguë au Dominion du Canada. Il est vrai que les distances sont énormes et que le territoire qui les unit est peu exploré, mais l'expédition de sir John Palliser, qui a parcouru le sud de la Saskatchewan et de l'Alberta entre 1857 et 1860, a découvert une nouvelle passe dans les Rocheuses, celle du Cheval-qui-rue. Bien sûr, exploration ne signifie pas colonisation. Pourtant, le fait que le Canada acquière les Territoires de la baie d'Hudson en 1869 donne aux canadianistes de la Colombie britannique continentale un argument qui justifie leur cause.

Que peut donc offrir le Dominion du Canada à ce vaste et sauvage pays de montagnes et de littoral? En l'occurrence, il offre beaucoup plus que ce qui est juste et raisonnable. Des délégués de la Colombie britannique se rendent à Ottawa à l'été de 1870. Le voyage est long. De Victoria, ils gagnent San Francisco par bateau, puis ils montent sur le tout nouveau transcontinental, le

Falaise au-dessus de la traverse Murderer's Bar, rivière Homathko, route de Bute Inlet. Aquarelle, 1879, de H.O. Tiedermann (1821-1891). En 1862, James Douglas, gouverneur de la Colombie britannique, ordonne la construction d'une nouvelle route en direction des mines d'or de Cariboo. Tiedemann supervise le travail. La personne qui apparaît en bas, à l'avant-plan, peut être l'artiste lui-même. Le lieu tient son nom de la légende voulant que les corps des mineurs assassinés à Bute Inlet soient apparus ici en 1858. (Archives provinciales de la Colombie britannique, pdp 2232)

Central Pacific-Union-Pacific, pour un long et pénible trajet qui les conduit à Omaha, Chicago et Toronto. Macdonald ne peut les recevoir lui-même, car il a été frappé d'une sérieuse crise de colique hépatique au début de mai et il commence à peine à se remettre de cette attaque qui a failli l'emporter. En l'absence du premier ministre, c'est George-Étienne Cartier qui se fait le porte-parole du gouvernement. Pour s'unir au Canada, les représentants de la Colombie britannique exigent d'abord une route carrossable entre Winnipeg et Burrard Inlet. Cartier se fait beaucoup plus généreux. Il s'y connaît bien en chemins de fer, il sait qu'ils peuvent servir à l'expansion du Canada. Ce que les Américains arrivent à faire, les Canadiens le peuvent aussi. Cartier répond donc à ses visiteurs: «En vérité, que voulez-vous faire d'une route carrossable, qui est impraticable l'hiver et qui est extrêmement lente en été. Pourquoi ne demandez-vous pas un chemin de fer?» Les représentants de la Colombie britannique n'en croient pas leurs oreilles! La partie avec laquelle ils négocient

Barkerville, C.B., nommée d'après William Barker, un matelot de Cornouailles, qui y découvre de l'or en 1862. Quand Charles Gentile prend cette photographie, vers 1865, la ruée vers l'or est à son apogée. En moins de dix ans, cependant, elle sera terminée. À noter la colline couverte de souches. On a coupé les arbres pour construire maisons et trottoirs. (ANC, C-88917)

leur offre plus qu'ils ne demandent! Ils acceptent donc avec enthousiasme la proposition de Cartier, mais dans les conditions suivantes: le Canada devra commencer les études préparatoires à la construction du chemin de fer dans les deux ans qui suivront l'entrée dans la Confédération, soit le 20 juillet 1871, et compléter le chemin de fer en dix ans au maximum. Cartier vient donc d'engager le gouvernement canadien à mettre en chantier et à compléter un chemin de fer qui rejoindra le Pacifique le 20 juillet 1881. Quand il l'apprend, le caucus conservateur prend peur. Mais le projet de loi sur l'entrée de la Colombie britannique dans la Confédération suit son cours. Il passe au caucus conservateur, puis au parlement, après avoir obtenu de la Colombie britannique la promesse qu'elle sera flexible sur les échéances. Pour être réaliste, il faut se rappeler qu'il n'y a pas encore d'arpentage en cours et que le centre ferroviaire le plus proche de Burrard Inlet est probablement Barrie, en Ontario.

La Confédération devient de plus en plus une réalité avec l'adhésion de l'Île-du-Prince-Édouard le 1er juillet 1873. La population de cette colonie jubile: dans les négociations, les insulaires ont séduit le gouvernement canadien au point d'obtenir qu'il finance son chemin de fer et un service de traversier, qu'il amortisse sa dette et lui verse une allocation double de celle des autres provinces. Il n'est pas étonnant que le gouverneur général puisse noter, au retour de sa visite officielle à Charlottetown le 1er juillet 1873, que les insulaires ont l'impression que c'est l'Île-du-Prince-Édouard qui vient d'annexer le Dominion du Canada!

L'union des colonies réalisée entre 1864 et 1873 est une entreprise gigantesque et elle a besoin du chemin de fer pour devenir solide et stable. L'Intercolonial entre Halifax et Québec, prévu par l'Acte de l'Amérique du Nord britannique, est presque complété. Il le sera en juillet 1876. Sandford Fleming, l'ingénieur en chef, a obtenu que la voie ferrée franchisse des ponts de fer au lieu de ponts de bois. À l'autre extrémité du pays, on en est encore aux études préliminaires. C'est Sandford Fleming qui est responsable là aussi et le travail est énorme. Le pays à franchir s'étend à perte de vue et, même cent ans plus tard, on en serait découragé. Il est vrai que les Américains ont leur transcontinental depuis 1869. Mais il faut tenir compte des différences. La population des États-Unis est de 39 millions, et le transcontinental dessert une population d'un demi-million dans la seule Californie. Pour sa part, le Canada compte 3,7 millions d'habitants en 1871 et le futur chemin de fer du Pacifique ne desservira que les 11 000 Blancs de la Colombie britannique, les Indiens y étant considérés comme quantité négligeable. Relier les provinces du Canada par un chemin de fer qui ira d'Halifax à Vancouver en 1885, est une réalisation prodigieuse pour un aussi jeune pays, dont la population n'est que de 4,3 millions en 1881.

L'offre de Cartier à la Colombie britannique est peut-être imprudente, comme le pensent beaucoup de payeurs de taxe d'Ontario. Mais le gouvernement de Macdonald se bat, non sans succès d'ailleurs, pour relever les énormes défis que représentent les Territoires du Nord-Ouest et la Colombie britannique. Une chose est évidente: on ne peut bâtir une nation à la largeur d'un continent sans lui donner des moyens de communications à la mesure de ses ambitions.

Le style et le caractère de la Chambre des communes

Le Canada est un grand pays, original et difficile à gouverner. Tout le travail en revient aux partis politiques et au parlement. La distribution des sièges à la Chambre des communes se fait d'après le principe que le Québec dispose de 65 sièges, selon ce qu'il avait, en 1867, dans l'ancienne Assemblée du

Le caricaturiste J.W. Bengough (1851-1923) fonde le *Grip*, hebdomadaire satirique, qui fait sa réputation en ridiculisant sir John A. Macdonald à l'occasion du scandale du Pacifique. Le chef libéral Alexander Mackenzie regarde sir John A. Macdonald d'un air sceptique, alors que ce dernier déclare: «J'admets que j'ai pris l'argent et que je m'en suis servi pour corrompre les électeurs. Y a-t-il quelque mal à *ça*?» (ANC, C-8449)

Canada-Uni. Ce nombre, divisé par sa population, donne le ratio qu'on applique aux autres provinces. Quant au cens électoral, chaque province conserve le sien. En 1885, on en établira un pour l'ensemble du Dominion. La propriété en constitue toujours la base. On n'exige pas nécessairement une propriété de grande valeur, mais toutes les provinces s'entendent pour en faire une condition du droit de vote. À l'époque coloniale, il est arrivé que les femmes votent en certaines circonstances en Nouvelle-Écosse et au Bas-Canada. Mais elles ont perdu ce droit avant la Confédération.

La représentation proportionnelle à la Chambre des communes est judicieuse, mais un tel système crée des inégalités, et l'Ouest s'y retrouve avec peu de pouvoir politique. À l'élection de 1900, par exemple, seulement 17 des 213 sièges de la Chambre des communes reviendront au territoire à l'ouest du lac Supérieur. Ce n'est pas là une conspiration de l'Est, mais une résultante de la démographie. Avant 1885, la grande majorité des députés, incluant sir John A. Macdonald, n'ont jamais dépassé la baie Georgienne, sur le lac Huron. Hector-Louis Langevin fait exception à la règle: comme ministre des Travaux publics, il effectue en 1871 un voyage officiel en Colombie britannique, par le chemin de fer américain Union and Central Pacific.

À l'élection générale de 1872, le gouvernement de Macdonald et Cartier prévoit des difficultés dans certaines circonscriptions. Macdonald lui-même peut probablement remporter Kingston. Langevin est moins assuré de Dorchester. George-Étienne Cartier se sait en danger dans Montréal-Est. Les chefs politiques n'ont pas à s'inquiéter uniquement de leur élection personnelle. Ils doivent aussi se préoccuper d'autres circonscriptions. En Ontario, l'affaire Riel menace les députés conservateurs. On n'a pas oublié le meurtre de Scott et le gouvernement ontarien a promis en 1871 une récompense de 5000 dollars à qui livrerait son ou ses meurtriers. Le chemin de fer du Pacifique devient aussi une question épineuse car les Ontariens contestent que leurs taxes servent à construire des voies ferrées à travers les montagnes pour rejoindre une poignée de Blancs. Comme l'Ontario compte maintenant 88 sièges à la Chambre des communes, au lieu de 82 en 1867, Macdonald n'aime pas la tournure que prend la campagne électorale. Aussi donne-t-il ordre à ses partisans des circonscriptions en danger de «faire couler l'argent», afin de gagner des votes. Après l'élection, Macdonald peut dire: «Nos amis ont été généreux dans leurs contributions.» C'est un fait.

La grande partie du financement de la campagne des conservateurs provient alors de sir Hugh Allan, magnat de la navigation à Montréal et président de la Canada Pacific Railway. Allan convoite le contrat de construction du chemin de fer jusqu'à Vancouver, car il aurait intérêt à ce que sa ligne de navigation commerciale soit reliée à une voie ferrée dont il aurait le contrôle. Il a donc besoin du gouvernement, comme le gouvernement a besoin de lui. Sir Hugh verse une somme considérable à Macdonald, Cartier et Langevin. Environ un tiers de million de dollars. (Il faut multiplier par douze pour avoir l'équivalent de nos jours).

Macdonald remporte de justesse les élections de 1872, en dépit de la corruption. La majorité qu'il détenait en 1867 s'en trouve fort réduite. Il a bien perçu la situation en Ontario: les libéraux gagnent 46 des 88 sièges, peut-être même plus, car la majorité effective de Macdonald à la Chambre des communes dépendra de la nature des questions en cause.

Au lendemain de l'élection, Macdonald paie sa dette de reconnaissance à sir Hugh Allan en lui accordant le contrat du chemin de fer du Pacifique, à la condition qu'il renonce au contrôle de ses associés américains sur son conseil d'administration. Mais comme ces derniers ont contribué au fonds destiné à soudoyer le gouvernement, ce qu'ignore Macdonald, il est difficile pour Allan de les écarter maintenant. Il en résulte donc du chantage. Les libéraux dénoncent le scandale le 2 avril 1873. Peu après, Macdonald affirme son innocence parce qu'il n'a pas profité personnellement des largesses d'Allan. Il propose à la chambre de remettre à un comité l'examen de la question. Sa majorité n'est alors que de 31 voix, mais comme la discipline de parti est ébranlée, cette majorité est elle-même incertaine. En peu de temps, elle s'amenuise et tombe à 8 voix sur 200. Macdonald compte sur l'appui des six nouveaux députés de l'Île-du-Prince-Édouard. Mais lorsque ceux-ci arrivent en chambre à l'automne de 1873, le scandale du Pacifique est à son point culminant. Les libéraux ont mis la main sur les lettres et les télégrammes adressés par Macdonald à sir Hugh Allan pendant la campagne électorale de 1872. Ils en font une lecture incriminante et savoureuse en Chambre: «Avons besoin d'un autre dix mille. Ne me laissez pas tomber.» Les libéraux publient les lettres dans leurs journaux. Même les loyaux conservateurs en tressaillent et prient le ciel qu'il n'y ait pas un mot de vérité dans tout cela. Mais c'était bel et bien vrai. Les partisans de Macdonald se laissent difficilement convaincre par sa prétendue incapacité à se remémorer certains événements et incidents. Peut-être Macdonald a-t-il vraiment des trous de mémoire car, à l'instar de ses contemporains, il boit parfois beaucoup. Mais, quoi qu'il en soit, la situation reste la même.

À l'ouverture du parlement en octobre 1873, les nouveaux députés de l'Île-du-Prince-Édouard ne se rangent pas derrière Macdonald. Ils rejoignent plutôt l'opposition libérale, qui leur promet un siège au cabinet. Le gouvernement croit pouvoir survivre avec une voix de majorité. Cette voix faisant défaut, Macdonald doit remettre sa démission le 5 novembre 1873. Le gouverneur général, lord Dufferin, appelle alors le chef de l'opposition à former le gouvernement.

Alexander Mackenzie s'exécute donc. Le nouveau premier ministre est un entrepreneur écossais, trapu et alerte, originaire de Sarnia, en Ontario, et qui a commencé à travailler comme maçon à l'âge de 14 ans. Ce n'est pas le personnage austère qu'on a quelquefois décrit. Il a le sens de l'humour mais, comme il a peu d'instruction et qu'il a fait son chemin grâce au travail et à une rude honnêteté, il manque de vivacité d'esprit et il peut être entêté et intraitable. Son parti est un ramassis de réformistes d'Ontario, de libéraux des Maritimes et de rouges du Québec. Aussitôt au pouvoir, Mackenzie appelle une élection générale pour le 22 février 1874. Le scandale du Pacifique est au cœur de la bataille électorale. Avec ses partisans, Mackenzie s'arrange pour

Le jeune Wilfrid Laurier levant l'étendard de la victoire. Dessin d'Octave-Henri Julien publié dans le *Canadian Illustrated News*, le 15 décembre 1877. En 1877, Laurier (1841-1919) devient ministre dans le gouvernement d'Alexander Mackenzie. Il est battu à l'élection partielle qu'il doit tenir selon la loi. Mais il se reprend dans Québec-Est, où il est élu. On le voit ici, sur les remparts de la ville, hissant le drapeau libéral en signe de triomphe. (ANC, C-41603)

éliminer les tories. Les électeurs canadiens donnent à Mackenzie une majorité de 71 sièges dans une Chambre qui en compte 206. C'est accablant pour les conservateurs.

Les natures timides et délicates ne sont pas à leur place à la Chambre des communes. Charles Tupper et d'autres politiciens sont habiles à présenter un fort plaidoyer pour soutenir des causes faibles, mais la Chambre n'est pas portée à prendre ces discours au sérieux. Elle se méfie de la rhétorique ou de l'éloquence, ainsi que de l'émotion si elle est sans lien avec l'argumentation elle-même. Le nouveau député qui veut faire un «discours mémorable» voit souvent les sièges de la Chambre se vider sous ses yeux. Ses belles périodes et ses métaphores peuvent devenir la risée des fumoirs. La Chambre des communes est un milieu rude, rendu plus rude peut-être par l'existence de deux bars parlementaires. Pendant les séances du soir, dans les années 1870, la moitié des députés seraient plus ou moins ivres, d'après Wilfrid Laurier.

Grand, mince, soigné, Laurier annonce le poète qu'il est. Il fait son entrée à la Chambre des communes en 1874, détient un ministère pour un moment en 1877-1878 et devient chef de l'opposition en 1887. Dès le départ, Laurier a prise sur le parlement. Il ne craint pas un bon débat, car il est cuirassé, mais sa délicatesse naturelle abhorre la malhonnêteté, les batailles et les personnes outrageantes. Il préfère les discours préparés à l'avance. Il y est plus à l'aise, semble-t-il, que dans le jeu d'attaques et de ripostes des débats parlementaires. En réalité, Laurier est un acteur. Il a un sens profond du théâtre. On a dit souvent que la qualité de ses discours tient au fait qu'il les a bien répétés.

Sous plusieurs aspects, sir John A. Macdonald est le personnage le plus intrigant de la Chambre. On l'écoute toujours, même s'il n'est pas un orateur au sens classique du terme. Rarement, il oppose un argument à un argument. Il tient compte de son auditoire et de son sujet; il procède avec intuition, comme on marche sur les pierres d'un ruisseau. Macdonald peut taper sur l'opposition quand il le veut, mais ses attaques prennent le plus souvent la forme détournée d'une parabole qui amuse ses partisans et qu'il tire de sa grande réserve de romans, de biographies et d'anecdotes. Macdonald n'a rien d'un bel homme. Ses cheveux frisés, autrefois épais, ne couvrent plus que l'arrière de la tête. Son gros nez semble mûrir avec les années et la consommation de whisky. Sa voix est riche et agréable, un peu rugueuse, un autre héritage de l'alcool. Il a une remarquable mémoire des noms et des visages, mémoire légendaire en son temps. Ce sont ces traits qui lui valent la loyauté de ses partisans jusqu'à la fin. Macdonald en est conscient. Il n'oublie jamais que le pouvoir s'appuie sur la popularité, mais son amour des êtres humains est réel. Il ne faut pourtant pas le pousser à bout, quoiqu'il ait une patience quasi illimitée pour les caprices de la nature humaine. Un jour, en 1890, le jeune ministre Charles Tupper, le fils de son père, évidemment, demande une faveur à Macdonald. Celui-ci griffonne sur la lettre qu'il juge importune de son jeune et suffisant collègue: «Débrouille-toi tout seul!».

Le parlement est du même style: abrupt, caustique, plein d'humour, indéniablement grossier. Parfois, il est tumultueux et, en certaines occasions, la tradition permet de lancer documents et journaux de part et d'autre de la Chambre. Tupper se plaint un jour d'avoir été frappé par un gros objet; l'opposition lui rétorque que ce sont sûrement les crédits supplémentaires! De temps à autre, on se bagarre au sein des comités. Durant un vote en Chambre, les «oui» s'alignent d'un côté et les «non» de l'autre. Le plaisir consiste à traîner et à transporter un député du côté opposé. Alexander Mackenzie, de petite taille, choisit un jour comme proie Cartier, qui est pourtant plus grand que lui. La victime se débat avec tant d'énergie qu'elle réussit à ne pas voter du mauvais bord. Il arrive que les débats se déroulent au milieu de chansons, de miaulements et de cocoricos. En février 1878, après une grande beuverie des parlementaires, le *Canadian Illustrated News* recommande que l'on fasse une édition spéciale du *Hansard*, qui rapporte les débats du parlement, à l'intention des cochers, afin de leur fournir une provision d'injures.

Sir Richard Cartwright, ministre des Finances de 1873 à 1878, attaque ses adversaires conservateurs avec des propos fielleux. Il s'amuse à trouver la bête noire, particulièrement pendant les 18 ans (1878-1896) du règne conservateur. En 1890, le magazine *Grip* publie une caricature de lui sous les traits d'un chevalier, dont le bouclier porte la légende «Blue Ruin». Quelqu'un lui demande «Nous laisseriez-vous voir l'envers du bouclier, sir Richard?». «Il n'y a pas d'envers!», réplique le Chevalier bleu.

La *politique nationale* et la révolution industrielle

Mackenzie n'a pas un règne facile au parlement. Il doit essayer de satisfaire la Colombie britannique, «l'enfant gâté de la Confédération», d'en finir avec le chemin de fer du Pacifique et l'Intercolonial, et de combattre la crise économique de 1874-1878. Perdant les élections partielles les unes après les autres, il voit fondre sa majorité au parlement de 71 à 42. Ce qui explique la remontée des conservateurs, à part la forte personnalité de Macdonald, c'est l'apathie du gouvernement libéral. Il n'adopte aucune mesure pour maîtriser la crise en vue d'atténuer ses mauvais effets sur l'économie du Canada. Peut être n'y a-t-il pas de solution, comme le pense le ministre des Finances, sir

Travailleuses procédant au triage du minerai à la mine de cuivre de Huntington, près de Bolton, au Québec, en 1867. Rare illustration des conditions de travail au moment de la Confédération. Photographie de William Notman. (MM/N, 28901-I)

Richard Cartwright. Mais quand il affirme avec conviction: «Nous avons autant de pouvoir que la mouche du coche, rien de plus», il n'aide en rien la popularité des candidats libéraux aux élections.

Pendant ce temps, un groupe d'industriels de Montréal persuadent sir John A. Macdonald qui n'est pas protectionniste dans l'âme, de mettre à son programme électoral une politique qui élèverait les tarifs douaniers. Pendant les étés de 1876 et 1877, Macdonald fait connaître sa nouvelle «Politique nationale» dans des pique-niques politiques, où il excelle. Fondamentalement, les libéraux sont partisans du libre-échange, et croient que les gouvernements ne devraient pas bricoler les lois économiques. Le gouvernement Mackenzie s'en tient à cette politique libérale traditionnelle, même si les États-Unis taxent lourdement les importations canadiennes depuis la guerre de Sécession. Certes, Mackenzie et Cartwright croient eux aussi qu'une politique douanière est nécessaire, non pas pour la protection des industries nationales, mais comme source de revenu indispensable à l'État. À la fin du mandat libéral, 77% du revenu national provient des tarifs douaniers. En 1900, ceux-ci en représenteront encore 73%.

Dans les rangs du Parti libéral, on trouve des opinions très diverses au sujet de la politique tarifaire: d'abord les libre-échangistes, puis ceux qui s'entendent sur ce qu'on appelle «la protection incidente», aux environs de 20%, qui serait suffisante pour protéger les manufacturiers canadiens de la concurrence étrangère, surtout américaine. Cette position représenterait surtout l'opinion des milieux urbains et de leur porte-parole Edward Blake, avocat de Toronto, qui sera le chef du Parti libéral de 1880 à 1887. Comme la présence de Blake est intermittente au parlement dans les années 1870, l'opinion qui prévaut au gouvernement est celle de Mackenzie et de Cartwright. Ceux-ci n'adoptent un tarif sur les importations que pour les revenus qu'il engendre, donc un tarif aussi bas que possible, en fonction des besoins de l'État.

Ce qui rend le problème plus aigu à l'époque, c'est le fait que les États-Unis inondent le marché canadien de produits qu'ils vendent alors à des prix inférieurs au prix de revient. Ils pratiquent le *dumping* avant la lettre. Les manufacturiers américains sont très affectés par la fermeture de leurs propres marchés pendant la crise économique. Ils trouvent donc pratique de vendre ainsi leurs produits au Canada, simplement pour réduire leurs inventaires. Edward Gurney, fabricant de poêles à Hamilton, affirme devant un comité des Communes en 1876 que ses concurrents de Buffalo vendent au Canada des poêles à la moitié du prix coûtant d'un poêle fabriqué au Canada. Les manufacturiers américains ont comme premier objectif d'écouler leurs produits au Canada. À plus long terme, ils visent à éliminer la concurrence de Gurney. Au sujet de la politique tarifaire de Mackenzie, le *Grip* de février 1876 publie une caricature qui montre, devant une manufacture fermée, l'Oncle Sam battant l'industrie canadienne écrasée au sol. Il dispose d'un puissant bâton, le tarif américain, alors que le bâton de l'industrie canadienne est petit, insignifiant et inutile. Tout près, se tient le premier ministre Mackenzie, en tenue de policier. Sans réaction, matraque gouvernementale en main, il rumine: «Pourquoi est-ce que j'hésite?» Le message de la caricature du *Grip* indique bien ce dont a besoin le pays. Au bas, est écrit en gros caractères «RECHERCHÉE — LA PROTECTION!!!»

Avoir un pays ou n'en pas avoir

La protection des industries canadiennes — laine, coton, fer et acier, chaussures, poêles — n'est pas une simple question économique, mais une question philosophique, débattue à toutes les époques. C'est un des rares sujets sur lesquels les deux partis canadiens ont des vues différentes. Macdonald lui-même n'a pas d'opinion ferme sur le sujet. S'il en a déjà eu, on peut dire qu'il

Des laminoirs à Toronto. Pastel, 1864, de William Armstrong qui évoque le poème d'Archibald Lampman (1861-1899), intitulé *The City of the End of Things.* (MTL/JRR, T10914)

a été libre-échangiste. Mais il a des antennes politiques, et il se fait lentement à l'idée du tarif protecteur, même si c'est à contre-cœur. Peut-être subit-il l'influence de Charles Tupper qui, en Nouvelle-Écosse, a fait l'expérience de ce qu'il a appelé la «Politique nationale».

Dans les faits, la sagesse de l'heure va vers le protectionnisme, quel que soit le nom qu'on lui donne. Macdonald suit donc la tendance, mais non Mackenzie. Changer ainsi d'opinion est beaucoup plus facile pour l'opposition qui n'a rien à perdre. En conséquence, Macdonald revient au pouvoir en septembre 1878, avec une majorité aussi imposante que celle qui l'a défait en 1874. Les libéraux n'en reviennent pas. Certains sont très étonnés aussi de ce que la nouvelle Politique nationale, introduite par Macdonald, devienne un trait permanent de la vie économique et politique du Canada. Son principe

Sous la Politique nationale... Lithographie en couleur d'un artiste inconnu publiée en 1891 par le comité industriel du Parti conservateur. Cette affiche électorale fait partie d'une série qui s'en prend au programme des libéraux en faveur de la Réciprocité. La Politique nationale prétend profiter aux travailleurs et aux fermiers autant qu'aux industriels. (ANC, C-95470)

fondamental consiste à encourager, par le moyen d'une politique de protection douanière, le développement de l'industrie canadienne: d'une part, on permet l'entrée au pays de matières premières à bas prix, comme le coton, la laine, le sucre brut, la mélasse; d'autre part, on impose des droits de douanes élevés (25 à 30%) sur les produits qui peuvent concurrencer les produits canadiens, comme les tissus de coton ou de laine, le sucre raffiné, les clous, les vis, les moteurs.

Le deuxième principe de la Politique nationale, c'est la permanence. Aucun manufacturier n'acceptera d'investir 100 000 dollars dans de la machinerie s'il n'a pas l'assurance que le tarif protecteur est établi pour un bon moment. Une période de vingt-cinq ans suffit peut-être pour affermir une jeune industrie. Quoi qu'il en soit, Macdonald et son gouvernement attribuent une grande importance à la permanence. Quand les libéraux luttent en vain contre la Politique nationale au parlement et dans les trois élections générales de 1882, 1887 et 1891, ils combattent probablement en même temps les manufacturiers qui croient que les affaires dépendent de la réélection du Parti conservateur. De toutes façons, il est sûr que ce n'est qu'après 1893 que le Parti libéral arrive à se gagner une part significative du monde industriel. Laurier et son parti abandonnent alors le libre-échange et sir John Thompson, chef des conservateurs, se montre dur envers les Massey et autres, qui font trop d'argent sous la couverture du tarif protectionniste.

Les manufactures, qui sont censées profiter de la protection, existent déjà quand la Politique est adoptée, mais c'est grâce à celle-ci qu'elles deviennent une composante importante de la vie économique du Canada. Pour certains contemporains, l'industrie canadienne semble éclore tout d'un coup dans la période de prospérité au début des années 1880. De toutes nouvelles manufactures apparaissent: coutellerie, horloges, feutre, articles de table, textiles. En juillet 1884, la première pièce de coton imprimé au Canada sort d'une usine qui a une capacité de production de 30 000 verges par jour. La demande augmente et les réseaux de distribution se développent.

Vie et travail

L'industrialisation qui se fait dans la deuxième moitié du 19e siècle est source de prospérité et de bien-être dans le pays. Entre 1840 et 1900, le niveau de vie s'élève, si l'on en juge d'après ce qu'on peut acheter pour un dollar: en 1900, on en obtient probablement 25 pour cent de plus. L'argent se fait peut-être un peu plus rare au tournant du siècle, mais il est impossible de le savoir. Une chose est certaine, le travailleur est moins autosuffisant en ville qu'il l'était sur sa ferme. Il doit acheter biens et services. S'il a immigré à la ville, c'est qu'il imaginait que la vie y serait meilleure, ce qui n'est pas assuré. Les loyers sont chers et il arrive qu'une fois installée en ville, une famille soit victime d'une mauvaise conjoncture sans pouvoir retourner à la campagne. Cependant, il ne fait aucun doute que les manufactures augmentent leur productivité de façon considérable. Dans l'industrie de la chaussure, par exemple, un cordonnier fabriquait deux paires de chaussures par jour en 1840. Dans les années 1880, avec la machine à coudre, un ouvrier peut en fabriquer cent. En fait, il n'est responsable que d'une opération sur mille paires; neuf autres ouvriers font les autres opérations. La production s'accroît ainsi de façon marquée, et les prix chutent en conséquence.

Pendant la même période, la technologie connaît aussi des changements spectaculaires. Le travail passe des mains de l'artisan à celles de l'ouvrier d'usine. Il en résulte des emplois beaucoup plus routiniers. La fierté de l'artisan se perd à l'usine, car celle-ci n'exige pas l'habileté et l'expérience d'hommes qui ont mis quinze ou vingt ans à apprendre leur métier. La plupart des emplois peuvent être remplis par des ouvriers non qualifiés, ou par des jeunes, garçons ou filles. Ces emplois sont moins rémunérés. En Ontario et au Québec, dans les années 1880, la loi interdit le travail des enfants, des garçons de moins de 12 ans et des filles de moins de 14 ans. Mais on n'arrive pas à l'appliquer. En Nouvelle-Écosse, les garçons ne peuvent travailler avant l'âge de 10 ans, ni plus de 60 heures par semaine jusqu'à l'âge de 12 ans! Ce ne sont pas seulement les méchants capitalistes qui sont à l'origine du travail des enfants. Il y a conspiration entre les parents et les employeurs, qui tous y trouvent leur profit: l'enfant a besoin d'un apprentissage, les parents ont besoin de l'argent que l'enfant rapporte à la maison et l'employeur a besoin d'une main-d'œuvre à bon marché. Le travail des enfants n'en est pas moins répréhensible, mais le blâme doit être partagé. D'ailleurs, la famille urbaine est en continuité avec la famille rurale; dans l'une comme dans l'autre, l'enfant travaille de longues heures. Un exemple: Théophile Carron est journalier dans une cigarerie; il a 14 ans. Son père ou sa mère l'ont placé en apprentissage à l'âge de 11 ans, par acte notarié. Après trois ans de travail, il devient compagnon et, en temps voulu, il sera un cigarier de métier. Le contrôle d'aussi jeunes travailleurs n'est pas facile, et les contremaîtres ne sont pas toujours très doux dans l'application du code disciplinaire improvisé. Ils envoient au cachot de l'usine les jeunes apprentis qui font la moindre incartade. Ils les avertissent que s'ils ne veulent pas se soumettre à de telles conditions de travail, c'est leur affaire, ils n'ont qu'à partir. En réalité, ce n'est pas toujours aussi simple. On peut faire provision de grain ou d'argent, mais on ne peut faire provision de

La pénurie de bois de chauffage. Reproduction d'un périodique illustré des années 1870. La distribution annuelle du bois de chauffage aux nécessiteux à la fin du 19ᵉ siècle est un geste de charité qui prend de plus en plus d'importance à mesure qu'augmentent le prix du bois et la population des villes. Les mois d'hiver sont les plus cruels pour les pauvres du Canada. (ANC)

travail, pas plus qu'on ne peut mettre sa faim sur une tablette et l'oublier. Le travail et le capital n'ont pas la même force de négociation. Les travailleurs doivent travailler pour manger. Les capitalistes n'ont qu'à se tenir là, le regard avide, et épargner leur argent.

La maladie en milieu urbain est plus grave encore. Si quelqu'un est malade à la ferme, il y a généralement une personne disponible pour le remplacer. À la ville, s'il n'est pas assez bien pour se rendre au travail, il perd son salaire. Il n'y a aucune assurance contre la mauvaise fortune. Malgré ces désavantages, les travailleurs continuent de passer de la campagne à la ville, échangeant les contraintes du travail agricole, souvent prolongé et mal payé, pour la discipline plus exigeante encore de la manufacture, qui assure cependant un salaire et un congé le dimanche. Le changement de milieu de travail est difficile à supporter. Dans une ville manufacturière comme Marysville, au Nouveau-Brunswick, au nord-est de Fredericton, la vie des ouvriers est commandée par le sifflet de la filature de coton. C'est au son du sifflet que les ouvriers se lèvent, vont au travail, prennent leur lunch et leur thé et, après dix heures de travail, rentrent à la maison. À la ferme, il faut bien sûr tenir compte des besoins des animaux, mais à part cette contrainte et celle de la récolte, le travailleur est son propre patron. À l'usine, le journalier est soumis à un emploi du temps qu'il ne choisit pas. Le poète Archibald Lampman, élevé à la campagne, en vient à maudire la nouvelle vie urbaine:

And toil hath fear for neighbour,
Where singing lips are dumb,
And life is one long labour,
*Till death or freedom come.**

La réduction des salaires en hiver est l'une des tristes certitudes de la famille ouvrière. Traditionnellement, l'hiver est la morte saison, tant à la campagne qu'à la ville. Même avec la venue du train, les ouvriers continuent de chômer quand vient le froid. Comme la main-d'œuvre disponible est nombreuse, les employeurs peuvent réduire les gages. Cela se produit au moment où l'on a le plus besoin d'argent pour les vêtements, le bois ou le charbon. À la campagne, on peut s'offrir une vie sociale intense, mais à la ville, la vie en hiver peut devenir insoutenable. Il y a peu de protection pour la classe ouvrière, même pour la classe moyenne, contre la malchance, les calamités, la maladie ou les accidents. Un jour, à Montréal, une famille pauvre voit son compte d'épicerie s'élever jusqu'à 11 dollars (car à l'époque on a l'habitude de payer l'épicier une fois par mois ou quatre fois par année). La femme tombe malade alors que 7 dollars seulement ont été payés. Le mari veut obtenir un délai pour régler le solde de 4 dollars. Cela lui est refusé, sans doute par des avocats sans pitié qui parfois se chargent de collecter moyennant commission. Par jugement de cour, le pauvre homme est condamné à verser les 4 dollars qu'il doit, plus 15 dollars pour les frais. Son salaire est mis sous saisie. Désespéré, il se suicide.

Les syndicats tentent de pourvoir les ouvriers d'une protection collective contre les vicissitudes, comme les réductions de salaire ou les heures de travail trop longues. Leur succès dépend de leur capacité de mobilisation. Les

---

* Traduction libre: Le labeur voisine avec la peur / Les lèvres hébétées ne chantent plus / La vie n'est qu'une longue peine / Jusqu'à ce que mort ou liberté s'ensuive.

Une marche en faveur de la journée de neuf heures à Hamilton. Reproduction tirée d'une photographie du *Canadian Illustrated News*, 8 juin 1872. Le syndicalisme canadien naît dans les grandes villes industrielles comme Hamilton, en Ontario. Cette illustration montre une manifestation des travailleurs de l'acier. À noter les bannières syndicales peintes à la main. (ANC, C-58640)

syndicats les plus forts, les plus anciens, sont ceux des artisans qui peuvent survivre à la mécanisation ou s'y intégrer, comme les typographes et les cheminots. Moins forts sont les syndicats des travailleurs manuels. On retrouve une hiérarchie dans le travail comme en toutes choses. Les syndicats de la main-d'œuvre qualifiée ne se préoccupent pas toujours de tirer les marrons du feu pour leurs frères moins qualifiés. Les Chevaliers du Travail essaient, avec succès pendant un certain temps, de réunir tous les corps de métier dans un même syndicat. Ils regroupent même des hommes d'affaires. Leurs combats portent non seulement sur les salaires et la journée de travail, mais sur la simple reconnaissance syndicale. L'Ordre fait quelques gains réels. Il mène une de ses premières batailles importantes contre la Toronto Street Railway en 1886. Le président de la compagnie, le sénateur Frank Smith, menace de n'engager aucun syndiqué. Il y a grève. Le règlement qui suit consacre le droit à la syndicalisation.

On peut affirmer sans crainte d'erreur que les problèmes liés au travail, à la syndicalisation, à l'urbanisation sont l'envers de la Politique nationale de Macdonald dans l'est du pays. Cette politique porte des fruits, mais elle engendre des problèmes sociaux. Les villes canadiennes croissent rapidement. Ainsi, la population de Montréal double entre 1871 et 1891, ce qui quadruple les demandes faites à ses institutions: protection contre les incendies, égouts, justice et police, logement. Dans l'Ouest canadien, Winnipeg connaît des tensions encore plus dramatiques. De 240 habitants en 1871, sa population passe de 25 000 en 1891. Mais en cela, comme dans le reste, l'Ouest a sa propre histoire.

Le pays des grandes distances

Pour comprendre l'Ouest canadien, il faut y avoir vécu. C'était et c'est encore un monde à part. Même l'air y est différent, comme le vent, les distances, les hivers et les étés. Les Prairies sont loin d'être monotones. Elles sont plutôt irrésistibles à cause principalement de cette lumière éblouissante, transparente, sans voile, qui les éclaire. Dans un ciel à perte de vue, pour employer les mots poétiques de Wallace Stegner, des navires de nuages se promènent, leur fond semblant frotter la terre. À travers la vaste étendue des Prairies, le vent se donne libre cours, un vent qui transporte des odeurs d'herbes fraîches, un vent clair, contre lequel il faut presque se raidir comme la truite qui descend le courant rapide.

L'Ouest présente ses propres difficultés. À la ferme, les fruits manquent et parfois on y tombe malade faute d'eau et d'ombre. Au temps des pionniers, du moins, on se nourrit de viande et encore de viande. À l'arrière du poêle, repose l'éternel chaudron de ragoût, aussi traditionnel que la grosse théière des pêcheurs de Terre-Neuve ou de la Nouvelle-Écosse, dont le thé devient presque aussi foncé et épais que le ragoût. S'il est originaire de l'est du pays, un habitant qui vit à Battleford, en Saskatchewan, dans les décennies 1870 et 1880, regrette les fruits qui font la vraie caractéristique des fermes de l'Est: les poires, pommes, cerises, pêches de la vallée du Niagara, ou la grosse Gravenstein jaune de la vallée d'Annapolis. C'est toute l'économie agricole qui est différente. Les fermes de l'Est sont presque totalement autosuffisantes. Avec 30 pouces de pluie par année ou plus, on y récolte toujours quelque chose. Dans les Prairies, on ne peut compter que sur le grain, sur l'orge ou l'avoine là où la pluie est suffisante, sur le blé dans tout le territoire.

Dans l'Ouest, la récolte présente une urgence extrême. Imaginons 160 acres (65 hectares) de blé bien mûr. Il ne peut attendre, il faut le récolter sans retard, avant la pluie, la grêle ou le froid. Pour y arriver, les hommes doivent se lever avant l'aube et se coucher, à moitié morts, quand vient la nuit, et cela jour après jour. Les femmes travaillent aussi dur: debout à 5 heures du matin, elles préparent un copieux petit déjeuner; les moissonneurs arrivent et engloutissent la nourriture; elles ont juste le temps de faire la vaisselle et de préparer les pommes de terre et tout ce qui constitue le repas de midi. Et l'après-midi, ce sera le même rythme de travail jusqu'au souper.

La nécessité de faire la récolte de façon précipitée veut dire que les chevaux, plus tard la machinerie, doivent être en aussi bon état que possible. On ne peut envisager un bris de la moissonneuse ou de la lieuse au temps de la moisson. Massey, Harris et d'autres manufacturiers canadiens fabriquent de la bonne machinerie. Mais leurs prix sont protégés par le tarif de 25 pour cent imposé par la Politique nationale, ce qui réduit l'entrée au pays de machines moins coûteuses en provenance des États-Unis, où les usines ont une plus grosse production, ce qui permet de réduire le prix unitaire des machines. Dans ces circonstances, certains agriculteurs de l'Ouest commencent à penser que les manufacturiers de l'Est tirent avantage de la Politique nationale à leurs dépens. Quoi qu'il en soit, l'important pour eux, c'est la conversion des 160 acres de grain en argent. L'agriculteur de l'Ouest est un homme d'affaires. Il réussit à s'assurer vêtements, harnais, bois de construction, machines, et même à faire des économies. Sa préoccupation, c'est l'accès de son produit au marché, les distances, le tarif du fret et le prix payé à Winnipeg pour le blé *Number 1 Northern*. Certains réussissent. S'il n'y avait pas plus de réussites que d'échecs, qui viendrait dans les Prairies? En 1881, John Fraser quitte Édimbourg, en Écosse, pour Brandon, au Manitoba, avec un capital de 2000 dollars. Il achète du Canadien Pacifique une demi-section de bonne terre noire et grasse. En moins de deux ans, sa terre vaut 4500 dollars, avec ses 40 acres (16 hectares) de blé (à raison de 20 à 30 boisseaux l'acre), 20 acres d'avoine et 20 acres d'orge. Son bétail survit en hiver du foin de la prairie.

John Fraser a plus de chance que d'autres. Dans une large mesure, il semble avoir échappé à la gelée qui frappe la Saskatchewan et l'Alberta en septembre 1883. L'été 1884 est pluvieux en Saskatchewan mais meilleur au Manitoba. Le climat n'est pas le même dans toutes les Prairies. Certaines années, le sud de la Saskatchewan connaît la sécheresse, tandis que le Manitoba

En haut: ***Un train de charrettes de la Rivière-Rouge***, vers 1862. Les charrettes sont entièrement de bois et elles peuvent flotter au besoin. En bas: ***Civilisation et barbarie, Winnipeg, Manitoba***, vers 1871. Les deux huiles sont de W.G.R. Hind, qui a participé à une grande expédition des Overlanders en 1862. (MTL/JRR, T16532 et T15907)

et le nord de l'Alberta font d'excellentes récoltes. Parfois, deux mauvaises années se suivent, comme en 1883 et 1884, et elles produisent, comme c'est le cas dans la vallée de la Saskatchewan, des conditions qui provoquent l'agitation politique et sociale. Mais, à tout prendre, la colonisation des Prairies canadiennes se fait dans la paix, elle est en elle-même une grande réalisation, avec beaucoup moins de troubles qu'aux États-Unis. On peut l'attribuer à la façon de procéder: au Canada, la loi devance les colons.

Après la rébellion de Louis Riel à la Rivière-Rouge en 1869-1870,

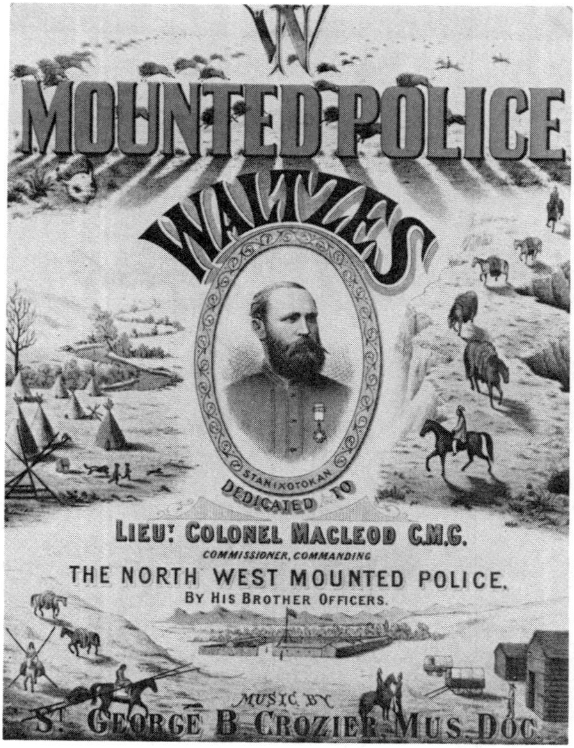

George B. Crozier compose des valses et les dédie au lieutenant-colonel J.F. Macleod, qui a construit le fort Macleod au sud de l'Alberta en 1874, puis est devenu commissaire de la Police montée du Nord-Ouest en 1877. Le fils de Crozier est aussi membre de la Police montée. C'est lui qui engage le combat contre les Métis sur la route du Lac-aux-Canards. (GM, NA-2246-1)

Ottawa est convaincu qu'il faut dans l'Ouest canadien autre chose qu'une présence militaire. Le Canada doit négocier la paix avec les Indiens, et une importante série de traités sont conclus entre 1871 et 1877. Mais en même temps, il faut exercer un contrôle, moins sur les Indiens que sur les colons, qui représentent davantage une menace de désordre à cause de leur nombre et de leur influence. C'est ce qui ressort de l'expérience américaine. Si les Sioux dressent une embuscade contre le général Custer à Little Big Horn, au

Montana, le 25 juin 1876, c'est que ce dernier est là pour protéger les mineurs blancs venus en grand nombre à la recherche de l'or, envahissant ainsi le territoire des Sioux. La guerre qui s'ensuit coûte 20 millions de dollars aux Américains. C'est plus que le budget total du Canada. Pareille guerre avec les Indiens serait donc un désastre pour le pays, non seulement du point de vue humain mais aussi financier. Le Canada doit garder la paix. L'équivalent canadien de *Custer's last stand* est le Traité n° 6, nommé Fort Carlton-Fort Pitt, et signé en août-septembre 1876 avec les Cris des Plaines et les Cris des Bois de la vallée de la Saskatchewan du Nord. L'année suivante, le ministre canadien de l'Intérieur, David Mills, visite Washington. Son vis-à-vis américain, Carl Schurz, secrétaire de l'Intérieur, lui demande: «Comment faites-vous pour discipliner vos colons?» On ne connaît pas la réponse de Mills. Mais l'explication, c'est que le gouvernement canadien est venu dans l'Ouest le premier, qu'il a conclu des traités de paix avec les Indiens, qu'il a fait un relevé des terres complet et précis, qu'il a créé la Police montée du Nord-Ouest, bref, qu'il a assuré l'ordre. Chacune de ces mesures renforce les autres, et toutes sont en place avant l'arrivée des colons.

Macdonald crée la Police montée du Nord-Ouest en 1873, à la recommandation des autorités du Nord-Ouest, particulièrement d'Alexander Morris, lieutenant-gouverneur du Manitoba et des Territoires du Nord-Ouest de 1872 à 1877. Cette police est originale dans ses fonctions et dans son organisation. Elle est très différente de tout ce qui existe ailleurs au Canada. Le système en vigueur dans l'est du pays est importé d'Angleterre, comme le droit lui-même, et fonctionne relativement bien. La justice est décentralisée et s'exerce très localement. S'il survient une vraie crise sociale, on peut appeler la milice, mais une telle crise se produit rarement.

La loi qui est faite pour l'est du pays ne convient pas aux communautés insouciantes et primitives à l'ouest du lac Supérieur. La Compagnie de la baie d'Hudson a instauré son propre système judiciaire de type britannique, mais il est devenu vraiment inefficace en 1869, comme le démontre la prise de Fort Garry par Louis Riel. Quand le système réussit à maintenir l'ordre, c'est que les troupes britanniques sont stationnées à la Rivière-Rouge, en 1846-1849 et en 1857-1861, par exemple. Une fois qu'elle est créée, la province du Manitoba fait ses propres lois, l'administration de la justice étant de juridiction provinciale. Il reste à doter les Territoires du Nord-Ouest d'une force policière capable d'y maintenir l'ordre. Alexander Morris et Macdonald s'en chargent en créant la Police montée, qui répond bien aux besoins du temps.

La Police montée du Nord-Ouest a des pouvoirs et une discipline qui ne ressemblent en rien au système britannique, excepté, peut-être, à la force constabulaire d'Irlande. L'idée d'adopter la tunique rouge de Norfolk n'est pas de Macdonald, mais de l'adjudant-général de la milice canadienne, le colonel Robertson-Ross. D'ailleurs, le rouge est la couleur traditionnelle de l'armée britannique. L'écrivain Wallace Stegner se souvient qu'en 1914, à l'âge de cinq ans, il a vu pour la première fois un policier à cheval, à Weyburn, en Saskatchewan:

> Je ne saurais exagérer l'impression forte et irrésistible que m'a faite cet homme en tunique rouge. Je pense savoir, pour l'avoir ressenti, pourquoi l'apparence de la Police montée produit un effet si spectaculaire. Jamais a-t-on apporté tant d'importance à la dignité d'un uniforme, et rarement a-t-on présenté de façon aussi théâtrale la loi et l'ordre... La frontière la plus visible entre le Canada et les États-Unis, c'est une ligne de couleur: le bleu au sud, le rouge au nord; le bleu, pour la trahison et les promesses violées, le rouge, pour la protection et l'honnêteté.

Les membres de la Police montée sont à la fois soldats et policiers. Ils ressemblent davantage aux gendarmes français qu'aux policiers britanniques, mais ils diffèrent des uns et des autres en ce qu'ils remplissent, en plus, les fonctions de magistrat. Les constables arrêtent les criminels; les officiers les jugent. Combiner ainsi d'aussi grands pouvoirs représente un danger, car la justice tout entière se trouve à reposer sur l'intégrité et l'honnêteté des membres de la Police montée. Macdonald justifie le complet abandon du système anglais en faveur d'une force policière fédérale, par le fait que c'est sur un immense territoire éloigné que doit s'exercer la justice. Il croit donc que la Police montée sera temporaire, qu'elle perdra ses fonctions aux mains des provinces à mesure qu'elles seront créées. Dans les faits, cette police est si efficace que les deux provinces créées en 1905, l'Alberta et la Saskatchewan, supplient Laurier de la maintenir sur leur territoire. Non seulement survit-elle dans l'Ouest, mais elle se répand, dépouillée cependant de sa fonction judiciaire, dans toutes les autres provinces du Canada, à l'exception de l'Ontario et du Québec.

Au début des années 1880, le mécontentement se fait sentir en Saskatchewan. Louis Riel revient au Canada pour prendre de nouveau la direction d'un mouvement, qui atteint son paroxysme avec la rébellion de 1885. L'agitation des Métis n'est pas une réaction à la Police montée mais à un gouvernement trop lointain. Il y a une immense distance entre Regina ou Prince-Albert et Ottawa. Certains des griefs qui naissent dans la vallée de la Saskatchewan sont mineurs. Les Métis ont-ils droit à des terres, à des *homesteads*? Alors que ce n'était pas le cas au Manitoba, ils ont ce droit en Saskatchewan et le populaire chef métis Gabriel Dumont en prend l'avantage. Peuvent-ils obtenir ces terres selon l'ancien mode de division des terres, celui

Gabriel Dumont (1837-1906), chef des Métis de la Saskatchewan jusqu'en 1881. C'est un tacticien très habile dans la guérilla et un soldat dans l'âme. Cette photographie célèbre montre le lieutenant de Riel après sa fuite de Batoche en 1885. Incapable de sauver Riel de la pendaison, il s'enfuit aux États-Unis et se joint au *Wild West Show* de Buffalo Bill comme tireur d'élite. Il revient au Canada en 1893 après l'amnistie de 1886. (GM, NA-1063-1)

qu'ils ont connu le long de la rivière Rouge? Le gouvernement le refuse, parce que ce système entraînerait des problèmes administratifs. Pour les Métis, l'une et l'autre de ces revendications sont importantes, parce qu'elles sont au cœur de leur société traditionnelle. Comme ils n'ont pas de représentants efficaces à Ottawa, ils essaient de se faire entendre du gouvernement par des mémoires, des lettres et des pétitions. Année après année, les Métis multiplient les pressions auprès du ministère de l'Intérieur. Ottawa tarde à répondre, encore plus à agir, donnant aux Métis l'impression, comme quinze ans plus tôt à la Rivière-Rouge, qu'ils sont un peuple assiégé, vulnérable. Devant certains griefs sérieux, le gouvernement canadien est impuissant. Anciennement, les Métis faisaient du transport pour la Compagnie de la baie d'Hudson. Cette fonction disparaît avec l'arrivée des bateaux à moteur sur la rivière Saskatchewan et du chemin de fer Canadien Pacifique. D'autre part, la disparition du bison ébranle aussi les assises de la vie traditionnelle des Métis, et ceux-ci n'ont aucun attrait pour la vie sédentaire axée sur l'agriculture. L'inquiétude et la colère grondent donc en Saskatchewan en 1884.

Les Métis ne sont pas les seuls mécontents. Parqués dans leurs réserves, les Indiens vivent de très grandes difficultés. Depuis les années 1870, les troupeaux de bisons disparaissent à cause de l'usage du fusil à répétition. Les Indiens ne connaissent pas l'étendue du ravage et s'accrochent désespérément à la chasse au bison, comme à leur seul moyen de subsistance. D'autre part, les traités signés avec le gouvernement canadien leur sont peu favorables. En gros, ils leur donnent des terres en proportion de leur population, 128 acres (52 hectares) par tête, moyennant un paiement annuel symbolique, des médailles et des uniformes pour leurs chefs, une aide à l'agriculture, le maintien des droits de pêche et de chasse. Mais les traités sont longs à négocier et il est difficile de traduire adéquatement en langues indiennes la langue des Blancs et leur perception de la loi. L'Indien donne un sens différent aux traités. Il pense qu'il accepte de partager la terre avec les Blancs comme on partage l'air et le soleil. Il n'a jamais vu une ville. Il ne s'imagine donc pas qu'il cède à l'homme blanc le droit de s'emparer de la terre en toute propriété. C'est à la vue des maisons, des fermes et des clôtures, ainsi que des travaux du Canadien Pacifique pendant les étés de 1882 et 1883, qu'il prend conscience de ce qu'il a donné.

Dans ces années 1880, les colons de la vallée de la Saskatchewan sont aussi aigris. Le Canadien Pacifique a modifié son tracé. À l'origine, la ligne devait passer au nord-ouest, de Winnipeg à Edmonton, et les colons ont acheté beaucoup de terres le long de la voie projetée. Soudainement, en 1882, la nouvelle compagnie du Canadien Pacifique change ses plans. Elle choisit de passer au sud, de Regina à Calgary. Elle trompe ainsi les spéculateurs et déçoit les colons, qui sont souvent les mêmes, d'ailleurs. La mauvaise gelée en 1883 et la récolte gâtée par la pluie en 1884 s'ajoutent aux autres malheurs. Les colons protestent donc violemment, ou tentent de le faire. Le problème, c'est qu'ils n'ont pas de voix à Ottawa, n'y ayant aucun député. Le

Riel en mauvaise posture. Reproduction du *Grip*, 29 août 1885. J.W. Bengough s'amuse du dilemme dans lequel les Canadiens français placent Macdonald en lui demandant de commuer la sentence de mort contre Riel. Macdonald s'en tient à la décision de la cour. (ANC, C-22249)

seul gouvernement où ils sont représentés est le Conseil des Territoires du Nord-Ouest à Regina. Mais les questions vitales pour eux, la concession des terres ainsi que les modalités et les conditions de distribution de ces terres, sont entièrement régies par le ministère de l'Intérieur et ses fonctionnaires, à Ottawa et à Winnipeg. Or l'administration de ce ministère laisse à désirer, particulièrement après le désistement de Macdonald en 1883. Trop de fonctionnaires de ce ministère à Ottawa et sur le terrain manquent d'efficacité et d'expérience, ou ils font preuve d'oisiveté.

À l'été de 1884, les Métis anglophones et francophones de la Saskatchewan s'entendent pour demander à Louis Riel de revenir du Montana afin de prendre leur cause en mains. L'appui politique, éventuellement militaire, que reçoit Riel lui vient surtout des Métis, aussi des Indiens, mais à un degré moindre. Après cinq ans d'exil, Riel est bien accueilli par les colons de Prince-Albert. On lui a demandé de prendre de nouveau la direction d'un mouvement en vue, particulièrement, de réclamer des terres. Comme arme principale, Riel adresse au gouvernement fédéral une pétition, mais celle-ci ne produit aucun effet visible. Après quelques mois, ses amis en viennent à lui reprocher son inefficacité. Un Riel ainsi piqué au vif devient dangereux. En janvier 1885, six mois après son retour dans la vallée de la Saskatchewan, il adopte des positions plus radicales dans sa religion et dans son action politique. Il perd ainsi la confiance de l'Église catholique, en se proclamant le «Prophète du Nouveau Monde». Il perd également l'appui des colons de Prince-Albert, quand il opte pour une stratégie qui rappelle celle de 1869. Le 19 mars 1885, les Métis, sous la direction de Riel, s'emparent de l'église de Batoche. Ils forment un gouvernement provisoire et demandent la reddition du fort Carlton.

Riel croit que le chantage armé, qui a eu un tel succès au Manitoba en 1869-1870, peut être aussi efficace en 1885 dans la vallée de la Saskatchewan. Mais sir John A. Macdonald ne s'y laisse pas prendre une seconde fois, surtout pas par Louis Riel. L'existence du Canadien Pacifique, qui est alors presque complété, explique largement la résistance de Macdonald. En 1869, Riel s'est rendu maître du Manitoba et Macdonald n'a pu s'y opposer que par de laborieuses négociations. Mais en 1885, Macdonald et le gouvernement canadien disposent de troupes stationnées à Qu'Appelle. En onze jours, celles-ci peuvent atteindre Lac-aux-Canards: elles y parviennent le 26 mars. Riel essaie d'entraîner les Indiens dans la rébellion. Il est confiant d'y arriver après la capitulation du fort Carlton sans coup férir. Cette capitulation constitue une perte importante pour le gouvernement, parce qu'elle ébranle son pouvoir sur la Saskatchewan du Nord. Cependant, Riel n'a ni l'habileté ni les moyens qu'il faut pour gagner les Indiens à la guerre.

La rébellion dans le territoire de la Saskatchewan n'a que peu d'échos dans les territoires voisins d'Assiniboia et d'Alberta. Il est vrai qu'on s'inquiète vivement à Calgary, quand on apprend, en avril 1885, que la rébellion a éclaté dans la vallée de la Saskatchewan. Mais on se rassure à l'arrivée des troupes de Montréal. Ce sont des Canadiens français du 65e régiment de Carabiniers. On les accueille à bras ouverts à la gare de Calgary:

> Avant l'arrivée des troupes, on condamne ouvertement le gouvernement canadien. Beaucoup ignorent même l'existence d'un gouvernement et ceux qui le connaissent désiraient qu'il en soit autrement. Mais le fait qu'il envoie des troupes pour protéger le peuple... Les officiers et leurs hommes viennent de loin...

À Calgary, on s'inquiète particulièrement de la présence de la Fédération des Pieds-Noirs à 60 ou 70 milles au sud-est. Pourtant le père Lacombe, surnommé par les Indiens «l'homme au grand cœur», les apaise par des promesses et des présents qu'il leur fait au nom du gouvernement du Dominion.

Malgré leur petit nombre, les Métis de la Saskatchewan opposent une résistance farouche à la milice canadienne. Ils ont en Gabriel Dumont un chef militaire d'une exceptionnelle habileté. Dumont connaît parfaitement la Prairie, son climat et son terrain et, s'il était libre dans sa stratégie, il serait encore plus redoutable. Pourtant, la bataille de l'Anse-aux-Poissons, le 24 avril, où les

Groupe des chefs de la rébellion armée de 1885, dans les Territoires du Nord-Ouest. Lithographie de Octave-Henri Julien publiée dans *The Illustrated War News*, 2 mai 1885. De gauche à droite: Beardy, Gros-Ours, Louis Riel, Chapeau-Blanc, Gabriel Dumont. Cette lithographie, imaginée par un Canadien français à l'emploi d'un journal anglophone, fait contraste avec l'image que les anglophones se font de Riel et de sa cohorte, en qui ils voient de vils chenapans. Au moment de la rébellion de 1885, Riel, qui n'a jamais été un cavalier, porte une grosse barbe. Mais le portrait peut s'inspirer d'une photographie antérieure. (ANC, C-86515)

Métis arrêtent l'armée du général Widdleton, est déjà suffisamment dure pour les troupes canadiennes.

Au Lac à la Grenouille, les Cris s'emparent de douze hommes, Blancs et Métis anglophones. L'agent des Indiens, un Métis anglophone du nom de Thomas Quinn, se montre trop confiant. Il renvoie un détachement de la Police montée, croyant qu'il peut imposer le respect aux Indiens de la place. Mais le 2 avril, une bande de Cris pillent un poste de la Baie d'Hudson et abattent neuf personnes, dont Quinn et deux prêtres catholiques romains. Ils épargnent seulement deux femmes et l'agent de la Compagnie de la Baie

Poundmaker, chef des Cris. Durant la rébellion du Nord-Ouest, ses hommes pillent le village de Battleford et repoussent les forces du colonel W.D. Otter. Poundmaker ne participe pas au combat et il interdit à ses guerriers de poursuivre les soldats en retraite. Il est néanmoins capturé après la rébellion, jugé et condamné à l'emprisonnement. Il meurt quelque temps après avoir été relâché, malade et moralement démoli. (ANC, C-1875)

d'Hudson. Quant à Riel, il ne tire aucun coup de feu. Un crucifix à la main, il commande ainsi ses partisans: «Tirez, au nom du Père! Tirez, au nom du Fils! Tirez, au nom du Saint-Esprit!». Quand il est capturé, le gouvernement doit décider quelle accusation porter contre lui. Ses compagnons métis et indiens ont commis des meurtres, mais lui, il n'a tué personne. Il a cependant soulevé une grave rébellion. On l'accuse donc de trahison, en s'appuyant sur une loi ancienne remontant à Edward III. Macdonald connaît cette loi pour avoir autrefois entendu la Couronne y faire référence dans un procès où il était l'avocat de la défense. À l'époque, il a trouvé que cette loi était pleine de trous.

En juillet, Louis Riel est reconnu coupable de trahison et condamné à mort. Certains prétendent qu'il est fou, ce qu'il nie lui-même. Mais un doute subsiste et le gouvernement Macdonald crée donc une commission chargée d'établir si Riel est ou non sain d'esprit. La commission déclare qu'il l'est. Il ne faut pas s'en étonner. Charles Guiteau, qui a assassiné le président des États-Unis James Garfield en 1881, a été jugé sain d'esprit, alors qu'il présentait des signes de démence plus évidents que Louis Riel. Selon les critères du 20e siècle, les deux seraient reconnus malades. En fait, le jury recommande la clémence pour Riel. Au moment où il soupèse la sentence, le cabinet canadien devrait prendre au sérieux la recommandation du jury. Mais il maintient la sentence. Le 16 novembre 1885, Riel est pendu à Regina, comme le seront, onze jours plus tard, les Indiens tenus responsables du massacre du Lac à la Grenouille.

La pendaison de Riel soulève la fureur au Québec. Les ministres québécois du gouvernement Macdonald ont laissé entendre que la sentence serait commuée. Les journaux ont tenté de convaincre Macdonald de le faire. Mais Macdonald n'est pas homme à se laisser influencer. Il aurait pendu n'importe quel homme qui aurait agi comme Riel, en dépit de son nom ou de son origine. John Thompson de Nouvelle-Écosse, qui est alors ministre de la Justice dans le gouvernement Macdonald, explique devant le parlement que quiconque conduit les Indiens à la guerre doit s'attendre au même sort que les Indiens eux-mêmes.

Les ranchs et le chemin de fer

L'Ouest se remet rapidement de la rébellion de 1885. Particulièrement le territoire de l'Alberta, qui n'a pas été sérieusement affecté par les événements. Le développement de l'élevage en est une preuve évidente. Les ranchs font leur apparition au Canada en 1880, quand les bateaux frigorifiques commencent à circuler sur l'Atlantique nord, permettant ainsi le transport de la viande congelée. C'est pourtant l'exportation du bétail vivant en Grande-Bretagne qui ouvre véritablement l'ère du ranch en Alberta.

Après un long et difficile voyage par voie de terre à partir du Manitoba, la Police montée du Nord-Ouest arrive dans le sud de l'Alberta à l'automne 1874. Elle en expulse les marchands de whisky américains parce qu'ils corrompent les Pieds-Noirs. Vers 1880, le bison a disparu, laissant la place au bétail, et Ottawa concède généreusement des terres dans la région. L'élevage se développe donc rapidement dans les pâturages qui s'alignent à perte de vue à l'ouest et au sud de Calgary. Il est facile d'établir un ranch dans ces grands espaces propices à l'élevage. Ainsi, un bon veau Hereford vaut quelque 5 dollars à la naissance. Il est nourri sans frais dans les gras pâturages bien ensoleillés de l'Alberta. En trois ou quatre ans, il vaut dix fois son prix d'origine. Dans ces circonstances favorables au développement des ranchs, le Canada exporte en Angleterre 54 000 têtes de bétail vivant en 1884. Vers 1900, ce chiffre aura doublé, en plus des ventes aux États-Unis.

Les propriétaires des ranchs de l'Alberta viennent surtout de l'est du pays

La moisson sur la ferme Sandison avec les lieuses de Massey Harris, à Brandon, au Manitoba, 1892. Photographie de J.A. Brock and Co. Ces travailleurs font des meules avec le blé qui a été coupé et lié en gerbes. On peut récolter le blé de cette façon avant même qu'il soit complètement mûr. Il continuera de mûrir une fois en meules et il sera battu le moment venu. À noter le nombre de travailleurs que nécessite une moisson. (ANC, PA-31489)

et non pas des États-Unis, comme on l'a souvent laissé entendre. Ce sont souvent des professionnels. Selon l'historien de l'Ouest, David Breen: «Le pouvoir dans l'Ouest canadien n'est pas aux mains d'hommes munis de pistolets à six coups mais d'hommes bien vêtus qui, souvent, fréquentent les clubs St. James et Rideau.» Au départ, il y a des contremaîtres américains, mais en 1880, les cow-boys sont canadiens ou britanniques. On y possède un sens aigu de «la loi et l'ordre» et les mœurs y sont très rigides. On considère donc que la loi du fusil, qui prévaut à la frontière américaine, est inacceptable et injustifiée.

La présence du chemin de fer concourt largement au bon fonctionnement des ranchs. La construction du Canadien Pacifique est certainement l'un des hauts faits de l'histoire du Canada. Pour y arriver, les directeurs consentent à de grands risques financiers et personnels, considérant que le CP

Cow-boys rassemblés, près de Cochrane, Alberta, vers 1900. Les ranchs se développent dans le sud de l'Alberta et de la Saskatchewan jusqu'en 1907. Un hiver rigoureux tue alors le bétail et chasse des centaines de cow-boys, dont plusieurs passent à la culture du blé. Photographie de Montgomery. (GM, NA-2365-34)

doit être un transcontinental de première classe et pouvoir rester en service pendant l'hiver. Sir George Stephen, sir Donald Smith, sir William Van Horne et d'autres mettent leur argent et leur réputation en jeu dans l'entreprise, qui sera enfin rentable vers 1900, et pour eux et pour les actionnaires. Le 7 novembre 1885, par un jour brumeux, on enfonce le dernier crampon à Craigellachie, cinquante milles à l'ouest de Revelstoke. Cet événement sera toujours considéré comme une date marquante de l'histoire canadienne. Mais peut-être plus important est le premier voyage d'un train de passagers. Il quitte Montréal dans la soirée du 28 juin 1886 et arrive à Port Moody, en Colombie britannique, à midi le dimanche 4 juillet. Il a mis cinq jours et demi à traverser cet immense pays.

La mise en circulation des paquebots *Empress*, qui font le lien avec l'Orient à partir de 1891, marque également le développement du Canada et celui de Vancouver en particulier. En octobre 1889, le Canadien Pacifique commande trois paquebots britanniques pour établir une liaison mensuelle avec le Japon et la Chine. Le 28 avril 1891, le premier d'entre eux, *l'Empress of India*, entre dans le port de Vancouver. Pesant 6000 tonnes, il est l'un des plus gros paquebots en service sur le Pacifique. Il a quitté Liverpool le 8 février et il est passé par le canal de Suez. Avec à son bord plus de cent passagers en première classe, il effectue presque une croisière autour du monde! Pour le Canada, c'est une façon impressionnante de faire ses débuts sur le Pacifique. Les *Empress* ont la coque blanche et allongée, la proue élégante et effilée. Ils font 16 nœuds à l'heure et sont ponctuels. Pendant 14 ans, ils seront la fierté de Vancouver et celle du monde.

Les paquebots marquent aussi un tournant radical dans l'histoire de la Colombie britannique. Dans les années 1870, la province a été «l'enfant gâté de la Confédération». Après 1886, on applique à son histoire l'expression amérindienne: «le Grand Potlatch». Au recensement de 1901, cette province compte 180 000 habitants, au moins dix fois plus qu'en 1871. Vancouver est alors un port de mer international, et l'industrie minière y est prospère. On y trouve du charbon, de l'argent, du zinc, du plomb et de l'or. Comme toute société en développement, elle connaît des problèmes sociaux: une grande disparité de richesse entre le capital et le travail ainsi que de mauvaises conditions de travail dans les mines conduisent à des grèves destructrices et créent une conscience de classe qui persistera. En effet, la Colombie britannique devient un pays de contrastes, comme Vancouver même, où les *Empress* sont amarrés à une extrémité de la rue Granville, alors qu'à l'autre extrémité, un pont enjambe False Creek pour mener à une forêt de souches puis à une vraie forêt d'arbres géants.

Vers le Grand Nord en 1898

Le Canada du Pacifique s'étend bien au-delà de la région du sud de la Colombie britannique où se concentre la population. Il se prolonge à l'extrême nord-ouest, partageant un segment de la frontière ouest avec l'Alaska. En 1892, le premier ministre du Canada, sir John Thompson, se préoccupe de définir de façon officielle cette frontière. Il soulève la question à Washington. Le secrétaire d'État américain, James G. Blaine, consent à la formation d'une commission conjointe, qui devra faire rapport en 1895. Pour les deux tiers nord, la frontière de l'Alaska ne fait pas problème. Elle suit le 141° de longitude. Le désaccord porte sur la partie sud, le long du Panhandle, à partir du massif Saint-Elias, qui est le deuxième plus élevé au Canada, avec ses

Un beau pont à chevalets du Canadien Pacifique dans un passage en fer à cheval, à l'ouest de Schreiber, Ontario, sur la rive nord du lac Supérieur, vers 1890. Un pont de ce genre demande deux millions de pieds de planches de bois ainsi que beaucoup d'habileté et d'audace, ce dont les employés de la compagnie font fièrement preuve à l'approche du train. (Archives CP, CP.12576)

La route traverse les montagnes Rocheuses. Aquarelle, 1887, de Lucius R. O'Brien (1832-1899). Ancien ingénieur civil, O'Brien visite les Rocheuses en 1882. Il y retourne en 1886 pour peindre des paysages, à la demande du Canadien Pacifique. En 1888, il peint la côte du Pacifique. La luminosité de ses œuvres est remarquable. (Collection M. et Mme F. Schaeffer; photo du MBAC)

Une photographie célèbre au Canada. Donald A. Smith, président de la Banque de Montréal, enfonce le dernier crampon, qui complète la construction du Canadien Pacifique, à Craigellachie, Colombie britannique, à 9 h 22 le matin du 7 novembre 1885. Sont présents le directeur général William Van Horne, l'ingénieur en chef Sandford Fleming, différentes personnalités et des ouvriers. Les ouvriers chinois, à qui le Canada doit l'achèvement du chemin de fer à travers les Rocheuses, sont tout-à-fait absents. (ANC, C-3693)

18 000 pieds ou 5500 mètres. La question est de savoir si la baie de Lynn Canal, où se trouvent les ports de Dyea et de Skagway, est américaine ou canadienne. Le Canada la réclame, afin de n'être pas coupé du Pacifique, mais les Américains l'occupent, comme les Russes avant 1867.

Il devient urgent de régler la question à l'été 1896, alors qu'on découvre de l'or au Yukon, plus particulièrement dans le Bonanza, un tributaire de la rivière Klondike. La nouvelle de la découverte fait le tour du monde. En 1898, c'est donc la ruée vers le Klondike. Les milliers d'arrivants empruntent surtout les deux ports du Lynn Canal, considérés cependant comme américains, et les deux cols qui traversent les montagnes en territoire canadien, à partir de Skagway, les White Pass et Chilkoot Pass. La Police montée du Nord-Ouest contrôle l'entrée du Yukon. Elle exige que les arrivants aient assez de nourriture, de vêtements et d'effets personnels pour affronter le climat rigoureux du Yukon. C'est elle qui maintient l'ordre dans le territoire. Robert Service, un jeune commis à l'emploi de la Banque canadienne de Commerce à Whitehorse puis à Dawson City, se trouve au Yukon pendant la ruée vers l'or, considérée comme la plus importante de l'histoire du monde. Il en raconte les faits les plus typiques dans un recueil de ballades publié en 1907, *Songs of a Sourdough*.

La premier train de passagers du Canadien Pacifique arrive à Port Moodie, C.B., le 4 juillet 1886. La compagnie décide alors de prolonger le chemin de fer jusqu'à Vancouver. Cette photographie montre l'arrivée du premier train de passagers dans cette ville, le 23 mai 1887. Trois mois plus tard, le vapeur *Abyssinia* du Canadien Pacifique, venant de Hong Kong et de Yokohama, sera amarré au quai, à gauche. Il devient le premier transpacifique à faire la correspondance avec le chemin de fer. (Archives municipales de Vancouver, CAN. P78.N.52)

Dans le Grand Nord, le Canada doit relever un autre défi, plus grand encore. La souveraineté du Canada sur l'Arctique a été déterminée par un arrêté en conseil du Gouvernement britannique en date du 1er septembre 1880. Elle est confirmée par une loi britannique de 1895. Le Canada hérite ainsi de l'Arctique, comme il a hérité des autres colonies de l'Amérique du Nord britannique, sans avoir la préparation ni la compétence pour prendre cette région à sa charge. Il y établit pourtant quatre districts provisoires: Ungava, Franklin, Mackenzie et Yukon. La souveraineté du Canada sur le grand Nord sera mise à l'épreuve au 20e siècle.

Au tournant du siècle, le contact avec les Inuit de l'Arctique est presque permanent. Les premières rencontres des Inuit et des baleiniers blancs remontent au 16e siècle. Ce n'est pourtant qu'au 19e siècle, alors que les Inuit participent à la traite des fourrures et se lient avec des pêcheurs de baleine, que des épidémies les déciment. La petite vérole est la plus virulente des maladies apportées par les Blancs. Mais les baleiniers et les explorateurs apportent aussi avec eux des objets d'échange, comme des haches, des couteaux et des fusils, ce qui incite les Inuit à remplacer leurs outils faits de matériaux de la région. Beaucoup d'inventions des Inuit sont d'une technologie remarquable: l'igloo,

Ci-dessus: L'ascension de Chilkoot Pass — 3500 pieds (1067 mètres). Photographie de E.A. Hegg. Au sommet, la Police montée du Nord-Ouest voit à ce que chaque arrivant ait la nourriture et les effets nécessaires. (ANC, C-5142; A, A5125)

À droite: Arrivés au Skynner's Cove, au Labrador, les membres de l'expédition de 1884 à la baie d'Hudson regardent au sud, au-delà de Nachvak Inlet. Au premier plan, le *H.M.S. Neptune*. Le géologue A.P. Low amorce l'exploration du Labrador et de l'Ungava en 1884 pour le Relevé géologique du Canada. Avec son compagnon Robert Bell, qui prend cette photo, il exécute un travail de reconnaissance côtière, à partir des bateaux du ministère de la Marine et des Pêcheries. (ANC, C-20318)

la tête de harpon détachable, le kayak et bien d'autres. Mais le contact avec les Blancs entraîne des transformations culturelles irréversibles. Malgré ces transformations, il y a encore tout un monde, à la fin du 19e siècle, qui isole les igloos de la désertique Terre de Baffin des terres et forêts du Canada méridional.

Les années 1890: les grands voiliers et le téléphone

Les maisons que l'on construit à Vancouver au milieu de la décennie 1890, sont munies d'eau courante et d'égouts, ce que permet la technologie en progrès des années 1860 et 1870. Même le vieil Halifax, bâti sur le roc, se paie le luxe d'un système d'égouts à la fin des années 1870. Cependant, aussi bien dans cette ville qu'à Vancouver, on se contente d'orienter le déversement dans l'étendue d'eau la plus proche, soit l'océan. À ces deux extrémités du pays comme dans d'autres villes entre les deux, on pourvoit aussi les nouvelles habitations des inventions récentes que sont le téléphone et l'électricité. Depuis 1880, l'invention d'Alexander Graham Bell a conquis le Canada. Le téléphone est inventé à Brantford, en Ontario. D'après Alexander Bell, seuls les États-Unis disposent des moyens techniques et financiers pour lancer le téléphone sur le marché. Pourtant, la nouvelle invention profite au Canada autant qu'à son voisin du sud. En 1882, Ottawa produit son premier annuaire téléphonique: il compte 200 abonnés.

L'électricité fait son apparition dans les années 1880. Au départ, seulement les gares et les édifices publics peuvent en être pourvus, puis vers 1900, l'électrification se généralise dans les villes, tout au moins. À mesure que l'électricité entre dans presque toutes les maisons et que se généralise l'utilisation du téléphone, les rues deviennent encombrées de fils et de poteaux. Vingt ans plus tôt, les rues canadiennes offraient la perspective de certaines rues européennes. Le sol y était malpropre, avec de la boue au printemps, de la poussière en été et en automne, et l'odeur du fumier de cheval en tout temps. Mais le ciel était dégagé. Après 1890, tout cela change. Ce sont d'abord les fils et les poteaux télégraphiques qui viennent brouiller la perspective. Quand les premiers poteaux apparaissent à Halifax vers 1850, les citoyens sortent de nuit pour les abattre à coups de hache. L'apparition du téléphone et de l'électricité les multiplie abondamment, de sorte qu'après 1890, les centres-villes de Toronto, Montréal, Vancouver, Halifax en sont défigurés.

La bicyclette est un autre symbole du progrès. La bicyclette moderne et sécuritaire de la décennie 1890 ressemble fort à celle du milieu du 20e siècle. Elle est chaussée des nouveaux pneus Dunlop et comporte deux roues d'égale

Deux photographies de la rue principale de Winnipeg, vers le sud, en 1879 et en 1897. Les photographies sont respectivement de Robert Bell et de William Notman. La rue a 40 mètres de largeur. À remarquer sur la photographie du haut les trottoirs de bois qui permettent d'échapper à la boue et l'absence complète de poteaux. Sur la photographie du bas, prise 18 ans plus tard, des tramways électriques, de gros poteaux et des fils de téléphone et d'électricité. Le monument rappelle les batailles de l'Anse-aux-Poissons et de Batoche en 1885. (ANC, C-33881 et Archives du Manitoba, collection Marguerite Simons, C-3615)

dimension. N'importe qui peut la monter. En l'espace de quelques années, elle cause une sorte de révolution sociale. À la différence du cheval, elle se maîtrise aisément et elle ne laisse pas de souvenir dans les rues. Elle est silencieuse, confortable, rapide et moins coûteuse qu'un cheval. Les jeunes,

La rue Saint-Jacques à Montréal, photographiée en 1891 par le studio Notman, est déjà le centre financier du Canada. Le deuxième édifice à partir de la droite (inauguré en 1848) est le siège social de la première banque du pays, la Banque de Montréal, créée en 1817. Au centre de la photo, un tramway tiré par des chevaux; l'électrification du transport en commun se fera à partir de 1892. (MM/N)

hommes et femmes, ainsi que les moins jeunes, l'adoptent avec enthousiasme. Les témoins de tous ces changements ne les remarquent pas toujours, car il est difficile de percevoir le changement à l'œuvre. Pourtant, une fois le 19e siècle passé, le monde ne sera plus jamais le même.

La remarque s'applique aussi à la disparition du grand voilier et du type d'économie qu'il représente. On pourra encore voir de ces navires dans les ports de l'Atlantique, aussi tard que 1920, mais ils sont déjà victimes de la diminution des tarifs du fret et de l'augmentation de la prime d'assurances sur leur cargaison. Après avoir contribué à la conquête commerciale du monde, ils sont relégués à des tâches très humbles dans des ports secondaires du monde entier. L'âge d'or des grands voiliers se situe entre 1870 et 1890. Les plus grands et les plus puissants sont construits au moment même où le commerce les abandonne. Ils ont souvent Yarmouth, Saint-Jean et Halifax comme ports d'attache. On les construit dans les chantiers navals autour de la baie de Fundy, au-delà de la baie de Chignectou ou Bassin des Mines, à Saint Martin's, Maccan, Parrsboro, Great Village, Maitland, Avonport. De là, on les envoie dans de plus grands chantiers, où ils sont équipés.

Les grands voiliers sont splendides à voir. Même les marins qui y travaillent si fort, ne peuvent se retenir de les admirer. Par un jour de grisaille dans les mers de l'extrême sud, un vent froid y fait son tour du monde. Naviguant vers l'est en direction du Cap Horn, un grand trois-mâts à coque noire, lourdement chargé, franchit les eaux bleu-vert des mers interminables, offrant au vent la face de ses voiles carrées. Il fait force de voiles et, quand il double un navire britannique, il déploie le cacatois, le hisse à bloc et prend une allure de fuite, qui rappelle les manœuvres de guerre. Il s'agit d'un *Bluenose*, très propre, bien équilibré, allant à toute vitesse... Sur le navire britannique, un vieux timonier donne son opinion sur la vie à bord d'un *Bluenose*. «Pour des fainéants, des clochards ou des marins d'eau douce, la vie doit être un enfer à bord», dit-il au commandant et à son second. «La moindre plainte... c'est le cachot et pour longtemps. Mais pour de vrais marins qui connaissent leur métier, il n'y a rien de mieux qu'un *Bluenose*. Vous devez trimer dur, mais ils vous nourrissent bien et vous traitent bien si vous faites votre travail». Le grand trois-mâts dont il parle, c'est le *William D. Lawrence*, qui a été construit à Maitland et lancé en 1874. Il a été rentable pour ses propriétaires mais, déjà vieilli en 1883, il est vendu à des négociants norvégiens et il est encore plus ou moins en usage en 1890.

Le *Bluenose* est construit en bois mou, et, après une décennie de dure navigation, il prend l'eau. Dans les années 1890, on lui préfère donc les voiliers à coque d'acier. Ceux-ci ne demandent pas de réparations importantes au bout de dix ans. Ils ne prennent pas l'eau, ils coûtent moins cher d'assurances et ils offrent une plus grande capacité de cargaison. L'époque du voilier à coque de bois disparaît graduellement. Presque aussi grand que le *William D. Lawrence*, le voilier *Canada* est bâti à Kingsport, près de Wolfville, en 1891. Quatre ans plus tard, il effectue le voyage de Rio de Janeiro à Sydney, port

L'intérieur en construction d'un grand schooner à quatre mâts, le *Cutty Sark*, à Saint-Jean, N.-B., dans les années 1880. On a ici l'avant. Sa coque est nettement conçue pour une large cargaison. À noter la contre-quille de fer fixée à la quille. Le voilier porte le nom d'un long courrier renommé destiné au transport du thé, construit en Écosse en 1869, et qui finira sa carrière commerciale en cale sèche à Greenwich, en Angleterre. (Studio Wilson)

d'Australie, en 54 jours. Après 25 ans, il est devenu une barge affectée au transport du gypse et il doit être honteusement remorqué de Bassin des Mines jusqu'à New York. Tel est le destin des voiliers à coque de bois. Il leur reste, comme aux marins qui un jour y ont navigué, la nostalgie d'une époque où le Canada est reconnu pour ses magnifiques et puissants voiliers.

En Nouvelle-Écosse, on pleure la disparition des grands voiliers, mais certaines régions de la province profitent du tarif protecteur imposé par la Politique nationale. La mise en œuvre de cette politique après 1878 contribue à la prospérité des industries implantées dans les villes d'Amherst, Truro, New Glasgow, Pictou, Sydney, entre autres, qui se développent autour des chemins

Le *William D. Lawrence* est lancé à Maitland, au fond du Bassin des Mines, en octobre 1874. Sa quille fait 75 mètres: c'est le plus grand voilier jamais construit en Nouvelle-Écosse. Il est fait surtout de bois d'épinette. Il est illustré ici toutes voiles au vent, à tribord, allant à toute vitesse. Il sera vendu à des négociants norvégiens en 1883. (NS, N-585)

de fer. Mais graduellement, la concurrence du Canada central se fait sentir. Le transfert à Montréal du siège social de la Merchants' Bank of Halifax, qui devient la Banque Royale du Canada, montre bien que la province se sent incapable de rivaliser avec Toronto et Montréal, s'étant développée dans un trop grand isolement économique. Après la Première Guerre mondiale, il n'y aura plus que quelques industries en Nouvelle-Écosse.

La vie politique accuse des changements encore plus évidents et spectaculaires après 1890. Sir John A. Macdonald meurt le 6 juin 1891. Il a fait sa dernière élection en mars précédent sous la bannière de la Politique nationale. La nation dont il est le père et qui lui survit est attachée à son charme, fière de ses réalisations, un peu partagée cependant sur ses stratagèmes. Tous les conservateurs aiment «le vieil homme», d'après sir John Thompson. Peu d'entre eux, cependant, peuvent saisir à fond les labeurs et les difficultés que représentent autant de projets et de réalisations. Quelques-uns seulement connaissent son amabilité et sa bonté, affirme encore Thompson, mais l'ensemble des conservateurs sont mal à l'aise devant sa générosité excessive, notamment en faveur des ministres à qui il donne totale autonomie, s'il a confiance en eux. En 1890, sir Hector Langevin est le doyen des ministres et l'héritier présomptif de Macdonald. Mais il est compromis dans ce qu'on appelle le scandale McGreevy-Langevin. Langevin est au ministère des Travaux publics. Thomas McGreevy est député de Québec-ouest à la Chambre des communes. C'est un ami intime de Langevin, et il sert d'intermédiaire auprès des entrepreneurs. Par des manœuvres illicites, il leur accorde d'importants travaux publics en retour de contributions à la caisse du Parti conservateur. Dans ces circonstances, le successeur logique de Macdonald n'est plus Langevin. C'est sir John Thompson, un autre membre important du cabinet. Mais Thompson a le tort de s'être converti au catholicisme. En faire le premier ministre du Canada serait un précédent. Le Parti conservateur lui préfère donc sir John Abbott, président du Sénat. Mais Abbott et Thompson s'entendent pour assainir le parti, que ce soit populaire ou non. Ils obtiennent la démission de Langevin, ce qui permet au gouvernement de survivre à un vote serré de la Chambre le 26 septembre 1891, par 101 voix contre 86. Abbott doit se retirer l'année suivante pour raison de santé. Thompson devient ainsi le seul candidat au pouvoir.

Le bateau conservateur retrouve lentement sa stabilité. Il renforce sa mince majorité de 1891 par une série de victoires aux élections complémentaires de 1892. Les libéraux forcent la tenue de ces élections dans l'espoir de profiter des retombées du scandale Langevin. En 1893, Thompson a une majorité effective de 60. Sa patience, sa forte intelligence et son bon sens ont raison des tensions entre catholiques et protestants, qui sont présentes au Canada à la fin du 19e siècle. Il donne ainsi au pays une nouvelle conception de lui-même.

En décembre 1894, Thompson meurt, une heure après avoir été assermenté par la reine Victoria, au château de Windsor, comme membre du Conseil privé impérial. Moins de deux semaines plus tard, une décision du Comité judiciaire du Conseil privé de Londres parvient à Ottawa. Le nouveau et chancelant gouvernement de Mackenzie Bowell est acculé à une très périlleuse intervention: il doit légiférer sur l'affaire complexe, épineuse, brûlante, des écoles du Manitoba.

Le problème des écoles du Manitoba ne permet aucune solution acceptable pour les deux parties: d'un côté, le gouvernement du Manitoba, qui ressemble à un groupe de protestants en colère; et de l'autre, l'Église catholique, représentée successivement par les archevêques de Saint-Boniface, Alexandre-Antonin Taché, puis Adélard Langevin, qui est plus radical. En soi, la question est simple, le droit aux écoles séparées accordé aux catholiques du Manitoba en 1870 vaut-il encore vingt ans plus tard? Les droits constitutionnels sont-ils permanents ou peuvent-ils être abrogés par une simple loi d'une législature provinciale? En 1890, les protestants du Manitoba pensent que la

Louis-Honoré Fréchette (1839-1908) est le plus célèbre poète québécois du 19e siècle. Considéré comme le «barde national», il célèbre la gloire des ancêtres, en particulier dans *La légende d'un peuple*, publié en 1887. (ANQ, GH 570-38)

majorité est en droit de révoquer une décision constitutionnelle, de supprimer à la minorité des droits concédés en 1870. Des deux côtés, on durcit sa position. En fait, le problème est insoluble, et il n'y a pas de volonté de compromis. La minorité réclame du gouvernement canadien le désaveu de la loi provinciale. Macdonald porte la question devant la Chambre qui s'empresse, avec l'assentiment des deux partis, de la référer aux tribunaux, ce qui semblait une bonne décision. Malheureusement, les cours donnent des réponses contradictoires, particulièrement le Conseil privé de Londres, en dernier recours. Celui-ci confirme à la fois la validité de la loi provinciale du Manitoba et le pouvoir du gouvernement fédéral de restituer à la minorité manitobaine les privilèges perdus en matière d'éducation. C'est là une réponse étonnante, de nature à semer la discorde entre les deux gouvernements du Manitoba et du Canada. Proposer et défendre une loi réparatrice qui porte atteinte à l'autonomie des provinces serait difficile pour n'importe quel premier ministre. Mais ce l'est davantage pour un homme faible, vaniteux, quelque peu médiocre, comme sir Mackenzie Bowell. En conséquence, le gouvernement est défait d'abord au Manitoba, puis aux élections générales du 23 juin 1896. Wilfrid Laurier remporte la victoire après avoir promis, comme le voyageur dans la fable d'Ésope, qu'il réussirait à faire accepter un compromis, par les chemins ensoleillés de la douce raison. Mais Laurier lui-même éprouve beaucoup de difficulté à faire prévaloir la douce raison...

À la fin du 19e siècle, les Canadiens ont le sentiment d'habiter un pays bien à eux. Ils ont développé une conscience nationale. Mais comme le démontre l'épineuse question des écoles du Manitoba, il y a deux nationalismes canadiens. Personne ne peut en nier la différence.

Les Canadiens français sont à quatre ou cinq générations de la Conquête de 1760. Mais l'événement est encore bien présent dans la mémoire collective. Le poète et dramaturge Louis-Honoré Fréchette se rappelle avoir assisté, en compagnie de son père, à l'arrivée de *La Capricieuse*, le premier bateau français à remonter le Saint-Laurent depuis quelque cent ans. C'était en 1855 et Fréchette avait quinze ans. Son père pointe du doigt le pavillon français qui flotte au pic de la voile et lui dit, les larmes aux yeux: «Voilà ton drapeau, mon fils! Voilà d'où tu viens!»

Ce jour-là, de nos bords - bonheur trop éphémère -
Montait un cri de joie immense et triomphant:
C'était l'enfant perdu qui retrouvait sa mère;
C'était la mère en pleurs embrassant son enfant!

À la fin du siècle, le nationalisme des Canadiens français se développe, comme la population canadienne-française elle-même. Calixa Lavallée met en musique le *Ô Canada* d'Adolphe-Basile Routhier en 1888. L'hymne parle du Canada comme de la terre des aïeux, de la gloire de son histoire, de la noblesse de ses sacrifices, et il présente le passé comme garant de la survivance des Canadiens français.

Le nationalisme canadien-anglais est d'un autre ordre. Il est moins cohérent, plus diversifié, mais certainement pas fruste. Le jeune Charles G.D. Roberts est déjà un poète reconnu en 1890. Dans un poème *Canada*, il se montre inquiet du manque de symboles, de signes évidents d'appartenance au pays:

How long the ignoble sloth, how long
The trust in greatness not thine own?
Surely the lion's brook is strong
To front the world alone!
How long the indolence ere thou dare
Achieve thy destiny, seize thy fame?
Ere our proud eyes behold thee bear
*A nation's franchise, nation's name?**

---

* Traduction libre: Sors de ta fainéantise/ Et crois en ta grandeur!/ Les fils du Lion sont assez forts/ Pour affronter seuls le monde!/ Indolent, décide-toi/ À accomplir ton destin glorieux!/ Quand te verrons-nous t'affranchir/ Et porter ton nom?

Le nationalisme canadien-français du *Ô Canada* et le nationalisme canadien-anglais du *Canada* ne peuvent alors se rejoindre, parce qu'ils s'appuient sur deux langues, deux cultures différentes, deux perceptions du Canada. Les Anglo-Canadiens ne peuvent admettre qu'une nation puisse avoir deux langues officielles. Bien sûr, de telles nations existent. La Suisse, par exemple, a trois langues officielles. Mais la notion d'un pays bilingue va à l'encontre de l'identification que l'on fait à la fin du 19e siècle entre race et langue, vues comme fondement de la nation. À cette époque, il n'est pas question de bilinguisme. De plus, les Canadiens n'ont pas encore défini leurs buts ni leurs orientations. Beaucoup sont nationalistes sans avoir d'idée précise sur la voie que doit prendre leur sentiment national.

Certains Canadiens identifient nationalisme et impérialisme, dans la perspective de donner plus d'envergure au nationalisme canadien sur la scène internationale. Cette émergence d'un nationalisme qui reste tributaire des origines coloniales, explique sans doute la conception du timbre de grande dimension émis par le ministre des Postes du Canada en 1898. Il reproduit la grande carte du monde de Mercator. L'Empire britannique y est représenté en rouge, et l'inscription proclame: «Nous possédons le plus grand empire qui ait existé». Cette identification à l'Empire britannique est sentimentale et s'inscrit dans le sillage du jubilé de diamant de la reine Victoria. L'événement ne peut laisser les Anglo-Canadiens indifférents. Mais, comme tout sentiment, cet attachement à l'Empire s'articule mal à la vie politique, économique et militaire du pays.

L'indépendance vis-à-vis de l'Empire répondrait aux aspirations d'autres Canadiens. Mais elle serait une option dangereuse. Les États-Unis se montrent agressifs en politique extérieure et toujours enclins à l'expansionnisme. Le Canada a donc encore besoin du lien avec la Grande-Bretagne, quoi que puissent en penser les Canadiens individuellement. Dans son ensemble, le

Ce timbre montrant les territoires de l'Empire britannique, est conçu, semble-t-il, d'après un dessin personnel de William Mulock de Toronto, ministre des Postes du gouvernement de Laurier. Il est émis pour marquer l'inauguration du tarif postal d'un penny au sein de l'Empire, le 7 décembre 1898. (Société canadienne des Postes)

Honoré Mercier est l'un des plus célèbres premiers ministres du Québec. Chef du Parti libéral depuis 1883, il s'associe, à la suite de la pendaison de Louis Riel en 1885, à un groupe de conservateurs pour former le Parti national. Victorieux aux élections de 1886, il devient premier ministre en janvier 1887, mais doit quitter son poste en 1891, à cause du scandale de la baie des Chaleurs. Il se distingue par sa défense de l'autonomie provinciale et par son programme nationaliste. (ANC, C-3844)

pays partage la prédiction faite par sir John Thompson en 1893, à l'effet que le Canada deviendra éventuellement une grande nation indépendante. Mais pour y arriver, il faut être de taille. Envisager l'indépendance en 1893 est «absurdité, sinon trahison», car les États-Unis «sont immensément forts même en période de paix, et intensément agressifs dans la poursuite de leurs intérêts».

Une telle affirmation de sir John Thompson est une pierre dans le jardin des quelques partisans de l'annexion aux États-Unis. Il s'agit d'un groupe limité mais actif de libéraux de l'Ontario et du Québec particulièrement, qui causent alors un véritable émoi en défendant ouvertement l'annexion. Ils invoquent l'émigration d'un demi-million de Canadiens français vers la Nouvelle-Angleterre dans les décennies 1870 et 1880. Ils s'appuient sur l'opinion d'Honoré Mercier, ancien premier ministre du Québec et chef de l'opposition libérale en 1893. Mercier soutient qu'il serait plus avantageux pour le Québec d'être un État américain qu'une province canadienne. La majorité des libéraux québécois rejettent cette opinion. Pour sa part, le juge Louis Jetté de la Cour supérieure du Québec pense que l'avenir des Canadiens français est plus sûr au Canada. Il dit, avec une pointe d'ironie: «Pour rester français, nous n'avons qu'une chose à faire: rester anglais.»

L'expansionnisme des États-Unis est bien connu. Quel que soit leur point de vue sur le Canada, les Américains partagent le rêve de Walt Whitman, de voir un jour la bannière étoilée flotter sur l'Amérique du Nord depuis le Rio Grande jusqu'au Pôle Nord. En janvier 1893, Sandford Dole réussit un coup d'État à Hawaï, qui renverse la reine Liliuokalani, puis il offre l'archipel

Illustration de la page titre de *Ô Canada! Mon pays! Mes amours!* Lithographie (sans date) de W. Leggo. George-Étienne Cartier, jeune nationaliste et futur premier ministre, écrit ce chant en 1834 et l'interprète à la réunion de la Société Saint-Jean-Baptiste du 24 juin de la même année. Les quatre derniers vers de la première strophe se lisent comme suit:

L'étranger voit d'un œil d'envie
Du Saint-Laurent le majestueux cours;
À son aspect, le Canadien s'écrie,
«Ô Canada! Mon pays, mes amours».

(Lawrence Lande Collection of Canadiana, McGill)

à Washington. Grover Cleveland, redevenu président en mars 1893, a la décence de refuser l'offre. Le président McKinley qui lui succède n'est pas aussi scrupuleux. Il fait d'Hawaï un État américain en 1898. C'est en cette même année que les États-Unis commencent leurs pressions sur Cuba pour libérer l'île de la présence espagnole. McKinley, qui est malléable, se laisse finalement entraîner dans une guerre inutile par une presse américaine chauviniste.

Les principaux litiges entre le Canada et les États-Unis sont généralement réglés par arbitrage depuis le célèbre Traité de Washington, en 1871. À cette occasion, sir John A. Macdonald a habilement défendu les intérêts canadiens contre les États-Unis qui devenaient par trop voraces, et contre l'Angleterre qui était prête à faire la paix avec les États-Unis sur le dos du Canada. Le *Grip* publie alors un dialogue révélateur entre John Bull et Uncle Jonathan concernant Little Canada, un petit garçon qui ne compte guère pour son père, John Bull. Celui-ci ne veut pas le céder d'un seul coup, afin de ne pas entamer l'héritage familial et l'image de l'Empire. Mais il serait heureux de s'en défaire petit à petit.

Les événements de Cuba en 1898 sonnent l'alarme au Canada. À l'époque, on considère les aventures militaires comme bonnes pour le moral de la nation. Quand la guerre éclate en Afrique du sud, en octobre 1899, beaucoup d'Anglo-Canadiens brûlent d'envie d'aller combattre et de montrer au monde entier ce que peut faire le Canada. Tel n'est pas le sentiment des Canadiens français, dont les sympathies vont naturellement davantage aux Boers, petit peuple pastoral et religieux, qu'aux mineurs anglais, bruyants et agressifs, que les Boers appellent *Uitlander*.

La guerre des Boers divise dramatiquement le cabinet de sir Wilfrid Laurier, l'élégant et courageux premier ministre canadien-français. Depuis 1878, c'est la première fois que les libéraux sont au pouvoir à Ottawa. Laurier a défait sir Charles Tupper et le Parti conservateur à l'élection générale du 23 juin 1896. La reine Victoria l'a créé chevalier à Londres en 1897, à l'occasion de son jubilé de diamant. La gloire impériale de cet événement merveilleux se traduit aujourd'hui par une guerre impériale.

À l'instigation du *Globe* de Toronto et du *Montreal Daily Star*, les Canadiens anglais courent se battre en Afrique. Ils demandent que le Canada envoie un contingent officiel. Laurier opte pour un compromis: il n'y aura pas de contingent officiel, mais le gouvernement canadien assumera le transport des volontaires, qui passeront à l'autorité et à la solde de l'armée britannique. Sir John A. Macdonald a refusé une aventure aussi téméraire en 1884, lors de la guerre du Soudan. Quinze ans plus tard, Laurier n'a pas la même liberté. Il est victime du progrès, d'un monde réduit par un réseau de transport et de communications, par l'électricité et la rapidité de l'information. L'Afrique du Sud est plus près du Canada en 1899 que Khartoum en 1884. Laurier est aussi victime d'un monde ambitieux, qui rêve d'empire et de grandeur de la race: la Russie avec le panslavisme; la France et la Grande-Bretagne qui sont rivales au Soudan, en Afrique occidentale, en Indochine et dans le Pacifique sud; l'Allemagne qui, avec son frénétique désir de «nouveau riche» veut se bâtir un empire bien à elle. *Deutschland über Alles* a son équivalent dans toutes les langues. Les Canadiens anglais peuvent donc chanter avec les Britanniques leur loyauté à l'Empire:

We're the soldiers of the Queen, my lads,
Who've been, my lads, who've seen, my lads,
And who'll fight for England's glory, lads,
If we have to show them what we mean! *

Mais le sentiment impérial ne trouve pas d'écho au Canada français. On y respecte le drapeau britannique, mais on ne s'enflamme pas pour la gloire de

* Traduction libre: Nous sommes les soldats de la Reine, mes amis / Qui sont allés, mes amis, qui ont vu, mes amis / Et qui vont combattre pour la gloire de l'Angleterre, amis / Si nous devons leur montrer de quel bois nous nous chauffons.

l'Angleterre. Louis-Honoré Fréchette rend cette dualité du sentiment canadien-français dans le poème *Le Drapeau anglais*, écrit vers 1880:

— Regarde, me disait mon père,
Ce drapeau vaillamment porté;
Il a fait ton pays prospère,
Et respecte ta liberté.

— Mais, père, pardonnez si j'ose...
N'en est-il pas un autre, à nous?
— Ah, celui-là, c'est autre chose:
Il faut le baiser à genoux!

C'est peut-être la grande réalisation de la période 1840-1900 que d'avoir inculqué, chez les Canadiens, cette ambivalence et donc, d'une certaine manière, d'avoir créé le Canada. Il reste encore à faire des mots Canadien et Canada des réalités cohérentes et significatives. Être un vrai Canadien n'est pas très difficile pour Laurier qui passe facilement d'une langue à l'autre, au point que les Canadiens français l'accusent d'être trop anglais, et les Canadiens anglais, trop français. C'est le prix qu'il consent à payer pour réaliser son rêve, sinon de faire vraiment du 20e siècle le siècle du Canada, du moins de créer un vrai Canada au cours du 20e siècle.

CHAPITRE 5

Triomphe et revers du matérialisme 1900-1945

RAMSAY COOK

Le siècle du Canada

Le roman de Sara Jeannette Duncan, *The Imperialist* (1904), traduit mieux que tout autre document le climat qui règne au Canada en ce début de siècle. S'y affrontent le matérialisme inhérent à un pays en voie d'industrialisation et la croyance idéaliste en la mission du Canada au sein de l'Empire britannique. Le matérialisme et les intérêts nationaux et immédiats triomphent, bien que l'on prête encore allégeance à l'Empire. Moins de dix ans plus tard, Stephen Leacock, le plus grand satiriste du pays, témoigne à son tour de ces tiraillements dans ses deux meilleures œuvres, *Sunshine Sketches of a Little Town* (1912) (traduit sous le titre de *Un été à Mariposa*) et *Arcadian Adventures with the Idle Rich* (1914); la première décrit avec nostalgie les bouleversements qui affectent les campagnes et les petites villes; la seconde dissèque avec férocité les idées-forces qui dominent dans les nouvelles villes industrielles, soit la recherche effrénée du profit, du pouvoir et de l'avancement.

Au Québec, Henri Bourassa, journaliste et homme politique nationaliste, voit les mêmes forces à l'œuvre autour de lui. En réaction contre elles, il prêche un nouveau nationalisme qui ferait à la fois contrepoids à l'impérialisme et élèverait les idéaux religieux et culturels au rang de normes sociales. Autour de lui, pourtant, le pouvoir de transformation du capitalisme est en plein essor. C'est en 1913 que paraît le célèbre roman de Louis Hémon, *Maria Chapdelaine* perçu par ses contemporains comme un hymne aux vertus rurales et religieuses. Mais cette image est déjà dépassée. L'ère industrielle et urbaine est amorcée.

Ce que certains déplorent comme du matérialisme, d'autres y voient croissance, développement et prospérité; on est enfin sorti de la dépression des années 1890. Le premier ministre Wilfrid Laurier, dont le gouvernement préside à ce grand essor économique, saisit bien l'esprit de l'époque et proclame que si le 19ᵉ siècle a été le siècle des États-Unis, le 20ᵉ sera celui du Canada. Lors d'un séjour en 1906, John Hobson, un économiste britannique, tâte le pouls du pays et constate qu'«une seule décennie a suffi pour que le manque d'assurance fasse place à une confiance sans bornes et à un esprit d'entreprise enthousiaste». Cette opinion est aussi celle de nombreux écrivains canadiens-français, notamment d'Errol Bouchette, auteur d'une œuvre fort remarquée *L'Indépendance économique du Canada français* (1906); la plupart partagent cependant l'inquiétude de Bouchette de voir leurs compatriotes se laisser emporter par les courants économiques au lieu de les maîtriser. «Aujourd'hui, écrit Bouchette, c'est dans l'arène purement économique que doit se décider la lutte de supériorité qui se poursuit entre les

Cette carte a été publiée en 1906 dans le *New Encyclopedic Atlas and Gazetteer*, un an après la création des provinces de la Saskatchewan et de l'Alberta à même les districts des Territoires du Nord-Ouest. En 1912, les frontières du Manitoba seront élargies de façon à englober la partie sud du district de Keewatin; celles du Québec et de l'Ontario seront également étendues vers le nord. Terre-Neuve, colonie britannique, ne se joindra au Dominion qu'en 1949. (ANC/CNCP, 16411)

différents éléments de notre population, puis entre les peuples du continent.» Cette observation se révélera prophétique.

Au Canada, comme dans les autres pays en voie d'industrialisation, l'histoire de la première moitié du 20ᵉ siècle est celle d'une société qui apprend à maîtriser les forces du changement libérées par l'expansion économique. La

Le 5 juin 1901 («Pretoria Day»), les Torontois célèbrent la victoire britannique en Afrique du Sud en envahissant les rues à pied, en calèche, en tramway et même à bicyclette. La lutte acharnée des Britanniques et des Boers a cependant provoqué des tensions entre le Canada anglais et le Canada français. (AO, S1243)

croissance implique des tensions sociales et de nouveaux rapports entre les classes, entre les sexes et entre les groupes ethniques. Des questions inédites surgissent au sujet de l'intégration de toutes les régions au pays, des relations entre Canadiens français et Canadiens anglais, et de la place que doivent occuper les centaines de milliers de nouveaux immigrants. C'est également au cours de cette période qu'un modernisme émerge peu à peu dans la religion et la culture et que l'État accroît timidement son intervention dans les affaires économiques, sociales et culturelles du pays. La première moitié de ce siècle qui appartient aux Canadiens débute par une guerre impériale, se poursuit avec la Première Guerre mondiale et se termine avec la Deuxième. La crise sociale provoquée par la dépression économique des années trente ébranle fortement l'optimisme du début du siècle. Pourtant, même une guerre où explose la première bombe atomique ne vient pas à bout de la conviction que le pays n'a pas encore livré toutes ses promesses.

À l'aube du siècle, la haute bourgeoisie canadienne peut afficher des prétentions aristocratiques. En 1902, lors de la visite du gouverneur général et de Lady Minto à Toronto, Joseph Flavelle, grossiste en viandes, leur prête sa grande demeure, *Holwood*, construite peu auparavant sur Queen's Park Crescent. On voit ici le départ des dignitaires pour le champ de courses. (Michael Bliss, Toronto)

Une économie nationale en expansion

De 1900 à 1912, l'économie canadienne connaît un taux de croissance sans précédent. Malgré un léger ralentissement en 1907 et un autre plus prononcé en 1913, l'activité économique reprend grâce à l'impulsion donnée par la guerre, qui assure la croissance et la prospérité jusqu'au début des années vingt. L'essor d'avant-guerre est dû à de très importants investissements étrangers et aussi au succès des exportations de blé, le plus récent produit de base du pays. En fait, on peut dire, non sans souligner l'ironie de cette situation, que la croissance de cette nouvelle société industrielle et urbaine repose sur le succès de l'économie du blé. Globalement, la prospérité canadienne dépend évidemment d'un environnement économique mondial qui fournit des fonds pour l'investissement et des marchés pour les exportations.

L'évolution du climat économique international dont bénéficie le Canada est marquée par le désir des Britanniques d'investir davantage à l'étranger, par un accroissement de la demande de matières premières et de denrées alimentaires canadiennes dans les pays industrialisés, et par la fin de l'expansion du front pionnier aux États-Unis, qui rend le Canada plus attrayant aux yeux des émigrants éventuels. Pour ce qui est des investissements, les importations de capitaux en provenance de la Grande-Bretagne et d'autres pays étrangers quadruplent entre 1901 et 1921, pour atteindre près de cinq milliards de dollars. Comme ces investissements à l'origine de l'expansion économique surviennent à un moment où les prix mondiaux sont en hausse, notamment ceux des produits agricoles, et où les exportations excèdent les importations, la balance commerciale canadienne ne pose pas de véritable problème, du moins jusqu'en 1913. Après cette date, l'interruption des investissements étrangers entraîne un ralentissement de l'économie, que la déclaration de la guerre de 1914, en accroissant à nouveau la demande de produits canadiens, jugule aussitôt. Toutefois, les années d'après-guerre feront rapidement ressortir les faiblesses de cette économie, notamment son assujettissement aux capitaux et aux marchés étrangers.

Dans les années d'avant-guerre, une hausse rapide de la demande de biens canadiens outre-mer accompagne l'augmentation des investissements étrangers. Cette demande coïncide avec une évolution dans les techniques et le transport — notamment une baisse des tarifs du transport maritime des marchandises — qui accroît l'offre des matières premières et des denrées agricoles canadiennes. Tout concourt à rendre ces produits disponibles au fur et à mesure que croît la demande: un réseau ferroviaire en expansion rapide, une nouvelle technologie minière, la modernisation de l'outillage agricole et la mise au point de variétés de blé résistantes et à rendement élevé. Parallèlement, l'exploitation accrue des ressources énergétiques traditionnelles comme le charbon, et surtout la mise en valeur de sources nouvelles et abondantes d'hydro-électricité permettent aux industriels de hausser leur production et de satisfaire à la demande d'un marché intérieur protégé et en pleine croissance. Un fort essor démographique, nourri par l'afflux d'immigrants venus de Grande-Bretagne, d'Europe et des États-Unis, assure une main-d'œuvre mobile et souvent bon marché, une armée de défricheurs et un marché immédiat pour les produits nationaux.

La diversification des exportations est probablement l'élément le plus marquant de l'intensification du commerce extérieur. À la fin du 19e siècle, les principaux produits d'exportation proviennent surtout des forêts et des scieries, et l'Ontario, le Québec et le Nouveau-Brunswick en sont les grands four-

Pour concurrencer l'automobile, le voiturier McLaughlin fait appel à une publicité agressive. Cependant, devant la popularité croissante de l'automobile et avec l'apparition de nouvelles technologies et des lignes d'assemblage, McLaughlin doit bientôt se lancer, lui aussi, dans la construction des nouveaux véhicules. En 1918, il vend son entreprise à General Motors. (MTL)

nisseurs. Viennent ensuite les fromages de l'Ontario et le poisson des Maritimes et de la Colombie britannique; le bétail, l'orge, le nickel, le charbon, les fruits et les fourrures complétant la liste. En 1900, le blé des Prairies bouleverse cet ordre et s'empare dès lors du premier rang. La valeur des exportations de blé et de farine de blé passe de 14 millions de dollars en 1900 à 279 millions en 1920. La Grande-Bretagne et l'Europe sont de loin les plus gros clients. Les exportations de pâtes et papiers, à destination surtout des États-Unis, progressent plus lentement, mais après l'abolition de tous les droits douaniers américains en 1913, elles ne tardent pas à monter en flèche. Au blé, au bois et au poisson, viennent aussi s'ajouter des ventes croissantes de minerais, en provenance surtout de la Colombie britannique et du nord de l'Ontario. L'automobile, à l'origine d'une autre évolution en matière de transport, devient également un nouveau produit d'exportation. En 1920, la vente d'automobiles et de camions à l'étranger rapporte dix-huit millions de dollars. À l'instar d'autres biens d'exportation manufacturés, comme les produits en caoutchouc ou en cuir et l'outillage agricole, l'automobile provient de l'Ontario.

C'est là une preuve que la Confédération est en voie de remplir la promesse d'instituer une économie nationale. Les plaines de l'Ouest en sont le cœur: non seulement elles fournissent le blé qu'on exporte avec profit, mais elles constituent également une bonne part du marché intérieur des produits industriels. De plus, les besoins en transport dans cette région font ressortir la nécessité d'un prolongement majeur du réseau ferroviaire. Après 1903, les compagnies Canadien Nord, Grand Tronc et National Transcontinental bénéficient toutes trois de subventions publiques pour la construction de nouvelles lignes. Le réseau ferroviaire passe de 29 000 kilomètres en 1900 à 63 000 kilomètres en 1920. Comme l'avenir le démontrera, ce prolongement est excessif et mal conçu. Néanmoins, durant cette période d'essor, il stimule l'exploitation des mines de fer et de charbon, la production d'acier et la fabrication de matériel roulant. Toutes ces activités ont un effet d'entraînement sur l'aménagement de ports et de canaux, sur l'extension de services publics tels que les réseaux de tramways et d'électricité, et sur la construction de routes, d'édifices publics et d'habitations. Quels qu'en soient les frais et le coût social, c'est ce boom économique plutôt soudain et effréné qui sous-tend le matérialisme, l'optimisme et le nationalisme des deux premières décennies du siècle. Et à cette époque, le blé est roi.

Pour développer avec succès son potentiel agricole et attirer des colons prêts à partager son destin, l'Ouest doit compter sur les progrès de la science et de la technologie. Une saison agricole relativement brève, et qui l'est davantage à mesure que le front pionnier remonte vers Rivière-la-Paix, exige la mise au point de variétés améliorées et précoces de blé. Au tournant du siècle, l'introduction de la variété Red Fife constitue un premier pas dans ces efforts pour réduire la période de croissance et augmenter les récoltes. En 1911, le blé Marquis fait son apparition sur le marché, tandis que les variétés Garnet et Reward viennent répondre aux conditions climatiques des régions septentrionales. Cependant, la rouille, la sécheresse et les sauterelles demeureront souvent des obstacles que l'ingéniosité scientifique ne parviendra pas à vaincre.

Depuis le début de la colonisation des Prairies, l'insuffisance et l'irrégularité des pluies constituent de graves problèmes. Les terres du triangle de Palliser, dans la partie sud de la frontière entre la Saskatchewan et l'Alberta, ne peuvent être cultivées avec profit que dans les années de fortes précipitations. En Alberta, le problème a été en partie résolu par l'irrigation, introduite par des colons Mormons venus des États-Unis, tandis qu'on affecte d'autres terres à l'élevage. Dans les régions de la culture du blé, on a emprunté à l'Ouest américain la méthode de la «culture sèche», que les agronomes d'Indian

Head en Saskatchewan ont perfectionnée et qui suppose la jachère, une rotation des cultures et des labours légers pour conserver les sols humides. De semblables pratiques sont possibles sur de vastes domaines agricoles, dont la superficie excède de beaucoup celle des exploitations de l'Est du pays. Ces fermes comptent également sur des machines agricoles, provenant en grande partie des États-Unis et aussi d'entreprises canadiennes comme Massey-Harris. Aux charrues en acier trempé et aux moissonneuses mécaniques succèdent la batteuse à vapeur et, au début de la Première Guerre mondiale, le tracteur à essence. En 1921, la mécanisation aura réduit les besoins en main-d'œuvre, mais l'agriculture continue néanmoins d'employer un plus fort pourcentage de travailleurs que toute autre industrie, soit 37% par rapport à seulement 19% dans le secteur de la fabrication.

Pourtant, même avant 1921, la culture du blé dans l'Ouest est, au mieux, une entreprise précaire, au pire, un jeu de hasard. Étant donné la diversité des sols, les températures extrêmes et l'irrégularité des précipitations, il n'est guère surprenant de voir les rendements osciller entre neuf et vingt-cinq boisseaux l'acre en Saskatchewan. Bien que le blé du Nord n° 1, la meilleure qualité, commande un prix élevé, il y a des années où 90 pour cent de la récolte est classée n° 3. À cela s'ajoutent les fluctuations des prix d'un soi-disant marché libre, provoquées par la spéculation à la Bourse des grains de Winnipeg. En outre, le fermier se dit soumis à des tarifs de transport arbitraires, aux caprices des compagnies ferroviaires, à la puissance des sociétés qui achètent les grains, et, surtout, à des droits de douane protecteurs qui majorent le prix de tout ce qu'il achète, que ce soit une charrue ou des vêtements pour ses enfants. Ce qui débute par de sourdes plaintes contre le climat et les spéculateurs devient petit à petit le fondement d'un mouvement de protestation des agriculteurs qui éclate après la guerre de 1914.

Si, de 1900 à 1921, la croissance est générale, elle est loin de s'étendre également sur chacune des régions. L'Ontario et le Québec, les deux provinces les plus populeuses et dont le développement industriel était déjà bien amorcé au début du siècle, ont bénéficié d'environ 80% des nouveaux investissements industriels et hydro-électriques. Comme il fallait s'y attendre, les provinces des Prairies ont reçu la plus petite part. Quant aux provinces Maritimes, qui possèdent déjà des chantiers navals, des industries textiles et des mines de charbon, elles n'ont reçu qu'environ 10% de ces nouveaux investissements. En outre, des industries déjà bien établies, comme des filatures et des charbonnages, sont de plus en plus intégrées dans l'économie nationale, d'abord au moyen d'investissements, puis de prises de contrôle par des entreprises montréalaises. Au fur et à mesure que le pays adopte des tarifs nationaux pour le transport des marchandises, les entrepreneurs des Maritimes, qui sont éloignés de leurs marchés, ont de plus en plus de mal à lutter contre la concurrence. La Nouvelle-Écosse et le Nouveau-Brunswick ne participent pas pleinement à l'expansion économique d'avant-guerre et leur situation sera pire encore après la guerre. Comme le démontrent les difficultés des aciéries et des mines de charbon, le déclin économique amorcé au milieu du 19e siècle se poursuit. Au début des années vingt, la population des Maritimes, à l'instar de celle de l'Ouest, commence à exprimer un profond mécontentement à l'égard des politiques économiques nationales qui favoriseraient les provinces centrales aux dépens des autres régions.

Le peuplement du nouveau Canada

La prospérité économique d'avant-guerre est à la fois la cause et la conséquence d'une spectaculaire croissance de la population. En 1901, le Canada comptait 5 371 315 habitants; au cours de la décennie suivante, une hausse de 34% porte ce chiffre à un peu plus de 7,2 millions d'habitants et, en 1921, avec une nouvelle hausse de 22%, la population atteindra 8,8 millions. Comme l'expansion économique, l'accroissement de la population ne se répartit pas uniformément. La part des Maritimes n'est que d'environ 3%, celle de la Colombie britannique de 9%, celle des Prairies de 49% et celle du Québec et de l'Ontario de 40%. Il est impossible de déterminer avec précision le nombre de personnes qui, avant 1921, viennent au Canada ou en repartent (notamment parce que la frontière canado-américaine est relativement ouverte), mais il est certain que le pays bénéficie d'un apport net d'environ un million d'habitants, ce qui représente une hausse extraordinaire. Mais la diversité ethnique de cette population est presque tout aussi étonnante.

Le succès de la politique canadienne d'immigration après 1896 s'explique par des changements qui se sont produits au pays et à l'étranger. Au milieu des années 1890, comme la plupart des terres cultivables et bon marché des États-Unis sont occupées, les prairies canadiennes à peine peuplées deviennent le point de mire de ceux qui aspirent à une vie nouvelle. Parmi eux, on compte un grand nombre d'Américains qui, après avoir vendu leur exploitation agricole avec profit, partent vers le nord afin d'obtenir à bon compte des terres pour eux-mêmes et leurs enfants. Environ un tiers de tous les colons arrivés avant la guerre viennent du sud de la frontière et beaucoup d'entre eux sont des Canadiens qui ont émigré aux États-Unis pendant la dépression de la fin du 19e siècle. Grâce à leurs capitaux, leur outillage, leur connaissance de la culture sèche et leur facilité à s'assimiler à un milieu culturel relativement

Cette affiche dynamique, qui annonce le précurseur du célèbre Stampede de Calgary, souligne avec tristesse l'évolution de l'Ouest, lorsque les cultures de blé viennent remplacer les ranchs. Au Canada, cependant, l'épopée de «l'Ouest sauvage» relève surtout de la fiction. Lithographie couleur. (GM, NA-1473-1)

familier, ces nouveaux arrivants se classent parmi les colons qui réussissent le mieux. Cependant tous les colons américains éventuels ne sont pas les bienvenus. L'accès au Canada est formellement interdit aux Noirs.

Deux facteurs internationaux contribuent au succès de la politique canadienne d'immigration en accroissant la rentabilité de l'agriculture: la hausse des prix du blé et la baisse des frais de transport maritime des

Québec est le principal port d'entrée des nouveaux arrivants d'outre-Atlantique. Parmi ces immigrants de Grande-Bretagne, se trouvent quelques Juifs orthodoxes qui ont préféré tourner le dos au photographe. (ANC, C-14658)

marchandises. De plus, les immigrants représentent pour les nombreux navires qui transportent des céréales en Europe une cargaison toute trouvée pour le voyage de retour. Les conditions à bord sont loin d'être luxueuses et les navires ne sont souvent ni confortables ni propres, mais le voyage est peu coûteux. Comme le recrutement des immigrants est laissé dans une large mesure à la discrétion des compagnies maritimes, qui reçoivent de l'État canadien une prime par voyageur, la capacité inutilisée des navires joue un rôle primordial dans la campagne entreprise pour peupler les Prairies et créer un bassin de main-d'œuvre pour les industries d'extraction, de fabrication et de construction. C'est dans ce climat international de changement qu'apparaît Clifford Sifton, un citoyen de l'Ouest qui a résolu de transformer en succès les échecs de la politique d'immigration des décennies antérieures.

Né en Ontario, Sifton part très jeune pour l'Ouest. La réussite de son père et la sienne le convainquent que le potentiel de l'Ouest est illimité, mais qu'il ne sera atteint qu'une fois les pâturages convertis en terres à blé. Cette transformation exige des bras. Après avoir fait partie du gouvernement manitobain dans les années 1890, Sifton entre au cabinet fédéral en 1896. Il représente l'Ouest au sein du groupe «aux multiples talents» réuni par Wilfrid Laurier. Dans ce cabinet, personne n'est plus énergique, têtu et ambitieux que lui, si ce n'est Laurier lui-même. Au moment de quitter la scène fédérale en 1905, après s'être opposé sans succès à la volonté de son chef, Sifton peut se vanter de réalisations remarquables dans plusieurs domaines, mais aucune n'est plus importante que sa gestion de l'immigration. Son mérite ne réside pas tellement dans l'élaboration de nouvelles politiques, car il suit les grandes lignes tracées par ses prédécesseurs; c'est plutôt l'énergie et l'esprit d'organisation qu'il déploie dans ce ministère qui font toute la différence. Sifton centralise les pouvoirs entre ses mains et nomme un tout nouveau groupe de hauts fonctionnaires — la plupart des libéraux notoires de l'Ouest — convaincus que le Canada, et plus particulièrement l'Ouest, est une terre pleine de promesses. Dans le cadre de la Loi des terres fédérales (1872), qui offre presque gratuitement aux nouveaux colons 160 acres (65 hectares) de terres et un droit de préemption sur un lot supplémentaire moyennant un droit d'enregistrement de dix dollars, Sifton envoie ses agents armés d'affiches et de brochures en Grande-Bretagne, aux États-Unis et en Europe.

Traditionnellement la Grande-Bretagne a été la grande source d'immigrants, et elle le demeure en fournissant plus du tiers des nouveaux arrivants avant 1914. Les immigrants britanniques ont généralement moins d'expérience en agriculture que leurs homologues américains ou européens. On dénombre parmi eux aussi bien des éléments de la petite noblesse qui, établis à Barr en Saskatchewan, essaient en 1902 de recréer une petite Angleterre avec l'aide d'orphelins parrainés par le Dr Barnardo ou d'autres organismes moins connus, que des gens de la petite bourgeoisie et de la classe ouvrière, désireux d'échapper à une société marquée par les tensions sociales. Si la colonie Barr ne parvient pas à répondre aux attentes irréalistes de ses fondateurs, beaucoup d'immigrants britanniques deviennent, par contre, des agriculteurs prospères. D'autres trouvent leur nouvelle existence rurale trop dure, trop isolée, et le climat trop rude. Certains retournent dans leur pays, une poignée est déportée pour avoir enfreint les lois; d'autres aboutissent dans les villes où ils trouvent du travail comme ouvriers ou domestiques. Même si des affiches portant les mots «Nous n'embauchons pas d'Anglais» apparaissent de temps à autre et laissent croire que certains employeurs les trouvent incompétents, ou trop arrogants, la majorité d'entre eux s'adaptent assez facilement à leur nouveau milieu et ils sont parmi les premiers à faire partie intégrante de la vie canadienne.

Le principal changement apporté par Sifton à la politique d'immigration

Les nouveaux colons peuvent rapidement et à peu de frais se construire une hutte aux murs de torchis. Au *boodary*, comme les Ukrainiens appellent ces maisons, succède bientôt une habitation claire et confortable, mais sur ces prairies sans arbres, la boue et le chaume continuent souvent à remplacer le bois. En haut, *Maison de colons près de Lloydminster en Alberta*, photographie d'Ernest Brown (A. Wells Studio, WS 3038, ANC, C-38693); À gauche, *Ferme de Polonais, la famille de Theodosy Wachna à Stuartburn au Manitoba.* (ANC, C-6605)

est un effort délibéré d'attirer des colons d'Europe, plus particulièrement d'Europe de l'Est. Il y a bien eu, avant 1896, de petites communautés de Mennonites et d'Islandais, mais ce n'est qu'au début du siècle que l'on entreprend de rechercher et de faire venir d'importants groupes d'immigrants qui ne parlent pas anglais. Parmi eux, on compte des Allemands, des Scandinaves, des Autrichiens et de rares francophones de Belgique et de France. Les plus célèbres sont cependant les «Ruthènes». Surnommés «vestes de mouton», ce sont des Slaves, paysans pour la plupart, originaires de Russie ou du territoire polonais de l'empire austro-hongrois. Par la suite, la plupart s'identifieront comme Ukrainiens. À l'instigation des agents de Sifton, qui ont reçu l'ordre de trouver des colons aux reins solides et aux femmes fécondes qui savent cultiver la terre, ils s'établissent dans des communautés assez homogènes près de Dauphin au Manitoba et de Yorkton en Saskatchewan ainsi que dans les environs d'Edmonton.

Ce sont les *vilni zemli* (les terres gratuites) qui ont attiré ces gens, et bien qu'ils choisissent souvent des lieux vallonnés et boisés comme leur pays natal, leurs terres se révèlent parfois arides et improductives. À cause de leur pauvreté initiale, ces immigrants doivent souvent se consacrer pendant des années à des activités non agricoles: exploitation minière, construction de chemins de fer et coupe de bois. Leur manque de qualifications professionnelles, leur ignorance de la langue et, surtout, leur état démuni en font souvent les travailleurs les plus exploités sur les chantiers; ils travaillent de longues heures pour de maigres salaires, loin de leurs femmes et de leurs enfants, et vivent dans des cabanes froides où fourmille souvent la vermine. D'autres, seuls ou accompagnés de leur famille, trouvent des emplois précaires dans les zones urbaines en développement, surtout dans l'Ouest. Au nord de Winnipeg, par exemple, de l'autre côté de la voie ferrée, des familles entières vivent dans des taudis, auprès d'autres immigrants et de déshérités serrés les uns contre les autres. Ils peinent d'arrache-pied pour gagner et épargner le capital dont ils ont besoin pour acheter le matériel et les fournitures nécessaires à leur établissement sur une terre. (On évalue qu'il faut 250$ pour débuter très modestement avec un attelage de bœufs, une vache laitière, des semences et une charrue; pour ceux qui souhaitent plus qu'une hutte de terre, les dépenses peuvent varier de 600$ à 1000$.) Dans ces quartiers pauvres, les conditions de vie ne sont guère meilleures que dans les campements; la surpopulation, la crasse, le chômage, l'alcool frelaté et la prostitution y sont monnaie courante. L'aide des «missions urbaines» et la possibilité pour les enfants de fréquenter l'école ne parviennent que partiellement à faire contrepoids à la misère.

À la campagne, la vie est moins frustrante, mais tout aussi pénible. Les

Tous les colons de l'Ouest rêvent de posséder une maison confortable et une famille heureuse. Cependant, pour que la récolte soit engrangée avant le premier gel, il faut que la moissonneuse-lieuse fonctionne de l'aube jusqu'à la nuit. *Ferme de M. Seagart.* (A, fonds Ernest Brown, B.219)

nouveaux arrivants peuvent compter sur l'aide de la communauté en temps de crise. La solitude sur les nouvelles terres est atténuée par la présence de voisins qui parlent la même langue. Bien que les interventions des prêtres orthodoxes russes puissent parfois susciter des rancœurs et des dissensions, la religion, ou à tout le moins l'église, joue un rôle important en facilitant l'intégration de l'immigrant dans son nouveau milieu. Dans beaucoup de communautés des Prairies, le clocher en bulbe de l'église se détache dans le ciel comme la contrepartie spirituelle du silo aux formes géométriques, symbole des ambitions terrestres.

S'il est vrai que la langue et les coutumes étrangères des Ukrainiens et des autres immigrants d'origine européenne amènent souvent les Canadiens français et anglais à s'interroger sur ce pays polyglotte que les politiques de Sifton sont en train de créer, ce sont cependant les Doukhobors, ou du moins une minorité d'entre eux, qui s'attirent les premières et les plus violentes réactions d'hostilité. En 1898, sous les auspices du comte Tolstoy et de James Mavor, professeur à l'Université de Toronto, quelque 7400 Doukhobors ont négocié une entente avec les autorités du Dominion du Canada et obtenu environ quarante mille acres (seize mille hectares) près de Yorkton en Saskatchewan. Cette entente reconnaissait leur droit de refuser de faire du service

Retourner la terre des prairies avec une charrue à soc unique tirée par un cheval était une tâche herculéenne, que le tracteur à vapeur est venu révolutionner. Pesant jusqu'à vingt tonnes, cet engin traîne une charrue capable d'ouvrir quatorze sillons d'un seul coup. Il peut également tirer les batteuses. (Saskatchewan Archives Board, R-B 329)

militaire en tant qu'objecteurs de conscience. Les Doukhobors sont pour la plupart des colons paisibles qui travaillent d'arrache-pied; mais en 1902, la discorde éclate et provoque la naissance d'une secte radicale et millénariste, les Fils de la Liberté, qui entreprend une longue marche vers Winnipeg, apparemment à la recherche de la «terre promise». L'expédition, toutefois, ne résiste pas à l'hiver glacial des plaines. La paix revient entre les factions de la communauté grâce à l'arrivée de leur chef, Peter Verigin, nouvellement libéré après un exil en Sibérie. Celui que l'on surnomme «Peter the Lordly» ramène la paix parmi ses fidèles, mais il ne peut étouffer la méfiance et l'hostilité que les pérégrinations des Fils de la Liberté ont éveillées chez beaucoup de Canadiens de l'Ouest. Avec le peuplement des Prairies, l'hostilité envers les Doukhobors s'accroît, notamment chez ceux qui convoitent les immenses terres de leur communauté. Lorsqu'en 1905, près de la moitié de ces terres sont confisquées parce que les Doukhobors refusent, pour des motifs religieux, de prêter le serment d'allégeance, les radicaux se lancent à nouveau dans la contestation. Une fois de plus, Verigin prend la situation en main et ramène les dissidents à l'ordre. Il décide également de fonder une nouvelle colonie doukhobore, cette fois sur un vaste ensemble de terres de la région de Kootenay en Colombie britannique. Après la mort de Verigin au milieu des

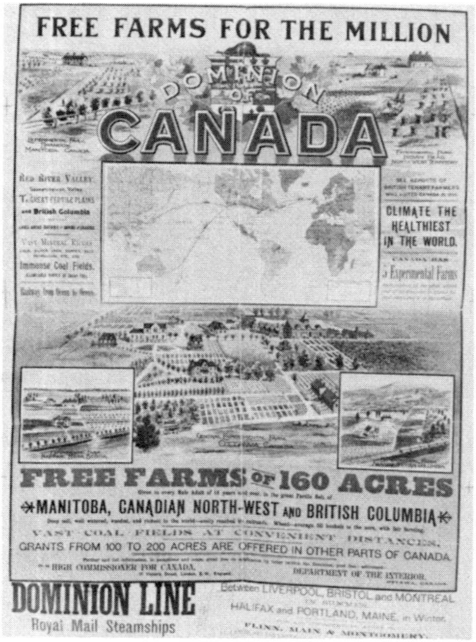

Clifford Sifton, promoteur dynamique de l'immigration, dirige le ministère de l'Intérieur de 1896 à 1905. Pendant cette période, avec la collaboration de compagnies maritimes privées, il inonde la Grande-Bretagne, les États-Unis et l'Europe d'affiches et de brochures qui vantent le potentiel des «derniers et meilleurs territoires de l'Ouest». L'affiche ci-dessus montre les fermes expérimentales de l'État. (ANC, C-63482)

années vingt, les Fils de la Liberté susciteront encore des troubles, mais la majorité des Doukhobors continueront à vivre dans le calme et à prospérer.

Les Doukhobors et les Ukrainiens ne sont, somme toute, que les deux plus singulières communautés ethniques venues récemment s'établir au Canada. Au début, il n'existe pas de politique claire au sujet de la survie de ces nombreuses cultures; on suppose généralement que les nouveaux immigrants suivront le courant britannique dominant. «Nous devons veiller, déclare un chef de file protestant de l'Ouest, à ce que les civilisations et les aspirations du sud-est de l'Europe ne soient pas transplantées sur notre terre vierge pour s'y perpétuer.» L'assimilation est en partie volontaire, en partie forcée. À l'extérieur du Québec et des autres régions où vivent d'importantes minorités francophones, le système d'instruction publique est le principal instrument d'assimilation au monde anglophone. En fait, le multiculturalisme affermit le désir d'homogénéité linguistique et nuit par le fait même aux groupes francophones à l'extérieur du Québec. En 1905, la loi qui crée les provinces de Saskatchewan et d'Alberta ne prévoit que des dispositions très restreintes à l'égard des écoles catholiques et de l'usage de la langue française, et ces dispositions elles-mêmes disparaissent pour la plupart en 1918, à la faveur d'une série de «réformes» scolaires. Au Manitoba, où l'enseignement multilingue est permis depuis 1897, ainsi qu'en Ontario, où l'enseignement du français est depuis longtemps accepté au niveau primaire, les tensions ethniques de la guerre entraînent la suppression de ces privilèges. À l'extérieur du Québec, le Canada se veut un pays de langue anglaise.

Non seulement le système scolaire rend-il l'apprentissage de l'anglais obligatoire, ce qui semble accepté par la plupart des immigrants qui considèrent cette langue comme un outil de mobilité sociale, mais des organismes bénévoles participent également au processus d'assimilation. Les missions locales des églises protestantes jouent un rôle important. Les méthodistes, les presbytériens, les anglicans et les membres de l'Armée du Salut ouvrent tous des missions pour promouvoir le protestantisme et la «canadianisation». En 1908, le journal méthodiste *Missionary Outlook* exprime une opinion très répandue parmi les protestants anglo-canadiens:

> Si nous voulons créer une race supérieure sur le continent nord-américain, une race que Dieu emploiera tout particulièrement à ses œuvres, quel est notre devoir envers ceux qui sont aujourd'hui nos compatriotes? Nombre d'entre eux ne sont chrétiens que de nom; ils appartiennent à l'Église catholique romaine ou grecque, mais leurs normes morales sont bien inférieures à celles des Chrétiens du Dominion. Ils sont venus dans ce pays jeune et libre pour trouver un foyer pour eux-mêmes et leurs enfants. Nous avons le devoir de les accueillir la Bible à la main et de faire germer dans leur esprit les principes et les idéaux de la civilisation anglo-saxonne.

Que ce soit à la mission Fred Victor dans le centre-ville de Toronto, à la mission All Peoples' dans le quartier nord de Winnipeg, à l'hôpital McDougall Memorial de Pakan en Alberta ou au collège Frontier, créé pour enseigner aux hommes des «camps», des considérations nationalistes, religieuses et humanitaires se fondent dans un effort pour «canadianiser» les nouveaux venus. La tâche est difficile et, à la déclaration de la guerre de 1914, elle est loin d'être achevée. En réalité, la population canadienne existante n'est tout simplement pas assez nombreuse pour absorber chaque année ces flots de nouveaux arrivants.

Photo prise près de Bruderheim en Alberta vers 1910. Ces enfants fréquentent une école dotée d'une seule classe où les cours de lecture, d'écriture et de calcul sont entremêlés de leçons de patriotisme et de loyauté envers l'empire britannique. (GM, NA-2676-6)

Si, au début du siècle, les langues sont variées, l'uniformité raciale, par contre, est quasi absolue. Les autochtones sont parqués dans des réserves; les Noirs, à l'exception de petites communautés en Nouvelle-Écosse, à Montréal et dans le sud de l'Ontario, sont exclus; quant à l'entrée des Chinois, des Japonais et même des Indiens, membres eux aussi de l'empire britannique, elle est sévèrement contingentée. Comme le démontrent des émeutes anti-asiatiques à Vancouver en 1907, la moindre présence asiatique suscite une profonde hostilité. Les Européens du Sud ne sont pas mieux accueillis dans un pays qui se vante d'être «le vrai Nord, fort et libre». Même un observateur de la mosaïque ethnique du Canada aussi bienveillant que J.S. Woodsworth, fondateur de la mission All Peoples' de Winnipeg, juge nécessaire d'établir une distinction entre les immigrants souhaitables du nord de l'Italie et «les Italiens tarés et criminels du sud».

Si une mosaïque, plutôt qu'un creuset, évoque le mieux le nouveau Canada, on ne peut dissimuler la structure verticale des relations ethniques. Les Anglais et, à un degré moindre, les Français constituent les deux groupes dominants. Edwin Bradwin, qui a effectué au début des années vingt une étude approfondie des travailleurs des chantiers, a découvert deux classes ethniques distinctes: d'un côté, les «blancs», c'est-à-dire les Français et les Anglais nés au Canada, les immigrants de langue anglaise et quelques Scandinaves, qui occupent les emplois qualifiés et mieux rémunérés; de l'autre, les «étrangers», qui «effectuent immanquablement les tâches les plus sales et les plus rudes». Les clivages des classes et des ethnies coïncident donc fréquemment, et dans les villes en pleine croissance, les nouveaux immigrants vivent souvent à l'écart, séparés notamment des anglophones des classes moyenne et

Au début du 20e siècle, les travailleurs des «camps» constituent un important bassin de main-d'œuvre mobile pour l'exploitation des mines, la coupe du bois, les travaux agricoles et les chantiers de construction. Souvent exploités sans vergogne, ils accomplissent de lourdes tâches contre un salaire de misère dans l'espoir d'économiser suffisamment pour s'établir sur une terre. Plus confortable que la moyenne, ce camp du nord de l'Ontario appartient au chemin de fer National Transcontinental. Dans certains camps, surnommés «les bouches de canon», le travailleur doit entrer tête première. (ANC, PA-115432)

ouvrière. La plupart des villes possèdent leur propre version du quartier nord de Winnipeg, du «Ward» de Toronto, ou du «couloir des immigrants» dans l'axe de la rue Saint-Laurent à Montréal, tous des ghettos pour les travailleurs étrangers et leurs familles. Un travailleur décrit de la façon suivante la situation qui prévalait dans le quartier nord de Winnipeg:

> Une cabane — une seule pièce et un appentis. Comme meubles, deux lits, un banc-lit, un poêle, un banc, deux chaises, une table et un baril de choucroute. Tout était crasseux. Deux familles vivaient là. Les femmes étaient sales, négligées, nu-pieds, à moitié vêtues. Les enfants ne portaient que des combinaisons de coton. Un bébé emmailloté était étendu dans un berceau fait d'une poche suspendue au plafond par des câbles passés aux quatre coins... Le repas était sur la table — un bol de patates réchauffées pour chacun, un morceau de pain brun et une bouteille de bière.

Les nouveaux arrivants mènent peut-être une meilleure vie au Canada que dans leur pays d'origine, mais pour beaucoup, il en est ainsi uniquement parce que l'avenir leur apparaît encore rempli de promesses.

Haute ville, basse ville

Le peuplement rapide des plaines agricoles de l'Ouest fait oublier un événement encore plus marquant du règne de Laurier: la croissance explosive des principales villes du pays. Pour l'avenir du Canada, cette expansion aura, à long terme, des répercussions plus profondes que le développement agricole. En 1901, environ soixante pour cent de la population canadienne est rurale; au cours des deux décennies suivantes, ce pourcentage diminue de dix points. Même dans les provinces agricoles de l'Ouest, le développement urbain est spectaculaire. La création d'Edmonton, de Calgary, de Regina et de Saskatoon date de cette période. En 1901, il y a à Edmonton à peine plus de 4000 habitants; en 1921, on en dénombre plus de 58 000. Winnipeg, dont la population passe de 42 000 à près de 180 000, connaît une croissance plus rapide que celle des zones agricoles du Manitoba. La population de Vancouver quintuple. Montréal et Toronto, les deux plus grandes villes, voient leur taille doubler. Dans les Maritimes, l'urbanisation est beaucoup plus lente, mais Halifax et Saint-Jean croissent à un rythme régulier. Les nouveaux citadins proviennent de deux sources. Beaucoup, notamment ceux qui fondent les villes champignons des Prairies, sont des immigrants de fraîche date. Dans le centre du pays également, les nouveaux arrivants contribuent à la croissance urbaine, mais le déplacement de la population des campagnes vers les villes constitue un apport tout aussi important. En 1911, le Québec et l'Ontario sont déjà des provinces à prédominance urbaine, et l'expansion industrielle des années de guerre accélère cette tendance.

Avant la Deuxième Guerre mondiale, les chômeurs et les déshérités des grandes villes dépendent surtout de l'aide bénévole de personnes charitables. (EC)

La croissance rapide des villes favorise les promoteurs immobiliers, crée de nouvelles exigences pour les administrations municipales et soulève des problèmes sociaux inédits. Tandis que le centre d'anciennes villes comme Montréal et Halifax englobe à la fois des quartiers opulents et des logements ouvriers misérables, l'afflux de nouveaux arrivants entraîne l'expansion de banlieues, comme Maisonneuve à Montréal, et la création de nouveaux quartiers aux limites ouest et nord de Toronto. Au cours de la première décennie du siècle, la population de Verdun, une banlieue ouvrière de Montréal, passe d'environ 1900 à 12 000 habitants. Le transport entre ces quartiers périphériques et les usines et bureaux du centre est assuré par des tramways électriques. Comme il y a de plus en plus d'électricité disponible à bas prix, l'électrification des habitations et des entreprises se généralise, tout comme l'installation du téléphone. En 1906, un voyageur écrit de Winnipeg: «On trouve ici en abondance toutes les aménités de la vie moderne: tramways, éclairage électrique, etc. Le tout nouveau Club Manitoba, où les magnats de

La popularité du tramway se reflète dans cette annonce d'un autre produit tout aussi populaire, le tabac. (Collection Marc Choko)

la ville se rencontrent le midi, ne laisse rien à désirer du point de vue confort ou élégance. Un grand magasin ouvert par Eaton de Toronto occupe tout un pâté...». Toutes les grandes villes et nombre de petites se laissent gagner par l'esprit de vantardise qui caractérise cette époque. Chacune prétend, en termes dithyrambiques, disposer des meilleures installations municipales, de la taxation la plus basse, de la main-d'œuvre la plus saine et de bien d'autres merveilles. Les promoteurs de Winnipeg surnomment leur ville «le Chicago du Canada», et leurs confrères de Maisonneuve font preuve d'encore moins de discernement lorsqu'ils donnent à leur ville le titre de «Pittsburgh du Canada» et proclament:

> C'est dire que Maisonneuve, avec ses trois chemins de fer nationaux, avec sa ligne électrique pour le transport des marchandises, opérant sous une franchise spéciale à travers les rues de la ville et faisant raccordement avec les chemins de fer, avec ses superbes installations maritimes, installations qui n'ont pas de rivales dans tout le Dominion, Maisonneuve, au point de vue de l'expédition, est unique dans son genre.

Progrès et croissance allant de pair, les collectivités sont souvent prêtes à offrir une réduction de taxes ainsi que des subventions pour attirer de nouvelles industries. Pour les élus municipaux — dont certains profitent directement de la vente des terrains vacants, de la construction d'usines ou de l'expansion immobilière — l'électricité bon marché, les lignes de tramway et une main-d'œuvre croissante ont plus d'importance que le logement, les écoles et les parcs. Par conséquent, plus les villes poussent, plus les problèmes sociaux foisonnent. Il y a constamment pénurie de logements, surtout de ceux que les travailleurs ont les moyens de s'offrir. En 1904, un représentant de la ville de Toronto souligne «qu'il n'y a pas une seule maison habitable qui

Au début du siècle, l'électricité commence à faire partie intégrante de la vie urbaine. Les jours chauds d'été, les habitants d'Ottawa peuvent se rendre à la baie Britannia par le tramway. Dans les campagnes, la vie se transforme également; en octobre 1908, c'est l'inauguration de la première livraison gratuite de courrier en milieu rural, entre Hamilton et Ancaster en Ontario. (Haut: ANC, C-6389; bas: ANC, C-27791).

ne soit pas habitée, souvent par plusieurs familles». On retrouve, à divers degrés, ces mêmes conditions dans tous les centres urbains, en dépit de la construction de 400 000 habitations au Canada entre 1901 et 1911. Voici comment sont décrites les priorités des villes en 1913:

> Pressées de voir des industries s'implanter chez elles, nos villes ont nommé des commissaires industriels et les ont chargés d'attirer des usines avec leurs hordes de travailleurs. Cependant, elles ne se sont guère donné la peine de songer à la façon de loger ces pauvres gens qui contribueront tellement à réaliser l'idéal du progrès industriel que les villes ont fixé. Il y a eu bien des alliances louches entre les villes et l'industrie.

Le logement n'est pas le seul problème des zones urbaines populeuses. Les égouts, l'eau potable, l'hygiène, l'éducation, les parcs et les installations de loisirs deviennent des questions préoccupantes. L'absence d'égouts, la consommation de lait non pasteurisé et l'inefficacité des programmes d'hygiène entraînent un haut taux de mortalité infantile et un nombre stupéfiant de décès dus à des maladies contagieuses. En 1911, à Toronto, sur mille enfants de moins d'un an, onze meurent de maladies contagieuses, et quarante-

Le «château Dufresne», somptueuse résidence double construite à Maisonneuve vers 1914 sur le modèle du petit Trianon. Les hommes d'affaires de l'époque n'hésitent pas à faire étalage de la richesse que leur procure la prospérité du début du siècle. (Photo Alain Laforest)

quatre de troubles digestifs. De tels chiffres expliquent cette déclaration du docteur Helen McMurchy dans un rapport sur la mortalité infantile: «... les villes du Canada sont fondamentalement des villes non civilisées — elles sont mal pavées, mal drainées, mal alimentées en eau potable et leurs services d'hygiène sont inadéquats.»

Ceux qui sont directement touchés par ces problèmes urbains et par bien d'autres difficultés ne manquent pas de les déplorer, mais ils n'ont souvent ni le droit ni la possibilité de protester. Un groupe de citoyens de la classe moyenne, conscients des souffrances humaines et de la laideur résultant d'une urbanisation sauvage, réclament bientôt des réformes. Ces réformateurs, qui prônent des changements dans les politiques municipales et dans les conditions de vie urbaines, interviennent à la fois par intérêt et par altruisme. D'une part, les chefs industriels et politiques qui ont fait campagne en faveur de la croissance en viennent à reconnaître que faute de bonnes conditions sanitaires, de logements adéquats, de parcs et d'écoles accessibles, les villes ne produiront jamais la main-d'œuvre saine et satisfaite qu'exige le progrès économique. Par conséquent, les hommes d'affaires sont souvent les premiers à réclamer des élus municipaux l'adoption de mesures qui amélioreront leur ville. On assiste, d'autre part, à des tentatives pour mettre fin à la prostitution et à la vente illégale de boissons alcooliques, mais comme dans le cas des autres réformes, le succès varie selon les villes. En outre, des campagnes sont entreprises pour éliminer la corruption dans les administrations municipales et pour placer sous l'autorité des villes certains services publics qui sont aux mains d'intérêts privés, comme les tramways et les centrales électriques. Stephen Leacock a bien décrit l'esprit de réforme de ces hommes d'affaires dans un des chapitres les plus mordants d'*Arcadian Adventures with the Idle Rich* intitulé «The Great Fight for Clean Government» (Traduit sous le titre de «Une élection honnête» dans *Un grain de sel*).

Le grand triomphe du «populisme municipal» de cette époque est le succès de la campagne menée en Ontario en faveur de la création d'un réseau public d'électricité. Le chef de cette campagne, un fabricant de boîtes de cigares qui s'est lancé en politique, Adam Beck, a réuni sous sa bannière des leaders municipaux, des hommes d'affaires, des apôtres de la nationalisation, des chefs ouvriers et des hommes d'Église qui soutiennent tous que le monopole d'une ressource naturelle comme l'électricité doit appartenir à la collectivité et non à des intérêts privés. Pour être offerte de façon équitable à tous les Ontariens, à des fins domestiques ou industrielles, la merveilleuse «houille blanche» doit absolument être sous le contrôle de l'État. Cette campagne publique commence à porter des fruits en 1905 lorsque Beck devient membre du gouvernement conservateur nouvellement élu dans sa province. Cinq ans plus tard, la nationalisation est chose faite. Malgré les dénonciations de certains qui, chassés d'un secteur lucratif, qualifient la création d'Hydro-Ontario de geste socialiste, la plupart des hommes d'affaires acceptent cette mesure parce qu'elle garantit de l'électricité à bas prix aux entreprises qui se multiplient partout dans la province.

Édification du Royaume de Dieu sur terre

Si des hommes d'affaires comme Adam Beck prônent des réformes pour des raisons ambivalentes — «de la philanthropie jointe à un intérêt de cinq pour cent», comme l'avoue candidement Herbert Ames, un réformateur et homme d'affaires montréalais — les motifs qui inspirent d'autres membres de ce mouvement réformiste hybride sont aussi complexes. Ceux-ci, des hommes, des femmes, des laïcs, des religieux, fondent leur rhétorique sur la conviction qu'une société doit être jugée selon les normes de la morale chrétienne. Depuis la fin du siècle dernier, deux événements ont particulièrement troublé les chefs religieux canadiens. Tout d'abord, par suite de l'évolution de la pensée scientifique, philosophique et historique — notamment des révélations du darwinisme et de la critique historique de la Bible — les Églises sont sur la défensive. En deuxième lieu, à cause des injustices sociales qui accompagnent l'industrialisation, elles se sentent obligées de prêcher un message social mieux adapté si elles veulent conserver leurs fidèles, surtout parmi les ouvriers. Plusieurs chefs religieux, pour la plupart protestants, commencent à refaçonner leur enseignement en un «évangile social» qui, sous sa forme la plus radicale, réduit le christianisme à une formule destinée à créer le royaume de Dieu sur terre, et qui, dans ses versions plus modérées, insiste sur la nécessité pressante de régénérer la collectivité grâce à des réformes sociales. De ces vues générales naissent des demandes de réformes diverses telles qu'une législation en matière de sécurité industrielle et d'hygiène publique, l'interdiction de fabriquer et de vendre de l'alcool, la suppression du travail des enfants et de la prostitution, la «canadianisation» des immigrants et le vote des femmes. Les idéaux du socialisme chrétien inspirent Henry Harvey Stuart au Nouveau-Brunswick, James Simpson à Toronto, les membres de la Manitoba Political Equality League ainsi que les réformateurs protestants de presque tous les coins du Canada. Des femmes, comme la suffragette Nellie McClung, soutiennent qu'accorder le droit de vote aux femmes, c'est recruter tout un nouveau bataillon pour l'armée du bien. «Les hommes ont régi l'Église, écrit-elle, et donné à la religion une interprétation mâle. Je crois que le protestantisme a

Au Québec, les communautés religieuses permettent aux femmes de poursuivre des carrières qui ne leur seraient guère accessibles dans la vie civile. Ici, une religieuse gère la pharmacie d'un hôpital. (Archives des Sœurs de la Providence)

beaucoup perdu lorsqu'il a oublié l'idée que Dieu est né d'une mère.»

Un esprit de réforme chrétienne a inspiré la démarche des femmes dès la fin du 19e siècle, avec l'apparition de mouvements tels que le Women's Christian Temperance Union, le YWCA et le National Council of Women of Canada. Avant même le début du siècle, des femmes comme Emily Stowe, qui a dû partir étudier aux États-Unis avant de devenir la première femme médecin du pays, et sa fille Augusta Stowe-Gullen, également médecin, ont commencé à réclamer pour les femmes le droit de vote et l'égalité des chances en éducation. Nombreuses sont celles qui insistent sur le rôle crucial des femmes dans l'évolution de la société canadienne. Mentionnons, au Canada anglais, Flora MacDonald Denison, journaliste et militante féministe de Toronto; Cora Hind, reporter agricole réputée de l'Ouest; Lilian B. Thomas et sa sœur Francis Beynon, deux journalistes manitobaines; enfin, l'écrivaine Emily

Trois pionnières du mouvement féministe. À gauche, Marie Gérin-Lajoie, co-fondatrice et présidente de la Fédération nationale Saint-Jean-Baptiste qui réunit des femmes de différents milieux. Elle est parmi les premières à revendiquer pour les femmes une éducation supérieure, un statut juridique plus équitable et des lois protégeant les femmes et les enfants. Au centre, Nellie McClung qui vécut d'abord au Manitoba, et plus tard sur la côte ouest. Elle fait de nombreuses tournées de conférences, mettant son humour cinglant, sa volonté indomptable et sa plume prolifique au service des droits des femmes, de la prohibition et des réformes urbaines. À droite, Flora MacDonald Denison, femme d'affaires et journaliste de Toronto. Passionnée de spiritualité et ardente admiratrice du poète américain Walt Whitman, elle est l'apôtre la plus flamboyante et la plus éloquente des droits des femmes, avant la Première Guerre mondiale. (Archives de l'Institut Notre-Dame-du-Bon-Conseil; GM, NA-273.2; Collection privée)

Murphy d'Alberta, qui devient en 1916 la première juge municipale de l'Empire britannique. Bien que le programme de ces femmes englobe de nombreuses réformes, leur objectif primordial demeure le droit de vote. Ce but est atteint au cours de la Première Guerre mondiale, en partie à cause du grand nombre de femmes qui entrent sur le marché du travail pour participer à l'effort de guerre. En 1916, le Manitoba devient la première province à accorder le droit de vote aux femmes, et toutes les autres provinces emboîtent bientôt le pas, à l'exception du Québec. En 1917, quelques femmes sont habilitées à voter aux élections fédérales et, l'année suivante, une nouvelle loi électorale étend ce droit à toutes les Canadiennes.

Au Canada français, le mouvement féministe s'inspire également du christianisme, d'un catholicisme social en l'occurrence, mais il suit des voies quelque peu différentes. Étant donné que les chefs religieux s'opposent obstinément au mouvement des suffragettes (et que les nationalistes le condamnent parce qu'il est d'origine anglo-saxonne), des femmes, comme Marie Lacoste Gérin-Lajoie, luttent avant tout en faveur d'une émancipation juridique et d'une plus grande accessibilité à l'éducation. Comme l'Église offre des solutions de rechange aux femmes qui préfèrent une carrière au mariage, les religieuses québécoises œuvrent souvent de concert avec leurs sœurs laïques pour améliorer le sort des femmes. Ce n'est que dans les années trente que les Québécoises, guidées par Thérèse Casgrain, commencent à concentrer leurs efforts pour obtenir le droit de vote à l'échelon provincial; elles l'acquièrent finalement en 1940, alors qu'elles peuvent déjà voter au niveau fédéral depuis 1917.

En plus des problèmes auxquels sont confrontées les femmes, bien des questions troublent la conscience sociale des catholiques. Depuis les années 1890, l'Église tente d'élaborer une doctrine capable de répondre aux besoins d'un monde industriel en gestation. Au tournant du siècle, les interventions de Léon XIII, surnommé le «pape des ouvriers», trouvent de plus en plus d'échos chez les catholiques québécois, et aussi chez les catholiques de langue anglaise. Ces enseignements inspirent les idéaux du mouvement nationaliste d'Henri Bourassa et sous-tendent aussi les efforts des prêtres qui favorisent, dans différentes villes industrielles, la création de syndicats et de caisses populaires catholiques. Le réformisme chrétien, l'évangélisme social et le catholicisme social allient à une sympathie profonde envers les démunis, le souci de protéger les institutions et les croyances établies. À long terme, les leaders du monde des affaires connaîtront plus de succès que les chefs religieux; à court terme, cependant, les démunis bénéficient davantage des réformes prônées par ceux qui s'inspirent du christianisme que de celles mises de l'avant par l'élite économique.

Quant aux ouvriers, ils se refusent à confier entièrement leur sort au bon vouloir des autres et trouvent dans le syndicalisme leur principal moyen de défense. Des syndicats existent déjà au Canada depuis le début du 19e siècle, mais ce n'est qu'avec l'arrivée des Chevaliers du travail dans les années 1880, et de la Fédération américaine du travail (FAT) dans les années 1890, que le mouvement syndical commence à prendre une ampleur nationale. Au début du siècle, environ 20 000 travailleurs sont membres d'un syndicat et soixante pour cent d'entre eux sont affiliés à la FAT. Lorsqu'en 1902, les syndicats affiliés à la FAT prennent le contrôle du Congrès des Métiers et du Travail du Canada, les syndicats canadiens indépendants et les syndicats catholiques naissants du Québec ne représentent plus qu'une faible minorité de travailleurs. Plusieurs facteurs ont contribué à la suprématie de la centrale ouvrière

Alphonse Desjardins (1854-1920), fondateur du mouvement des caisses populaires.

américaine: le retour au Canada de travailleurs qui ont été membres de syndicats américains, l'afflux de capitaux et d'entreprises en provenance des États-Unis, ainsi que le désir des travailleurs canadiens d'obtenir les mêmes conditions de travail que leurs homologues au sud de la frontière. Cependant, la lutte pour la syndicalisation des travailleurs canadiens — même des travailleurs qualifiés — est longue et ardue, et la majorité d'entre eux demeure non syndiquée. Néanmoins, les grèves sont nombreuses et souvent dures, et touchent presque toutes les industries, qu'il s'agisse des ouvriers du textile de Valleyfield, des mineurs du Cap-Breton et de l'île de Vancouver, des cheminots du Grand Tronc ou des téléphonistes de Bell Téléphone. Les employeurs trouvent facilement des excuses pour recourir à la milice et forcer les travailleurs à rentrer à l'usine, et les briseurs de grève ne manquent pas.

L'État est lent à réagir. En 1900, il crée un ministère du Travail, chargé surtout de recueillir de l'information. C'est en 1907 qu'une première loi importante est adoptée à la suite d'une grève dans les houillères de l'Alberta qui avait provoqué une grave pénurie de combustible l'hiver précédent. Conçue par William Lyon Mackenzie King, alors sous-ministre du Travail, la Loi sur les enquêtes visant les différends du travail prévoit une trêve et un protocole de conciliation en tant que mesures pour atteindre la paix sociale. Étant donné la faiblesse du mouvement syndical, cette loi a sans doute contribué à la reconnaissance de quelques syndicats. Par contre, en limitant le recours à la grève, elle a peut-être nui du même coup aux travailleurs en quête de hausses de salaire et de meilleures conditions de travail. Quant à la Loi relative aux enquêtes sur les coalitions, adoptée en 1910, elle vise à empêcher les fusions croissantes d'entreprises, mais elle se révèle inefficace. Le gouvernement Laurier ne reconnaît qu'avec beaucoup d'hésitation la nécessité pour l'État d'intervenir davantage afin d'orienter les transformations sociales et économiques en cours.

Ainsi, au cours de la première décennie du siècle, pendant que la main-d'œuvre augmente rapidement, les ouvriers syndiqués demeurent relativement peu nombreux. La plupart des travailleurs reçoivent un salaire fixé unilatéralement par l'employeur et n'ont guère voix au chapitre en ce qui concerne leurs conditions de travail. Étant donné le caractère saisonnier de beaucoup d'emplois et l'insécurité due à l'absence d'assurance-chômage ou d'assurance-maladie, leur vie est souvent précaire. En 1913, un calcul assez précis du budget nécessaire à une famille de cinq personnes donne un peu plus de 1200 dollars par année, soit énormément plus que le salaire annuel d'un travailleur non qualifié. C'est ce qui explique pourquoi un grand nombre de femmes et d'enfants doivent aller travailler pour un salaire encore plus bas que celui des hommes. Toutefois, à cause de la présence de cette main-d'œuvre à bon marché, le salaire des hommes demeure peu élevé. En outre, les enfants qui suppléent au manque à gagner familial doivent quitter l'école très jeunes; l'absence d'instruction les condamnera à occuper toute leur vie des emplois mal rémunérés.

En dépit de ces conditions pénibles, ou peut-être à cause d'elles, les travailleurs sont rarement ouverts à des solutions radicales de changement social. Dans la plupart des villes, diverses formes de socialisme, du marxisme révolutionnaire au christianisme progressiste, trouvent des adeptes, mais ils ne forment que de petits groupes sectaires, souvent aussi préoccupés de lutter férocement entre eux que de combattre l'ennemi capitaliste. De même certains syndicats plus radicaux, comme les Industrial Workers of the World et la Western Federation of Miners, connaissent un certain succès auprès des travailleurs aux prises avec des conditions particulièrement difficiles, par exemple les mineurs de la Colombie britannique. Dans l'ensemble, cependant, les travailleurs se contentent de faire preuve d'ingéniosité et d'endurance. Le Congrès des Métiers et du Travail du Canada amorce souvent des débats politiques mais refuse toute action politique directe. Chaque année, ses dirigeants se contentent de présenter une liste de revendications aux autorités fédérales, qui les écoutent poliment et se retirent ensuite pour attendre la prochaine réunion. Dominée par les représentants des syndicats qui regroupent les métiers les mieux rémunérés, cette centrale se désintéresse de plus en plus de la majorité des travailleurs moins favorisés. Ce n'est qu'à la fin de la guerre de 1914-1918 que la lente accumulation de frustrations au sein de la classe ouvrière se traduit par des gestes radicaux, et ce n'est que dans les années trente que le regroupement des travailleurs non qualifiés débute véritablement.

Le libéralisme de Laurier

Sir Wilfrid Laurier (il a été fait chevalier en 1897 à l'occasion du jubilé de la reine Victoria), l'homme qui proclame que le 20ᵉ siècle sera le siècle du Canada, est le premier Canadien français à occuper le poste de premier ministre du pays depuis la Confédération. Après des décennies de luttes infructueuses au Québec, le Parti libéral a enfin découvert la formule gagnante: le lustre d'un fils québécois, de bons organisateurs et une politique modérée. Bilingue, courtois et bel homme, Laurier gagne également la faveur du Canada anglais. S'il a déjà paru trop français en défendant Riel, il est maintenant devenu un «vrai» Canadien, qui se complait dans les gloires de l'Empire et qui se montre moins empressé à défendre les droits des écoles catholiques francophones. Mais cet éloquent personnage, dont la chevelure longue et argentée accentuera l'élégance avec les années, est aussi un fin politicien doté d'une volonté de fer.

En 1896, Laurier forme un cabinet d'élite qui regroupe de puissants représentants de chaque région. Il n'ignore pas que talent et ambition vont de pair et qu'il devra faire preuve de doigté et de fermeté pour diriger sa troupe. Comme pour Macdonald avant lui, la clé de son succès réside dans l'art de réunir et de faire travailler en équipe des hommes — aucune femme ne pourra voter et encore moins devenir membre du cabinet avant 1917 — qui représentent des intérêts divergents. Il lui importe surtout de concilier les intérêts et les opinions des Canadiens français et des Canadiens anglais. À mesure que le pays grandit, la complexité de la tâche s'accroît; aux tensions ethniques, aux rivalités religieuses et aux luttes de classes viennent maintenant s'ajouter les revendications des régions. Pendant quinze ans, Laurier domine sans conteste une scène politique tumultueuse. Mais en 1911, même lui ne parvient plus à rester maître de la situation.

Les principaux problèmes auxquels Laurier s'attèle au début de son mandat sont liés à la question des relations entre les Canadiens anglais et les Canadiens français. Élu grâce à un programme qui promettait que des moyens de conciliation pouvaient résoudre la crise suscitée par les écoles séparées du Manitoba, il espérait voir cette question résolue une fois pour toutes en 1897, mais son espoir est déçu. En 1905, une nouvelle querelle éclate au moment de déterminer dans quelle mesure la loi créant la Saskatchewan et l'Alberta garantira les droits des catholiques et des francophones.

Buste du premier ministre Wilfrid Laurier (1841-1919). Laurier est réputé pour ses talents de négociateur et de conciliateur. Aux dires d'un journaliste, «il avait des affinités à la fois avec Machiavel et Galaad». Le sculpteur Walter Allward n'a que vingt-cinq ans lorsqu'il termine cette œuvre en 1900. (Collection du Gouvernement de l'Ontario, MGS619729; photo: T.E. Moore)

À l'issue de cette lutte, les minorités de l'Ouest n'obtiennent qu'une protection minimale, et Laurier perd Sifton ainsi que l'appui de nombreux Canadiens anglais et même de certains Canadiens français.

La question des droits des minorités n'est toutefois pas aussi cruciale que le délicat problème des responsabilités du Canada à titre de membre de l'Empire britannique. La guerre des Boers et la controverse au sujet de la participation du Canada à cette guerre mettent le feu aux poudres. Pourtant élu sous la bannière de Laurier en 1896, Henri Bourassa, petit-fils de Louis-Joseph Papineau, refuse d'appuyer le compromis politique de son chef au sujet de l'Afrique du Sud. Il entreprend alors de mettre en garde les Canadiens, et particulièrement les Canadiens français, contre les dangers de l'impérialisme, et estime tout aussi dangereux le refus de Laurier de définir avec précision le caractère des relations du Canada avec la Grande-Bretagne. Il s'associe à un groupe de jeunes nationalistes au sein de la Ligue nationaliste canadienne, et devient le principal porte-parole des minorités francophones et de ceux qui s'opposent à la participation du Canada aux guerres impériales; il critique aussi fortement le développement urbain et industriel du Québec qu'il juge

Entouré de sa femme et de ses enfants, Henri Bourassa, le sévère fondateur et rédacteur en chef du journal *Le Devoir*, peut oublier les torts des libéraux et les complots des impérialistes. Cette photo a été prise le 4 septembre 1915, à l'occasion de son dixième anniversaire de mariage, dans sa maison d'été de Sainte-Adèle. (ANC, C-27358)

excessif. Laurier, qui craint et admire cet adversaire redoutable, sait bien que, du moins sur la question de l'impérialisme, Bourassa parle au nom des Canadiens français. Et l'étroite association entre Bourassa et le haut clergé québécois fait craindre à Laurier une renaissance du clérico-nationalisme qu'il a combattu avant 1896.

Tandis que les Québécois appuient la thèse de Bourassa selon laquelle le Canada ne doit pas participer aux guerres impériales à l'extérieur de l'Amérique du Nord, les Canadiens anglais identifient les intérêts nationaux à ceux de l'Empire. Nombre d'entre eux ont donc hâte de voir leur pays affirmer sa maturité en prenant une part active aux affaires impériales. Au plus fort de la fièvre suscitée par la guerre des Boers, le jeune Mackenzie King écrit: «Il ne fait aucun doute que nous sommes à l'ère de l'impérialisme. Nous assisterons (dans vingt-cinq ans peut-être) à la naissance d'une sorte d'Assemblée impériale à Westminster. La plus grande fédération jamais vue dans le monde.» En bon Canadien français, Laurier n'ignore pas par ailleurs que, pour préserver l'unité du pays et maintenir son parti au pouvoir, il doit éviter les questions qui provoqueraient un conflit immédiat entre Canadiens anglais et Canadiens français. Par conséquent, il conçoit une stratégie qui joint des discours vagues à la volonté d'éviter tout engagement en faveur de projets de défense commune de l'Empire ou toute allusion à la centralisation des décisions politiques impériales. Cette politique ambiguë frustre ses adversaires. Bourassa donne à Wilfrid Laurier le surnom peu flatteur de «Waffley Wilfy» (celui qui parle pour ne rien dire), tandis que quelques Canadiens anglais sont d'avis que le nom de «Sir Won'tfrid» (celui qui ne veut pas) lui conviendrait mieux.

La difficulté d'obtenir un consensus au sujet de la place du Canada au sein de l'Empire ne devient vraiment évidente qu'après 1909, lorsque la tension entre l'Allemagne et la Grande-Bretagne s'intensifie. Lorsque cette dernière, notamment en matière de suprématie navale, se trouve menacée par l'expansion de la flotte de l'empereur Guillaume II, elle se met à exercer de plus en plus de pressions sur ses dominions pour qu'ils assument une part accrue de la défense de l'Empire. Cette demande n'a rien de déraisonnable en soi puisque les dominions bénéficient réellement de ce système de défense. Pour certains Canadiens, notamment la majorité des Canadiens français, la réponse est simple: développons un Canada uni et économiquement fort et, au besoin, accroissons notre défense nationale; la contribution du Canada à la défense de l'Empire sera la défense du Canada lui-même. Cependant, beaucoup de Canadiens anglais ne partagent pas ce point de vue. Pour eux, la meilleure façon de protéger l'Empire serait de créer une force militaire impériale à laquelle chaque dominion contribuerait directement. En outre, ne manquent-ils pas d'ajouter souvent, le pays devrait aussi collaborer à l'établissement des politiques impériales.

En 1909, par suite de la détérioration des relations anglo-allemandes, Laurier ne peut tergiverser davantage. Acculé au pied du mur par les demandes de l'opposition, son gouvernement dépose un projet de loi qui prévoit la création d'une petite flotte canadienne, susceptible, en temps de crise, de se joindre à la flotte impériale. Au Québec, Henri Bourassa et ses partisans de plus en plus nombreux dénoncent ce projet qui, selon eux, engage automatiquement les navires et les citoyens canadiens dans toutes les guerres impériales.

Ils prédisent que la conscription ne tardera pas. En 1910, avec l'aide de conservateurs québécois, Bourassa fonde le quotidien *Le Devoir* dans le but avoué de faire échouer le programme naval de Laurier. De son côté, une bonne partie du Canada anglais dénonce le projet. C'est trop peu et trop tard, dit-on, en qualifiant la flotte de «minable». Si l'Empire devait faire face à une crise, la meilleure politique serait de contribuer financièrement à la construction de cuirassés, ces nouveaux navires de guerre très puissants. Robert Borden, chef du Parti conservateur, partage cet avis; il ajoute que cette mesure d'urgence devrait être suivie d'une politique permanente qui reconnaîtrait le droit des dominions de participer à l'élaboration de la politique impériale. Après des débats acrimonieux, la loi navale de Laurier est adoptée, mais les émotions et les divisions profondes qu'elle a provoquées ne s'effacent pas et referont bientôt surface dans la controverse au sujet des relations avec les États-Unis.

Mauvaises au début du siècle, les relations canado-américaines se sont quelque peu améliorées pour se retrouver aussitôt en crise. La frontière entre le Canada et l'Alaska, notamment, est l'objet d'une longue querelle. Pour vider le différend, on crée en 1903 une commission composée de trois Américains, de deux Canadiens et d'un représentant de la Grande-Bretagne. Sous l'œil du président Théodore Roosevelt, qui dissimule mal son «gros bâton», et grâce au commissaire britannique acquis à la cause américaine, la commission répond favorablement aux attentes américaines. Furieux, les Canadiens en tiennent rigueur à la fois aux États-Unis et à la Grande-Bretagne. Au cours des années suivantes, les relations canado-américaines s'améliorent, mais la méfiance, prête à se manifester à la moindre occasion, subsiste toujours. Cette occasion survient en 1911 lorsque le gouvernement Laurier annonce qu'il s'est entendu avec les États-Unis pour conclure un accord de libre-échange.

À cause de sa politique navale, l'administration libérale a été accusée de manquer de loyauté envers l'Empire; à la suite de l'accord de libre-échange l'accusation est reprise, surtout par ceux dont les intérêts économiques semblent menacés. Ce sont les États-Unis qui ont pris l'initiative de proposer une nouvelle tentative de libéralisation des échanges, au moment où le président Taft tente d'étouffer un sentiment protectionniste de plus en plus vif. Les négociateurs de Taft soumettent donc un accord très large aux Canadiens qui, pris quelque peu au dépourvu, l'acceptent. Parce qu'il assure le libre-échange des produits de base, le nouvel accord représente, pour Laurier et ses ministres, non seulement une offre économique attrayante, mais aussi une solution à plusieurs problèmes politiques. Dans l'Ouest, les agriculteurs sont de plus en plus insatisfaits de la politique tarifaire d'Ottawa qui avantage les industriels canadiens à leurs dépens. Des échanges réciproques de produits de base ne contribueront guère à réduire le prix des biens manufacturés, mais du moins faciliteront-ils l'accès du marché américain aux agriculteurs canadiens. Les libéraux espèrent ainsi mettre fin à leurs récriminations. En outre, ils comptent que la fièvre suscitée par le débat sur la flotte navale se dissipera s'ils présentent la question des échanges commerciaux de façon à faire l'unanimité dans toutes les régions du pays.

Au départ, leur calcul semble juste. L'accord commercial prend les conservateurs totalement par surprise; mais Borden, aiguillonné par plusieurs premiers ministres provinciaux, dont James Whitney d'Ontario, retombe vite sur ses pieds. Le projet de libre-échange se retourne maintenant contre le gouvernement et devient une nouvelle preuve de son manque de loyauté envers l'Empire. Comme l'opposition fait traîner les débats en longueur, Laurier décide qu'il détient un excellent cheval de bataille et annonce des élections pour la fin de l'été.

Quoique bien accueilli dans certaines régions de l'Ouest, le nouvel accord commercial ne sera pas le thème gagnant prévu par Laurier. Les conservateurs utilisent à leur profit les craintes de certaines régions industrialisées pour qui l'accord ne représente qu'un premier pas. Une fois en vigueur, il modifierait tellement le commerce est-ouest coutumier que le libre-échange de biens manufacturés deviendrait inéluctable. Cette nouvelle étape entraînerait un afflux de produits américains à bas prix sur le marché canadien, la ruine des entreprises locales, une hausse du chômage et peut-être même l'annexion aux États-Unis. Les conservateurs prennent l'avantage lorsqu'ils ajoutent à ce sombre tableau des attaques contre la politique navale des libéraux, question qui demeure au cœur de la campagne électorale au Québec. Ils sont si bien aidés par les maladresses de quelques hommes politiques américains, qui font ouvertement miroiter des perspectives d'annexion, que les libéraux éprouvent de plus en plus de difficultés à centrer leur campagne sur le commerce plutôt que sur leur loyauté envers l'Empire. Un journal conservateur anglophone fait appel aux sentiments et écrit: «Allons-nous renoncer ... à l'avenir glorieux qui nous attend, à la chance de devenir le principal État de l'Empire britannique et la plus puissante nation du globe? Allons-nous réduire à néant les sacrifices des Pères de la Confédération?»

Les libéraux croulent sous cette attaque orchestrée par le nouveau comité organisateur tout-puissant du Parti conservateur, composé en partie d'un groupe d'hommes d'affaires libéraux dissidents de Toronto, dirigés par Clifford Sifton et farouchement opposés à l'accord commercial et à ses auteurs. Ces hommes, qui ont enfin vu leurs affaires prospérer grâce aux politiques protectrices dont Laurier a hérité et qu'il a renforcées, sont les meneurs impitoyables de cette campagne anti-libérale. Pendant qu'ils font vibrer les cordes impérialistes et anti-américaines du Canada anglais, la forteresse québécoise de Laurier se voit également soumise à un dur siège. Les conservateurs ont laissé l'initiative de la campagne à Henri Bourassa; celui-ci appuie un groupe d'autonomistes dont les attaques se concentrent sur la politique navale de Laurier qui constitue, à leurs yeux, une trahison des intérêts du Canada au profit de l'Empire. Comme le proclame un nationaliste, «il est temps que la population de la province de Québec montre à M. Laurier qu'elle l'a admiré lorsqu'il servait bien les intérêts du pays, mais qu'aujourd'hui il s'est montré fourbe et l'a trompée».

Les élections de septembre ouvrent une brèche dans la forteresse québécoise. Pour la première fois depuis 1891, l'opposition — l'alliance Borden-Bourassa — y remporte 40% des sièges. En Ontario, les troupes libérales, déjà affaiblies, sont totalement en déroute. Grâce à l'aide des libéraux dissidents et à la puissante organisation du premier ministre Whitney, Borden remporte 85% des sièges. Le projet de réciprocité commerciale est enterré et la marine canadienne de Laurier, jetée aux oubliettes. Robert Borden est enfin appelé à former un nouveau gouvernement et à résoudre les questions qui ont été débattues pendant la campagne électorale, mais qui demeurent toujours en suspens.

Borden en temps de paix et de guerre

La différence entre Sir Wilfrid Laurier et son successeur est frappante. Avocat prospère de Halifax, Borden n'a jamais semblé à l'aise dans le tohu-bohu de la politique. Il a des manières solennelles, guindées même, et bien que ses discours puissent être efficaces, son style convient mieux au prétoire qu'à une tribune électorale. Au cours de ses dix ans comme chef de l'opposition, il essuie des échecs et fait face aux intrigues de ses partisans. Pourtant, il persiste et, ce faisant, il dote son parti d'un programme électoral qui prévoit la modernisation de la fonction publique, une intervention accrue de l'État dans le développement économique et social, et une politique impériale fondée sur le droit du Canada de participer à l'élaboration de la politique étrangère.

Le point faible de Borden est le Québec. Il parle un français rudimentaire et éprouve des difficultés à comprendre le point de vue des Canadiens français. Le fait que les conservateurs québécois sont pour la plupart des politiciens dépassés n'atténue en rien ce problème. Borden doit néanmoins constituer son cabinet avec les hommes dont il dispose. Ne pouvant s'adjoindre Bourassa qui ne s'est pas présenté à l'élection de 1911, il est forcé de se rabat-

Troupes canadiennes au front. Cette peinture post-impressionniste montrant l'avance des soldats sous la protection de l'aviation, un nouvel élément de la guerre moderne, traduit bien les rigueurs de la guerre. Elle a été commandée en 1917 par la *Commission des sépultures de guerre* à James Wilson Morrice, un des premiers peintres canadiens à acquérir une réputation internationale. (MN/ Musée canadien de la guerre, 8949)

tre sur des gens de moindre calibre. La suite des événements montre à quel point il ne parvient pas à corriger la faiblesse de son parti au Québec.

Comme Laurier avant lui, Borden découvre dès le départ que gouverner, c'est maintenir un équilibre précaire. Cependant, il fait face à plus de problèmes que son prédécesseur parce que son parti a réuni, en une alliance malaisée, des défenseurs de l'Empire et des nationalistes francophones anti-impérialistes. Sur certaines questions, les risques de dissension sont inexistants. Borden peut donc amorcer sa réforme de la fonction publique et sa lutte contre le favoritisme. De nouveaux immigrants continuent d'arriver, et il institue une

Les recrues sont rassemblées au vaste camp militaire de Valcartier avant de s'embarquer pour la Grande-Bretagne. (ANC, C-36116)

enquête afin de savoir pourquoi le Canada ne parvient pas à attirer des immigrants de langue française. Il entreprend également de faire oublier aux fermiers de l'Ouest l'échec du libre-échange. Il crée une Commission des grains, chargée de surveiller le commerce des céréales, et construit de nouveaux silos en amont des Grands Lacs pour accroître les capacités d'entreposage. D'autres mesures s'ajoutent, comme une meilleure livraison du courrier dans les campagnes, une aide financière accrue pour l'ouverture de nouvelles lignes ferroviaires et des subventions pour la construction de routes. Toutes ces mesures révèlent l'orientation plutôt progressiste du nouveau gouvernement. Cependant, il reste à résoudre le problème le plus controversé. Que faut-il faire pour défendre l'Empire — pour affronter la «crise» qui, de l'avis des conservateurs, menace l'Empire?

Après de nombreuses consultations avec l'amirauté britannique, Borden conçoit un plan qui, selon lui, va répondre aux besoins de l'Empire et maintenir l'unité de son parti. En 1913, il présente, à titre de mesure temporaire destinée à résoudre une crise pressante, un projet de loi qui assure à la Grande-Bretagne trente-cinq millions de dollars pour la construction de trois cuirassés. De plus, déclare Borden, aucune politique permanente ne sera arrêtée tant que l'on n'aura pas trouvé le moyen de permettre aux dominions d'avoir voix au chapitre dans l'élaboration de la politique impériale. Ce compromis, si c'en est un, ne parvient pas à préserver l'unité du parti. Accueilli avec joie par les conservateurs du Canada anglais, il est rejeté par le Québec. Le projet de loi est adopté par la Chambre des communes après un débat ardent et empreint de partisannerie, mais se voit rejeté par le Sénat à majorité libérale. Au moment où les derniers jours de paix se muent en premiers jours de guerre, la politique de défense du Canada est dans une impasse. La flotte canadienne se compose de deux croiseurs légers, le *Rainbow* et le *Niobe*; en 1914, l'un d'eux remplit une première mission en empêchant un navire plein d'immigrants sikhs d'accoster à Vancouver — ce qui n'est guère glorieux.

En août 1914, la situation urgente qui a suscité tant de discours et si peu d'actes concrets aboutit finalement à une guerre en Europe. Celle-ci se répand bientôt aux quatre coins du globe parce que les empires lointains des puissances européennes sont à la fois les causes et les enjeux du conflit. En tant que membre de l'Empire britannique, le Canada entre automatiquement en guerre. Les Canadiens sont libres de déterminer l'importance de leur contribution à l'effort de guerre, mais dans le Canada anglais, on se fait particulièrement généreux. Il est naturel, déclare Sir Wilfrid Laurier, que le Canada réagisse aux besoins de l'Empire avec une volonté ferme. Même Henri Bourassa, critique sévère de l'impérialisme, partage cet avis tout en se montrant désireux de limiter la participation canadienne. Les syndicats, dont les chefs ont bravement parlé de déclencher une grève générale pour protester contre la guerre, sont emportés eux aussi par la nouvelle ferveur patriotique. La voix d'une poignée de chefs agricoles et de radicaux divers, qui lançaient naguère des mises en garde contre le «militarisme», s'est tue ou a été étouffée dans la clameur de la mobilisation et du recrutement.

Appuyé par un pays uni, du moins en apparence, dans sa volonté de vaincre l'Allemagne et ses alliés au cours d'une guerre que l'on prévoit généralement de courte durée, le gouvernement Borden entreprend de préparer la contribution du Canada. Sam Hughes, ministre de la Milice, se charge du recrutement. Dans les premiers jours d'octobre, deux mois à peine après le début des hostilités, plus de 30 000 volontaires sont réunis à Valcartier, prêts à s'embarquer pour la Grande-Bretagne. «Soldats, leur dit Hughes avec enthousiasme, vous faites l'étonnement du monde entier.» C'est peut-être vrai, mais ces troupes mal équipées et insuffisamment entraînées témoignent de l'imprévoyance qui caractérise une bonne part de l'effort de guerre; celle de Hughes, notamment, provoque trois ans plus tard une grave crise d'effectifs.

Une fois en Angleterre, les troupes canadiennes reçoivent un complément de formation et sont envoyées au front où elles démontrent rapidement leur valeur. Au pays, tout au long des années 1914 et 1915, le chômage et un fort bassin de nouveaux immigrants britanniques en âge de s'enrôler maintiennent les taux de recrutement à la hausse, et bientôt deux divisions forment au front le Corps canadien. Malgré des problèmes d'équipement — Hughes s'entête à leur fournir des fusils Ross de piètre qualité — les soldats combattent vaillamment. En 1916, alors que la «courte» guerre entre dans sa troisième

Le matin du 9 avril 1917, quatre divisions du Corps expéditionnaire canadien montent à l'assaut de Vimy en France et capturent cette position allemande réputée imprenable. Dans cette photographie remarquable de William Ryder-Ryder, on peut voir les Canadiens avancer péniblement dans la boue sous le couvert d'un barrage d'artillerie tandis que les Allemands, dont les premières lignes ont été envahies, abandonnent leurs abris en courant pour se rendre. Les Français ont surnommé cette victoire «le cadeau de Pâques du Canada à la France». Bilan: 7 004 blessés et 3 598 morts. (AO, acc.11595) En bas: Le site de Vimy, donné au Canada par la France, est aujourd'hui un cimetière de deux cent cinquante acres dominé par le monument gigantesque de Walter Allward. L'œuvre, commencée en 1926, est inaugurée par le roi Édouard VIII dix ans plus tard. (ANC, C-7492)

année, le nombre des morts s'accroît. Les soldats se sont battus à Saint-Éloi, à Courcelette et dans la sanglante plaine de la Somme, et les pertes s'élèvent à près de 35 000 hommes. Une canonnade incessante, des champs de boue, puis des gaz meurtriers les attendent bientôt à Ypres et à Vimy. À la suite de ces deux dernières victoires, le brigadier général Arthur Currie prend le commandement du Corps canadien, dirigé jusque-là par des officiers britanniques.

Au début de 1916, le gouvernement canadien s'engage à fournir un demi-million de soldats, qui doivent tous être des volontaires et non des conscrits. Cette promesse dépasse les possibilités de recrutement. Comme les pertes continuent d'être lourdes — 15 464 Canadiens tombés à Passchendaele — le besoin de renforts devient pressant. Au pays, le recrutement des volontaires ralentit énormément car le marché de l'emploi accapare les hommes et les femmes disponibles. En outre, certains Canadiens, notamment les Canadiens français, commencent à penser que le pays a fait sa part.

On dépense une énergie sans bornes pour la guerre, même si la situation intérieure semble parfois aussi difficile et aussi chaotique qu'au front. Chose certaine, cette guerre exige que l'État intervienne dans la vie des Canadiens à un degré inconnu jusque-là. Les ressortissants des pays ennemis sont tenus de s'enregistrer et sont même harcelés par les ultra-patriotes. En fait, plus la guerre traîne en longueur et plus la liste des victimes s'allonge, plus s'accroît l'hostilité envers les «étrangers». Le gouvernement met ce climat à profit et décide, en 1917, de les dépouiller de leur droit de vote.

Sur le plan économique, l'effort de guerre se révèle cent fois plus exigeant que sur le plan de la sécurité intérieure. Il doit être financé, au pays comme à l'étranger. L'État émet quantité de nouveaux billets de banque (les billets du Dominion), contracte des emprunts, d'abord à Londres puis à New York, et relève ses droits douaniers, qui constituent toujours sa principale source de revenus. En 1915, il fait appel aux investisseurs canadiens, petits et gros, et lance avec succès la première campagne de vente d'obligations de la Victoire; plusieurs autres suivront. En 1916, le ministre des Finances envahit le champ politiquement délicat de l'imposition directe et prélève un modeste impôt sur les profits des entreprises et, l'année suivante, un impôt sur le revenu. Ce dernier, souligne-t-on, n'est qu'un impôt temporaire dû à la guerre, une sorte de «conscription des richesses».

Les dépenses de guerre ont un effet inflationniste presque immédiat sur une économie dans le marasme depuis 1913. L'industrie de fabrication, notamment les usines de munitions et d'armements, se développe rapidement. La Commission de ravitaillement et le Comité des obus supervisent l'achat des approvisionnements, mais ni l'un ni l'autre ne réussissent tout à fait à prévenir la corruption et le favoritisme. La Commission impériale des munitions, sous la présidence d'un énergique grossiste en viandes, Joseph W. Flavelle, a plus de succès. Ces organismes préfigurent les nombreuses interventions gouvernementales dans le monde des affaires. Non moins significative est la création, en 1917, du Bureau de la vérification du grain, afin de faire face à la montée en flèche des prix des céréales canadiennes. Il est devenu nécessaire de stabiliser les prix et de surveiller la distribution, mais ces deux actions sont menées de telle sorte que bien des agriculteurs restent convaincus qu'une commission mise sur pied pour maintenir les prix à la baisse en période d'inflation pourrait bien les maintenir à la hausse à d'autres moments. À ces mesures s'ajoutent une réglementation touchant l'essence et les aliments afin de promouvoir leur utilisation judicieuse et de prévenir le gaspillage.

Pendant la guerre, les difficultés financières dues au prolongement excessif du réseau ferroviaire atteignent un point critique. Jamais peut-être les chemins de fer n'ont été aussi importants, car sans eux il devient impossible de transporter les hommes et les équipements indispensables à la guerre. Ce transport accroît les recettes, mais les dépenses sont également en hausse, notamment les frais d'achat de matériel roulant. Vers la fin de 1915, le Canadien Nord et le Grand Tronc Pacifique sont véritablement acculés à la faillite. Le gouvernement Borden est mis à rude épreuve car les conservateurs ont toujours sévèrement critiqué les chemins de fer «libéraux». En outre, il n'ignore pas que la puissante compagnie Canadien Pacifique s'oppose fermement à tout octroi d'aide à ses rivales. Néanmoins il ne peut laisser ces compagnies aller à la ruine; cela mettrait en péril d'autres institutions intéressées comme la Banque de Commerce. En 1916, il leur accorde donc un financement temporaire et crée une commission d'enquête. Le problème n'est pas résolu pour autant; confronté à une nouvelle crise, le gouvernement amorce la nationalisation et met les compagnies Grand Tronc Pacifique, Canadien Nord et National Transcontinental sous la tutelle d'un conseil d'administration nommé par l'État. Plus tard dans l'année, la nationalisation devient un fait accompli avec le versement aux actionnaires d'une indemnité que beaucoup jugeront excessive puisque ces biens sont déjà fortement subventionnés par les contribuables. Si cet épisode ne marque pas la fin des éternels problèmes des chemins de fer, il ouvre néanmoins la voie à la création du réseau du Canadien National. Cette intervention, bien que nécessitée par la guerre, est loin d'être bien accueillie par tous et vaudra au gouvernement Borden plus de critiques que de louanges. Le monde des affaires montréalais n'est pas près d'oublier ce qui pouvait passer à ses yeux pour du favoritisme à l'égard des intérêts financiers torontois.

Au fur et à mesure que les hommes s'enrôlent, les femmes viennent combler le vide qu'ils laissent sur le marché du travail. Beaucoup trouvent des emplois dans les usines, mais d'autres deviennent ouvrières agricoles, comme ces travailleuses bénévoles du Service national de l'Ontario. (Archives municipales de Toronto, fonds James, 640)

L'essor économique apporté par la guerre a augmenté les possibilités d'emplois, mais le chômage demeure élevé tout au long de l'hiver 1914-1915. Cette situation va rapidement changer et, dès l'automne 1915, une hausse des salaires s'amorce, accompagnée il est vrai d'une hausse du coût de la vie. La demande de main-d'œuvre s'intensifiant, de plus en plus de femmes vont travailler en usine. À la fin de la guerre, on en recense plus de 30 000 dans le seul secteur des munitions. Dans les exploitations agricoles, dans les bureaux, dans les services de transport et dans bien d'autres secteurs, on se rend compte que les femmes compensent efficacement l'absence des hommes qui, avant la guerre, accaparaient la plupart des emplois industriels. Le gouvernement commence timidement à élaborer une politique de main-d'œuvre. Il tente d'imposer des normes salariales équitables dans le cadre des contrats qu'il finance, mais Flavelle refuse de les appliquer aux contrats accordés par la Commission impériale des munitions. Il oblige les entreprises à déclarer leur main-d'œuvre et, en 1918, il reconnaît aux travailleurs le droit de se syndiquer et de négocier collectivement, tout en interdisant les grèves et les lock-out. Même si les travailleurs profitent d'un marché à la hausse créé par la guerre, l'inflation les frustre d'une bonne part de leurs gains. L'interdiction de faire la grève, et les profits énormes que leurs employeurs retirent manifestement des contrats de guerre, provoquent parmi eux une agitation qui perturbe bien des villes à la fin de la guerre.

Reprise du conflit ethnique

C'est une nation unie et confiante qui est entrée en guerre, mais les exigences de cette guerre et les émotions qu'elle soulève ont exacerbé les tensions qui couvaient auparavant entre les ethnies, entre les classes et entre les régions. Étant donné les dissensions provoquées antérieurement par les débats sur les écoles des minorités et sur les relations avec l'Empire, il était presque inévitable qu'on assiste pendant la guerre à une querelle acerbe entre Canadiens anglais et Canadiens français, plus profonde encore que toute autre depuis la pendaison de Louis Riel en 1885.

La cause de la reprise des conflits est double. Depuis 1913, la colère gronde en Ontario à propos des écoles françaises. Cette année-là, le ministère provincial de l'Éducation émet des directives, connues sous le nom de règlement 17 et perçues comme une restriction du droit des Franco-Ontariens à une éducation dans leur langue maternelle. Dans sa tentative pour relever le niveau des écoles franco-ontariennes, notamment améliorer la qualité de l'enseignement de l'anglais, l'administration ontarienne touche une corde extrêmement sensible. À cause de l'accroissement rapide du nombre des Franco-Ontariens, les orangistes se mettent à craindre pour le caractère protestant de leur province. À leur tour, ironiquement, les catholiques de langue anglaise craignent de voir le français prédominer bientôt dans leurs églises. Traditionnellement ennemis, ces deux groupes s'unissent donc pour exercer des pressions sur leur gouvernement afin qu'il limite l'usage du français dans les écoles ontariennes. Howard Ferguson, un orangiste qui deviendra premier ministre de sa province dans les années vingt, traduit bien la pensée de ces groupes lorsqu'il déclare: «Un système scolaire bilingue favorise

Ces travailleuses fabriquent du matériel de guerre dans une usine de munitions à Verdun, en banlieue de Montréal. (ANC, PA-24437)

les divisions raciales. Il imprime dans l'esprit des jeunes l'idée d'une différence raciale et empêche la fusion des divers éléments de la population ... L'expérience des États-Unis, où le système scolaire ne reconnaît qu'une seule langue, prouve bel et bien la sagesse d'un tel système.» Au Québec et en Ontario, les Canadiens français rejettent cette idée avec colère.

La querelle au sujet des écoles de l'Ontario aurait été suffisamment grave en soi, mais dans le climat survolté de la guerre, elle prend l'allure d'une véritable tragédie. En 1915, les relations entre anglophones et francophones s'enveniment encore davantage par suite d'attaques et de contre-attaques au sujet de l'enrôlement. La question revient à savoir si les Canadiens français font vraiment toute leur part. Le débat atteint un point critique lorsque des nationalistes comme Henri Bourassa proclament que la vraie guerre ne se déroule pas en Europe, mais en Ontario où les «Boches» menacent les droits des minorités. Les esprits s'échauffent de plus en plus et les hommes politiques fédéraux sont entraînés dans la querelle. Lorsque Borden, pressé par ses partisans québécois, refuse d'intervenir auprès de ses amis conservateurs de l'Ontario, les libéraux soulèvent la question du règlement 17 au parlement, au début de 1916. À l'occasion d'un vote sur une proposition enjoignant l'Ontario de traiter sa minorité avec justice, les deux partis politiques se scindent selon l'appartenance linguistique. Les conservateurs du Québec appuient la proposition, et les libéraux de l'Ouest se désolidarisent de leur parti. Même si les tribunaux se prononcent par la suite contre les revendications des Franco-Ontariens et même si le pape demande aux catholiques du Canada de mettre fin à la controverse, le dommage est fait. Le pays se retrouve divisé et le sera encore davantage bientôt.

La querelle linguistique commence à peine à s'atténuer que la controverse au sujet de l'enrôlement vient raviver le conflit ethnique. Au début de 1916, le nombre de volontaires se met à chuter. L'élan patriotique initial s'est estompé. Les besoins de main-d'œuvre ont augmenté et il n'y a plus de chômage. Les fils des agriculteurs, toujours plus lents à s'enrôler que leurs cousins des villes, restent à la ferme pour produire les denrées agricoles indispensables aux forces alliées. Cependant, même en tenant compte de ce facteur, il semble y avoir moins de recrues au Québec. Les Canadiens français n'ont jamais partagé l'enthousiasme de leurs compatriotes anglophones pour la guerre; ils n'éprouvent aucune affection particulière pour la Grande-Bretagne et leur lien avec la France séculière est bien ténu. Ils ont accepté de se battre en tant que sujets de l'Empire, mais à la condition que ce soit sur une base volontaire. En outre, il y a l'aspect linguistique. Non seulement le français est-il menacé en Ontario, mais il ne jouit que d'un statut inférieur dans les forces armées où, sauf dans un bataillon formé à la hâte, l'anglais est la langue dominante. La même situation existe au sein de l'état-major où les officiers francophones sont rares. De toute évidence, les Canadiens français ne sont pas tellement encouragés à s'enrôler.

Quelles que soient les causes de la baisse des recrues, il demeure indéniable que les pertes militaires augmentent. Que peut faire le gouvernement? Il semble hors de question de limiter les engagements déjà pris. Tout au long de la guerre, Borden a fait valoir que le Canada était un participant à part entière et qu'il devait collaborer à l'élaboration des politiques. Pour que ses déclarations soient prises au sérieux, il doit remplir ses engagements militaires. Par contre, il a promis à maintes reprises de ne recruter que des volontaires. Néanmoins, au printemps de 1917, alors que la guerre semble loin d'être terminée, il lui faut résoudre le dilemme soulevé par ses deux promesses nettement contradictoires.

La guerre rend nécessaire une nouvelle politique d'enrôlement, et les tensions qui parcourent la scène politique locale forceront le gouvernement à recourir à la conscription. En 1916, la popularité des conservateurs est au point le plus bas. On les accuse d'être mêlés à des scandales, de mal administrer le pays et de confier l'organisation de l'effort de guerre à des «colonels politiques». On prétend que le gouvernement favorise le centre du pays, notamment l'Ontario, dans l'allocation des contrats de munitions. Enfin, certains critiques soutiennent qu'il ne participe pas à la guerre avec toute la vigueur voulue, que la «politique» semble avoir préséance sur le «patriotisme». Beaucoup croient que la meilleure solution serait de nommer un gouvernement de coalition qui mettrait la politique de côté et s'occuperait de gagner la guerre, tout en accomplissant certaines réformes, comme la prohibition des boissons alcooliques, le droit de vote des femmes et l'abolition du favoritisme.

L'impopularité croissante des conservateurs est manifeste. Lors d'élections provinciales, aucun gouvernement conservateur n'a été réélu depuis 1914. En 1916, les libéraux ont accepté de prolonger d'un an le mandat du parlement, mais comme ils sont peu disposés à accorder un nouveau délai, il est certain que des élections auront lieu en 1917. Les conservateurs ne comptent guère les gagner, à moins d'un renouvellement global du programme et des effectifs. Au début de 1917, Borden en vient à la conclusion qu'une coalition pourrait résoudre à la fois ses problèmes politiques et ses problèmes de recrutement. Comme la conscription est devenue nécessaire pour le service à l'étranger, une coalition empêcherait des débats partisans sur cette question et les conservateurs pourraient garder le pouvoir en le partageant avec les libéraux. L'obstacle majeur est sir Wilfrid Laurier, qui rejette le projet de coalition parce qu'il ne peut accepter la conscription. À son avis, une telle décision revient à donner le Québec à Bourassa. Peut-être croit-il aussi qu'en faisant bloc, les libéraux pourront reprendre le pouvoir, étant donné l'impopularité des conservateurs. Toutefois, son parti ne demeure pas uni. Beaucoup de ses collègues de langue anglaise sont soumis à de fortes pressions de la part d'électeurs favorables à la conscription. L'adoption de deux nouvelles lois électorales vient intensifier leur désir d'appuyer la coalition, sans Laurier et sans le Québec. La Loi des électeurs militaires prévoit que les soldats auront le droit de voter, qu'ils soient cantonnés au pays ou à l'étranger; ceux qui seront incapables d'identifier leur comté pourront se prononcer «pour» ou «contre» le gouvernement sur des bulletins de vote qui seront ensuite répartis dans les comtés par les officiers d'élection. Quant à la Loi des élections en temps de guerre, elle enlève le droit de vote à un large groupe d'immigrants venus des pays «ennemis» depuis 1902, et l'accorde aux femmes des familles

L'adoption de la conscription provoque de nombreuses manifestations d'opposition dans les villes du Québec, comme celle-ci qui se tient au square Victoria, à Montréal, en mai 1917. (ANC, C-6859)

de ceux qui se sont enrôlés. Les dés sont nettement pipés en faveur des candidats qui appuient la conscription. Les libéraux de langue anglaise font défection en faveur de la coalition et laissent Laurier et le Québec loin derière. Comme dernier geste pour s'assurer la victoire électorale, le gouvernement Borden promet d'exempter les fils des agriculteurs du service militaire.

Ces élections hivernales donnent lieu à des débats violents, mais les résultats sont presque connus d'avance. À l'aide du vote des soldats, les unionistes, c'est-à-dire les candidats de la coalition, emportent le Canada anglais. Les Québécois restent fidèles à Laurier; même Bourassa les a encouragés à soutenir son ancien ennemi. Le pays est divisé, bien que le vote populaire

En 1919, des foules enthousiastes accueillent partout le Prince de Galles (qui deviendra brièvement par la suite Édouard VIII). À Ottawa, il se joint au premier ministre Borden (deuxième à droite) et au gouverneur général, le duc de Devonshire (à l'extrême droite), pour la pose de la première pierre de la Tour de la paix sur la colline du parlement. (ANC, PA-57515)

soit moins unanime que ne le laisse croire la répartition des sièges au parlement. Au début de 1918, des émeutes éclatent sporadiquement au Québec et des troupes sont dépêchées en plusieurs points chauds. L'Assemblée législative du Québec étudie une proposition sécessionniste ambiguë, la motion Francœur, retirée toutefois avant d'être mise aux voix. Le calme revient mais l'amertume persiste, tandis que la guerre tire à sa fin. Au printemps de 1918, à la suite de la grande offensive de l'Allemagne sur le front occidental, l'exemption dont bénéficiaient les fils d'agriculteurs est abolie, et cela au moment même où les travaux agricoles sont le plus pressants. Voilà donc un nouveau motif de ressentiment qui attendra l'après-guerre pour être vengé. En définitive, le Canada obtient presque le nombre prévu de conscrits, mais comme l'armistice survient en novembre 1918, un petit nombre d'entre eux seulement participent aux combats. Par conséquent, les avantages militaires de la conscription ont été bien minces, compte tenu de l'importance de ses répercussions politiques.

Des tensions culturelles et des crises politiques marquent l'année 1917 tout entière. Le désastre qui se produit le matin du 6 décembre dans le port de Halifax est presque symbolique. Le navire de sauvetage *Imo*, battant pavillon belge, y entre en collision avec le *Mont Blanc*, un vaisseau français chargé de munitions. Une gigantesque explosion, haute de près de deux kilomètres détruit le quartier industriel de la ville sur plus de six kilomètres carrés. L'explosion est suivie d'une énorme lame de fond puis d'un incendie violent qui anéantissent immeubles à bureaux, quartiers d'habitations et moyens de transport. La tragédie fait environ 1600 morts et 9000 blessés; en outre, plus de 25 000 citoyens ont perdu leur maison ou subi des dommages matériels considérables. Le total des pertes est évalué à trente-cinq millions de dollars. La menace d'autres explosions dans les entrepôts de munitions du port entraîne l'évacuation de presque toute la population, et il faudra des mois avant que la vie ne reprenne son cours normal dans la ville.

Rien, peut-être, ne pouvait davantage sensibiliser les Canadiens à la force destructrice de l'armement moderne. Hugh MacLennan n'a que dix ans lorsqu'il assiste à cette tragédie; son premier livre, *Barometer Rising* (1941) (traduit sous le titre *Le temps tournera au beau*), en grave à jamais le souvenir dans la mémoire du pays.

Les fruits de la guerre

Les années de guerre démontrent les qualités de chef de sir Robert Borden (fait chevalier en 1914). Son gouvernement dirige avec succès l'effort de guerre, compte tenu de l'ampleur du conflit et de l'inexpérience des Canadiens dans ce domaine. Il adopte un certain nombre de mesures réclamées depuis longtemps, surtout par les Canadiens anglais: prohibition, vote des femmes et réforme de la fonction publique. Toutefois, c'est au niveau international que Borden s'impose. Pendant la guerre, il ne cesse de talonner les dirigeants britanniques pour qu'ils reconnaissent le rôle joué par les dominions en leur permettant de participer aux prises de décision. Au début, les Britanniques font la sourde oreille; mais lorsqu'il est nommé premier ministre en 1916,

Lloyd George a ses propres raisons de convoquer les représentants des dominions à Londres. En 1917, ces derniers assistent à une réunion de l'Imperial War Cabinet. La même année, à la Conférence impériale, dans une résolution rédigée par Borden et Jan Christiaan Smuts de l'Afrique du Sud, ils se voient promettre «des consultations permanentes» après la guerre pour l'élaboration des politiques impériales. Quoique vague, cette résolution marque un premier pas pour le Canada qui voit s'accroître son rôle de décideur en matière de politique étrangère. Un nouveau pas est franchi lorsque Borden se joint à la délégation britannique à la Conférence de paix de Paris en 1919, et lorsque le Canada signe le traité de Versailles qui met fin à la guerre contre l'Allemagne. Un siège à la nouvelle Société des nations suit logiquement, bien que personne ne sache exactement comment il sera possible de concilier l'unité de l'Empire, des «consultations permanentes» et une représentation distincte de chaque dominion.

Du fait que Borden est longtemps retenu à la Conférence de paix et qu'il se désintéresse visiblement de la politique intérieure, ses collègues doivent se charger d'élaborer des programmes de démobilisation et de reprise des activités de paix. Il leur incombe également de réorganiser le Parti conservateur. Les problèmes sont gigantesques. À leur retour du front, on accorde aux soldats des terres et des pensions; et lorsqu'ils reprennent peu à peu la vie civile, ils délogent souvent les femmes qui ont occupé des emplois industriels ou autres durant la guerre. La présence de ces soldats démobilisés, parfois désœuvrés, intensifie l'agitation sociale qui se fait sentir dans bien des régions du pays au lendemain de l'armistice.

C'est parmi les travailleurs que l'agitation et le mécontentement sont les plus évidents. Pendant la guerre, les discours selon lesquels le conflit déboucherait sur une vie meilleure pour les Canadiens ont été pris au sérieux et les travailleurs attendent avec impatience la réalisation de cette promesse. Beaucoup croient que, malgré la hausse des salaires, leur sort ne s'est guère amélioré dans une économie inflationniste. Certains se souviennent des souffrances provoquées par le chômage d'avant-guerre. D'autres n'ont jamais accepté l'interdiction des grèves. En outre, ils veulent contribuer à ce «meilleur des mondes» que leur ont tant vanté les réformateurs de tout acabit. Quels que soient leurs motifs — et ils se résument habituellement à un simple désir de meilleurs salaires et de meilleures conditions de travail — les travailleurs de tout le pays sont résolus, au printemps de 1919, à faire entendre leur voix.

Des grèves éclatent de Vancouver à Halifax et, dans bien des villes, des radicaux parlent de grève générale et même de révolution. Mais c'est à Winnipeg qu'a lieu, du 15 mai au 25 juin, la plus éclatante démonstration de

L'idéalisme des années de guerre — faire du monde un lieu sûr pour la démocratie — disparaît dans l'amertume de la grève générale de Winnipeg, en mai-juin 1919. La rue principale est la scène de plusieurs affrontements entre grévistes et policiers. Le «samedi sanglant» du 21 juin fait 29 blessés et un mort, et marque véritablement la fin de la grève. (ANC, fonds David Millar, WS-83)

solidarité. Lorsque le Conseil des métiers et du travail de Winnipeg réclame une grève générale pour appuyer les métallurgistes dont les employeurs refusent de reconnaître le syndicat et de hausser les salaires, c'est presque toute la main-d'œuvre de la ville qui répond à l'appel. Avec, d'un côté, les employeurs de Winnipeg et leurs partisans de la classe moyenne regroupés derrière un comité de citoyens, et de l'autre, les travailleurs dirigés par un comité de grève, l'émotion et l'éloquence atteignent des sommets. La révolution russe sert de toile de fond: les chefs grévistes parlent sans retenue de «révolution», et leurs adversaires maugréent contre les «Soviets et les Bolcheviks», les immigrants d'Europe centrale et tous les agitateurs étrangers. Le drame s'achemine lentement vers un dénouement brutal.

Les autorités fédérales, provinciales et municipales sont toutes d'avis que la grève menace l'ordre établi. Pour y mettre fin, policiers et soldats sont chargés d'appliquer la loi de l'émeute et de disperser les paisibles manifestants. Inévitablement, il y a des morts et des blessés, des arrestations et quelques déportations d'«étrangers». La grève est étouffée. Des chefs grévistes, notamment des réformateurs sociaux dynamiques comme J.S. Woodsworth et A.A. Heaps, passent un certain temps en prison, mais les tentatives pour qu'ils soient reconnus coupables de sédition et d'activités révolutionnaires échouent. Même si elle n'a pas donné de résultats concrets, la grève aura convaincu les travailleurs de Winnipeg de la nécessité d'une action politique. Aux élections provinciales et fédérales subséquentes, ils envoient leurs propres représentants au parlement, et la présence de ces nouveaux élus témoigne de la profonde mutation de la politique canadienne.

Ambiguïté culturelle de l'ère urbaine

Si Stephen Leacock décrit bien, dans ses satires, l'esprit d'un pays passant de l'ère agricole à l'ère urbaine, beaucoup d'autres écrivains et artistes s'opposent à cette évolution. Au Québec, romanciers et poètes continuent d'explorer les thèmes éculés des vertus campagnardes et de la décadence de la vie urbaine. C'est l'écrivain français Louis Hémon qui les a évoqués le mieux, mais les écrivains canadiens-français emboîtent le pas pour célébrer eux aussi les valeurs rurales et religieuses, au moment où tant de choses sont en train de changer au Québec. La poésie, francophone et anglophone, réussit difficilement à se libérer des influences romantiques du 19e siècle. Archibald Lampman, auteur du livre *The City of the End of Things*, dans lequel il mettait ses compatriotes en garde contre les maux de l'industrialisme, meurt prématurément en 1899. Parmi ses successeurs, seul Duncan Campbell Scott est au diapason du nouveau siècle, notamment dans ses poèmes traitant du destin tragique des autochtones. Bliss Carman et Sir Charles G.D. Roberts, dont l'optimisme romantique dégénère souvent en sentimentalisme, publient des poèmes populaires. Les romans d'amour de Pauline Johnson, une métis mohawk, attirent également beaucoup de lecteurs et d'auditeurs. Les contes moraux de Nellie McClung, les histoires d'animaux d'Ernest Thompson Seton et surtout les récits on ne peut plus chrétiens et patriotiques de Ralph Connor (pseudonyme du pasteur Charles W. Gordon) sont unanimement acclamés. En 1908, *Anne of Green Gables* (traduit sous le titre *La maison aux pignons verts*), de Lucy Maude Montgomery, connaît un succès instantané, de même que la plupart des sept romans de la série. En français, les poèmes de Jean Charbonneau et

À gauche, Stephen Leacock (1869-1944) enseigne pendant plus de trente ans l'économie politique, cette «science funeste», à l'Université McGill, mais il se mérite une réputation mondiale comme l'un des meilleurs humoristes anglophones, auteur de plus de soixante livres. *Stephen Leacock*, huile (1943) d'Edwin Holgate. (MBAC, 4881) À droite, le poète québécois Émile Nelligan (1879-1941) s'est acquis très jeune de nombreux admirateurs pour ses œuvres symbolistes et visionnaires; hospitalisé à vingt ans pour une maladie nerveuse, il demeure à l'hôpital jusqu'à sa mort. Photographie retouchée de Charles Gill, vers 1904. (ANC, C-88566)

d'Albert Lozeau s'inscrivent dans la tradition romantique. Seule la tragique figure d'Émile Nelligan, dont l'œuvre évoque Baudelaire et Rimbaud, s'aventure sur la voie du symbolisme, comme dans ces premiers vers de «Soir d'hiver»:

> Ah! comme la neige a neigé!
> Ma vitre est un jardin de givre.
> Ah! comme la neige a neigé!
> Qu'est-ce que le spasme de vivre
> À la douleur que j'ai, que j'ai!

En peinture également, le Canada semble largement à l'écart des grands mouvements qui vont bientôt donner naissance à l'art moderne. En témoigne

«Oui... Si vous voulez, je vous marierai comme vous m'avez demandé, le printemps d'après ce printemps-ci, quand les hommes reviendront du bois pour les semailles.» Illustration en détrempe à l'œuf exécutée par Clarence Gagnon pour une édition de luxe du roman de Louis Hémon, *Maria Chapdelaine*, publiée à Paris en 1933. (McMichael Canadian Collection, Kleinburg (Ont.), 1969.4.54)

l'attrait que continuent d'exercer des peintres bucoliques comme Horatio Walker, Homer Watson, Maurice Cullen et Clarence Gagnon. Le génie d'Ozias Leduc, qui se manifeste dans ses fresques d'église et encore plus dans ses natures mortes, passe généralement inaperçu. Quant à l'univers post-impressionniste vaporeux de J.W. Morrice, exilé à Paris, il soulève bien peu d'intérêt. Après 1910, cependant, apparaissent des signes avant-coureurs de l'évolution d'après-guerre. Tom Thomson, A.Y. Jackson et Lawren Harris donnent de la nature canadienne une image inédite. La violence des couleurs et des formes remplace le romantisme pastoral de la génération précédente. Un art énergique et audacieux qui traduit les paysages canadiens est nécessaire à une nouvelle nation énergique et audacieuse, proclament ces peintres. Pourtant ils peignent surtout des régions éloignées des nouveaux centres urbains industrialisés, comme la baie Georgienne, le parc Algonquin et la région d'Algoma. À l'instar de centaines de citadins ontariens prospères qui, l'été,

En haut: ***Above Lake Superior***, huile (vers 1922) de Lawren Harris. (Art Gallery of Ontario, 1335)

En bas: Un an après leur première exposition commune, six membres du Groupe des Sept se réunissent avec leur défenseur au Arts and Letter Club de Toronto. De gauche à droite: F.H. Varley, A.Y. Jackson, Lawren Harris, le critique Barker Fairley, Frank Johnston, Arthur Lismer et J.E.H. MacDonald. Franklin Carmichael est absent. (AO, fonds William Colgate, S12842)

À droite: À la fois logeuse, amoureuse des bêtes et de la nature, auteur de nouvelles et surtout peintre, Emily Carr est encore en 1935, selon ses propres mots, «une vieille femme seule qui n'arrive à rien». Elle a pourtant créé une nouvelle vision de la terre et du ciel. Sur cette photo d'Ira Dilworth, on voit la peintre devant son tableau ***Sunshine and Tumult***. (MBAC, 82-2847) prennent la route du nord, gagnent leurs chalets et s'adonnent à la marche, à l'escalade et à la voile afin d'échapper aux tensions de la ville, ces nouveaux artistes trouvent dans la nature sauvage l'esprit du nouveau Canada. À leurs yeux, la nouvelle société s'abandonnerait dangereusement au matérialisme. Dans une lettre écrite en 1910, A.Y. Jackson exprime en ces termes le malaise qu'il ressent face aux grands changements en cours:

> Un jour, l'ouvrier agricole commencera sa journée en pointant à l'entrée de la compagnie Produits agricoles Inc., et se mettra ensuite à actionner des leviers et à pousser des boutons. Déjà, la romantique fille de ferme est disparue, et c'est une machine qui trait les vaches. Le laboureur fatigué qui rentrait lentement chez lui derrière sa charrue est chose du passé — il ouvre maintenant neuf sillons à la fois sur sa machine à essence. Je n'arrive pas à voir comment un artiste peut être ému par de telles choses. Les grands cumulus arrondis qui, l'été, s'amoncellent à l'horizon et semblent si majestueux et si paisibles — imaginez lorsque des avions et des dirigeables sillonneront le ciel à quatre-vingt-dix milles à l'heure; ne verrons-nous pas ces pauvres cumulus, brassés comme un flan, s'éparpiller aux quatre coins du ciel.

Les peintres qui ont initié les Canadiens à un important aspect du modernisme en se détournant des reproductions serviles, sont néanmoins à la fois nostalgiques et nationalistes. C'est peut-être ce qui explique pourquoi, après une brève lutte contre le goût traditionnel, ils parviennent rapidement à occuper la première place dans la peinture canadienne.

Avant la guerre de 1914, c'est principalement dans les universités que se poursuivent le peu de recherches scientifiques, médicales et technologiques de l'époque. Depuis les années 1880, des recherches en agronomie sont menées dans les fermes expérimentales, tandis que la Commission de la conservation, créée en 1909, assume les recherches dans des domaines aussi diversifiés que la culture des huîtres, le reboisement et l'urbanisme. Cependant la guerre a si bien convaincu les hommes politiques de l'importance de la science et de la technologie qu'ils souhaitent maintenant mieux concentrer et mieux coordonner les efforts du pays. C'est pourquoi le Conseil national de recherches voit le jour en 1916. Cet organisme fédéral a pour mission de dresser un inventaire des recherches et de financer l'activité scientifique dans les universités. Ce n'est qu'en 1928 que Henry Marshall Tory, président du Conseil de 1923 à 1935, réussira à créer à Ottawa un laboratoire national où des savants pourront effectuer à plein temps de la recherche fondamentale et appliquée.

Pourtant, ce n'est pas au Conseil national de recherches mais dans les laboratoires rudimentaires de la faculté de médecine de l'Université de Toronto qu'a lieu, en 1921-1922, la plus importante réussite scientifique canadienne, soit la découverte de l'insuline par une équipe de savants qui regroupe

Les docteurs Charles Best et Frederick Banting, deux des quatre découvreurs de l'insuline, sur le toit de l'immeuble de médecine de l'Université de Toronto avec un animal de leur laboratoire. Cette photographie a été prise vers 1921-1922, à peu près à l'époque de leur découverte. (Thomas Fisher Rare Book Library, Université de Toronto)

Frederick Banting, Charles Best, James B. Collip et J.J.R. MacLeod. En 1923, MacLeod et Banting, dont les premières intuitions servent à mettre au point un moyen pour maîtriser le diabète, reçoivent le prix Nobel de médecine. Comme Banting n'a jamais reconnu la contribution de Macleod et de Collip, il choisit de partager son prix avec Best. Il s'écoulera beaucoup de temps avant qu'un Canadien ne mérite à nouveau un tel honneur international dans le domaine scientifique.

Les années vingt, une décennie d'illusions

Au Canada comme ailleurs, les années vingt, remplies d'espoirs et de promesses, se terminent dans la désillusion amenée par la crise économique. Cette crise a ses racines dans l'instabilité politique et le développement économique inégal qui marquent la première décennie de l'après-guerre. Pourtant, c'est au cours de cette même période que le Canada acquiert une nouvelle image sur la scène internationale et une assurance inédite dans le domaine culturel.

L'essor créé par la forte demande de produits canadiens pendant la guerre se poursuit dans la plupart des secteurs jusqu'en 1920. Au lendemain de la guerre, des conditions de crédit relativement avantageuses et la ruée des consommateurs vers des produits jusque-là rationnés entraînent une grave inflation. Mais le ballon crève aussitôt. Entre 1920 et 1922, une contraction rapide de l'économie fait grimper en flèche le chômage. C'est dans le secteur agricole que l'effondrement des prix est le plus grave; ainsi, les prix du blé chutent de 60%, ceux du bois, du poisson, du fer et de l'acier dégringolent également. Les provinces les plus durement frappées sont celles des Maritimes et des Prairies.

Pendant la guerre, certaines régions des Maritimes, notamment Halifax, connaissent une prospérité sans précédent, et l'ensemble de ces provinces profitent de la reprise du commerce d'exportation. Même la tragique explosion de Halifax a un effet positif puisqu'elle entraîne un accroissement de la construction. Après 1920 cependant, la valeur de presque tous les types de production décroît énormément, et cette tendance à la baisse va se poursuivre jusqu'en 1925. Les ventes de charbon et de fer sont particulièrement touchées, ce qui se traduit par un lourd chômage au Cap-Breton. Dans les années vingt, les conflits ouvriers, notamment les grèves, les lock-out et le recours à la milice pour prévenir la violence et mettre fin aux arrêts de travail, sont choses courantes au Cap-Breton. Plus que toutes les autres provinces, les Maritimes sont soumises à de pénibles réajustements économiques et ne bénéficient guère de la prospérité intermittente que connaît le reste du pays. La hausse des tarifs de transport des marchandises sur les routes maritimes, l'intégration de l'Intercolonial aux chemins de fer du Canadien National et la relocalisation de certaines installations ferroviaires dans le centre du pays ont toutes des répercussions néfastes. Au moment où les marchés extérieurs se rétrécissent, des modifications du réseau de transport rendent plus coûteuse l'accessibilité aux régions centrales. Ce sont ces conditions économiques difficiles qui sous-tendent la lutte pour les «droits des Maritimes», autour de laquelle se cristallisera la vie politique des provinces de l'Est pendant les années vingt.

Quant aux provinces des Prairies, le cœur même de l'expansion économique d'avant-guerre, elles entrent dans une période d'instabilité dès le lendemain de la guerre. De fortes baisses des prix du blé, partiellement contrebalancées par des rendements à la hausse, coïncident avec une augmentation rapide des dépenses des exploitations agricoles. Dans la première moitié des années vingt, le pouvoir d'achat des agriculteurs chute d'environ 50%, mais comme il remonte ensuite, l'agriculture demeure relativement prospère jusqu'au krach boursier de 1929. Pendant toute la décennie, les agriculteurs

Dans les années vingt et trente, les Canadiens de la classe moyenne profitent d'une semaine de travail raccourcie et de leurs nouvelles voitures familiales pour envahir les centres de villégiature, les parcs et autres lieux touristiques. En Ontario, un des lieux favoris des vacanciers est la baie Georgienne que le Groupe des Sept a popularisée. Cette affiche, montrant sans doute le lac Muskoka, est l'oeuvre de J.E. Sampson, directeur de la maison d'art graphique Sampson-Matthews Ltd. qui emploie deux des membres du Groupe des Sept, Franklin Carmichael et A.J. Casson. (Collection privée; photo de T.E. Moore)

supportent d'énormes frais fixes qui, lors de l'effondrement des cours, les rendent extrêmement vulnérables. Ils font face notamment à de lourds impôts pour financer les routes, les écoles et toute l'infrastructure de régions en voie de développement, à des hausses constantes de la valeur foncière une fois la période de colonisation terminée, et à des prix élevés pour les tracteurs, séparateurs et moissonneuses-batteuses. De 1926 à 1931, le nombre de tracteurs passe de 50 000 à 82 000, celui des camions de 6000 à 22 000 et celui des toutes nouvelles moissonneuses atteint 9000. Ces machines ne sont pas de simples commodités, mais des outils indispensables à la culture d'exploitations de plus en plus vastes et, par conséquent, à l'accroissement des profits. De nouvelles variétés de blé à haut rendement remplissent un rôle identique tandis que la nouvelle route offerte par l'ouverture du canal de Panama permet d'abaisser le coût du transport. Par contre, une mécanisation accrue et des exploitations plus étendues entraînent souvent une hausse des dépenses et de l'endettement.

À la fin des années vingt, l'agriculture des Prairies profite d'une apparente prospérité qui dissimule jusqu'à un certain point les problèmes croissants. La demande internationale de blé augmente, et comme l'Europe et l'U.R.S.S. ne retrouvent que lentement leur rythme de production agricole, le Canada accroît sa part du marché. On étend l'aire des emblavures, l'immigration reprend et on peuple alors Rivière-la-Paix et d'autres régions reculées du nord de l'Alberta et de la Colombie britannique. En outre, l'économie se diversifie grâce à la production d'électricité au Manitoba et en Colombie britannique, ainsi qu'à l'extraction de pétrole brut en Alberta. On se remet à construire des chemins de fer notamment la ligne jusqu'à la baie d'Hudson, controversée et restée en plan. L'agriculture demeure, cependant, le pilier de l'économie des Prairies.

L'Ontario et le Québec, le cœur urbain et industriel du pays, ont bénéficié énormément de la demande suscitée par la guerre. L'après-guerre se révèle également une période de croissance. Les principales exportations du pays, après le blé et la farine, sont le papier journal, les pâtes à papier, les métaux de base et l'or; une grande partie de ces produits proviennent des régions récemment ouvertes dans les deux provinces centrales et aussi de la Colombie britannique. Par conséquent, les industries manufacturières de l'Ontario et du Québec accroissent à leur tour leur production. Les pâtes et papiers, le bois de sciage, l'outillage agricole, les produits de laminage et l'acier viennent en tête de liste; et l'on note, en 1929, une augmentation significative dans les métaux non ferreux, les produits des fonderies et le matériel électrique. Les industries de l'automobile, du caoutchouc et du conditionnement des viandes demeurent importantes. Une électricité à meilleur marché avantage les provinces centrales et rend possible l'exploitation d'aluminium au Saguenay et de nickel à Sudbury. Le Québec continue de dépendre fortement de l'exploitation intensive de ses ressources naturelles ainsi que des industries traditionnelles comme celles du cuir et des textiles, qui nécessitent l'emploi de beaucoup d'ouvriers; l'Ontario, au contraire, se spécialise, diversifie

L'hydro-électricité devient une importante source d'énergie au début du 20e siècle. L'aménagement des rivières requiert des investissements considérables, dans des régions souvent éloignées des grands centres. Le site de Shawinigan, sur le Saint-Maurice, est l'un des plus importants du pays; à partir de 1897 on y érige un impressionnant complexe hydroélectrique et industriel que l'on voit ici du haut des airs en 1929. (ANC, PA-15576)

de plus en plus sa production et se lance dans la fabrication d'automobiles et de pièces d'automobiles, d'appareils ménagers et d'outils.

Au cours des années vingt, notamment dans la seconde moitié de la décennie, la croissance économique, l'expansion urbaine et la concentration de la population dans les villes vont de pair une fois de plus. Selon le recensement de 1921, la population canadienne a augmenté de près de 22% par rapport à la décennie précédente, pour atteindre au total 8 787 749 habitants. Dix ans plus tard, grâce à une nouvelle hausse de 18%, elle dépasse enfin les dix millions d'habitants. Encore une fois, cependant, le taux de croissance est supérieur dans les villes, soit 38% à Montréal, 32% à Toronto, 48% à Vancouver et 24% à Winnipeg. Le fait que celui de Winnipeg marque le pas par rapport à celui de Vancouver est extrêmement significatif. La croissance spectaculaire de Windsor dans le sud de l'Ontario, siège de la construction automobile, est

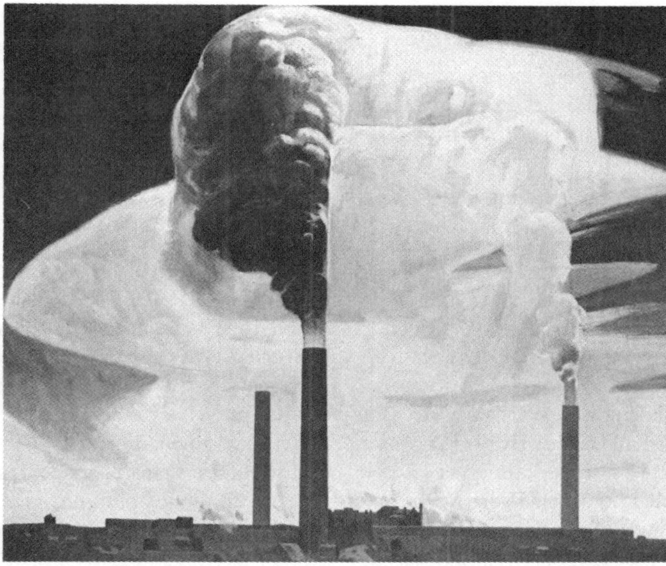

Smelter Stacks, Copper Cliff. Les mines et les fonderies donnent naissance à des villes nouvelles dans les régions septentrionales de la plupart des provinces. Dans cette huile exécutée en 1936, le peintre Charles F. Comfort a saisi, peut-être sans le vouloir, à la fois la grandeur et le danger de l'industrie en peignant ces cheminées qui vomissent des nuages de pollution près de Sudbury. (MBAC, 6666)

tout aussi frappante; dans les années vingt, sa population augmente de 56%. En comparaison, la population des villes des Maritimes demeure presque stable, ce qui reflète les difficultés économiques de ces régions.

L'économie entre dans l'après-guerre sans subir de grands bouleversements, sauf dans les Maritimes. Cependant, de graves problèmes sévissent dans certains secteurs. Cette économie est grevée de dettes et dépend d'un marché international souvent imprévisible. En fait, c'est précisément cette ouverture qui fait à la fois sa force et sa faiblesse. Sa perméabilité et son instabilité se révèlent lorsqu'en 1926 les États-Unis succèdent à la Grande-Bretagne comme premier investisseur étranger au Canada. Le remplacement des dettes obligataires dans les chemins de fer et le secteur manufacturier, par des investissements directs dans les mines, les pâtes et papiers, le pétrole et d'autres industries primaires à haut risque est moins directement observable;

mais tandis que la dette obligataire constitue un emprunt remboursable, l'investissement direct équivaut à un droit de propriété. Le Canada ne devient pas moins dépendant des capitaux étrangers que dans le passé, et les nouvelles conditions attachées à ces investissements entraînent peu à peu ce dominion britannique dans l'orbite des États-Unis.

Une vie politique inusitée

La fin de la Grande Guerre a passablement modifié la vie politique canadienne. Le Parti unioniste et le Parti libéral doivent maintenant regrouper et réorganiser leurs effectifs. Sir Wilfrid Laurier meurt au début de 1919. Il laisse son parti divisé par les controverses des années de guerre et sans successeur apparent. Pour lui en trouver un, les libéraux organisent le premier congrès au leadership de l'histoire du pays. Les délégués se réunissent à Ottawa au mois d'août et choisissent le jeune Mackenzie King plutôt qu'un vieux routier comme W.S. Fielding. Dans le débat sur la conscription, contrairement à Fielding, King est demeuré fidèle à Laurier, et les délégués du Québec s'en souviennent. King semble l'homme de l'ère nouvelle: docteur en économie politique, il fait carrière avec succès dans la fonction publique comme expert en relations de travail. Son expérience politique se limite à moins de trois années dans le dernier cabinet de Laurier et à quelques autres comme organisateur du parti. Cependant il est doué d'un instinct politique aigu, d'une ambition sans borne et d'un sens profond de l'engagement. Il est convaincu que Dieu le destinait à diriger son parti et il n'oublie jamais qu'il est le petit-fils de William Lyon Mackenzie. Il adopte toujours une approche prudente et modérée; son éducation chrétienne et l'exemple de Laurier lui ont enseigné que la conciliation et le compromis sont les clés du succès politique au Canada. Dans la mêlée politique des années vingt, ce spécialiste des questions ouvrières doit faire appel à tous ses talents de conciliateur; et les circonstances veulent que les agriculteurs, plutôt que les ouvriers, deviennent sa principale préoccupation.

Les unionistes ont eux aussi un nouveau chef. Après une période d'incertitude, lorsque Borden accepte enfin de se retirer de la vie politique, les unionistes choisissent Arthur Meighen, un avocat manitobain et l'antithèse parfaite de Mackenzie King. Sous Borden, Meighen se révèle un collaborateur de premier choix pour son chef, et un argumentateur et un ironiste redoutable pour ses adversaires; il élabore et défend quelques-unes des politiques les plus controversées du gouvernement, et ignore le sens du mot conciliation. Bien qu'il s'arrange pour le dissimuler, Meighen est tout aussi ambitieux et imbu de lui-même que King. Il déteste le nouveau chef du Parti libéral qu'il connaît depuis ses années d'étudiant à l'Université de Toronto, et ce sentiment est réciproque.

King et Meighen font face au même défi: le militantisme croissant du mouvement des agriculteurs. Déjà en 1919, après le refus du gouvernement unioniste d'adopter certaines réductions tarifaires, des partisans de l'Ouest rejoignent la dissidence. Ce groupe est dirigé par Thomas A. Crerar, un Manitobain qui, en 1917, avait quitté l'association des fermiers pour entrer au gouvernement unioniste. Sans être un radical, Crerar est maintenant convaincu que les droits protectionnistes nuisent injustement aux agriculteurs et qu'il faut redéfinir les vieux partis en fonction de leur adhésion ou de leur opposition à ces droits. La «nouvelle politique nationale», proposée par le Conseil canadien de l'agriculture en 1918, sert à unir les agriculteurs. C'est une révolte presque spontanée des fermiers contre les deux vieux partis qui porte Crerar à la tête d'un nouveau mouvement, le Parti progressiste. En 1919, avec l'aide

Bien qu'orateur médiocre, William Lyon Mackenzie King sait mener ses campagnes électorales de façon efficace. Pendant la campagne de 1926, il profite d'un arrêt de son convoi pour dénoncer son adversaire «millionnaire», Arthur Meighen. (Il ne semble pas avoir remarqué la mauvaise épellation de son nom sur l'une des pancartes.) (ANC, PA-138867)

de certains membres du Parti travailliste indépendant, Les Fermiers unis de l'Ontario prennent le pouvoir dans leur province. L'Alberta imite bientôt cet exemple, tandis que les agriculteurs de la Saskatchewan et du Manitoba exercent une réelle influence sur leurs législatures provinciales. L'objectif des agriculteurs est maintenant de détenir la balance du pouvoir à Ottawa.

En 1921, lorsque des élections sont déclenchées, trois partis se présentent devant l'électorat au lieu de deux. Le premier ministre Meighen et Thomas Crerar espèrent faire de la question tarifaire le thème de la campagne, mais comme le Parti libéral est divisé sur cette question, Mackenzie King choisit d'attaquer la politique globale du gouvernement et cherche à s'assurer les faveurs des agriculteurs en leur promettant de façon ambiguë de veiller à leurs intérêts. Il s'engage aussi à régler, s'il est élu, les problèmes économiques croissants des Maritimes.

Les résultats du scrutin sont étonnants. Une seule chose est claire: le gouvernement unioniste est défait. Les libéraux obtiennent le plus grand nombre de sièges, soit cent seize, mais ce sont les progressistes qui ont gagné le plus de terrain en faisant élire soixante-quatre députés, tandis que les unionistes n'en ont plus que cinquante. Parmi la députation progressiste, figure Agnes Macphail, la première femme à siéger au parlement fédéral. Deux députés travaillistes sont également réélus. Pendant les quatre années suivantes, les libéraux vont gouverner précairement, appuyés par la plupart des progressistes. Mackenzie King accorde quelques concessions tarifaires aux agriculteurs et remet en vigueur les tarifs ferroviaires préférentiels de l'Accord du Nid-de-Corbeau de 1897, supprimés pendant la guerre. Cependant son meilleur atout est l'inhabileté d'Arthur Meighen qui, en attaquant sans relâche tant les représentants des agriculteurs que les libéraux, affaiblit davantage la position du Parti conservateur dans les régions agricoles. Parallèlement, les progressistes se révèlent, eux aussi, désunis et indécis quant à leur rôle sur la scène politique. Une aile, dirigée par Crerar et concentrée au Manitoba, est constituée de «libéraux pressés» qui, désireux de réintégrer le Parti libéral, cherchent à faire adopter par Ottawa leur point de vue sur la réduction des droits douaniers; une autre qui se réclame plutôt d'Henry Wise Wood, chef des Fermiers unis de l'Alberta, conteste le leadership de Crerar, condamne aussi bien les libéraux que les conservateurs et insiste sur le fait que les députés n'ont de comptes à rendre qu'à leurs électeurs. Ces divisions permettent à King de naviguer sur les eaux tumultueuses de la vie parlementaire, sans même disposer de la majorité absolue.

Malgré tout, les succès de King au parlement n'impressionnent pas les électeurs. Ceux des Maritimes sont vite désenchantés devant l'incapacité de l'administration libérale de répondre à leurs besoins; le Mouvement des droits des Maritimes, une coalition bipartisane qui regroupe des dirigeants d'entreprises, des hommes politiques et même quelques chefs ouvriers, décide d'appuyer les conservateurs. Ces derniers voient également leur popularité s'accroître en Ontario, où le gouvernement travailliste-agricole se révèle trop inexpérimenté et trop divisé pour être efficace, et même dans l'Ouest, où les dissensions des progressistes et un regain de prospérité ont affaibli le mouvement de protestation des agriculteurs. Ce n'est qu'au Québec, où les libéraux rappellent constamment aux Canadiens français la prise de position de Meighen en faveur de la conscription, que le parti de King maintient sa cote. Par conséquent, les conservateurs remportent le plus grand nombre de sièges aux élections de 1925, sans toutefois obtenir la majorité.

On assiste alors à un affrontement impitoyable des volontés et des stratégies politiques. Il ne peut y avoir qu'un seul vainqueur. Bien que défait aux élections, King décide, en toute légitimité, de réunir le parlement plutôt que de démissionner. Il croit pouvoir se maintenir au pouvoir grâce à l'appui de la députation progressiste. C'est alors que sont produites des preuves convaincantes de scandale et de mauvaise gestion aux Douanes: des libéraux québécois reçoivent des pots-de-vin de contrebandiers qui introduisent frauduleusement du rhum aux États-Unis, où sévit la prohibition. Les progressistes, qui prêchent depuis longtemps la pureté politique, peuvent difficilement appuyer une administration corrompue.

Cependant, avant qu'une motion de censure ne soit présentée, King demande la dissolution de la Chambre et de nouvelles élections. Le gouverneur général, Lord Byng, rejette cette demande et insiste pour offrir à Meighen, qui détient le plus de sièges, la possibilité de former un nouveau gouvernement. King déclare à tort que ce geste est «inconstitutionnel», mais Meighen profite de l'occasion pour reprendre le pouvoir. Il en a le droit, mais il agit peut-être à la légère. Les événements vont bientôt prouver que King est un habile stratège et qu'on ne peut se fier aux progressistes pour maintenir un gouvernement conservateur minoritaire au pouvoir pendant toute une session. En définitive, cependant, c'est une malchance plus que toute autre chose qui renverse le gouvernement Meighen. Un progressiste distrait, dont le vote est décisif, se prononce contre le gouvernement en dépit du fait que, «pairé» avec un conservateur absent, il n'aurait pas dû voter. (Le «pairage» est en effet une entente entre deux députés qui conviennent de s'abstenir mutuellement de voter.) Au cours des élections qui suivent, King prétend à tort que Byng et Meighen ont provoqué une «crise constitutionnelle» et que le véritable enjeu est l'autonomie du gouvernement. Meighen tente d'ignorer les allégations de

King et se rend compte, trop tard, que la déroute presque totale des progressistes va entraîner une victoire libérale. Les élections de 1926 donnent pour la première fois à King une majorité à la Chambre des communes; il la doit à la fidélité du Québec, à un triomphe éclatant dans les Prairies ainsi qu'à d'importants gains en Ontario et dans les Maritimes.

La révolte des progressistes a débuté avec fracas et se termine dans un murmure. Les politiques économiques nationales n'ont guère changé, mais un regain de prospérité dans l'agriculture, depuis 1925, a atténué la colère des agriculteurs. En outre, ces derniers continuent d'exercer leur autorité à l'échelon provincial et, grâce au mouvement coopératif, ils mettent sur pied leurs propres institutions financières. Pendant quelques années, la vie est facile dans les Prairies et ce sont les libéraux qui en récoltent tout le mérite. Néanmoins, les Canadiens de l'Ouest ont goûté à la rébellion politique et certains, du moins, ont aimé l'expérience. Ils n'ont pas tous réintégré les vieux partis; au lendemain des élections de 1926, il subsiste une poignée de radicaux, le «Ginger Group», qui, une fois dissipée l'illusoire prospérité de la fin des années vingt, formera le noyau d'une nouvelle révolte.

Dans les Maritimes, la révolte, qui n'a jamais été aussi spectaculaire que dans l'Ouest, sera étouffée presque aussi facilement et à un coût minime. Plutôt que de se rebeller, les citoyens ont choisi de travailler au sein des partis existants; ils espèrent ainsi conclure un marché avantageux. En période électorale, libéraux et conservateurs leur ont toujours offert de l'aide, mais une fois élus, ils ont rarement rempli leurs promesses. Ce que les Maritimes veulent — la protection de leurs aciéries et la remise en vigueur de tarifs ferroviaires préférentiels — est contraire aux intérêts du centre et de l'ouest du pays. En 1927, la nouvelle administration libérale de King confie finalement à une commission royale d'enquête l'étude des problèmes des Maritimes. Dans leur rapport, les commissaires proposent de modestes augmentations des subventions fédérales et quelques réductions des tarifs ferroviaires, mais ils esquivent toute la question des droits douaniers. King applique certaines recommandations, notamment de minimes modifications de la tarification ferroviaire, une hausse des subventions et une aide fédérale pour l'aménagement portuaire. C'est peu et on ne peut s'attendre à ce que ces mesures règlent les problèmes structurels fondamentaux de l'économie atlantique. Il semble néanmoins que cela suffise à mater la révolte. Comme l'écrit avec amertume et justesse un journaliste de la Nouvelle-Écosse, «le rapport de la commission royale a anesthésié les Maritimes».

À la fin des années vingt, Mackenzie King termine avec succès son apprentissage politique. Son habileté et son ambition, alliées à beaucoup de chance et à la loyauté du Québec, lui ont permis de vaincre tous les opposants. En 1927, Arthur Meighen abandonne la direction de son parti. Le petit Parti travailliste indépendant, dirigé par J.S. Woodsworth et issu de l'agitation ouvrière de l'après-guerre, n'a pas prospéré. Même le mouvement féministe, qui avait le vent dans les voiles à la fin de la guerre, n'a pas donné les fruits attendus. La nomination de rares femmes à des charges publiques n'est guère plus qu'un geste symbolique. Quelques activistes de la première heure poursuivent la lutte, notamment contre l'article de la Constitution qui empêche les femmes d'accéder au Sénat. Lorsqu'en 1929, les tribunaux déclarent que les femmes sont, elles aussi, des «personnes» et qu'elles sont, par conséquent, admissibles au Sénat, King intervient afin que son parti puisse récolter les fruits de cette victoire. Ce ne sont ni Nellie McClung ni Emily Murphy, deux combattantes aguerries du mouvement des suffragettes, qui ont droit au réconfort du Sénat. (De l'avis de King, Murphy était «un peu trop masculine et peut-être un brin trop flamboyante».) Il choisit plutôt une libérale fidèle et méritante, Cairine Wilson.

Églises nouvelles et anciennes

À la fin des années vingt, non seulement les mouvements de protestation des travailleurs, des régions et des femmes, qui ont animé la vie canadienne au lendemain de la guerre, semblent-ils à bout de souffle, mais l'une des grandes réformes de la guerre, la prohibition, bat aussi de l'aile. Inspirée à la fois par la morale puritaine, par une inquiétude véritable face aux problèmes dûs à l'alcoolisme, par le désir des Anglo-Saxons de «canadianiser» les étrangers, par la nécessité pour les employeurs de disposer d'une main-d'œuvre disciplinée et, enfin, par la conviction que seul un pays sobre peut gagner une guerre, la prohibition n'a pourtant pas été une réussite. Le Québec se désolidarise le premier du mouvement et voit aussitôt ses recettes touristiques augmenter. La Colombie britannique l'imite bientôt. Les autres provinces prennent plus de temps à emboîter le pas, mais les débits clandestins prospèrent et les médecins ont de plus en plus de patients dont les maladies requièrent de l'alcool sur ordonnance. Graduellement, les adversaires de la prohibition gagnent du terrain en faisant simplement valoir, avec preuves à l'appui, qu'une telle politique ne fonctionne pas. En 1925, un inspecteur de la Nouvelle-Écosse déclare: «Il y a tellement de boissons alcooliques introduites en fraude et distribuées dans la province, grâce à l'automobile ou aux alambics, que la fermeture des bars et des débits clandestins n'a guère d'effets sur la consommation globale.» La solution de rechange ne sera pas, cependant, un retour au marché libre. Partisans et adversaires de la prohibition s'entendent plutôt sur les avantages de confier à l'État la réglementation et la vente des boissons alcooliques, une solution qui assure des recettes substantielles aux provinces. En 1930, seule l'Île-du-Prince-Édouard reste sobre. On ne sait pas si le nouveau régime étatique accroît ou non la dépendance envers l'alcool, mais chose certaine, il a rendu les administrations provinciales de plus en plus dépendantes des revenus qu'elles en retirent. Ironiquement, ceux qui avaient placé l'abolition du commerce des boissons alcooliques au premier rang des réformes qu'ils prônaient, se rendent maintenant compte que ce commerce finance toutes les autres. Ainsi le mal a tourné au bien.

Ces ardents réformateurs protestants qui, en prônant avec tant de zèle la prohibition et autres panacées, croyaient poser les jalons de la fondation du royaume de Dieu sur terre, sont sans doute assez déconfits de voir leurs compatriotes retomber dans leurs erreurs passées. Pourtant, dans les années vingt, bien des protestants progressistes peuvent se réjouir du succès d'une autre de leurs causes: l'union de leurs Églises. En juin 1925, les méthodistes, les congrégationalistes et la plupart des presbytériens fondent l'Église unie du Canada. Depuis plus de vingt ans, des fidèles prêchent la nécessité pour les protestants de faire front commun s'ils veulent répondre aux besoins religieux d'un nouveau pays, desservir des communautés dispersées, «canadianiser» les immigrants et épurer la société. Lorsqu'un accord est enfin conclu, certains presbytériens croient que la hâte a triomphé du bon sens et que le désir de regrouper de grosses congrégations l'a emporté sur la pureté de la doctrine. Ils refusent de se rallier. Néanmoins la nouvelle Église, dirigée par un militant convaincu, Samuel Dwight Chown, voit le jour et réunit à sa naissance environ deux millions de fidèles, comparativement aux quelque quatre millions de catholiques. Suivent, quant à l'importance des effectifs, l'Église d'Angleterre et l'Église presbytérienne restante. Comme bien d'autres changements des années vingt, cette nouvelle Église résume un passé plutôt qu'elle ne sonde l'avenir.

Au Québec également, l'ancien et le nouveau, le religieux et le séculier cohabitent assez difficilement dans l'effervescence sociale et intellectuelle des années vingt. Comme partout ailleurs, ce ferment de changement s'estompe à mesure que la décennie progresse. La preuve la plus évidente de ce climat est fournie par un petit groupe influent de jeunes prêtres, avocats et journalistes — l'élite québécoise traditionnelle — qui a fondé en 1917 une revue mensuelle, *L'Action Française*. Leur chef est l'abbé Lionel Groulx, un prêtre historien pour qui l'étude de l'histoire a presque la même valeur que celle de la théologie; il voit en elle la source d'une doctrine qui mènera les Canadiens

Après une descente dans un débit clandestin d'Elk Lake en Ontario, les agents gouvernementaux éventrent 160 barils d'alcool maison sous le regard attristé des citoyens. Dans les années vingt, lorsque cette photographie est prise, la «noble expérience» de la prohibition perd du terrain et, en 1927, presque toutes les provinces ont renoncé à imposer la tempérance. (AO, S15001)

français à un paradis terrestre où ils seront libérés de la domination anglaise. C'est là le thème d'un numéro spécial de la revue, intitulé «Notre avenir politique» et aussi d'un roman, *L'Appel de la race*, publié par Groulx en 1922 sous un pseudonyme. Tout en niant prôner activement la séparation du reste du Canada, Groulx et ses compagnons soutiennent que les Canadiens français doivent être prêts — instruits — lorsque cette éventualité se présentera un jour selon le plan voulu par Dieu. Jadis un protégé de Bourassa, Groulx se retrouve vite en conflit avec le directeur du *Devoir*. Même si la succession des événements pendant la guerre l'a laissé profondément désenchanté, Bourassa n'a jamais cessé d'espérer que sa vision d'un Canada biculturel et autonome deviendrait un jour réalité. Il accuse les partisans de *L'Action Française* de confondre religion et nationalisme, et lance un appel à ses compatriotes pour qu'ils rejettent un nationalisme extrémiste en faveur d'une campagne pan-canadienne visant à empêcher à tout jamais le Canada d'être à nouveau entraîné dans une guerre britannique.

Le message de Groulx ne se répand guère au-delà d'un cercle de la communauté cléricale et intellectuelle de Montréal. Il est malaisé de convaincre les Canadiens français que leur avenir est menacé au moment où leurs dirigeants politiques, menés par Ernest Lapointe, exercent de toute évidence une grande influence sur le Parti libéral au pouvoir à Ottawa. En 1927, la Confédération célèbre son soixantième anniversaire et Groulx est forcé d'admettre que, même si le Canada est un «géant anémique» infecté «de nombreux germes de dissolution», il peut encore renaître et changer. Son mouvement nationaliste s'essouffle, du moins pour un temps. La prospérité est une des causes de cette situation. L'autre, presque aussi importante, est le fait que Mackenzie King a adopté et entrepris de réaliser une partie du programme nationaliste de Bourassa, celle qui reçoit l'adhésion de presque tous les Canadiens français.

«Le peuple du crépuscule»

La richesse matérielle qui a augmenté de façon si spectaculaire au début du 20e siècle est loin d'être également répartie. Les autochtones n'en ont presque pas bénéficié. En fait, leur part a baissé au fur et à mesure qu'ils ont été marginalisés et dépouillés de leur avenir. Au début du siècle, les groupes autochtones qui vivaient dans les régions méridionales du pays sont déjà assujettis, soumis à des traités et placés dans des réserves sous la tutelle de la division des Affaires indiennes du ministère de l'Intérieur. L'objectif primordial des chefs de cette bureaucratie est d'assimiler ces populations à la société blanche — lorsqu'ils les jugeront prêtes. Pour les préparer à cet avenir, ils comptent sur l'éducation, sur l'agriculture ou sur d'autres emplois sédentaires. L'éducation est laissée en grande partie entre les mains des missionnaires, qui ont aussi un rôle crucial à jouer dans le processus d'assimilation, celui de remplacer les croyances et pratiques religieuses traditionnelles par le christianisme. L'esprit de cette politique transparaît clairement dans les directives que le surintendant général des Affaires indiennes transmet à ses agents en 1921: «Je dois... vous demander de faire tout ce qui est en votre pouvoir pour dissuader

Lors de sa première tournée dans l'Ouest, lord Byng de Vimy, gouverneur général de 1921 à 1926, rencontre des chefs cris à Edmonton. (Compagnie de la baie d'Hudson, Winnipeg)

les Indiens de s'adonner de façon excessive à la danse. Vous devriez interdire toutes les danses qui entraînent une perte de temps, empêchent les Indiens de vaquer à leurs occupations, les détournent d'un travail sérieux, nuisent à leur santé et les portent à la paresse ou à l'oisiveté ...»

On interdit des cérémonies traditionnelles, comme la danse du soleil pratiquée par certaines tribus des Prairies, ou le *potlatch*, une fête colorée et joyeuse que l'on célèbre sur la côte nord-ouest en échangeant des cadeaux. Les enfants sont séparés de leurs familles et envoyés aux écoles des missionnaires, dans un milieu tout à fait étranger. On presse les hommes de renoncer à la chasse et de s'adonner à l'agriculture, à leurs yeux une activité féminine. Découragement et aliénation s'ensuivent. Ceux qui ont quitté les réserves pour gagner les villes échappent rarement aux pièges de l'alcool et de la prostitution.

Les politiques gouvernementales ont un succès mitigé, bien que certains groupes d'autochtones accèdent à la modernité. Comme les budgets des Affaires indiennes sont toujours minces et sujets à de fréquentes réductions, les maigres services promis aux Indiens par traité s'amoindrissent. La maladie, notamment la tuberculose, continue de décimer les tribus. L'alcool, que les autochtones n'ont pas le droit d'acheter, est toujours consommé à dose massive et fatale. La pauvreté règne dans la plupart des réserves. Comme le signale un missionnaire au début du siècle, «le nouveau mode de vie dans la réserve, dans des habitations malpropres et mal ventilées, favorise la maladie; ils vivent dans l'oisiveté, nourris par l'État et n'ayant rien à faire, insuffisamment vêtus en hiver, mangeant des aliments mal préparés et avec le sentiment d'appartenir à une race en voie de disparition». Trente ans plus tard, un observateur des autochtones aussi sympathique à leur cause que Diamond Jenness, dans *The Indians of Canada*, un livre devenu classique depuis lors, écrit: «Certains ne survivront que quelques années encore; d'autres, comme les Esquimaux, peuvent tenir pendant des siècles.»

À cause du déclin constant de leur population, ce pessimisme au sujet de l'avenir des Amérindiens est justifié. D'autre part, l'optimisme tempéré de Jenness au sujet des Inuit est fondé sur des observations personnelles. En tant que membre d'une expédition scientifique dans l'Arctique en 1914, il est, avec Vilhjalmur Stefansson, l'un des premiers Blancs à rencontrer les habitants du golfe du Couronnement. Il peut alors observer la vie inuit traditionnelle, avant que les valeurs européennes ne l'imprègnent. En 1928, Jenness publie, sous le titre *The People of the Twilight*, le récit émouvant des longs mois froids qu'il a passés au sein de cette paisible population du Grand Nord. Il conclut ses souvenirs empreints d'humanité par une question dont la réponse manifestement l'effraie: «Étions-nous des prophètes annonçant une aube lumineuse ou de simples messagers laissant augurer un désastre?»

Au début des années vingt cependant, on voit à certains signes que des chefs autochtones se rendent compte de la menace qui pèse sur leur peuple. À la fin de la guerre, le lieutenant F.O. Loft, un chef mohawk ontarien qui a fait partie comme beaucoup d'Amérindiens du corps expéditionnaire canadien, se rend à Londres pour tenter d'exposer les revendications de son peuple au gouvernement britannique. Après avoir essuyé une rebuffade, il revient au pays et entreprend de créer la Ligue des Indiens du Canada. C'est là une tâche frustrante et souvent ingrate, mais elle est poursuivie au cours des décennies suivantes par des hommes tels qu'Edward Ahenakew, un Cri de la Saskatchewan devenu pasteur anglican, par le chef Joe Taylor, également de la Saskatchewan, et par bien d'autres. Parallèlement, des groupes de la côte du nord-ouest se sont réunis pour se protéger et protester contre l'empiétement répété de leur territoire par les autorités provinciales. Là également, les missionnaires et leurs convertis figurent parmi les leaders de la cause autochtone. Peter Kelly, pasteur méthodiste haïda, ainsi qu'Andrew Paull, Squamish élevé sous l'influence des pères Oblats, sont deux des dirigeants les plus efficaces de la Native Brotherhood of British Columbia. Leur principal souci est de défendre le territoire indien ainsi que leurs droits ancestraux de chasse et de pêche contre l'empiétement des Blancs, colons, mineurs et bûcherons.

Ces nouveaux organismes annoncent un regain de vie au sein des populations autochtones. Ce n'est pourtant qu'un début, une faible lueur dans un sombre paysage de maladie, de pauvreté, d'humiliation et d'hostilité. En 1952, dans une pièce radiophonique intitulée *The Damnation of Vancouver*, Earle Birney fait dire à un chef salish ces mots qui résument bien le destin des autochtones:

> Quand des étrangers sont venus bâtir dans mon village,
> J'avais deux fils.
> L'un est mort défiguré et étouffé par la variole.
> L'autre a acheté une arme à feu d'un commerçant.
> Mon fils montrait la puissance de son fusil sur la peau des loutres.
> Il tuait le chevreuil que ma flèche ne pouvait atteindre.
> Un jour, il est entré dans la nouvelle maison d'eau-de-vie
> Que vos pères ont construite pour nous.
> Il a bu jusqu'à en perdre la raison et il avait son fusil.
> Il a tué son cousin, le fils aîné de mon frère...
> Des étrangers l'ont étranglé avec une corde.
> Depuis, aucun enfant ne grandit plus dans ma nation.

Nationalisme canadien et Commonwealth britannique

Quand arrive le 11 novembre 1918, la plupart des Canadiens en ont plus qu'assez d'être mêlés à des guerres étrangères. Les Canadiens français, encore plus que les autres. Néanmoins, à la fin de la guerre, le Canada assume de nouvelles obligations au sein de la communauté internationale; il devient, par exemple, membre à part entière de la Société des nations. Toutefois, il est de

Lionel Groulx (1878-1967), prêtre et historien, devient à compter des années 1920 le principal penseur et le chef de file du mouvement nationaliste canadien-français. Affiche publicitaire, 1947. (Centre de recherche en histoire de l'Amérique française)

plus en plus évident qu'aux yeux des gouvernements successifs, l'adhésion à de tels organismes est presque uniquement une question de prestige. Robert Borden, en 1919, puis le sénateur Raoul Dandurand, porte-parole du gouvernement libéral de King, en 1922, déclarent sans ambages que le Canada «vit dans une maison ignifuge, loin des matériaux inflammables», et ne se sent pas automatiquement lié par le principe de la sécurité collective. De bons sentiments et des déclarations vertueuses et ambiguës sont une chose, mais des ententes en vue d'une action concrète en sont une autre. Comme leurs voisins du Sud assoupis dans leur isolement, la plupart des Canadiens semblent souhaiter un retour à «la normale».

C'est le même sentiment de retrait qui sous-tend la recherche d'une autonomie au sein de l'Empire britannique ou du Commonwealth. En 1919, les termes de l'adhésion du pays à l'Empire demeurent presque aussi flous qu'en 1914. Cette situation ne satisfait presque personne, et les vieux désaccords d'avant-guerre sur la marche à suivre pour la clarifier persistent. Cependant, si Laurier a pu temporiser, King se voit poussé au pied du mur par les événements. Meighen, en bon conservateur, a tenté de suivre la route tracée par Borden, c'est-à-dire une politique étrangère commune dans l'Empire, déterminée grâce à «des consultations permanentes». Cette formule réussit assez bien lors de la conférence sur le désarmement naval à Washington en 1921-1922, mais uniquement parce que la Grande-Bretagne se range à l'avis du Canada et met fin à l'alliance anglo-japonaise, en dépit de l'opinion contraire des dominions du Pacifique. Les États-Unis souhaitaient la fin de cette alliance et Meighen met les bonnes relations avec les Américains en tête de liste de ses priorités. Cette conférence marque cependant une fin, non un début.

Pour Mackenzie King, le premier objectif de la politique intérieure ou étrangère est de maintenir l'harmonie au Canada plutôt que l'unité au sein de l'Empire. Cette stratégie apparaît clairement au cours de son premier mandat. En 1922, le gouvernement révolutionnaire de Turquie dénonce le traité de paix signé par son prédécesseur et menace d'envahir le territoire grec de Chanak en Asie Mineure. Le premier ministre britannique, David Lloyd George, demande au Canada de l'aider à faire respecter le traité de paix. King est furieux parce que cet appel a été lancé publiquement. Il répond qu'il ne peut pas prendre d'engagement sans l'accord du parlement, et celui-ci ne siège pas. Lors de la conférence impériale de 1923, King consolide sa position en insistant pour qu'aucune proposition ne lie les parties tant qu'elle n'a pas été approuvée par le parlement de chaque dominion. Il ne reste plus ensuite que des détails juridiques à régler: un traité de pêche avec les États-Unis est signé, sans le concours de la Grande-Bretagne, et l'on prépare l'ouverture d'une ambassade à Washington. En 1926, la Déclaration Balfour décrit la Grande-Bretagne et les dominions comme des partenaires égaux au sein du Commonwealth. Le Statut de Westminster vient donner à cette décision sa forme constitutionnelle finale en 1931, au moment où King n'est plus au pouvoir. Le Canada obtient la pleine maîtrise de sa politique étrangère et intérieure, bien qu'une procédure qui permettrait d'amender la constitution sans l'autorisation des Britanniques reste à discuter.

Une fois la souveraineté du parlement assurée, presque toutes ces dernières étapes ne sont que des fioritures. La politique impériale et étrangère de King consiste essentiellement à rejeter les engagements antérieurs et à répéter sans cesse que «le parlement décidera selon les circonstances du moment». Il croit

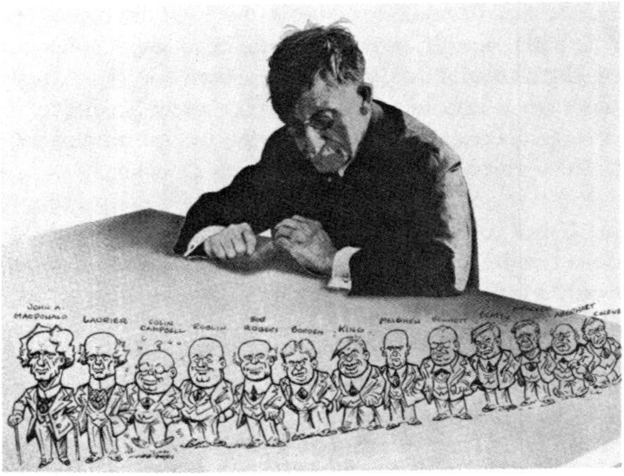

John W. Dafoe, rédacteur en chef du *Free Press* de Winnipeg de 1901 à 1944, commente dans ses chroniques les manies, les faiblesses et parfois les succès des dirigeants politiques canadiens. Le brillant caricaturiste du journal, Arch Dale, a créé ce montage à l'occasion du soixantième anniversaire de carrière journalistique de Dafoe. (Collection de Ramsay Cook)

que la plupart des Canadiens en ont assez de se faire appeler pour servir à l'étranger et il n'ignore pas non plus que les questions de politique étrangère les laissent profondément divisés. Ces dissensions risquent d'affaiblir le Parti libéral et peut-être même comme en 1917, de causer sa défaite. King prépare donc avec prudence, mais détermination, le quasi-isolement du Canada. Tout en continuant d'afficher un attachement sincère au Commonwealth britannique, il met le pays en position de décider entièrement seul de ses obligations envers cette institution. Cette politique est accueillie avec joie par les nationalistes canadiens, mais elle a pour effet de rendre le Commonwealth presque impuissant en tant qu'instrument de sécurité collective. C'est ce que souhaitent la plupart des Canadiens, notamment les Canadiens français. De l'avis d'Ernest Lapointe, le puissant lieutenant de King au Québec, cette politique vaudra aux libéraux un succès infaillible dans sa province.

En recherchant la pleine autonomie du Canada au sein du Commonwealth, King adopte le programme proposé par Henri Bourassa une vingtaine d'années auparavant. Il n'est donc pas étonnant qu'à la fin des années vingt, le mouvement nationaliste québécois soit presque totalement silencieux. Il est également intéressant de constater que la plupart des Canadiens anglais sont satisfaits, eux aussi, de la politique King-Bourassa. Il y a bien à l'occasion des conservateurs ontariens qui accusent King d'avoir trahi l'Empire ou de rares internationalistes, comme John W. Dafoe du *Winnipeg Free Press*, qui soutiennent que le retrait et l'isolement ne préserveront pas la paix mondiale; toutefois, la plupart des Canadiens préfèrent croire que les habitants d'une maison ignifuge n'ont pas besoin d'assurance contre les incendies.

Culture et nationalisme

Si le nationalisme culturel de l'abbé Groulx, tel qu'il se développe dans les romans, poèmes et essais historiques de ses disciples, a une portée politique, il en est de même de presque toute la production culturelle du Canada anglais. Les œuvres du Groupe des Sept expriment un sentiment nationaliste de plus en plus énergique. Ces peintres et leurs partisans soutiennent que le Canada est une nation nord-américaine et que son art doit refléter son environnement au lieu d'être régi par les traditions dont il a hérité. Un de ces partisans soutient que, «pour trouver dans l'art sa pleine expression raciale, le Canada doit rompre totalement avec la tradition européenne»; est également nécessaire, ajoute-t-il, «un amour vivace pour la nature canadienne.»

Bien que la mythologie du mouvement mette l'accent sur l'effort de ces peintres pour se faire reconnaître, leur succès est en fait assez rapide. En 1924, au moment où s'ouvre la prestigieuse exposition Wembley en Angleterre, dans laquelle les œuvres du groupe dominent la collection présentée par le Canada, la Galerie nationale a déjà adopté cette nouvelle peinture comme «art national». C'est un art «nord-américain» qui sied bien à l'humeur d'un pays las des guerres européennes et replié sur lui-même. D'autres artistes aussi talentueux que ceux du Groupe des Sept, comme David Milne et Ozias Leduc, sont loin d'attirer autant l'attention. En peignant le paysage canadien en traits audacieux et en couleurs brillantes, Jackson, Harris et les autres ont frappé, semble-t-il, une corde sensible et, pour la première fois sans doute, ils donnent à la peinture une place d'honneur dans la culture du pays. Emily Carr, qui a rarement goûté au succès auparavant, tire avantage, elle aussi, de la nouvelle esthétique nationale lorsqu'elle s'associe au groupe dans les années trente. Les commentaires suivants de Milne sur l'enthousiasme de ses compatriotes pour le Groupe des Sept traduisent peut-être un peu d'envie, mais ils ne manquent pas de justesse:

> La popularité des œuvres de Tom Thomson n'est pas due à leurs qualités esthétiques, mais au fait qu'elles représentent la vision du Canadien moyen; en outre, ses sujets évoquent chez la plupart d'entre nous des impressions agréables, comme les vacances,

le repos et les loisirs. Impressions agréables, sujets magnifiques, bonne peinture. Au Canada, nous aimons que nos paradis soient faits sur mesure et à notre image. Ils ne doivent être ni trop beaux ni, surtout, trop dépaysants.

La publicité patriotique de la nouvelle Canadian Authors' Association et des revues *Maclean's* et *Canadian Forum*, le Groupe des Sept, voilà autant de facettes du Canada de Mackenzie King. Elles reflètent toutes, jusqu'à un certain point, l'optimisme illusoire de la fin des années vingt. L'évolution de la culture populaire, suscitée par les nouvelles technologies, contribue également au climat détendu de cette période et à l'intégration du Canada à l'Amérique du Nord.

Dans les années vingt, l'automobile, la radio et le cinéma commencent à influer profondément sur la vie canadienne. D'abord une curiosité, puis un symbole social pour les bien nantis, l'automobile était déjà utilisée avant la guerre. Dans les années vingt, cependant, la production de masse et une baisse des prix la rend accessible au grand public, à la fois comme moyen de transport et comme instrument de loisir. Le nombre de véhicules moteurs immatriculés au Canada passe de 20 000 en 1911 à près de 400 000 en 1920 et à plus d'un million en 1930. Au lendemain de la guerre, beaucoup de ces véhicules sont construits au pays, par des sociétés comme McLaughlin d'Oshawa, mais à la fin de la décennie, l'industrie, qui emploie quelque 13 000 travailleurs, est presque totalement intégrée à l'industrie américaine — Ford, General Motors et Chrysler. Une des répercussions importantes de l'automobile est l'établissement d'un bon réseau routier aux frais des contribuables. La Loi des grandes routes du Canada de 1919 annonce l'avenir; en 1930, le pays aura construit près de 130 000 kilomètres de routes en dur et des centaines de milliers d'autres en terre ou en gravier.

La radio prend également son essor après la guerre. La première loi qui régit les communications est adoptée en 1913, et la première émission est radiodiffusée de Montréal en 1920. Bientôt, on assiste à la naissance de quelques stations privées, souvent associées à des journaux et parfois à des groupes religieux. Néanmoins, à la fin des années vingt, la plupart des Canadiens écoutent des émissions en provenance des États-Unis. Ces habitudes et la question du rôle des stations aux tendances religieuses obligent le gouvernement à instituer, en 1928, une commission royale d'enquête chargée d'examiner tout le problème de la propriété et des licences des stations radiophoniques. Le rapport, publié en 1930, en étonne beaucoup car il préconise la création d'un réseau public qui, contrairement aux stations américaines, ne dépendrait pas de la publicité et qui favoriserait la création d'émissions canadiennes.

Au moment de l'étude des problèmes de la radiodiffusion, l'industrie cinématographique canadienne est pour ainsi dire disparue. Accueillie d'abord aux États-Unis comme une forme d'amusement populaire, cette industrie a commencé à prendre racine au Canada au début des années vingt, mais elle disparaît dès le milieu de la décennie. En butte au manque de financement, à la petite taille des auditoires locaux et à la difficulté d'avoir accès à des salles dont les chaînes américaines sont déjà propriétaires, elle ne réussit jamais à dépasser le stade de l'enfance. Par conséquent, les cinéastes, acteurs et actrices, déjà célèbres ou aspirant à le devenir, partent rapidement pour Hollywood, et les Canadiens se joignent au public des flots de films qui déferlent de la Californie. Le gouvernement fédéral et quelques provinces tentent bien de contrecarrer ce que certains considèrent comme une grave menace culturelle. Leurs maigres efforts se limitent, cependant, à tenter d'utiliser le cinéma pour promouvoir le patriotisme. Il faut attendre jusqu'en 1939, avec la fondation de l'Office national du film, pour que des politiques cohérentes soient adoptées en vue de créer un cinéma canadien. Toutefois, le rôle de l'ONF consiste essentiellement à produire des films documentaires, et presque rien n'est fait pour promouvoir l'industrie du long métrage.

Ainsi, dans les nouveaux champs de la culture populaire, où le coût de la technologie requiert soit une aide gouvernementale, soit d'énormes marchés, les Canadiens subissent de plus en plus l'influence des États-Unis. La radio demeure quelque peu l'exception; mais même la Société Radio-Canada, lorsqu'elle est créée en 1936, inclut des émissions commerciales dans sa programmation, notamment des importations américaines. Ce n'est qu'à la fin des années trente que l'impact significatif de la radio sur la vie canadienne, notamment sur la vie politique, se fait véritablement sentir.

L'éclatement des années trente

En 1929, l'effondrement du marché boursier de New York annonce de façon dramatique la fin de la prospérité chancelante de l'après-guerre. L'économie canadienne est entraînée dans une chute qui mènera le pays dans la pire dépression de son histoire. Deux générations en garderont à jamais la marque. Au Canada, comme partout ailleurs, on estime que la crise est temporaire, qu'elle n'est qu'une autre correction brutale du mécanisme complexe du capitalisme moderne. Les chefs d'entreprises, les hommes politiques et, sans doute, la plupart des Canadiens partagent l'avis d'Edward Beatty, le président des chemins de fer du Canadien Pacifique, qui conclut en 1929 une analyse des problèmes économiques par ces mots: «Il est probablement vrai qu'une

L'inventeur Reginald A. Fessenden (1866-1932) est né au Canada. Pendant qu'il était télégraphiste des services météorologiques américains, il a mis au point les principes de la modulation par amplitude (AM) sur lesquels reposent la radiodiffusion et la télédiffusion modernes. Il réalise la première diffusion publique de voix et de musique à partir de Brant Rock (Mass.) en 1906, la veille de Noël. En 1928, le U.S. Radio Trust lui remet deux millions et demi de dollars en reconnaissance de sa contribution à la technologie radiophonique. (Canapresse)

fois de tels effets néfastes et temporaires dissipés, l'économie canadienne aura des assises beaucoup plus solides; on se rendra compte alors qu'elle est en mesure de progresser de façon plus équilibrée et plus dynamique que dans le passé...» Ce qui était «temporaire» en 1930 se fait tenace en 1935. En fait, personne ne réalise vraiment toute l'ampleur de la crise à laquelle tous les pays industrialisés font face. Au Canada, la crise est particulièrement tragique parce que les secteurs industriel et agricole sont tous deux touchés, le premier par une baisse des investissements et de la demande, le second par le rétrécissement des marchés et par des calamités naturelles. Un seul de ces coups du sort aurait été grave, mais conjugués, ils équivalent à un véritable knock-out.

Dans le secteur agricole, le principal problème au début de la crise est le rétrécissement des marchés internationaux de céréales, notamment des marchés du blé. Pendant la guerre et dans les années qui ont suivi, les producteurs canadiens de céréales ont accru leur part du marché européen. À la fin des années vingt, cependant, la plupart des pays européens ont commencé à hausser leurs droits douaniers en vue de protéger leurs agriculteurs. De plus, en 1928-1929, l'U.R.S.S. reprend ses exportations de blé. À partir du moment où s'amorcent une tendance protectionniste et une baisse des prix du blé, les marchés disponibles se resserrent.

La tendance protectionniste ne frappe pas seulement les produits agricoles. Étant donné que presque toutes les nations tentent de lutter contre la crise économique en protégeant leur marché intérieur, des pays exportateurs comme le Canada sont gravement touchés. En 1930, l'adoption aux États-Unis de la politique tarifaire Hawley-Smoot n'est que l'une des nombreuses mesures qui entraînent une chute brutale des exportations canadiennes qui, avant la crise, représentaient plus du tiers du revenu national. Avec le rétrécissement des marchés extérieurs de céréales, de pâtes et papiers, de minéraux et de produits manufacturés, les emplois disparaissent et il ne sert presque à rien de cultiver la terre. Un boisseau de blé du Nord n° 1 qui se vendait 1,03$ en 1928, ne vaut plus que 0,29$ quatre ans plus tard. La valeur brute de la production des pâtes et papiers et des métaux de base diminue de plus de la moitié au cours de la même période. Bien que les entreprises de fabrication soient moins dépendantes des acheteurs étrangers, la baisse du pouvoir d'achat des Canadiens les force, elles aussi, à ralentir leur production. Les fabricants de machines agricoles et d'automobiles ainsi que les producteurs d'acier se protègent en retardant tout nouvel investissement et en mettant des travailleurs à pied. À l'été de 1930, plus de 390 000 travailleurs sont sans emploi, soit presque 13% de la main-d'œuvre totale; en 1933, ce pourcentage double pour atteindre 26%, et il ne retombera au niveau de 1930 qu'une seule fois avant la déclaration de la guerre en 1939. De plus, ces chiffres n'englobent pas la main-d'œuvre agricole.

La baisse des revenus est un autre indice des effets destructeurs de la crise. De 1928 à 1933, le revenu annuel par Canadien passe de 471 dollars à 247, soit une chute de 48%. C'est la Saskatchewan qui, avec 72%, connaît la baisse la plus forte (de 478 à 135 dollars), suivie de l'Alberta avec 61%, du

Le «dustbowl» des années trente dans les Prairies. La sécheresse débute en 1929 et se poursuit par intermittence jusqu'en 1937. Chaque été, des vents chauds et secs emportent le riche sol arable et transforment le grenier du Canada en une terre de désolation, détruisant ainsi les espoirs de ceux qui avaient cru s'établir sur une terre promise à peine plus d'une génération auparavant. (A, A3742)

Manitoba avec 49%, de la Colombie britannique avec 47%. L'Ontario, qui jouissait du plus haut revenu par habitant, subit une baisse de 44%. À l'Île-du-Prince-Édouard, au Québec, au Nouveau-Brunswick et en Nouvelle-Écosse, où les revenus ont toujours été les moins élevés, la chute varie entre 49 et 36%. Selon toutes les mesures économiques, ces années sont un temps de désespérance pour les chômeurs canadiens et pour la plupart des agriculteurs des Prairies, même s'il existe de nets écarts entre les régions.

Les plus durement frappées sont les régions de blé de l'Ouest, où le déclin des marchés est suivi de désastres naturels. Lorsque le prix du blé atteint presque la marque de trente cents le boisseau, les fermiers s'aperçoivent que le fardeau de leurs dettes, qu'ils ont pu supporter dans les décennies antérieures, est devenu trop lourd. Selon une étude effectuée en 1934 par l'Université de la Saskatchewan, «pour payer les intérêts sur leur dette actuelle, les agriculteurs de la Saskatchewan auraient dû utiliser les 4/5 de la valeur du blé mis en vente en 1933, tandis que le paiement des impôts agricoles aurait exigé les 2/3 de cette somme». Même lorsque la terre produit une récolte, les prix du marché sont trop bas pour couvrir les frais de production. En 1937, cependant, il n'y a pour ainsi dire pas de récolte en Saskatchewan et les deux tiers de la population rurale est forcée de vivre de l'assistance publique,— le secours direct, comme on dit alors — et plus de 95% des municipalités sont au bord de la faillite. En fait, cette année-là, la solvabilité de la province elle-même demeure incertaine.

L'absence de récolte est due au soleil, au vent et aux sauterelles. La sécheresse qui s'abat sur les Prairies au milieu des années trente est sans précédent. Pendant des années, des précipitations en quantités suffisantes ont masqué le fait que certaines terres ne conviennent pas à la culture du blé. Voilà maintenant que ces terres sont emportées par le vent. Leur sol arable s'entasse le long des clôtures et des bâtiments, et se mêle aux chardons et aux amarantes, les seules plantes, ou presque, qui réussissent à poindre sous la sécheresse. Quand le vent tombe et que le soleil cerclé de rouge soudain paraît, aucun nuage ne vient amortir ses rayons, si ce n'est les nuées de sauterelles qui balaient souvent la plaine à la recherche du dernier brin d'herbe ou de blé. Ces insectes sont particulièrement dévastateurs durant la campagne agricole de 1937, que la grêle et les nuages de poussière frappent également. Un journaliste résume ainsi les dernières semaines avant la récolte:

> Curieusement, c'est du Nord que sont venues les nuées de sauterelles, en quantités inconnues jusque-là au Canada. Elles ont fait leur apparition à la fin de juillet, au-dessus de Saskatoon et de Regina, et ont tout dévoré sur leur passage. Elles avançaient en colonnes étroites, mais derrière elles, il n'est resté que la paille de ce qui s'annonçait comme une récolte exceptionnelle. Puis, de nulle part semble-t-il, est venue une seconde invasion encore plus forte que la première.

Réduits à des secours publics que la province n'a pas les moyens d'offrir, les agriculteurs font la queue chaque mois pour recevoir une allocation alimentaire de dix dollars et un sac d'environ quarante-cinq kilos de farine pour une famille de cinq personnes. Cette aide augmente légèrement vers la fin des années trente, mais les conditions pour l'obtenir deviennent également plus sévères. Les secours ne peuvent pas non plus pallier les besoins et les drames inattendus. Au cours de ces années de désespoir, R.B. Bennett, premier ministre conservateur de 1930 à 1935, reçoit des centaines de lettres qui décrivent bien ces malheurs ainsi que l'humiliation ressentie par ceux qui après avoir participé au défrichement d'un nouveau pays, sont maintenant acculés à la ruine. Voici ce qu'écrit un fermier albertain en 1933:

> Ma récolte est entièrement ruinée ... et ma femme est très malade ... elle souffre d'une tumeur, mais comme de terribles hémorragies l'ont beaucoup affaiblie, l'opération est déconseillée ... Comme vous le savez, les trois dernières années ont été très difficiles pour les agriculteurs et les éleveurs. Étant donné que les prix des produits sont inférieurs aux coûts de production, et avec la maladie en plus, il ne me reste plus d'argent. La semaine dernière, j'ai été voir si je pouvais recevoir des secours... On m'a humilié et renvoyé d'un endroit à l'autre, comme si j'étais un criminel ou pire. Ça fait trente ans, trente et un ans en mars prochain en fait, que je vis sur ma ferme, qui était un ranch au début ... J'ai payé mes impôts pendant toutes ces années, j'ai aidé des centaines de gens et, pourtant, qu'arrive-t-il quand je me retrouve désespéré?... Pour sauver ma femme, je vous demande de m'aider... Seule la plus terrible nécessité me force à demander de l'aide. Il y a les enfants aussi; deux sont d'âge scolaire, ils ont douze et quatorze ans. Ma femme doit prendre du lait, du bœuf, du jus d'orange, etc. et aussi quelques médicaments. Elle doit refaire ses forces. Je ne veux pas la voir mourir à petit feu sous mes yeux.

En l'absence quasi totale de mesures de sécurité sociale — un maigre régime de pensions de vieillesse a vu le jour en 1927, mais rien n'est prévu pour aider les chômeurs, les malades et les démunis — les travailleurs ruraux et urbains dépendent de la charité d'organismes privés et publics. Beaucoup deviennent des vagabonds et se déplacent d'un bout à l'autre du pays en se hissant à bord des trains de marchandises, à la recherche de travail et de nourriture, ou pour tromper leur désœuvrement. Afin de leur procurer un peu de travail et tenter de mettre fin à leur errance, le gouvernement Bennett ouvre des camps de travail en Colombie britannique. Au début de 1935, l'insatisfaction y règne et, sous la direction d'un syndicat d'inspiration communiste (la Relief Camp Workers' Union), 1800 travailleurs marchent sur Ottawa afin de protester contre une administration qui ne semble pas vouloir résoudre le problème du chômage. Ils se rendent jusqu'à Régina avant que le premier ministre Bennett n'accepte de rencontrer leurs chefs. La réunion se résume presque à un échange hargneux d'injures. Le premier juillet, la Gendarmerie royale intervient et procède à l'arrestation des dirigeants. Au cours de l'émeute qui s'ensuit, un policier est tué et beaucoup d'autres sont blessés. La marche est arrêtée, mais le problème reste entier.

Presque toutes les villes sont le théâtre de troubles, généralement moins graves que l'émeute de Régina. Les policiers de Toronto se montrent particulièrement zélés et accourent au moindre signe suspect de rébellion, surtout

Pour les jeunes gens et les chômeurs, voyager à bord des wagons de marchandises devient une activité courante pendant la Crise. À l'été de 1935, des travailleurs des camps gouvernementaux se rebellent et organisent une marche de protestation sur Ottawa. On voit ici un groupe de ces travailleurs changer de train à Kamloops. La marche se termine à Regina par une émeute et un bain de sang. (Collection du *Toronto Star*, 016120-9000)

lorsque des universitaires sont en cause. Nerveuses, les autorités interviennent souvent trop vite, sous le prétexte qu'il est urgent d'enrayer la progression du communisme. L'arrestation, en 1931, des principaux dirigeants du Parti communiste et la tentative d'assassinat par la suite, au pénitencier de Kingston, du chef du parti, Tim Buck, incitent encore plus à penser que, pour toute réponse au mécontentement suscité par la crise, le gouvernement n'a rien trouvé mieux que «le talon de fer», selon les termes mêmes de Bennett.

Pendant ces temps troublés, ce ne sont pas seulement les activités supposément inspirées par les communistes qui s'attirent des réactions hostiles de la part des autorités. Dans presque toutes les provinces, les grèves ou les tentatives de syndicalisation des travailleurs, notamment des ouvriers non qualifiés, se heurtent à l'opposition des employeurs, souvent soutenus par

Une manifestation étudiante anticommuniste à Montréal, le 3 octobre 1937. (ANQ, Fonds Conrad Poirier, 06-M P48/6/1516)

l'État. Les mines de charbon du Cap-Breton continuent d'être le théâtre de conflits violents. En 1931, une grève dans les houillères d'Estevan en Saskatchewan se termine dans un bain de sang lorsque des policiers de la Gendarmerie royale ouvrent le feu sur des manifestants. Des luttes font rage également dans les mines de la Colombie britannique, dans les usines de textiles du Québec et dans les camps de bûcherons et les aciéries du Nouveau-Brunswick. Mais le conflit le plus retentissant est sans doute celui qui survient dans une des nouvelles industries où un syndicat tente de s'établir. Il s'agit des usines automobiles d'Oshawa en Ontario, où une centrale américaine, le COI (Congrès des Organisations Industrielles), amorce en 1937 une campagne pour syndiquer les ouvriers non qualifiés. La réputation du COI et de son chef, John L. Lewis, ainsi que sa méthode du «sit-in» sont déjà connues en Ontario. Les hommes d'affaires et leur ami, le premier ministre provincial Mitchell Hepburn, sont déterminés à empêcher le COI de s'implanter dans la province. Même s'il s'est fait élire en 1934 en se présentant comme un réformateur, Hepburn est hostile au syndicalisme naissant. Lorsque les Travailleurs unis de l'automobile, affiliés au COI, se mettent à recruter des travailleurs de

General Motors, puis organisent une grève pour faire reconnaître leur syndicat, Hepburn déclare que le COI n'a pas sa place en Ontario. Lorsqu'Ottawa refuse de lui prêter le concours de la Gendarmerie royale pour mettre fin à la grève, il organise sa propre force policière, «the sons of Mitches». Toutefois, les dirigeants de General Motors se rendent compte qu'un compromis vaut mieux qu'un combat violent et signent une entente. En s'opposant bruyamment au COI, Hepburn a néanmoins renforcé à court terme sa position politique.

En dépit de l'agitation ouvrière et de l'hostilité des hommes d'affaires et des autorités gouvernementales au syndicalisme, les années trente ne sont pas une période où l'on dénombre de nombreux arrêts de travail ou lock-out. Il y a tout simplement trop de chômage et trop d'insécurité pour que les travailleurs puissent se permettre de poser des gestes radicaux qui mettraient en péril leurs emplois mal rémunérés. Ils ne sont pas non plus attirés par des mouvements politiques extrémistes comme le communisme. Certains, que la ferme ou l'usine ont déçus, expriment leur mécontentement soit en votant contre le gouvernement au pouvoir, soit en accordant leur appui à l'un ou l'autre des nouveaux partis politiques naissants. L'apparition même de ces groupes démontre que l'orthodoxie économique et constitutionnelle des vieux partis ne satisfait plus une part importante de l'électorat.

Politique des temps troublés

À la fin de 1929, au moment où la dépression s'installe, le pouvoir des libéraux de Mackenzie King semble solidement établi. Ni le gouvernement ni l'opposition conservatrice, dirigée par R.B. Bennett, ne croient que le retournement de la situation économique exige des mesures spéciales. Tous deux recommandent des modifications tarifaires. Conformément à la tradition de leur parti, les libéraux proposent des corrections qui réduisent les droits sur certains articles et les augmentent sur d'autres. En dehors de cette mesure, le ministre des Finances, Charles Dunning, prévoit un excédent budgétaire. Le soin de résoudre les problèmes sociaux engendrés par l'effondrement de l'économie est laissé aux provinces. Bennett suit lui aussi la tradition de son parti et soutient qu'il faut accroître les mesures protectionnistes afin de réserver le marché intérieur aux Canadiens tant que les autres pays, notamment les États-Unis, n'auront pas abaissé leurs droits de douanes.

King voit dans la question des droits douaniers un bon enjeu électoral et axe la campagne de 1930 surtout sur cette question. Cependant, l'opposition utilise à son profit une remarque mal avisée de King qui déclare qu'un gouvernement libéral ne donnerait pas cinq cents à une administration provinciale conservatrice. À la surprise générale, R.B. Bennett est le grand vainqueur des élections.

Natif du Nouveau-Brunswick, le nouveau premier ministre conservateur, qui a fait fortune comme avocat de grandes compagnies dans l'Ouest, est un homme débordant d'énergie. Célibataire, méthodiste rigide et de forte stature, il n'aime guère déléguer son autorité et témoigne peu de respect à ceux qui ne partagent pas son avis. Bon et charitable dans sa vie privée — il envoie souvent des dons personnels à ceux qui font directement appel à lui — il a cependant, face à la misère sociale, l'attitude de celui qui a réussi par ses propres moyens et il croit que l'effort personnel vaut mieux que les secours publics. Ses dénonciations virulentes des radicaux, réels ou imaginaires, lui valent rapidement l'antipathie de ceux qui ont besoin d'autre chose que des sermons pour surmonter leur misère. Dans bien des caricatures, le col cassé et le haut-de-forme de Bennett, sans compter sa forte stature, en viennent à symboliser le capitaliste repu.

Pendant les quatre premières années de son mandat, Bennett cherche à rétablir la prospérité à l'aide de politiques économiques traditionnelles. Il hausse les droits de douanes à des niveaux sans précédent, en déclarant que cette mesure est nécessaire afin de forcer les marchés mondiaux à s'ouvrir. En 1932, une conférence économique impériale a lieu à Ottawa à sa demande. Bennett espère convaincre la Grande-Bretagne et les dominions d'établir une zone impériale de libre-échange, protégée du reste du monde. La Grande-Bretagne, dont les intérêts économiques dépassent largement les frontières de l'Empire, trouve cette proposition tout à fait inacceptable et les bravades de Bennett, déplacées. Certaines corrections tarifaires sont acceptées, mais globalement, la conférence est un échec, dans la mesure surtout où elle renforce les tendances protectionnistes qui étouffent le commerce international. Avec l'aggravation de la crise, Bennett, sans renoncer à l'idée que le rôle économique de l'État est de favoriser la libre entreprise, augmente tout de même ses subsides aux provinces afin qu'elles viennent en aide aux chômeurs. Il parraine également une loi visant à créer la Banque du Canada, et ajoute ainsi un instrument important à la panoplie d'outils fiscaux et monétaires dont dispose l'administration centrale. Les camps de travail — comme celui de Valcartier, près de Québec — sont une autre tentative des conservateurs pour remédier au chômage. Vers 1934, cependant, l'accroissement de l'agitation dans le pays, la chute manifeste de la popularité de son gouvernement et la persistance de la crise forcent Bennett à repenser sa politique économique et sociale.

Le mécontentement à l'égard du gouvernement Bennett emprunte diverses formes et se manifeste parfois dans son propre entourage. On dénonce entre autres l'écart des prix de gros demandés aux grandes et aux petites entreprises, écart qui entraîne d'énormes profits pour les premières et de graves difficultés pour les secondes. L'attaque vient d'un membre du cabinet, H.H. Stevens, nommé en 1934 président d'une commission royale chargée d'analyser la question. Les preuves présentées devant la commission sont accablantes pour les grands détaillants et fabricants du pays. Stevens devient vite un critique virulent de ces entreprises. Sous les pressions du monde des affaires, le premier ministre furieux lui demande de démissionner. Ce n'est là qu'un des signes de la déroute du Parti conservateur, déjà mise en lumière par une série de défaites à l'échelon provincial.

On assiste également à la naissance de nouveaux partis politiques non traditionnels. L'un d'eux est la Co-operative Commonwealth Federation (qui prendra en français le nom de Parti social démocratique), bientôt connue sous le sigle CCF. Fondée à Calgary en 1932, cette coalition d'agriculteurs, de chefs ouvriers et d'intellectuels se dote l'année suivante d'un programme menaçant. Le «manifeste de Regina», rédigé par un groupe d'universitaires radicaux, propose l'adoption d'un certain nombre de mesures qui rendraient l'État responsable de la planification socio-économique. Il promet l'assurance-chômage et l'assurance-maladie, des habitations financées par l'État, un programme de soutien des prix agricoles, et des lois qui protégeront les fermiers contre leurs créanciers. Le socialisme du nouveau parti transparaît indéniablement lorsqu'il préconise la nationalisation des grandes industries et des principales institutions financières. Comme premier chef, le parti choisit le vetéran parlementaire J.S. Woodsworth qui, depuis 1921, est député du comté de Winnipeg-Nord. Les fondateurs espèrent accroître la popularité de leur parti en s'affiliant des groupements agricoles et ouvriers, mais ceux-ci manifestent une grande prudence. Les débuts sont prometteurs, mais la croissance est lente.

Le CCF n'est pas le seul parti de gauche et doit concurrencer un autre petit parti très dynamique, le Parti communiste. Fondé dans les années vingt et dirigé par un immigrant britannique, Tim Buck, le Parti communiste reçoit l'appui des travailleurs dans des industries où les salaires sont bas, comme celles du vêtement et des mines, ainsi que de certains groupes des communautés ethniques originaires de pays où le marxisme est bien implanté. Les communistes profitent de la Crise pour réunir les chômeurs dans des organismes comme la Ligue d'unité ouvrière (LUO). Le CCF doit constamment lutter, sans toujours y parvenir, pour démarquer sa doctrine socialiste de celle des marxistes. Les deux partis ont quelques partisans au Québec, mais très peu

J.S. Woodsworth devant sa maison de Winnipeg avec sa fille. En 1904, Woodsworth abandonne son ministère méthodiste pour devenir travailleur social auprès des nouveaux immigrants et des pauvres de l'Ouest. Pacifiste inconditionnel et partisan de la classe ouvrière, il est le premier chef du CCF. (ANC, C-80134)

chez les francophones. En effet, le clergé condamne le socialisme sous toutes ses formes; il lui préfère le corporatisme, qui se pratique dans certains pays catholiques comme l'Italie, le Portugal et l'Espagne.

La montée d'un autre mouvement, le Crédit social, est au contraire spectaculaire. À la différence du CCF, qui a des appuis dans le centre comme dans l'ouest du pays, le Crédit social est avant tout un produit de l'Ouest, voire presque entièrement albertain. Un ingénieur britannique, le major C.H. Douglas, en a conçu la doctrine. À son avis, les dépressions économiques ne proviennent pas d'une surproduction, mais d'une sous-consommation résultant d'un manque d'argent et de crédit. Pour corriger cette situation, il faut distribuer un «dividende social» qui, en haussant le pouvoir d'achat, entraînera un regain économique. Cette doctrine inflationniste séduit instantanément les agriculteurs, convaincus par leurs lourdes dettes de la nécessité d'accroître la masse monétaire. Au début des années trente, les idées du Crédit social commencent à circuler parmi les membres des Fermiers unis de l'Alberta, mais leurs dirigeants politiques, au pouvoir depuis 1921, restent fidèles à la théorie monétaire orthodoxe, à l'instar des vieux partis.

La doctrine rejetée par les autorités albertaines est acceptée d'emblée par un enseignant de Calgary devenu prédicateur évangéliste, William Aberhart. Depuis le début des années trente, «Bible Bill» se sert de la nouvelle technologie radiophonique pour diffuser son message de protestant fondamentaliste à un cercle grandissant d'auditeurs des Prairies. La misère engendrée autour de lui par la crise, notamment le triste sort de ses étudiants sans emploi à la fin de leurs études secondaires, l'amène à s'intéresser aux questions sociales et économiques. La simplicité fondamentale de la doctrine du Crédit social semble offrir une solution presque aussi prometteuse que ses messages bibliques. Dans ses émissions dominicales, Aberhart mélange bientôt religion et économie, pratique courante depuis longtemps chez les prédicateurs socio-évangélistes des Prairies. En 1935, le gouvernement albertain fait face à un mouvement de plus en plus populaire, dirigé par ce néophyte en politique qui refuse de se présenter aux élections sous prétexte que ses idées ne sont d'aucun parti. Aux élections provinciales qui ont lieu cette année-là, les disciples d'Aberhart triomphent facilement en promettant d'abolir la pauvreté qui sévit au milieu de l'abondance, grâce à l'application des politiques du Crédit social. Pour former le nouveau gouvernement, on fait appel à Aberhart, qui se faire élire à

Pendant la Crise, l'enseignant évangéliste William Aberhart dénonce les «cinquante gros bonnets» qui contrôlent le système bancaire; le mouvement du Crédit social promet à tous les Albertains un «dividende social» de vingt-cinq dollars par mois. Les créditistes sont facilement élus lors des élections provinciales. (ANC, C-9447)

l'Assemblée législative lors d'une élection complémentaire.

Une fois au pouvoir, le nouveau premier ministre parvient difficilement à transposer dans des mesures concrètes ses messages très généraux. Un de ses problèmes, et non le moindre, est d'ordre constitutionnel. L'administration fédérale possède les pouvoirs fiscaux et monétaires nécessaires à la mise en application des idées du Crédit social. D'abord, Aberhart temporise. Puis, il adopte plusieurs mesures visant à verser un dividende social, à limiter l'activité des banques et le recouvrement des dettes, et à réglementer la presse. En 1938, la Cour suprême déclare presque toutes ces mesures inconstitutionnelles. Aberhart pousse maintenant les créditistes à se faire élire à Ottawa pendant qu'il continue lui-même à assurer une administration honnête, efficace et généralement assez conservatrice en Alberta. Avec la découverte de gisements de pétrole à Leduc en 1940, les Albertains récoltent un dividende social qui laisse présager une abondance encore plus grande que celle promise par la doctrine du major Douglas — abondance qui facilitera énormément la tâche d'Aberhart et de ses successeurs.

Au Québec également, un nouveau parti politique naît pendant la crise: l'Union nationale. La débâcle de l'économie a forcé bien des Québécois à reconsidérer leur attitude face aux questions socio-économiques. C'est ainsi qu'en 1933, l'École sociale populaire offre un nouveau programme d'action catholique sociale, le Programme de restauration sociale. Ce dernier prône un appui soutenu à la colonisation, l'élargissement du crédit agricole, de meilleures lois industrielles et ouvrières, une légistation sociale et la réglementation des services publics, notamment de l'électricité. Ce nouveau programme séduit un groupe de jeunes libéraux dissidents rassemblés autour de Paul Gouin, fils de l'ancien premier ministre de la province; ce groupe, qui prend le nom de L'Action libérale nationale (ALN), réunit plusieurs tendances: une aile montréalaise souligne la nécessité de résoudre les problèmes sociaux des villes, tandis que l'aile de la ville de Québec, dirigée par le maire Ernest Grégoire et Philippe Hamel, se préoccupe d'avantage des «trusts», notamment dans le domaine de l'électricité.

N'ayant pas réussi à convaincre les libéraux de Taschereau de la nécessité d'adopter leur nouveau programme, les membres de l'ALN entament des négociations avec Maurice Duplessis et les conservateurs. Pour les élections de 1935, une nouvelle alliance se forme, l'Union nationale. Duplessis y apporte son habileté politique et l'ALN, son programme. Les candidats de l'ALN remportent des succès électoraux remarquables, notamment dans les comtés urbains, et le nouveau parti réussit presque à battre les libéraux. Lorsque la nouvelle Assemblée législative se réunit, Duplessis concentre ses attaques sur la corruption manifeste des libéraux en se servant adroitement du comité des comptes publics. Taschereau est forcé de démissionner et de nouvelles élections ont lieu en 1936.

Cette seconde ronde permet à l'Union nationale de remporter une victoire éclatante avec 58% des voix. Une fois au pouvoir, Duplessis entreprend rapidement de consolider son autorité sur son parti. Il exclut les chefs de l'ALN, notamment Gouin, de son cabinet et abandonne presque tout le programme de la coalition, à l'exception de quelques mesures d'aide aux zones agricoles. Il gagne la faveur du clergé en faisant adopter la Loi sur la propagande communiste («la loi du cadenas») qui autorise le procureur général (c'est-à-dire lui-même) à fermer les immeubles soupçonnés d'être le siège «d'activités subversives». En outre, il rallie beaucoup de nationalistes en défendant à grands cris l'autonomie du Québec et en refusant de collaborer avec la Commission royale d'enquête sur les relations entre le Dominion et les provinces, mise sur pied en 1937.

L'Union nationale devient de plus en plus conservatrice en tous points, sauf de nom. Parce qu'elle ne réussit pas à alléger les problèmes socio-économiques de la crise, sa popularité décline, surtout dans les villes. Comme son ami Mitchell Hepburn de l'Ontario, Duplessis préfère lutter contre l'administration fédérale plutôt que contre la dépression.

En 1935, devant les preuves irrécusables de l'enracinement de la crise et les chances décroissantes des conservateurs fédéraux, le premier ministre Bennett juge nécessaire d'effectuer un nouveau départ spectaculaire. Son modèle est le «New Deal» de Franklin Roosevelt. Sans consulter son cabinet, dans une série de discours radiophoniques. Bennett trace les grandes lignes de son propre «New Deal». Ses réformes, soutient-il, sont la réaction nécessaire face «au capitalisme qui s'effondre avec fracas». Le cabinet, les partis d'opposition et la population sont abasourdis par cette conversion de dernière heure. Bennett soumet ensuite au parlement sa législation élaborée à la hâte. Celle-ci prévoit un programme d'assurance-chômage, des normes touchant le salaire minimum et la durée maximale de travail, de nouvelles règles commerciales équitables et la création d'une commission chargée de régulariser les prix du blé. Ces propositions rencontrent peu d'opposition de la part des autres partis qui attendent tous impatiemment des élections devenues inévitables. Les élections de 1935 vont toutefois démontrer que les réformes de la onzième heure de Bennett surviennent trop tard. Le gouvernement est bel et bien défait et les libéraux reprennent le pouvoir avec une majorité confortable. Pourtant, le vote populaire révèle une situation nouvelle. Le pourcentage des voix en faveur des libéraux n'est pas supérieur à celui qui leur a valu la défaite en 1930. La plupart des électeurs qui ont abandonné Bennett ont voté pour les nouveaux partis; le Crédit social, le CCF et même le Parti de la reconstruction de H.H. Stevens ont tous gagné des sièges. Officiellement, King est le vainqueur, mais de toute évidence, son parti est élu à l'essai.

Le nouveau gouvernement a peu de choses à offrir à ceux qui ont voté en faveur d'un changement. La législation du «New Deal» de Bennett est soumise à la Cour suprême qui déclare ses principales dispositions inconstitutionnelles. Aucune autre tentative n'est faite pour élaborer une politique sociale. Un accord commercial canado-américain, dont les négociations ont été amorcées par les conservateurs, est ratifié. Le gouvernement ne va pas plus loin; il semble presque totalement opposé à toute modification de l'orthodoxie fiscale ou du carcan constitutionnel. Par conséquent, il se révèle incapable de faire quoi que ce soit. En 1937, lorsque l'économie fait un nouveau plongeon et que la misère et les faillites se propagent, King se rend compte qu'il doit au moins faire semblant d'agir et nomme une commission d'enquête.

La Commission royale d'enquête sur les relations entre le Dominion et les provinces, mieux connue sous le nom de Commission Rowell-Sirois, a le mandat d'analyser la répartition des pouvoirs constitutionnels et les ententes financières du régime fédéral. Depuis les années vingt, les jugements des tribunaux ont reconnu aux provinces de lourdes responsabilités dans le domaine social, tout en laissant au pouvoir fédéral les sources de revenus les plus importantes. La Commission doit donc trouver un nouvel équilibre constitutionnel afin que richesses et responsabilités soient réparties en tenant compte des besoins d'une société industrielle. Elle n'est pas bien accueillie partout. Hepburn, Duplessis et Aberhart s'y opposent violemment tandis que les autres premiers ministres provinciaux s'inquiètent de son orientation centralisatrice virtuelle. En 1940, les provinces les plus importantes, l'Ontario en tête, rejettent ses principales recommandations, soit la responsabilité fédérale en matière d'assurance-chômage et l'allocation de subventions fédérales pour égaliser les revenus des provinces. À ce moment-là, cependant, le début d'une nouvelle guerre mondiale rend indispensable un nouveau partage fédéral-provincial des revenus, au moins sur une base temporaire, et King parvient à faire accepter par les provinces un amendement constitutionnel qui donne à Ottawa le pouvoir d'adopter une loi en matière d'assurance-chômage.

Le gouvernement King amorce aussi avec prudence une démarche interventionniste dans les affaires économiques. Des hauts fonctionnaires influents — O.D. Skelton, Clifford Clark et quelques jeunes libéraux — sont convaincus que les théories de l'économiste britannique John Maynard Keynes peuvent permettre de contrer les variations cycliques de l'économie. Cela signifie que le gouvernement doit renoncer à l'objectif sacro-saint de l'équilibre budgétaire et accepter un budget déficitaire afin d'«amorcer la pompe». Si le pouvoir d'achat du consommateur augmente, la demande de biens et de services s'accroîtra et les chômeurs retourneront au travail. En 1938, l'administration fédérale finance divers projets, parraine un coûteux programme de formation des jeunes et subventionne fortement la construction d'habitations et de divers autres ouvrages.

Comme le déclare en 1939 un ministre des Finances nouvellement converti, «aujourd'hui, si l'ensemble de la population et surtout les entreprises ne veulent pas dépenser, l'État doit le faire à leur place ... Le temps du laisser-faire total et du sauve-qui-peut est à jamais révolu». Quelques mois plus tard, une nouvelle guerre mondiale vient accroître à des niveaux sans précédent les activités et les dépenses gouvernementales et mettre fin à des années de privation, de chômage et de désespoir.

L'anarchie internationale à nouveau

Pendant les années trente, les Canadiens, comme la plupart des nations du monde industrialisé, se sont préoccupés presque exclusivement de leurs problèmes économiques intérieurs. La tendance à ne pas accepter d'engagements internationaux, déjà forte dans la décennie précédente, s'est renforcée au point que, vers 1935, les partisans de la sécurité collective ne représentent plus qu'une faible minorité. Pour chaque John W. Dafoe, qui dans le *Winnipeg Free Press* prône le soutien à la Société des nations, on trouve plusieurs J.S. Woodsworth ou Henri Bourassa qui favorisent la neutralité du Canada dans tous les conflits européens futurs. Bennett, probablement, et King, pour sûr, penchent plus du côté des neutralistes que de celui des tenants de la sécurité collective et, à ce point de vue, ils traduisent bien l'opinion du pays. Par conséquent, le Canada joue un rôle mineur et sans éclat dans les luttes internationales qui provoquent une nouvelle guerre mondiale.

Malgré ses discours pro-impériaux, le gouvernement conservateur de Bennett suit les grandes lignes de la politique étrangère amorcée dans les années vingt. En 1931, le *Statut de Westminster* vient couronner le cheminement du Canada vers son autonomie. À la Société des nations à Genève, les délégués nommés par les conservateurs prononcent des discours qui n'engagent à rien, fort semblables à ceux de prédécesseurs libéraux. Cela n'est guère étonnant puisque O.D. Skelton, sous-secrétaire d'État aux Affaires extérieures et isolationniste reconnu, demeure l'éminence grise en politique étrangère, quel que soit le parti au pouvoir.

En 1931, lors de l'invasion de la Mandchourie par le Japon, le Canada a déclaré qu'il n'était pas disposé à participer activement à la résistance. En 1933, la triomphale arrivée d'Hitler au pouvoir en Allemagne n'a guère provoqué de réaction. La nouvelle administration libérale ne semble pas, elle non plus, vouloir agir différemment. Lorsque le délégué canadien à Genève appuie l'interruption des livraisons de pétrole à l'Italie de Mussolini, à titre de sanction contre l'invasion de l'Éthiopie, il est répudié par King qui appuie sans réserve la politique de l'apaisement adoptée par les puissances européennes face à l'agressivité croissante d'Hitler. À l'été de 1936, au moment où éclate la guerre civile en Espagne, le gouvernement King fait mine d'ignorer ce qui est de toute évidence une répétition générale en vue d'une nouvelle guerre mondiale. En Espagne, le général Franco, soutenu par Hitler, défie le gouvernement républicain légitime qui a l'appui des communistes. En dépit de la neutralité de leur pays, quelque 1300 Canadiens se portent volontaires pour aller défendre la démocratie espagnole dans le bataillon Mackenzie-Papineau. Parmi eux se trouve le médecin militant de Montréal, Norman Bethune, qui organise un service mobile de transfusion sanguine pour les défenseurs de la république en difficulté. D'Espagne, Bethune se rend ensuite en Chine où il met son art et sa vie au service des troupes de Mao Zedong en lutte contre le gouvernement dictatorial du général Chiang Kai-shek.

L'attitude de Mackenzie King pendant la guerre civile espagnole reflète la sympathie de nombreux catholiques du Québec pour Franco, ainsi que sa propre naïveté au sujet des intentions d'Hitler. King croit que le dictateur nazi est «un simple paysan allemand» qui ne songe qu'au bien-être de son pays, et que l'appétit de l'Allemagne sera rapidement assouvi. La visite qu'il rend à Hitler en 1937 nourrit encore plus son illusion.

Peu de voix dissidentes se font entendre. Rares sont les critiques lorsque King, jadis opposé à une politique étrangère commune dans l'Empire, approuve sans restriction les efforts du premier ministre Neville Chamberlain qui, lors des accords de Munich de 1938, tente d'apaiser Hitler aux dépens de la Tchécoslovaquie démocratique. Seul le *Winnipeg Free Press* s'interroge: «Pourquoi se réjouit-on?»

King et ses partisans invoquent deux motifs pour justifier leur appui de la politique de l'apaisement. Tout d'abord, soutiennent-ils, l'Allemagne a été trop sévèrement punie à la fin de la Première Guerre et certains correctifs s'imposent. Nul doute que les méthodes autoritaires et agressives d'Hitler ne soient répréhensibles, mais une Allemagne stable est souhaitable pour contrebalancer la puissance de l'U.R.S.S. de Staline. Mieux vaut le nazisme que le communisme. Ce dernier argument est brandi avec un enthousiasme

Les docteurs Norman Bethune (à droite) et Richard Brown en compagnie de soldats de la VIIIe armée de route dans le nord de la Chine, probablement en 1938. Après une visite en URSS en 1935, Bethune devient un communiste convaincu et, lorsqu'éclate la guerre civile espagnole, il se rend en Espagne pour y organiser un service de transfusion sanguine, le premier du genre dans le monde. «L'Espagne et la Chine, écrit-il, font partie du même combat.» En 1938, il se joint aux forces rebelles de Mao Zedong à titre de chirurgien, de professeur et de propagandiste. Il meurt en Chine de septicémie en novembre 1939. (ANC/ONF, PA-116874, NFB 1980-121 66-346)

particulier dans les milieux catholiques québécois: «Plus de deux millions de Russes sont déjà tombés victimes de l'œuvre de Lénine, lit-on dans *L'Action Catholique* en 1933, et l'oligarchie rouge n'a pas fini. Hitler et Mussolini se disent avec un çertain bon sens: il vaut mieux cogner, et ils cognent.»

La seconde raison de King d'appuyer la politique de l'apaisement est l'unité nationale. Quelle que soit l'opinion des Québécois et de bien d'autres Canadiens à l'égard du fascisme et du nazisme — le mouvement fasciste canadien est très peu important — personne ne veut d'une autre guerre. Les Québécois, surtout, croient qu'en cas de guerre, le Canada se retrouverait une nouvelle fois à la remorque de la Grande-Bretagne et que, comme à la Première Guerre, il y aurait conscription pour le service à l'étranger. Depuis 1917, le spectre de la conscription est constamment brandi au Québec, notamment par les libéraux en campagne électorale contre le faible Parti conservateur.

Ainsi, à la veille de l'effondrement inévitable de l'ordre international, King continue, en bon général, le combat de la guerre précédente. Il compte garder le pays uni — et éviter l'agitation de 1917 qui a presque détruit le Parti libéral — en refusant de l'engager dans toute action qui pourrait être interprétée comme un désir de combattre à nouveau. Son administration refuse même d'admettre les refugiés juifs qui, fuyant une mort certaine dans les camps de concentration nazis, demandent asile au Canada. Débitée à maintes et maintes reprises, la vieille formule «le parlement décidera selon les circonstances du moment» tient lieu de politique étrangère. Pourtant, King ne doute pas qu'advenant une nouvelle guerre en Europe, le Canada y participera une fois de plus. Il espère la paix contre toute espérance et il place adroitement son pays et son parti dans une position telle que, lorsque le jour appréhendé survient en septempre 1939, c'est un pays uni qui entre en guerre.

L'invasion de la Pologne par Hitler prouve enfin hors de tout doute qu'on ne peut apaiser le dictateur allemand ni lui faire confiance. La Grande-Bretagne déclare la guerre. Fidèle à sa parole, King convoque le parlement et, sept jours plus tard, le Canada entre en guerre à son tour. Dès le départ, cependant, et contrairement à ce qui s'est passé en 1914, la participation du Canada est clairement délimitée. King déclare, imité avec encore plus d'insistance par Lapointe qui parle au nom des libéraux canadiens-français, que la participation à la guerre reposera sur l'enrôlement volontaire. Il n'y aura pas de conscription pour le service à l'étranger. Cela dit, le Canada entre en guerre pour la seconde fois en vingt-cinq années. La politique de l'apaisement a maintenu le pays uni. Elle n'a pas empêché la guerre. C'est ce que veut signaler un John W. Dafoe solennel lorsqu'il écrit vers la fin de 1939:

J'ai retardé mon voyage d'une journée pour voir mon fils Van qui partait pour la guerre. J'ai rejoint le train des troupes à Smiths Falls mardi matin et j'ai accompagné Van jusqu'à Montréal. C'était un beau groupe de jeunes gens, et je me sentais triste de les voir partir à l'étranger pour terminer le travail que nous pensions avoir terminé il y a vingt ans et qui l'aurait été si les hommes d'État avaient bien secondé l'armée.

Une nouvelle guerre mondiale

Les Canadiens entrent en guerre, plus moroses qu'ils ne l'étaient en 1914. Les années dures qu'ils viennent de vivre ne favorisent pas le patriotisme insouciant de la génération précédente. De plus, ils se souviennent des horreurs du dernier conflit. Cette morosité transparaît dans l'effort de guerre restreint que planifie l'administration King au cours des premiers mois des hostilités, un effort qui semble convenir à cette «drôle de guerre» pendant laquelle rien ne se produit. Cette morgue est cependant ébranlée par le début de la bataille d'Angleterre en 1940, par la reddition de la France et par l'évacuation de Dunkerque. La vraie guerre est commencée, et son issue est des plus incertaines.

Toutefois, avant même de pouvoir accorder toute son attention aux affaires militaires, King doit d'abord régler quelques problèmes intérieurs. Certains de ses adversaires politiques voient dans la guerre l'occasion de l'abattre. Personnellement, il y voit l'occasion d'en finir une fois pour toutes avec ses deux persécuteurs provinciaux, Maurice Duplessis et Mitchell Hepburn.

En octobre 1939, Duplessis dissout l'Assemblée législative et annonce des élections. L'enjeu, soutient-il, est l'autonomie du Québec et le danger que représente pour elle l'effort de guerre d'Ottawa. Menés par Ernest Lapointe, les libéraux fédéraux se lancent à fond dans la campagne provinciale. Leur but est de vaincre Duplessis et leur arme, en plus d'une caisse électorale bien garnie, est une menace: si Duplessis est réélu, Lapointe et les autres ministres québécois démissionneront et les Canadiens français se retrouveront sans protection à Ottawa. Une fois de plus, Lapointe promet qu'il n'y aura pas de conscription. Les électeurs québécois réagissent favorablement à son appel et, pour un temps seulement comme le prouvera l'avenir, ils rejettent l'Union nationale en faveur du Parti libéral provincial, dirigé par Adélard Godbout. Ernest Lapointe, qui n'a que peu de temps à vivre, remporte une victoire décisive.

La seconde lutte sur le front intérieur se déroule en Ontario. Au début de 1940, Mitchell Hepburn, cet adversaire intraitable de King, s'est acquis la faveur des conservateurs provinciaux grâce à une motion par laquelle il reproche à l'administration fédérale de ne pas poursuivre l'effort de guerre avec

Une ouvrière parmi des milliers qui travaillent dans les usines d'armements pendant la Deuxième Guerre mondiale, profite d'une pause pour fumer une cigarette et admirer le fusil Bren sorti de ses mains à l'usine James Inglis de Toronto. Ce travail et la cigarette illustrent l'évolution de la situation de la femme dans les années quarante. Photographie tirée d'un documentaire de l'Office national du film (mai 1944). (ANC, PA-119766)

assez de vigueur. King choisit d'interpréter cette dénonciation comme le mot de passe pour réclamer la conscription. Il fait preuve d'un esprit de décision inhabituel et riposte en dissolvant le parlement et en annonçant des élections. Aux conservateurs qui prônent «un gouvernement national» en rappelant sans cesse la coalition unioniste de 1917, les libéraux opposent le thème de l'unité nationale et renouvellent, surtout au Québec, leur promesse de ne pas recourir à la conscription. King est victorieux une fois de plus et ses adversaires mordent la poussière. Sa position n'a jamais été aussi forte qu'en ce mois de décembre 1940. Il peut maintenant mettre la politique de côté au profit des préparatifs de guerre. Du moins, le croit-il.

Le recrutement et la planification de la production de guerre sont les deux priorités. Encore une fois, les usines se remettent à bourdonner et le chômage disparaît rapidement. Très vite, il y a pénurie d'hommes et de femmes aptes au travail, au fur et à mesure que les usines, jusque-là inactives, se lancent dans la fabrication de fusils Bren, d'avions militaires, de chars d'assaut et de navires. L'économie en déclin reprend vite son élan, et des produits qui encombraient auparavant le marché deviennent introuvables. Il y a rationnement du sucre, de la viande et de l'essence, ainsi que gel des prix et des salaires. Le fait le plus étonnant est peut-être le grand nombre de femmes qui

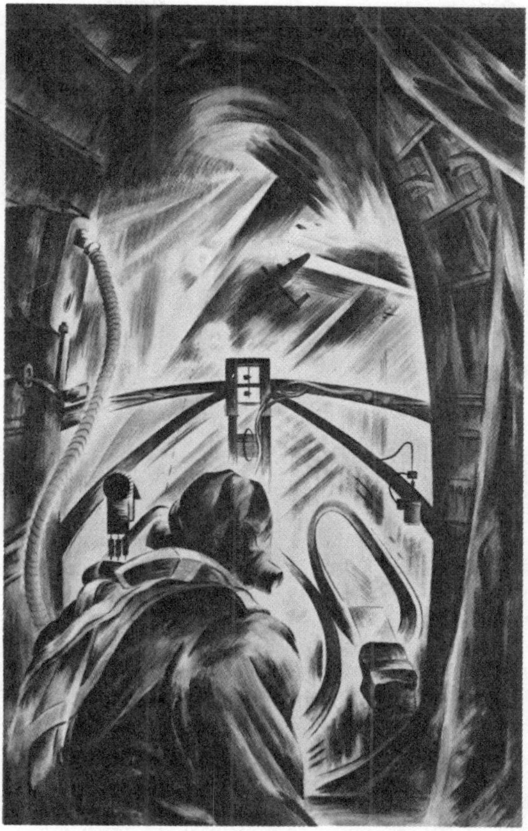

Bomb Aimer, C. Charlie, Battle of the Ruhr, aquarelle (1943) de Carl Fellman Schaefer. Peintre de paysages ruraux obsédants en temps de paix, Schaefer est peintre officiel des forces armées de 1943 à 1946. Lieutenant dans l'Aviation royale canadienne, il connaît personnellement la fureur des bombardements aériens. (MN, Musée canadien de la guerre, 11786)

envahissent le marché du travail, comme elles l'avaient fait à la guerre précédente. À «Rosie the Riveter», cette héroïne d'une chanson populaire qui travaille dans une usine de munitions, viennent se joindre des milliers de consœurs qui œuvrent dans presque tous les secteurs de la fabrication ou des

Au début de 1942, après l'entrée en guerre du Japon, le gouvernement canadien entreprend de déposséder et de déplacer tous les habitants de la Colombie britannique d'origine japonaise, même ceux qui ont la citoyenneté canadienne; les familles sont séparées et les biens qui ne peuvent être emportés sont vendus par l'État. Cette décision marque l'aboutissement de plusieurs décennies de sentiments anti-asiatiques sur la côte du Pacifique. (EC)

services et gagnent des salaires plus élevés que jamais. Les syndicats, qui ont stagné pendant les années trente, sont maintenant florissants parce qu'il y a pénurie de main-d'œuvre et aussi parce que la nouvelle législation ouvrière reconnaît le droit à la négociation collective. En 1945, le nombre de travailleurs canadiens syndiqués a doublé et une forte proportion des nouveaux membres sont des femmes.

Quand débute 1941, plus de 250 000 hommes et quelque 2000 femmes se sont enrôlés. Lorsque vient enfin la victoire en 1945, plus d'un million de Canadiens auront servi dans les forces armées: près de 750 000 hommes et femmes dans l'infanterie, plus de 230 000 hommes et 17 000 femmes dans l'Aviation royale canadienne, enfin, près de 100 000 hommes et 6500 femmes dans la Marine royale canadienne. Les pertes sont très lourdes, notamment

Le jour J, le 6 juin 1944, la 9e brigade canadienne d'infanterie débarque à Bernières-sur-Mer en Normandie. C'est le début de la libération tant attendue de l'Europe du joug de l'Allemagne nazie. (ANC, PA-137013; photo de Gilbert A. Milne)

dans l'infanterie et l'aviation, mais moins qu'à la Première Guerre. Néanmoins, 42 042 Canadiens perdront la vie au cours de la Deuxième Guerre mondiale.

Dès le début de la guerre, l'importance des États-Unis dans l'issue du conflit est évidente, en dépit de la neutralité de ce pays. Avant l'attaque japonaise de Pearl Harbor, le 7 décembre 1941, le Canada consacre beaucoup d'énergie à ses relations diplomatiques avec son voisin du sud pour le convaincre d'accorder sa sympathie aux alliés. Le président Roosevelt et ses proches conseillers savent bien que la cause des alliés est aussi celle des États-Unis et que la défense de l'Amérique du Nord exige la coopération du Canada. Cette certitude entraîne, en 1940, la signature de l'accord d'Ogdensburg, qui établit une commission permanente de défense canado-américaine, et au début de 1941, celle de la déclaration d'Hyde Park, qui aide le Canada à financer le matériel de guerre destiné à la Grande-Bretagne en vertu d'un accord prêt-

Tank Advance, Italy: huile (1944) de Lawren P. Harris. Fils du fondateur du Groupe des Sept, l'artiste sert en Italie dans la 5e division à titre de peintre officiel de l'armée. On peut lire cette inscription à l'arrière de la toile: «Chars d'assaut du 3e régiment canadien entrant en action...près de la rivière Melfa. À l'arrière, les ruines du monastère du mont Cassin.» (MN, Musée canadien de la guerre, 12722)

bail entre ce pays et les États-Unis. Ces deux mesures ont une grande importance pour le succès de l'effort de guerre. Elles marquent également le passage du Canada de la sphère d'influence britannique à la sphère américaine.

Pendant les premières années de la guerre, les forces canadiennes demeurent sur le sol britannique, prêtes à le défendre contre la menace d'invasion. Une fois cette menace écartée, commence la véritable action que souhaitent les Canadiens demeurés au pays. Il y a d'abord la tragédie de Hong Kong où des troupes canadiennes ont été envoyées dans un effort futile pour empêcher les Japonais d'envahir ce territoire. (Au Canada, peu après l'attaque de Pearl Harbour, les citoyens canadiens d'origine japonaise sont chassés de leurs maisons de la côte ouest, dépouillés de leurs biens et internés dans des camps de l'intérieur.) À l'automne 1942, la Deuxième division canadienne d'infanterie subit de très lourdes pertes lors du funeste débarquement de Dieppe. Viennent ensuite la campagne de Sicile et la pénible avance le long de la péninsule italienne, qui se solderont par la chute de Rome à l'été de 1944. Enfin, c'est l'invasion de la France, où la Première armée canadienne, commandée par le général H.D.G. Crerar, joue un rôle de premier plan. Cependant les pertes sont plus lourdes qu'on ne le prévoyait. À mesure que la liste des victimes s'allonge et que les demandes de renforts se font pressantes, le spectre de la conscription revient hanter Mackenzie King et raviver les luttes politiques.

Pour ou contre la conscription

Mackenzie King croyait, ou du moins espérait, que la conscription avait été définitivement écartée au début de la guerre, parce que tous les partis s'étaient entendus sur le fait que l'enrôlement volontaire représentait la meilleure politique. Au début de 1942, cependant, le consensus s'est effrité. Arthur Meighen a démissionné du Sénat pour reprendre la direction du Parti conservateur qu'il avait abandonnée quinze ans plus tôt. Son cheval de bataille est la conscription et il gagne de plus en plus d'appuis chez les Canadiens de langue anglaise. King décide que la seule façon de lui couper l'herbe sous le pied est de tenir un plébiscite national afin de demander à la population de délier le gouvernement de sa promesse de ne pas recourir à la conscription. Certains ministres québécois s'opposent à ce plan, mais Louis Saint-Laurent, qui a remplacé Ernest Lapointe, l'approuve. Au Canada anglais, le vote affirmatif sera largement prépondérant. Chez les Canadiens de langue française, qui ont l'impression d'avoir été trahis, l'opposition sera encore plus unanime. Derrière un jeune journaliste nationaliste, André Laurendeau, la Ligue pour la défense du Canada fait campagne en faveur du «non». De l'avis de ses membres, il est injuste que l'on demande au pays tout entier de délier le gouvernement King d'une promesse qu'il a faite au Québec seulement. Comme Laurendeau l'écrit plus tard: «Le contrat qu'ils invoquent est moral. Juridiquement, le parlement peut imposer la conscription. Ce que la minorité canadienne-française demande à la majorité, c'est de l'empêcher de faire ce qu'il a le pouvoir politique de faire.» La majorité reste sourde à cet appel et la conscription l'emporte. Le plébiscite donne les résultats suivants: 71,2% des Québécois (85% des Francophones) votent «non», tandis qu'à l'extérieur du Québec, 80% de la population vote «oui». Ces résultats sont exactement ceux que craignait le plus Mackenzie King, car le pays est nettement divisé selon ses frontières culturelles. En apprenant la nouvelle, il écrit dans son journal:

> J'ai songé au rapport qu'a fait Durham sur l'état du Québec lorsqu'il est arrivé après la rébellion de 1837-1838; il déclarait avoir trouvé deux nations en guerre au sein d'un même État. La même chose serait vraie du Canada, du Canada tout entier, si cette question de la conscription n'est pas dorénavant abordée avec le plus grand soin.

Fidèle à son sens de l'histoire, King n'a pas encore joué sa dernière carte.

Venu de Grande-Bretagne en 1939, John Grierson préside à la création de l'Office national du film. Son talent de cinéaste documentaire est bientôt mis à contribution pour une série de films destinée à promouvoir le patriotisme en temps de guerre. On le voit ici avec le dessinateur d'affiches, Harry Mayerovitch. (ANC, C-11550)

Même si son gouvernement a été délié de sa promesse au sujet de la conscription, il soutient que le moment n'est pas encore venu de renoncer à l'enrôlement volontaire. Des murmures de mécontentement se font entendre au sein du cabinet; le ministe de la Défense nationale offre sa démission, qui n'est pas acceptée. King l'emporte grâce à une politique qui est un chef-d'œuvre d'ambiguïté calculée: «Pas nécessairement la conscription, mais la conscription si nécessaire.» La signification du mot «nécessaire» reste indéterminée.

Pour certains, le sens de ce mot est évident: si le recrutement volontaire ne donne pas les renforts requis, il y aura conscription. À l'automne 1944, les militaires sont convaincus d'être parvenus à ce point. Le ministre de la Défense partage leur opinion. Pour King, cependant, «l'unité nationale» — et l'unité du Parti libéral — est une priorité. S'il se range à l'avis de Ralston, il perdra l'appui du Québec. Il en vient à la conclusion qu'il faut laisser une dernière chance au recrutement volontaire. Comme Ralston s'oppose à cette décision, King se montre impitoyable, accepte maintenant sa démission en le remplaçant par le populaire général A.G.L. McNaughton. Ce dernier est

André Laurendeau (1912-1968), chef provincial du Bloc populaire, s'adressant à un groupe de partisans. (Centre de recherche en histoire de l'Amérique française)

convaincu que les possibilités du recrutement volontaire sont épuisées, mais il consent à faire une dernière tentative.

Il échoue lui aussi. S'il y a encore des hommes quelque part, ils refusent de se porter volontaires. King est maintenant certain qu'une volte-face s'impose car, si la conscription n'est pas adoptée, certains chefs de l'armée pourraient bien défier l'autorité du gouvernement civil. Il a montré aux Canadiens français qu'il était de bonne foi en chassant Ralston, il compte maintenant sur leur appui. Louis Saint-Laurent, qui ne s'est jamais engagé à respecter la promesse de non-conscription, se rallie à la décision de son chef. On décide d'envoyer au front les soldats qui ont été conscrits pour servir au pays. À la fin de la guerre, environ 2500 d'entre eux seulement auront quitté le Canada. King surmonte ainsi une seconde crise de la conscription, comme une première l'a été en 1942, grâce à son habileté politique et à sa bonne étoile. En administrant la potion détestée en deux doses, il a réussi à la diluer suffisamment pour éviter une répétition des événements de 1917. Il a maintenu l'unité du

Le 8 mai 1945 marque le jour de la victoire en Europe. À Ottawa et dans les autres villes, des milliers de Canadiens descendent dans la rue pour manifester leur joie, leur soulagement et leur reconnaissance par des cris et une pluie de confettis. Quatre mois plus tard, ce sera la bombe atomique et la victoire du Pacifique. (ANC, PA-114440)

pays, bien que certains soient désenchantés, tant au Canada anglais qu'au Canada français.

Au Québec, c'est le gouvernement libéral provincial d'Adélard Godbout qui expie le manquement des libéraux fédéraux à leur parole. Godbout a administré sa province de façon plutôt progressiste. Il a accepté le programme fédéral d'assurance-chômage, accordé le droit de vote aux femmes dans les élections provinciales, créé Hydro-Québec et amorcé une redéfinition des politiques économiques et sociales. Cependant, sa position ambiguë lors du plébiscite de 1942 — ses critiques prétendent qu'il a poussé les Québécois à voter «noui» — rend son gouvernement impopulaire. En 1944, l'Union nationale, revitalisée par Duplessis, reprend le pouvoir; jusqu'à un certain point, cette victoire est imputable à l'apparition d'un nouveau parti dirigé par André Laurendeau, le Bloc populaire, qui a attiré certains électeurs en quête de réformes et fait élire quatre députés. L'aile fédérale du Bloc populaire, sous la direction de Maxime Raymond, obtient deux sièges à Ottawa en 1945. Toutefois, il existe de graves dissensions au sein de ce nouveau parti, entre les nationalistes et les réformateurs. En 1947, lorsqu'André Laurendeau devient rédacteur en chef adjoint du journal *Le Devoir*, le Bloc populaire est déjà moribond.

Aux élections fédérales de 1945, les libéraux sont à nouveau victorieux. Cependant, cette victoire représente plus qu'un témoignage d'appréciation du leadership de King pendant la guerre. Elle est due, au moins en partie, à la décision de son gouvernement de préparer l'après-guerre en adoptant des politiques socio-économiques qui préviendront, espère-t-il, une nouvelle crise. Les politiques keynésiennes, destinées à corriger les fluctuations cycliques de l'économie et amorcées avec prudence avant la guerre, sont renforcées avec vigueur: en 1940, un programme d'assurance-chômage s'est ajouté au régime des pensions de vieillesse de 1927; en 1944, on a adopté un programme d'allocations familiales en vertu duquel les mères reçoivent chaque mois un chèque pour subvenir aux besoins de leurs enfants. Ce sont là les premières assises d'un État-providence. Des politiques visant à promouvoir la construction d'habitations, à fournir du travail aux soldats démobilisés et à accroître l'aide gouvernementale dans le domaine des soins de santé sont toutes une indication d'une participation nouvelle de l'État aux affaires socio-économiques.

Derrière ce zèle inédit des libéraux pour la sécurité sociale, se cache autre chose que de nouvelles idées économiques. Il y a aussi la crainte que la popularité croissante du CCF entraîne une fragmentation de leur parti, comme au lendemain de la guerre de 1914-1918. En 1943, le CCF remporte suffisamment de sièges pour former le parti d'opposition en Ontario. L'année suivante,

Jack Beder, peintre montréalais né en Pologne en 1909, recrée l'atmosphère de sa ville d'adoption dans plusieurs de ses oeuvres. *Carré Saint-Louis*, 1938, huile sur toile. (Collection privée)

en Saskatchewan, sous la direction du dynamique et imaginatif T.C. (Tommy) Douglas, le CCF forme le premier gouvernement socialiste en Amérique du Nord. Des sondages révèlent sa force croissante à l'échelon fédéral. King et son parti choisissent de mettre fin à cette menace de la gauche en adoptant certaines politiques très populaires du CCF. Comme le démontrent les résultats du scrutin de 1945, c'est là une tactique efficace. King demeure le maître de la politique canadienne au moment où le pays passe de la guerre à la paix.

Maturité de la culture canadienne

La première moitié du 20e siècle a été marquée par une profonde évolution des conditions matérielles et culturelles. En s'urbanisant, la société canadienne a commencé à édifier une culture à saveur nord-américaine et aux préoccupations urbaines. Frederick Philip Grove, dont les nouvelles des premières décennies du siècle reflétaient la société rurale, publie en 1944 *The Master of the Mill.* C'est l'histoire d'un conflit de classes bien connu de ceux qui ont lutté pour leur survie dans les années trente. Morley Callaghan, dont les œuvres traitent de façon complexe des tensions sociales et spirituelles de la vie urbaine, et Hugh MacLennan, d'abord dans *Barometer Rising* (1941) où il évoque le désastre de 1917 à Halifax, puis dans *Two Solitudes* (1945) (paru en français sous le titre *Deux solitudes*) où il relate les relations entre francophones et anglophones, cherchent tous deux à créer une littérature à partir de thèmes essentiellement canadiens. On note la même chose au Québec où les hymnes traditionnels aux valeurs rurales sont délaissés peu à peu. Ringuet explore le mythe arcadien dans *Trente arpents* (1938), tandis que *Bonheur d'occasion* (1945), de Gabrielle Roy, révèle les dimensions humaines de la vie urbaine des Canadiens français. Au théâtre, *Tit-Coq* (1948), de Gratien Gélinas, est une réflexion profonde sur l'attitude des Canadiens français pendant la guerre. De nouveaux poètes apparaissent également. Le romantisme patriotique suranné du Canada anglais et du Canada français est remplacé par une écriture moderne. Saint-Denys Garneau ouvre la voie au Québec, suivi de sa talentueuse cousine, Anne Hébert. Dans ses poèmes *Les songes en équilibre* (1942), et plus tard dans ses romans, Anne Hébert présente une âme québécoise nimbée de rêves et souvent en proie à un imaginaire inquiétant. Pour elle, comme pour Nelligan, la neige demeure un thème central:

> La neige nous met en rêve sur de vastes plaines,
> sans traces ni couleur
>
> Veille mon cœur, la neige nous met en selle sur
> des coursiers d'écume
>
> Sonne l'enfance couronnée, la neige nous sacre
> en haute mer, plein songe, toutes voiles dehors
>
> La neige nous met en magie, blancheur étale,
> plumes gonflées où perce l'œil rouge de cet oiseau
>
> Mon cœur; trait de feu sous des palmes de gel
> file le sang qui s'émerveille

Au Canada anglais, des auteurs comme E.J. Pratt, Earle Birney et Dorothy Livesay représentent la nouvelle tendance. En 1946, F.R. Scott exprime, dans «Laurentian Shield», l'espoir que fait naître ce nouvel esprit:

> Voici qu'un son grave retentit, répercuté dans les mines,
> Dans les camps et dans les ateliers épars, un son de vie.
> Et le message de cette existence de labeur
> Sera transmis, aujourd'hui ou demain,
> Par ces millions d'êtres qui transforment la pierre en enfants.

L'ascendant qu'ont pris les peintres du Groupe des Sept à la fin des années vingt fait place à de nouvelles techniques et à de nouveaux sujets dans la décennie suivante. Miller Brittain et Paraskeva Clark évoquent la détresse sociale des années de la crise. Lawren Harris aborde l'art abstrait tandis que John Lyman et Goodridge Roberts démontrent que le paysage et la nature morte peuvent prendre des teintes et des formes moins dures et plus variées que dans les œuvres du Groupe des Sept et de leurs nombreux imitateurs. LeMoine FitzGerald et Carl Schaefer peignent des sujets locaux ou régionaux sans prétendre exprimer une esthétique nationale.

C'est parmi les artistes québécois que l'on retrouve les nouveaux courants les plus radicaux. Paul-Émile Borduas passe de la décoration des églises au surréalisme et réunit autour de lui un groupe de jeunes disciples, notamment Jean-Paul Riopelle et Fernand Leduc, que l'on surnomme les automatistes. Ces peintres abstraits se tournent vers l'avenir et invitent leurs contemporains à rejeter le passé. Ils amalgament les écoles de Paris et de New York d'une façon intéressante et originale. Dans leur manifeste de 1948, *Refus global*, ils réclament un renouveau de la société québécoise et plus de liberté pour leur talent créateur. Cependant, dans un monde où le Canada et les autres pays doivent apprendre à accepter le pouvoir d'annihilation de l'atome libéré à Hiroshima et Nagasaki en août 1945, ni Borduas ni ses amis ne saisissent pleinement le sens de leur affirmation: «Les frontières de nos rêves ne sont plus les mêmes.»

Chapitre 6

Crises d'abondance 1945-1988

DESMOND MORTON

Le Canada revient graduellement à la paix. La guerre en Europe prend fin le 6 mai 1945 d'une façon suffisamment prévisible pour que la plupart des autorités locales aient le temps de pavoiser, de hisser leurs drapeaux britanniques et d'organiser des festivités. À Halifax, où aucune manifestation n'est prévue, des militaires et des femmes organisent leurs propres réjouissances, pillant une brasserie et les magasins du centre-ville en signe de représailles contre les profiteurs de guerre. Les démonstrations de joie sont marquées de plus de spontanéité et de retenue quelque quatre mois plus tard, lors de la capitulation du Japon; sauf pour les prisonniers de guerre affamés et leurs familles, la guerre du Pacifique n'a pas revêtu autant d'importance que la guerre en Europe. Les Canadiens sont encore, pour la plupart, rivés au monde occidental.

Avec l'après-guerre, les Canadiens entrent dans une ère de prospérité inconcevable pour leurs ancêtres, ou même pour la plupart de leurs contemporains. Ils ont tôt fait d'oublier leurs habitudes de vaches maigres et de sacrifices. La jeunesse la plus nombreuse de l'histoire du Canada considérera cette prospérité comme allant de soi lorsqu'elle atteindra l'âge adulte; elle se contentera de critiquer ses effets secondaires et de transformer le mode de vie adopté par l'élite économique en habitudes de consommation de masse.

La prospérité d'après-guerre

Les années de guerre, caractérisées par le plein emploi, la stabilité des revenus et la promesse libérale d'un «nouvel ordre social», sont un avant-goût des décennies à venir. Pour le reste du monde, cette guerre a été au moins deux fois plus grave que les précédentes; pour la plupart des Canadiens, elle a surtout marqué la fin de la crise. Le Canada a perdu moins de soldats (42 000) que durant la Première Guerre et il dispose de la troisième marine au monde et de la quatrième armée de l'air. Son effort a été principalement orienté vers la croissance industrielle. Sa dette de guerre n'a pas dépassé ses moyens et les coffres du pays regorgent de devises étrangères. Le Canada ne connaît rien des imbroglios coloniaux et étrangers dans lesquels se débattent à grands frais ses alliés plus puissants. Il n'a guère de rapports avec l'Afrique, l'Inde et les Antilles. À la fin de 1946, tous ses militaires sont rentrés au pays, et démobilisés.

Décontrôle méthodique, tel est le mot d'ordre du gouvernement pour la reconstruction d'après-guerre. Le cerveau qui préside alors aux destinées du pays est C. D. Howe, cet ingénieur arrogant et débraillé à qui l'on avait confié la production de guerre. Ses hauts fonctionnaires bénévoles du temps de guerre («à un dollar par année») sont retournés à leurs empires financiers, mais ils n'en constituent pas moins un puissant réseau au service du seul

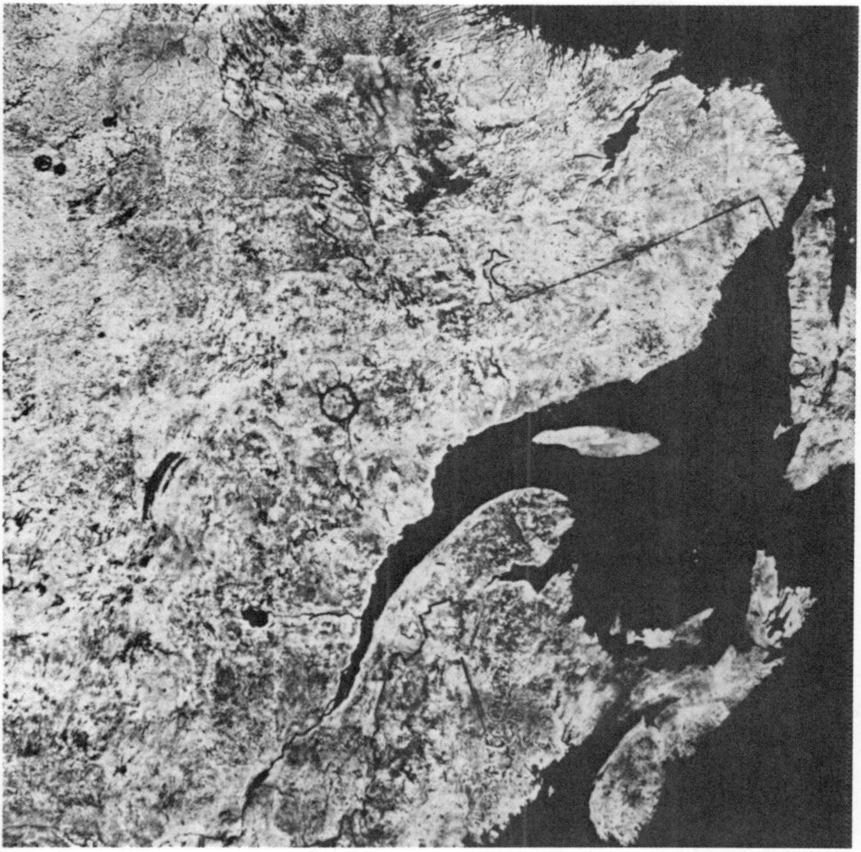

L'Est du Canada: une mosaïque de photographies prises à partir du satellite LANDSAT-1, sur laquelle on a tracé les frontières entre les provinces. Comparez-la à la carte de Samuel de Champlain au début du deuxième chapitre: d'une précision étonnante, cette dernière couvre sensiblement le même territoire. Légèrement à gauche du centre, un grand cercle a remplacé les demi-lunes des lacs Manicouagan et Mushalagan, résultats de la collision entre un astéroïde et la terre il y a 210 millions d'années: il s'agit du territoire complètement inondé en 1964 à la suite de la construction du barrage Manic 5 (plus tard appelé Daniel-Johnson) d'Hydro-Québec. (Bibliothèque nationale de photographie aérienne, Ottawa)

homme politique jugé digne de leur respect. La plupart des vrais fonctionnaires formés pendant la guerre étant demeurés à leur poste, le gouvernement d'Ottawa bénéficie en temps de paix d'une compétence administrative pratiquement sans précédent. Et tous ces nouveaux «mandarins» se savent indispensables devant la menace d'une nouvelle crise économique.

Cette perspective atténue en effet la joie que ressent la population vers la fin de la guerre. À en juger par leurs déclarations, les dirigeants d'entreprises n'ont rien retenu des conséquences désastreuses du laisser faire des années 1930. Comme en 1919, le mot «paix» veut dire: liberté de retourner aux vieilles habitudes commerciales. Au sein du gouvernement, tenants d'un retour à la libre entreprise et ministres préoccupés par l'avenir incertain d'un État-providence coûteux se livrent des combats virulents. Au bout du compte, on trouve un *modus vivendi*: il y aura réforme sociale et le coût sera absorbé par les entreprises libérées des restrictions du temps de guerre. Le 11 juin 1945, la combinaison de ces deux ingrédients vaut à Mackenzie King de remporter les élections de justesse. Dès la fin du mois, la plupart des mères de famille canadiennes reçoivent leur premier chèque d'allocations familiales. La Loi nationale de l'habitation garantit un prêt hypothécaire à un taux avantageux aux familles qui ont pu accumuler suffisamment d'épargnes pendant la guerre pour effectuer le versement initial sur une nouvelle maison. Aucun autre belligérant, pas même les États-Unis, n'offre à ses anciens combattants des possibilités aussi avantageuses de formation et de réintégration. Grâce à l'assurance-chômage, instaurée en 1941 alors que le taux de chômage était virtuellement nul, le passage à l'après-guerre se fait pratiquement sans douleur pour les travailleurs industriels. Avec les pensions versées aux vieillards indigents et les allocations provinciales aux aveugles et aux mères de famille nécessiteuses, l'État-providence prend une ampleur sans précédent au pays.

Howe et ses amis n'avaient affiché que mépris envers les bâtisseurs du réseau d'assistance sociale, mais ils ne se privent pas de recourir à la vieille tradition canadienne d'aide aux entreprises, quand il s'agit de la reconstruction. Ils se servent des mêmes stimulants généreux qui avaient gagné les industriels à la production de guerre, pour les pousser à la «reconversion». Howe vend des usines de guerre pour une infime portion de ce qu'elles ont coûté aux contribuables, à condition qu'elles rouvrent leurs portes. Les dépréciations du capital — «l'amortissement accéléré» — et autres artifices se révèlent aussi efficaces en temps de paix qu'en temps de guerre. Par le biais de l'assurance-exportation — dont il assume les risques — le gouvernement encourage les entreprises à vendre à l'étranger. Howe ne voit aucune contradiction entre son rejet du socialisme et la protection qu'il offre aux sociétés de la Couronne

De San Francisco, où le Canada s'exerce à son rôle nouveau de conciliateur lors de la séance inaugurale des Nations unies, William Lyon Mackenzie King et Louis Saint-Laurent, le 8 mai 1945, annoncent à la population canadienne la fin de la guerre en Europe. (ANC, C-22716)

les plus innovatrices, comme Eldorado, Polymer et les lignes aériennes Trans-Canada (Air Canada), créées avant la guerre. Les contrats de fournitures pour l'armée offrent d'intéressantes perspectives d'avenir aux avionneries militaires qu'il a bâties. De l'aveu même de Howe, seul le gouvernement dispose des ressources nécessaires pour garantir un avenir aux Canadiens dans le domaine des sciences et de la technologie. Pour le reste, Howe ouvre grande la porte aux investisseurs américains.

Soutenue par une explosion du pouvoir d'achat, la reconversion industrielle repousse au loin toute nouvelle menace de dépression. Après une brève hésitation en 1945-1946, la production industrielle bat rapidement les records établis pendant la guerre. Les anciens combattants réhabilités et les travailleurs des usines de munitions ont un nouvel emploi. Bénéficiant de revenus assurés, les Canadiens réclament les logements, les automobiles, les meubles et les appareils ménagers qu'ils n'ont pu s'offrir, faute de ressources et faute d'approvisionnement, pendant une bonne quinzaine d'années. Les syndicats, auxquels un arrêté en conseil passé pendant la guerre a octroyé un droit à la reconnaissance et à la négociation collective, choisissent l'année 1946 pour prouver à leurs nouveaux membres qu'ils sont en mesure d'aller chercher leur part de la nouvelle prospérité. Dans la foulée d'une dure grève aux usines Ford de Windsor en Ontario, la retenue obligatoire des cotisations syndicales est instaurée, assurant aux finances syndicales une stabilité sans précédent. Conjuguée au militantisme syndical, la prospérité nouvelle entraîne une hausse des salaires, l'apparition des congés payés, et des avantages sociaux pratiquement inconnus avant la guerre. En 1949, le syndicalisme est bien implanté dans les secteurs des ressources naturelles et de la fabrication. Cette même année, près de 30% des travailleurs industriels sont affiliés à un syndicat.

Sans le dire, le Canada s'est transformé après la guerre en une social-démocratie. Programmes sociaux universels, syndicalisme vigoureux et promesses gouvernementales de création d'emplois et d'élimination des disparités régionales concrétisent l'élan historique, amorcé dans les années 1930 et accéléré par les années de guerre et la prospérité de l'après-guerre. Sauvée de la faillite, la Saskatchewan est transformée en un véritable laboratoire d'innovations lancées par le CCF (Co-Operative Commonwealth Federation) du fringant Tommy Douglas, son jeune premier ministre. D'autres provinces canadiennes restent plus traditionalistes. À l'instigation du gouvernement fédéral, elles consacrent, pour la plupart d'entre elles, des revenus en pleine expansion à l'amélioration de leur réseau routier et à l'ouverture d'écoles et d'hôpitaux, afin de desservir une population dont la croissance est prodigieuse.

Comme toujours, la prospérité canadienne repose d'abord sur le commerce. L'industrialisation a pour effet d'accentuer la dépendance du pays à l'égard de l'étranger, tant pour l'expertise et les capitaux que pour des produits spécialisés ou certaines matières premières. En revanche, en cette période d'après-guerre, le Canada ne manque pas de clients intéressés à tout ce qu'il peut produire. Reste, bien sûr, la question des paiements. La restauration de la paix a mis un terme abrupt à la politique de prêt-bail des États-Unis. En 1945, la Grande-Bretagne et d'autres nations alliées, dévastées par la guerre et au bord de la faillite, reçoivent, de la part des États-Unis, une brutale demande de remboursement. À Washington, les affaires sont les affaires. La situation est plus compliquée à Ottawa, où l'on cherche désespérément des marchés pour les exportations. Il faut octroyer sur-le-champ un crédit de 2 milliards de dollars aux acheteurs étrangers, ce qui correspond à une aide per capita plus généreuse même que le plan Marshall lancé par les États-Unis en 1948.

Mais la politique de crédit pratiquée par le gouvernement fédéral a ses limites, de graves limites. Plus la production du Canada destinée à l'exportation — et à sa propre consommation — augmente, plus il lui faut importer des

Après la guerre, seule la Saskatchewan se rallie à la bannière du CCF. Ce n'est ni dans ses slogans ni dans les rares affiches qu'il peut se payer que réside la force de ce parti de gauche, mais bien dans l'idéalisme pratique de ses dirigeants, notamment Tommy Douglas (au centre), son trésorier provincial, Clarence Fines (à gauche), et Clarie Gillis, un mineur du Cap-Breton, qui détient alors le seul siège du CCF à l'est de Toronto. (Archives de la Saskatchewan, Regina, R-B2895)

États-Unis. Les produits manufacturés dans les usines canadiennes contiennent souvent de nombreuses composantes américaines. Le Canada ne trouve qu'une maigre consolation dans les balances commerciales favorables, de l'ordre d'un quart de milliard à un demi-milliard de dollars, qu'il enregistre dans l'immédiat après-guerre, puisqu'il vend à crédit tout en étant tenu de payer ses importations en dollars américains. En 1947, les réserves en devises américaines du Canada tombent de 1,5 milliard de dollars à 500 millions et fondent au rythme de 100 millions par mois. En l'absence de Mackenzie King, parti à Londres assister au mariage de la princesse Élisabeth, ses collègues n'osent convoquer le parlement. Le ministre des Finances se contente donc d'imposer des restrictions au commerce avec les États-Unis, notamment en interdisant toute importation jugée superflue par Howe et ses hauts fonctionnaires. Ceux qui veulent consommer des légumes frais cet hiver-là se contenteront de choux et de navets. À contrecoeur, les Canadiens se plient à cette restriction, tandis que le parlement ne prend aucune décision.

La crise passe. Bientôt, dans le climat de la guerre froide, les États-Unis se mettent à investir au Canada. L'attention étant monopolisée par le problème des échanges, le jaillissement de pétrole qui couronne le 134e sondage d'exploration de Imperial Oil, le 13 février 1947 près d'Edmonton, passe inaperçu. Très vite, cette nouvelle industrie permet à l'Alberta d'exporter une ressource recherchée, et au Canada de réduire de plusieurs millions de dollars le coût de ses importations. En 1948, dans le cadre du plan Marshall d'aide économique à l'étranger, le Congrès américain offre au Canada de prolonger la plupart des clauses de la coopération économique canado-américaine, consécutives à l'accord signé à Hyde Park en 1941. Si l'on veut sauver l'Europe du communisme, on ne peut plus s'en tenir au *business as usual.* En vertu de sa proximité et grâce à sa stabilité politique, le Canada devient donc le fournisseur privilégié des minéraux — du nickel à l'uranium —, que les planificateurs américains décident d'accumuler au cas où la guerre froide évoluerait en guerre tout court.

S'il est encore besoin de montrer que la prospérité du Canada dépend fortement des États-Unis, preuve en sera faite à nouveau lors de la crise économique de 1947. Pour John Deutsch, fils d'agriculteur de Saskatchewan et économiste de talent, il est maintenant temps de passer de la théorie à la pratique, ce dont il persuade ses collègues fonctionnaires. Si les barrières douanières n'apportent rien de bon, il faut les éliminer. L'argumentation de Deutsch en faveur du libre-échange canado-américain impressionne fortement plusieurs ministres libéraux, sans toutefois avoir raison de la prudence du premier ministre. King n'a-t-il pas perdu son siège lors de l'élection de 1911 en défendant la «réciprocité», comme on appelait à l'époque le libre-échange. Doté d'une bonne mémoire et préoccupé par la domination américaine, King oppose en fin de compte son veto à ce projet. Il va même plus loin. À la veille de sa passation de pouvoirs en 1948, il avertit ses collègues qu'il pourrait sortir de sa retraite pour faire campagne contre son propre parti, si le sujet revenait sur le tapis. Le libre-échange est donc de nouveau relégué aux oubliettes.

L'intégration continentale se réalise malgré tout: la décision des Terre-Neuviens d'entrer dans la Confédération en 1949 en est une illustration. La thèse de la «prospérité continentale», soutenue par Joey Smallwood, une vedette de la radio, l'emporte alors sur celle d'une indépendance pauvre mais fière. Les États-Unis exercent un attrait similaire sur le Canada. Les barrières douanières qu'avaient fièrement érigées les dirigeants politiques, de Macdonald à Bennett, subissent une érosion rapide quand le Canada signe l'Accord général sur le commerce et les tarifs (GATT), une initiative des puissances occidentales visant à éliminer les entraves au commerce international, en

L'entrée de Terre-Neuve dans la Confédération en 1949 est due en grande partie à Joey Smallwood et au pouvoir des médias. Smallwood se sert de la radio pour imposer l'option canadienne aux insulaires de Terre-Neuve. En récompense, il dominera la vie politique de la nouvelle province pendant près de 23 ans. (ANC, PA-128080)

grande partie responsables de la crise. Même sans tarifs douaniers pour protéger leurs filiales au Canada, les entreprises américaines n'ont aucune peine à justifier leurs investissements dans un marché caractérisé par sa stabilité et une prospérité grandissante. Si l'axe de transport Est-Ouest au Canada a été dû à des capitaux britanniques, ce sont les États-Unis qui ont financé, depuis les années 1920, le développement du Grand Nord. L'ouverture du Bouclier canadien aux prospecteurs a été l'œuvre des pilotes de brousse. Après la guerre, l'hélicoptère et des techniques de télédétection donneront plus de vigueur encore à la prospection. Deux guerres mondiales ont entraîné l'épuisement du riche filon de minerai de fer de la chaîne Mesabi, au Wisconsin. Depuis 1894, les géologues canadiens connaissent l'existence de gisements semblables à l'intérieur des terres du Québec et du Labrador; l'accès à ces régions accidentées pourrait toutefois coûter un demi-milliard de dollars. Si les Cana-

Le développement du Nord doit beaucoup aux pilotes de brousse qui, hiver comme été, assurent le ravitaillement et maintiennent les communications. Un pilote de Gagnon Air Services fait le plein sur la surface gelée d'un lac du Québec en mars 1953. Photographie de Gar Lunney. (ANC/ONF, PA-151647)

diens ne peuvent se le permettre seuls, à la fin des années 1940, les producteurs d'acier américains disposent, eux, à la fois des ressources financières et de la motivation nécessaires. De 1951 à 1954, sept mille hommes déchirent la péninsule du «Labrador», perçant deux tunnels et érigeant dix-sept ponts pour établir une liaison ferroviaire de 576 kilomètres entre Sept-Îles et la ville champignon de Schefferville.

Depuis des années, la question de la voie maritime du Saint-Laurent a été au centre des débats entre Canadiens et Américains. Craignant la concurrence, les groupes de pression des entreprises ferroviaires et des ports de la côte Atlantique tenaient les rênes du Congrès. Le Canada, pour sa part, ne pouvait se permettre de faire cavalier seul. Stimulés par leur prospérité nouvelle et l'exploitation du fer du Labrador, les Canadiens ont soudain un regain de confiance. En 1951, Ottawa déclare le moment venu d'agir. L'année suivante, convaincu de la sincérité des Canadiens et aiguillonné par le lobby de l'acier de l'Ohio surtout, qui n'a d'yeux que pour le fer bon marché du Labrador, le Congrès donne finalement son accord à une participation américaine à la

Une vieille promesse, la voie maritime du Saint-Laurent, qui permet aux cargos transocéaniques d'atteindre le cœur de l'Amérique du Nord, avait coûté plus d'un milliard de dollars au moment de son achèvement en 1959. Ces écluses, situées près de Cornwall, en Ontario, donnent une idée du gigantisme de l'ouvrage. (ASC, 62-819)

construction de la voie maritime, ainsi qu'au développement de ressources hydro-électriques. En 1954, l'affaire est conclue. La déception est lourde pour nombre de Canadiens, qui venaient de trouver le courage nécessaire pour s'y mettre seuls.

Dans l'ensemble du Canada, par le biais de petits et grands projets, les capitaux américains favorisent l'explosion des industries primaires et secondaires. De 1945 à 1955, l'apport de capitaux américains au Canada passe de 4,9 à 10,3 milliards de dollars, tandis que les investissements directs sont multipliés par trois. À l'encontre des investisseurs britanniques, plus portés à effectuer des prêts, les Américains préfèrent devenir propriétaires et prendre le contrôle financier des entreprises. La «diplomatie du dollar» a depuis toujours tenu en éveil les critiques, tant conservateurs que socialistes. Dans les années 1950, leur inquiétude gagne une minorité croissante de Canadiens. Le CCF dit alors voir dans l'appauvrissement de l'Amérique centrale un exemple du prix à payer pour l'impérialisme économique. Le Parti conservateur, de son côté, déclare que les investissements américains ont pour effet d'affaiblir les liens entre la Grande-Bretagne et le Canada. En 1956, ces deux partis finissent par unir leurs forces pour s'opposer au dernier projet grandiose de C.D.Howe, la construction d'un gazoduc transcanadien, parce que les capitaux et l'expertise doivent provenir de promoteurs texans.

Pourtant, c'est la politique partisane, et non l'économie, qui alimente le débat en 1956. Aucun parti ne met en doute la nécessité d'un gazoduc, ni, en général, le bien-fondé de projets bénéficiant de la force d'accélération de capitaux étrangers. Pour la plupart des Canadiens, il importe peu de connaître la source de cette prospérité nouvelle, après ce qu'ils ont connu avant la guerre! Les professionnels qui tiennent allègrement les rênes du gouvernement libéral ne se montrent guère sympathiques au nationalisme économique. En habitués de la politique, ils connaissent le poids de la croissance économique dans la balance des choix de leurs électeurs. De leur côté, les travailleurs sont alléchés par les salaires plus élevés payés par les employeurs américains. En octobre 1958, on met la dernière main à la construction d'un gazoduc de 3700 kilomètres, entre Burstall, en Saskatchewan, et Montréal.

La prospérité générale détourne l'attention des régions et des industries que l'euphorie d'après-guerre n'a pas atteintes. L'avènement du pétrole et du gaz naturel a paralysé le secteur de l'extraction de la houille, aux deux extrémités du pays et en Alberta. En outre, l'Europe ne peut plus se permettre d'importer le fromage, le bacon, la viande ou les pommes du Canada. Et il n'y a plus d'empire ni de marché protégé où écouler les automobiles fabriquées au Canada, bien que la perte de ce premier marché d'exportation de biens industriels soit compensée par la croissance du marché intérieur découlant de la prospérité nouvelle. En raison des distances et de la pénurie de dollars outre-mer, les exportations canadiennes prennent davantage le chemin des États-Unis. La plupart des produits manufacturés se heurtent aux barrières tarifaires américaines; on arrive par contre à trouver des marchés américains pour écouler papier, bois et nickel. Après 1952, la balance commerciale canadienne cesse d'être excédentaire, mais la marée des investissements américains maintient la solvabilité du pays et permet aux Canadiens de vivre plus à l'aise que jamais auparavant.

Heureuse, la population sait à qui elle le doit. Le 15 novembre 1948, ayant pris soin de devancer sir Robert Walpole au chapitre de la longévité comme premier ministre dans tout l'Empire britannique, Mackenzie King prend sa retraite. Louis Saint-Laurent est élu à la tête du Parti libéral à la convention du 7 août suivant. L'un des chefs de file du barreau du Québec, issu d'une famille de petits commerçants franco-irlandais des Cantons de l'Est, Saint-Laurent avait apporté intelligence et prévoyance, ainsi qu'une vision du monde entièrement nouvelle à Ottawa en 1941, lorsqu'il fut appelé à la rescousse après la mort d'Ernest Lapointe, l'alter ego de King. Ministre de la Justice en 1942, il survécut au débat sur la conscription, pomme de discorde entre francophones et anglophones. Resté presque malgré lui en politique après la guerre — on lui avait promis le portefeuille des Affaires extérieures — Saint-Laurent devient le candidat logique à la succession de King. Mariant éloquence, paternalisme, sagesse et perspicacité, Saint-Laurent veillerait aux intérêts du Canada avec la dignité et la retenue d'un bon avocat. Ces qualités convainquent bon nombre d'électeurs de faire un choix vers lequel ils penchaient déjà avant les élections de 1949. Au lieu de l'appui incertain obtenu par King en 1945, Saint-Laurent obtient la plus forte majorité en Chambre depuis la Confédération: 193 libéraux contre 41 conservateurs, 13 CCF et 10 créditistes.

Quatre ans plus tard, rien ne semble justifier le retrait de cette confiance des électeurs. La prospérité d'après-guerre a permis d'absorber sans difficulté la pauvreté dans laquelle vivait la nouvelle province de Terre-Neuve, le réarmement relié à la guerre froide et une poussée de natalité sans précédent, le *baby boom*. Jamais la prospérité n'a tant duré et, si elle vient à faiblir, on peut compter sur l'assurance-chômage, dont même les pêcheurs peuvent profiter pendant leurs mises à pied saisonnières. Avec de telles réalisations, quelles nouvelles promesses les libéraux doivent-ils faire? Pour eux, la perte d'une petite vingtaine de sièges en 1953, disséminés dans les partis d'opposition, ne représente guère plus qu'une réaction contre l'excès. Fort de cette prospérité, le gouvernement libéral semble bien en selle pour longtemps.

Vivre dans la prospérité

Pour la plupart des Canadiens, la prospérité d'après-guerre se traduit par une révolution des conditions de vie, qui passe presque inaperçue. Jusqu'aux années 1940, une grande partie de la population a connu la vraie pauvreté, ne parvenant même pas à atteindre un «minimum de bien-être» chichement calculé. Pour les travailleurs, la misère était synonyme de mises à pied saisonnières, de maisons surpeuplées, de mauvaises récoltes, de chômage cyclique et de vieillesse indigente. Après 1945, les allocations familiales, l'assurance-chômage et, par-dessus tout, une croissance économique remarquable atténuent bon nombre de ces difficultés. Fixées à un minimum de 5$ par enfant, les allocations atteignent, pour les familles nombreuses, l'équivalent d'une semaine de salaire supplémentaire par mois. Grâce au plein emploi, les syndicats bénéficient d'un pouvoir de négociation plus important que ne le souhaiteraient les économistes conformistes et la plupart des gouvernements. Leur influence favorise la croissance du revenu annuel moyen des travailleurs industriels: de 1516$ en 1946 à 3136$ en 1956. Dès 1948, les hommes gagnent un salaire horaire moyen d'un dollar; les femmes attendront jusqu'en 1956 pour y parvenir.

Chez les autochtones, les plus démunis restent les personnes âgées, particulièrement dans les régions éloignées où les industries et métiers traditionnels vivotent en marge de l'économie. Au cours des dix années de l'immédiat après-guerre, ces oubliés de la prospérité passent presque totalement inaperçus. Le débat social porte plutôt sur les sous-produits de l'aisance: le besoin urgent de logements, d'hôpitaux, d'écoles et de services municipaux décents, tout cela qui a été négligé pendant la dépression et la guerre.

Les aspirations de la population ont été, pour la plupart, modelées par des générations marquées par la frugalité et la prudence. Les Canadiens veulent tout simplement une famille, un foyer, un coin de terre et de l'épargne en prévision des jours sombres, si fréquents dans le passé. C'est dans les banlieues que se trouve la réponse à la plupart de ces besoins. À la périphérie de toutes les grandes villes canadiennes poussent des rangées monotones de maisons, dans de vastes terrains vagues. Des dizaines de municipalités rurales doivent négocier de mauvaise grâce avec des envahisseurs dont les attentes incluent désormais l'eau courante, des égouts, des routes et des écoles. Des acheteurs peu avisés font le dur apprentissage de la vie dans des maisons en bois vert, aux appareils d'éclairage défectueux, et construites par des entrepreneurs peu scrupuleux.

En dehors des villes, l'électrification, les installations sanitaires et les routes asphaltées donnant accès aux grandes villes avec leurs magasins et leurs services de santé, transforment la vie rurale. Dans l'ensemble du pays, les enfants des agriculteurs montent dans de grands autobus jaunes pour se rendre dans des écoles centrales où un nombre croissant d'entre eux acquièrent les connaissances qui les attireront plus tard vers les villes. Ceux qui restent se convertissent de plus en plus à l'agriculture scientifique, participant ainsi, par l'utilisation de nouveaux produits chimiques et de nouvelles semences aux rendements décuplés, à la confection d'une bombe à retardement écologique. Ce sont les autochtones, tombés dans un semi-oubli, qui en souffriront le plus. Conséquence directe de l'amélioration des services sanitaires dans les réserves, le taux de natalité chez les Amérindiens connaît une croissance phénoménale. Quant à l'enseignement, il fait prendre conscience aux jeunes autochtones de leur pauvreté, de leur frustration et du racisme sous-jacent à la Loi sur les Indiens, d'ailleurs mise en application par des fonctionnaires blancs.

Don Mills, dans la banlieue torontoise, est la première «ville nouvelle» du pays entièrement planifiée, et ses tentacules de maisons, de lotissements et de rues sinueuses serviront bientôt de modèle à toutes les grandes villes. Un nouveau mode de vie s'offre aux Canadiens, centré sur la maison, l'automobile, le centre commercial et l'école de quartier. (Archives de l'Université York, collection *Toronto Telegram*)

Après chacune des deux guerres mondiales, les femmes ont été invitées à redonner la place aux hommes sur le marché du travail. Au lendemain de la Grande Guerre, elles avaient résisté à cette pression en raison de leurs besoins financiers; après 1945, au contraire, la main-d'œuvre féminine diminue à cause de la hausse des revenus — le fait est unique dans l'histoire de notre siècle. Pour la première fois depuis des générations, en effet, un seul salaire industriel suffit à faire vivre une famille. De plus, à l'encontre de toutes les hypothèses démographiques classiques, qui prévoient une baisse du taux de natalité en période d'abondance et d'urbanisation, les familles atteignent une taille sans précédent. En 1951, après des années de baisse du taux de natalité et de fortes restrictions à l'immigration, la population canadienne est principalement d'âge moyen. On peut s'attendre à ce qu'avec le retour des combattants, la natalité connaisse une explosion. Les enfants de moins de cinq ans représentent 9,1 % de la population en 1941, et 12 % en 1951. Contre toute attente, le *baby boom* se poursuit jusque dans les années 1960.

La population croit surtout aux dividendes matériels de l'éducation: des emplois, un revenu, des perspectives de carrière. Pour la plupart, le coût des études universitaires et même secondaires avait toujours constitué un obstacle que seuls les riches ou les plus intelligents et les plus ambitieux parmi les pauvres pouvaient espérer franchir Dans le cadre du programme d'avantages offerts aux anciens combattants, ceux et celles qui ont fait leur service ont la possibilité d'étudier autant de temps dans une université prête à les admettre, qu'ils en ont passé sous les drapeaux. Entre 1945 et 1949, avec cet afflux d'anciens combattants, l'effectif des universités a presque triplé. En dépit d'un piètre enseignement, dispensé par des professeurs mal payés et dans des établissements médiocres, l'éducation devient l'une des denrées les plus en demande.

L'exode vers les banlieues conjugué au *baby boom* complique le problème de l'expansion de la clientèle scolaire. De 1917 à 1947, le nombre annuel d'enfants atteignant l'âge de la scolarité était d'un quart de million; après 1947, il double rapidement. On improvise des écoles dans d'horribles bâtiments utilitaires en parpaing et en acier. Les «bêtes de somme», qui triment dur pour instruire la jeunesse, se retrouvent fortes d'un statut nouveau et d'un pouvoir de négociation renforcé. De 1945 à 1961, l'effectif des écoles primaires et secondaires augmente de plus de 200 pour cent, de même que le nombre d'enseignants. Les salaires des professeurs triplent; l'augmentation des frais d'exploitation dépasse les 700%; l'investissement en capital est décuplé. Mais dans les salles de classe, rien ne change. Dans la plus grande partie du pays, les années 1950 sont marquées par un conservatisme rigide dans l'enseignement: lignes de conduite dures, discipline et programmes démodés.

Sans automobiles ni routes, la fuite vers les banlieues ne peut avoir lieu. Pour de nombreuses familles, l'achat d'une automobile — même d'occasion — représente la possibilité d'échapper aux coûts élevés et aux taudis des villes. De 1945 à 1952, le nombre de voitures particulières immatriculées au Canada double une première fois, pour doubler à nouveau au cours de la décennie suivante. De 1945 à 1960, le réseau de routes asphaltées passe de 39 600 à 110 000 kilomètres. La traversée du Canada par les grandes routes n'est plus une folle équipée. Et les travailleurs bénéficient désormais de congés payés. Considérées comme un luxe avant la guerre, les vacances annuelles font partie des normes. En bordure du Bouclier canadien, tout comme dans les provinces de l'Atlantique et les montagnes Rocheuses, se développe une zone de villégiature. Les Canadiens se mettent au tourisme avec d'autant plus de ferveur qu'ils subissent le puissant attrait des États-Unis.

Aucune facette ou presque de la prospérité d'après-guerre n'est particulière au Canada. Les Américains connaissent les mêmes phénomènes: exode vers

Dans l'après-guerre, le tourisme devient une véritable industrie appuyée par des campagnes de promotion. Cette affiche, réalisée dans les années 1940 par Ernest Senécal pour l'Office du tourisme de la province de Québec, met l'accent sur les sports d'hiver, à la veille de connaître un essor considérable. (Collection Marc Choko)

les banlieues, demande d'écoles et d'enseignement collégial, désir d'accumuler du capital via une hypothèque, insensibilité aux dénonciations des intellectuels sur la bêtise du matérialisme de masse. Mais les Canadiens ont des familles plus nombreuses et, statistiquement du moins, ils sont plus respectueux des lois et plus fidèles à leurs pratiques religieuses que leurs voisins. D'ailleurs, jusqu'en 1950, l'absence d'une forêt d'antennes de télévision est la principale différence entre la banlieue de Toronto et celle d'une ville comme Philadelphie. Et pour la plupart des Canadiens, c'est loin d'être un avantage!

La capacité des familles à se procurer ce que leurs voisins viennent d'acheter est mise à l'épreuve par l'apparition de toute une gamme de produits, depuis les magnétophones jusqu'aux «Tupperware». On est très loin de la situation des Viennois qui, à la fin des hostilités, doivent commencer par reconstruire leur Opéra, incendié pendant la guerre! À l'extérieur de leur foyer, les Canadiens passent leurs loisirs au cinéma du quartier ou dans des tavernes réservées aux hommes. Il n'y a qu'au Québec qu'on peut prendre

Du jour au lendemain, les salles de séjour sont envahies par de scintillantes images noir et blanc, qui supplantent la lecture, la conversation, l'exercice et le plein air. L'unité familiale devient un argument en faveur de l'achat d'un téléviseur (Saskatchewan, 1952). (ANC, PA-111390, photo Harrington)

régulièrement un repas arrosé de vin au restaurant. Quant à la musique classique, au théâtre et aux autres manifestations de la vie culturelle au Canada, ils atteignent le creux de la vague vers la fin des années 1940. Sans les réseaux français et anglais de la Société Radio-Canada, acteurs et musiciens connaîtraient la famine ou seraient forcés de se rabattre sur quelque travail dit «honnête». Financée à même une redevance aussi maigre qu'impopulaire sur les récepteurs, la Société Radio-Canada offre à ses auditeurs de la radio des émissions plus variées et plus créatives que jamais auparavant. De leur côté, les consommateurs écoutent religieusement les retransmissions de «La soirée du hockey» — les joueurs des Canadiens de Montréal devenant de véritables héros au Québec — ainsi que les «romans-savon», émissions de variétés et dramatiques achetées aux réseaux américains. L'émission «Wednesday Night» et la série «Stage» du réseau anglais de Radio-Canada s'adressent délibérément à une minorité. Compte tenu de l'obstacle de la langue, les Québécois sont plus fidèles aux programmes du réseau français de Radio-Canada et de

La religion occupe encore une grande place dans la vie des Canadiens pendant les années 1950. Au Québec, l'Église catholique maintient vivantes les grandes manifestations de la foi. Le cardinal Paul-Émile Léger tient ici l'ostensoir devant des malades et des pèlerins lors d'une cérémonie au sanctuaire de Sainte-Anne-de-Beaupré. Photographie de Dagget. (ANC/ *Montreal Star*, PA-137178)

stations privées populaires comme CKAC et CKVL, mais en dehors du Québec les émissions en français sont rares.

Peut-être n'y a-t-il jamais qu'une minorité pour s'intéresser à la culture. Dans un geste conscient destiné à satisfaire l'élite cultivée, le gouvernement Saint-Laurent invite Vincent Massey, ancien haut commissaire du Canada en Grande-Bretagne, et le père Georges-Henri Lévesque, de la nouvelle École des sciences sociales et politiques de l'université Laval, à coprésider une commission royale d'enquête sur l'avancement des arts, des lettres et des sciences. Certaines questions sont en effet pressantes. Comment le Canada doit-il aborder l'ère de la télévision? Les universités canadiennes survivront-elles à l'interruption des versements de millions de dollars consacrés à l'instruction des anciens combattants? Le rapport de la commission, déposé en 1951, est le reflet des justes préoccupations de l'élite au sujet de la culture de masse et de ses commanditaires américains. Toutefois, il appuie sans réserve les subventions fédérales aux universités, le contrôle exercé par la Société Radio-Canada sur ce nouveau média coûteux qu'est la télévision, ainsi que la création d'une bibliothèque nationale et l'établissement d'une fondation vouée à soutenir artistes et écrivains, théâtres et orchestres.

Ottawa fait grise mine à la parution du rapport Massey-Lévesque. Tout comme les écoles, les universités relèvent de la compétence des provinces. Dans ses pires cauchemars, Louis Saint-Laurent doit imaginer la réaction de ses électeurs à l'annonce d'une subvention accordée à des corps de ballet, prise à même les impôts. Pourtant, dans les années 1950, telles sont effectivement les attentes pressantes d'une partie de la population. En 1949, l'ambitieux Royal Winnipeg Ballet joint les rangs des professionnels, dans la foulée de ceux de Montréal et de Toronto. En 1951, dans un geste audacieux, trois Montréalais fondent le Théâtre du Nouveau Monde et mettent Molière à l'affiche. Deux ans plus tard, un homme d'affaires ontarien de Stratford, Tom Patterson, ne reculant devant rien, réalise son rêve d'un grand festival annuel Shakespeare. La première pièce, jouée sous un chapiteau de cirque, est *Richard III*, avec Alec Guinness dans le rôle-titre et Tyrone Guthrie comme metteur en scène. La même année, Jack Bush, Harold Town et consorts, qui se regrouperont plus tard sous le nom de *Painters Eleven*, présentent à Toronto une importante exposition d'art abstrait dans le grand magasin Simpson. Si Paul-Émile Borduas et Jean-Paul Riopelle ont été contraints d'exprimer à l'étranger leur énorme talent, certains nouveaux venus arrivent maintenant à vivre, chichement peut-être, de leur peinture au Canada.

L'événement culturel le plus important de la décennie est sans doute l'entrée de la Société Radio-Canada dans l'ère télévisuelle, en 1952. Montréal et Toronto deviennent rapidement de grands centres de production d'émissions télévisées. Mais il ne faut toutefois plus compter sur les seules redevances pour payer les frais d'exploitation. Radio-Canada perd de son autonomie, tout en trompant les attentes de la commission Massey-Lévesque, à mesure qu'elle ouvre ses ondes à la publicité, qu'elle importe des émissions de qualité discutable comme «Papa a raison» et «I love Lucy», qu'elle réduit fortement la qualité des émissions de radio et qu'elle dépend de façon croissante des subventions du parlement. Mais le décès opportun, en 1957, de trois millionnaires permet au gouvernement fédéral de mettre la main sur une avalanche de droits successoraux, et à Vincent Massey d'atteindre un de ses objectifs: la création d'un conseil des arts échappant à la partisannerie et à la main-mise des fonctionnaires, et chargé de distribuer le produit d'un fonds de 100 millions de dollars entre les artistes et les intellectuels.

Dans les années 1950, les peintres ont abandonné les touches puissantes et les paysages grandioses du Groupe des Sept. L'exposition de *Painters Eleven*, tenue à Toronto en 1957, présente quelques maîtres de la génération suivante: de gauche à droite, Alexandra Luke, Tom Hodgson, Harold Town, Kazuo Nakamura, Jock MacDonald, Walter Yarwood, Hortense Gordon, Jack Bush et Ray Mead. (Photographie de Peter Croydon.)

Si l'on se fie aux sondages d'opinion et aux cotes d'écoute des années 1950, on ne peut parler d'un engouement spontané au Canada pour la culture dite «d'élite». Mais la prospérité aura engendré au moins la tolérance. La croissance du revenu national dépassant tous les espoirs, il est donc loisible de verser des subventions aux dramaturges, aux compositeurs et même aux danseurs de ballet; sans aller, cependant, jusqu'à étendre cette aide aux poètes qui se permettent des grossièretés et des vers sans rimes! La tolérance donne également libre cours à la diversification culturelle du Canada. Attirés par une vie aisée et la disparition graduelle du racisme légalisé, 2,5 millions d'immigrants entrent au pays entre 1946 et 1966.

Si, dans les années 1930, le chômage massif a semblé justifier le refus des immigrants, même de ceux qui fuyaient désespérément l'Allemagne nazie, le plein emploi permet d'ouvrir grandes les vannes, même en faveur de certains qui auraient trempé dans les atrocités du troisième Reich. On persuade

La prospérité d'après-guerre engendre un groupe inhabituel de consommateurs, tels ces adolescents qui, en 1949, jouissent de leur pouvoir d'achat tout neuf. (ANC/CP, C-128763, photo de L. Jacques)

facilement les démunis casés dans les camps de réfugiés d'échanger un billet pour le Canada et un permis de séjour contre un engagement à faire partie d'une main-d'œuvre agricole ou domestique dont le recrutement parmi les Canadiens se révèle difficile. Ces mesures entraînent un afflux de travailleurs, qualifiés ou non, qui participeront à la mise en exploitation de nouvelles ressources, souvent éloignées des grands centres, et aussi à la transformation du Canada morne et égocentrique qu'ils découvrent à leur arrivée. En 1947, l'Ontario établit son propre pont aérien avec la Grande-Bretagne pour résoudre un problème de pénurie aiguë de main-d'œuvre qualifiée.

La guerre et l'horreur de l'Holocauste ont ouvert les yeux de bon nombre de Canadiens sur le côté répugnant du racisme. L'évolution est toutefois très lente. Lors de l'annonce d'une nouvelle politique sur l'immigration en 1948, Mackenzie King s'engage à préserver le «caractère fondamental» de la population canadienne. Nul ne pourrait prétendre que les fonctionnaires sont daltoniens. C'est la fin de la vieille distinction perfide entre les personnes originaires du nord de l'Europe, vues comme admissibles, et celles provenant du Sud, considérées inadmissibles. Un gouvernement qui avait ordonné l'internement des Canadiens d'origine japonaise en 1942 et tenté de les expulser en 1946 pour se plier au racisme de la côte ouest, étend en 1949 la citoyenneté de plein droit à tous les Canadiens asiatiques, sans soulever la moindre vague de protestations. Après avoir adopté des lois en matière de droits de la personne, la Saskatchewan et l'Ontario ouvrent la porte à la réparation des affronts et de la discrimination subis quotidiennement par les Juifs, les Noirs et les Amérindiens depuis des générations. Les préjugés raciaux ne disparaissent pas comme par enchantement; au moins ne sont-ils plus défendables en

De 1947 à 1967, le Canada accueille plus de trois millions d'immigrants. Même si Mackenzie King s'était engagé à préserver le «caractère fondamental» de la population canadienne, les barrières traditionnelles s'affaissent lentement sans toutefois disparaître complètement. (EC)

public. Aussi ancrée, en 1939, dans son caractère ethnique britannique que Belfast ou Birmingham, Toronto sera transformée par les Italiens, les Grecs, les Ukrainiens et les Polonais. En 1961, les protestants sont devenus minoritaires dans la Ville Reine, mais il n'y a ni manifestations ni protestations. Bien au contraire, les Torontois perçoivent comme allant avec la prospérité ce nouveau caractère cosmopolite de la ville et apprécient, entre autres, l'apparition de meilleurs restaurants.

Pourtant, les vieux préjugés sont tenaces et les sondages montrent la persistance d'une méfiance envers l'afflux d'immigrants chez la plupart des Canadiens, et d'une vive opposition chez les Canadiens français. La prospérité et le plein emploi préviennent cependant toute protestation ouverte. Comme toujours, il y a des emplois dont les Canadiens ne veulent pas. Si les immigrants sont disposés à descendre dans les mines et à travailler dans la poussière des chantiers de construction, on leur laisse aussi les salaires qui s'y rattachent. Les Canadiens préfèrent faire instruire leurs enfants en vue d'un travail de bureau ou de l'exercice d'une profession libérale. Ils auront alors besoin des ouvriers écossais ou allemands pour pratiquer les métiers manuels essentiels au bon fonctionnement de toute économie industrielle. Les années 1950 voient pratiquement disparaître la concurrence sauvage due à la rareté des emplois, source traditionnelle de luttes raciales et de conflits religieux au Canada. La conjoncture économique enlève toute raison d'être aux vieux réflexes.

Grâce à la prospérité, la confiance des Canadiens en leur propre identité se trouve renforcée, et les nouveaux arrivants, comme les Canadiens de vieille souche, participent à la vie internationale des sciences et de la littérature. C'est au cours de cette période que les deux lauréats canadiens du prix Nobel en sciences, Gerhard Herzberg et John Polanyi, établissent leur réputation. Pour leur part, Northrop Frye de Toronto, George Woodcock de Vancouver, et Gabrielle Roy, manitobaine installée au Québec, réussissent, chacun à sa manière, à imposer leur nom dans le monde des lettres. Tout acariâtre et provocateur qu'il soit, Donald Creighton encourage une génération de jeunes historiens qui donneront plus tard aux Canadiens anglais une nouvelle perception d'eux-mêmes, alors qu'au Québec Marcel Trudel et Guy Frégault réorganisent l'enseignement universitaire de l'histoire.

Riches et désormais confiants, les Canadiens transforment le pays dont ces historiens feront plus tard la description. En 1949, à la suite d'un vote serré, Terre-Neuve parachève la Confédération conçue en 1865. Les problèmes fiscaux qui ont fait échouer les négociations antérieures, n'ont plus de sens dans les années 1940; l'attrait des programmes sociaux canadiens emportera la décision des électeurs terre-neuviens. En 1946, les Canadiens établissent leur propre citoyenneté; en 1949, ils donnent la primauté à leur Cour suprême; en 1952, ils font nommer l'un des leurs, Vincent Massey, gouverneur général. Ils refusent toujours l'entière responsabilité de leur propre constitution, mais peuvent bien se permettre un ou deux caprices.

Politique étrangère: une moyenne puissance

La fuite, par une chaude soirée de septembre 1945, d'Igor Gouzenko de l'ambassade soviétique à Ottawa entraîne le Canada dans la guerre froide. La première réaction de Mackenzie King est de livrer le chiffreur russe à ses supérieurs, mais le Canada ne peut trouver d'échappatoire facile au drame de l'après-guerre. Découvrant à peine leur prospérité nouvelle, les Canadiens n'en ont d'ailleurs pas le désir: la guerre les aurait-elle convaincus de jouer un rôle dans les affaires mondiales? Sans doute la «sécurité collective» tant méprisée par Mackenzie King aurait-elle pu arrêter Hitler; tous croient maintenant qu'elle stopperait à coup sûr Staline. En plus de renforcer la confiance des Canadiens, la prospérité rend beaucoup plus facilement acceptables les coûts de la défense, de la diplomatie et de l'aide extérieure.

Un retour à l'isolationnisme apparaît impensable. Les révélations de Gouzenko, selon lesquelles un groupe d'espions soviétiques opère au Canada, s'infiltrant même dans le sacro-saint ministère des Affaires extérieures, ne font que raviver la conscience d'un combat engagé depuis la Révolution bolchevique de 1917. Le Canada n'est plus «isolé», il se retrouve au beau milieu de deux puissances hostiles. Sans doute, les mieux informés peuvent-ils prétexter qu'une Union soviétique ravagée par la guerre est davantage préoccupée par ses nouvelles conquêtes européennes, mais, depuis 1940, les Canadiens ne sont plus les seuls juges de leur propre défense. Éminemment conscients du fait que la Maison-Blanche n'a jamais reconnu la souveraineté du Canada dans l'Arctique — tampon géographique vital entre les État-Unis et l'URSS — Ottawa doit accepter, pour la défense du continent, un engagement dépassant celui que justifierait une froide évaluation des risques.

Mais des voix discordantes se font entendre. Un isolationnisme certain a survécu à la guerre, particulièrement au Canada français et dans les universités. Par ailleurs, en cas de conflit américano-soviétique, seuls les rêveurs pourraient croire à la neutralité du Canada, mais la perspective d'une guerre nucléaire multiplie les rêveurs. La guerre froide ne consterne pas seulement Mackenzie King: en 1949, cet homme circonspect aura quitté la scène. Louis Saint-Laurent sera plus sensible aux fonctionnaires habiles et ambitieux du ministère des Affaires extérieures, qui voient en lui le défenseur de leur cause et l'interprète d'une vision audacieuse de la place du Canada dans le monde. Passant outre au discours des intellectuels, des isolationnistes et de quelques pro-soviétiques, la plupart des Canadiens s'éveillent à une conscience internationale et se convertissent à la doctrine autrefois suspecte de la «sécurité collective».

Du temps des Alliés, Ottawa avait rappelé à maintes reprises un principe: le Canada ne sera représenté dans les organismes internationaux que lorsqu'il pourra y jouer un rôle de premier plan. S'il s'agit de distribution de vivres ou d'aide matérielle aux réfugiés, les Canadiens se doivent de donner leur avis, mais sur les questions de stratégie internationale, ils garderont le silence. À San Francisco, en mai 1945, la délégation canadienne applique un principe semblable quant au rôle du Canada dans l'Organisation des nations unies, qui vient de voir le jour. Entre les grandes puissances soucieuses de s'arroger le monopole des prises de décisions, et une pléiade de petits pays dont les représentants n'ont aucun ascendant, le Canada est une «puissance moyenne», trop peu influente pour prétendre à avoir son mot à dire dans les questions internationales, mais suffisamment importante d'un point de vue matériel pour qu'on ne puisse l'ignorer complètement.

Le Canada est tenu à l'écart des pourparlers sur la signature d'un traité de paix avec l'Allemagne, — ce qui entraîne le retrait de ses forces d'occupation en 1946, et un rôle de pure figuration dans le pont aérien de Berlin, en 1948. Aux Nations unies, vite enlisées dans les remous de la guerre froide, les prétentions d'indépendance du Canada sont balayées du revers de la main par Andrei Gromyko: ce pays ne peut jouer, aux yeux du délégué soviétique, «qu'un rôle assommant de second violon dans l'orchestre américain».

Cette remarque blessante laisse des traces profondes. Les diplomates ne peuvent que s'efforcer d'atténuer l'image d'un Canada soumis à la sphère d'influence américaine. Après la signature du traité de Bruxelles en 1948 (compromis trouvé par la Grande-Bretagne, la France et les pays du Benelux à la prise de pouvoir par les Soviétiques en Tchécoslovaquie), le Canada profite d'une invitation à se joindre à une alliance nord-atlantique pour pousser les États-Unis à mettre le pied dans l'étrier. Selon Escott Reid, un important fonctionnaire des Affaires extérieures, cette alliance est «une solution providentielle» à toute une série de problèmes qui se posent au pays. Non seulement elle bloque l'émergence d'un nouvel isolationnisme américain, mais elle soumet les stratèges de Washington à l'influence d'alliés plus puissants que le Canada. Peut-être même amènera-t-elle la création d'une communauté économique plus vaste, fournissant des débouchés à un pays qui veut se dégager de l'étreinte américaine. Parmi les douze signataires du pacte de l'Organisation du traité de l'Atlantique Nord (OTAN) réunis à Washington en avril 1949, plusieurs en revendiquent la paternité. Le Canada y a participé discrètement, mais réellement, à la mesure de son statut de «moyenne puissance prospère».

Avec l'OTAN et le plan Marshall, le front européen de la guerre froide est renforcé. Par contre, la titanesque guerre civile qui fait rage en Chine n'en est nullement touchée, et se termine en 1949 par un triomphe des communistes. En dépit de ses craintes, Ottawa pourrait reconnaître la légitimité du nouveau régime. Il n'en est rien; cette fois, le Canada s'aligne sur les États-Unis. Sans crier gare, en juin 1950, les forces de la Corée du Nord, un État vassal de l'Union soviétique, envahissent la république du Sud soutenue par les États-Unis. Profitant du boycott soviétique, le Conseil de sécurité est en mesure d'autoriser une aide des Nations unies. Le soutien de l'ONU facilite la tâche du Canada, qui dépêche trois contre-torpilleurs et tient une escadrille de transport aérien sur le qui-vive. Six semaines plus tard, les forces de l'ONU ne parviennent à maintenir qu'une fragile tête de pont; le gouvernement de Saint-Laurent mobilise 5000 hommes. Lorsque les soldats canadiens finissent par aller au combat huit mois plus tard, le front s'est déplacé à plusieurs reprises le long de l'étroite péninsule, et les troupes nord-coréennes ont reçu le renfort de centaines de milliers de soldats chinois. Les combats se poursuivent pendant deux années le long du 38e parallèle, jusqu'à la signature de l'armistice en 1953. La guerre aura coûté la vie à 312 citoyens canadiens.

La guerre de l'Extrême-Orient a absorbé toutes les forces américaines disponibles, et les stratèges de l'OTAN en découvrent les terribles conséquences. Les Russes ont-ils délibérément attiré la puissance militaire des États-Unis dans un coin perdu de l'Asie pour qu'ils laissent l'Europe sans défense? Au lieu d'un réarmement lent et progressif, les pays de l'alliance ont

René Lévesque s'entretient ici avec des soldats canadiens-français en Corée. Alors que les Québécois, comme les autres Canadiens, découvrent avec perplexité et stupéfaction leur rôle dans le monde de l'après-guerre, Lévesque devient leur guide et leur interprète par le biais de sa remarquable émission télévisée *Point de mire*. (ANC, C-79009, photo MacLean)

un besoin pressant de forces vives. Le général Dwight Eisenhower, commandant en chef des forces alliées pendant la guerre, quitte sa retraite pour exercer le commandement suprême des forces de l'OTAN en Europe. Forcé de réagir, le Canada recrute une nouvelle brigade pour l'Europe et met en état d'alerte le reste d'une division d'infanterie, soit 15 000 hommes. Douze escadrilles de chasseurs à réaction viennent en outre renforcer l'aviation démodée de l'OTAN. Pour contrer la menace des sous-marins soviétiques dans l'Atlantique, on construit d'urgence des escorteurs d'escadre. De 196 millions de dollars en 1947, les dépenses militaires du Canada grimpent à 2 milliards en 1952, soit 40% des dépenses fédérales de cette année-là. Le rêve d'une OTAN militaire, mais aussi économique voire culturelle, s'évanouit. L'impensable devient possible: l'Allemagne de l'Ouest dispose à nouveau d'une armée, et l'on entreprend de «protéger» le flanc sud de l'OTAN par l'adjonction de deux pays voisins violemment antagonistes: la Grèce et la Turquie.

Une menace bien plus grande que celle de la Corée plane sur cette OTAN en expansion. Dès 1949, l'Union soviétique fait exploser sa première bombe atomique expérimentale, prenant ainsi de court tous les experts. S'ensuit une course aux armes thermonucléaires, puis aux super-bombardiers, capables d'anéantir le cœur de l'Amérique du Nord par leur puissance nucléaire. Élu à la présidence en 1952, Eisenhower réoriente la stratégie américaine vers une politique de dissuasion nucléaire — *a bigger bang for a buck*. On peut désormais s'attendre à ce que la prochaine guerre mondiale éclate en Europe occidentale ou commence par la destruction mutuelle des grandes puissances. Dans un cas comme dans l'autre, le Canada ne pourrait demeurer à l'écart. Pour la première fois dans l'histoire, il lui faut songer à la défense de son immense territoire. Afin de protéger la force de dissuasion américaine, trois réseaux de stations radar, Pinetree, Mid-Canada et le réseau avancé de préalerte, la ligne DEW, sont érigés le long des côtes du Nord canadien. Pendant ce temps, des escadrilles de chasseurs s'entraînent aux méthodes d'interception. Des centaines de millions de dollars sont engloutis dans la mise au point de l'Arrow de Avro, un intercepteur supersonique d'une autonomie suffisante pour couvrir la superficie du pays.

Étonnamment rares sont les Canadiens, francophones ou anglophones, qui condamnent l'OTAN, la participation à la guerre de Corée ou le réarmement des années 1950. Brooke Claxton, le ministre de la Défense sous lequel l'effectif militaire du Canada a triplé, en conclut que la conscription ne présente plus aucun risque politique. Il n'a pas à vérifier la justesse de sa perception: les fils des régions oubliées par la prospérité s'engagent comme volontaires dans une armée en pleine croissance. Lentement, la population absorbe les conséquences de l'ère nucléaire. Le réarmement, qui avait permis d'atténuer une légère récession en 1949, provoque une éclosion d'emplois et de contrats. La Maison Blanche reconnaît même la souveraineté territoriale du Canada dans l'Arctique par l'accord de 1954 sur la construction du réseau radar le plus septentrional des trois, la ligne DEW.

La guerre froide a également pour effet de porter à un niveau jamais atteint les engagements bilatéraux canado-américains. Après 1947, les forces armées canadiennes convertissent systématiquement leur matériel, et toute leur stratégie, du modèle britannique à celui des États-Unis. Si les soldats canadiens de l'OTAN se joignent à l'Armée britannique du Rhin, l'Aviation royale du Canada (RCAF) est associée à la US Air Force. Avant même la création, en 1957, du Commandement de la défense aérienne de l'Amérique du Nord (NORAD), l'établissement de postes de défense aérienne au Canada se fait en étroite collaboration avec les États-Unis.

En dépit de leur côté rationnel, bénéfique, inéluctable même, les dispositions prises par le Canada pendant la guerre froide peuvent décevoir ceux qui attendent de cette moyenne puissance jeune et prospère un rôle plus créateur et plus idéaliste. Mais si l'OTAN n'a pas été l'échappatoire au joug des relations bilatérales, peut-être peut-on entretenir plus d'espoir envers une association des pays du Commonwealth à laquelle, par définition, les Américains ne peuvent adhérer. C'est à Mackenzie King et à Saint-Laurent surtout que l'on doit l'élargissement d'un club restreint de dominions à population blanche, en une organisation où les pays du tiers monde occupent une place prépondérante. C'est à King — le petit-fils du chef de la Rébellion de 1837, William Lyon Mackenzie — que revient l'honneur d'avoir persuadé le premier ministre indien Jawaharlal Nehru d'adhérer au Commonwealth, malgré sa longue lutte pour l'indépendance de son pays. Par sa réticence envers tout ce qui est ostensiblement «britannique», Louis Saint-Laurent, de son côté se sent proche de l'Inde de Nehru et des nouveaux membres du Commonwealth. En retour, grâce aux liens tissés au sein de cette communauté, le Canada s'impose tout naturellement comme source d'observateurs militaires au Cachemire après la première guerre indo-pakistanaise de 1948. Lors d'une conférence du Commonwealth réunie en 1952 à Colombo, capitale de Ceylan (devenu le Sri Lanka), le Canada s'engage dans son premier programme important d'aide extérieure.

Pourtant, tout comme l'OTAN, le Commonwealth n'ouvre que peu de perspectives au Canada. À l'instar des «associations d'anciens», il ne peut mettre son nez dans les affaires personnelles et la carrière de ses membres. Seuls quelques-uns des nouveaux pays membres conservent leurs institutions parlementaires, symboles d'un héritage britannique commun. Comme l'illustrent le neutralisme affiché par Nehru et les lignes de conduite souvent contradictoires de ses autres membres, le Commonwealth est davantage une tribune qu'une alliance. De tels virages ne sont ni compris ni bien acceptés par la majorité des Canadiens.

Les Nations unies constituent, après l'OTAN et le Commonwealth, la troisième tribune multilatérale du Canada. La création de cette institution en 1945 a soulevé chez les Canadiens un élan d'idéalisme que même les pires années de la guerre froide ne sauraient tarir. En raison peut-être de la proximité relative de New York, ou des regrets suscités par l'abandon de la Société des nations, l'homme de la rue, à l'instar des diplomates, fait preuve d'une fidélité indéfectible envers une institution mondiale qui n'apporte pourtant, le plus souvent, que déboires et insatisfactions.

La confiance du Canada envers les Nations unies est finalement récompensée à Suez. Lester Pearson, l'un des fonctionnaires les plus compétents nommés par O.D. Skelton au ministère des Affaires extérieures, fait le saut en politique pour remplacer Saint-Laurent en 1948. Son prestige servira le Conseil de sécurité de l'ONU en 1956, année difficile s'il en fut. Furieux d'avoir essuyé, de la part des Américains, un refus de financer le projet du barrage d'Assouan, Gamal Abdel Nasser, président de l'Égypte, décide, le 26 juillet, de nationaliser le canal de Suez, lien entre la Méditerranée et la mer Rouge, dépossédant ainsi Français et Britanniques. Les revenus des péages nécessaires pour emprunter cette voie maritime vitale serviront, affirme-t-il, au financement du barrage sur le Nil à la hauteur d'Assouan et rendront superflus les fonds américains. La Grande-Bretagne, la France et le minuscule nouvel État d'Israël, dont la position est précaire, preparent en secret leur revanche. Comme prévu, Israël est le premier à attaquer; à la fin d'octobre, son armée fait une percée à travers le Sinaï. En vertu d'une entente passée au préalable avec Israël, la Grande-Bretagne et la France ordonnent le retrait des troupes égyptiennes et israéliennes des rives du canal et, avec un léger retard dû à la corrosion de leurs machines de guerre respectives, attaquent directement la zone du canal.

Dans le monde entier, l'indignation est presque unanime. Sur-le-champ, les pays du tiers monde accordent leur soutien à l'Égypte. Les Russes, qui voient en Nasser un client potentiel, menacent de bombarder Paris et Londres. Les Américains sont furieux de ne pas avoir été consultés. Le sang de Saint-Laurent lui-même ne fait qu'un tour devant cette démonstration d'impérialisme britannique. Pour couronner le tout, l'hypothèse d'un effondrement du régime de Nasser, qui était celle des dirigeants britanniques, se révèle mal fondée. C'est la crise et elle survient à un bien mauvais moment car les Soviétiques entreprennent simultanément la répression sanglante d'un soulèvement en Hongrie.

Pour une fois, les Nations unies délaissent leur rôle de pacificateur figurant; il faut en savoir gré à Lester Pearson et au Canada, qui récolte les fruits d'une décennie de diplomatie de «moyenne puissance». Par l'établissement d'une force multinationale de conciliation entre les belligérants, l'ONU participe à la séparation des forces britanniques et françaises et au renvoi des Israéliens à leur frontière. Fort opportunément, le général de division, E.L.M. Burns, qui avait commandé le détachement canadien des forces de la paix de l'ONU à la frontière israélienne, prend la direction de la nouvelle Force d'urgence des Nations unies. L'une de ses premières difficultés est d'adoucir la réaction du colonel Nasser face au régiment «Queen's Own Rifles of Canada» qu'il refuse carrément d'accepter, principalement à cause des traditions et des uniformes de ses soldats inspirés du modèle britannique. Au terme de négociations longues et ardues, le Canada reçoit le feu vert pour fournir les effectifs responsables du soutien administratif de la force de l'ONU, tâche peu glorieuse mais nécessaire.

Au Canada, la perception des réalisations de Pearson est variée. Selon les sondages, les Canadiens accordent, pour la plupart, leur appui à la Grande-Bretagne et à la France. Les électeurs trouvent humiliant le fait qu'un président égyptien soit parvenu, de façon un peu curieuse, à obtenir l'appui des Américains et des Soviétiques. Rares sont ceux qui saisissent la subtilité de la politique de Pearson ou la grandeur de son œuvre. Alors que le monde comprend pourquoi Lester Pearson est lauréat du prix Nobel de la paix en 1957, les raisons en échappent à la majorité des Canadiens et leur mécontentement va se faire sentir.

Des doléances régionales

Installé dans sa prospérité nouvelle, le pays paraît se désintéresser de la politique. En dépit de la résistance rituelle à un gouvernement central tout-puissant, menée par Maurice Duplessis — reporté au pouvoir au Québec en 1944 — et par le premier ministre conservateur ontarien George Drew, les électeurs votent libéral aux élections fédérales. Les communistes sont défaits par les partisans du CCF dans leur lutte pour le contrôle des nouveaux syndicats industriels. Par contre, le CCF est incapable de récolter un grand nombre de voix en dehors de la Colombie britannique, de la Saskatchewan et du Manitoba. Quant à l'Alberta, sa richesse pétrolière en fait une chasse gardée pour le Crédit social.

Le gouvernement d'Ottawa avait montré, par les accords fiscaux appliqués pendant la guerre, de quelle façon il pouvait s'acquitter de la redistribution des revenus des provinces riches aux provinces pauvres, une proposition de la commission Rowell-Sirois en 1940. Les premiers ministres des provinces riches veillent à ce qu'aucune entente de ce genre ne prolonge l'état d'urgence imposé pendant la guerre. Finalement, seul le Québec tient à lever son propre impôt sur le revenu, mais toutes les provinces exigent une part plus importante de cette principale source de revenu du gouvernement fédéral. Toutes ont besoin d'argent pour construire les routes, hôpitaux et écoles que réclament les électeurs des banlieues. En raison du réarmement, des programmes sociaux et d'efforts modestes en vue d'assurer la péréquation interprovinciale, les dépenses fédérales triplent entre 1946 et 1961. Au cours de la même période, celles des municipalités accusent une hausse de 580% et celles des provinces de 638%. Les ministres fédéraux des Finances ne cessent de se féliciter de réaliser des excédents équivalents à la moitié du budget total du Québec et de l'Ontario réunis; leurs homologues provinciaux essuient pendant ce temps les foudres des électeurs hostiles aux nouvelles taxes de vente. Pour utiliser ses excédents habituels, le gouvernement fédéral annonce des programmes à frais partagés, pour l'expansion des universités, le parachèvement de la route transcanadienne et la construction d'écoles techniques. Les provinces riches en retirent les avantages; les plus démunies doivent se battre pour avoir leur part du gâteau. En 1962, l'Ontario verse le quart — et Ottawa les trois quarts — des coûts de construction de 195 écoles secondaires de formation professionnelle, sous les regards envieux des populations de provinces plus démunies. Le premier ministre du Québec, Maurice Duplessis, réclame une compensation financière pour ces programmes de développement fédéraux qu'il rejette, mais il se heurte à l'indifférence du gouvernement fédéral.

Les députés provinciaux subissent également la pression des laissés pour compte de la prospérité nouvelle. Alors que les villes ne cessent de croître, les parlements restent sous la domination des représentants des populations rurales et des petits centres, auxquels l'expansion économique a le moins profité. Tandis que les agriculteurs de l'Est ressentent lourdement la perte des marchés permettant d'écouler bacon, pommes et fromage, ceux des Prairies ont à faire face à une épidémie de fièvre aphteuse qui décime les troupeaux en 1952. Cette année-là, les producteurs de blé de l'Ouest font une récolte excédentaire de 700 millions de boisseaux, qui se solde par une catastrophe économique en raison de la reprise en Europe et de la vive concurrence d'autres pays producteurs. Pendant qu'une bonne partie de la population mondiale connaît la famine, le blé des Prairies s'entasse dans les allées de curling et les salles communautaires. Les agriculteurs réclament des compensations, le gouvernement refuse. Après avoir été contrôlés artificiellement pendant la guerre, les prix fléchissent désormais sous la pression du marché.

Au cours des années 1950, il est de bon ton à Ottawa de parler de prudence fiscale. Au début de la guerre de Corée, l'inflation a atteint 10% par année. Le CCF réclame un contrôle des prix. Le nouveau gouverneur de la Banque du Canada, James Coyne, met les Canadiens en garde contre un train de vie au-dessus de leurs moyens et provoque la hausse des taux d'intérêt. La fonction publique se range du côté de la sagesse keynésienne: dépenser pendant les mauvaises années même s'il faut pour cela emprunter, et économiser pendant les périodes fastes pour rembourser ses dettes. Si la politique de resserrement du crédit pratiquée par Coyne et celle de l'accumulation d'excédents dans les coffres fédéraux correspondent à la recette de Keynes, elles soulèvent l'ire des agriculteurs, des commerçants et de tous ceux qui dépendent du crédit à bon marché. L'inconvénient majeur de cette nouvelle philosophie est politique: la prospérité ne profite pas à toutes les régions, mais toutes ont leur mot à dire au moment des élections.

Les premiers à en payer le prix seront les libéraux. En 1935, ils sont au pouvoir dans toutes les provinces à l'exception de deux; en 1956, il ne reste que quatre gouvernements libéraux. Cette année-là, le conservateur Robert Stanfield détrône le plus ancien d'entre eux en Nouvelle-Écosse. En Ontario et au Québec, la prospérité maintient les conservateurs et les unionistes au pouvoir. Au Manitoba, le Parti libéral, mal en point, perd les élections de 1958. En Saskatchewan, le souvenir de la crise et le style réformiste et populaire de Tommy Douglas permettent au CCF de conserver sa majorité. En 1952, les libéraux et les conservateurs de Colombie britannique tentent de barrer la route au CCF en instaurant un ingénieux principe de vote transférable: à la surprise générale, le grand bénéficiaire en est W.A.C. Bennett, un conservateur passé dans les rangs du Crédit social. Mais à Terre-Neuve, les libéraux se maintiennent, sous la férule de moins en moins libérale de Joey Smallwood.

C'est le débat sur le gazoduc, en 1956, qui soulève à nouveau l'intérêt de la population. Il aurait suffi de deux semaines de discussions pour faire passer un projet qui plaisait à tous les partis et à la majorité de la population. Mais en imposant la clôture du débat, C.D. Howe donne l'impression d'être un vieillard arrogant, pressé par le temps. À 74 ans, Saint-Laurent semble bien vieux. Les libéraux ont-ils été au pouvoir trop longtemps? George Drew, qui dirige les conservateurs depuis 1948, pourrait, du haut de son arrogance et de sa dignité un peu guindée, provoquer cette remise en question, mais une santé chancelante le force soudainement à se retirer de la vie politique. Au grand désarroi des dirigeants conservateurs, les délégués élisent John Diefenbaker, un populiste solitaire de la Saskatchewan connu pour avoir soutenu des causes perdantes. Quelques mois plus tard, les foules des assemblées électorales sont électrisées par un discours passionné, que l'on n'avait pas entendu depuis des années. Beaucoup de Canadiens voient, pour la première fois, leurs candidats au poste de premier ministre sur les écrans noir et blanc des téléviseurs. Diefenbaker respire le dynamisme; Saint-Laurent paraît fatigué et mal à l'aise. Ces images sont décisives Le 1er juin, une grande partie de la population vote pour les conservateurs, espérant, mais ne croyant pas, que Diefenbaker puisse sortir gagnant. Ce qu'il fait, contre toute attente.

Le parlement est composé de 112 conservateurs, 107 libéraux, 25 membres du CCF et 19 créditistes; Saint-Laurent pourrait former un gouvernement de coalition, mais il se sent abattu et prend sa retraite sur-le-champ. En quelques semaines, le gouvernement Diefenbaker porte les pensions de vieillesse de 40$ à 56$, paie le blé des agriculteurs et démontre que le Canada conservateur est prêt à soutenir le premier membre africain du Commonwealth, le Ghana, contre les pays blancs du club. Les libéraux élisent à leur tête Lester Pearson, tout auréolé de son prix Nobel. Averti par les sondeurs d'opinion d'éviter une dissolution, le nouveau chef se sert de l'argument d'une économie en déclin pour inviter les conservateurs à rendre le pouvoir aux libéraux, plus expérimentés. Il n'en faut pas plus à Diefenbaker. Brandissant un document ministériel confidentiel, le premier ministre taille en pièces l'argumentation de ses ennemis. Puis il dissout le parlement et reprend son discours électoral devant des dizaines d'auditoires enthousiastes. Le 31 mars 1958, la cause est entendue. Les petits partis sont balayés. Seuls 49 libéraux et 8 représentants du CCF survivent, face à une phalange de 208 conservateurs. Obéissant aux consignes de Duplessis, le Québec offre 50 de ses 75 sièges à l'avocat baptiste unilingue de la Saskatchewan.

L'ampleur du triomphe est trop forte; Diefenbaker ne veut pas rompre le charme par des engagements difficiles, et se perd dans l'indécision. Se sentant les coudées franches, la minuscule opposition se met à utiliser toutes les vieilles tactiques conservatrices pour contrecarrer les plans du gouvernement. L'artifice de la clôture du débat, que les conservateurs trouvaient blessant dans l'opposition, leur paraît aussi répugnant au pouvoir. Ayant dirigé un cabinet d'avocat et passé vingt ans dans l'opposition, Diefenbaker n'est pas préparé à exercer le pouvoir. En dépit de leur zèle à témoigner de leur conscience professionnelle par leur loyauté envers le nouveau gouvernement, les fonctionnaires se font traiter comme des ennemis. Instaurant une politique inspirée par une impulsion du moment, Diefenbaker annonce une hausse de 15% des importations en provenance de Grande-Bretagne, et une baisse correspondante du côté des États-Unis. Quand la Grande-Bretagne offre en retour la signature d'un accord de libre-échange, Diefenbaker, complètement dérouté, répond par le silence. Quand les Anglais envisagent, par la suite,

John Diefenbaker lors de sa campagne électorale de 1965. Il se trouve ici en terrain ami, dans les Prairies, où la population a apprécié ses politiques et se reconnaît dans l'image d'*outsider* qu'il projette. (ANC, C-74147)

d'adhérer à la Communauté économique européenne, Diefenbaker demande instamment au Commonwealth de s'opposer à cette initiative britannique, ce qui fait tressaillir les vieux routiers des Affaires extérieures. Les fonctionnaires et les journalistes perdent toute confiance en la compétence et la logique du premier ministre.

Une fois au pouvoir, le Parti conservateur se dépense sans compter pour ses électeurs. Par de nouveaux programmes, il encourage les agriculteurs marginaux à abandonner leurs terres, et aide les autres à prospérer. Insensible aux pressions des États-Unis et oublieux de sa propre idéologie, le gouvernement ouvre l'immense marché chinois aux exportateurs de blé canadien. Des commissions royales d'enquête, présidées par de bons et loyaux conservateurs, entreprennent des études qui déboucheront sur la réforme fiscale, l'instauration de l'assurance-maladie et la réorganisation des forces armées. Le nouvel Office national de l'énergie assure au pétrole albertain tout le marché situé à l'ouest de la rivière des Outaouais. Enfin, le nouveau Bureau des gouverneurs de la radiodiffusion accorde à des conservateurs notoires le premier permis d'exploitation d'un réseau privé de télévision — le réseau de langue anglaise CTV — qui vient faire concurrence à la Société Radio-Canada sur le marché de la publicité commerciale et des droits de diffusion des émissions américaines.

Grâce à Diefenbaker et aux plus compétents de ses ministres, l'Ouest canadien jouit d'une représentation sans précédent à Ottawa. Le Québec, par contre, presque absent du gouvernement, bout de rage; alors que la récession gagne l'ensemble du Canada à la fin des années 1950, on reproche au gouvernement fédéral la moindre mise à pied survenue au Québec. Le monde des affaires et celui de la finance crient au scandale face aux décisions d'un gouvernement conservateur qui dépense davantage que son prédécesseur. Le ministre des Finances, Donald Fleming, représentant de Toronto au gouvernement, ne peut ralentir la hausse des déficits. Critiqué pour son application rigide du principe du resserrement de l'argent en période de récession, James Coyne est destitué de son poste à la Banque du Canada en 1961. Grâce à Diefenbaker, le banquier devient un martyr aux yeux de la population!

Les meilleures décisions peuvent tourner au vinaigre. S'il avait été réélu, sans doute le Parti libéral aurait-il mis un terme à l'aventure de l'Arrow, un projet d'une rare extravagance portant sur un avion techniquement douteux. Diefenbaker, lui, mettra des mois à se fixer. Au moment où le couperet tombe en février 1959, la société Avro est parvenue à convaincre la plupart des Canadiens que l'Arrow est un bijou de l'ère supersonique; de plus, elle laisse froidement à leur triste sort les 14 000 hommes et femmes licenciés le «vendredi noir». En quelques jours, tous les exemplaires de l'Arrow sont mis à la ferraille. Au lieu de reconnaître les imperfections du projet et le manque de jugement des dirigeants d'Avro, Diefenbaker prétend que l'apparition des fusées a rendu désuets les chasseurs et bombardiers pourvus d'un équipage. Quelques mois plus tard, le Canada se lance dans un marchandage avec les États-Unis en vue de l'achat du F-101 Voodoo, un chasseur d'occasion, et construit des bases de lancement de missiles anti-bombardiers, les Bomarc-B.

Diefenbaker est un soldat de la guerre froide, qui a proclamé devant des foules en délire qu'il fera reculer le rideau de fer, lorsqu'il a pris le pouvoir en 1957. Quelques semaines plus tard, il place la défense aérienne du Canada sous contrôle américain en signant l'accord instaurant le NORAD. Près d'un milliard de dollars seront consacrés à l'achat d'armes nouvelles tributaires d'ogives nucléaires, et des millions dépensés en vue d'assurer la défense civile

L'Arrow de Avro est déjà condamné lors de sa présentation à une foule enthousiaste en 1958. Cet avion magnifique est plus coûteux et plus truffé de défauts que ne peut se le permettre un gouvernement au bord de la récession. Il permet de mesurer l'ampleur — et les limites — de l'expertise canadienne en technologie de pointe. (Ministère de la Défense nationale)

— officiellement rebaptisée «Survie de la nation». Alors que la population canadienne connaît son premier mouvement d'inquiétude devant la perspective de l'immolation thermonucléaire, les libéraux de Pearson prennent l'engagement de tenir le Canada à l'écart du nucléaire, imités en cela par le Nouveau parti démocratique (NPD), qui a succédé en 1961 au vieux CCF et qui bénéficie du soutien du Congrès du travail du Canada (CTC), fondé en 1956. Le bureau de Diefenbaker reçoit quantité de lettres et de pétitions signées par des groupes pacifistes et des particuliers. Howard Green, qui a connu la Première Guerre mondiale et est profondément anti-américain, fait connaître ses propres convictions anti-nucléaires au ministère des Affaires extérieures en 1959. Ayant lu la correspondance et écouté les arguments de Green, Diefenbaker sent monter son propre ressentiment à l'égard des Américains, alimenté en outre par la présence d'un démocrate jeune et impétueux à la Maison-Blanche, John F. Kennedy. La population canadienne s'entend dire qu'elle n'a aucun engagement nucléaire envers l'OTAN ou NORAD, et que le Canada continuera à donner un exemple d'anti-militarisme au monde.

Sans doute la performance économique discutable du Canada revêt-elle plus d'importance aux yeux de la population que les menaces d'une hécatombe nucléaire. Les mises en garde contenues dans un document confidentiel des libéraux se révèlent bien fondées. L'après-guerre est terminé; la reconstruction de l'Europe également. Dès 1957, l'Allemagne a pris la place du Canada à titre de troisième puissance commerciale au monde. En 1959, le taux de chômage atteint 11,2%, rappelant les années 1930 aux ouvriers qui ont épuisé leurs prestations d'assurance-chômage. On ne peut pas dire que le gouvernement y reste indifférent. Volontairement ou non, ses déficits budgétaires reflètent la sagesse keynésienne. Grâce aux programmes de travaux d'hiver, les entrepreneurs en construction finissent par apprendre que le cycle de leur industrie n'est pas nécessairement saisonnier. Si les grandes dépenses et les déficits considérables font peur aux banquiers et aux dirigeants d'entreprises, ils permettent de mettre un terme à cinq années consécutives de lourds déficits commerciaux et de préparer le retour à la prospérité, au milieu des années 1960.

Pour les électeurs, en particulier pour ceux des villes et des régions auxquelles la prospérité d'après-guerre a peu profité, c'est bonnet blanc et blanc bonnet. Les hommes d'affaires ont désormais la nostalgie de C.D. Howe et de sa gestion serrée. Les ouvriers blâment Diefenbaker pour les premières longues mises à pied depuis la guerre. Une classe moyenne raffinée tourne en ridicule «le Chef», qu'elle qualifie de rustre. Après s'être identifiés à l'*outsider* qu'était Diefenbaker, les Néo-Canadiens voient un lien entre son mandat et le chômage, le retour des préjugés et les restrictions imposées à l'immigration. Les fondateurs du NPD, qui espéraient profiter du mécontentement envers les deux vieux partis, doivent combattre le vieux dicton *Liberal Times Are Good Times* selon lequel les gouvernements libéraux correspondent toujours à des périodes fastes. Dans l'opposition, le Parti libéral a rajeuni ses cadres. Au début des années 1960, il peut à nouveau compter sur le soutien financier des entreprises. Le prestige de Lester Pearson, tout comme la galaxie d'anciens sous-ministres parmi les candidats libéraux, vient compenser sa gaucherie sur les tribunes.

Comme la plupart des gens, les libéraux ont cependant oublié quelque chose: la balkanisation du Canada au cours des quinze années précédentes. Le jour des élections, le 18 juin 1962, l'Ouest réitère son appui presque unanime au Parti conservateur. Les provinces de l'Atlantique et une bonne partie des petites villes rurales ontariennes font de même. Au Québec, ce ne sont pas les libéraux qui profitent du profond mécontentement de la classe ouvrière et des régions éloignées, mais bien un concessionnaire d'automobiles de Rouyn, le passionné Réal Caouette. Sur les 30 représentants élus du Crédit social, 26 proviennent du Québec. Avec leur appui, 116 conservateurs suffisent à

En 1963 — après des années de manifestations orchestrées par les opposants au nucléaire et de vastes campagnes de lettres personnelles — la population canadienne est en majorité opposée à l'acquisition d'armes nucléaires. Le gouvernement Diefenbaker, qui vient juste de commander le Bomarc et d'autres armes nucléaires, se retrouve ainsi dans une position délicate. (YU, collection *Toronto Telegram*)

maintenir Diefenbaker au pouvoir contre 99 libéraux et 19 néo-démocrates.

Un retour anticipé aux urnes est inévitable. Nul, cependant, ne peut en prévoir la cause: les hésitations de Diefenbaker en matière de politique nucléaire. À la fin d'octobre 1962, John Kennedy pousse le monde au bord de la guerre en forçant le retrait des missiles soviétiques de Cuba. Parmi les alliés de Washington, le Canada est le seul à ne pas l'appuyer spontanément. (Sans doute à l'insu du premier ministre, le ministère de la Défense nationale met cependant tout en œuvre pour répondre aux attentes des alliés.) Les Américains sont furieux, les Canadiens consternés, pas tellement par l'attitude de Kennedy que par le refus de leur gouvernement de se soumettre aux ordres de la nouvelle puissance impériale au beau milieu d'une crise. Les sondages indiquent un renversement de l'opinion publique canadienne en faveur d'un rôle de premier plan dans l'OTAN, des armes nucléaires et de ce qui s'ensuit. Le 12 janvier 1963, Pearson fait volte-face: le Parti libéral acceptera désormais les ogives nucléaires et s'engagera ensuite dans une négociation portant sur des responsabilités accrues dans l'OTAN. Au parlement, Diefenbaker prétend que les alliés sont entièrement satisfaits du Canada. Le Département d'État américain ne mâche pas ses mots pour corriger les contre-vérités du premier ministre, et la conclusion succincte de son message est que le gouvernement canadien n'a pas encore proposé de mesures vraiment pratiques pour apporter une contribution valable à la défense du continent nord-américain.

Ce message a l'effet d'une bombe. Révolté, le ministre de la Défense remet sa démission. Pour la première fois depuis 1926, un gouvernement est renversé en Chambre. Dans l'ensemble du Canada, il ne se trouve plus guère d'éditorialistes pour dire du bien de John Diefenbaker. Plusieurs ministres conservateurs prennent la fuite avant l'inévitable débâcle. Leur chef se remet à parcourir le Canada en interprétant son rôle favori, celui du prophète vertueux mais isolé. Les libéraux lancent une «escouade de la vérité» à ses trousses, publient des albums à colorier et utilisent mille autres artifices médiatiques à mesure que leur popularité prend de l'ampleur. Le 8 avril 1963, Pearson savoure une victoire qui n'est pas un triomphe: 128 libéraux, 95 conservateurs, 24 créditistes et 17 néo-démocrates. Dans tout l'Ouest, qui donnait autrefois des majorités à Mackenzie King, seuls 10 libéraux l'emportent. Dans l'ensemble du Québec, 8 progressistes-conservateurs parviennent à surnager. Non seulement le Canada a-t-il un gouvernement minoritaire comme en 1921, mais ses régions sont dressées les unes contre les autres.

Ce régionalisme rendra-t-il le Canada ingouvernable?

Une révolution pas si tranquille

Une partie de la population canadienne a porté les libéraux au pouvoir en 1963 dans l'espoir d'un retour à l'ère tranquille et prospère interrompue par Diefenbaker. La prospérité est déjà revenue; pour la tranquillité, il faudra attendre.

Décidés à provoquer un changement radical après les hésitations d'un Diefenbaker capricieux, les libéraux promettent «soixante jours de décision». Lester Pearson ne tarde pas à rétablir de bons rapports avec Kennedy et la Maison-Blanche. Son ministre des Finances, Walter Gordon, n'est pas long lui non plus à déposer un budget touchant durement les investisseurs étrangers, qu'il avait lui-même critiqués en 1957 dans un rapport sur les perspectives économiques du Canada. À la grande confusion du gouvernement, les propositions de Gordon sont aussi ineptes qu'impopulaires et il lui faut faire marche arrière. Ainsi commencent deux années de blocages et de replis.

Le caricaturiste Duncan MacPherson a bien rendu la confusion manifeste et la faiblesse du gouvernement Pearson dans ce dessin intitulé «all at sea», qui date des années 1960. (*Toronto Star*)

Pendant une bonne partie de l'année 1964, le parlement, paralysé, est témoin de la lutte entre un Pearson déterminé à donner un drapeau au pays et un Diefenbaker fermement décidé à défendre le vieux *Red Ensign*. Le souvenir de la clôture du débat sur le gazoduc en 1956 hante encore les esprits, les discussions se prolongent jusqu'en décembre. Entre les assauts, les conservateurs invoquent des scandales libéraux, allant de la fourniture de meubles à titre gracieux aux interventions de certains membres du cabinet en faveur de Lucien Rivard, trafiquant notoire de stupéfiants. D'humeur vindicative, Diefenbaker, à l'encontre de Pearson, se retrouve dans son élément.

Au milieu de cette cacophonie, les progrès passent presque inaperçus. En 1965, le Canada a un nouveau drapeau, un régime de pensions contributif et transférable, un régime d'assistance publique pour les plus démunis et, qui plus est, un taux de chômage de 3,3% seulement. L'intégration salutaire du commandement des forces armées est chose faite. L'instauration d'un système de délimitation des circonscriptions électorales met un terme à des abus politiques de longue date. Grâce à la hausse des revenus et à la magie de l'exemple, le gouvernement est en mesure d'imiter nombre de politiques de la «Nouvelle frontière» de Kennedy et de la «guerre à la pauvreté» de Lyndon Johnson. On s'efforce, sans beaucoup de succès cependant, d'exploiter l'activisme des jeunes par la création d'une Compagnie des jeunes Canadiens semblable au programme américain Volunteers in Service to America. À

Ottawa, les experts conseils en matière de remèdes à la pauvreté, au sous-développement régional et aux difficultés économiques des autochtones, prolifèrent et font fortune.

Selon les stratèges du parti, une telle manne de réalisations progressistes ne peut manquer d'assurer aux libéraux une nette majorité tout en les délivrant de leurs bourreaux conservateurs et néo-démocrates. À contrecœur, Pearson appelle la population aux urnes le 8 novembre 1965, déclenchant automatiquement chez Diefenbaker un nouvel accès de populisme. Les auditoires conservateurs anglophones se délectent des récits de scandales qui éclaboussent d'une façon ou d'une autre certains collègues francophones de Pearson. «C'était par une nuit comme celle-ci», raconte Diefenbaker à ses partisans par une chaude soirée d'automne, que Lucien Rivard a reçu l'autorisation de faire la glace de la patinoire de la prison — et s'est servi du boyau d'arrosage pour escalader le mur! Par suite d'une piètre performance de Pearson et de débats dans lesquels ils s'empêtrent, les libéraux finissent même par se retrouver à court de fonds à la veille des élections. Le 8 novembre, la population élit une réplique pratiquement exacte du parlement de 1963. Seul le NPD progresse en augmentant de 50% sa récolte de votes. Personne ne comprend que, dans son exaspération, la population a voté en faveur des réformes sociales, et non pour de vieux objectifs politiques.

Pratiquement nulle part au Canada, le débat ne porte sur les nouvelles préoccupations du premier ministre. Il est vrai que la crise de la Confédération n'est guère perceptible dans la plus grande partie du pays. Pourtant, Pearson qui a depuis 1945 assisté à la naissance de dizaines de nouvelles nations, perçoit maintenant l'agitation symptomatique du Québec. Est-il possible de renverser la vapeur?

Tout cela échappe complètement à John Diefenbaker. Comme la plupart des Canadiens hors Québec (et nombre de Québécois anglophones), ses connaissances du Canada français reposent sur le mythe dépassé d'une société rurale dirigée par le clergé et résolue à conserver une culture noble bien qu'archaïque. En 1958, par sa volonté d'associer son destin à celui des vainqueurs, Duplessis a donné au Parti conservateur son électorat québécois. Mais Diefenbaker a gâché cette occasion. Comme les autres Canadiens de l'Ouest, Diefenbaker voit en un «Canada indifférencié» la seule solution à une tour de Babel linguistique et culturelle. Les Québécois des années 1960 ont de quoi se sentir aussi offensés qu'Henri Bourassa à l'orée du siècle, ainsi rangés sur un pied d'égalité avec les Ukrainiens et les Doukhobors. Selon une autre vision de l'histoire, les Québécois constituent l'un des deux peuples fondateurs du Canada, et la Confédération est un «pacte» entre deux peuples égaux, que l'on ne peut changer unilatéralement sans dissoudre l'union. Tout à la fois un mythe fascinant et une arme politique extrêmement puissante.

En politique, dans les années 1960, c'est au Québec et non en Saskatchewan que ça se passe. Comme l'ensemble du pays, le Canada français a été transformé par des années de prospérité. Montréal et les collectivités capables d'écouler leurs matières premières sur les marchés américains connaissent une richesse sans précédent; ce n'est cependant pas le cas du Québec rural. La prospérité et le laïcisme font que le traditionnel credo nationaliste est tourné en ridicule. Dans les années 1950, l'alliance forgée par Duplessis entre l'Église, l'État et les Québécois bien-pensants avait tenu bon. Le *Refus global*, un vibrant appel à la liberté d'expression inspiré par le peintre Paul-Émile Borduas, lui vaut son congédiement d'un poste d'enseignant à Montréal. Son manifeste sert cependant d'inspiration à toute une nouvelle génération d'artistes

Cette rencontre bienséante entre Maurice Duplessis et Mgr Joseph Charbonneau à Sainte-Thérèse, en 1946, peut symboliser les bonnes relations entre l'Église et l'État au Québec. Mais en 1949, Charbonneau embrasse la cause des grévistes d'Asbestos contre leurs patrons américains, tandis que Duplessis entreprend d'effrayer les chefs du clergé pour les soumettre à sa volonté. (ANC, FC-53641, *The Gazette*)

et d'écrivains. L'année suivante, en 1949, la grève des syndiqués catholiques d'Asbestos dressera les travailleurs et une poignée de jeunes nationalistes contre le régime Duplessis, une partie du clergé catholique et les entreprises à capitaux américains. Ce conflit donnera lieu à des affrontements violents avant de se régler. Mais, grâce à la prospérité et à de nouvelles batailles avec le gouvernement fédéral, l'autonomiste Duplessis connaît un regain de popularité; Asbestos reste toutefois gravé dans la mémoire du chef syndicaliste Jean Marchand et de Pierre Elliott Trudeau, un jeune avocat fortuné qui a épousé la cause des ouvriers. En 1960, Marchand contribue à convertir des syndicats catholiques à un nationalisme laïque.

En faisant connaissance avec la prospérité et la laïcité, le Québec se rapproche des normes nord-américaines. Il subit en outre la pression d'une culture universelle et de valeurs égalitaires transmises par la télévision. Parmi les personnalités responsables de l'ouverture des Québécois sur le monde, citons un commentateur de la télévision, un fumeur invétéré à la calvitie naissante nommé René Lévesque. À la fin des années 1950, seuls Duplessis et ses unionistes semblent encore faire obstacle à la modernisation du Québec. La dénonciation ouverte, par deux prêtres catholiques, de la corruption électorale du régime suscite l'intérêt du reste du Canada. Pierre Laporte dévoile dans le quotidien *Le Devoir* le scandale qui règne au sein de l'Union nationale. *Cité libre*, une revue à faible diffusion, réclame la sécularisation de l'enseignement. La mort surprend Duplessis en 1959. Son successeur, Paul Sauvé, homme jeune et compétent, choisit un slogan, «Désormais», qui traduit sa volonté de réforme. Quelques mois plus tard, Sauvé meurt à son tour. Antonio Barrette, qui lui succède, est le rescapé d'une vieille garde qui a fait son temps.

À la suite de la défaite libérale de 1958 à Ottawa, Jean Lesage, ministre dans le gouvernement Saint-Laurent, a les coudées franches pour prendre la tête du Parti libéral au Québec. Il peut savourer sa revanche lorsque Duplessis se range du côté de Diefenbaker. Les libéraux du Québec cessent d'être les «voyageurs de commerce» de leurs cousins d'Ottawa; ils peuvent à leur tour imputer à l'Union nationale les méfaits commis par Diefenbaker. Parmi les puissants alliés qui viennent se joindre à «l'équipe du tonnerre» se trouve un René Lévesque furieux d'avoir vu le gouvernement fédéral autoriser la fermeture du réseau français de Radio-Canada, au lieu de favoriser le règlement du conflit qui oppose la société d'État à Lévesque et ses collègues réalisateurs. En juin 1960, Lesage remporte la victoire de justesse. Après seize ans dans l'opposition, les libéraux reprennent le pouvoir à Québec.

«Il faut que ça change!» lance Lesage à ses partisans en délire. Pourtant,

La grève de l'amiante représente un moment important de l'histoire du syndicalisme. Le gouvernement Duplessis fait intervenir la police provinciale contre les grévistes. Photographie prise à l'Iroquois Club d'Asbestos en mars 1949. (ANC/*Montreal Star*, PA-130356)

sa propre volonté de changement est douteuse. Cet homme politique courtois, de la vieille école, préfère parler de «l'heure de la restauration». Pour Lévesque et d'autres nouveaux ministres libéraux, il n'y a rien à restaurer. Ils se mettent sur-le-champ à bâtir une administration moderne, professionnelle et bien rémunérée. Contre l'avis de Lesage, un ministère de l'Éducation est mis en place dès 1964 pour réaliser la réforme scolaire tant attendue et dont les paramètres avaient été déterminés par le rapport Parent. Le régime confessionnel est maintenu aux niveaux primaire et secondaire, mais l'Église catholique perd le contrôle étroit qu'elle exerçait depuis un siècle sur l'enseignement. La création du ministère amène la mise en place d'un régime centralisé et bureaucratique. En quelques années, le territoire du Québec se couvre d'écoles secondaires régionales puis, à compter de 1968, de collèges d'enseignement général et professionnel, les cégeps. Les universités sortent enfin du sous-financement dans lequel elles avaient été longtemps maintenues. La fréquentation scolaire à tous les niveaux augmente rapidement. Le Québec rattrape son retard.

La volonté de «rattrapage» se manifeste également dans les domaines de la santé et des services sociaux qui sont eux aussi sécularisés. Les religieuses, qui avaient tenu à bout de bras les hôpitaux pendant des siècles, sont reléguées dans l'ombre et voient leurs effectifs fondre à vue d'œil. En y consacrant des ressources accrues, l'État facilite l'accès aux services sociaux et hospitaliers. De son côté, René Lévesque fait accepter par le gouvernement un projet de nationaliser les compagnies privées d'électricité encore à l'œuvre à l'extérieur de la région de Montréal, et de les intégrer à Hydro-Québec. Fouettés par le slogan «Maîtres chez nous», les électeurs approuvent la mesure en reportant les libéraux au pouvoir, en 1962.

Le reste du Canada applaudit lui aussi. Grâce à ces changements dynamiques, bientôt connus sous le vocable de «Révolution tranquille», le Québec semble se rapprocher du reste du pays. Après tout, la plupart des provinces gèrent déjà leurs écoles, ont le contrôle de leur hydro-électricité et, à l'exception des provinces de l'Atlantique, sont parvenues à restreindre les pires méfaits du patronage. Le véritable moteur de la réforme n'apparaît cependant pas tout de suite aux yeux des observateurs extérieurs: il ne s'agit pas de modernisation mais bien de nationalisme québécois. Pour ces nationalistes qui donnent le ton au gouvernement Lesage, le catholicisme et l'indigence rurale constituent des moyens de défense lamentables pour le Canada français. À une époque de sécularisation, il faut pouvoir compter sur un gouvernement fort pour assurer la survie culturelle et linguistique. S'il en a les moyens, un État québécois doit pouvoir tout faire lui-même, de la promotion des arts à l'établissement d'une industrie nucléaire à Gentilly. Il lui est cependant impossible de défendre les minorités canadiennes-françaises au-delà de ses frontières. Le reste de la Confédération devra concéder au Québec les ressources et les pouvoirs dont il a besoin, faute de quoi le monde assistera bientôt à la naissance d'une nouvelle nation souveraine — plus riche, plus grande et pouvant compter sur plus de talents que la plupart des autres. C'est d'une logique implacable.

Hors Québec, cette logique semble pourtant difficile à saisir. Lors de sa création en 1961, confiant dans l'adhésion d'un Québec renouvelé à sa vision d'une social-démocratie à l'échelle du pays, le NPD a lui-même adopté la

Trois grands leaders politiques québécois réunis en 1968 pour l'inauguration du barrage de Manic 5: Jean Lesage, premier ministre de 1960 à 1966, René Lévesque, le père de la nationalisation de l'électricité, et Daniel Johnson, premier ministre depuis 1966, qui meurt quelques heures plus tard.

théorie des «deux nations» et le principe du bilinguisme. Mais rien n'est jamais simple. S'ils ont digéré la Révolution tranquille, en 1962, les Canadiens ne comprennent rien à la popularité des créditistes de Réal Caouette: il semble bien qu'à côté du halo urbain et bourgeois de la Révolution tranquille, subsiste un autre nationalisme, catholique borné et suranné. Pour Pearson et son équipe libérale, l'évolution du Canada français, où étaient fortement concentrés leurs électeurs, devient sans conteste la principale question. Elle justifie la longue querelle des drapeaux en 1964. Elle est aussi à la base de la création, en 1963, de la Commission royale d'enquête sur le bilinguisme et le biculturalisme. Coprésidée par le rédacteur en chef du quotidien *Le Devoir*,

Les membres de la Commission royale d'enquête sur le bilinguisme et le biculturalisme à l'hôtel de ville de Québec. De gauche à droite: Gertrude M. Laing, Clément Cormier, N.M. Morrison et Paul Lacoste (cosecrétaires), Paul Wyczynski, Jean-Louis Gagnon, André Laurendeau (coprésident), le maire de Québec, A. Davidson Dunton (coprésident), J.B. Rudnyckyj, Royce Frith, Frank R. Scott. (Centre de recherche en histoire de l'Amérique française)

André Laurendeau, et un ancien dirigeant de la Société Radio-Canada, A. Davidson Dunton, la Commission B-B jouera autant le rôle de professeur que celui d'auditeur. La population devra comprendre que le français est une langue nationale au même titre que l'anglais. Il est devenu impensable pour le gouvernement du Canada de s'exprimer uniquement en anglais. Si l'on ne parvient pas à persuader les Québécois de leur appartenance au Canada tout entier, alors il faut envisager la scission du pays.

Mais il se peut fort bien que le Québec n'attende pas. En 1963, un Québécois sur six est en faveur de l'indépendance. Un an plus tard, une poignée de jeunes terroristes pose des bombes dans des boîtes aux lettres et des casernes au nom du «Québec libre». Une foule d'étudiants accueille par ses chants les premiers ministres provinciaux réunis à Québec pour discuter du Régime de pensions du Canada. Rouge de colère, Lesage se heurte au refus du gouvernement fédéral de restituer les fonds que Duplessis avait lui-même perdus en dédaignant les programmes conjoints proposés dans les années 1950. Le Québec créera donc son propre régime de rentes, qui lui permettra d'amasser une immense réserve de fonds de placement, au lieu de s'en tenir au système de répartition fédéral, moins avantageux. Toujours aussi à court de ressources financières, les autres premiers ministres réclament le régime du Québec, ce que Pearson leur accorde. C'est une nouvelle brèche dans la position de force fédérale en matière fiscale. Le Québec aura son propre régime de rentes, compatible avec le régime de pensions du Canada, implanté dans le reste du pays. Le Québec fait ainsi reconnaître son droit de faire bande à part et de se retirer, avec compensation fiscale, d'un programme fédéral-provincial. Les autres provinces ont en principe le même droit, mais elles ne s'en prévalent pas.

En dépit de ses airs décidés, Lesage est un homme craintif, entraîné par des forces qui lui échappent. En 1963, il réclame avec insistance la présence de la reine Elizabeth aux cérémonies en vue de commémorer la Conférence de Québec de 1864. À l'arrivée de la Reine en octobre 1964, on fait appel à l'escouade anti-émeute pour contenir les milliers d'étudiants qui la conspuent; Lesage en rejette la responsabilité sur le gouvernement fédéral. La nationalisation des entreprises de production d'hydro-électricité a déjà absorbé les excédents accumulés par Duplessis; le Québec s'enlise plus profondément dans les dettes avec la création d'un système d'enseignement moderne. L'abolition du traditionnel patronage suscite la colère de milliers d'agriculteurs et de notables locaux dont tous les partis ont besoin, ne fût-ce que pour contrôler un corps législatif caractérisé par une surreprésentation des petites villes et des centres ruraux. En juin 1966, même s'ils obtiennent un plus fort pourcentage du vote populaire, les libéraux, trop confiants, sont défaits par un homme et un parti qu'ils méprisent: Daniel Johnson et l'Union nationale.

Après la défaite de 1962, Johnson a entrepris la modernisation de son parti, attirant ainsi des nationalistes aussi fervents que ceux du gouvernement Lesage. En 1966, Johnson ne remet en cause aucune des réalisations des libéraux, mais le manque de fonds bloque tout nouveau projet. Son gouvernement peut toutefois se permettre une opposition systématique à la moindre tentative fédérale de restriction des pouvoirs du Québec. Du côté de la France, le Québec compte un allié empressé. Charles de Gaulle assimile le Canada aux autres pays anglo-saxons qui l'avaient humilié pendant la guerre. Il voit dans le Québec un représentant de choix pour la nouvelle ère de gloire que sa Ve République s'attache à instaurer en France. À Paris, les feux des projecteurs se concentrent sur les représentants de Johnson, tandis que

Lors de l'ouverture d'Expo 67 à Montréal, critiques et sceptiques se taisent, et la population se laisse aller avec enthousiasme à son goût de l'élégance, du chic et du spectacle. À ce moment, les coûts et les considérations pratiques sont oubliés. (ASC, 67-10471)

l'ambassadeur du Canada essuie des rebuffades et que le gouverneur général du Canada, Georges Vanier, se voit prié de décommander une visite. Pearson est furieux, mais complètement désarmé.

De tous les projets symboliques du Québec nouveau, le plus grandiose c'est celui de Jean Drapeau, le maire de Montréal, qui rêve de célébrer le centenaire de la Confédération en organisant dans sa ville une Exposition universelle. Parvenu à convaincre le monde entier, il arrache la collaboration des gouvernements fédéral et provincial. Dans ce pays de grands espaces, les installations seraient bâties sur des îles artificielles dans le Saint-Laurent, en partie créées avec la terre provenant des travaux d'excavation d'un nouveau réseau de métro. Parmi toutes les folies qui marquent l'année du Centenaire, Expo 67 remporte certes la palme. Voilà qu'une ville financièrement incapable de raser ses taudis et d'assurer le traitement de ses eaux usées dépense des millions dans l'organisation d'une fête. En outre, à mesure qu'approche le jour de l'ouverture, grèves et conflits se multiplient, remettant fortement en cause le parachèvement des travaux dans les délais fixés.

Pourtant, à la surprise générale, puis à la plus grande joie de tous, l'ouverture d'Expo 67 a lieu à temps. Les critiques font bientôt place à un vent de satisfaction, de suffisance même, à mesure que la population s'adapte à son rôle de marraine d'un délicieux spectacle artistique et novateur. Dans la tiédeur du printemps 1967, il fait soudain bon d'être canadien. L'invraisemblable Drapeau devient un héros national, le successeur logique de Diefenbaker au cas où les conservateurs parviendraient à s'en débarrasser. On oublie sans peine que les indépendantistes québécois ont inscrit «100 ans d'injustice» sur leurs plaques d'immatriculation de cette année-là. Il n'y a pas, cette fois, de manifestants pour accueillir la Reine. Le président Lyndon Johnson, plein de ressentiment face aux critiques canadiennes envers sa politique au Vietnam, fait une visite purement protocolaire qui n'amène pas les Canadiens à revenir sur leurs positions. La population réserve un accueil chaleureux au président de la France, un héros de la guerre, maintenant âgé, qui ne manque pas d'admirateurs au Canada. Le gouvernement fédéral se sent secrètement frustré. C'est que Daniel Johnson a pris seul toutes les dispositions nécessaires, en faisant peu de cas des dignitaires fédéraux. Un long cortège parti de Québec remonte triomphalement le «chemin du Roy» pour culminer dans un grand rassemblement en face de l'hôtel de ville de Montréal. C'est là que, le 24 juillet, De Gaulle salue la foule avec ces mots: «Vive Montréal! Vive le Québec! Vive le Québec libre!» La foule est en délire.

Cette adhésion spectaculaire de De Gaulle au slogan des indépendantistes et les acclamations de la foule qu'elle suscite provoquent une verte réprimande d'un Pearson, cette fois peu diplomate, une vague d'indignation dans la majeure partie du Canada et une allégresse impénitente presque partout au Québec. Lors d'une conférence sur «la Confédération de demain» organisée par John Robarts, premier ministre ontarien, Daniel Johnson proclame que, désormais, l'État du Québec traitera sur un pied d'égalité avec le reste du Canada. Dès la fin de l'année 1967, René Lévesque rompt ses amarres libérales, crée le Mouvement souveraineté-association et entreprend de rassembler les indépendantistes de diverses tendances.

Une ère de libération

Les bouleversements politiques à Ottawa, la naissance d'un mouvement indépendantiste au Québec, et même Expo 67, sont des symptômes d'une ère de libération par rapport aux vieilles craintes et contraintes. La population voit maintenant le résultat des changements qu'a connus le pays depuis la guerre. Ce n'est pas trop tôt. Le message lancé en 1948 par Borduas dans son *Refus global* est enfin à la mode. Il aura fallu vingt années de prospérité presque ininterrompue pour persuader une génération qu'elle peut réaliser rapidement à peu près toutes ses aspirations sans faire de sacrifices. Pour les membres de cette génération, dont les parents ont vu leurs revenus doubler et qui peuvent eux-mêmes accéder aux emplois douillets de la classe moyenne, l'avenir n'inspire aucune crainte. Si les jeunes Québécois voient la possibilité d'échapper au cauchemar de la Confédération, ils se font inconsciemment l'écho de la jeunesse de Toronto ou de Vancouver, qui réclame l'indépendance économique par rapport aux États-Unis, ou ces jeunes autochtones qui cherchent leur propre libération dans leurs rêves de «Pouvoir rouge».

À toutes les époques, la liberté est venue de la richesse; à toutes les époques, les jeunes ont cherché l'affirmation de leur identité. Jamais auparavant, les Canadiens arrivant à l'âge adulte n'ont été si nombreux ni si prospères. Au crépuscule des années 1960, la jeunesse occupe au Canada une position dominante sans précédent. À ses yeux, la prospérité durable que la génération précédente perçoit encore comme un coup de chance, semble aller de soi. Dans les universités et les collèges, où les effectifs ne cessent de croître, on enseigne désormais que les économistes ont résolu le vieux problème des récessions cycliques, et la preuve en est fournie par la disparition rapide de la récession de Diefenbaker. Le Conseil économique du Canada, créé en 1963, veut jouer un rôle de consultant éclairé. Grâce à des ressources naturelles intarissables, on envisage sans difficulté une croissance annuelle de 5% du PNB. Quant à l'abnégation et au dur labeur, ces règles vénérables, ils paraissent aussi dépassés que les escarmouches de Pearson et Diefenbaker.

Tout au long de cette décennie, chez une grande partie de la population, il est permis de nourrir toutes les ambitions. Les gouvernements, de leur côté, y répondent de leur mieux. Les fonds substantiels accumulés grâce au Régime de pensions du Canada et au Régime des rentes du Québec permettent de créer de nouveaux établissements universitaires et collégiaux, l'enseignement étant perçu comme le meilleur placement — ce que ne manquent pas de répéter les enseignants. Cette période de vaches grasses assure au gouvernement des recettes exceptionnelles. De 1957 à 1967, les revenus du gouvernement fédéral doublent, bien que sa part du PNB accuse une baisse. Les seules à paraître insatiables, ce sont les provinces, auxquelles incombe la tâche de satisfaire la plupart des demandes des électeurs. La nouvelle manne est dépensée dans des dizaines de programmes, des prêts aux étudiants jusqu'à la promotion de la forme physique et des sports amateurs. Après huit années de vaches maigres, le Conseil des arts reçoit des millions en vue de la préparation des fêtes de 1967. À l'orée des années 1970, les fonds publics ont financé la

Au cours des années 1960, les universités en pleine expansion s'efforcent de concilier leur sagesse traditionnelle et l'effervescence des mouvements de contestation et de contre-culture. On voit ici deux professeurs en compagnie du lauréat d'un prix du Gouverneur général au campus Erindale de l'Université de Toronto. (EC, photo S. Launzems)

création d'une puissante «industrie culturelle» solide et bien structurée. Des milliers d'artistes, d'acteurs, de poètes et de dramaturges tirent leurs revenus — maigres malgré tout — des largesses de l'État. Parmi les autres réalisations du Centenaire, signalons l'assurance-maladie, un régime d'assurance-santé universel subventionné par le gouvernement fédéral et géré par les provinces. D'abord échafaudé par le gouvernement CCF de la Saskatchewan en 1962, en dépit d'une grève des médecins et d'une campagne pour effrayer les électeurs contre la «socialisation des soins», le système de prépaiement des soins de santé est une exigence pressante de la population en 1967. En dépit de promesses électorales qui remontent à 1919 et 1945, les libéraux attendent, avant de passer à l'action, que la popularité grandissante des néo-démocrates ne leur laisse plus le choix. Leur résistance tient à des raisons d'ordre plutôt professionnel que financier: en effet, les médecins poursuivent leur lutte en vue de conserver le contrôle total des soins de santé, y compris celui des frais. Dans l'esprit de l'époque, les droits des patients revêtent cependant plus d'importance que ceux d'une corporation de professionnels opulents.

Les gouvernements peuvent se permettre à peu près n'importe quoi, les citoyens aussi. La classe moyenne se met aux voyages à l'étranger et aux vacances en hiver. Les premiers bénévoles recrutés dans le cadre du Service universitaire canadien outre-mer quittent le pays en 1961. C'est l'avant-garde de milliers de jeunes Canadiens qui partiront à la découverte du monde, leur

L'édifice de la Banque canadienne impériale de commerce et la place Ville-Marie en construction, le 7 août 1961. L'érection de ces deux gratte-ciel amorce le développement du nouveau centre-ville à Montréal. La construction de tels édifices fait souvent appel à l'habileté des Mohawks qui se meuvent avec aisance dans les hauteurs. Photographie de G. Lunny. (ANC/*Montreal Star*, PA-129265)

drapeau cousu sur le sac à dos pour être sûrs de ne pas passer pour des Américains. La population réclame des nouvelles maisons qu'elle meuble ensuite à grands frais dans le style pourtant ascétique des concepteurs scandinaves. Dans l'après-guerre, les grandes villes sont devenues des amas de blocs de béton et de verre, dont le B.C. Electric Building de Vancouver et le Toronto-Dominion Centre constituent de bons exemples. Vers le milieu des années 1960 apparaissent les premières contestations de ce style «international»,

Edmonton en 1978. Cent ans plus tôt, c'était un poste de traite comptant quelques habitations seulement. La capitale albertaine connaît son essor pendant le *boom* pétrolier et s'affirme symboliquement par ses équipes championnes de football et de hockey. (ASC, 78-369, photo de Egon Bork)

austère et utilitaire. À contrecœur, les architectes doivent tenir compte des valeurs humaines et patrimoniales. Les premiers centres commerciaux couverts répondent aux rigueurs du climat canadien; un mouvement environnementaliste prêche la conservation des anciens édifices. Personnages politiques et agents de publicité se mettent à parler d'une «ville plus humaine». Après avoir construit des voies rapides pendant deux décennies, le gouvernement ontarien se fait bien voir des électeurs en reléguant aux oubliettes un projet d'un milliard de dollars, l'autoroute Spadina, qui aurait menacé certains quartiers de Toronto. L'argent? Tout le monde s'en moque. Les habitants d'Halifax livrent un bref combat pour la protection de leur panorama historique contre l'invasion contagieuse de rangées massives et monotones de gratte-ciel. Quant aux gouvernements fédéral et provinciaux, ils créent des parcs historiques et recrutent des étudiants qui paradent déguisés en soldats et en pionniers. Question d'attrait touristique, mais aussi de fierté.

Dans un pays où les gens d'âge mûr ou avancé ont exercé jusqu'alors leur domination, la jeunesse prend la place. Comme d'habitude, ses modes sont d'origine étrangère, inspirées par les Beatles de Liverpool, le mouvement *Free Speech* de Berkeley, la culture urbaine des Noirs de Memphis ou de Detroit, puis par le mouvement de mai 1968 en France. Marshall McLuhan proclame l'ère du «village global». La jeunesse canadienne veut participer au mouvement de défense de l'environnement, à la croisade des droits civiques, à la lutte

Félix Leclerc (1914-1988), poète et chansonnier, à Paris dans les années 1950. Ses chansons célèbrent la nature québécoise et la vie rude des pionniers et dénoncent les injustices sociales. Il connaît d'abord un vif succès en France avant d'être célèbre au Québec. Dans les deux pays, Félix Leclerc inspirera toute une génération de chansonniers. Il devient un symbole de l'âme québécoise, et sa mort, en août 1988, suscite une forte émotion dans la population. (Photo *Paris-Match*)

contre la guerre du Vietnam. Elle applaudit les Travellers, Gordon Lightfoot, Ian et Sylvia et autres *folk-singers* dans les cafés enfumés. Et elle y participe aussi directement, à Selma, à Woodstock ou à Chicago. Pour les parents qui se sont pâmés pour Frank Sinatra dans les années 1940, la vue de leur progéniture en délire au passage des Beatles, de Mick Jagger ou d'autres vedettes rock est un choc. Au Québec, les Gilles Vignault, Claude Gauthier, Georges Dor et autres chansonniers, suivant la voie ouverte par Félix Leclerc, célèbrent le pays et font vibrer la corde nationaliste dans les boîtes à chanson qui surgissent un peu partout.

Les passions sociales s'estompent pour laisser place à une idéologie plus

Dans les années 1960, une série de défaites humiliantes au hockey international portent un dur coup à l'orgueil des Canadiens. Puis, en 1972, le Canada et l'URSS s'affrontent dans une dure série de huit parties. À la dernière minute de la dernière période de la huitième partie, les adversaires n'ont pu encore se départager. Paul Henderson lance; le gardien soviétique réussit l'arrêt. Henderson lance à nouveau et c'est le but! Canada 6, URSS 5. (Collection Brian Pickell)

individualiste. Une contre-culture importée en grande partie de Californie vient consacrer la libération de presque toutes les contraintes traditionnelles: tenue vestimentaire, niveaux de langue et relations humaines. Une pilule anticonceptionnelle apparemment sans danger, conçue en 1960, constitue l'assise matérielle d'une révolution sexuelle: les femmes sont désormais en mesure de contrôler leur propre fertilité. Entre 1957 et 1967, le taux de natalité tombe en chute libre, passant de 29,2 à 18,2 pour mille; cette dégringolade est encore plus spectaculaire au Québec, longtemps caractérisé par sa fécondité. Les inhibitions sexuelles à elles seules ne peuvent expliquer la réduction de la taille des familles: de 1957 à 1967, le nombre des naissances illégitimes double. On assiste aussi à la disparition graduelle des tabous sur la nudité en public, l'homosexualité et la cohabitation avant le mariage.

On note également une progression marquante des spectacles sportifs. Une kyrielle de villes canadiennes et américaines cherchent à obtenir des concessions de la Ligue nationale de hockey, entraînant la disparition de la vieille concurrence entre les six équipes traditionnelles. En raison de l'attrait des revenus issus du spectacle, la saison est allongée dans des proportions ridicules et la qualité du jeu s'en ressent grandement. Le football canadien, quant à lui, bat en retraite devant la concurrence de son pendant américain, qui bénéficie d'un soutien important de la télévision. Dans les années 1970, deux concessions des grandes ligues américaines de baseball s'implantent solidement à Montréal et à Toronto.

L'aisance suscite aussi l'excellence individuelle et l'effort collectif. Dans la foulée de son gouverneur général joggeur, Roland Michener, une population sédentaire et souffrant souvent d'un excédent de poids se lance dans une quête de la forme physique qui attire rapidement des gens de tous âges et de toutes classes sociales. Des Canadiens se hissent au niveau mondial dans un grand nombre de disciplines sportives, du tir aux pigeons d'argile jusqu'au tennis. Pour n'en nommer que deux parmi des centaines, Steve Podborski, l'un des *Crazy Canucks* remporte un championnat du monde de ski en descente; Sylvie Bernier est médaillée d'or olympique en plongeon. Rares sont cependant les athlètes à avoir frappé davantage l'imagination que Terry Fox. Amputé d'une jambe en raison d'un cancer, celui-ci traverse la moitié du Canada en 1980 au cours de son «Marathon de l'espoir». Son effondrement physique et sa mort rapide des suites de sa maladie causent une émotion que ne pourra susciter à nouveau un autre coureur unijambiste, Steve Fonyo, qui achèvera cet exploit, deux ans plus tard.

L'ère de la libération vient miner nombre des institutions qui constituaient jadis les piliers du conservatisme social. Dans les années 1950, la plupart des gens fréquentaient leurs églises; cette fréquentation baisse de moitié dans les années 1960. Autrefois, le nombre annuel moyen de divorcés s'établissait à 6000. En 1967, à la suite de la libéralisation de la loi, il a doublé et explosera bientôt. En 1974, un mariage sur quatre au Canada se solde par une rupture. Les rues des grandes villes demeurent relativement sûres, mais la toxicomanie — triste retombée de la contre-culture — bouleverse les statistiques reliées à la criminalité. En 1957, le nombre de Canadiens condamnés pour des offenses reliées à la drogue s'élevait à 354; en 1974, il est passé à 30 845.

La lutte menée par la police contre le trafic de drogue est impopulaire, insolite et souvent vaine. La population se contente souvent de suivre mollement le courant de l'ère de la libération. Les rebelles, aux revendications généralement «non négociables», enfoncent des portes ouvertes. Les universités, dont l'expansion est attribuable à la richesse et à la hausse des effectifs, octroient aux étudiants une participation dans leur gestion et même dans l'établissement des programmes, sans hausse notable, toutefois, de la satisfaction et de l'érudition de la clientèle. Traditionnellement, les gouvernements se sont opposés au droit de grève ou même de négociation collective des fonctionnaires. Seule la Saskatchewan, grâce au CCF, faisait exception à la règle. Entre 1964 et 1968, pratiquement tous les employés provinciaux et fédéraux gagnent un droit de négociation, et la plupart un droit de grève. Confronté à la désertion de ses fidèles, le clergé se fait le promoteur d'une «éthique de situation» et ouvre des cafés dans les sous-sols d'églises. Pareilles à des entreprises vacillantes cherchant à fusionner, plusieurs Églises petites et grandes encouragent l'œcuménisme. Confrontés aux amendements apportés en 1967 à la législation sur l'avortement, le divorce et l'homosexualité, les évêques catholiques, tout en s'inquiétant discrètement de la façon dont on définit la «santé» d'une femme cherchant à interrompre sa grossesse, renoncent à imposer leur point de vue. Dans une tentative en vue de prendre à rebours la culture des toxicomanes, les gouvernements abaissent l'âge légal de consommation de l'alcool. Une commission royale d'enquête envisage la légalisation de la marijuana. À la suite de campagnes tapageuses de sauvegarde de la moralité par la fermeture de galeries d'art et de journaux nouvelle vague, un maire de Vancouver, imité en cela par la police torontoise, se couvre de ridicule. Dans la plupart des provinces, la censure devient simple classification.

Pornographie et toxicomanie sont les effets secondaires négatifs d'une évolution générale qui a fait du Canada un pays plus civilisé, plus créateur, où il fait bon vivre. Les millions de dollars versés dans les coffres des organismes artistiques, des universités, des orchestres, des éditeurs et de la Société Radio-Canada permettent l'éclosion de talents bien plus nombreux qu'on aurait pu le croire. Dans la plupart des provinces sont créés des pendants au Conseil des arts du Canada afin d'encourager l'étude et l'appréciation des arts et des sciences humaines. L'activité culturelle dépasse bientôt le cadre des grands centres urbains grâce à ce nouveau mécénat de l'État. Un régionalisme vigoureux s'oppose aux prétentions des centres métropolitains; en outre, nationalisme oblige, on veut se protéger contre les invasions américaines. Non sans inquiétude, gouvernements et organismes subventionneurs suivent la tendance. Mais les jeux politiques, en ce domaine, se révèlent aussi malsains et égoïstes qu'à l'accoutumée.

Parmi tous ces artistes, musiciens, écrivains et autres «intervenants

À gauche: Cruellement, Marshall McLuhan se retrouve sans crâne dans ce dessin de Wyndham Lewis en 1944. Certains voient dans les oracles de McLuhan un simple jeu intellectuel; la plupart des gens seront rassurés quand les magazines et les journalistes de la télévision américaine lui rendront hommage. (Collection de Mme Marshall McLuhan)
À droite: Ce portrait de Northrop Frye peint en 1972 par Douglas Martin, évoque bien l'autorité morale de ce bibliste, aussi critique littéraire, et la place qu'elle lui confère au firmament des intellectuels. (Bibliothèque de l'Université Victoria, Toronto)

culturels», il se trouve des médiocres, des arrivistes dépourvus d'originalité, mais à quoi pouvait-on s'attendre de la part d'une génération au stade de l'adolescence? Leurs aînés finissent par attirer l'auditoire canadien qu'ils ont toujours mérité; qu'il s'agisse, entre autres, de Glenn Gould, Maureen Forrester, Lois Marshall, Oscar Peterson, Mavis Gallant, Antonine Maillet. Les nouveaux venus les plus talentueux s'imposent la discipline qu'exige l'excellence. Avec sa langue claire et sa profonde humanité, Margaret Atwood se hisse au pre-

À gauche: Le compositeur et pianiste de jazz Oscar Peterson a joué à la radio dès l'âge de 15 ans. Depuis les années 1950, Peterson fait partie des rois du jazz dans le monde entier. Il est notamment auteur de ***Canadiana Suite*** et ***African Suite***. (Studio Gilbert, Toronto)
À droite: Glenn Gould, le meilleur interprète au monde de la musique pour clavier de Bach. Décédé en 1982 à l'âge de 50 ans, ce pianiste excentrique a été sans conteste un fils de l'ère de l'électronique. Il abandonne en 1966 une carrière de concertiste pour se consacrer à la recherche d'une perfection technique que seuls peuvent atteindre les meilleurs studios d'enregistrement. Photo Walter Curtin. (ANC, PA-137052)

mier rang des jeunes écrivains de sa génération. Parmi des dizaines de nouveaux dramaturges, Michel Tremblay s'affirme par le dynamisme de ses pièces, et un usage remarqué du «joual». Quant aux mérites du régionalisme, on en trouve l'illustration dans les provinces de l'Atlantique, où le réalisme évocateur d'Alex Colville exerce son influence sur de brillants disciples terre-neuviens tels Mary et Christopher Pratt.

En dépit de tous les prophètes de malheur, les institutions valables

traversent cette période sans trop de mal, ne perdant qu'un peu de leur suffisance. Délaissées par des fidèles, souvent plus conformistes que religieux, les Églises refont leurs forces autour des vrais croyants. Aux mains de membres instruits et exigeants, les syndicats sont plus militants, plus démocratiques aussi. Même la plupart des écoles et des universités, en dépit de leur expansion trop rapide et de mauvaises décisions en matière d'embauche, réussissent à ne pas sombrer dans la bêtise. Grâce à de nouveaux programmes, l'attitude générale envers les femmes, les autochtones, les minorités et l'environnement se modifie. Les sciences sociales fournissent aux gouvernements et aux entreprises, en même temps qu'un nouveau jargon, des instruments plus précis d'analyse et de traitement des informations. Enfin, l'amélioration de l'enseignement des sciences et des mathématiques compense tant bien que mal ce que certains appellent un «nouvel analphabétisme» culturel.

Les riches se montrent souvent dédaigneux des sources de leur propre opulence, et cette génération ne fait pas exception à la règle. Le capitalisme d'entreprise aura fait l'objet d'attaques aussi virulentes et aussi soutenues que dans les années 1930, à une époque très différente. Le mouvement écologiste des années 1970 trouve son fondement dans le mépris de l'abondance inhérente à la société de consommation. Jeunes et vieux, réactionnaires et radicaux condamnent les monstres sacrés des générations précédentes: l'exploitation des ressources, la disparition des meilleures terres agricoles du Canada devant l'explosion des banlieues. Cette période est marquée, entre autres, par un mouvement sentimental de retour à la terre, accompagné d'un tollé de protestations contre les pesticides, et contre certaines industries traditionnelles comme le commerce des fourrures et la chasse au phoque. Les autochtones, qui défendent leurs droits plus énergiquement que jamais, trouvent des alliés — mais aussi de nouveaux ennemis de leur mode de vie traditionnel de chasseurs et de trappeurs.

Appliquée à la condition féminine, le mot d'ordre de libération revêt davantage de signification. Le combat du féminisme maternel des générations précédentes était centré sur la protection et la valorisation du rôle traditionnel

---

Page précédente. En haut: Avec *Mon Oncle Antoine*, un film remarquable tourné en 1970 et traitant des jeunes dans un Québec en pleine évolution, Claude Jutra s'impose comme un excellent réalisateur. Dix-sept ans plus tard, il connaîtra une fin dramatique, au moment où un jury international de critiques s'apprête à reconnaître cette œuvre comme le meilleur film canadien de tous les temps. (ANC, collection Stills, 3283)
En bas: La pièce *Les belles-sœurs*, de Michel Tremblay, mise en scène par André Brassard en 1968, renouvelle la tradition théâtrale québécoise, entre autres par l'utilisation du langage des quartiers populaires de Montréal.

Ci-dessus, à gauche: Margaret Laurence (1926-1987). Dans son roman *The Stone Angel*, cet écrivain manitobain offre à la population canadienne l'image inoubliable de Hagar Shipley, une femme indomptable et intransigeante qui se plaît à décrire l'époque féministe tout en la contestant. L'œuvre la plus connue de Laurence est un cycle romanesque qui se déroule dans la ville imaginaire de Manawaka. (Photographie de Peter Esterhazy; avec l'aimable autorisation de Jocelyn Laurence).

À droite, Gabrielle Roy (1909-1983). Gabrielle Roy a grandi au Manitoba, puis a opté pour le Québec Son œuvre dépeint les difficultés de la vie des Québécois ou des Manitobains francophones, avec un détachement mêlé de compassion. (Avec l'aimable autorisation du Dr M. Carbotte)

Ci-contre: Norman McLaren (1914-1987) fut un chef de file du cinéma d'animation. Nombre de ses productions à l'Office national du film ont été primées; *Pas de deux*, ci-contre, fut mis en nomination lors des Oscars en 1957. (ANC, S-6850)

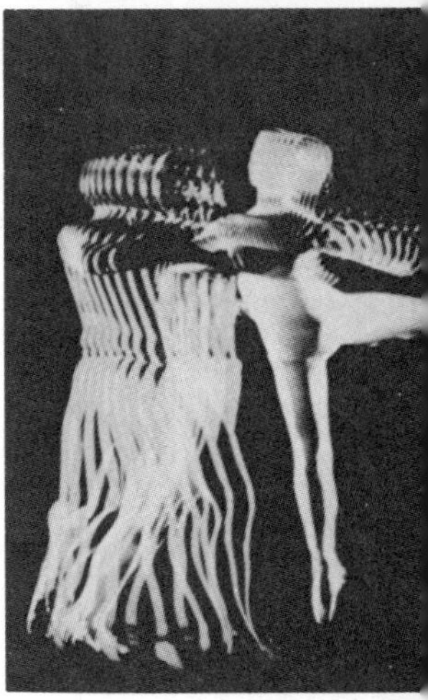

de mère de famille. Se libérer signifie maintenant mettre un terme à tous les rôles préalablement assignés. Si, comme le voulaient les théories de spécialistes, les femmes ont été conditionnées par des hommes dominateurs à accepter un rôle de second plan dans la société, elles se doivent désormais d'occuper, sans délai, suffisamment de postes influents — dans les affaires, les gouvernements, l'enseignement ou les professions libérales — pour abolir les vieux stéréotypes. Les principes applicables aux femmes sont tout aussi valables pour une autre couche de la population, victime de préjugés raciaux cette fois. Ce pays qui s'est plu, à l'orée des années 1960, à condamner les politiques raciales de l'Afrique du Sud et des États-Unis, prend conscience à la fin de la décennie de l'embarrassante situation des Noirs, des Amérindiens et des Inuit dans bien des régions du Canada.

Comme beaucoup de mouvements de l'ère de la libération, l'environnementalisme, le féminisme et la prise de conscience de discriminations raciales viennent d'ailleurs. Les Canadiens cherchent plus que jamais à identifier leur propre contribution à une culture internationale, mais il est difficile de définir les signes distinctifs d'un groupe rock comme Guess Who, ou d'une chanteuse comme Monique Leyrac. Même les discours anti-américains qui alimentent le nationalisme canadien vers la fin de la décennie ne sont que des échos des protestations contre la guerre du Vietnam chez les Américains. Les effets de la guerre sur l'économie et la politique américaines sont l'occasion, pour les Canadiens, de prendre avec suffisance leurs distances vis-à-vis de leurs voisins. Mais ils vont aussi chercher un surcroît de bien-être dans cette prospérité due en partie aux énormes budgets de défense des États-Unis. En dépit de son manque manifeste de jugement lors de la préparation du budget de 1963 et lors de l'élection de 1965, Walter Gordon a entrepris, avec l'autorisation de son premier ministre, une nouvelle étude sur la domination de l'économie canadienne par les États-Unis. Les stratèges politiques libéraux et néo-démocrates des années 1970 s'inspireront du rapport de Melville H. Watkins, fruit de cette enquête, et de ses statistiques sur l'américanisation des entreprises.

Comme toujours au Canada, ce ne sont pas un mais bien deux nationalismes qui mettent à profit ce vent de libération. Si les Canadiens considèrent l'heure enfin venue de leur indépendance, les Québécois en pensent autant de la leur. L'ère de la libération a balayé les appuis traditionnels du nationalisme — la religion, le taux de natalité et un conservatisme inquiétant. Elle en a cependant créé de nouveaux. Pourquoi les jeunes Québécois, sortis par milliers d'établissements collégiaux et universitaires neufs ou modernisés, doivent-ils acquérir la maîtrise de l'anglais pour oser se présenter à Ottawa ou même dans les sièges sociaux installés dans leur propre province? Après une décennie de Révolution tranquille, il n'y a plus rien à l'épreuve des Québécois — sauf peut-être les règles de la Confédération. Si les Canadiens se sentent encouragés par une prospérité sans bornes et enthousiasmés par leur créativité culturelle, il en va de même des Québécois. D'autant que la communauté florissante d'auteurs, de chanteurs et d'artistes du Québec joue un rôle considérable au sein d'une population relativement restreinte.

Pour les dirigeants politiques d'Ottawa et de Québec, le nationalisme, canadien ou québécois, constitue un défi. À Ottawa, au moins, les élus changent. En 1965, les libéraux sont enfin parvenus à renforcer leur contingent québécois; ce n'est pas trop tôt! Le parti peut compter sur le chef syndicaliste Jean Marchand et sur le rédacteur en chef de *La Presse* Gérard Pelletier; il n'accepte un troisième larron, Pierre Trudeau, qu'à l'insistance de Jean Marchand. En quelques mois, grâce à sa détermination et à son flair politico-publicitaire, Trudeau devient la vedette des «trois colombes». Dès la fin de l'année 1967, il aura, à titre de ministre de la Justice, fait passer au parlement des réformes sur le divorce, l'avortement et les droits des homosexuels qu'aucun ministre catholique québécois n'aurait osé proposer avant lui. «L'État, déclare-t-il, n'a pas sa place dans les chambres à coucher.» Peut-on mieux exprimer les valeurs de l'ère de la libération?

En septembre 1967, au terme d'une véritable lutte fratricide, les conservateurs viennent à bout de Diefenbaker. Le choix de Robert Stanfield, premier ministre de la Nouvelle-Écosse, leur vaut un regain rapide de popularité. Le poste de Pearson est convoité par une demi-douzaine de libéraux, sans que cela ne déchaîne la passion des foules. En février 1968, tout auréolé de son triomphe de l'année de l'Expo, le premier ministre du Québec, Daniel Johnson, se présente d'excellente humeur et la tête pleine de nouvelles revendications à une conférence fédérale-provinciale bien couverte par la télévision. Trudeau, alors ministre de la Justice, se tient aux côtés de Pearson. Pour la première fois de mémoire d'homme, les Canadiens entendent un ministre fédéral répondre aux revendications du Québec dans un français impeccable, en dépit de la dureté des termes. Sans doute, comme l'ont souligné les observateurs, la rencontre se solde-t-elle par un verdict nul. Mais il reste que la plupart des Canadiens voient les choses d'un autre œil.

La campagne au leadership de Trudeau est ainsi lancée. Éprouvés par deux premiers ministres unilingues successifs, les Québécois se rangent du côté du seul candidat francophone. Pearson lui-même accepte le principe de l'alternance de chefs francophones et anglophones. Les Canadiens, membres ou non du Parti libéral, voient en Trudeau un homme échappant aux stéréotypes des chefs politiques. Si sa victoire à la convention libérale est surprenante, son triomphe aux élections qui la suivent ne l'est pas. Au printemps 1968, en quelques mois de vie politique intense, Trudeau réalise la synthèse des rêves, des hauts faits et des illusions de l'ère de la libération. Mais, passé le stade des promesses désinvoltes comme «finies les folies» et de l'engagement envers une «société juste», rares sont ceux qui écoutent les paroles de Trudeau. Ses admirateurs s'enthousiasment devant son mépris effronté des conventions, son style élégant et son flegme face à la pluie d'injures et de pierres d'une foule d'indépendantistes à Montréal, devant les caméras de la télévision. Le 25 juin, la trudeaumanie donne aux libéraux la majorité que la population avait refusée à Pearson: 155 sièges contre 77 pour les conservateurs de Stanfield. Les partisans fidèles à Diefenbaker dans l'Ouest aident la cause du NPD de Tommy Douglas, qui obtient 22 sièges. Le gouvernement fédéral entre-t-il dans l'ère de la libération? Ou, au contraire, cette ère est-elle terminée?

Le retour à la réalité

On oublie facilement que, dans les années 1960 et 1970, une majorité de Canadiens veulent avoir des enfants, sont mariés, critiquent la culture associée à la drogue, et n'ont même jamais voté pour Pierre Elliott Trudeau. Pour chaque déserteur américain au Canada, il se trouve plusieurs jeunes Canadiens à entrer dans l'armée américaine pour aller faire la guerre au Vietnam. Les mœurs «libérées» sont plus voyantes au centre de Vancouver ou de Montréal qu'à Kamloops, Kirkland Lake ou Medicine Hat — ou même qu'à Burnaby, Mississauga ou Laval. Comme d'habitude, c'est la classe moyenne urbaine qui impose la mode caractéristique de cette époque. Les gens ordinaires achètent des jeans pour leur prix, pas pour leur chic, et suivent mollement le courant, si encore ils le suivent.

Si la télévision et les magnétoscopes livrent des images de changements, ce ne sont jamais que des images, pas des expériences concrètes. En dehors des grandes villes, où la culture est centrée sur les boutiques, nombre de Canadiens ne croient pas à la persistance de la prospérité, ni même au fait qu'elle peut les atteindre personnellement. Pour les provinces de l'Atlantique et les petites villes de l'arrière-pays québécois, il n'y a jamais eu de croissance économique. Pour les agriculteurs des Prairies, la fin des années 1960, dites d'essor économique, voit les prix chuter et de nouveaux surplus de blé s'accumuler, ravivant les souvenirs de la crise. Les communautés minières, de Pine Point dans les Territoires du Nord-Ouest, de Buchans sur l'île de Terre-Neuve, sont restées à la merci ou d'un sursaut des prix mondiaux ou d'une nouvelle technologie.

Ci-dessus, à droite, Gerhard Herzberg. En 1971, un des rares réfugiés juifs de l'Allemagne nazie admis au Canada dans les années 1930, Gerhard Herzberg, devient le troisième lauréat canadien des prix Nobel pour ses travaux dans le domaine de la spectroscopie moléculaire. (Université de Toronto)
À gauche, John Polanyi. Les recherches de John Polanyi, professeur de chimie à l'Université de Toronto, sur la dynamique des procédés chimiques, plus particulièrement la technologie chimique du laser, lui valent de remporter, en 1986, le quatrième prix Nobel du Canada. (Conseil national de la recherche; photo de Dan Getz)

Lorsque Trudeau prend le pouvoir en 1968, il lui faut ouvrir le dialogue entre francophones et anglophones; mais il lui faut aussi du temps pour s'apercevoir de l'existence d'autres divisions au Canada. À quarante-neuf ans, Trudeau n'est pas le plus jeune premier ministre du Canada mais bien celui qui a accumulé le moins d'expérience en politique. Au départ, il dirigera son cabinet comme un séminaire d'université, fera de ses principaux collaborateurs des tampons contre les pressions politiques et s'attellera à gouverner le Canada selon des principes philosophiques. L'économie et l'administration ne l'intéressent guère. À la tête du nouveau ministère de l'Expansion économique régionale, Jean Marchand a carte blanche en matière de dépenses pour mettre un terme aux disparités séculaires. Pour sa part, l'ancien président de la Bourse, le radical Eric Kierans, reçoit le feu vert dans le dossier de l'automatisation de la poste. Eugene Whelan fascine les agriculteurs ou, dans certains cas, les rend furieux avec ses propositions de mise en marché et ses programmes de subventions. Le ministre des Finances, Edgar Benson, s'attaque à la réforme fiscale qui aurait peut-être permis à Trudeau de remplir sa promesse d'une «société juste», mais qui servira en définitive à enrichir les millionnaires et les comptables agréés. Mais le premier ministre n'a que faire de ces détails.

Il ne se préoccupe d'ailleurs guère plus de la place du Canada dans le monde. Les craintes qu'inspirait le nucléaire à l'orée des années 1960 s'apaisent devant la guerre du Vietnam et la nouvelle doctrine stratégique de la «destruction mutuelle assurée». Comme le NPD, dont il a un temps épousé la cause, Trudeau croit au désarmement et au désengagement. Les forces armées canadiennes, dont l'unification a été réalisée à grand-peine en 1968 par Paul Hellyer, ministre de la Défense du cabinet Pearson, s'aperçoivent que les nouveaux uniformes verts que les soldats détestent ne sont en fait que la première d'une longue série d'humiliations. Le contingent canadien de l'OTAN subit une réduction de moitié en 1969 et l'ensemble des forces armées, une amputation d'un tiers. Les alliés du Canada dans l'OTAN n'ont pas de quoi pavoiser, pas plus d'ailleurs que les diplomates du ministère des Affaires extérieures lorsque Trudeau, prétendant trouver dans le *New York Times* tout ce qu'il a besoin de savoir, met un terme à certaines missions à l'étranger. Même si le monde a changé depuis ses voyages de l'après-guerre, le premier ministre ne semble pas éprouver le besoin de se renseigner sur cette évolution.

Il est une question qu'il comprend bien et qui retient toute son attention: celle du rôle du Québec dans le Canada. Parfaitement bilingue et doté d'une confiance illimitée en lui-même, Trudeau presse la jeunesse québécoise d'abandonner son «wigwam ancestral» et de reprendre le contrôle du pays que ses ancêtres «voyageurs» ont contribué à créer. À l'encontre de Laurier et de Saint-Laurent, qui s'étaient prudemment entourés d'un nombre suffisant de ministres et de conseillers anglophones pour rassurer la majorité, Trudeau offre des promotions à tous les Québécois dont l'intellect et le flair se comparent aux siens. La pierre angulaire du premier mandat de Trudeau est la Loi sur les langues officielles, qui établit l'égalité des langues française et anglaise et instaure un bilinguisme véritable au gouvernement fédéral et dans ses organismes. À l'exception de John Diefenbaker et d'une poignée de loyalistes conservateurs, le parlement applaudit sans réserve cette initiative.

Trudeau se contente de respecter les engagements pris avec éloquence et dans les deux langues au cours de la campagne de 1968. Le bilinguisme devra constituer l'assise de l'égalité fondamentale des citoyens canadiens. Trudeau s'oppose, au nom de sa conception de la démocratie, à l'octroi d'un statut particulier à une province, à un groupe ou à un individu. Aussi, est-il tout étonné, lorsqu'il propose d'abolir la Loi sur les Indiens, d'entendre les autochtones parler de génocide, alors qu'ils avaient dénoncé le caractère oppressif de cette même loi. Le jeune et exubérant Jean Chrétien, ministre responsable des Affaires indiennes, fait rapidement amende honorable.

Si les Canadiens saisissaient le sens de la crise canado-québécoise et si leur premier ministre prêtait une oreille aussi attentive aux revendications des autres régions, peut-être la population accueillerait-elle mieux la solution Trudeau au problème de l'unité nationale. «Pourquoi voudriez-vous que je vende votre blé?» demande Trudeau aux agriculteurs de l'Ouest en colère. La Commission canadienne du blé est pourtant bien un important organisme fédéral: les producteurs de céréales n'oublieront pas de sitôt l'arrogance et l'étourderie du premier ministre. Trudeau ne paraît guère sensible non plus au ralentissement économique qui caractérise la fin d'une décennie d'expansion. Dès 1966, la prospérité est quelque peu ternie par l'inflation. De 1961 à 1965, la hausse de l'indice des prix à la consommation a été d'environ 5 points; elle atteint 17 points pendant la deuxième moitié de la décennie. Comme la hausse des salaires dans l'industrie est deux fois plus rapide, le bouc émissaire des économistes est tout trouvé: les syndicats gourmands, particulièrement ceux du secteur public. L'une des dernières réformes de l'ère Pearson a été de donner le droit de grève à nombre d'employés fédéraux. Les fonctionnaires n'ont certes pas manqué de regagner le temps perdu, mais l'inflation a également d'autres sources, du coût élevé d'Expo 67 à la politique américaine de financement de la guerre du Vietnam par des emprunts. Quelles qu'en soient les causes, l'inflation frappe durement, de même que le remède de resserrement du crédit rapidement administré par la Banque du Canada. Il devient facile de transformer en bouc émissaire le héros qu'était autrefois ce premier ministre élégant et raffiné.

La colère gagne d'abord l'Ouest. En 1968, Trudeau a remporté la majorité des sièges à l'ouest du lac Supérieur. Ça ne se reproduira pas. Au lieu de vendre du blé, Ottawa recommande aux agriculteurs des Prairies de réduire la

À côté d'un Lester Pearson à l'allure d'un austère diplomate, Pierre Trudeau dissimule à peine son sourire en écoutant les revendications du Québec lors de la conférence fédérale-provinciale de 1968. Est-ce en partie à sa prestation devant les caméras, quand il tient tête à des Québécois comme lui, que Trudeau devra son élection au poste de premier ministre quelques semaines plus tard? (ANC, fonds Duncan Cameron)

superficie de leurs emblavures. Pour ceux qui suivent cette recommandation, la hausse vertigineuse de la demande et des prix à la suite de mauvaises récoltes en Chine et en URSS entraîne une perte considérable, dont les libéraux provinciaux paieront la note. En effet, un an après le triomphe de Trudeau,

Dès l'annonce de la fermeture de la vieille aciérie de Sydney par son dernier propriétaire, Hawker Siddeley, la population du Cap-Breton adresse à Ottawa un message désespéré. Les remèdes aux disparités régionales et au déclin économique, préconisés par le gouvernement central, sont les suivants: subventions, étatisation et confiance en l'avenir. (ANC, United Steel Workers of America, C-98715)

le chef du NPD, Ed Schreyer, un homme réservé et polyglotte, mène ses troupes à la victoire au Manitoba contre un conservateur à la fois anti-québécois et anti-fédéraliste. Dans la province voisine de la Saskatchewan, les libéraux de Ross Thatcher remplacent l'équipe épuisée du CCF en 1964, après que le seul gouvernement social-démocrate du pays eût remporté une âpre bataille pour faire accepter le premier régime d'assurance-santé au Canada. En 1971, tous les libéraux sont en difficulté dans les Prairies. Le chef du NPD, Allan Blakeney, prend sa revanche sur Ross Thatcher. L'année suivante, Dave Barrett mène allègrement ses «hordes socialistes» au pouvoir en Colombie britannique. Dans ces deux cas, la désaffection des électeurs libéraux donne au NPD une marge suffisante; on peut en attribuer au moins partiellement la cause au gouvernement Trudeau. En Alberta, si la victoire écrasante en 1971 du progressiste-conservateur Peter Lougheed sur le régime du Crédit social, qui a tenu 36 ans, ne constitue pas une révolution idéologique, le Parti libéral albertain est pratiquement rayé de la carte électorale. Ottawa ne tardera pas à s'en ressentir.

Dans les provinces de l'Atlantique, plus prudentes et beaucoup plus dépendantes de la redistribution des richesses par le gouvernement fédéral, le ressentiment est mieux contrôlé. Le départ de Robert Stanfield a laissé un vide en Nouvelle-Écosse et les libéraux y remportent une victoire serrée en 1970; par contre, le Nouveau-Brunswick élit le premier régime conservateur à avoir jamais bénéficié du soutien de la minorité acadienne de la province. L'année suivante, l'orgueil de Joey Smallwood ainsi que ses liens avec Trudeau donnent aux conservateurs de Terre-Neuve une victoire timide, puis un véritable triomphe, une première sur l'île depuis les années 1920.

Trudeau et ses conseillers ne réagissent pas aux perturbations politiques de l'Ouest et de l'Est. Dans les provinces de l'Atlantique, on est habitué à voir

Quand ils sautent à la corde, les enfants cris de Mistassini, dans le nord du Québec, chantent les mêmes airs que partout ailleurs au Canada. Dans les années 1970, les Canadiens prennent conscience des sombres perspectives d'avenir des jeunes des communautés autochtones. (ASC, 75-6674)

Une pause chez les travailleurs de l'industrie automobile en 1974. Grâce à leurs syndicats, les ouvriers canadiens ont atteint un niveau de sécurité et une qualité de vie au travail dont leurs ancêtres ne pouvaient même pas rêver. (EC)

se succéder des gouvernements identiques portant des étiquettes différentes; quant aux trois gouvernements du NPD, ils ont suffisamment de démêlés avec le monde des affaires et les conservateurs pour que le gouvernement fédéral se sente rassuré. En raison de la croissance démographique des provinces centrales depuis la guerre, la règle voulant que, pour diriger le Canada, il suffise de détenir une forte majorité des sièges du Québec et un bon nombre en Ontario, se vérifie toujours. La prospérité et une capacité de proposer des réformes au moment opportun semblent avoir rendue imprenable la position des conservateurs en Ontario. Il reste que les libéraux fédéraux y vivent une coexistence confortable, s'arrogeant la paternité du Pacte de l'automobile en 1965 et s'attachant la fidélité de vagues incessantes d'immigrants. Bien sûr, la richesse de l'Ontario stimule le nationalisme économique parmi les élites intellectuelles, mais on n'est pas prêt à renier une entente après tout responsable de l'afflux de douzaines d'usines de pièces d'automobiles et de milliers d'emplois dans les villes et municipalités du sud-ouest de l'Ontario.

Au Québec, la situation est différente. Dans la balance entre provinces bien nanties et mal nanties, le Québec tient un peu des deux, avec son mélange de croissance urbaine à l'ontarienne et de retards caractéristiques des provinces de l'Atlantique: industries subventionnées et mal en point, chômage régional. Grâce à ses talents de politicien et à sa stature de nationaliste, Daniel Johnson parvient à remporter une victoire serrée en 1966; sa mort soudaine, en 1968, et la prestation convenable mais sans panache de Jean-Jacques Bertrand, son successeur, affaiblissent l'Union nationale. La même année, René Lévesque, l'inspiration des indépendantistes, contraint ces derniers à s'unir dans le Parti québécois (PQ). Les maladresses de Bertrand et les conclusions de la Commission royale d'enquête Laurendeau-Dunton donnent une cause à ce nouveau parti. Comme à Toronto, Montréal est envahie par des centaines de milliers de travailleurs immigrants provenant du sud de l'Europe; comme à Toronto, ceux-ci envoient pour la plupart leurs enfants dans les écoles anglaises, simple reconnaissance de la domination linguistique de l'anglais sur l'économie locale. Les statisticiens de Laurendeau-Dunton confirment les soupçons des Québécois. Si les plus haut salariés restent les anglophones, le revenu moyen de plusieurs groupes de nouveaux venus dépasse même celui des Canadiens français bilingues. La récession qui suit Expo 67 attise le ressentiment, ce qui a pour effet de provoquer des affrontements à Saint-Léonard, une municipalité de la banlieue de Montréal où réside une forte minorité d'origine italienne. Scandalisé par cette attaque contre le pluralisme linguistique et scolaire traditionnel du Québec, Bertrand choisit la voie de la temporisation. Seuls Lévesque et le PQ peuvent tirer parti d'un conflit qui menace non seulement les traditions québécoises, mais aussi la politique de bilinguisme à la grandeur du pays soutenue par Trudeau.

Pour les libéraux du Québec, la question linguistique est vraiment épineuse: s'ils bénéficient de la confiance quasi totale de la minorité anglophone de la province, ils ont besoin de beaucoup d'autres appuis pour s'imposer. Robert Bourassa, le jeune technocrate qui dirige désormais les libéraux, contourne le problème. Avec l'appui de Trudeau et fort de son propre prestige à titre d'économiste, il promet de créer cent mille emplois dès le lancement de sa campagne de 1970, et proclame que le fédéralisme peut devenir «rentable» pour le Québec. La majorité de la population québécoise, impatiente de voir de nouveaux emplois se créer et saturée d'affrontements, de manifestations et de grèves violentes est sensible à l'appel de Bourassa. Les candidats du Crédit social et du Parti québécois se partagent les votes qui allaient autrefois à l'Union nationale. Le 29 avril 1970, les libéraux, avec 45% du vote populaire, remportent la victoire dans 72 des 108 circonscriptions électorales. Le PQ, avec 23%, n'obtient que 7 sièges à l'Assemblée nationale.

Bourassa hérite d'une situation difficile. En effet, le Québec est criblé de dettes. Seules les subventions et les barrières tarifaires maintiennent en vie de nombreuses industries locales. Des milliers de finissants réclament les emplois auxquels donnait jadis accès un diplôme universitaire. Certains leaders enseignants épousent les théories marxistes, avec la même ardeur qui alimentait jadis leur engagement de chrétiens. Certains voient dans une série de manifestations dans les rues de Montréal le présage d'une révolution. Quand le maire Jean Drapeau met la population en garde contre le terrorisme, il pense aux révolutionnaires de gauche; mais c'est un autre type de terrorisme qui éclatera.

Le 5 octobre 1970 le délégué commercial britannique à Montréal, James Cross, est enlevé. Entre autres revendications, ses ravisseurs exigent la diffusion d'un manifeste du Front de libération du Québec (FLQ), un mouvement révolutionnaire romantique noyauté par des terroristes. Non sans inquiétude, le gouvernement Bourassa se plie à ces exigences. Des groupes d'étudiants nationalistes scandent des slogans de mépris à l'endroit de leur jeune gouvernement, et de soutien envers le FLQ. Le 10 octobre, le ministre du Travail du gouvernement Bourassa, Pierre Laporte, est enlevé en face de chez lui. Les manifestations reprennent de plus belle. Un avocat prend de son propre chef la défense des ravisseurs devant les journalistes et les caméras de télévision. Claude Ryan, directeur du quotidien *Le Devoir*, René Lévesque et d'autres éminents nationalistes se réunissent pour conseiller à un Bourassa effrayé de s'opposer à l'intervention du gouvernement fédéral. Mais il est trop tard. Le premier ministre a déjà demandé l'aide d'Ottawa.

Et Trudeau passe à l'action. Avant l'aube du 16 octobre, il proclame la Loi des mesures de guerre. L'armée déploie ses forces pour protéger les principaux personnages publics; pendant ce temps, la police locale arrête 468 personnes. Le lendemain, Laporte est étranglé par ses ravisseurs et son corps, abandonné dans le coffre d'une automobile. C'en est fait des acclamations. À la suite de fouilles lentes et plus ou moins bien menées, la police finit par retrouver le diplomate britannique et les meurtriers de Laporte. Elle relâche ceux et celles qu'elle avait écroués lors de sa rafle. Dans certains cas, il s'est agi d'erreurs sur la personne, la plupart ont été arrêtés pour avoir exprimé des idées de gauche ou simplement contestataires, qui n'avaient rien à voir avec le FLQ. Manifestement, les autorités étaient mal préparées et ont agi en hâte, faisant preuve d'improvisation et d'incompétence. Les victimes demandent réparation, tout comme d'autres Canadiens qui en ont davantage contre Trudeau que contre les terroristes.

Octobre 1970 marque, pour l'homme en qui on avait vu le symbole de la libération, la dissolution de sa belle image. Les motifs de Trudeau avaient été on ne peut plus clairs. «Je crois que la société doit prendre tous les moyens

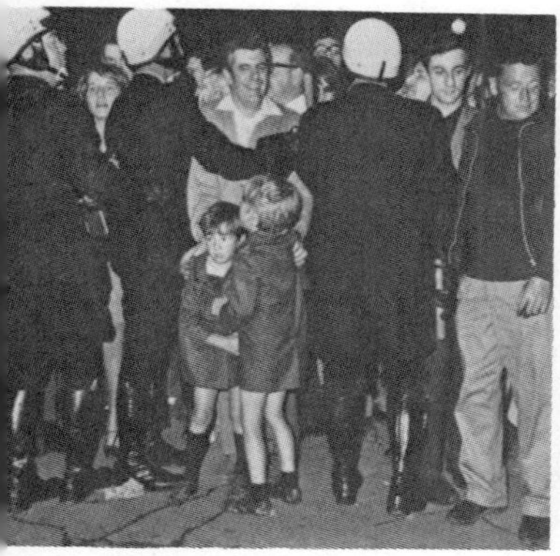

À gauche: Le défilé traditionnel de la Saint-Jean-Baptiste à Montréal tourne à l'émeute en 1968 lorsque des manifestants nationalistes profitent de l'occasion pour s'en prendre au premier ministre. Devant cet élan de violence, Trudeau reste impassible et réussit, une semaine plus tard, un véritable raz de marée électoral. (ANC, *Montreal Star*, PA-152448) À droite: Ce militaire devant un hélicoptère de l'armée évoque bien l'ambiance de la crise d'octobre 1970. Si l'application de la Loi sur les mesures de guerre et le déploiement massif de troupes choque et heurte une bonne partie de la population, la majorité garde le silence. (ANC, *Montreal Gazette*, PA-117477)

à sa disposition pour se défendre contre la montée d'une pouvoir parallèle qui met au défi le pouvoir dûment élu au pays et je pense que cette obligation ne connaît pas de limites», a-t-il déclaré. Pour la plupart, Québécois et Canadiens acceptent ce raisonnement. Une minorité d'intellectuels le refuse. Les défenseurs des libertés civiles ne pardonneront jamais à Trudeau son attitude catégorique, à contretemps de «l'âge de la libération». Le recours à la Loi des mesures de guerre pour mettre un terme à une crise interne a créé des martyrs et un odieux précédent. Il stoppe également l'érosion du gouvernement démocratiquement élu de Bourassa.

En dépit des reproches adressés par le NPD et, tardivement, par Robert

Stanfield envers le peu de cas qu'a fait Trudeau des libertés civiles, la popularité des libéraux monte en flèche après la crise d'octobre. Puis, à mesure que les autres questions refont inévitablement surface, elle retombe. L'inflation ne cesse d'augmenter, ainsi que le taux de chômage. La population s'échauffe lors de la divulgation de plans ingénieux destinés à concentrer les programmes sociaux sur les plus démunis, aux dépens des allocations familiales: il vaut mieux éviter de s'en prendre aux programmes universels, une question désormais trop brûlante. La transformation, par le gouvernement, de l'assurance-chômage en une sorte de revenu garanti, provoque le mécontentement des contribuables, qui se plaignent des coûts en jeu, et des cohortes entières de resquilleurs qui profitent du système. David Lewis, devenu chef du NPD en 1971, pourfend les entreprises resquilleuses, — les *Corporate Welfare Bums* — dont les milliards de dollars en impôts différés auraient pu alléger le fardeau des bas salariés. Cependant, les Canadiens préfèrent pour la plupart s'en prendre aux plus démunis et à ce gouvernement qui leur offre des subventions sans les mettre au travail.

Trudeau navigue tranquillement sur une mer de problèmes. À l'automne 1972, il n'a guère plus à offrir que le thème de l'intégrité nationale aux électeurs. Ceux-ci ne sont pas impressionnés. Le 30 octobre, la coalition libérale de 1968 se dissout. Il n'en reste que le Québec, la classe ouvrière et les agriculteurs de l'Ontario, ainsi que la population acadienne du Nouveau-Brunswick. Dans une Chambre des communes qui compte maintenant 109 libéraux et 107 conservateurs, les 31 néo-démocrates de David Lewis vont faire la pluie et le beau temps. «Ce sont là, déclare Trudeau à ses partisans inquiets, les lois de l'Univers.»

Le défi de l'Ouest

Les certitudes d'après-guerre s'effondrent au cours des années 1970. Vingt-sept ans après le choix, à la conférence de l'ONU à Bretton Woods, de la devise américaine comme étalon pour toutes les autres monnaies, les États-Unis annoncent subitement en 1972 la dévaluation de leur dollar. Désormais, une once d'or ne vaudra plus 35 dollars américains. Deux ans plus tard, les États-Unis reconnaissent leur défaite au Vietnam, même s'ils retardent de deux autres années l'humiliante chute de Saigon. La vague de prospérité qui avait déferlé sur le Nord-Est industriel américain ne laisse derrière elle que pauvreté, pollution et travailleurs retraités. Les pays asiatiques de la Ceinture du Pacifique récupèrent les industries abandonnées par les détenteurs de capitaux américains. Un groupe de recherches bénéficiant du soutien du monde des affaires, le Club de Rome, prédit l'épuisement imminent de la plupart des ressources mondiales. En Europe et en Amérique du Nord, la hausse simultanée du chômage et de l'inflation — la «stagflation» — remet en cause la vieille conviction keynésienne en une gestion équilibrée des économies. Une fois de plus, la science économique faillit à la tâche, ce qui incite certains praticiens à revenir à des doctrines plus anciennes.

D'un point de vue commercial, le Canada se ressent de l'instabilité du dollar américain, du protectionnisme des gouvernements américain et européens, et de sa propre dépendance de l'exportation de ses ressources. À la suite de mauvaises récoltes, l'Union soviétique et la Chine achètent du blé canadien, mais il s'agit là de marchés précaires. Il en va de même de l'essor fulgurant du charbon et du bois d'œuvre en Colombie britannique. Dans l'ensemble, la croissance canadienne dans les années 1970 est aussi bonne qu'auparavant, mais elle ne s'accompagne pas, cette fois, de confiance et de bien-être. Arrivés à l'âge adulte, trois millions d'enfants du *baby boom* viennent grossir d'un tiers la main-d'œuvre canadienne. L'augmentation du nombre de femmes au sein de la population active est deux fois plus élevée que celle des hommes. Cela s'explique non seulement par la possibilité nouvelle de retarder ou d'éviter la maternité, mais aussi par le mode de vie que recherchent la plupart des familles dans un contexte d'inflation qui fait qu'un double revenu est devenu indispensable. En raison de l'indigence généralisée des chefs de familles monoparentales et des personnes âgées — des femmes pour la plupart — l'urgence se fait sentir de réformes dans la législation de l'aide sociale et de la famille. Simultanément, la demande de logements plus confortables, équipés de gadgets électroniques, se fait plus insistante. De leur côté, les gouvernements ne semblent plus disposer de ressources suffisantes pour s'attaquer à des problèmes dont les solutions seraient coûteuses, ni même pour maintenir en service des établissements hospitaliers et scolaires créés dans les années 1960.

Ayant retenu la leçon politique de sa quasi-défaite de 1972, Trudeau choisit comme stratégie de se maintenir au pouvoir avec l'appui du NPD, tout en laissant de côté certains de ses principes philosophiques. Il veut prouver qu'il est capable de protéger la population des pressions inflationnistes. Quand le prix des aliments grimpe, à la suite des achats massifs de céréales par les Soviétiques en 1972-1973, le gouvernement subventionne la production de pain et de lait et crée une Commission de surveillance du prix des produits alimentaires pour tirer les oreilles aux profiteurs. Au nombre des coupables identifiés par la Commission se trouvent les nouveaux offices de mise en marché du gouvernement: les agriculteurs savent ainsi à qui ils doivent l'augmentation des prix. Si des économistes condamnent cette ingérence sur les marchés libres, David Lewis et ses néo-démocrates, pour leur part, n'en font rien.

C'est aussi la politique, et non l'économie traditionnelle, qui inspire aux libéraux leurs efforts visant à absorber le choc pétrolier de 1973. Irritée par la chute du dollar américain qui sert de devise-étalon pour l'achat du pétrole, puis par le soutien des pays occidentaux à Israël dans la guerre du Yom Kippour, l'Organisation des pays exportateurs de pétrole (OPEP), dominée par les Arabes, entreprend de quadrupler le prix du baril de pétrole brut. À l'approche de l'hiver, le gouvernement Trudeau se hâte de subventionner les importations de pétrole de l'Est du pays en levant une taxe sur les exportations de pétrole et de gaz de l'Ouest vers les États-Unis. À plus long terme, la stratégie gouvernementale consiste à étendre les approvisionnements en pétrole de l'Ouest au marché québécois, à créer une société pétrolière gérée par l'État, à encourager les économies d'énergie et à favoriser l'exploration pétrolière dans l'Arctique et au large des côtes. L'instauration d'une limite de 200 milles, à peine défendue par une garde côtière et une marine minuscules, vient offrir, mais un peu tard, la possibilité aux pêcheurs de haute mer de protéger leurs réserves.

Le succès de l'OPEP confirme une chose: l'inflation échappe au contrôle du Canada. Par contre, il semble possible de protéger la population contre l'augmentation des prix en établissant un lien entre le niveau des salaires, des pensions et des allocations gouvernementales, d'une part, et l'augmentation de l'indice des prix à la consommation, d'autre part. En 1974, John Turner, ministre des Finances, indexe même les impôts, reprenant ainsi à son compte une proposition des conservateurs. Les dépenses augmentent, mais non les revenus du gouvernement. Ce genre de recettes ne peut qu'entraîner un déficit considérable; pourtant, les électeurs ne s'en plaignent pas. Le 8 juillet, après deux mois d'une entreprise de charme inaccoutumée de la part de Trudeau, de sombres avertissements des conservateurs et de protestations du côté du NPD, les électeurs rendent leur verdict: 141 sièges aux libéraux, 95 aux conservateurs, 11 aux créditistes et une maigre récolte de 16 au NPD, soit la moitié de celle de 1972. David Lewis perd son siège.

Pourtant, Trudeau n'a pas répété son exploit de 1968. Si son parti reste majoritaire au parlement, grâce à une forte représentation du Québec et de bons résultats en Ontario et au Nouveau-Brunswick, dans tout l'Ouest, il ne récolte que 13 sièges, dont 8 en Colombie britannique. Depuis 1968, les partisans de Trudeau dans les Prairies sont passés du tiers au quart de l'électorat. Bien que les sondages aient prévu la victoire du Parti libéral, la grande majorité des électeurs de l'Ouest a refusé de suivre ce mouvement. Même si leurs inquiétudes et leurs solutions sont très divergentes, les Canadiens de l'Ouest, tout comme les partisans de René Lévesque, en ont assez du rôle qui leur est réservé dans la Confédération.

S'il est vrai que le gouvernement fédéral ne comprend guère l'Ouest, il faut reconnaître que l'Ouest n'est pas facile à comprendre. On peut tirer des conclusions contradictoires des transformations substantielles survenues dans la région. Il est plus facile d'imposer des changements douloureux lorsqu'on peut en rejeter la faute sur les autres: dans les Prairies, l'aliénation envers le pouvoir central est un grief traditionnel. Il est arrivé fréquemment que les radicaux de l'Ouest se portent à la défense des visions nostalgiques de la vie communautaire rurale, tandis que les éléments de droite réclamaient de profonds changements. C'est dans l'activité fondamentale de l'Ouest, l'agriculture, que les changements sont les plus visibles. Si le cadre fondamental de la production reste la ferme familiale, la nouvelle machinerie et la prospérité l'ont transformée en une entreprise de millionnaire disposant de plusieurs milliers d'acres. En plus de la coalition traditionnelle de la nature et du dur labeur, la capacité financière et les connaissances scientifiques constituent désormais des ingrédients nécessaires au succès. La culture principale reste le blé, mais les agriculteurs avisés diversifient leur production, qui comprend désormais le colza Canola, le lin et, quand le climat et l'irrigation le permettent, les légumes. L'apparition d'immenses propriétés agricoles entraîne la dépopulation: dans l'après-guerre, 750 000 habitants des Prairies abandonnent la terre. C'en est fini de l'infrastructure familière de l'époque des chevaux de trait — villages, voies ferrées et élévateurs à grain. Il est loin le temps des charrettes tirées par des chevaux sur des distances d'une vingtaine de kilomètres. Le paysage a changé: sur les 5578 élévateurs qui s'élançaient à l'assaut du ciel des Prairies en 1933, près de la moitié ont disparu en 1978. De 1940 à 1980, la proportion de population rurale des Prairies est tombée de 60% à 30%.

À l'orée des années 1970, les affaires ont remplacé l'agriculture comme principale préoccupation des Prairies. La population de Winnipeg, de Regina et de Saskatoon double rapidement; celle de Calgary et d'Edmonton, gonflée par les revenus pétroliers et gaziers, connaît une croissance de 700% pour atteindre respectivement 800 000 habitants. En 1981, ces deux villes, ayant dépassé Winnipeg, se font concurrence à titre de métropoles régionales. De l'autre côté des Rocheuses, Vancouver profite de la croissance de l'Ouest et des marchés du Pacifique pour passer le cap du million d'habitants. Il faut y voir la conséquence d'une diversification qui a nettement débordé du cadre de l'agriculture et des industries connexes. Jusqu'en 1947, l'Alberta ne produisait que 10 pour cent environ de la consommation canadienne de pétrole et de gaz. Dès la découverte du champ pétrolifère Leduc, les investissements affluent par milliards de dollars et les multinationales qui dominaient l'industrie pétrolière occidentale se lancent dans une course aux offres d'achat. En 1970, la production albertaine est suffisante pour combler les besoins du marché canadien; pourtant, d'un point de vue économique l'exportation vers les États-Unis est justifiable en raison de l'aspect continental de cette industrie. Dans les provinces voisines, on s'efforce de se hisser au niveau de l'Alberta. Saskatoon se proclame capitale mondiale de la potasse; Regina s'enorgueillit d'un complexe sidérurgique capable de construire les pipelines nécessaires à l'Ouest; quant au Manitoba, les mines de nickel de Thompson et de Lynn Lake lui permettent de réaliser sa propre diversification.

Dans les Prairies, la politique est liée aux stratégies de développement. Le NPD profite d'une accusation d'escroquerie, portée contre les promoteurs étrangers d'un complexe de produits forestiers à Le Pas, pour prendre le pouvoir au Manitoba en 1969. Il tire également parti de l'opposition des autochtones et des groupes environnementalistes à d'ambitieux projets hydro-électriques sur le fleuve Nelson. Une même controverse autour des ressources naturelles entraîne la chute du NPD en 1977, puis celle des conservateurs revenus au pouvoir en 1982. En Saskatchewan, la dépopulation rurale entraîne la défaite du CCF en 1966; grâce à son engagement à prendre le contrôle de l'industrie provinciale de la potasse, le NPD revient au pouvoir en 1971. Cette même année, Peter Lougheed anéantit le régime du Crédit social en Alberta, en reprenant à son compte les inquiétudes de la population face à l'avenir à long terme de la province, une fois la manne pétrolière et gazière passée. La richesse n'a pas suffi pour effacer dans la mémoire des habitants des Prairies le souvenir de la crise, ni la conscience de leur vulnérabilité comme producteurs primaires.

À première vue, il n'y a rien de commun entre Lougheed, son expérience du football professionnel et des salles de conseil de Calgary, et le socialisme discret de son voisin de la Saskatchewan, Allan Blakeney. Les magnats du pétrole préfèrent sans doute le style sans façons du premier, à la prudence du second. Il existe toutefois un point commun entre ces deux provinces (valable pour tout l'Ouest canadien): leur volonté ferme de contrôler leurs ressources naturelles et, dans la mesure du possible, leur destinée économique. Jamais au cours de l'histoire, les gens de l'Ouest n'ont eu la preuve que leurs intérêts sont mieux gardés à Ottawa et à Toronto qu'à New York et à Houston.

Dans l'Est du Canada, l'intervention de Trudeau dans la crise pétrolière de 1973 paraît pleinement justifiée. Pourquoi, en effet, les Canadiens auraient-

Au cœur de la crise énergétique des années 1970, on envisage la construction d'un pipeline dans la vallée du Mackenzie pour acheminer le pétrole provenant de réserves connues et à venir — mais pas avant d'avoir consulté les autochtones. À la suite de l'enquête menée par le juge Thomas Berger dans d'innombrables petites communautés du Yukon et des Territoires du Nord-Ouest, le projet est relégué aux oubliettes. On a commencé à prendre au sérieux les droits et les revendications des autochtones. (*News of the North*, Yellowknife)

ils à subir les machinations d'un cartel étranger, l'OPEP, alors qu'il y a suffisamment de pétrole au pays pour y échapper? Même s'il s'agit d'une preuve merveilleuse, pour les Québécois en particulier, des avantages pratiques de la Confédération, il ne faut voir aucune injustice envers les Américains et les Albertains dans l'imposition de taxes sur les exportations d'énergie vers les États-Unis, visant à subventionner une consommation temporairement liée aux approvisionnements de l'OPEP. Et pourquoi l'Alberta devrait-elle s'attendre à bénéficier de nouveaux prix mondiaux qui sont le produit d'une monstrueuse extorsion internationale? Le pays tout entier tire profit de politiques pétrolières autarciques. L'Alberta elle-même participera à un projet d'un milliard de dollars en vue de l'extraction de combustible utilisable des vastes gisements de sables bitumineux près de Fort McMurray, en plus d'avoir accès aux nouveaux marchés du Québec. L'Est et l'Ouest pourraient trouver leur compte dans la promotion de l'exploration pétrolière dans les terres vierges, encouragée par la création de Pétro-Canada, société nationale.

Mais ce ne sera pas le cas. Irrités, les gens de l'Ouest rappellent qu'Ottawa n'est jamais intervenu pour freiner la hausse des prix mondiaux des automobiles, des imperméables et de tous les autres produits ontariens ou québécois. Le plafonnement du prix de ressources non renouvelables revient, disent-ils, à priver les générations futures de montants d'argent qui pourraient s'accumuler dans les réserves de l'Alberta et de la Saskatchewan. Sans investissements étrangers, l'industrie énergétique de l'Ouest n'aurait pu voir le jour. En fait, les belles années de la production provenant des réserves prouvées sont désormais du passé. La découverte du pétrole des terres vierges constitue un coup de dés et son acheminement, une quasi-impossibilité. L'inanité des rêves fédéraux devient on ne peut plus évidente lorsqu'une commission royale d'enquête présidée par le juge Thomas Berger reprend à son compte les revendications des groupes autochtones du Nord et de leurs sympathisants du Sud, qui a pour effet de tuer dans l'œuf un projet de pipeline de gaz naturel dans la vallée du Mackenzie, devant ultérieurement transporter aussi le pétrole de l'océan Arctique jusqu'en Alberta. Les Inuit et les Dénés du Yukon et des Territoires disposent désormais de suffisamment de pouvoir pour bloquer le développement du Nord jusqu'à ce que leurs propres revendications politiques et territoriales concurrentes aient été satisfaites. Pendant que les groupes autochtones réclament le contrôle sur les politiques en matière de ressources du Nord, les gouvernements des Prairies se démènent pour conserver le pouvoir qu'ils ont conquis en 1930. Celui de la Saskatchewan unit ses forces à celles des conservateurs albertains quand le gouvernement Trudeau tente de saborder le projet du NPD de nationaliser l'industrie provinciale de la potasse.

Même des provinces consommatrices pauvres, comme Terre-Neuve et la Nouvelle-Écosse, se joignent au front anti-Ottawa à la suite de la découverte de gisements pétroliers sous-marins au large de leurs côtes. L'impétueux Brian Peckford, premier ministre de Terre-Neuve, emprunte à même le fonds du patrimoine albertain pour financer sa lutte contre le gouvernement central, et revendiquer des droits sur le plateau continental dans l'Atlantique. La Colombie britannique, nantie de son propre gaz naturel et rêvant aussi de pétrole off-shore, s'ajoute à cette phalange hostile à Ottawa.

Le gouvernement fédéral tombe à son tour dans le piège dont les provinces de l'Ouest elles-mêmes se méfient. Vers la fin des années 1970, les agriculteurs des Prairies connaissent des récoltes parmi les meilleures de l'histoire; pourtant, leur richesse aurait pu être encore plus grande n'eussent été la désuétude et la faible capacité du système de transport de leurs produits. Les économistes ont une explication toute simple: pour s'opposer à la modernisation, il suffit aux compagnies ferroviaires d'invoquer leur obligation d'effectuer le transport du blé aux prix fixés en 1897 par l'accord du Col du Nid-de-corbeau. De leur côté, les agriculteurs et leurs élus défendent avec acharnement des «tarifs du Nid-de-corbeau» considérés comme intouchables. L'argument selon lequel des tarifs plus élevés forceraient les producteurs à vendre leurs céréales comme nourriture pour les troupeaux de l'Ouest est difficile à vendre à l'électorat rural. Et bien que leur fabrication ait pour effet réel la création d'emplois en Nouvelle-Écosse, les wagons-trémies achetés par le gouvernement fédéral n'adoucissent pas les pentes abruptes des montagnes Rocheuses, pas plus qu'ils n'agrandissent les hangars à céréales de Vancouver.

Prix pétroliers, tarifs de transport et investissements commerciaux enflamment les esprits dans l'Ouest. Ce qui émerge, c'est l'aspiration au respect et à l'influence d'une région consciente de sa propre puissance économique. L'Ouest déborde de joie quand certaines entreprises, fuyant le nationalisme québécois, s'installent dans d'immenses tours de verre érigées à Calgary plutôt qu'à Toronto. Dirigeants politiques et patrons de la finance réclament des banques et des bourses régionales. Ils se réjouissent de la bonne fortune de multimillionnaires locaux, d'habiles spéculateurs comme Fred Mannix, Jim Pattison, Peter Pocklington et Murray Pezim, et accusent de jalousie les critiques de l'Est.

Loin de vouloir sortir de la Confédération, la plupart des gens de l'Ouest veulent avoir plus d'influence dans la conduite des affaires du pays. La désuétude du système politique canadien trouve son symbole dans les réformes constitutionnelles, proposées par le gouvernement fédéral en 1971, qui veulent restreindre à l'Ontario et au Québec le droit de veto sur les amendements ultérieurs. Selon Peter Lougheed, l'Alberta a tout autant le droit de revendiquer un veto constitutionnel que les provinces du centre; et il n'est pas le seul à penser ainsi. Quant à l'obsession d'un pays bilingue et biculturel cultivée par le gouvernement Trudeau, elle ne peut être que mal reçue dans une région extrêmement consciente de la concurrence entre ses nombreux groupes linguistiques et culturels.

En 1979, au moment même où Lougheed, Blakeney et l'Ouest semblent sur le point d'en arriver à une entente avec le gouvernement fédéral sur la facture énergétique, les prix triplent presque, dans la foulée d'une nouvelle décision de l'OPEP. En cette année d'élection, le gouvernement Trudeau applique la même recette qu'en 1973 et subventionne les provinces importatrices aux dépens de l'Alberta. Si cette mesure ne peut sauver les libéraux de la défaite, elle constitue en tout cas un héritage amer dont l'éphémère gouvernement conservateur de Joe Clark ne pourra se départir. Coincé entre l'intransigeance de Lougheed et l'opiniâtreté des progressistes-conservateurs ontariens, le premier ministre, tout albertain d'origine qu'il soit, ne peut tirer son épingle du jeu. Lorsque, le 18 février 1980, le Québec et l'Ontario reportent Pierre Trudeau au pouvoir, la violence de l'opposition entre l'Ouest et l'Est a presque atteint le point de rupture.

Le Québec et la Constitution

Comme elles n'ont jamais donné lieu à une répartition équitable de la richesse, même les périodes de vaches grasses contribuent aux difficultés de la Confédération. Au cours du quart de siècle qui a suivi la guerre, la plus grande partie du pays s'est contentée d'observer avec convoitise la prospérité du sud de l'Ontario et du Québec. La situation change au cours des années 1970. Le *boom* énergétique provoque alors un déplacement de la richesse vers l'Ouest, au point que les Albertains atteignent le revenu moyen le plus élevé du pays. Quant à la Nouvelle-Écosse et Terre-Neuve, la présence de riches gisements au large de leurs côtes leur laisse espérer une opulence similaire dans les années à venir. Ce sont désormais les provinces du centre qui doivent se préoccuper de leur avenir. En raison de la flambée des coûts énergétiques, d'une technologie industrielle dépassée et de la concurrence étrangère, certaines usines doivent fermer leurs portes et des dizaines de milliers d'emplois bien rémunérés, qui ont longtemps nourri la révolution de la consommation, disparaissent. Les industries américaines qui dévoraient jadis le nickel ontarien et le minerai de fer québécois sont réduites au rang de mornes et silencieux vestiges dans les États du *Rustbelt*. À quoi sert le Pacte de l'automobile si les Canadiens jettent désormais leur dévolu sur des voitures allemandes ou japonaises?

Amenées à satisfaire l'appétit vorace de la population en matière d'enseignement et de soins de santé, dans un contexte de revenus déclinants, les provinces doivent relever le défi lancé par les employés de ces deux secteurs de services. Au printemps 1972, 200 000 employés du secteur public au Québec font la grève générale la plus importante de toute l'histoire du Canada. La campagne du «front commun» se solde par des actes de violence et de provocation, et par l'incarcération des présidents des centrales syndicales. De leur côté, les travailleurs hospitaliers de l'Ontario mettent leur gouvernement au défi de les retenir. En 1975, la rancune des électeurs vaut une quasi-défaite au régime conservateur ontarien, au pouvoir depuis 1943.

Après avoir acheté sa majorité de 1974 avec de plantureuses dépenses et des subventions généreuses, le gouvernement libéral fédéral impute à l'inflation généralisée la cause du malaise économique. Revenant sur sa position, il affirme qu'on peut effectivement stopper l'inflation avec des politiques nationales. Après avoir taxé d'absurdités conservatrices les contrôles des prix et des salaires, le premier ministre annonce ses propres «restrictions», le jour de l'Action de grâce 1975. Une commission anti-inflation dépossède les syndicats de leur pouvoir de négociation pour trois ans. Bénéficiant du soutien des tribunaux et d'une grande partie de l'opinion publique, le gouvernement reste insensible à la colère des travailleurs, exprimée par des batailles juridiques, des manifestations, et par le débrayage d'un million de syndiqués dès octobre 1975.

Les grèves et l'inflation sont les symptômes de difficultés plus graves. Les partisans du nationalisme économique reprennent leurs arguments sur les lacunes et l'absence d'identité d'une économie dépendante d'entreprises étrangères. Critiques de gauche et de droite réclament en choeur une stratégie industrielle canadienne, même si on n'a jamais su avec précision, compte tenu de la diversité des doléances exprimées, quelle stratégie exactement trouverait grâce aux yeux des travailleurs, des patrons, des écologistes et des nationalistes tout à la fois. Au Québec, l'idée de «fédéralisme rentable» de Robert Bourassa se heurte à l'opposition d'investisseurs inquiets devant l'inflation, des syndicats de plus en plus radicaux, et des leaders d'opinion souvent indépendantistes. En 1973, la population québécoise est polarisée entre des libéraux de plus en plus tournés vers l'entreprise privée et un Parti québécois résolument indépendantiste. À l'issue de ce combat bipartite, le PQ, qui a gagné près d'un tiers des électeurs, se retrouve avec une poignée de sièges seulement. La minorité n'est pas résignée; la majorité parlementaire n'est pas tout à fait sûre de son mandat.

À Ottawa comme ailleurs au Canada, la crise d'octobre 1970 a porté un coup à la réputation de défenseur du fédéralisme que s'était taillée Bourassa. L'année suivante, Bourassa devrait se réjouir de l'invitation adressée par Trudeau aux premiers ministres provinciaux de venir discuter à Victoria du rapatriement et de l'amendement du vénérable Acte de l'Amérique du Nord britannique. Quarante ans plus tôt, le Québec et l'Ontario ont tiré prétexte de l'absence de droit de veto sur les amendements futurs pour saborder le projet de rapatriement de la Constitution conçu par le gouvernement fédéral. À Victoria, en plus de concéder ce droit à Bourassa et au premier ministre ontarien, Bill Davis, Trudeau accède à la plupart des revendications

Le complexe hydro-électrique de La Grande à la baie James représente le plus important investissement public au Québec dans les années 1970. Sa réalisation oblige le gouvernement québécois à reconnaître les droits territoriaux des autochtones et à négocier avec eux la Convention de la baie James. (Hydro-Québec)

traditionnelles du Québec. Cependant, dans l'avion qui le ramène à Québec, Bourassa a vent de ce qui l'attend: à Montréal, le puissant directeur du quotidien *Le Devoir*, Claude Ryan, a attisé la fureur des nationalistes face à l'incapacité de Bourassa à gagner sur tous les fronts. Bourassa est ébranlé: la Charte de Victoria est abandonnée. Trudeau ne le pardonnera pas à son ancien protégé.

Si au moins la prospérité s'installait au Québec! Un vaste aménagement hydro-électrique à la baie James, le fleuron des réalisations de Bourassa, est dénoncé par les critiques: risques financiers trop élevés, dégradation de l'environnement, accord controversé avec les autochtones et finalement un violent saccage par les travailleurs eux-mêmes en 1975 font tourner le projet au vinaigre. Une enquête révèle que le gouvernement a eu recours à des fiers-à-

Les installations construites à grands frais pour les Jeux olympiques de 1976 à Montréal témoignent de l'innovation architecturale de leur concepteur, le Français Roger Taillibert. Les Jeux s'inscrivent dans un cycle de prestigieuses manifestations internationales réalisées à Montréal sous l'administration Drapeau. Celles-ci suscitent l'admiration, mais provoquent également la critique de nombreux citoyens préoccupés des besoins économiques et sociaux de leur ville, en perte de vitesse face à Toronto. (Régie des installations olympiques)

bras pour maintenir la paix sur le chantier. La présentation, à Montréal, des Jeux olympiques de l'été 1976 laisse aussi un goût amer. Les athlètes canadiens remportent peu de médailles; le boycott des pays africains et un système de sécurité très strict anéantissent toute possibilité d'euphorie. Au bout du compte, les Montréalais se retrouvent avec un stade inachevé, un surplus d'hôtels et un chômage massif. Mais selon le maire Jean Drapeau, le déficit olympique est aussi impossible que l'enfantement par un homme! Il n'en faut pas plus pour qu'un caricaturiste le représente en conversation téléphonique avec le docteur Henry Morgentaler, un militant bien connu de l'avortement libre.

Des difficultés économiques viennent brouiller les cartes d'un conflit linguistique non résolu. Selon les nationalistes, les entreprises aux mains des anglophones sont les premières responsables des mises à pied et de l'incapacité d'une foule grandissante de diplômés universitaires québécois à trouver du travail. La Loi 22, compromis imaginé par Bourassa, laisse tout le monde insatisfait. Les anglophones s'indignent à l'idée de soumettre leurs enfants à des tests linguistiques pour déterminer leur admissibilité à l'école anglaise; et pour les plus nationalistes, la seule solution acceptable est un Québec unilingue français. Au printemps 1976, un conflit négligeable en soi soulève une véritable tempête. Après avoir annoncé que le français serait désormais, au même titre que l'anglais, langue officielle du contrôle du trafic aérien au Québec, le gouvernement fédéral doit faire marche arrière devant les protestations des pilotes et des contrôleurs ainsi que des dirigeants politiques anglophones: le projet doit être différé d'un an. Il n'en faut pas plus pour soulever les nationalistes. Quand Bourassa, affaibli par les scandales, se présente devant les électeurs le 15 novembre 1976, les libéraux ont perdu leurs appuis. Tout en ne recueillant que 41% des votes, le Parti québécois passe de 7 à 71 sièges à l'Assemblée nationale. Les libéraux conservent 28 députés. Neuf ans après sa rupture avec le Parti libéral, René Lévesque a mené les indépendantistes à la victoire en apaisant les craintes que suscite son projet de souveraineté-association par une promesse de référendum.

Sur le coup, la stupéfaction fige la population canadienne. Jamais elle n'avait prévu une telle éventualité. Par un curieux hasard, Trudeau, le premier ministre qui a présidé à la désintégration régionale, devient le sauveur du Canada. «Je vous affirme avec toute la conviction dont je suis capable, déclare-t-il, que l'unité du Canada ne sera pas rompue.» En février 1977, la moitié des Canadiens auraient voté pour lui. Puis, lentement, la tension s'évapore. Une fois au pouvoir, René Lévesque reporte à plus tard le référendum sur l'indépendance pour se consacrer à des réformes populaires de type néo-démocrate. Le Parti québécois met fin aux absurdes tests linguistiques mais sa propre loi, la Charte de la langue française ou Loi 101, fait du français non seulement la seule langue officielle du Québec mais aussi la seule visible, sur les formulaires du gouvernement aussi bien que sur les affiches et les menus des restaurants. Si les Anglo-Québécois se sentent chassés de leur province, les plus ambitieux parmi les Québécois francophones prendront volontiers leur place. S'ils décident de rester, leur langue de travail sera le français, que ce soit à la Bourse ou sur une chaîne de montage. Quant aux nouveaux venus, fussent-ils originaires d'Alberta, la langue que leurs enfants devront apprendre à l'école sera le français.

Des jeunes savourent la victoire le soir du 15 novembre 1976. Pour la première fois, un parti voué à l'indépendance du Québec prend le pouvoir. Quatre ans plus tard seulement, René Lévesque et le PQ doivent s'incliner devant le choix des Québécois pour un autre risque canadien. Le soir du référendum, le 20 mai 1980, le premier ministre du Québec reconnaît sa défaite. Les Québécois rééliront Lévesque et le PQ en 1981, mais en 1985, le PQ perdra le pouvoir. (Canapresse)

À l'extérieur du Québec, la sévérité de la Loi 101 n'inquiète pourtant guère. La confortable minorité anglophone de la province n'a jamais suscité beaucoup de sympathie. On met sur pied un groupe de travail chargé de trouver une solution au malaise du Québec. Étourdie, comme jadis la Commission d'enquête Laurendeau-Dunton, par la mesquinerie d'innombrables plaignants, la Commission Pépin-Robarts propose à la hâte des réformes constitutionnelles qui laissent tout le monde insatisfait. Bientôt, la majorité de la population dénonce à nouveau un gouvernement fédéral qui persiste à lui faire plus de tort que de bien. Pendant l'été 1978, à son retour de Bonn, où il a participé au sommet économique, Trudeau est prêt à relancer l'attaque contre l'inflation et la hausse du déficit. On met au rancart le programme de restrictions pour le remplacer par un monétarisme à l'ancienne: taux d'intérêt élevés, compressions des dépenses publiques, hausse inévitable du chômage. Ce n'est pas la joie.

La population commence à en avoir assez de son prince philosophe. Si elle l'a admiré en temps de crise, a compati devant son mariage brisé, elle lui reproche son mépris des difficultés quotidiennes des familles. Ce gouvernement de fonctionnaires assoiffés de pouvoir et de ministres impuissants est là depuis trop longtemps. La seule réponse des libéraux: répandre l'opinion que les solutions de rechange ne vaudraient guère mieux! La population admire la discrète ténacité du chef du NPD, Ed Broadbent, mais un cinquième des électeurs seulement a jamais accordé un soutien durable à son parti. De leur côté, en 1976, les conservateurs élisent, comme successeur à Robert Stanfield, Joe Clark, un jeune Albertain affable que personne ne peut détester. Mais devant sa façon de diriger son parti de grincheux, rares sont ceux qui le respectent vraiment. Les créateurs d'image parviennent à dissimuler les faiblesses de Clark; le dossier des libéraux, lui, est au-dessus de leurs forces. Le 22 mai 1979, les électeurs du Québec réitèrent massivement leur loyauté envers Trudeau; ailleurs au Canada, la population se souvient de la baisse des salaires, des pertes d'emplois et d'un gouvernement qui l'a trop négligée. Les conservateurs finissent par obtenir 136 sièges, soit 8 de moins que la majorité. Un mandat bien fragile pour un nouveau gouvernement.

Très vite, le doute s'empare des électeurs lorsqu'ils voient Joe Clark consacrer tout un été à l'organisation de son gouvernement. Dans un climat de panique de plus en plus évident à l'approche du référendum au Québec, face à la crise du pétrole iranien et à la flambée des taux d'intérêt qui atteignent 15 et 20%, la population interprète la lenteur de Clark comme un manque d'esprit de décision, et perd rapidement confiance en son gouvernement. Celui-ci semble profiter d'un certain répit lorsque Trudeau annonce son retrait de la vie publique en novembre. En déposant un budget plus dur par la lettre que par l'esprit, le gouvernement s'efforce de plaire aux magnats du pétrole albertains aux dépens des consommateurs ontariens. Les craintes de Peter Lougheed n'en sont pas apaisées pour autant, tandis que le premier

En 1976, Ed Broadbent est élu chef du Nouveau parti démocratique. Il a devancé Rosemary Brown, députée provinciale de Colombie britannique, qui fut la première femme et la première candidate de couleur au poste de chef d'un parti. Cela reflète la plus grande acceptation des minorités, qui se manifeste à compter des années 1970. (*Toronto Star*, S209-26)

ministre ontarien, Bill Davis, est furieux. Encouragés par les sondages, les libéraux accordent leur appui à une motion de non-confiance du NPD à la suite de la présentation du budget. Curieusement, les conservateurs ne font rien pour éviter la défaite. Contre toute attente, le Canada ira aux urnes au beau milieu de l'hiver. Clark croit qu'il rééditera l'exploit de Diefenbaker en 1958. Sans chef, les libéraux paraissent brièvement désorientés. Puis soudain, Trudeau est de retour, prêt pour l'apothéose. Le 18 février, l'Ontario, le Québec et les provinces de l'Atlantique lui rendent sa majorité.

Il aura du pain sur la planche. N'est-ce pas la crise du Québec au sein de la Confédération qui a amené Trudeau à Ottawa en 1965? Si les conférences au sommet, la course aux armements et les cruelles disparités entre le Nord et le Sud ont à certains moments suscité l'intérêt de Trudeau, les préoccupations terre-à-terre des gens d'affaires, des syndicalistes et des agriculteurs canadiens n'ont jamais vraiment retenu son attention. Arrivé sans doute à son dernier mandat, Trudeau est enfin libre de faire ce dont il est capable. Pour la suite, l'histoire jugera...

Au Québec, la date du référendum est fixée au 20 mai 1980 par René Lévesque, qui, utilisant d'incessants sondages en vue de tester la question, se croit en bonne position pour l'emporter: la plupart des Québécois ne lui refuseront certes pas un mandat de négocier la souveraineté-association — tout en conservant la possibilité de voter sur les résultats de cette négociation. Le camp du «Non», dirigé par Claude Ryan — l'austère rédacteur en chef nationaliste, qui avait jadis tourmenté Robert Bourassa et se retrouve, par un curieux hasard, son successeur — n'est qu'une lâche coalition autour de vagues plans de décentralisation du fédéralisme. Ignorant Ryan, Trudeau confie à Jean Chrétien, le député de Shawinigan et l'un de ses rares ministres populaires, la mission de regrouper les forces d'opposition à Lévesque. Plus ou moins conscient du fait que sa propre Loi 101 a apaisé les craintes des Québécois quant à leur survie, le PQ ne cesse de commettre des erreurs, ennuyant ses propres partisans, insultant ses adversaires et inquiétant les indécis. Les électeurs ayant répondu massivement à l'appel, le camp du «Non» l'emporte par 60% contre 40%. Les non-francophones contribuent de façon marquée à cette victoire du «Non», alors que les francophones répartissent leurs votes à peu près également entre les deux camps. Dans ses discours préréférendaires, Trudeau a promis au Québec et au Canada une nouvelle entente constitutionnelle. Il avait aussi déjà exprimé l'avis qu'une réforme constitutionnelle reviendrait à ouvrir une boîte de Pandore. Maintenant, il envisage le rapatriement de la Constitution et l'adoption de la Charte canadienne des droits et libertés comme le monument qui manque à sa carrière politique. Il s'appuie sur le soulagement national devant le résultat du référendum et la gêne éprouvée devant une constitution à laquelle on ne peut encore apporter des amendements qu'en Grande-Bretagne. Pendant tout l'été 1980, Jean Chrétien et le solliciteur général de la Saskatchewan, Roy Romanow, parcourent le Canada en tous sens pour rassembler les propositions constitutionnelles des premiers ministres provinciaux.

En septembre, au cours d'une rencontre spectacle entre Trudeau et ses homologues provinciaux à Ottawa, il apparaît clairement que les premiers ministres ne sont pas convertis. Seuls l'ontarien Bill Davis et le néo-brunswickois Richard Hatfield partagent les priorités de Trudeau; leurs collègues voient dans les vetos provinciaux un risque de blocage des procédures jusqu'à ce qu'on ait accédé aux revendications régionales et aux priorités particulières. Cette nouvelle impasse constitutionnelle amuse René Lévesque.

Mais Trudeau n'a pas dit son dernier mot. Au début d'octobre, il met fin à un demi-siècle de tâtonnements constitutionnels. Que cela plaise aux provinces ou non, le gouvernement fédéral rapatriera unilatéralement la constitution, en l'assortissant d'une formule d'amendement conçue au Canada, et en adoptant une charte des droits et libertés. Davis et Hatfield marquent leur accord sans tarder, ainsi que le chef du NPD, Ed Broadbent, après avoir convaincu Trudeau d'y ajouter les garanties d'une charte plus stricte, et des mesures visant à protéger les ressources de l'Ouest. De leur côté, Lévesque,

À partir des années 1960, dans une optique de protection de la jeunesse totalement étrangère à la psychologie des Amérindiens, les travailleurs sociaux se mettent à sortir les enfants autochtones de leurs réserves à un rythme effarant. À mesure que grimpe le pourcentage des jeunes autochtones ainsi placés en foyers ou en institutions — il atteindra cinq fois la moyenne nationale — les Amérindiens revendiquent avec une ferveur nouvelle la juridiction sur l'assistance à l'enfance: «Les jeunes constituent l'espoir et l'âme de nos peuples; leur retrait des réserves est un coup porté au cœur de notre culture et de notre patrimoine» (Bande de Restigouche, 1983). (Ministère du Tourisme de l'Ontario, 6-G-1464)

Lougheed et la plupart des autres premiers ministres restent pantois devant l'audace de Trudeau. Au parlement, Joe Clark tire parti de la situation pour regrouper ses conservateurs démoralisés. Avocats et experts, véritables ou prétendus tels, tous entrent dans l'arène. Alors même que le Canada s'enfonce dans la pire récession qu'il ait connue depuis les années 1930, le gouvernement, l'opposition et quelques députés britanniques mal informés se lancent mutuellement des invectives sur des questions qui semblent mystérieuses ou hors de propos aux yeux de la plupart des Canadiens. Les provinces font appel aux tribunaux. Le clergé, les féministes, les chefs autochtones, les handicapés et toute une panoplie d'autres groupes revendiquent une place particulière dans la nouvelle charte. Lors d'une réunion tenue à Vancouver, les premiers ministres dissidents rédigent leur propre formule d'amendement,

Sous les regards de son premier ministre et d'un groupe de dignitaires et de dirigeants politiques, la reine Elizabeth II appose sa signature au bas de la nouvelle constitution canadienne. Le Canada a rompu sa dépendance anachronique envers le parlement britannique et le lien résiduel avec la Couronne est officiellement enchâssé dans la Loi constitutionnelle de 1982. (ANC, PA-141503; photographie de Robert Cooper)

complexe n'accordant aucun droit de veto aux provinces. René Lévesque lui-même, persuadé que cette «charte de Vancouver» ne mènera nulle part, donne son accord. À Ottawa, le parlement est paralysé par le débat constitutionnel.

En septembre 1981, la Cour suprême du Canada donne son assentiment au projet de Trudeau: la majorité des juges reconnaît que le gouvernement du Canada, tout en bafouant les usages établis, a agi dans la légalité. Étant donné l'absence de précédent en matière de rapatriement, ce verdict est absurde, comme le fait observer poliment le juge en chef Bora Laskin à ses pairs. Pourtant, à la suite de cette décision, Trudeau se sent obligé de faire une nouvelle tentative en vue d'un consensus. Ottawa est le théâtre d'une nouvelle réunion infructueuse des premiers ministres. Puis, le 5 novembre 1981 après minuit, Chrétien, Romanow et le solliciteur général de l'Ontario, Roy McMurtry, parviennent à grand-peine à trouver un compromis, intégrant la formule d'amendement de Vancouver et la charte des droits de Trudeau. On réveille les premiers ministres pour les réunir dans l'ancienne gare de chemin de fer transformée en centre de conférence — tous à l'exception de Lévesque, qui dort d'un profond sommeil à Hull. À son réveil, la cause est entendue. Enjolivé de clauses concernant le contrôle des ressources naturelles par les provinces, la péréquation et autres modifications superficielles résultant des différends fédéraux-provinciaux, le compromis de minuit devient le document constitutionnel. On y chercherait en vain le droit de veto historique du Québec, allègrement sacrifié à Vancouver, de même que maintes dispositions pour lesquelles les femmes et les autochtones ont mené de longs combats. À la suite de fortes pressions, le principe d'égalité des sexes y est à nouveau inscrit, ainsi qu'un engagement imprécis envers les droits aborigènes; mais le veto du Québec, lui, a bel et bien disparu. Par un 17 avril 1982 froid et pluvieux, la reine Elizabeth donne son royal assentiment à une loi constitutionnelle que peu ont lue, et que beaucoup moins encore ont comprise. Pierre Elliott Trudeau laisse ainsi son empreinte dans l'histoire du Canada. Pour les juges et les avocats chargés de l'interprétation du texte ampoulé de la Loi et de sa Charte des droits et libertés, cela se traduit par de nouveaux pouvoirs, très étendus. Seul l'avenir dira ce qui reste du pouvoir politique des députés élus par la population.

La fin de l'abondance?

Pierre Elliott Trudeau devrait sans doute tirer sa révérence après cette cérémonie constitutionnelle. Compte tenu du résultat du référendum québécois, il n'est plus indispensable. Grâce à la loi constitutionnelle, il inscrit son nom dans l'histoire, ce que sa longue carrière ne lui avait pas permis de faire jusque-là. «L'ère de la libération», dont il avait été le symbole, a maintenant dégénéré en conservatisme égocentrique. Par-dessus tout, en 1982, le Canada connaît une profonde crise économique, le genre de situations où Trudeau est loin d'être à son meilleur.

La «stagflation» des années 1970, a profondément ébranlé la confiance populaire dans l'aptitude du gouvernement à contrôler l'économie. Bien longtemps avant l'arrivée au pouvoir de Ronald Reagan en 1980, le réformisme du *New Deal* avait perdu son attrait, même chez les démocrates américains. En 1979, la population britannique se donne un gouvernement de droite, le plus intransigeant depuis les années 1920. En élisant Reagan, les Américains prennent la même voie. Au Canada également, l'optimisme de l'après-guerre est figé dans un mélange d'appréhension et d'individualisme. La génération du *baby boom* se moule dans une société de consommation égocentrique. L'industrie de la forme physique se développe. Les cultivateurs de tabac et les fabricants de cigarettes périclitent dans un climat de restrictions anti-fumeurs. Les consommateurs d'âge moyen se mettent à apprécier le vin et les bières importées. La conduite en état d'ivresse imputée, à tort, aux seuls jeunes, devient carrément scandaleuse. Les groupes pro- et anti-avortement se font la lutte sans ménagements. Une majorité de plus en plus forte réclame la réinstauration de la peine capitale (abolie en 1964), des programmes scolaires rigides et la mise au ban des opinions marginales. Un débat sur la pornographie provoque la division des féministes. On assiste à un retour en force de la censure. Les étudiants eux-mêmes marquent leur préférence pour des programmes menant à une carrière; ils épousent des causes conservatrices et se livrent une concurrence féroce. Selon les sondages, les pires ennemis de la population sont, dans l'ordre, le gouvernement omniprésent, «envahissant», et les syndicats trop puissants. Quant aux grandes entreprises, rarement ont-elles été aussi admirées et si peu critiquées.

Même au Québec, la puissante vague nationaliste des années 1960 et 1970 s'essoufle à la suite du référendum. Lévesque n'arrive pas à soulever l'intérêt de la population dans sa lutte contre l'entente constitutionnelle de 1982. Il a d'ailleurs peut-être contribué à créer un sentiment de sécurité avec la Loi 101. Pendant quelques années, la population a l'impression que la victoire du français est acquise. C'est à Montréal, en particulier dans l'affichage, que la transformation est la plus radicale. Mais, dès la seconde moitié des années 1980, les Québécois commencent à se rendre compte du caractère fragile et de l'avenir incertain de la francisation. C'est trop tard pour le PQ. Réélus en 1981 aux dépens d'un Claude Ryan incapable de s'attirer la sympathie des électeurs francophones, les péquistes sont aussitôt confrontés à la plus grave crise économique qu'ait connue le Canada depuis celle des années 1930. Ils coupent radicalement les salaires de la fonction publique, s'aliénant ainsi les enseignants et les fonctionnaires, jadis la grande force du mouvement indépendantiste. Pour le PQ, s'amorce une période difficile: dégringolade dans les sondages, départ massif des indépendantistes purs, puis démission du fondateur. Son remplacement par Pierre Marc Johnson ne

Au cours de la récession des années 1980, plus d'un million de Canadiens, des jeunes pour la plupart, perdent leur emploi. Les ressources naturelles et les industries qui en dépendent son particulièrement touchées. Ici, un jeune couple de Colombie britannique vient chercher de l'aide auprès d'un conseiller syndical. (*Labour News*, B7973-4; photo de Jack Lindsay/ Canadian Association of Labour Media, Vancouver)

parvient pas à redorer le blason du parti qui est défait, aux élections de 1985, par le Parti libéral à nouveau dirigé par Robert Bourassa.

Reportés au pouvoir à Ottawa, les libéraux restent insensibles à la poussée de la droite. Certains membres du parti établissent même un lien entre la défaite de 1979 et la politique monétaire et salariale du gouvernement. Pendant que Trudeau fait avancer son projet constitutionnel, ses collègues se hâtent de mettre en oeuvre la réforme fiscale et la politique énergétique autarcique promises pendant la campagne. Entre autres gaffes, Joe Clark a menacé d'abolir la société pétrolière gouvernementale. Or, les électeurs de l'Est du pays voient d'une très bon œil cet organisme canadien en mesure de les mettre à l'abri des décisions de tous les cheiks, les ayatollahs et les Esso du monde. Le lancement, par Trudeau, du Programme énergétique national (PEN) à la fin de 1981 fait de Pétro-Canada le fer de lance d'une poussée vers l'auto-suffisance, la canadianisation de l'industrie et l'abolition des concessions fiscales qui remplissent les coffres des compagnies pétrolières. Le gouvernement lui-même s'engage à prendre part au financement de l'exploration dans les régions non exploitées, depuis la mer de Beaufort jusqu'aux champs pétrolifères Hibernia, au large de Terre-Neuve, tout en se réservant une certaine part des éventuels profits.

Dix ans plus tôt, la réforme fiscale et le PEN auraient eu des chances de succès. En 1981, ils ne peuvent qu'attiser la colère des Albertains et d'une collectivité d'affaires militante. Tous tirent à boulets rouges sur le gouvernement, qui doit amender sa réforme fiscale avant d'abandonner carrément le projet; sur la question du PEN, par contre, il tient bon. Irrité d'attendre sa part de la hausse des prix pétroliers de 1979, Peter Lougheed décrète sur-le-champ l'arrêt de deux méga-projets de conversion des sables bitumineux et, par deux fois, la suspension des livraisons vers l'Est du Canada. À l'automne 1982, les gouvernements d'Ottawa et d'Edmonton en arrivent à une entente. Les dirigeants des sociétés pétrolières, par contre, plus insatisfaits que jamais, ordonnent l'annulation de programmes d'investissements et la réorientation des capitaux vers les États-Unis, sans oublier de signaler à Washington leur mécontentement envers le Canada. Des centaines d'entreprises canadiennes, dont la création ou l'expansion sont directement liées au *boom* pétrolier, démantèlent leurs installations de forage ou les déménagent au sud de la frontière dans l'espoir d'y trouver des occasions d'affaires. Les travailleurs venus par vagues de l'Est, pour participer à la ruée vers le pétrole albertain, doivent rebrousser chemin. D'autres, restés sur place, viennent grossir les rangs des chômeurs locaux. En 1979, l'Alberta connaissait pratiquement le plein emploi — 96,3%. En 1983, un travailleur sur dix y cherche du travail. Le *boom* de l'Ouest a fait long feu et les Albertains savent qui en tenir responsable.

En fait, bien plus que le PEN, c'est la récession qui met un terme abrupt au développement des ressources, en provoquant une baisse du prix du pétrole malgré toutes les mesures prises par le cartel de l'OPEP. Les difficultés sont aggravées par le protectionnisme des nouveaux blocs commerciaux qui amplifie la misère du tiers monde et par la panique des banquiers qui ont consenti des prêts trop facilement. Pendant quelques mois, la flambée inflationniste est alimentée par des taux d'intérêt élevés, qui atteignent 22,5% en 1981, un record d'après-guerre au Canada. Puis, soudain, en période de faillites, de chômage massif et d'économies nationales en déclin, les taux se mettent à baisser, dans un revirement qui passe presque inaperçu. En 1979, le nombre de Canadiens en quête d'un emploi, principalement au Québec et dans les provinces de l'Atlantique, s'élevait à 836 000. En 1982, la moyenne mensuelle des chômeurs s'établit à 1 314 000 et ne cesse d'augmenter. Un cinquième des moins de vingt-cinq ans aptes au travail n'a pas d'emploi. C'est à Terre-Neuve, au Nouveau-Brunswick et au Québec que la situation est la pire, mais l'effondrement des marchés mondiaux du bois, du charbon et du papier prive d'emploi un travailleur sur six en Colombie britannique. En

Sans doute les motoneiges sont-elles des véhicules sportifs dans le sud du Canada, mais pour cette congrégation anglicane de Cape Dorset, à 150 milles au sud du cercle polaire arctique, elles constituent un moyen de transport des plus appropriés. (Photo de John Reeves, Toronto)

dollars constants, le PNB du Canada connaît une chute de 4% en 1982, le premier recul de cet ordre depuis les années 1930. Enflammé par la stagnation des recettes et la hausse vertigineuse des coûts de l'assistance sociale et du chômage, le déficit fédéral, qui provoquait une inquiétante augmentation annuelle de la dette nationale de 12 à 13 milliards de dollars à la fin des années 1970, atteint des niveaux faramineux. En 1982, il est de 23,99 milliards; en 1984, il atteint 35,79 milliards, soit beaucoup plus par habitant que tout ce que l'administration Reagan a pu imposer aux Américains et au monde entier.

Il est bien fini le temps des grands espaces pour les autochtones; la préservation de leur culture dans un monde de technologie passe par une lutte quotidienne. Toutefois, venu du Grand Nord, un style original de sculpture et de gravure représente chez les Inuit un gagne-pain provisoire, et surtout une conscience et une affirmation de leur identité. Pudlo, au travail sur un bloc de pierre au Centre des arts de Cape Dorset, (T.N.-O.), en août 1981. (ANC, PA-145608; photo de B. Korda)

En réaction, le dollar canadien amorce une véritable dégringolade, passant de 93 cents américains en 1981 à un plancher historique de 70 cents à la fin de 1985.

Dans le climat de catastrophe économique qui prévaut alors, le gouvernement fédéral est le bouc émissaire tout trouvé. On se moque bien du fait que les classes ouvrières britannique et américaine éprouvent des difficultés semblables au nom d'impeccables principes de libre entreprise. Le PEN doit sa perte à la malchance et à une mauvaise gestion. La perte, corps et biens, d'une immense plate-forme de forage, l'*Ocean Ranger*, en raison de la fureur de l'Atlantique au large de Terre-Neuve, n'est pas sans raviver la conscience des risques de l'exploration pétrolière en haute mer.

Dome Petroleum, une société suffisamment ambitieuse pour tirer profit

The Raven and the First Men, œuvre réalisée en 1980 par le sculpteur, graveur et orfèvre haïda Bill Reid. Cette version contemporaine d'un vieux mythe de la Création symbolise ici la renaissance de l'art indien sur la côte nord-ouest, au cours des trois dernières décennies. (Collection Walter et Marianne Koerner, musée d'anthropologie, University of British Columbia, photographie de W. McLennan)

des subventions du PEN, frôle la faillite à la suite des remous causés par la chute des prix pétroliers et la hausse des coûts d'exploration en mer de Beaufort. Quant à l'abolition du «Nid-de-corbeau» en 1983, une décision longtemps attendue par ceux qui sont le moins susceptibles de voter libéral, elle provoque une remise en question de l'avenir des agriculteurs de l'Ouest, plus enclins à accorder leur appui au gouvernement. Même le «programme 6 et 5», la solution du gouvernement Trudeau à la hausse de l'inflation par le contrôle de tous les prix et salaires qui relèvent du fédéral, tourne au vinaigre. En effet, dans le cadre de la récession d'après 1981, caractérisée par la menace de coupures de salaires et de mises à pied pour des millions de gens, des augmentations salariales de 6 et de 5% paraissent bien généreuses.

Le nationalisme culturel, imposé par le Conseil de la radiodiffusion et des télécommunications canadiennes, doit baisser pavillon devant la préférence marquée de la population pour le divertissement de masse à la sauce américaine, et devant l'émergence du magnétoscope et de la retransmission par satellite. L'une des rares innovations gouvernementales populaires des années 1970 donne un aperçu du climat de cette décennie: les loteries — à l'origine une sorte de «taxe volontaire» tentée par le maire de Montréal, Jean Drapeau — suscitent l'intérêt du pays tout entier dans les années 1980. Ce divertissement géré par l'État fait quelques millionnaires du jour au lendemain, tout en donnant de l'argent de poche aux gouvernements provinciaux. La foi dans le dur labeur et la croissance économique comme moyens de réaliser tous les rêves raisonnables fait place à la simple prière de la veille du tirage de la Loto 6/49, dont les prix peuvent atteindre et même dépasser les 10 millions de dollars.

Dans le cadre d'un mouvement international destiné à récolter des fonds pour aider les victimes de la famine en Afrique, des artistes canadiens enregistrent la chanson thème *Tears are not enough*. On reconnaît (3e rangée) Murray McLauchlan, Liberty Silver, Mike Reno, Robert Charlebois, Ronnie Hawkins et Corey Hart; (au centre) Burton Cummings, Véronique Béliveau, Bryan Adams et Claude Dubois; (1re rangée) Gordon Lightfoot, Anne Murray, Carroll Baker, Geddy Lee, Joni Mitchell et Neil Young. (Avec l'aimable autorisation de Dimo Safari)

Si, en 1985, la population canadienne s'élève à 25 millions d'habitants, soit plus du double par rapport à 1945, son poids dans le rapport de forces politique et économique mondial a baissé. L'abondance n'a fait que renforcer l'ascendant américain sur le Canada; puis, avec les années difficiles, cette tendance s'est accentuée. Le Japon a pris depuis longtemps la place de la Grande-Bretagne et même de l'Europe tout entière comme deuxième partenaire commercial du Canada. Les appareils-photos, récepteurs de télévision et magnétophones japonais, les chaussures de course et survêtements sud-coréens, et bien d'autres éléments de la société de consommation des années 1980 remplacent des biens autrefois produits au Canada ou aux États-Unis. Se relevant à peine des mises à pied massives et de la lutte contre la faillite, les entreprises lorgnent les robots, les puces et les principes de gestion japonais, non sans avoir d'abord obtenu l'assentiment des mandarins et des gourous américains du monde des affaires. À titre de fournisseurs du Canada, les États-Unis sont douze fois plus gros que le Japon, et leur marché vingt fois plus vaste pour les exportateurs canadiens.

Durant l'après-guerre, la population canadienne a entretenu bien d'autres espoirs qu'une fusion continentale. Grâce à une poignée d'habiles fonctionnaires et à sa propre richesse, le Canada s'est alors assuré un degré certain d'indépendance, à une époque où la domination des États-Unis sur le monde ne laissait aucun doute. Paradoxalement, la croissance de la dépendance canadienne sera parallèle à la diminution de la puissance mondiale et de la stature des États-Unis. Tandis que prolifère la bureaucratie des Affaires extérieures, le génie innovateur se retranche derrière des platitudes familières sur le maintien de la paix, la sécurité collective et la modération. De l'idéalisme d'après-guerre, il ne reste que l'aide extérieure fortement accrue depuis la conférence du Commonwealth à Colombo en 1952; un beau vestige, mais bien isolé. Nulle part plus que dans le domaine de la défense, la congestion de la politique et l'inflation bureaucratique ne sont manifestes. Le Canada dispose de plus de généraux et d'amiraux qu'il n'en avait besoin en 1945; ils dirigent 82 000 militaires, hommes et femmes, et entretiennent un «musée» d'avions et de navires démodés. Au milieu des années 1980, les bâtiments les plus modernes de la marine de guerre du Canada sont quatre navires d'escorte qui remontent au gouvernement Pearson. Pourtant, en dépit de la réduction de ses forces et de leur puissance de frappe, le pays conserve un grand nombre d'engagements militaires, depuis le Cachemire jusqu'au flanc nord de l'OTAN.

Malgré toute son intelligence et sa longévité parmi les dirigeants mondiaux, jamais Trudeau ne s'est préoccupé du rôle international du Canada autant que des conflits linguistiques et culturels. Il n'a voué que peu d'estime

Le brise-glace *John A. Macdonald* se fraie un chemin à travers les glaces de l'Arctique. Dans les années 1980, la souveraineté du Canada sur ces eaux est contestée par les États-Unis, ce qui sensibilise la population à la fragilité de la présence canadienne dans le Grand Nord. (ASC, 75-2242, photo de George Hunter)

aux médiocres politiciens, de Nixon à Reagan, que les électeurs américains ont portés à la Maison-Blanche pendant son règne; sentiment d'ailleurs réciproque. Après avoir rejeté l'OTAN avec mépris en 1969 et découvert son utilité à la fin des années 1970, Trudeau, cherchant à se tailler une réputation de pacifiste, finit par dénoncer les préoccupations de l'alliance en matière de guerre froide. Il lui est aussi facile de passer de l'intérêt à l'oubli envers le tiers monde. Soumis à de tels caprices, il n'est pas étonnant que le poids mondial du Canada ne cesse de s'amenuiser.

Pour la grande majorité de la population, le statut du Canada dans le monde est moins préoccupant que l'état de l'économie ou du travail. La popularité du Parti libéral fond lors de la récession mondiale de 1981. Selon Joe Clark et ses partisans, il faut voir dans cette chute de popularité le fruit de la résistance acharnée du chef conservateur aux visées constitutionnelles de Trudeau. Mais tous ne semblent pas d'accord: en 1983, Clark se retrouve dans l'obligation de mettre son leadership en jeu. Le 11 juin, à Ottawa, une coalition d'éléments de droite, de loyalistes de Diefenbaker et de «patroneux» déçus se forme autour d'un avocat montréalais à l'air affable, le rêve des marchands d'images. Jamais Brian Mulroney n'a occupé un poste de gouvernement, mais c'est un homme charmant: catholique, s'exprimant sans mal dans les deux langues, à l'aise avec les détenteurs du pouvoir à la fois dans les affaires et dans les vieux partis... Une de ses principales réussites est la fermeture des mines de Schefferville, alors qu'il est président de l'Iron Ore Company of Canada. C'est ce que lui ont demandé ses patrons américains et il obtient un règlement suffisamment généreux pour plaire aux syndicats locaux. Dans les années 1980, c'est aux gouvernements, et non aux entreprises, que l'opinion publique aime s'en prendre.

Les conservateurs ne croient pas au désir de la population de voir quelqu'un comme Thatcher ou Reagan au pouvoir. Quand le premier ministre de Colombie britannique, Bill Bennett, célèbre sa réélection de 1983 par une attaque sans tambour ni trompette contre les services sociaux et les syndicats du secteur public, Mulroney déclare solennellement que les programmes sociaux universels sont, à ses yeux, un «héritage sacré». Et quand les conservateurs manitobains soulèvent un tollé général contre la volonté d'instaurer des services bilingues affirmée par un gouvernement néo-démocrate, ils se heurtent au désaveu sans réserve de Mulroney. La popularité des conservateurs est à la hausse, attirant même des partisans du NPD.

Les libéraux ne se laissent pas décourager. À la suite de l'échec d'une mission mondiale de paix improvisée à la hâte, Trudeau brave une tempête de neige le 29 février 1984 pour annoncer sa retraite. Déjà, aux yeux de la plupart des libéraux, le sauveur s'appelle John Turner, ministre des Finances démissionnaire en 1975.

Occupé depuis dix ans à se constituer une fortune personnelle et un réseau de relations d'affaires comme avocat auprès d'entreprises torontoises, il ne cache ni son antipathie pour Trudeau ni son mépris à l'endroit de Chrétien, du PEN et de bien d'autres choses. Tandis que la population digère le départ de Trudeau et se fait à l'idée d'un changement de premier ministre, la chance est du côté des libéraux. Le 16 juin, au dernier tour de scrutin, il ne reste en lice que Turner et le populiste Jean Chrétien. Au bout du compte, c'est le favori de l'establishment, pourtant mal informé et curieusement mal à l'aise après ses dix années loin de la politique, qui remporte la victoire. Tablant sur sa lune de miel avec l'électorat et des sondages d'opinion favorables, Turner décrète la tenue d'élections générales.

Jamais dans l'histoire du Canada n'aura-t-on assisté à la chute aussi rapide d'un dirigeant politique ou d'un parti. Pris au piège des récompenses octroyées à toute une bande de collaborateurs par Trudeau, Turner doit avouer en bégayant au cours d'un débat télévisé avec Mulroney, qu'il «n'avait pas le choix». Sa campagne est une catastrophe: il n'a ni organisation, ni programme, ni argent, ni soutien. Jouissant d'un financement abondant, remarquablement organisé, bien présenté, Mulroney provoque un raz de marée qui inonde même le Québec. Le triomphe des conservateurs est si total, et si inévitable dès avant le 4 septembre, qu'il provoque un reflux de partisans, de longue date aussi bien que fraîchement acquis, vers le NPD pour sauver de l'éclipse totale le sympathique Ed Broadbent et son parti. La victoire de Mulroney est comparable à celle de Diefenbaker en 1958: 211 sièges contre 40 pour le Parti libéral et 30 pour les néo-démocrates. La victoire de Turner dans une riche circonscription électorale de Vancouver est bien plus un témoignage de compassion que de conviction.

Parvenus au pouvoir à quatre reprises au cours du vingtième siècle, les conservateurs ont chaque fois été victimes d'une réaction politique suscitée ou par la guerre ou par la crise économique. À la cinquième occasion, Brian Mulroney se trouve en bien meilleure position que ses prédécesseurs: reprise économique, fin de la guerre froide et lassitude de la population face aux vieux débats sur le nationalisme et la justice sociale. Mulroney a promis l'harmonie et l'unité à la population, ainsi qu'un Québec prêt à accepter «dans l'honneur et l'enthousiasme» la nouvelle constitution. Il tient sa promesse au printemps de 1987 en signant, avec ses collègues provinciaux, l'accord du lac Meech. Reconnaissant le caractère distinct du Québec, celui-ci accorde aux provinces une compensation financière lorsqu'elles ne participent pas à certains programmes conjoints et leur permet de participer au choix des sénateurs et des juges de la Cour suprême. Robert Bourassa y voit une grande victoire pour le Québec et les chefs des partis d'opposition à Ottawa appuient l'accord. D'autres s'y opposent avec force parce qu'il ne protège pas suffisamment, selon eux, les droits des femmes, des autochtones ou des minorités linguistiques, et parce qu'il réduit les pouvoirs du gouvernement fédéral. Au Québec, de nombreux observateurs trouvent au contraire qu'il ne va pas assez loin dans le sens des revendications traditionnelles du Québec, et qu'il définit de façon très vague la «société distincte». Ces réactions traduisent bien les difficultés des discussions constitutionnelles qui secouent le pays depuis les années 1960: les Canadiens n'arrivent pas à se mettre d'accord sur l'orientation à donner à leur pays.

Les conservateurs brûlent également de resserrer les liens avec les États-Unis de Ronald Reagan. Mulroney en donne l'assurance au *Wall Street Journal* en 1984: «De bonnes, d'excellentes relations avec les États-Unis

L'accord du lac Meech vise à compléter la loi constitutionnelle de 1982 en acceptant certaines revendications du Québec. Robert Bourassa, premier ministre du Québec, et Brian Mulroney, premier ministre du Canada, réunis avec leurs collègues provinciaux, le 2 juin 1987. (Canapresse)

constitueront la pierre angulaire de notre politique étrangère.» Dans un rapport publié en 1985, une commission royale d'enquête créée par Trudeau offre au gouvernement une avalanche d'arguments en faveur de l'accord continental de libre-échange, que la population avait refusé si souvent auparavant. Pour un pays dont le niveau de vie dépend du commerce extérieur, et principalement avec les États-Unis, c'est, dit-on, la seule solution possible. Le monde des affaires, jadis ardent partisan du protectionnisme, donne en bloc son aval. Officiellement, ce revirement se justifie par des raisons commerciales; on ne peut cependant pas dissimuler que le «terrain d'entente» avec les États-Unis obligera les Canadiens à renoncer à une partie de leur identité.

Les conservateurs se rendent certes compte que même un mandat sans équivoque et une immense majorité au parlement ne suffiront pas à convertir la population canadienne à leurs «réalités nouvelles». Moins de huit mois après leur victoire, une tentative d'infléchir l'indexation automatique des pensions de vieillesse provoque une révolte au sein de la population. Prenant l'opposition de vitesse, les médias étalent au grand jour les bévues des

Ministre dans le cabinet Lesage de 1960 à 1966, puis fondateur du Parti québécois en 1968 et premier ministre de 1976 à 1985, René Lévesque est l'une des figures dominantes de la Révolution tranquille et le symbole du renouveau nationaliste au Québec. Sa mort en 1987 suscite une intense vague d'émotion populaire. Le cortège funèbre dans la haute-ville de Québec. (Canapresse)

ministres de second plan et la corruption qui règne au sein du cabinet. Les conservateurs n'arrivent pas non plus à enterrer les vieilles animosités ethniques et régionales. En 1986, Montréal enlève à Winnipeg un contrat de 1,8 milliard de dollars parce que le poids politique du Québec est plus important que celui d'un Manitoba à prédominance néo-démocrate. De nouvelles agences de développement régional sont créées pour les provinces de l'Atlantique et l'Ouest, mais leurs seules différences d'avec leurs prédécesseurs du temps des libéraux est la présence d'hommes d'affaires conservateurs à leurs conseils d'administration et le fait qu'elles soient sous la tutelle de ministres conservateurs issus de ces mêmes régions. En 1984, la population a réclamé du changement, bien plus que le retour des conservateurs au pouvoir; aussi le fait-elle sentir bientôt. En politique provinciale, le balancier revient du côté des libéraux. Robert Bourassa détrône un Parti québécois qui a remisé son option indépendantiste et n'a pas grand-chose d'autre à offrir. Après l'Île-du-Prince-Édouard en 1985, contre toute attente, l'Ontario passe à son tour aux mains des libéraux grâce à une coalition provisoire avec le NPD. Deux ans plus tard, à la faveur d'un bilan positif de réformes concertées, le libéral David Peterson remporte un triomphe sans équivoque.

En 1987 également, les conservateurs perdent le Nouveau-Brunswick, et les sondages, cet été-là, ne donnent que 25 pour cent des intentions de vote au parti de Mulroney. S'il y avait eu des élections au niveau fédéral, les néo-démocrates, avec 40 pour cent des voix, auraient formé le gouvernement. Ed Broadbent est plus populaire que Mulroney ou John Turner.

Les raisons en sont assez évidentes. Paradoxalement, les néo-démocrates se rallient les partisans d'un Canada qui n'existe plus, et d'une société d'abondance qui veillerait sur les personnes âgées, malades, pauvres ou mal logées. Le NPD, comme beaucoup de libéraux, se porte à la défense d'un Canada mis à l'abri de la violence et des inégalités, sans doute aussi de la mentalité et de l'inflexible fermeté américaines, grâce à un réseau d'institutions fondé sur des valeurs social-démocrates.

Pourtant, une grande partie de la population ne partage pas cette vision du Canada. Le Québec, jadis la plus protectionniste des provinces, a créé une classe de gens d'affaires francophones aussi confiants dans leur capacité de participer à la richesse du continent que les entrepreneurs de l'ancien régime. Depuis des générations, les gens de l'Ouest savent qu'ils peuvent trouver dans le libre-échange la libération de leur servitude économique vis-à-vis de l'Est et de son opulence. Le Programme énergétique national leur en a à nouveau donné la preuve. Les provinces de l'Atlantique, pour leur part, n'ont d'yeux que pour de nouveaux marchés où écouler le poisson, la pomme de terre et le bois, ce même objectif qui les a jadis attirées dans la Confédération. À la signature de l'accord commercial global, le 2 janvier 1988, par le premier ministre et le président des États-Unis, l'absence de presque toutes les garanties qu'ont voulu y inclure les négociateurs canadiens n'inquiète ni les chefs d'État ni la majorité de la population. Après deux cents ans, par espoir ou par dépit, le Canada saute dans l'inconnu «en fermant les yeux», de l'aveu même d'un des architectes de l'entente.

Le pays reste divisé et instable. Comme toujours, d'anciens dirigeants ont laissé leur place à de nouveaux visages où se lit l'incertitude. Que seront le Québec et le Canada sans René Lévesque et Jean Drapeau? Pierre Trudeau est sorti de sa retraite pour dénoncer l'accord du lac Meech; les architectes de ce dernier l'ont ignoré. Tommy Douglas, le champion de tant de combats pour la social-démocratie au Canada est disparu lui aussi, laissant à ses successeurs le soin de lutter contre une orientation qui propose à la population, pour la première fois dans l'histoire, de se contenter de moins plutôt que de s'attendre à plus.

Comme toujours, la population canadienne se trouve à une croisée de chemins aux destinations inconnues. L'histoire a appris à ses dirigeants les plus éclairés que la population craint le changement, s'arme de patience devant les compromis et a une préférence marquée pour les personnalités politiques les plus conciliatrices. Une telle philosophie est peut-être faite sur mesure pour un pays entouré de forces qui échappent à son contrôle. La prospérité d'après-guerre a rendu la population canadienne plus tolérante et plus hospitalière que jamais. L'arrivée d'immigrants des quatre coins du monde est irréversible. À leur croisée des chemins, les Canadiens doivent opter pour la social-démocratie ou l'économie de marché comme garants de la paix sociale dans une collectivité de plus en plus multi-ethnique. Comme leurs historiens, les Canadiens ont passé trop de temps à ressasser conflits, crises et échecs. Il leur faut également se souvenir de la merveilleuse continuité de la vie sur une terre vaste et généreuse. Un pays prudent sait tirer les leçons du passé; un pays avisé ose regarder l'avenir en face. Tout bien considéré, le Canada est peut-être l'un et l'autre.

Index

A

Les entrées de l'index qui renvoient aux hors-textes en couleur portent la mention HT suivie du numéro de chapitre correspondant. Ces hors-textes se trouvent après les pages 64, 160, 288, 384, 512, 608.

B

D

E

F

G

H

I

N

Q

R

S

YZ

Table

Autres titres au catalogue du Boréal

Marc-F. Archambault
Jos-Phydime Michaud, Kamouraska de mémoire

Geneviève Auger et Raymonde Lamothe
De la poêle à frire à la ligne de feu
La vie quotidienne des Québécoises pendant la Guerre '39-' 45

Normand R. Ball, directeur,
et l'Association canadienne des travaux publics
Bâtir un pays. Histoire des travaux publics au Canada

Claude Beauchamp
Agropur
Cinquante ans de rêves et de réalisations depuis la
Société coopérative agricole du canton de Granby, 1938-1988

Jules Bélanger, Marc Desjardins, Yves Frenette,
avec la collaboration de Pierre Dansereau
Histoire de la Gaspésie

Bertrand Bellon et Jorge Niosi
L'industrie américaine. Fin de siècle

Jean-Paul Bernard
Les idéologies québécoises au 19e siècle

Jean-Paul Bernard
Les rébellions de 1837-1838
Les Patriotes dans la mémoire collective et chez les historiens

M.-A. Bluteau, J.-P. Charland, M. Thivierge, N. Thivierge
Les cordonniers, artisans du cuir

Gérard Boismenu, Laurent Mailhot, Jacques Rouillard
Le Québec en textes
Anthologie 1940-1986

L'Équipe du Boréal Express
Journal d'histoire du Canada.
Album I: 1524-1760 / Album II: 1760-1810 / Album III: 1810-1841

Russel Bouchard
Les armes de traite

Louis Caron
La vie d'artiste. Le cinquantenaire de l'Union des Artistes

Paul Carpentier
La raquette à neige

Hubert Charbonneau
La population du Québec: études rétrospectives

Luc Chartrand, Raymond Duchesne, Yves Gingras
Histoire des sciences au Québec

Terry Copp
Classe ouvrière et pauvreté.
Les conditions de vie des travailleurs montréalais, 1897-1929

Louis-P. Cormier
Jean-Baptiste Perrault, marchand voyageur parti de Montréal le 28e de mai 1783

Marta Danylewycz
Profession: religieuse. Un choix pour les Québécoises, 1840-1920

Louise Dechêne
Habitants et marchands de Montréal au XVIIe siècle

Denys Delâge
Le pays renversé. Amérindiens et Européens en Amérique du Nord-Est, 1600-1664

Andrée Désilets
Louis-Rodrigue Masson
Un seigneur sans titres

Danielle Dion-McKinnon
Sillery. Au carrefour de l'histoire

Micheline Dumont et Nadia Fahmy-Eid
Les couventines
L'éducation des filles au Québec dans les congrégations
religieuses enseignantes, 1840-1960

Micheline Dumont-Johnson
Apôtres ou agitateurs. La France missionnaire en Acadie

René Durocher et Paul-André Linteau
Le retard du Québec et l'infériorité économique des Canadiens français

André Duval
Québec romantique

André Duval
La capitale

Nadia Fahmy-Eid et Micheline Dumont
Maîtresses de maison, maîtresses d'école

Yvan Fortier
Menuisier-charpentier. Un artisan du bois à l'ère industrielle

François-Marc Gagnon, Denise Petel
Hommes effarables et bestes sauvaiges
Images du Nouveau Monde d'après les voyages de Jacques Cartier

Jean Gérin-Lajoie
Les métallos, 1936-1981

Jean-Yves Gravel
L'armée au Québec (1868-1900). Un portrait social

Jean-Yves Gravel
Le Québec et la guerre

Lucienne Gravel
Les Gravel

Jean Hamelin et Jean Provencher
Brève histoire du Québec.

René Hardy
Les zouaves. Une stratégie du clergé québécois au XIXe siècle

René Hardy et Jean Roy
La Normandie et le Québec vus du presbytère

René Hardy et Normand Séguin
Forêt et société en Mauricie
La formation de la région des Trois-Rivières, 1830-1930

René Hardy, Guy Trépanier et Jacques Belleau
La Mauricie et les Bois-Francs. Inventaire bibliographique, 1760-1975

John Hare, Marc Lafrance et David-Thiery Ruddel
Histoire de la ville de Québec (1608-1879)

Fernand Harvey
Le mouvement ouvrier au Québec

Fernand Harvey
Révolution industrielle et travailleurs. Une enquête sur les rapports entre le capital et le travail au Québec à la fin du 19e siècle

Micheline Johnson
L'histoire apprivoisée

Jean-Pierre Kesteman, en collaboration avec Guy Boisclair et Jean-Marc Kirouac
Histoire du syndicalisme agricole. UCC-UPA, 1924-1984

André Lachance
Crimes et criminels en Nouvelle-France

André Lachance
La vie urbaine en Nouvelle-France

Marcel Lajeunesse
L'éducation au Québec aux 19e-20e siècles

Alfred Laliberté
Les artistes de mon temps

Alfred Laliberté
Mes souvenirs

Yvan Lamonde
Guide d'histoire du Québec

Huguette Lapointe-Roy
Charité bien ordonnée.
Le premier réseau de lutte contre la pauvreté à Montréal au 19e siècle

Marie Lavigne et Yolande Pinard
Travailleuses et féministes. Les femmes dans la société québécoise

Vincent Lemieux
Personnel et partis politiques au Québec. Aspects historiques

Yves Lever
Histoire générale du cinéma au Québec

Andrée Lévesque
Virage à gauche interdit. Les communistes, les socialistes
et leurs ennemis au Québec, 1929-1939

Paul-André Linteau
Maisonneuve ou comment des promoteurs fabriquent une ville, 1883-1918

Paul-André Linteau, René Durocher et Jean-Claude Robert
Histoire du Québec contemporain (tome 1)
De la Confédération à la Crise

Paul-André Linteau, René Durocher, Jean-Claude Robert et François Ricard
Le Québec depuis 1930.
Histoire du Québec contemporain (tome 2)

Paul-Louis Martin
La berçante québécoise

Paul-Louis Martin
Histoire de la chasse au Québec

Paul-Louis Martin
Tolfrey. Un aristocrate au Bas-Canada

Marcel Moussette
La pêche sur le Saint-Laurent.
Répertoire des méthodes et des engins de capture

Jorge Niosi
La bourgeoisie canadienne.
La formation et le développement d'une classe dominante

Jorge Niosi
Les multinationales canadiennes

Danielle Ouellet
Adrien Pouliot. Un homme en avance sur son temps.

Hélène Pelletier-Baillargeon
Marie Gérin-Lajoie. De mère en fille, la cause des femmes

Jean Provencher
Les quatre saisons dans la vallée du Saint-Laurent

Jean Provencher
Québec sous la loi des mesures de guerre – 1918

Bruno Ramirez
Les premiers Italiens de Montréal. L'origine de la Petite Italie du Québec

Jacques Rouillard
Ah les États!
Les travailleurs canadiens-français dans l'industrie textile de la Nouvelle-Angleterre
d'après le témoignage des derniers migrants

Jacques Rouillard
Histoire de la CSN, 1921-1981

Fernande Roy
Progrès, harmonie, liberté.
Le libéralisme des milieux d'affaires francophones à Montréal au tournant du siècle

Ronald Rudin
Banking en français.
Les banques canadiennes-françaises, 1835-1925

Émile Salone
La colonisation de la Nouvelle-France.
Étude sur les origines de la nation canadienne-française

Maurice Séguin
L'idée d'indépendance au Québec. Genèse et historique

Normand Séguin
Agriculture et colonisation au Québec. Aspects historiques

Normand Séguin
La conquête du sol au 19e siècle

Mgr Albert Tessier
Les forges du Saint-Maurice (1729-1883)

Louise Trottier
Les forges. Historiographie des Forges du Saint-Maurice

Marcel Trudel
Mémoires d'un autre siècle

Marcel Trudel
La Révolution américaine, 1775-1783. Pourquoi la France refuse le Canada

Sous la direction de Nive Voisine et de Jean-Hamelin
Les Ultramontains canadiens-français.
Études d'histoire religieuse présentées au professeur Philippe Sylvain

Sous la direction de Nive Voisine
Histoire du catholicisme québécois.
Tome I: Le XXe siècle, 1898-1940 (par Jean Hamelin et Nicole Gagnon);
Tome II: Le XXe siècle, de 1940 à nos jours (par Jean Hamelin)

Jean-Pierre Wallot
Un Québec qui bougeait. Trame socio-politique au tournant du XIXe siècle

Brian Young
George-Étienne Cartier, bourgeois montréalais

Typographie et mise en pages:
MacGRAPH, Montréal

Ce quatrième tirage
a été achevé d'imprimer en décembre 1994
sur les presses de l'Imprimerie Gagné
à Louiseville, Québec